全国交通运输行业干部培训系列教材

现代道路养护技术
（第2版）

刘培文　牛开民　孟书涛　等　编著
韩　冰　贾玉辉　虞丽云

交通运输部公路科学研究院　联合审定
交通运输部管理干部学院

内 容 提 要

本书系统地阐述了道路养护基础理论、基本原理及实用方法,是将传统养护技术与高新养护技术融为一体的图书。内容包括道路养护技术基础、一般地区道路养护技术、特殊地区道路养护技术、路面再生养护技术、道路预防性养护技术、路况评定与养护管理等内容。

本书是专门为一线从事道路养护的技术人员编写的工具性图书,可作为交通运输系统在职人员高层技术培训教材或教学参考书,亦可作为相关专业的硕士或博士研究生教材使用。

图书在版编目(CIP)数据

现代道路养护技术 / 刘培文等主编. — 2 版. — 北京:人民交通出版社股份有限公司,2019.10
 ISBN 978-7-114-15501-7

Ⅰ. ①现… Ⅱ. ①刘… Ⅲ. ①公路养护—教材 Ⅳ. ①U418

中国版本图书馆 CIP 数据核字(2019)第 076455 号

全国交通运输行业干部培训系列教程

书　　名:	现代道路养护技术(第 2 版)
著 作 者:	刘培文　牛开民　孟书涛　韩　冰　贾玉辉　虞丽云　等
责任编辑:	袁　方　刘　倩　任雪莲　岑　瑜
责任校对:	刘　芹
责任印制:	张　凯
出版发行:	人民交通出版社股份有限公司
地　　址:	(100011)北京市朝阳区安定门外外馆斜街 3 号
网　　址:	http://www.ccpress.com.cn
销售电话:	(010)59757973
总 经 销:	人民交通出版社股份有限公司发行部
经　　销:	各地新华书店
印　　刷:	北京虎彩文化传播有限公司
开　　本:	787×1092　1/16
印　　张:	38
字　　数:	922 千
版　　次:	2017 年 10 月　第 1 版　2019 年 10 月　第 2 版
印　　次:	2021 年 12 月　第 2 版　第 2 次印刷　总第 4 次印刷
书　　号:	ISBN 978-7-114-15501-7
定　　价:	89.00 元

(有印刷、装订质量问题的图书由本公司负责调换)

第2版前言

自20世纪末以来，我国采取基建投资、人口经济、地产带动及以对外贸易为主线的宏观经济战略初战告捷；近年来又以投资驱动、促进消费、对外贸易以及丝绸之路经济带、创新驱动、节能环保作为拉动经济发展的新引擎，持续发力。在投资方面，采取积极和稳健的财政政策，通过加大基础设施投资来拉动经济发展战略取得显著成果。我国以公有制为主体的社会主义制度优势迸发出巨大潜力，公路和市政道路建设实现了跨越式发展，其中公路作为一种全民共享的国家资产（个别国家称为社会资本），形成了相当的存量。截至2018年年底，我国的公路总里程已经突破480万公里，逐步向500万公里发展，其中高速公路超过14万公里，正在向20万公里挺进。确保这些道路的正常使用将成为今后公路发展中的重要环节。然而，由于车辆荷载反复作用，自然因素的长期侵蚀和设计中材料参数和结构模型与实体道路不完全吻合，加之设计调查不够深入，以及施工中因材料品质、机械设备、技术水平、人员素质、材料变异等诸多因素影响下，致使路面内在质量和使用品质发生衰降乃至造成不同程度、不同形式的损坏。因此，有必要在适当的时间，采用适当的方法，恢复其性能，这项工作称为道路养护。可见，道路养护工作显得非常必要和极其重要。

本书在编写过程中，经过反复调研和讨论交流，确定了编写的三条基本原则。**首先，相关内容自成体系**。通过对全国部分省市调研的结果表明，目前从事公路养护的专业队伍中，人员技术水平和专业背景较为复杂，有些人是长期从事养护工作的人员，也有不少是刚从专业院校毕业分配的学生，还有从别的工作岗位转入的人员。其中，有为数不少的人员对道路养护的相关概念及专业知识，尤其是对近年颁布的相关规范、技术规程、技术标准以及专业术语等在精准理解上存在一定偏差，甚至比较混乱，为此按照相关内容自成体系的思路，特意增加了道路养护相关技术基础（第一章），对与道路养护密切相关的专业知识加以梳理，同时也为技术人员查阅相关内容提供方便。**其次，内容模块力求全面**。本书从第二章至第六章分别叙述一般地区道路养护、特殊地区公路养护、旧路再生技术、预防性养护及养护管理内容，这些内容模块既吸纳了传统的养护技术，又叙述了近年来新兴养护技术，力图对各类养护技术统揽叙述，使本书既满足高层技术与管理人员培训之需，又能成为一线技术与管理人员的工具性书籍。**再次，知识体系扩展拓新**。本书编写时，既对国内外传统的道路养护技术进行梳理叙述，还对国内外高新技术、最新专业规程和规范、各地成功经验和做法进行阐述。

公路养护是一项方兴未艾的事业，公路养护技术研究和使用，不但对维护路况正常使用起到积极的促进作用，而且对降低养护成本、保护资源环境及促进公路建、养一体化和谐发展具有重要意义。

本书力图体现内容全面、技术高新、由浅入深、理论新颖、贴切实际、行业引领之原则。在编写过程中，由于某些技术仍处于探索阶段，故对于有争议的内容本书未予编列；而有些已经列入本书的技术，应据地方经验和最新规范并结合论证来确定其适用性。地方上若有经实践证明技术上可行、经济上节约和耐久性能较好的适合当地条件的成功经验，应优先采用。

新编第二版是在第一版《现代道路养护技术》基础上补充完善和结合最新的政策、技术标准、相关规范、试验规程以及最新国内外研究成果和应用实践重新改编而成。本版与第一版相比其变化着重体现在三个方面：首先，进一步优化章节体例和内容分布；在第二章中新增城市道路沥青路面养护技术和城市道路水泥混凝土路面养护技术各一节，系从原书中提炼出来重新编排，并把节名做了改写；在第三章中新增黄土地区公路养护和季节性冻土地区公路养护各一节；在第五章中新增高寒地区公路养护技术内容。其次，进一步规范了文理顺序和语句措辞，并纠正了部分错别字。再次，补充了一些国内外最新研究成果和相关的行业和地方性标准等内容。

本书第一章、第二章、第四章和第五章主要由刘培文教授编写；第三章主要由牛开民研究员和孟书涛研究员编写；第六章主要由韩冰副研究员和胡娟娟副研究员编写。另外，第一章第六节、第二章第十节、第三章第三节以及第六章第五节由陈跃琴博士编写；第一章第四节由郑哲武高级工程师编写；第一章第三节由李维明高级工程师和张青喜高级工程师编写；第一章第五节由张君纬教授和胡娟娟副研究员以及尤冬梅副研究员编写；第二章第九节由李菊侠副教授编写；第三章第一节和第二节由马杰副教授编写；第四章第三节由郭新红副教授和余清河高级工程师编写；第三章第八节和第五章第六节由房建宏高级工程师编写；第五章第四节和第五节由张宇副研究员编写；第六章第一节和第五章第七节由邢风歧副教授编写；第五章第九节和第六章第四节由贾玉辉副教授编写。第六章第三节由虞丽云高级经济师编写。全书由刘培文教授统稿并统改。另外，贠莉萍馆员（画家）绘制了全书工笔画形式的插图；个别知名国家级高级专家对本书编写提出了建设性的宝贵意见。

本书是专门为全国交通运输系统高层干部和一线技术人员及管理人员编写的课程培训教材，亦可作为大学本科高年级学生及硕士和博士研究生相关课程教材。另外，考虑到其他相关人员使用，故内容体系按照由浅入深、由常规技术到高新技术的方式系统叙述，可满足不同层次人员的阅读需要。

本书编写过程中还得到交通运输部所属的高等学校和研究院所领导张延华书记、郭洪太院长、李兆良副院长、李雪松处长等和交通运输部公路局相关处室领导以及国家部委司局以上部分领导的大力支持，在此一并表示衷心的感谢！另外还得到国内外诸多专家和学者的大力支持，另有部分省市的同志提供了珍贵的一线资料，在此也一并表示感谢！

由于作者水平有限，加之时间仓促，书中不妥乃至错误之处在所难免，恳请广大读者批评指正。

作　者

2019 年 10 月于北京

目　　录

第一章　道路养护技术基础 ... 1
第一节　道路的分类与分级及技术标准 ... 1
第二节　道路路线与养护放线技术基础 ... 9
第三节　道路路基路面工程基础 ... 23
第四节　桥梁涵洞与隧道工程基础 ... 54
第五节　道路交通工程与沿线设施 ... 59
第六节　道路交通站场与道路照明 ... 93
第七节　道路养护及分类与专业术语 ... 100
第八节　道路养护内容体系和基本原则 ... 106

第二章　一般地区道路养护技术 ... 115
第一节　道路日常巡查与检测 ... 116
第二节　道路路基养护技术 ... 119
第三节　农村公路养护技术 ... 136
第四节　公路沥青路面养护技术 ... 149
第五节　城市道路沥青路面养护技术 ... 159
第六节　公路水泥混凝土路面养护技术 ... 174
第七节　城市道路水泥混凝土路面日常养护技术 ... 182
第八节　水泥混凝土路面新型表层修补技术 ... 190
第九节　砌筑路面和砂石路面养护技术 ... 198
第十节　公路桥涵及构造物养护技术 ... 202
第十一节　交通工程与沿线设施养护技术 ... 220

第三章　特殊地区道路养护技术 ... 223
第一节　泥沼和软土地区公路养护技术 ... 224
第二节　积雪和冰冻地区公路养护技术 ... 231
第三节　泥石流和滑坡地段公路养护技术 ... 243
第四节　盐渍土地区公路养护技术 ... 252
第五节　沙漠地区公路养护技术 ... 254
第六节　黄土地区公路养护技术 ... 263
第七节　季节性冻土地区公路养护技术 ... 292

第八节	高寒地区沥青路面养护技术	309
第九节	高寒地区水泥混凝土路面养护技术	319

第四章　路面再生养护技术　334

第一节	沥青路面再生技术及机理	335
第二节	泡沫沥青路面冷再生技术	352
第三节	乳化沥青路面冷再生技术	371
第四节	沥青路面温再生养护技术	397
第五节	沥青路面热再生养护技术	407
第六节	水泥混凝土路面再生技术	420

第五章　道路预防性养护技术　424

第一节	道路预防性养护技术及要求	424
第二节	沥青路面封层类养护技术	431
第三节	沥青路面罩面类养护技术	452
第四节	沥青路面裂缝封缝类养护技术	462
第五节	沥青路面表面涂刷类养护技术	467
第六节	高寒地区沥青路面预防性养护技术	468
第七节	水泥混凝土路面预防性养护技术	494
第八节	公路桥涵预防性养护技术	497

第六章　路况评定与养护管理　508

第一节	国外沥青路面病害分类与成因分析	508
第二节	国外水泥混凝土路面病害分类与成因分析	528
第三节	公路技术状况的评价指标	540
第四节	公路养护工程概预算编制	552
第五节	公路养护计划的编制与管理	584
第六节	公路应急处置预案编制和实施	588

参考文献　598

第一章　道路养护技术基础

交通是人类最基本生活需求之一，是经济社会发展的先决条件和国家强盛的重要支撑。纵观全球大国崛起、民族复兴，几乎都是以交通发达为基础。当前我国由交通大国向交通强国迈进过程中，交通意义深远。即建设交通强国，是满足人民日益增长的美好生活需要的客观要求，是建设社会主义现代化强国和实现中华民族伟大复兴中国梦的内在要求。

现代交通运输体系是由铁路、道路、水运、航空和管道五种运输方式构成，其中，道路包括各级公路、城市道路、厂矿道路、林区道路与专用道路等。上述五种运输方式共同承担着客、货的集散与交流，在技术与经济上又各具特点，根据不同自然地理条件和人文环境与社会需求以及各类运输各自的特点和运输功能发挥着各自优势，既有分工，又有联系，也有合作。

道路运输是现代交通运输方式的重要组成部分，其发展和发达程度是衡量一个国家或地区经济发展水平的主要指标之一，对经济和社会发展起保障和促进作用。大量研究表明，如果道路运输滞后于国民经济发展，就会加剧财政困难，并形成恶性循环；如果道路运输发展和与经济发展相协调并适度超前，就会进一步带动经济的发展，拉动国民经济走向良性循环。

科学合理和规范有序地进行道路运输所赖以支撑的道路的建设、养护和运营及管理，不但对推动经济发展、促进社会公平、拉动相关产业链的形成具有重要作用，而且还具有区间经济联系、各类运输衔接、促进商品交流、改善旅行条件、提高文化水平、发展旅游事业、形成国土骨架、巩固国防建设、提供公共空间、方便抢险救灾、促进国民就业、提高人民福祉、建设交通强国等多个方面的作用。

在道路的建设、养护、管理及运营诸项工作中，从道路与桥隧专业技术的角度讲，首先应做好建设和养护工作。而就道路建设与道路养护之间的关系而言，道路建设固然重要，还需通过及时养护来保证其使用品质和内在质量，因此，道路养护更加重要。

由于道路养护工程是在一定专业基础上进行的，因此不但要求从事养护的专业技术人员熟悉专业概念、了解设计内容，而且还要精通施工技术，只有这样才能有的放矢，不出或少出差错。为此，本章介绍作为从事养护工作的专业技术人员必备的专业基础知识以及相关内容。

第一节　道路的分类与分级及技术标准

在我国，道路系指各级公路、城市道路、厂矿道路、林区道路、专用道路、农村公路，但不包括铁路。

一、道路的基本类型

(一) 各级公路

自古以来,公路(图1-1)是道路的一种,它是具有公益属性的且能为公众自由出行的道路。公路应具有特定的功能、完善的设施、一定的技术标准和明确的管理机构。从某种角度讲,公路也是经人为修建,由路基、路面、桥梁(包含隧道、渡口)、涵洞等组成,并配有必要的防护、排水、交通安全设等附属设施,达到规定的技术标准并经过交通运输部门或公路管理机构验收合格的用于连接各城镇、乡村和工矿基地,主要供汽车行驶的带状结构物。其中将具备全线封闭、固定进出、分道分向、全部立交、汽车专用之特点的公路属于高速公路。现代公路涵盖了由政府投资、社会资本投资及PPP模式投资修建和管理的供公众自由出行或使用的道路。

公路由线形组成、结构组成、安全与服务设施以及环境景观四大部分组成。线形组成主要是指构成公路主体线形的基本线形和实用线型两部分;结构组成是指路基工程(包括防护与支挡工程)、路面工程、桥梁工程、涵洞工程、隧道工程、特殊构造物等;安全与服务设施包括交通工程、站场工程等;环境保护包括绿化工程等。有关公路详细组成将在本章第三节中详细介绍。

(二) 城市道路

城市道路(图1-2)是指在城市范围内供车辆及行人通行,具备一定技术条件和设施的道路。

城市道路是城市组织生产、安排生活、发展经济、物质流通所必需的交通设施。城市道路应将城市各主要组成部分,如居民区、市中心、工业区、车站、码头、学校、医院及文化福利设施之间联系起来,形成一个完整的道路系统,方便城市的生产和生活活动,从而充分发挥城市的经济、社会和环境效益。

城市道路分为快速路、主干路、次干路和支路四个级别,通常其组成部分如下:

(1) 机动车道:供汽车行驶的机动车道;供有轨电车行驶的有轨电车道。
(2) 非机动车道:供自行车、三轮车等非机动车行驶的车道称非机动车道。
(3) 人行步道:专供行人步行交通用的地面人行道、地下人行通道、人行天桥。
(4) 交叉路口:道路与道路在同一平面内相交的地方。
(5) 公共站场:包括交通广场、停车场、公共汽车停靠站台等。
(6) 交通设施:交通安全设施等,如交通信号灯、交通标志、交通岛、护栏等。
(7) 排水系统:如街沟、边沟、雨水口、窨井、雨水管等。
(8) 地上设施:沿街地上设施,如照明灯柱、电杆、邮筒、给水栓等。
(9) 地下管线:地下各种管线,如高压电缆、煤气管、给水管、污水管、热力管、雨水方沟等。
(10) 各种绿化带:具有卫生、隔离、防护和美化等作用的绿化带。
(11) 高架道路:交通流量极大的城市环线和城内外交通快速疏散道路,根据情况可修建高架道路,如一层高架、两层高架、三层高架等。

上述城市道路设施决定了城市道路施工中与公路等其他道路不同的施工特点。根据城市道路在城市道路网中的地位、交通功能以及对建筑物服务功能的不同,我国将城市道路分为四类,即快速路、主干路、次干路和支路。除快速路外,每类道路按所在城市的规模、设计交通量、地形等的不同又分为四类十级。

第一章 道路养护技术基础

图1-1 高速公路

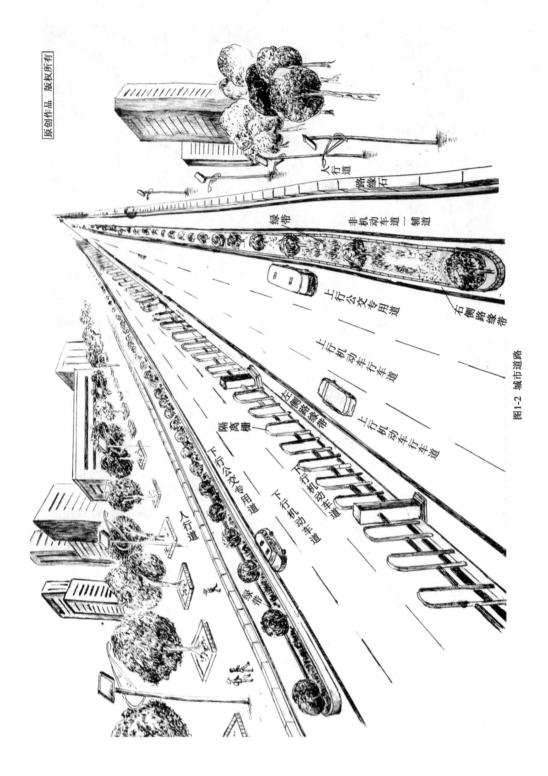

图1-2 城市道路

(三)厂矿道路

厂矿道路是指主要为工厂、矿山运输车辆通行的道路,通常分为厂内道路、厂外道路和露天矿山道路。厂外道路为厂矿企业与国家公路、城市道路、车站、港口相衔接的或连接厂矿企业分散的车间、居住区之间的道路。

(四)林区道路

林区道路是指修建在林区,供林业运输车辆通行的道路。

(五)专用道路

专用道路为专门目的而修建,有着特殊的设计标准和要求。如运煤专线、大型设备运输专线、战备专用道路、大型水利工程、大型核电工程、航空航天工程专用线以及旅游专用公路等。

(六)农村公路

按照现行《农村公路建设管理办法》规定,农村公路是指纳入农村公路管理规划,并按照公路工程技术标准修建的县道、乡道、村道及其所属设施,包括经省级交通运输主管部门认定并纳入统计里程的农村公路。包括公路桥梁、隧道和渡口。

应当说明,随着交旅融合发展模式的不断探索和推进,未来有可能在上述道路类型中将旅游公路单独作为一类来列出。

特别指出,上述各类道路在设计和施工时相应的依据及具体要求不尽相同,使用的规范、标准、规程的出处和内容也不同。一般而言,公路设计、施工、监理要采用交通运输部(原交通部)颁发的相应规范、标准和规程及其拓展延伸的国家规范、标准和规程;城市道路则采用住房与城乡建设部(原建设部)颁发的相应规范、标准和规程及其拓展延伸的国家规范、标准和规程;林区道路则是采用自然资源部(原林业部)颁发的相应规范、标准和规程及其拓展延伸的国家规范、标准和规程。关于这一点要特别注意,切莫"张冠李戴"。

二、道路的分级与技术标准

多种道路中,覆盖面最广和规模最大的莫过于公路和城市道路。下面分别介绍常用的公路和城市道路的基本组成与设计的技术标准等相关知识。

(一)道路的分级

1. 公路的分级

公路分级包括行政分级与技术分级两种。

(1)行政分级

公路的行政分级分为国道、省道、县道、乡道、村道及专用公路六个等级。其中,将国道和省道称为干线公路;县道、乡道、村道称为农村公路。国道是指公路网中具有全国性的经济、政治意义的干线公路,包括重要的国际公路,国防公路,连接首都与各省、自治区首府和直辖市的公路,以及连接各大经济中心、港站枢纽和战略要地。国道由国家统一规划,并确定为国家主要干线的公路;省道是指具有全省(自治区、直辖市)经济、政治意义连接省内中心城市和主要经济区的公路,以及不属于国道的省际间的重要公路。省道一般由省级有关部门规划建设的道路；县道是指除国道、省道以外的县际间公路以及连接县级人民政府所在地与乡级人民政府所在地和主要商品生产、集散地的公路；乡道是指除县道及县道以上等级公路以外的乡际间公路以及连接乡级人民政府所在地与建制村的公路；村道是指除乡道及乡道以上等级公路以外的连接建制村与建制村、建制村与自然村、建制村与外部的公路，但不包括村内街巷和农田间的机耕道。

我国的国道、省道、县道、乡道和村道及专用公路是根据走向等因素编号。国道用国道标识符 G 代表；省道用省道标识符 S 代表；县道用县道标识符 X 代表；乡道用乡道标识符 Y 代表；村道用村道标识符 C 表示；专用公路用标识 Z 表示。根据国道走向，国道编号由字母标示符 G 和 3 位阿拉伯数字组成，北京出发 1 开头，如国道 G101 等；南北干线 2 开头，如国道 G208；东西干线 3 开头，如国道 G307 等。国家高速公路的数字编号分别用"1、2、4"标示首都放射线、南北纵线与东西横线以及联络线。根据 2017 年 9 月实施的中华人民共和国国家标准《公路路线标识规则和国道编号》(GB/T 917—2017) 规定，我国有 12 条射线，47 条纵线，60 条横线和 81 条联络线，总里程 26.5 万公里的国道。普通国道以全国为范围编制系列顺序号，首都放射线从正北方向起，总体上按顺时针方向排列；北南方向按路线方向纵向排列，总体上由东向西顺序编号；东西横线按路线横向排列，总体上按由北向南顺序编号。高速公路采用单独编号。根据《公路路线标识规则和国道编号》(GB/T 917—2017)，高速公路牌由汉字红底白线的国家高速字样以及字母标识＋数字组成。国家高速公路采用 G＋数字，与国道一致；地方高速采用黄底黑字，采用 S＋数字，与省道一致；地方高速公路采用 S 加两位数字进行编号。数字编号采用 1 位数 2 位数和 4 位数，首都放射线采用 1 位数，如北京到哈尔滨的京哈高速，冠以"国家高速"，代号 G1；纵线和横线采用 2 位数；城市绕城环线和联络线采用 4 位编号。目前我国的国家高速公路有 7 条射线、11 条纵线、18 条横线、16 条并行线及 104 条联络线，总里程 11.8 万公里，另有 1.8 万公里的展望线，共规划和建设国家高速公路 13.6 万公里。这些尚不包括远期可能规划的新疆乌鲁木齐到西藏拉萨的高速公路。

(2) 技术分级

我国公路按照技术分级分为高速公路、一级公路、二级公路、三级公路和四级公路五个等级。其中，高速公路以外的其他公路称为普通公路。公路分级的依据是功能、任务和交通量。我国公路等级的划分详见现行《公路工程技术标准》(JTG B01—2014)，具体见表 1-1。表中同时列出了我国最初制定标准时的各级公路划分的文字描述和新标准描述，可供读者对照参考。

我国公路等级的划分　　表 1-1

等级	高速公路			一级公路		二级公路	三级公路	四级公路	
	四车道	六车道	八车道	四车道	六车道	双车道	双车道	双车道	单车道
制定标准当初赋予各级路的功能和主要任务		具有特别重要的经济、政治、旅游、开发等意义。高速公路是专供汽车分道、分向并全部控制出入的公路。其特点是全线封闭、全部立交、固定进出、汽车专用、分向分道		连接高速公路或是大中城市的城乡接合部以及人烟稀少的干线公路		中等以上城市的干线公路或者是通往工矿区或港区的公路	沟通县乡城镇之间的集散公路	沟通乡村等特别困难地区的公路	

— 6 —

续上表

等级	高速公路			一级公路		二级公路	三级公路	四级公路	
	四车道	六车道	八车道	四车道	六车道	双车道	双车道	双车道	单车道
公路工程技术标准（JTG B01—2014）定义	高速公路为专供汽车分方向、分车道行驶，全部控制出入的多车道公路			一级公路为专供汽车分方向、分车道行驶，可根据需要控制出入的多车道公路		二级公路为专供汽车行驶的双车道公路	三级公路为专供汽车、非汽车交通混合行驶的双车道公路	四级公路为专供汽车、非汽车交通混合行驶的双车道或单车道公路	
适宜的年平均日交通量	15000 以上					5000~15000	2000~6000	2000 以下	400 以下

2. 城市道路分级

就城市道路在城市道路网中的地位、交通功能以及对居民社区和公共场所及政府机关等服务功能的不同，我国将城市道路分为四类，即快速路、主干路、次干路和支路。除快速路外，每类道路按所在城市的规模、设计交通量、地形等的不同，再次进行分级。

(1)快速路：快速路为城市中大流量、长距离、快速交通服务的重要道路。对向车道设置分隔带，有自行车通行时，加设两侧带辅道，进出口应采用全控制或部分控制。与高速公路、快速路、主干路相交采取立体交叉，与交通量较小的次干路相交可采用平面交叉，在过路行人集中地方设置人行天桥或人行地道。

(2)主干路：主干路是连接城市主要分区的干路，是城市道路网的骨架。自行车交通量大时，宜采用机动车与非机动车分隔形式，如三幅路或四幅路。

(3)次干路：次干路城市的交通干路，兼有服务功能。次干路与主干路结合组成城市道路网。

(4)支路：支路为次干路与街坊路的连接线，主要是解决局部区域交通，且以服务功能为主。

(二)公路工程技术标准

公路工程技术标准是根据一定数量的车辆，在道路上以一定的计算行车速度行驶时，对道路及其各项工程的设计要求，并将这些要求列成指标和条文从而形成标准规定下来，由部门或国家颁布的指导公路设计、公路施工、工程监理及公路养护的带有技术法律性效应的手册，也是公路设计和施工及养护的基本依据和必须遵守的总则。

从某种意义上讲，公路工程技术标准是根据汽车行驶对道路的要求、驾驶者和乘客判断的感觉以及荷载和环境等方面的要求，在根据相关理论并总结公路科研、设计、施工、养护的经验而制定的，是工程设计、施工、监理的依据，技术标准分国家颁布(代号 GB)、行业颁布(如代号 JT、JS、SY 等)。我国《公路工程技术标准》从 1951 年开始制定，当时叫作《公路工程设计准则》(试行)，其基本内容是照搬苏联的标准翻译稿作少许改动得到的；随后分别在 1954 年、1956 年两次修订，1972 年正式颁布《公路工程技术标准》，后经过 1981 年、1988 年、1997 年、2003 年以及 2014 年几次大的修改，直到目前使用的《公路工程技术标准》(JTG B01—2014)。

应当指出,随着技术进步和经验积累,技术标准今后仍然会不断修改和完善。

《公路工程技术标准》一般包括线形标准、荷载标准和净空标准三类。不论何时出台和更新标准,也不论其章节如何划分,但包括的内容至少由八个模块构成,第一模块一般为设计总则和一般规定,主要介绍公路的使用范围、公路的分级和分类、公路等级选用、设计车辆、设计车速、公路用地和建筑限界、抗震设防、环境保护、技术评价、财务评价、经济评价、安全评估和社会评价等内容。第二模块一般为路线设计标准,主要内容应包括路线设计基本要求和路幅,以内各组成部分的功能要求,如行车道宽度、爬坡车道和变速车道、中间带、路肩、紧急停车带、错车道、辅道等。第二模块是路线平面和纵断面线形设计的技术指标和技术要求,包括视距、直线、平曲线半径、平曲线超高、平曲线加宽、缓和曲线、回头曲线、纵坡及其坡度和坡长、平均纵坡、合成纵坡、高原纵坡、最大纵坡、最小纵坡,竖曲线及其半径、平竖曲线组合等内容。第三模块为路基,内容包括基本要求、路基宽度、路基横断面、路基高度、护坡道、路基防护、路基排水等。第四模块为路面,包括路面设计要求、标准轴载、路面等级划分、路面结构及其类型、路拱横坡、路面排水等内容。第五模块为桥涵,包括桥涵设计的基本要求、桥涵跨径、桥涵设计洪水频率、桥面净空、渡口码头等。第六模块为隧道,包括隧道设计的基本要求,隧道净空、隧道分类、隧道防水、隧道照明、隧道通风以及隧道附属设施等。第七模块为路线交叉,包括公路与公路、铁路、乡村道路、管线交叉设计要求。第八模块为沿线设施,包括交通安全设施、交通管理设施、防护设施、公路绿化和环境保护等。

表1-2列出了公路的主要技术指标,便于读者初步了解技术标准中有哪些主要指标。

各级公路主要技术指标汇总简表　　　　表1-2

公路等级		高速公路			一级公路			二级公路		三级公路		四级公路
设计速度(km/h)		120	100	80	100	80	60	80	60	40	30	30/20
车道数		大于或等于4			大于或等于4			2		2		2或1
车道宽度(m)		3.75	3.75	3.75	3.75	3.75	3.50	3.75	3.50	3.5	3.25	3.00
左侧路缘带宽(m)		0.75	0.5	0.5	0.75	0.5	0.5	0.5	0.5			
右侧硬路肩宽度(m)	一般值	3.00(2.50)			3.00(2.50)							
	最小值	1.50			1.50			1.50				
土路肩宽度(m)	一般值	0.75			0.75			0.75		0.75	0.50	0.5或0.25
	最小值	0.50			0.50			0.75		0.75	0.50	
极限最小半径(m)	10%超高横坡度	570	360	220	360	220	115	220	115			
	8%超高横坡度	650	400	250	400	250	125	250	125	60	30	15
	6%超高横坡度	710	440	270	440	270	135	270	135	60	35	15
	4%超高横坡度	810	500	300	500	300	150	300	150	65	40	20
不设超高的最小半径(m)	路拱坡度小于2%	5500	4000	2500	4000	2500	1500	2500	1500	600	350	150
	路拱坡度大于2%	7500	5250	3350	5250	3350	1900	3350	1900	800	450	200
停车视距(m)		210	160	110	160	110	75	110	75	40	30	20
最大纵坡(%)		3	4	5	4	5	6	5	6	7	8	9

续上表

公路等级		高速公路			一级公路			二级公路		三级公路		四级公路
最大坡长(m)	3%纵坡度	900	1000	1100	1000	1100	1200	—	—	—	—	—
	4%纵坡度	700	800	900	800	900	1000	900	1000	1100	1100	1200
	5%纵坡度	—	600	700	600	700	800	700	800	900	900	1000
	6%纵坡度					500	600	500	600	700	700	800
	7%纵坡度									500	500	600
	8%纵坡度									300	300	400
	9%纵坡度										200	300
	10%纵坡度											200
竖曲线最小半径和最小长度(m)	凸形	11000	6500	3000	6500	3000	1400	3000	1400	450	250	100
	凹形	4000	3000	2000	3000	2000	1000	2000	1000	450	250	100
	长度	100	85	70	85	70	50	70	50	35	25	20
桥涵设计车辆荷载		公路-Ⅰ级			公路-Ⅰ级			公路-Ⅱ级		公路-Ⅱ级		
设计服务水平		三级			三级			四级		四级		—
路基设计洪水频率		1/100			1/100			1/50		1/25		酌情确定

注:本表仅为简单汇总,所列各项指标按现行标准有关条文规定摘录。

上表是按我国《公路工程技术标准》(JTG B01—2014)(以下简称新标准)归纳摘录,由于该标准并未规定路基宽度具体数值,为各地使用方便起见,在确定路基宽度时,可参照《公路工程技术标准》(JTG B01—2003)(以下简称旧标准)规定并结合新标准论证确定。

第二节 道路路线与养护放线技术基础

在道路的修复性养护和改、扩建工程中,经常用到恢复中线的技术,即与道路路线密切相关的知识。

按照通俗的说法,道路是由平、纵、横映射出的一条带状的三维空间实体(图1-3),承受着行车荷载和自然因素的综合作用。这个带状三维空间实体,可以分解为平面、纵断面和横断面,如图1-4所示。道路是通过外业勘测与内业设计形成的,上述道路实体三面分解的原理可以从传统的道路外业勘测的一次定测相关作业组的外业工作与其内业工作内容揭示。传统的外业勘测一般由选线、测角、中桩、水平、横断、地形、桥涵、调查、地质、综查(含随从内业)十个作业组别组成的勘测队,通过大量工作取得设计资料。根据外业资料在室内进行设计的工作称为内业设计。

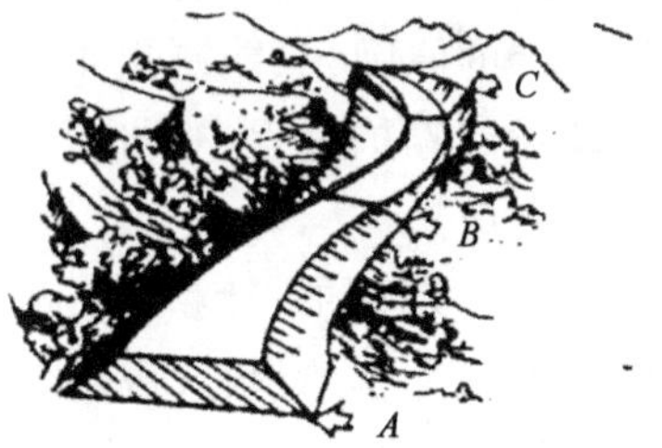

图1-3 带状公路实体

上列前五个外业作业组工作完成后,确定了道路中心线的平面位置和沿中心线及两侧一定范围的原地面高低起伏状况,据此,设计人员可绘出路线纵断面图中的地面线(此地面线相当于沿道路中心线竖剖切面与原地面交线拉直后的图形)和沿中线每隔一定距离(每个桩位左右)一定范围的地面高低起伏状况图,即横断面地面线(图1-5)。然后考虑一系列技术和经济上的要求,可画得(拉坡)设计纵坡线,在转坡点处设置竖曲线后得到将来路基顶面(准确地说为路肩边缘)位置。再以中心设计线高度按道路横向各处设计断面形状(即设计标准断面)向两侧拓宽(称戴帽子)形成路基(图1-5)。因此,从勘测设计角度布置道路中线可有两种做法:一是,先在航测或采用其他方法测定的高精度、大比例尺地形图上作纸上定线,然后按图上与实地路线的比例关系放到实地上,这种做法,一般用于高等级公路的勘测和设计;二是,直接在实地布置导线(称选线),然后布置中线,进而完成整个路线的布置。

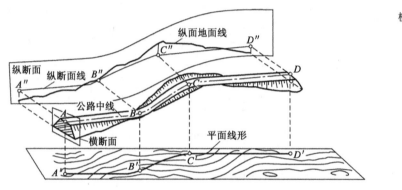

图1-4 带状公路实体分解成平面、纵断面和横断面示意图

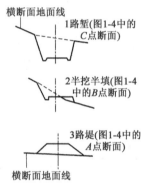

图1-5 横断面图

综上所述,具有线形带状构筑物的道路是在中心线基础上向两侧按设计断面形状拓宽形成的,即道路线形是由中线形状决定的,且不论纸上定线还是实地定线,都需要研究道路中线形状问题。这个问题属于道路平面设计范畴,平面设计主要是研究道路路线的线形形状、设计标准、定位和定形技术。线形组成是指道路空间带状构筑物在设计中的平面表达方式,一般是研究道路中心线的平面投影。道路中线在设计中是用连续顺滑的粗实线条叠画在带状地形图上,而在实地一般用桩来标定。特别指出的是,用桩标定在原地面上的中线和道路建设过程中及建成以后的中心线的平面投影是一致的。这是因为,尽管桩点是在具有高低起伏的原地面上布置,但测角使用的经纬仪或全站仪在仪器构造上的原因,只能测出水平角且量距是水平距离,即操作的结果是水平投影。因此道路建设或养护过程中所进行的任何一次放线及其建成后的中心线桩号与原地面桩号要一一对应。

道路实体的设计和施工顺序:首先,设计确定道路平面(即中线),施工和养护时预先放出施工中心线;其次,设计确定纵断面(即路顶面),施工和养护时控制路基顶面高程;再次,设计确定各断面形状和尺寸,施工和养护时进行各断面施工放样。

一、道路中线及其形状

按照现代的提法,道路由线形组成和结构组成两部分组成。线形组成主要研究道路中心线的线形形状及定位与定形技术中涉及的若干问题;结构组成主要研究道路主体工程和附属设施的作用与构造、结构强度和稳定性分析等内容。

(一)道路基本线形

由于现代道路是供汽车行驶的,所以道路中心线形状必须要满足汽车的行驶规律。这就需要从理论上明确汽车行驶和安全行驶条件。换言之,无论道路是何种形状,都要与汽车行车轨迹相适应,并满足安全畅通、舒适美观、速度连续和视觉连续及保护环境、适应景观的现代道路设计理论。科学合理的基本道路线形是根据实地轨迹调查、理论轨迹分析(驾驶员操作转向盘的方式和动作的分析)和面轴关系研究(前轮旋转面和车身纵轴关系研究)结果,分析得出汽车直行时轮印和车体的运行轨迹为一条连续直线;汽车转弯有圆弧曲线和回旋曲线两种情况,也就是说,行驶轨迹是由直线、圆曲线、回旋线这三种线形组成,将此三种线形叫作道路的基本线形。因此,我国道路线形不论如何复杂(图1-6),均是由连续直线、回旋曲线和圆弧曲线这三种基本线形构成。

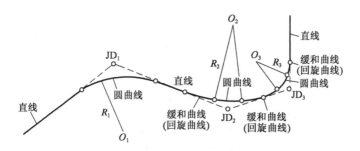

图 1-6 道路平面投影由直线和曲线构成

(二)道路实用线型

由上述三种基本线形构成的道路实际线形中的曲线类型(简称实用线型)多达十几种,大体上可分为单曲线和复曲线两类,如表1-3所示。

在直线型定线法中,单曲线是指一个或多个交点处设一个半径的曲线。单曲线可分为简单型单曲线、基本型单曲线和凸形单曲线三种。复曲线通常是在两个(或两个以上)相邻同向或反向较近的交点处,设置不同半径或不同参数的曲线并相互对接后(对接处相邻曲线必须径向相接,并有公共切线),再与导线连接的曲线形式。复曲线有同向复曲线和反向复曲线两类:同向复曲线有简单型复曲线、基本型复曲线、卵形复曲线、复合型复曲线和C形复曲线等几种;反向复曲线有简单S形和基本S形复曲线两种。其中,卵形复曲线还可以根据是否设置缓和曲线及其设置位置和采用缓和曲线的段落等,派生出若干种卵形复曲线。

道路实际采用的线形(包括各种曲线形式)是由三种基本线形其中之一或组合而成。表1-3列示公路设计中所采用的曲线种类,表中还列出了这些曲线的基本形式和适用条件。

公路采用的曲线种类(基本线形的各种组合)　　表 1-3

曲线种类	交点类别	名称	曲线描述	曲线形式图式
单曲线	实交点 (单交点) 或虚交点 (多交点)	简单型 单曲线	简单型单曲线是指按直线—圆曲线—直线的顺序组合而成的形式。即在路线转折处直接用圆曲线连接两端的直线。简单型单曲线过去习惯上称为单圆曲线。这种曲线的使用场合是当实地地形和地物等条件所选择的平曲线半径大于或等于《公路工程技术标准》(JTG B01—2014)所规定的不设超高的平曲线半径时采用。应该指出,这种曲线在圆弧和直线相接处须做到既相接又相切	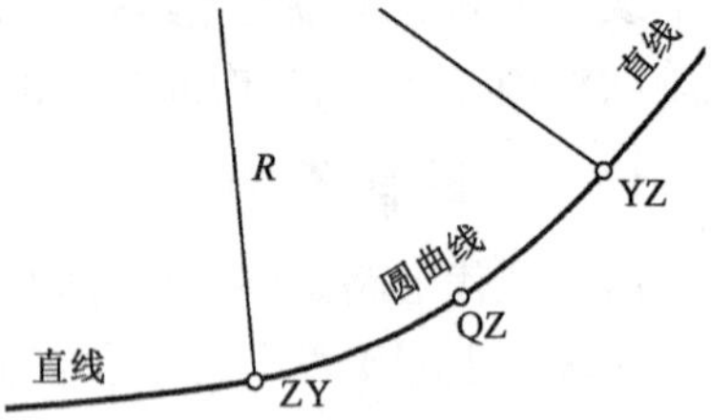
	实交点 (单交点) 或虚交点 (多交点)	基本型 单曲线	基本型单曲线是按直线—缓和曲线(A_1)—圆曲线—缓和曲线(A_2)—直线的顺序组合而成的形式(括号中的 A 表示缓和曲线参数,它是描述曲线缓急程度的参数,其值为缓和曲线长度与连接的圆曲线半径的乘积的平方根)。基本型中的两回旋线参数可以相等(即 $A_1 = A_2$ 时,叫对称基本型),也可以根据地形条件设计成不相等(当 A_1 与 A_2 不等时,叫非对称基本型),但此时 $A_1:A_2$ 不应大于 2.0,最常用的是对称型。从线形的协调性看,最理想的基本型曲线宜将回旋线、圆曲线、回旋线的长度比设计成 1:1:1。基本型曲线的使用条件是当实地所选半径小于《公路工程技术标准》(JTG B01—2014)规定的不设超高半径时采用	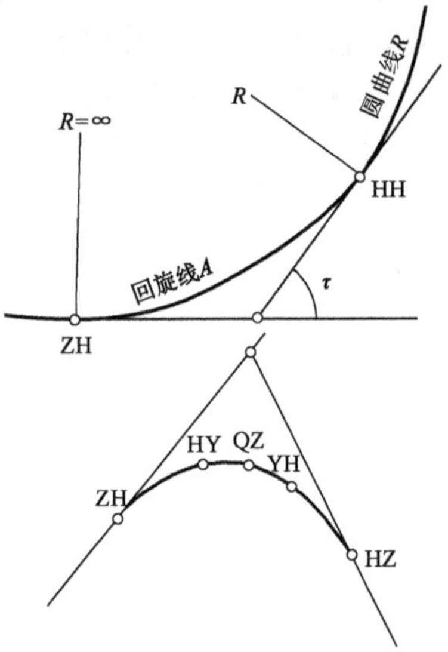
	实交点 (单交点) 或虚交点 (多交点)	凸型 单曲线	凸型单曲线是指两同向缓和曲线段间,不插入圆曲线而直接相衔接后再与相邻直线衔接的线形组合形式,如右图所示。 　　在设计凸型曲线的回旋线时,其参数及其连接点的曲率半径,应分别符合最小回旋线参数和圆曲线一般最小半径的规定。凸型曲线尽管在各衔接处的曲率是连续的,但因中间圆曲线的长度为 0,对驾驶操纵也会造成一些不利因素,所以只有在路线严格受地形、地物及技术标准等限制处,方可采用凸型曲线,一般情况下不宜采用	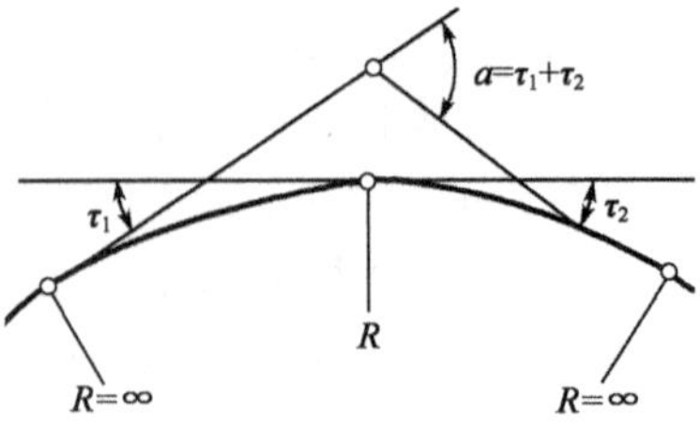

续上表

曲线种类	交点类别	名称	曲线描述	曲线形式图式
复曲线	同向复曲线	简单型复曲线	简单型复曲线是按直线—圆曲线(R_1)—圆曲线(R_2)—直线的顺序组合而成的形式。简单型复曲线的设置场合：当两个或两个以上相同方向偏角的相邻交点间，根据实际地形、地物等条件，所选择的实际曲线半径均大于现行《公路工程技术标准》（JTG B01—2014）规定的不设超高的曲线半径，且由此计算的两相邻圆曲线半径之比在1.5以内时，应设置成简单型复曲线	
		基本型复曲线	基本型复曲线是指两圆曲线径向连接后分别再带上回旋线（缓和曲线）而后与相邻直线连接的曲线组合，即按直线—缓和曲线(A_1)—圆曲线(R_1)—圆曲线(R_2)—缓和曲线(A_2)—直线的顺序组合构成。基本型复曲线是的设置场合：当两个相同方向偏角的相邻交点间根据实际地形、地物等条件所选择的两曲线半径均小于《公路工程技术标准》（JTG B01—2014）规定的不设超高的曲线半径，且由此计算的中间直线段短于6倍设计车速并且两相邻曲线半径之比在1.5以内时设置成此种形状的复曲线	
		卵型复曲线	卵型复曲线是指两个或多个半径悬殊（两圆半径之比超过1.5）的圆曲线间，通过一段回旋线连接两相邻圆曲线的曲线形式。卵型曲线有多种形式，最典型的卵型曲线是按照直线—缓和曲线(L_{S1})—圆曲线(R_1)—缓和曲线(L_F)—圆曲线(R_2)—缓和曲线(L_{S2})—直线的顺序组合构成。卵形曲线的设置条件是，当由实地地形、地物等条件结合《公路工程技术标准》（JTG B01—2014）要求，而选定的主曲线半径与反算的副曲线半径的比值大于1.5倍时采用。这种曲线亦称为"复中设缓的复曲线"	
		复合型复曲线	复合型复曲线是指两个及两个以上的同向缓和曲线，在曲率相等处径相连接的组合形式。复合型的两个回旋线参数之比宜$A_2:A_1=1:1.5$，复合回旋线除了受地形和其他特殊限制的地方外，正常路段上一般很少使用，多出现在互通式立体交叉匝道线形设计中	

— 13 —

续上表

曲线种类	交点类别	名称	曲 线 描 述	曲线形式图式
复曲线	同向复曲线	C型复曲线	C型复曲线是指同向曲线的两回旋线在曲率为零处径相衔接的形式。该种复曲线的回旋线相连接处的曲率均为零,即相接处的曲率半径 $R=\infty$,相当于两同向曲线中间直线长度为0,对行车和线形都有一定影响,所以C型曲线只有在特殊地形条件下的路段上方可使用。可用在环形交叉的中心岛设计中	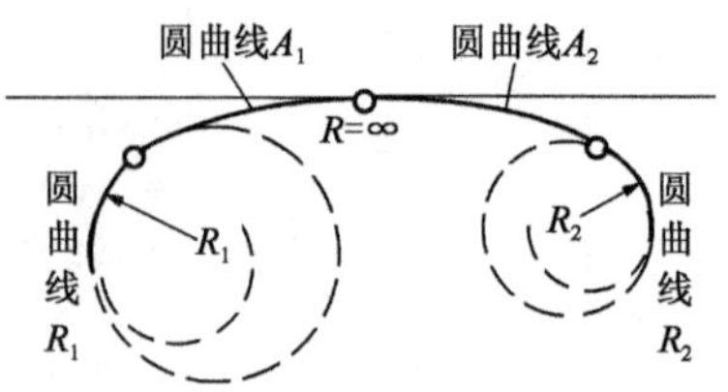 圆曲线A_1 圆曲线A_2 $R=\infty$ 圆曲线R_1 圆曲线R_2
		简单S型复曲线	简单S型复曲线指两相邻反向圆曲线直接对接后再与相邻导线连接的形式	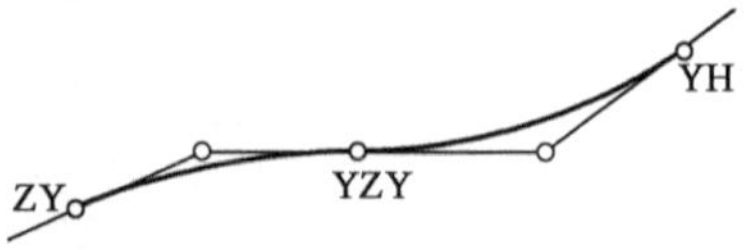 ZY YZY YH
	反向复曲线	基本S型复曲线	基本S型复曲线是指两相邻反向圆曲线各用一段回旋线对接后再相互连接的形式,与直线相接处视实际情况可设置或不设回旋线。理想的基本S型复曲线的相邻两个回旋参数A_1与A_2宜相等(A为回旋线参数,其值等于曲线半径乘以缓和曲线长度的平方根)。当采用不同的参数时,A_1与A_2之比应小于2.0,有条件时以小于1.5为宜。此外,在S型曲线上,两个反向回旋线之间不设直线,是行驶力学上所希望的,不得已插入直线时,必须尽量地短,其短直线的长度或重合段的长度应不超过两相邻回旋线参数之和的1/40。基本S型复曲线的两相相邻圆曲线半径之比不宜超过1/3。	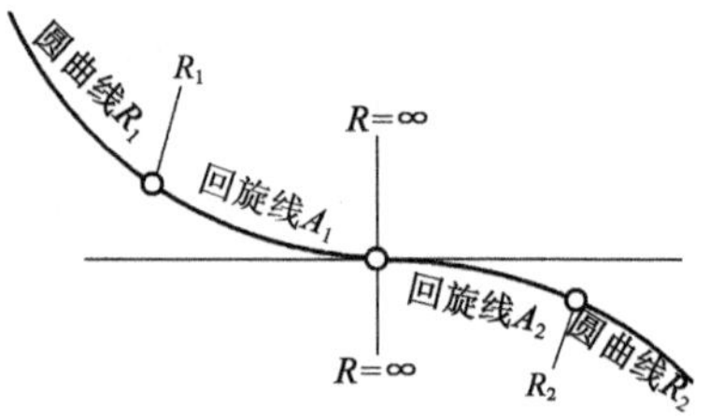 圆曲线R_1 回旋线A_1 $R=\infty$ 回旋线A_2 圆曲线R_2 $R=\infty$

上述各类曲线设置,并非随心所欲,往往是不得已而为之。至于最终设置成何种曲线形式,主要视实地地形条件、技术标准要求、导线布置方式、特殊地段处理、视察报告意图等因素来具体选择。

二、路线与桥隧控制导线

路线定位应严格遵守"先控制、后碎部,由整体,到局部,由高精度到低精度"的基本控制原则。按此原则,恢复路线或养护放线的程序是先测量导线,再测量路线。有览鉴于此,养护作业人员需要明确有关导线的知识。

(一)定线控制

1. 单导控制

我们将由交点和转点构成的导线称为"顺路导线",如图1-7b)所示。这种导线在路线勘测一次定测中非常重要,因为直到21世纪初,道路测设基本上是以顺路导线为控制基准的测设方法,可称为顺路导线法。例如:切线支距法、切线偏角法、中央纵矩法等等十几种曲线测设方法,均是以顺路导线为基准的系列方法。交点和转点桩一般采用木方桩并以桩顶钉小铁钉表示点位。详细定点主要方法有切线支距法、切线偏角法、中央纵距法、延长弦线法、弦线偏距法、改移切线法、平移切线法、双仪交汇法等。单导控制由于直观明确、受仪器影响的因素小等优点,至今仍然被人们认同和使用。

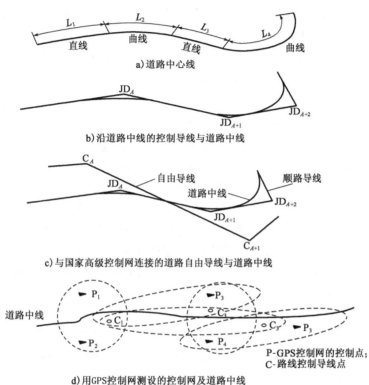

图1-7 路线与桥隧控制导线和控制网示意图

2. 双导控制

当采用用直线形定线法时,一般布置两套导线:第一套导线是在路线附近布置一套导线,称为自由导线,如图1-7c)所示。这种导线的导线点一般用钢筋混凝土包芯桩表示点位,桩顶一般埋有刻十字印痕的粗钢筋标示的点位;第二套导线由交点和转点连接而成的顺路导线,交点和转点桩一般用木方桩并以桩顶钉以小铁钉表示点位。双导控制的自由导线点测量一般是测量每条导线边长度和每两条导线边所夹的右角。测量时一般与国家高级控制网联测,即坐标一般采用高斯坐标,而且这些坐标必须是在边角误差以及闭合差均符合要求的前提下由平差计算所得到的坐标。该法详细定点一般是用全站仪以坐标法来定点。

3. 布网控制

布网控制如图1-7d)所示。先在测区外围找一些高级GPS控制点,然后在道路附近布置"道路控制点"。分别置GPS仪于"GPS控制点"和"道路控制点"上,以"两定一"的办法逐个确定道路控制点的位置,最后根据道路控制点确定道路中线。一般可采用四等GPS网控制测设和放样道路中线。

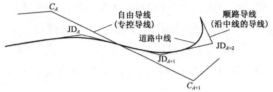

图1-8 顺路导线与自由导线关系示意图

（二）顺路导线与自由导线

无论是道路勘测设计、施工放线还是道路养护，都要涉及路线和结构物定位。路线定位的规范做法通常按照"先控制，后碎部"的原则进行，按此原则，先设置路线导线，而后再布置中线。如图1-8所示，导线分自由导线和顺路导线两类。顺路导线是在顺路方向布置的折线，折线上的点有转点（我国以 ZD 表示，国外以 TP 表示）和交点（我国以 JD 表示，国外以 IP 表示）。转点是设置在导线同一方向上的导向点，通常在两点不通视，或虽然通视但为低洼地段，或距离较远时设置；交点是指道路路线方向发生偏转的转折点。

（三）路线桩点定位依据

道路中线在设计图上是用一条光滑连续的线条表示的，而在实地放线或在纸上设计都是用桩点位置标示的，因此需要研究道路中心线的桩点计算问题。

勘测定线和施工放线中，都要先确定出曲线定位控制主点，它是以一定的已知条件为前提，尽管现代的道路测设已由传统的顺路导线测设法（即用钢尺与经纬仪等配合的单导控制测设法），向全站仪为主的自由测站法（双导控制法）直到 GPS 仪为主的布网控制测设法。而按照万变不离其宗的道路，传统的顺路导线测设法，提示了路线定位技术的根本内涵，也是现代道路测设技术计算的基本依据。以传统的路线一次定测为例，桩点定位的已知条件可归纳为：

（1）导线位置——即 JD 两侧导线的位置，也就是 JD 和 ZD 的位置。它由道路布线和测量确定；概略地讲，是由选线组初选，测角导线组准确标定。

（2）分角桩位——测角组九项工作之一，由测角组定出。

（3）JD 的里程——当按传统方法操作时，JD 和 ZD 的位置是由中桩组沿线丈量或用测距仪测距并计算而得；当用全站仪或 GPS 仪定设导线时，已在布置导线时测得交点间距。据此可由下述方法推算求得某 JD 桩号：当计算 JD 为第一个 JD 时，其 JD 桩号为路线起点到 JD 之水平距离，此距离用全站仪分段测之或用钢尺一次分段丈量；当计算 JD 非第一个 JD 时，逐个计算 JD 桩号，其 JD 桩号为前一个 JD 处曲线的终点桩号加上本 JD 到前一个 JD 处曲线终点之间的距离。

（4）路线转角——JD 处路线转角，在实地由测角组测定右角后推算出；纸上定线时在地形图上用正切法算得。

（5）基线长度——在拟设的虚交单曲线或复曲线处用钢尺往返丈量或用视距仪测定的精度不低于 1/5000 的两个（或多个）相邻交点之间的距离（称基线长）。

以上几个条件（交点位置和桩号、沿中线的导线前方的转角和某 JD 处相邻导线的实地位置），在路线曲线设计中均作为已知条件来考虑。

三、道路曲线定位与定形依据

1. 曲线定位主点

曲线布置的关键问题是建立已知因素和未知因素间的关系，这里所说的已知因素是指路线的导线（一般指顺路导线），未知因素是指曲线主控点，简称曲线主点。布置原则是指先设曲线主点,而后加密。曲线主点是指曲线的起、中、终点以及不同半径或不同形状曲线间的衔接点。对于简单型单曲线,其主点指:ZY、QZ、YZ;对于基本型单曲线,主点指:ZH、HY、QZ、YH、HZ;简单型复曲线的主点有 ZY_1、GQ、Y_2Z;基本型复曲线的主点有:$ZH、HY_1、GQ、Y_2H、HZ$。

2. 曲线定位元素

曲线元素是各类曲线勘测定线、施工及养护放样中频繁用到的重要概念。我们把控制曲线主点桩位和桩号的要素称为曲线元素。在此,为使读者准确理解曲线元素的概念和作用,现说明曲线元素的几何意义。

研究曲线元素的核心问题是如何根据已知条件(即 JD 的位置和桩号及其两侧相应的导线位置、实测路线转角等)以及选择曲线半径、缓和曲线长度等数据,结合现场导线情况,将曲线布置于实地上。对于某种曲线而言,要判定哪些是其曲线元素,关键要看哪些数值在"顺路导线"已知的前提下,能够确定出曲线主点的位置和桩号。如图 1-9a)所示的实交点简单型曲线,因 JD 桩位和桩号及两侧导线位置已知,要确定 ZY 和 YZ 点,只要计算出这两点沿前、后导线方向的距离便可,我们把这个距离叫切线长,用 T 表示。QZ 点确定同样计算出 JD 至此点沿分角方向的距离即可,这个距离叫外矢距,用 E 表示。三个主点的桩号可以这样推算:ZY 桩号 = JD 桩号 − T;YZ 桩号 = ZY 桩号 + L(注意不等于 JD 桩号 + L,因为路线桩号应沿路线走向而并非沿导线走向);QZ 桩号 = ZY 桩号 + L/2。这里的 L 是圆曲线段的长度,称曲线长。

综上所述,我们把简单型曲线的 T、E、L 叫作简单型单曲线的曲线元素。类似还有其他类型曲线的曲线元素,这些元素相对于导线布设方式不同而异,图 1-9b)为虚交点简单型单曲线与曲线元素,其曲线元素有 T'、T_1、T_2 以及 L。在图 1-9b)中,T' 为 QZ 点的切线与后导线交点 M 以及 QZ 点的切线与前导线的交点 N 至 YZ 点的距离;T_1 和 T_2 分别表示 ZY 点和 YZ 点沿后、前导线之切线长;L 则表示 ZY 点至 YZ 点的曲线长(图中未标出)。

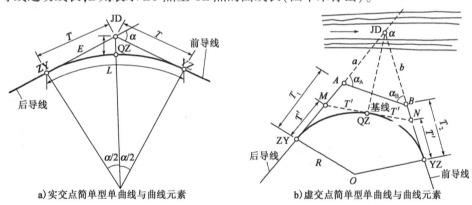

a) 实交点简单型单曲线与曲线元素　　b) 虚交点简单型单曲线与曲线元素

图 1-9　简单型单曲线与面线元素

为使用方便,现将常用简单型和基本型两种曲线的曲线元素列于表 1-4。

简单型单曲线和基本型单曲线主点测设公式(曲线元素)　　表 1-4

代号	含　义	说明或计算公式
JD	交点	先由选线时实地选定,再由测角组标定
α	路线转角	测角组测定顺路导线右角后计算
R	曲线半径	根据地形条件结合技术标准选定

续上表

代号	含 义	说明或计算公式
L_s	缓和曲线长度	依据曲线情况结合技术标准选定
T	圆曲线切线长	$T = R\tan\left(\dfrac{\alpha}{2}\right)$
E	圆曲线外距	$E = R\sec\left(\dfrac{\alpha}{2}\right) - R$
L	圆曲线长	$L = \dfrac{\alpha \pi R}{180°}$
ZY	圆曲线起点(桩号)	ZY 桩号 = JD 桩号 $- T$
QZ	圆曲线中点(桩号)	QZ 桩号 = JD 桩号 $- T + \dfrac{L}{2}$
YZ	圆曲线终点(桩号)	YZ 桩号 = YZ 桩号 $+ L$
P	内移值	$P = y_0 - R(1 - \cos\beta_0) = \dfrac{L_s^2}{24R}$
q	切线增长值	$q = x_0 - R \cdot \sin\beta_0 = \dfrac{L_s}{2} - \dfrac{L_s^3}{240R^2}$
β_0	缓和曲线角	$\beta_0 = \dfrac{L_s}{2R}$ (rad)
T_h	基本型单曲线的切线长	$T_h = (R+P)\tan\left(\dfrac{\alpha}{2}\right) + q$
L_h	基本型单曲线的曲线长	$L_h = (\alpha - 2\beta_0)\dfrac{\pi R}{180} + 2L_s$
E_h	基本型单曲线的外矢距	$E_h = (R+P)\sec\left(\dfrac{\alpha}{2}\right) - R$
x_0	缓圆或圆缓点处的横坐标	$x_0 = L_s - \dfrac{L_s^3}{40R^2}$
y_0	缓圆或圆缓点处的纵坐标	$y_0 = \dfrac{L_s^2}{6R}$
简单型单曲线形式	(图示)	
基本型单曲线形式	(图示)	

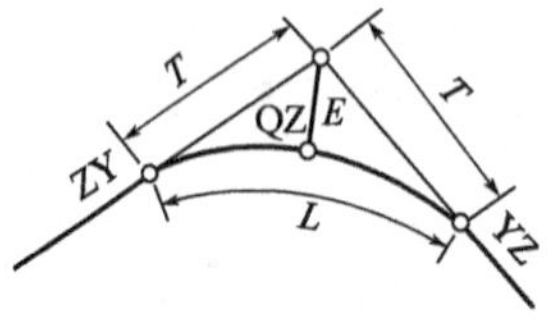

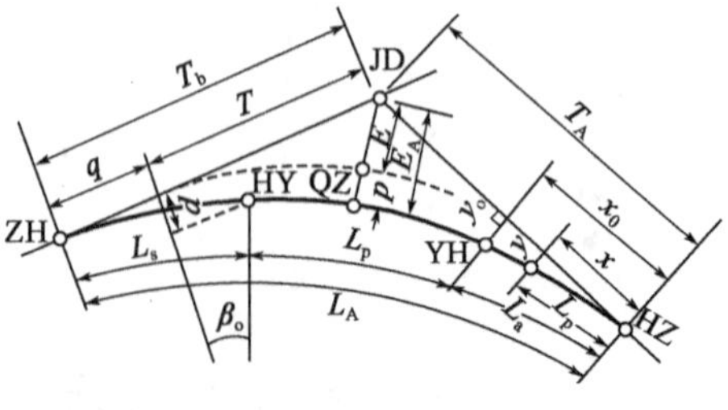

3. 曲线定形计算

道路曲线测设常用公式见表1-5。

道路曲线测设常用公式表　　表1-5

要素名称	符号	单位	计算公式与图示说明
交点	JD	°	选线时实地选定,测角组标定
路线转角	α	°	测角组测定

续上表

要素名称	符号	单位	计算公式与图示说明	
曲线半径	R	m	根据地形条件结合技术标准选定	
缓和曲线长度	L_s	m	根据曲线情况结合技术标准选定	
缓和曲线参数	C	m	$C = L_s \cdot R$	
基本型单曲线的切线长	T_h	m	$T_h = (R+p)\tan\dfrac{\alpha}{2} + q$	$T = R\cdot\tan\dfrac{\alpha}{2} + p\cdot\tan\dfrac{\alpha}{2} + q = R\cdot\tan\dfrac{\alpha}{2} + t$
基本型单曲线的曲线长	L_h	m	$L_h = (\alpha - 2\beta_0)\dfrac{\pi}{180}\cdot R + 2L_s$ 或 $L_h = L' + L_s$	L'——不设缓和曲线时的圆曲线长；L_h——ZH 到 HZ 段的曲线长度(或称曲线总长)
基本型单曲线的外矢距	E_h	m	$E_h = (R+p)\sec\dfrac{\alpha}{2} - R$	E_h 称外距
基本型单曲线的校正数	J_h	m	$J_h = 2T_h - L_h$	J_n 称为校正值,曾称超距
缓和曲线上任一点的横坐标	x	m	$x = L_p - \dfrac{L_p^5}{40C^2}$ $x = L_p - m\left(\dfrac{L_p}{L_s}\right)^5$	L_p——缓和曲线上任一点至曲线起点之间的水平距离,称曲线长。 $m = \dfrac{L_s^3}{40R^2} = L_s - x_0$ $C = \sqrt{RL_s}$
缓和曲线上任一点的纵坐标	y	m	$y = \dfrac{L_p^3}{6C} - \dfrac{L_p^7}{336C^3}$ $y \approx y_0\left(\dfrac{L_p}{L_s}\right)^3$	R 较大, L_p 较小时,或相 L_p 相比 L_s 较小时,第二项可略去,即得第二式
HY(YH)的横坐标	x_h	m	$x_h = L_s - \dfrac{L_s^3}{40R^2}$	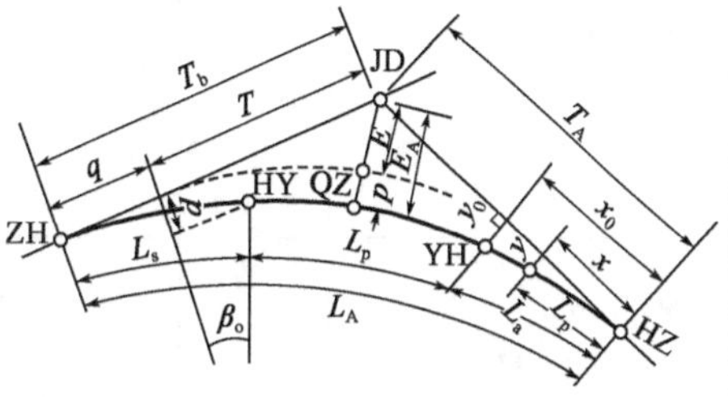
HY(YH)的纵坐标	y_h	m	$y_h = \dfrac{L_s^2}{6R} - \dfrac{L_s^4}{336R^3}$	
HY(YH)点的缓和曲线角	β_0	°	$\beta_0 = \dfrac{L_s}{2R}$ $\beta_0 = 28.6479\dfrac{L_s}{R}$	
任一点的缓和曲线角	β	°	$\beta = \dfrac{L_p^2}{2C}$ $\beta = \beta_0\left(\dfrac{L_p}{L_s}\right)^2$	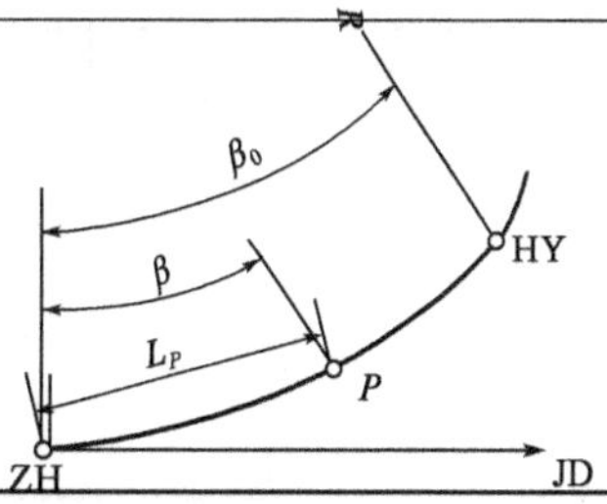

续上表

要素名称	符号	单位	计算公式与图示说明
缓和曲线切线增长值	q	m	$q = \dfrac{L_s}{2} - \dfrac{L_s^3}{240R^2}$ 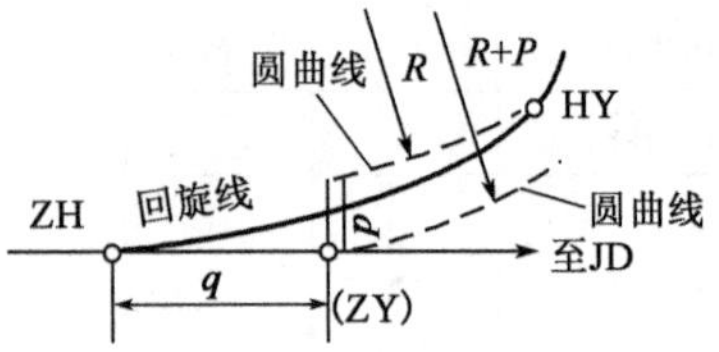
圆曲线内移值	p	m	$p = \dfrac{L_s^2}{24R}$
缓和曲线起点切线	T_d	m	$T_d = x_0 - y_0 \cdot \cot\beta_0$ 或 $T_d = \dfrac{2}{3}L_s + \dfrac{11L_s^3}{1260R^2}$ 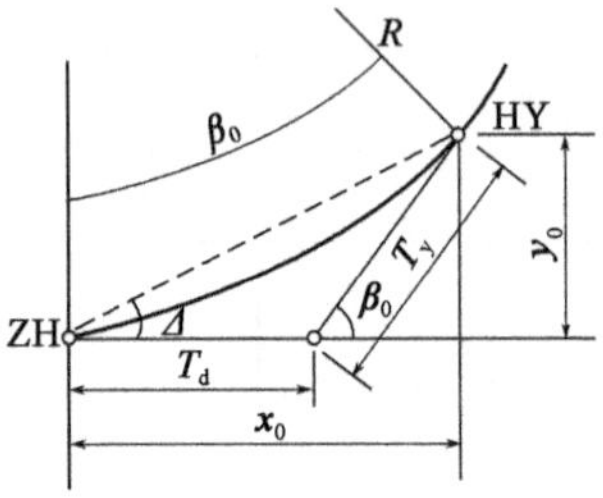
缓和曲线终点切线	T_y	m	$T_y = y_0 \csc\beta_0$ 或 $T_y = \dfrac{L_s}{3} + \dfrac{L_s^3}{126R^2}$
ZH(HZ)前视缓和曲线上任一点的偏角	Δ	°	$\Delta = \dfrac{L_p^2}{6C}$ 或 $\Delta = \dfrac{\beta}{3}$ $\left[\text{其中},\beta\left(\dfrac{L_p^3}{2RL_s}\right)\right]$ 或 $\Delta = \dfrac{1}{3}\beta_0\left(\dfrac{L_p}{L_s}\right)^2$
缓和曲线上任一点后视 ZH(HZ)的偏角	Δ_z	°	$\Delta_z = 2\Delta$ 或 $\Delta_z = \dfrac{2}{3}\beta_0\left(\dfrac{L_p}{L_s}\right)^2$ 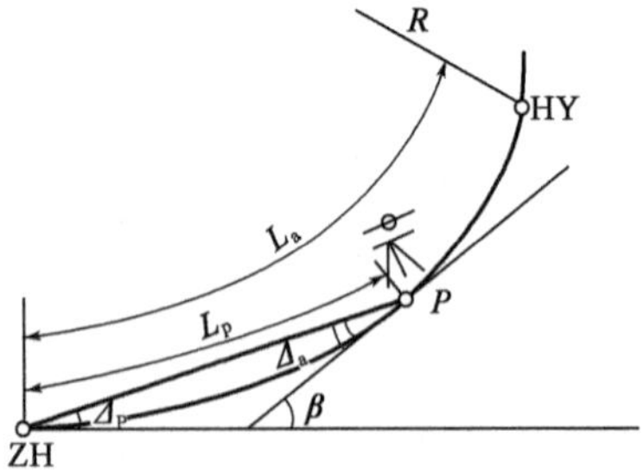
缓和曲线上任一点后视另一点的偏角	Δ_N	°	$\Delta_n = \dfrac{L_N}{6C}(3L_p - L_n)$ $\Delta_N = \dfrac{9.55L_N}{C}(3L_p - L_n)$ 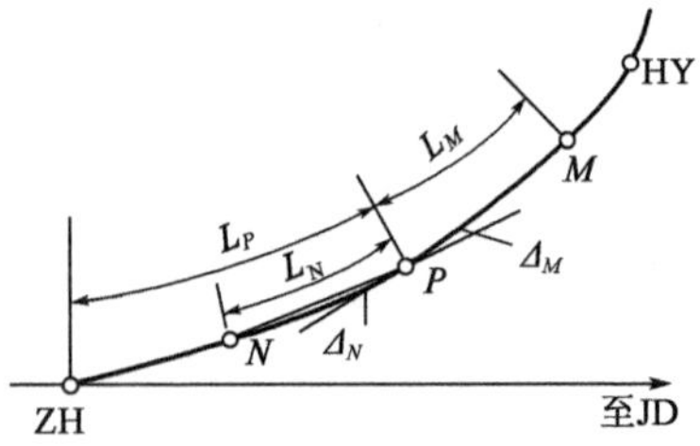
缓和曲线上任一点前视另一点的偏角	Δ_M	°	$\Delta_M = \dfrac{L_M}{6C}(3L_p + L_q)$ $\Delta_M = \dfrac{9.55L_M}{C}(3L_p + L_q)$

续上表

要素名称	符号	单位	计算公式与图示说明
复曲线中小半径圆曲线的相对内移值	P_F	m	$P_F = \dfrac{L_F^2}{24R_F}\left(\dfrac{1}{P_F} = \dfrac{1}{R_2} - \dfrac{1}{R_1}\right)$ 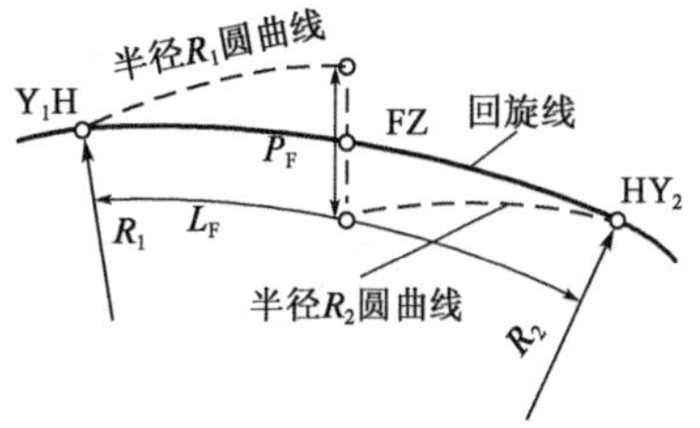
复内线中间缓和曲线段的长度	L_F	m	$L_F = \dfrac{C}{R_F}$（当曲率参数已定时） $L_F = \sqrt{24R_F P_f}$（当 P_f 已定时） $L_F = \sqrt{\dfrac{R_1 L_{s2}^2 - R_2 L_{s1}^2}{R_1 - R_2}}$ （其中：$P_F = P_2 - P_1$）
复曲线缓和曲线段各点对应于圆曲线点的偏距	d	m	$d = 4P_F\left(\dfrac{L_f}{L_F}\right)^3$ 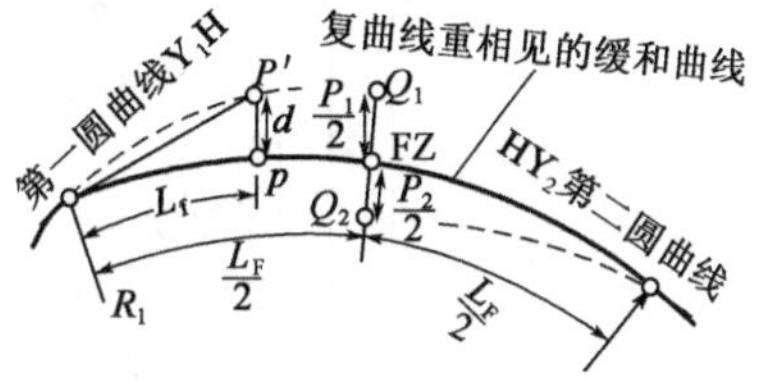
缓和曲线上任一点的切线斜支距	f_P	m	$f_p = \dfrac{L_p^3}{6C} - \dfrac{L_p^7}{908C^3}$ 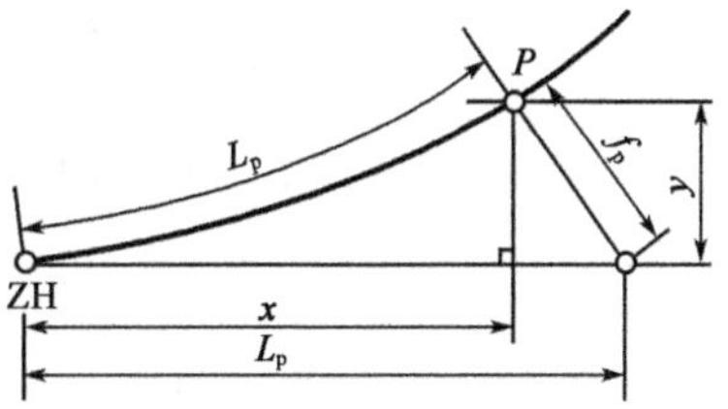
主曲线上任一点的切线斜支距	f_Q	m	$f_Q = \dfrac{L_y^2}{2R} - \dfrac{L_y^4}{72R^3} + p$ 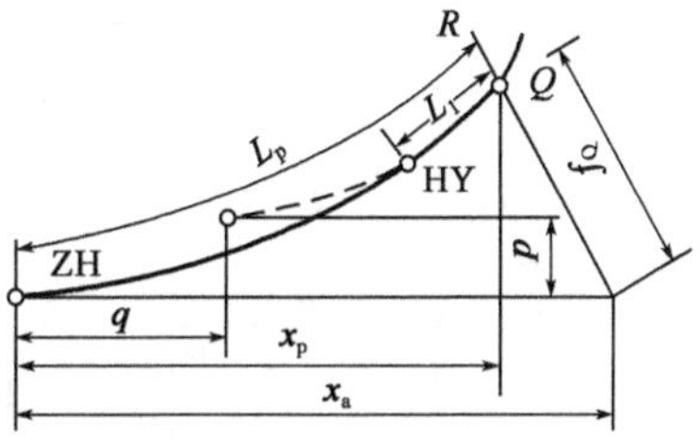
主曲线上任一点的切线支距	x_Q y_Q	m	$x_Q = x_y + q$ $y_Q = y_y + p$ 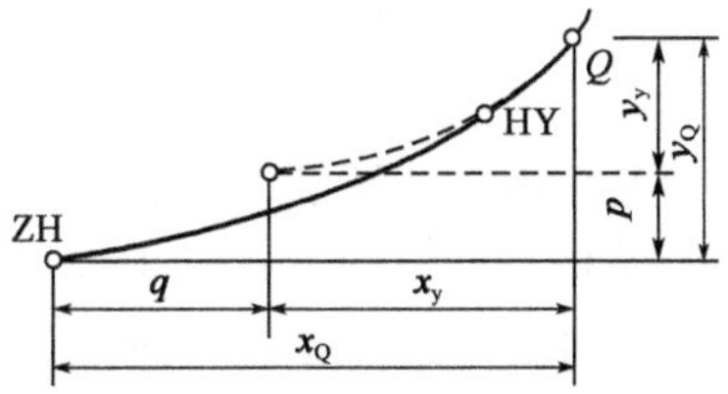

四、顺路导线坐标向高斯坐标的转换

在道路大、中修或改扩建养护工作中,当采用全站仪或 GPS 测量仪器恢复路线或放样关键控制点时,通常是将以顺路导线为基准的坐标,转化为大地坐标(高斯坐标)系统,为此需要进行坐标换算。交点坐标和直线段点以及曲线起终点坐标换算示意如图 1-10 所示;曲线内部换算关系示意如图 1-11 所示。路线中线恢复坐标换算公式见表 1-6。

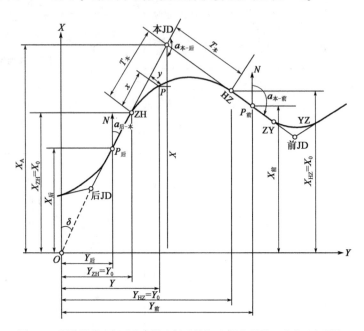

图 1-10　顺路导线坐标系向高斯坐标系转换示意图(导线上点的坐标转换)

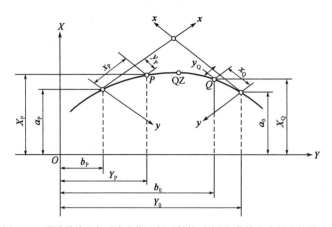

图 1-11　顺路导线坐标系向高斯坐标系转换示意图(曲线上点的坐标转换)

道路平面设计结果表达的技术文件很多,其中"道路平面设计图""导线点坐标表""直线、曲线和转角一览表"和"逐桩坐标表"是其主要文件,有了平面设计图以后,设计部门或项目主管部门就可以了解路线概况,同时施工单位也能对路线位置及所经地带地貌地形与路线关系一目了然,从而进行施工和养护放线。

大地坐标系坐标换算公式表　　　　　　　　　　　表1-6

计算桩点或计算段落			坐标计算公式	
			横坐标	纵坐标
导线点和曲线起终点	交点	JD	$X_本 = X_后 + S_{后～本} \cos\alpha_{后～本}$	$Y_本 = Y_后 + S_{后～本} \sin\alpha_{后～本}$
	曲线起终点	ZH	$X_{本ZH} = X_本 + T_本 \cos\alpha_{本～后}$	$Y_{本ZH} = Y_本 + T_本 \sin\alpha_{本～后}$
		HZ	$X_{本HZ} = X_本 + T_本 \cos\alpha_{本～前}$	$Y_{本HZ} = Y_本 + T_本 \sin\alpha_{本～前}$
直线段	前直线		$X_前 = X_本 + (T_本 + L_x - L_{HZ})\cos\alpha_{本～前}$	$Y_前 = Y_本 + (T_本 + L_x - L_{HZ})\cos\alpha_{本～前}$
	后直线		$X_后 = X_本 + (T_本 + L_x - L_{ZH})\cos\alpha_{本～后}$	$Y_后 = Y_本 + (T_本 + L_x - L_{ZH})\cos\alpha_{本～后}$
曲线段			$X = X_0 + x\cos\delta - y\sin\delta$	$Y = Y_0 + x\sin\delta + y\cos\delta$
公式符号释义			式中：$X_本$、$Y_本$——分别为本交点的高斯坐标； $X_后$、$Y_后$——分别为后交点的高斯坐标； $\alpha_{后～本}$——后交点到本交点连线的正方位角； $\alpha_{本～前}$——本交点到前交点连线的正方位角； $\alpha_{本～后}$——本交点到后交点连线的正方位角； $T_本$——本交点处所设置的曲线之切线长； L_{ZH}、L_{HZ}——分别为本交点处曲线起点和终点处的里程桩号； L_x——计算点的里程桩号； $S_{后～本}$——本交点到后交点之间的导线长度； X_0、Y_0——曲线起点或终点在大地坐标系中的坐标； X、Y——曲线上的点在大地坐标系中的坐标； x、y——曲线上的点在小坐标系中的坐标，对左转曲线的前半个曲线及右转曲线的后半个曲线计算时，y取负，其余条件x和y均取正； δ——两坐标轴（即以曲线的起或终点的切线作为横坐标轴与高斯横坐标轴）所夹的锐角，顺时针为"＋"，反时针取"－"，可取两坐标轴所夹的象限角计算，也就是小坐标轴x相对于大坐标轴X旋转的象限角。如用方位角计算，以上公式当中，x、y前后的正、负号可以自动取定	

第三节　道路路基路面工程基础

道路主体工程包括路基工程、路面工程、桥涵工程、隧道工程、交通工程设施及站场工程等。

一、路基工程

路基是按照路线位置和一定技术要求修筑的，作为路面基础的带状构造物，亦称为路基工程，包路堤、路堑、半填半挖路基、路基挡土墙、路基防护工程。路基是路面工程的基础，它承受由路面传递下来的行车荷载，贯穿公路全线，与桥梁和隧道相连，构成公路的整体。由于路基是行车部分的基础，设计时必须保证其稳定性和承载能力并符合规定的尺寸，以承受汽车和自然因素的作用。为确保路基稳定，不受自然水的侵蚀，道路还应修建排水结构物。排水结构物有地面排水设施和地下排水设施两类，前者如边沟、截水沟、排水沟、桥涵等，山区及宽浅水流处有时修筑渗水路堤和过水路面;后者如渗沟、渗井、暗沟等。路基工程还包括为保证路基稳定或行车安全所修筑的工程设施,如挡土墙、护坡、护栏等。

按照日本曾用的提法,所谓路基是指路槽底面以下 1m 的范围,很显然,这种提法实际上是指路基工作区深度的范围,而路基工作区是指车辆荷载在土体中引起的附加应力相对于土中自重应力而言,前者可忽略不计的土基工作区域。

(一)公路路基与断面形式

道路路基工程实体是一个空间带状工程,可分为路堤、路堑、半填半挖和不填不挖等几种类型,如图 1-12a)、b)、c)所示。路堤是指在原地面上用土、石或其他材料填筑起来的路基。路堤有高路堤、一般路堤和低路堤之分。路堤填高大于 20m 的为高路堤;小于 20m 大于 1m 的为一般路堤;小于 1m 的为低路堤;路堑是指从原地面向下开挖而成的路基。路基的各种断面形式和纵断面设计坡度线的位置以及原地面的纵、横起伏状态有密切的关联。当某桩号处纵断面设计线(设计线由坡度线和竖曲线构成)上的高程和地面线上高程之差为正,即中心为填方时,可能形成的断面形式只能是路堤或者半填半挖形式的路基;当某桩号处的设计线与地面线之差为负时,只能形成路堑或者半填半挖形式路基。每一个桩位断面的具体形式,由原地面起伏状况设计填挖和设计断面形状与尺寸决定。

图 1-12　路基横断面基本形式

路基横断面基本要素如图 1-13 所示。

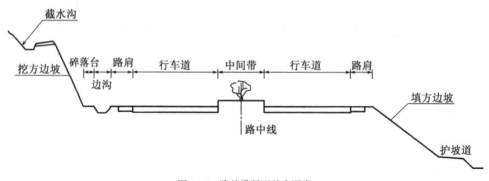

图 1-13　路基横断面基本要素

路堤和路堑的形成过程是先由施工单位按设计进行施工测量(也称施工放样)对其定位和定形,即在路线恢复定线后,将路基基底宽度、护坡道宽度、边沟位置、公路界桩等确定下来,再由施工人员去完成。修复性养护工程及改扩建养护工程的施工过程与新建道路的施工过程相似。

一个完整的路基设计断面,应包括路基宽度(行车道、路肩、分隔带)、边沟、边坡、护坡道、截水沟、取土坑、弃土堆等的形状与尺寸。在此将这些分为路幅内的尺寸与形状与路幅外的尺寸与形状两部分叙述,如图 1-14 及图 1-15 所示。这里路幅内是指路基两侧路肩边缘之内的部分,而路幅外是指两侧路肩边缘之外到公路用地(红线)界限之内间的部分。

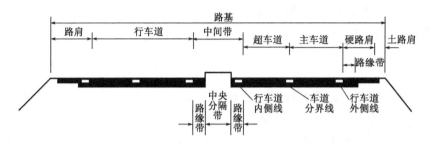

图 1-14　高速公路和具有中央分隔带的一级公路路幅内横断面形式

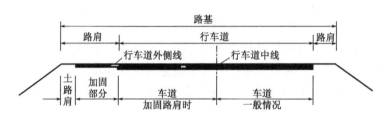

图 1-15　一般公路路幅内横断面形式

路基各组成部分的作用详见表 1-7。对于高速公路,路幅内组成除表列项目外,还有变速车道、爬坡车道、紧急停车带、慢行道及路上设施等。

横断面各组成部分的作用　　　　　　　　　　　　　　表 1-7

名称	路幅外组成			路幅内各部分组成				
	边沟	截水沟	护坡道	行车道	中间带	路缘带	硬路肩	土路肩
作用	排除路面积水	拦截由路基上方流向路基的水流	保护路基边坡	供车辆行驶	1.分隔往返车流,增加通行能力; 2.防止错认对向车道; 3.避免中途调头; 4.可作设置标志和交管设施场地; 5.有利夜间行车安全; 6.提供埋管专用场地	诱导视线并为车辆偶尔驶出车道提供安全保障	1.保护车道结构稳定; 2.供车辆停靠; 3.提供侧向余宽; 4.提供路用设施位置; 5.作为养护操作场地; 6.埋设地下设施; 7.增加弯道视距; 8.可供人自行车通行; 9.增加公路美观; 10.作为警用专道	保护硬路肩

目前我国公路技术分级分为一、二、三、四级和高速公路五个等级。四级公路标准低,一般为单车道或窄的双车道;二、三级公路一般为双车道或加宽的双车道;一级公路和高速公路的

通行能力大,因此一般为四车道、六车道和八车道或更多车道;中间带将两个方向行驶的车辆分开,以保证车安全。

1. 路幅内设计断面组成及其宽度

路幅内设计断面组成一般包括行车道、硬路肩、土路肩、中间带爬坡车道、变速车道、错车道、紧急停车带等。

（1）行车道

行车道是公路横断面最基本的元素,车道宽度是公路横断面的基本特征,车道为车辆出行提供通行条件。车道的宽度和路面状况影响车辆行驶的安全性和舒适性。一条公路的车道数主要根据该路的预测交通量等因素来选定。车道宽度由一条车道的宽度和车道数来决定。一条车道的宽度必须能够满足设计车辆安全行驶并能为相邻车道上的车辆提供余宽。影响车道宽度的因素除车辆宽度和余宽外,还有设计车速、设计交通量和有无路肩以及会车等情况。

行车道应设置排水路拱横坡。从理论上讲实际路面排水应采用不同的路拱形状,如抛物线形、折线叠加圆曲线、改进的抛物线等。对有中央分隔带的四车道高速公路,通常设置单向横坡,对于向外侧拦水埂方向排水的路拱其最高点一般位于中央分隔带的边缘。

（2）硬路肩

硬路肩的功能和作用见表1-7。路肩也应设置适当的横坡以利于排水,硬路肩横坡坡度的确定应在考虑排水的前提下尽量满足车辆适当占用路肩的要求。硬路肩的横坡坡度与相邻的行车道横坡坡度相同,或者比行车道横坡坡度大0.5%~1.5%。

（3）路缘带

高速公路上一般设置用于诱导视线的内外侧路缘带,其作用是用于诱导视线、支撑路面以及提供侧向余宽。路缘带应靠近中央分隔的两侧,在路面形成后以白色路面标线划出范围,一般距离中央分隔带的边缘为0.5m范围的路面部分被划作路缘带。

（4）土路肩

高速公路的硬路肩外侧和没有硬路肩的各级公路上都应设置土路肩,土路肩不仅能提供临时停车的位置,为临时停车提供硬实稳定且与行车道保持一定安全距离的表面,便于养护和紧急停车之用,而且还具有横向支撑路面、承载道路设施（包括防撞护栏等）、改善行车视距的作用。

在有硬路肩的地方,土路肩主要起承载道路设施（包括防撞护栏等）、改善行车视距两种作用。

土路肩的宽度一般为0.50~0.75m;土路肩的横坡坡度一般比路面横坡坡度大0.5%~1%。靠近城镇或混合交通量很大的二级以下公路的土路肩应加固。

（5）中间带

在高速公路和一级公路上要设置中间带,中间带由中央分隔带和左侧路缘带组成,如图1-16所示。中央分隔带两边一般是用路缘石砌筑,高于路面。中央分隔带的两侧与行车道之间保留一定宽度,并以标线与行车道分界,称之为路缘带。它的作用是诱导驾驶人员视线、避免车辆与分隔带路缘石碰撞,增加行车道的净宽,有利于行车。

中间带除特殊需要外,应尽量伸长,不要过多断开,尤其是在紧靠交叉口处,若将中间带断开,易造成车流紊乱。中间带宽度一般为2~4.5m。

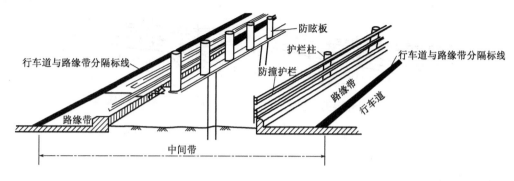

图 1-16　中间带

(6) 爬坡车道

爬坡车道是设置在陡坡路段行车道外侧,专供车辆上坡使用的车道,如图 1-17 所示。最大纵坡确定的目的是考虑了小客车能以平均速度行驶,载重汽车降低车速行驶。但是,当载重汽车的混合率大时,则要降低爬坡路段的通行能力,这时应设置爬坡车道。设置爬坡车道后,将易受坡度影响的低速车分流到爬坡车道上行驶,干道上则保证车辆快速行驶,这样既发挥通行能力,又避免了强行超车,以策安全。欧洲某些国家将增设爬坡车道作为改进公路交通安全的一项措施。

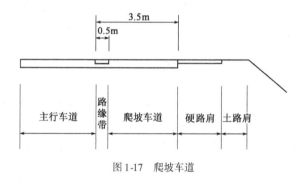

图 1-17　爬坡车道

我国各级公路设置爬坡车道的条件见《公路工程技术标准》(JTG B01—2014)。

(7) 变速车道

变速车道是加速车道与减速车道的总称。加速车道是为驶入干道的车辆在进入干道车流之前,能安全加速以保证汇流所需的距离而设;减速车道是为保证车辆驶出高速公路时能安全减速而设。

变速车道有定向式和平行式两种,如图 1-18 所示。加速车道一般多用定向式,有时也用平行式;减速车道原则上用定向式。

互通式立体交叉的变速车道与服务区、车站等处的变速车道,由于其使用要求不同,其各自的特点也不同。例如,公共汽车停车道除应设变速车道外,还应设二次变速车道(从减速车道的终点到停车道的起点,及从停车道的终点到加速车道的起点的路段,分别叫作二次减速车道、二次加速车道,统称二次变速车道)。国外高等级公路停车道、变速车道的宽度为 3.5m;一般公路的停车道、变速车道的宽度也是 3.5m,工程条件不允许时,可减少到 3.0m;平面交叉处的变速车道宽度为 3.0m。我国标准对加、减速车道宽度仅作一般性的规定。

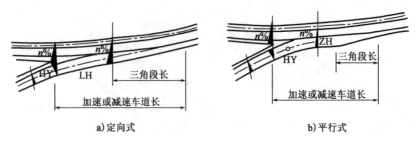

图 1-18　变速车道

(8) 紧急停车带

高速公路和一级公路右侧硬路肩宽度小于 2.50m 时,应设置紧急停车带,如图 1-19 所示。高速公路、一级公路的特长桥梁、隧道,根据需要设置紧急停车带,其间距不宜大于 750m;二级公路根据需要可设置紧急停车带,其间距按实际情况确定。

紧急停车带的设置间距和尺寸应考虑故障车辆可能行驶的距离和人力可能摆动的距离,间距不宜大于 2km,宽度一般为 5.0m,有效长度一般为 50m,并设置 100m 或者 150m 左右的过渡段。紧急停车带是与车道平行设置的,需要一个渐变的缓和长度,有效长度的确定应考虑车辆最大长度。

紧急停车带宽度主要是根据临时停放的车辆不得侵占行车道宽度,且不影响行车道上的车辆正常行驶来确定。

(9) 错车道

错车道是指在单车道公路上的可通视路段的一定距离内,供车辆交错避让对向车辆用的一段加宽车道。

四级公路当采用 4.5m 的单车道路基时,应在适当距离(300m 左右)设置错车道。错车道应设在有利地点,使驾驶员能看到相邻两错车道间驶来的车辆。设置错车道处总的路基宽度不应小于 6.5m,有效长度应不小于 20m,错车道应和主线车道一样进行铺装加固。错车道两端应设过渡段与主线相连,其平面布置如图 1-20 所示。

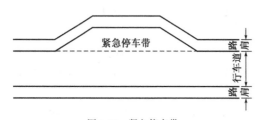

图 1-19　紧急停车带　　　　图 1-20　错车道示意图(尺寸单位:m)

(10) 路拱坡度

为使路面上的雨水及时排除,路面表面做成中间高、两边低的拱形,称之为路拱,如图 1-21 所示。路拱坡度的横向倾斜度,用百分率来表示,称之为路拱横坡。不同路面的路拱横坡应根据路面类型,考虑有利于路面排水同时兼顾行车

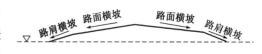

图 1-21　路拱示意图

安全,路面部分的路拱横坡可按表1-8规定的数值采用。在具体选用时,应注意在干旱和有积雪、浮冰地区采用低值;多雨地区采用高值。当道路纵坡较大、路面较宽和行车速度较高,或交通量和车辆载重量较大,以及常有拖挂车行驶时,应采用低值;反之,则采用高值。路面部分外侧土路肩的横向坡度一般比路面横坡坡度大1.0%~2.0%。

不同路面的路拱横坡 表1-8

路面类型	路拱横坡坡度(%)	路面类型	路拱横坡坡度(%)
沥青混凝土、水泥混凝土路面	1.0~2.0	其他黑色路面、整齐块石	2.5~3.5
半整齐块石、不整齐块石	2.0~3.0	碎砾石等粒料路面	2.5~3.5
低级路面	3.0~4.0		

在设有超高的横断面上,对于路面外侧的路肩横坡设计应避免过大的横坡转折,为了满足行车要求,如条件许可并经行车稳定性验算满足要求,外侧路肩尽量采用与路面超高大致相同的坡度。

2. 路幅外设计断面组成及其宽度

路中幅外路基设计断面由护坡道、边沟、避险车道组成。此外,还有排水构造等。

(1)护坡道

当用路边取土填筑路堤(有取土坑)或路堤较高时,可在路基边坡上或路堤坡脚设置护坡道。护坡道的宽度视情而定,路肩边缘与路侧取土坑底的高差小于或等于2m时,取土坑内侧边坡可与路基坡脚相衔接,并采用路堤边坡度;当高差大于2m时,为确保路基稳定,应设置1m的护坡道;当高差大于6m时,应设置宽2m的护坡道。

(2)边坡

路基边坡一般用边坡的坡度表示。边坡的坡度是指边坡上任意两点的竖向高差和水平距离之比。设计坡度因边坡石质和土质不同而异。路基边坡的坡度选择是根据路基的地质、水文和地质等条件确定,在选择坡度时以保证边坡稳定、不塌方为宗旨。路基边坡有两种确定方法,对于一般性的路基和填土高度不很高的路基,可按照一些经验、表格所提供的边坡坡度来选取;对于特殊路基,如高路堤、陡坡上的路堤和深挖路堑,需经过外业土石质调查和物理特性参数的确定后,再经过路堤稳定性验算,才能确定正确的边坡坡度。对于因某种原因致使边坡无法放缓时,可设置挡土墙工程。关于陡坡路堤、深挖路堑和挡土墙的设计计算,可参见《路基工程》等相关教材。

(3)避险车道

在连续长陡下坡路段或新建公路上,由于地形和位置的控制需要设置大段陡下坡(坡度大于4%)的路段,应在适当地点设置避险车道,以供失控的车辆强制减速并停车,如图1-22所示。车辆失控一般是由于发动机过热或机械发生故障致使制动失灵,或者因换挡失灵而使驾驶者失去对车辆的控制所造成。

避险车道可修建在主线直线段上合适的位

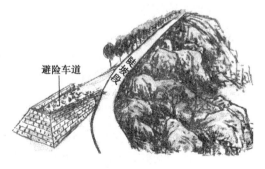

图1-22 避险车道

置,并应修建在失控车辆不能安全转弯的主线弯道之前,以及修建在坡底人口稠密区之前,以保证公路上其他车辆、失控车辆的驾驶人员以及沿坡道位于坡底的居民的安全。避险车道宽度不应小于4.5m。

(二)路基排水设施

1. 地面排水构造物

为确保路基稳定,不受自然水的侵蚀,道路还应修建排水结构物。常见的地面排水设施有:边沟、截水沟、排水沟(图1-23)等以及山区及宽浅水流处有时修筑渗水路堤(图1-24)及过水路面(图1-25);地下排水设施有渗沟、渗井等。边沟是设置在路堑地段和矮路堤的路基边缘,用以排除路面上和挖方路堑边坡上的积水。

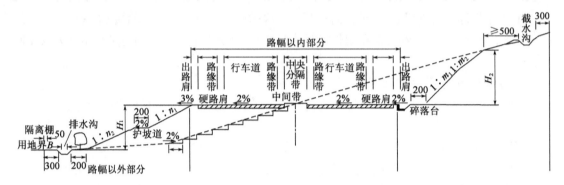

图1-23 路基上的边沟、截水沟、排水沟示意图(尺寸单位:cm)

(1)边沟

边沟用于挖方地带和填方高度小于挖方深度的矮路堤及个别的平原区低填土路堤。其作用是排除路面和边坡上的积水。边沟的设计断面形状有梯形、矩形、流线型和三角形,分别适用于一般土质路基、石质路基、沙漠地区路基和机械开挖的路基,此外,还有碟形边沟等。常用的边沟形状及断面尺寸如图1-24所示。

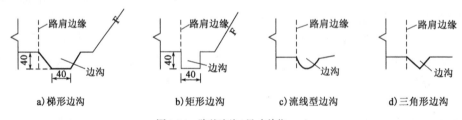

a)梯形边沟　　b)矩形边沟　　c)流线型边沟　　d)三角形边沟

图1-24 路基边沟(尺寸单位:cm)

近年来,各级公路有取消边沟的趋势,尤其是在高速公路和一级公路的路堑地段,为提高通行能力,多采用碟形边沟或者节段预制的顶板带孔的箱涵或石砌排水洞上加盖板边沟,也有用浅碟形平铺草皮边沟形式。

(2)截水沟

截水沟布置在路堤上方或路堑上方,用于拦截由路堤或路堑上方流向路基的水流,保持路基稳定。布置截水沟时要注意截水沟离开路堤坡角或路堑直顶的距离,常用的路堤上方截水沟和路堑上方的截水沟的形状及断面布置如图1-25所示。

— 30 —

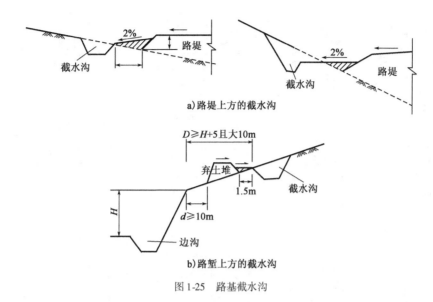

图 1-25 路基截水沟

(3) 排水沟

排水沟是设置在路幅以外,排导各种流向路基水流的专门沟渠。如边沟出口、截水沟出口及依靠地形无法引向自然沟渠的路段均应设置排水沟。排水沟的尺寸依据设计的流量确定,有关的计算参照明渠均匀流的计算方法,在此不再阐述。

(4) 渗水路堤与过水路面

在交通量较小的低等级公路上,当过水量小的季节性水流通过路面时,为节省造价,可设渗水路堤(图1-26)或过水路面(1-27)。

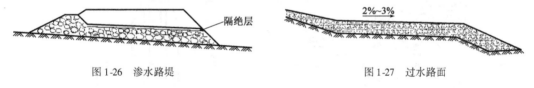

图 1-26　渗水路堤　　　　　　图 1-27　过水路面

(5) 跌水和急流槽

位于傍山路线有小的汇水区水流流向路基或流域自然土质比较差但流速很大时,常常以跌水或急流槽的形式将水流引向路基处的涵洞或路基以外的自然沟渠排除。设置跌水和急流槽(图 1-28)的主要目的是将水流引导到路基其他排水设施或自然沟渠中。

2. 地下排水设施

地下排水设备按作用与使用条件的不同,主要可以分为暗沟、渗井和渗沟三种类型。其中,渗沟按其下设的排水通道形式的不同,又可分为填石渗沟(盲沟)、管式渗沟和洞式渗沟。

(1) 暗沟

暗沟是设在地面以下引导水流的沟渠,无渗水和汇水作用,如图1-29 所示。通常遇有如下三种场合可以考虑修建暗沟:一是,当路基范围内遇到个别泉眼、泉水外涌、路线不能绕避时,为将泉水引到填方坡脚以外或挖方边沟,加以排除时,可在泉眼与出口之间开挖沟槽,修建暗沟;二是,市区街道污水管有做成过水暗沟的,例如雨水井两侧的水道连接,直接采用混凝土水管;三是,公路中央分隔带或者路线弯道处的排水设计等,可采用暗沟或暗管排除积水。

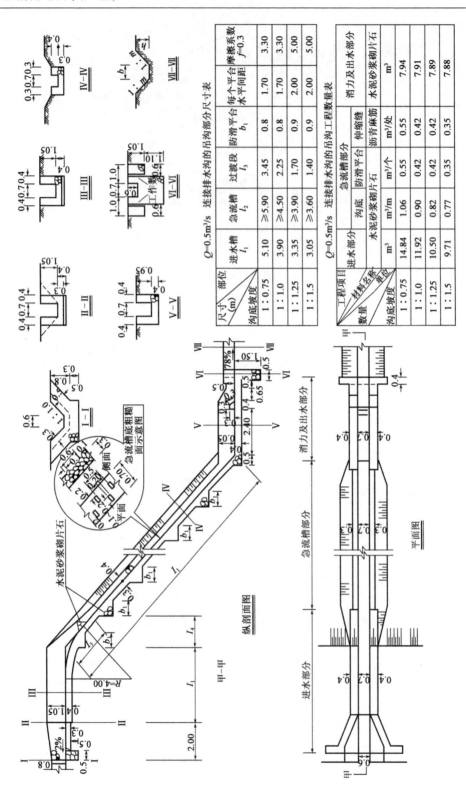

图1-28 跌水急急流槽构造图（尺寸单位：m）

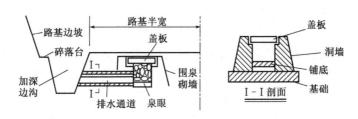

图 1-29 暗沟(疏通泉眼水的暗沟)构造

(2)渗井

如图 1-30 所示,渗井是将离地面不太深处的含水层中的水汇集起来,通过穿越透水层和含水层以下的不透水层中的竖井,将含水层中的水流入下层透水层中以疏干路基。按其渗水方向的不同,分为排水渗井和积水渗井两类。

(3)渗沟

渗沟是修建在地面以下,用以汇集流向路基的地下水并排到路基范围以外,使得路基保持干燥或中湿状态,不致因地下水造成危害的地下排水设施。例如,路线所经地段遇到层间水、潜水,路堑边坡出现地下水或者地下水位较高,影响路基稳定时,则需要修建渗沟将水排除,如图 1-31 所示。渗沟布置时尽可能与地下水流的流向相垂直,以便拦截更多的地下水。

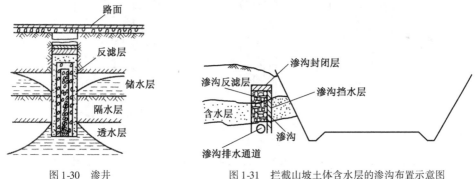

图 1-30 渗井　　　　图 1-31 拦截山坡土体含水层的渗沟布置示意图

图 1-32 为埋置于一侧边沟下的盲沟,用于拦截流向路基的层间水,防止路基边坡滑坍和毛细水上升而危及路基的强度与稳定性。

图 1-33 为路基两侧边沟下面设置盲沟,用以降低地下水位,防止毛细水上升至路基工作区范围之内,形成水分积聚而造成冻胀与翻浆,或土基过湿而降低路基强度。

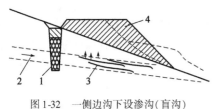 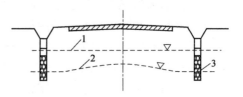

图 1-32 一侧边沟下设渗沟(盲沟)　　图 1-33 两侧边沟下设盲沟
1-盲沟;2-层间水;3-毛细水;4-可能滑坡线　　1-原地下水位;2-降低后地下水位;3-盲沟

渗沟由封闭层、反滤层、排水层、挡水层和排水通道构成,如图 1-34 所示。渗沟排除或降低地下水位的原理:将地下含水层的水,通过反滤层进入中间的排水层,水流在排水层的缝隙中下渗,到达下面的排水通道后,由排水通道再纵向流走。封闭层是为了防止土粒落进填充石料的空隙以及避免造成渗沟堵塞而设置的,同时也能起到防止地面水渗入沟内的作用。通常使用砂浆砌片石或混凝土防水,也可用双层草皮。反滤层是为了汇集水流。它是为防止含水层的水堵塞排水层而设置的。它是用大小不同的砂石材料分层填埋而成。选用颗粒大小均匀的砂石材料,分层填埋,相邻两层的粒径之比不小于1:4。设计时填料的颗粒应为含水层最大粒径的6~8倍。渗沟的排水层,一般采用坚硬较大的颗粒填充,以保证有足够的空隙排除设计流量。填充高度不小于0.3m且要高出原地下水位。下部排水通道有三种不同的形式:第一种为在排水通道填大石块,利用石块缝隙排水,称为填石渗沟,也称盲沟;第二种为排水通道用带眼的排水管,称为管式渗沟,排水管可采用陶土、混凝土、石棉或聚氯乙烯带孔塑料管制成;第三种,排水通道为石砌排水洞上加带孔的石头盖板或钢筋混凝土盖板,称为洞式渗沟。除盲沟的排水通道使用大石头块的缝隙外,其余的排水通道必须设置由排水层进入排水通道的渗水小孔洞。渗沟结构形式如图1-34所示。

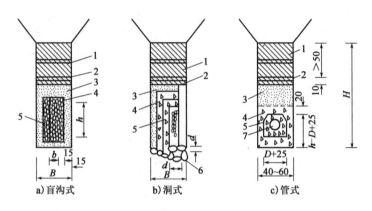

图1-34 渗沟结构形式(尺寸单位:cm)
1-黏土夯实;2-双层反铺草皮;3-粗砂;4-石屑;5-碎石;6-浆砌片石沟洞;7-预制混凝土管

(三)路基防护工程

为保证路基稳定或行车安全所修筑的工程设施,如护坡、护栏等。

路基常规防护是指通过有效的措施和设施,保持路基在行车荷载和各种自然因素以及地质灾害条件下,保持其正常的使用功能。路基防护一般不承担路基边坡土体的压力,主要起防水和排水、防冻、防风沙、防雪害及抗震等作用。

路基防护有坡面防护和冲刷防护两类。坡面防护有植物防护(有生命防护)、生物防护和工程防护三种,其中,植物防护包括种草、铺草皮、种树;工程防护主要有抹面防护、喷浆、灌浆、勾缝、嵌补、干砌片面、护面墙等。冲刷防护又分为直接防护和间接防护两类。表1-9列示了两类路基防护类型及其主要功能或适用条件,供参考。

1. 坡面防护

路基支挡工程一般指能够承受支挡工程后面土体压力(土压力)的路基挡土墙。换言之,挡土墙是支撑路基填土或者山坡土体、防止填土或土体变形失稳的构造物。挡土墙有重力式挡土墙、轻型挡土墙两类。其中,重力式挡土墙包括仰斜、附斜和衡重式三种;轻型挡土墙包括扶壁式、悬臂式、锚杆、加钢筋土等。路基挡土墙设计也是一般路基设计中不可缺少的部分,在相关教科书中有大量介绍。

路基防护类型及其主要功能或适用条件 表1-9

防护类型			主要功能或适用条件
坡面防护	\multicolumn{2}{l|}{}	坡面防护作用是保护路基边坡表面免受雨水冲刷,减缓温差及湿度变化影响,延缓软弱岩土表面风化、碎裂、剥蚀过程
	植物防护	植草	容许流速0.4~0.6m/s,边坡坡度不陡于1:1。
		铺草皮	容许流速1.8m/s,边坡坡度1:1~1:1.5,冲刷较重,适于长草
		种树	容许流速1.8m/s,坡岸河滩上降低流速,防水直接冲刷路堤
	工程防护	抹石防护	石质挖方坡面防岩石风化,表面完整,常用材料为石灰浆(精造)
		喷浆	适用于易风化而坡面不平整的岩石挖方边坡,厚10cm,水泥用量较大
		灌浆、勾缝、嵌补	比较坚硬的岩石坡面,为防止水渗入缝隙成害,视缝隙深浅与大小,予以灌浆、勾缝、嵌补
		干砌片石	防止地面水位或河水冲刷浸水路堤或暴雨地区路堤
		护面墙	浆砌片石的坡面覆盖层,用于封闭各种软质岩层和较破碎的挖方边坡
	生态防护	土工网	见表2-4
		客土喷播	见表2-4
		喷混凝土植草	见表2-4
		其他生态防护	见表2-4
冲刷防护	\multicolumn{2}{l|}{}	冲刷防护:对沿河路堤河岸冲刷加以防护与加固
	直接防护	植物防护	略
		石砌防护	略
		抛石防护	类似坡脚设置护脚抛石跺,不受季节限制,防急流和大风浪破坏堤岸,也可加固河床,防止冲刷
		石笼防护	用铁丝编织成框架,内填石料设于坡脚处,防止急流和大风浪破坏堤岸,加固河床,防止冲刷
	间接防护	顺坝	将河流堤岸用浸水挡土墙加固,设置方向是基本顺着原河流走向,属于导流结构物
		丁坝	将水流挑离河岸,改变水流形态,束水归槽,局部改变水流方向或改变河道,防治水流对局部堤岸的损坏作用,进而保护路基
		格坝	丁、顺坝组合,改变水流方向或改变河道,将水流挑离河岸,束水归槽

挡土墙设计内容归纳起来有四个方面:一是抗倾覆稳定验算;二是抗滑动稳定验算;三是墙身截面强度验算;四是地基承载力验算。这些验算中首先要对作用在挡土墙上的土压力进行分析计算。

挡土墙设置与否,应与其他工程方案比较后确定,即应与移改路线位置、填筑或开挖边坡、拆移有关干扰路基的构造物(房屋、河流、水渠)、设置其他类型的构造物(桥梁、护墙等)比较后确定。

1)植物防护

植物防护方法通常有植草、铺草皮和植树三种。植草和植树时应选用适宜于当地土壤环境和气候特点的草种和树种,尤其是草种,应选用根系发达且具有固土作用的草种。

铺草皮也是通常采用的方法之一,有平铺、叠铺和网格铺三种,如图1-35所示,图中h为草皮厚度,$5 \sim 8cm$,a为草皮边长,$20 \sim 25cm$。

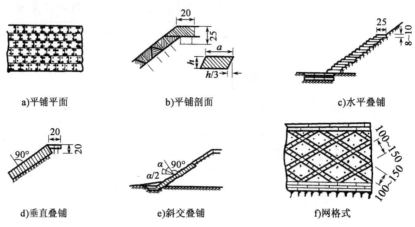

图1-35 草皮防护示意图(尺寸单位:cm)

2)工程防护

(1)抹面

抹面防护适用于石质挖土坡面,岩石表面易风化,但比较完整,尚未剥落,如页岩、泥砂岩、千枚岩的新坡面之封面。常用的抹面材料有石灰浆和石灰水泥浆等,其中石灰胶结料必须精选。混合料如加纸筋或竹筋,可提高强度、防止开裂,其配合比可参见有关手册。抹面厚度视材料与坡面状况而定,一般为$2 \sim 10cm$。抹面施工前,应清理坡面风化层、浮土与松动碎块、填补坑洞并洒水湿润坡面。抹面后应拍浆、抹平并及时养护。

(2)喷浆

喷浆防护适用于易风化而坡面平整的岩石挖方边坡,厚度一般为$3 \sim 10cm$,且应在坡面上设置泄水孔。喷浆用的水泥砂浆一般按照水泥:石灰:河砂:水为$1:1:6:1$的质量比配比。喷浆施工前应清理原坡面上的风化层、浮土和松动石块,对有坑洞处应予以填补;对于坡面较陡或易风化的坡面,可在喷浆前先铺设由铁丝网或土工格栅制作的加筋材料。在实施喷浆前对原坡面一定要洒水湿润,喷浆后应及时养生。

(3)干砌片石护面

干砌片石护面适用于易风化岩石路堑边坡或土质路基边坡,其设置形式如图1-36所示。

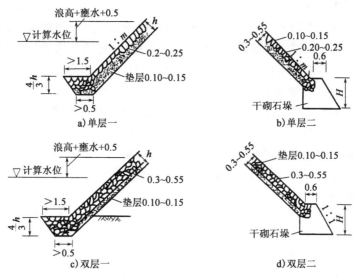

图1-36 干砌片石护面示意图(尺寸单位:m)

(4)护面墙

护面墙适用场合与干砌片石护面相似,其布置形式见图1-37所示。

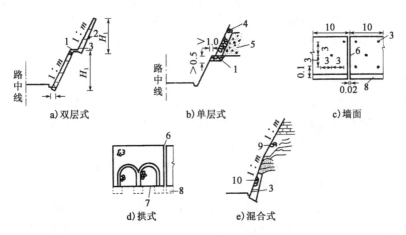

图1-37 护面墙示意图(尺寸单位:m)

1-平台;2-二墙;3-泄水孔;4-封顶;5-松散夹层;6-伸缩缝;7-软地基;8-基础;9-支补墙;10-护面墙

(5)土工网

对风化落石较严重的路基边坡,可用土工网防护。土工网通常是拴在边坡的销或链上,并沿坡面覆盖其上。网底部应保持开口,保证落石尽量不停留在网内。

当落石直径较大,边坡侧角大于40°时,网不再适用。这是由于在这些边坡上,滚落石的冲击将会使网破裂。这时可设置锚钉,并将网拴在其上,从而拦截岩石往下滚,此时土工网已失去固土作用,使用时应明确其适用性后再采用。

3)生态防护

生态防护是指用植物或用植物与非生命的材料进行防护的技术。

(1) 三维植被网

三维植被网具有极好的固土效果,远胜于平面网。同时,由于网垫表面凹凸不平,可使风及水流在网垫表层产生无数小涡流,起到缓冲消能作用,并促使其携带物沉积在网垫中,这样就有效地避免了草籽及幼苗被雨水冲走流失,大大提高了植草覆盖率。当植草生长茂盛后,植物根系可从网垫中舒适均衡地穿过,深入地下达 0.5m 以上,与网垫、泥土共同形成一个牢固的复合整体。植被根系可增加土壤的透水性能,一旦遇有雨水可迅速渗透。此外,植被的覆盖可使地表土壤免受雨水的直接冲击,并减缓雨水流速,阻止水流形成,即使形成水流也几乎是清澈而不含任何泥土的,而且三维网垫及植物根系还可起到浅层加筋的作用。因此,这种复合体系具有极强的抗冲刷能力,能够达到有效保护边坡的目的。

(2) 客土喷播防护

客土喷播是一种融土壤学、植物学、生态学理论的生态防护技术。在这些理论的指导下,精心配制适合于特殊地质条件下的植物生长基质(客土)和种子,然后用挂网喷播的方式覆盖在坡面,从而实现对岩石边坡的防护和绿化。

客土喷播防护首先应根据地质和气候情况,确定边坡的植物生长基质配方,同时确定喷播厚度(一般为 3～10m),然后根据坡面稳定性确定锚杆的长度和金属网的尺寸。施工工艺顺序为:清理坡面、钻孔打锚杆、挂网、喷射客土。

客土的配方是关键,它包含土壤、纤维、肥料、保水剂、黏结剂和稳定剂。配制后的客土能满足植物生长所需的基本厚度、酸碱度、空隙率、营养成分、水分以及耐久性。这些指标不仅与具体的边坡地质条件有关,而且还受当地的气候条件的影响,因此应根据具体情况试验确定。

(3) 喷混凝土植草防护

喷混凝土植草也是类似于客土喷播的一项生态防护技术。对于边坡稳定性不足者,首先在坡面上打设锚杆并挂镀锌编织铁丝网起到稳定坡面的作用,然后将由黏土、谷壳、锯末、水泥、复合肥以及草木种子等通过一定配方拌和成混合物喷射在边坡上,喷射厚度一般为 6～10cm,视坡度和坡面的破碎程度而定。对于边坡比较稳定者,则可以直接在原始坡面上喷射混合物。一周后,岩石坡面上就会逐渐形成草木结合的植被绿化。混合物配方是喷混凝土植草技术的关键。良好的配方能够达到在陡于 1:0.75 的边坡上既具备一定的强度保护坡面和抵抗雨水冲刷,又具有足够的空隙率和肥力以保证植物生长。与客土喷播相比,其缺点是保水、保肥效果较差,及隔热性能较低。

(4) 其他边坡生态防护技术

除以上介绍的几种生物防护技术外,还有多种生态防护技术,详见第二章第一节表2-4。

2. 冲刷防护

沿河滨海路堤、河滩路堤以及路基旁的堤岸等,容易遭受水流的冲刷、淘蚀,波浪的侵袭以及流水、漂浮物等的撞击而破坏,为此而采取的防护措施称为冲刷防护。冲刷防护应根据河床特征、水流情况、施工条件等选择防护形式。冲刷防护按其防护形式的性质和作用可分为直接防护和间接防护两大类。

直接防护是直接在坡面或坡脚设置防护结构物,以减轻或避免水流的直接冲刷。直接防护可采用植物防护、砌石防护、抛石防护、石笼防护、浸水挡土墙等形式。间接防护主要指导构造物,如丁坝、顺坝、防洪堤、拦水坝等。必要时进行疏浚河床、改变河道,目的是改变流水方向,避免或缓和水流对路基的直接破坏作用。

1) 直接措防施

(1) 植物防护

对于水流与路线大致平行、不受各种洪水主流冲刷的季节性浸水路堤边坡,可采用平铺或叠铺草皮等植物防护。其中平铺草皮的容许流速为1.2m/s,叠铺草皮的容许流速可达1.8m/s。还可在河漫滩上采取植树防护,以降低水流速,促使泥沙淤积,改变水流方向,从而达到保护堤岸的目的。

(2) 砌石防护

砌石防护分为干砌片石护坡和浆砌片石护坡两种形式。

干砌片石护坡适用于水流方向比较平顺的河岸滩地边缘或不受主流冲刷的路堤边坡,容许流速为2~4m/s。按水的流速大小可选用单层或双层铺砌的形式,双层的上层干砌片石厚度一般为0.25~0.35m,下层厚为0.15~0.25m。

浆砌片石护坡适用于受主流冲刷、波浪作用强烈,有流水和漂浮物撞击的堤岸边坡,容许流速为4~6m/s。浆砌片石的厚度按水流速度及波浪的大小等因素确定,一般取为0.35~0.50m。

当石料缺乏时,可采用混凝土板块防护。板块尺寸取决于所经受的荷载,一般厚为8~20cm,边长为1~2m,容许流速可达4~8m/s。

砌石防护的基础均应埋置在冲刷线以下0.5~1m处。若基础深度不足,则应采取抛石、石笼等适宜的防淘措施。

(3) 抛石防护

抛石防护类似在坡脚处设置护脚,亦称抛石垛,如图1-38所示,适用于经常受侵蚀且水深较大的路基边坡或坡脚以及挡土墙和护坡基础的防护。抛石不受气候条件限制,路基沉实以前均可施工,季节性浸水或长期浸水都可使用。抛石垛的边坡坡度,不应陡于抛石浸水后的天然休止角,其值可参考表1-10选用。石料粒径视水深与流速而定,一般为30~50cm。抛石防护的容许流速一般为3~5m/s。

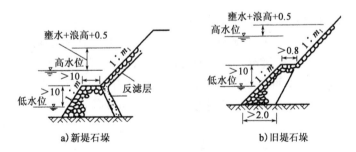

图1-38 抛石边坡示意图(尺寸单位:cm)

抛石边坡坡度参考值　　　　　表1-10

水 文 条 件	边坡坡度	水 文 条 件	边坡坡度
水浅、流速较小	1:1.25~1:2	水深大于6cm,在急流中施工	缓于1:2
水深2~6m,流速较大,波浪汹涌	1:2~1:3		

在水流或波浪作用强烈的河段以及缺乏大块石料的地区,可用预制混凝土块体作为抛投材料,或者改用石笼防护。

(4)石笼防护

石笼是用铁丝编织成框架,内填石料,设在坡脚处,以防急流和大风浪破坏堤岸,也可用来加固河床,防止淘刷。铁丝框架可以用箱形或圆形,如图1-39a)和b)所示。笼内填石的粒径不应小于4.0cm,一般为5~20cm,外层应用大且棱角突出石料,内层可用较小石块填充。石笼在坡脚处排列,用于防止冲刷淘底时,应平铺并与坡脚线垂直,而且堤岸一端固定,另一端不必固定,淘刷后可以向下沉落贴于底面;用于防止堤岸边坡冲刷时,则垒码平铺成梯形,如图1-39c)和d)所示。单个石笼的大小,以不被相应速度的水流冲动为宜,铺设时须用碎(砾)石垫层铺平,底层各角可用铁棒固定于基层。石笼防护的铁丝网要采用防腐性能极好的8号以上的铅丝。

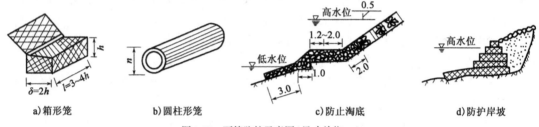

图1-39 石笼防护示意图(尺寸单位:m)

(5)浸水挡土墙

在峡谷急流、水流冲刷严重、洪水持续时间长且流向不固定、河岸位置经常发生变化的河段,或水中漂浮物多且大、有强烈流冰等对沿河路基和河岸边坡造成威胁而用其他直接防护措施不能抵御时,或为防止路基挤占河床,可采用浸水挡土墙。浸水挡土墙大多采用浆砌片石或混凝土结构,基础应埋置在冲刷线以下的坚实地基上。浸水挡土墙容许流速可达5~8m/s,并能抵抗强烈的波浪和流冰等的冲击。

(6)土工织物软体沉排

土工织物软体沉排是在土工织物上以块石或预制混凝土块体作为压重的护坡结构。一般适用于水下工程及预计可能发生冲刷的河床和岸坡土面上。有单片垫和双片垫两种结构形式。单片垫是利用土工织物拼接成大面积的排体;双片垫是将两块单片垫重叠后按一定距离和形式将两片垫连接在一起而构成管状或格状空间,其中再填充透水性土石料(如砂、卵石等),起到防冲与反滤的作用,双片垫的结构形式如图1-40所示。

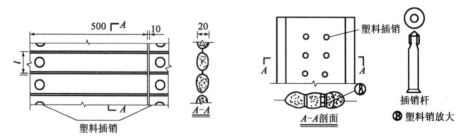

图1-40 双片垫土工织物软体沉排(尺寸单位:cm)

(7) 土工模袋

土工模袋是一种双层织物袋,袋中充填流动性混凝土、水泥砂浆或稀石混凝土,凝固后形成高强度和高刚度的硬结板块,其主要应用场合及铺设形式如图1-41所示。土工模袋材料应满足表1-11的技术要求,袋内可充填混凝土或砂浆。充填混凝土时,粗集料最大粒径应符合表1-12的要求,坍落度不宜小于20mm,其强度等级不低于C10,充填砂浆时,其强度等级不低于M2.5。

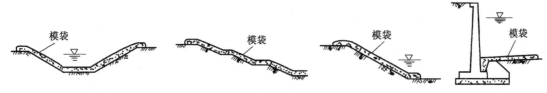

图1-41 土工模袋的应用及铺设

土工模袋材料要求 表1-11

指标内容	指标要求	指标内容	指标要求
顶破强度(N)	≥1500	等效孔径 O_{95}(mm)	0.07~0.15
渗透系数(10^{-3}cm/s)	0.86~10	延伸率(%)	≤15

混凝土集料的最大粒径要求 表1-12

土工模袋厚度(mm)	集料最大粒径(mm)	土工模袋厚度(mm)	集料最大粒径(mm)
150~250	≤20	≥250	≤40

采用土工模袋护坡的坡度不得陡于1:1。如在水下施工,水流速度不宜大于1.5m/s。模袋应根据工程要求和当地土质、地形、水文、经济与施工条件等进行选型,同时应根据水流量选定模袋滤水点分布数量,当选用无滤水点模袋时,应增设渗水滤管。模袋应用尼龙绳缝制。

2) 间接防护措施

设置导治结构物可改变水流方向,消除和减缓水流对堤岸直接破坏,同时可减轻堤岸近旁淤积,彻底解除水流对局部堤岸的损害作用,起安全保护作用。导治结构物是桥涵和路基的重要附属工程,由于涉及水流改向,影响范围较大,工程费用亦较高,务必慎重。用于防护堤岸的改河工程,一般限于小型工程,如裁弯取直、挖滩改道、清除孤石等,可在小河的局部段落上进行。

导治结构物主要是指坝,按其与河道的相对位置,一般可分为丁坝、顺坝或格坝。图1-42是桥梁附近设置导治结构物的总体布置示例之一。导治结构物的布置,应综合考虑河道宽窄、水流方向、地质条件、防护要求、材料来源、施工条件和工

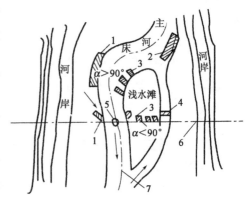

图1-42 导治结构物综合布置示例
1-顺水坝;2-格坝;3-丁坝(挑水坝);4-拦水坝;5-倒流坝;6-桥墩;7-路中线

程经济等因素,要综合考虑,全面治理,并避免河床更多压缩,或因水位提高和水流改向,而危害河对岸或附近地段的农田水利、地面建筑及堤岸等。

导治结构物的布置是工程成败的关键,布置恰当能收到预期效果,布置不当反而恶化水流,造成水毁。布置关键在于合理设计导治线,使之符合预定的河轴线和河岸线要求,亦取决于选择导治水位,确保不致出现不利的冲刷情况。导治线与导治水位,应依据水流和河岸、河床地形、地质情况、水流对上下游堤岸的影响等因素,通过综合分析和设计计算而定。

坝一般用石块修建成梯形横断面,坝体分为坝头、坝身和坝根三个组成部分,横断面尺寸依构造要求、施工条件和使用需要而定,并应进行稳定性计算。

(1) 丁坝

丁坝是坝根与河岸相接、坝头伸向河槽、与水流成一定角度的横向导治结构物,亦称挑水坝。丁坝与堤岸垂直或斜交,适用于宽浅变迁性河段,可以排流、将水流挑离堤岸、束河归槽、减小流速和改善流态,从而减轻水流对河岸和路基的冲刷,保护河岸。丁坝的导流作用如图1-43所示。

丁坝设计时,其设计长度应按导治线来考虑,不宜过多压缩水流断面。丁坝轴线与水流方向的夹角,需按导治线的外形、流速、水深、水流含沙量、河床底层情况、河岸地质情况及坝长等综合考虑。丁坝的间距必须使其上游的壅高水位延伸到前一个丁坝的坝头,以免在坝头下游发生水面跌落的现象,同时要使下游丁坝布置在上游丁坝的影响水流范围之内。坝根处结构薄弱,易被水冲开,应作适当的处理和防护,丁坝群中的第一座丁坝受水流冲击力最大,尤其要做好坝根防护。

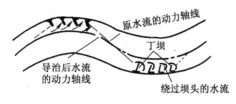

图1-43 丁坝的导流作用

(2) 顺坝和格坝

顺坝是坝根与河岸相接、坝身与导治线基本重合或平行的纵向导流结构物,亦称导流坝。它具有导流、束水、调整航道曲度、改善流态的作用,适用于河床断面较窄、不允许过多占用河道以及地质条件较差的沿河路基防护。顺坝的终点必须与河岸连在一起,通常设计为开口式,以利淤积。

格坝是建于顺坝与河岸之间、一端与河岸相连、另一端与顺坝坝身相连的横向导治结构物,在平面上成网状。其作用是使水流反射入主要河床,防止高水位时水流入顺坝与河岸间而冲刷其间的河床及坝内坡脚与河岸,并促进淤积。顺坝一般与格坝联合使用,布置形式如图1-44所示。

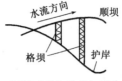

a) 顺坝的布置　　b) 顺坝和格坝的联合布置　　c) 设有缺口的顺坝和格坝

图1-44 顺坝和格坝的布置形式

(3) 改河工程

在局部河道弯曲的路段，为避免路线多次跨越而增加道路工程的工作量，可以采用将河道进行裁弯取直、挖滩改河、清除孤石等改河工程。

改变河道的主要目的是：将直接冲刷路基的水流引向旁边；路基占用河槽后，需要拓宽河道；挖滩改河，清除孤石，改移河道，以保护路基；裁弯取直，以利于布置路线或桥涵。

改河工程设计，必须首先进行细致的地形与地质情况勘察，以作为改河工程设计的依据。改河的起点、终点应设在河流较稳定的地段，必须适应河势，使新河槽符合原来自然河道的特征，使水流能顺利地流向新河道，以免造成冲刷、淤积和漂浮物的撞击，并保证不致使水流重返故道，同时还应与农田水利建设相配合，达到技术上可靠、经济上合理。新河道的设计宽度与原河道的稳定宽度大致相等。新河道的起点处应设置导治结构物，并在原河道上修建截水坝。新河道的纵断面上由于河底纵坡变陡，为使其达到不冲不淤的稳定纵坡，新河道出口段纵坡不应缓于原河道纵坡，以满足不淤堵的要求。在地质条件相同的条件下，可将多余纵坡（较大的纵坡）设置在新河道进口段，并采取适当的加固措施。

(四) 路基支挡工程

路基支挡工程一般指路基挡土墙，常用挡土墙的类型有以下两种分类。

1. 按照位置划分

(1) 路肩挡土墙：如图 1-45 所示，用于路坡稳定，收缩坡角。

(2) 路堤挡土墙：路堤挡土墙如图 1-46 所示，用于收缩坡脚，防止陡坡堤下滑。

(3) 路堑挡土墙：路堑挡土墙如图 1-47 所示，用于山坡陡峭，降低边坡高度、减少开挖或者地质不良地段。

此外，还有山坡挡土墙等。

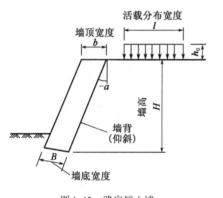

图 1-45　路肩挡土墙

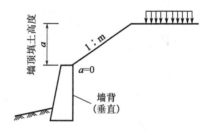

图 1-46　路堤挡土墙

2. 按照结构形式划分

1) 重力式挡土墙

重力式挡土墙是一种利用墙体自重产生的稳定力矩来抵抗墙体后面土压力产生的倾覆力矩，进而保持平衡的挡土结构物，适用于地基良好，非地震和沿河受水冲刷地区。按照墙背倾斜方向分为仰斜、附斜和重力式，仰斜墙的墙背向路堑边坡土体方向倾斜，挡土墙作为一个平台，形成衡重式挡土墙，如图 1-48 所示。利用衡重台上部填土的下压作用和全墙重心的后移，增加墙身稳定。适在山区且地面横坡陡峭时,可视实际情况将重力式挡土墙设置成路肩墙、路堑墙和路堤墙。

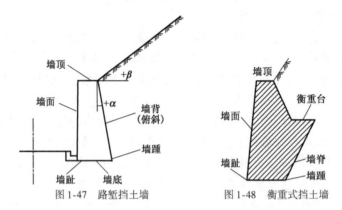

图 1-47 路堑挡土墙　　图 1-48 衡重式挡土墙

2) 锚定式挡土墙

锚定式挡土墙有锚杆式和锚定板式两种。锚杆式挡土墙(图1-49)由钢筋混凝土主栓、挡土板、钢锚杆组成;锚定板式挡土墙如图 1-50 所示。墙后板压力由挡土板传给立柱传钢锚杆锚固力,适用于构件段石小,工程量省,特别适用于地质不良时,石料缺乏,挖基困难,有锚固条件的路基挡土墙。

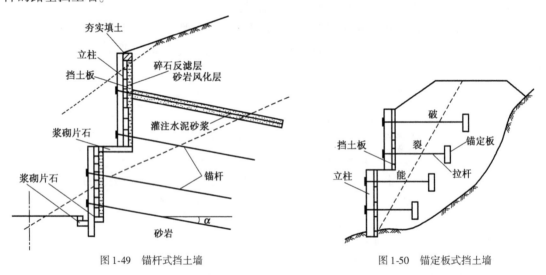

图 1-49 锚杆式挡土墙　　图 1-50 锚定板式挡土墙

3) 薄壁式挡土墙

薄壁式挡土墙有悬臂式和扶壁式两种。如图 1-51 所示,悬臂式挡土墙由立壁、底板构成。扶壁式挡土墙如图 1-52 所示,主要依靠腹板上的填土量来保证稳定,其特点是自重轻、做工省,适用于墙高较大和地质条件一般的场合,并且需用一定量的钢材。

4) 加筋式挡土墙

如图 1-53 所示,加筋式挡土墙填土中布置拉筋条、墙石板,放置拉筋材料后,填土压实,通过填土与拉筋间的摩擦作用,把土的侧压力传给拉筋。加筋挡土墙是柔性结构,对地基变形适应性强,建筑高度大,适用于填土地基,经济效益好。

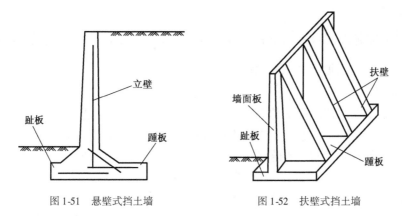

图 1-51　悬壁式挡土墙　　　　图 1-52　扶壁式挡土墙

（五）特殊构造物

如图 1-54 所示是山区路基悬出一半所修筑的桥梁或所开挖的部分路宽的半山桥（洞），其作用是穿越山岭为改善线形、缩短路线长度。有时还采用悬出路台，它是在悬崖峭壁上所修筑的悬臂式构造物，如图 1-55 所示。

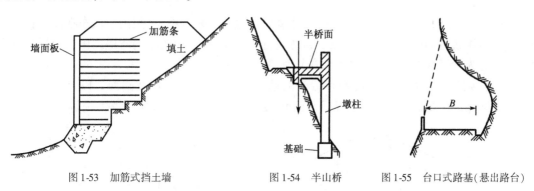

图 1-53　加筋式挡土墙　　　图 1-54　半山桥　　　图 1-55　台口式路基（悬出路台）

（六）路基横断面的基本要素

路基路面的基本要素主要包括路基宽度、路面宽度、排水沟宽度（梯形排水沟的边坡坡度）、填挖高度、路堤、路堑的边坡坡度、路基的超高和加宽值等。

1. 路基宽度

道路宽度包括各级公路的行车道宽度、中央分隔带宽度、路缘带宽度、土路肩和硬路肩宽度、错车道和超车道宽度等，如图 1-56 所示。

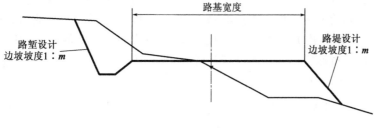

图 1-56　路基宽度与坡度

2. 边坡坡度

路基边坡坡度通常以 $1:m$ 的形式表示，即 $i=\dfrac{h}{d}=\dfrac{1}{m}$。式中，$m$ 称为边坡坡度；h 为边坡上任意两点的高差；d 为边坡上任意两点的水平距离。

3. 路基高度

关于路基高度有三种不同的路基高度的概念必须明确。一是，路基最低边缘相对于原地面的高度，称为最小填土高度。二是，路基设计高度，也称为路基设计高程。一般路堤的填筑厚度或路堑的开挖深度，是指路中心线处的设计高程，与原地面高程之差。该高度与填料有关。该高程规定为路基边缘的高程，改建的路基设计高程可与新建公路相同，取路基边缘高程或路面中心高程，高速公路为路面内侧边缘的高程。但也有例外，如规定以路面的路槽顶面高程作为设计高程定义位置，此时，必须在设计文件中予以说明。路基设计高程一般是纵断面设计线所在的高程位置。三是，路基的临界高度，此高度为路基工作区土层处于干燥或中湿状态时，路槽地面到长期地表积水或地下水位的最小高度，该高度对路基稳定性至关重要。

4. 路基加宽

汽车以一定的速度转小弯时，所占的宽度要比直行时略宽些，这是由于汽车在曲线路段上行驶时，后轮轨迹偏向曲线内侧所致。为适应行车需要，在半径较小的弯道内侧相应增加路面宽度，称之为弯道加宽(亦称平曲线加宽)，如图 1-57 所示。但当汽车以一定的速度转半径很大的弯时，则汽车所在路面宽度和直行时的基本相同，所以不必加宽路面。以上所述的小半径，在我国标准中规定为 250m 的界限。路面加宽时，习惯上是只加宽原路面内侧。

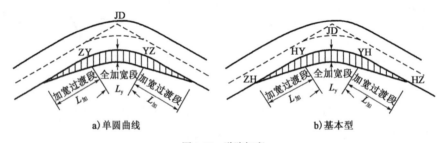

图 1-57 道路加宽

5. 路基超高

如图 1-58 所示，为抵消车辆在曲线路段上行驶时所产生的离心力，在该路段横断面上设置的外侧高于内侧的单向横坡，称之为超高，当汽车行驶在设有超高的弯道上时，汽车自重分力和路面与轮胎之间的横向摩擦力将抵消离心力，从而提高行车的安全性和舒适性。超高设于圆曲线之范围内，两端用过渡段与直线相连。从直线段的双向横坡渐变到圆曲线段具有超高单向横坡所对应的过渡段称之为超高缓和段或超高过渡段。

(七)路基设计施工和养护的基本要求

我们做任何工作，都要明确所做工作要实现的最终目的或目标。路基路面施工和养护也不例外，专业上将要达到的最终目的或目标称之为"基本要求"。这些要求就是路基路面设计、施工及养护要达到的共同宗旨。在这里，有必要对路基路面的基本要求加以介绍。

第一章　道路养护技术基础

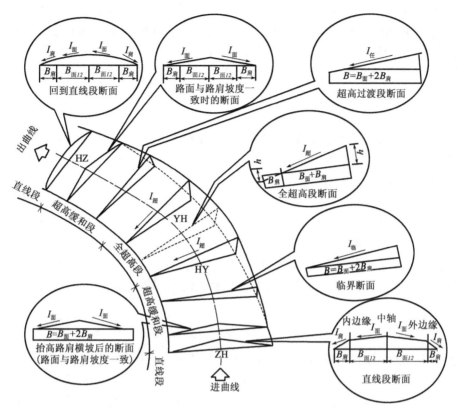

图 1-58　路基超高

路基路面设计和施工中,要按照"路基稳定,基层坚实,面层耐用"的原则进行设计、施工及养护。

路基破坏可归纳为地质灾害、气象破坏和水的损坏。路基的总体要求是能正常使用、不能损坏。对路基的具体要求概括如下。

1. 整体稳定

路基整体稳定是指路基在整个使用过程中,保持其施工后的整体设计形状和各部设计尺寸不改变的性能,即在路基竣工后的使用过程中,不能发生各种破坏,或即使是有轻微的破坏,其破坏的强度和幅度应在允许范围之内。对路堤和路堑,采取的措施通常是避让各种不良地质地段,如有困难可采取边坡防护或支挡工程等工程技术措施;对于高路堤或陡坡上路堤,首先要进行稳定性验算,再采取相应措施。

2. 水温稳定

所谓水温稳定是指在路基在水和温度分别或综合作用下,设计和施工后的路基仍然能够保持其整体、局部强度,断面几何形状和尺寸不至于衰降或改变的能力,或衰降或改变的幅度在允许范围内。在各种地面或地下水的作用下,保持强度或强度变化的幅度及断面几何形状,以及尺寸的改变不超过允许的范围叫作水稳定性;在温度的影响下保持强度或强度变化的幅度及断面几何形状和尺寸的改变不超过允许的范围叫作温度稳定性。在路基设计和施工中,一般是由于气象破坏和水的损坏引起的路基稳定性不足,可通过验算分析采取相应的技术措施;对于有可能影响路基稳定性时的水损坏,做好必要的地面和地下排水措施,如对沿河路基要采取防止冲刷的各种支挡和防护等;对于气象破坏,如路基冻胀和翻浆等,要做好防止冻胀和翻浆的技术措施。

目前,衡量路基稳定性的量化指标尚不明确,只能通过模仿自然因素做一些强度对比试验来判定。

3. 承载能力

承载能力是指路基具有足够的强度和刚度,即能够抵抗在车辆载荷作用下的变形和破坏能力。路基强度是指路基在外力作用下抵抗破坏的能力,刚度主要指抵抗变形的能力。在一定应力作用下,变形愈大,土基强度愈低,则表明土基强度愈高。

土的力学性质指标也就是表征土基强度指标。根据土基简化的力学模型的不同,以及土体破坏的原因不同,国内外表征土基强度的指标有若干种。例如,路基路面设计中常用弹性模量 E_0、土基反应模量 k_0 等,又如在施工和养护中常用 CBR 值(加州承载比)、回弹弯沉、压实度等直接或间接衡量路基强度的高低;再如,在路基挡土墙设计中,常常是以土的内聚力指标 C 和内摩擦角 φ 作为路基稳定性验算和挡土墙设计中土压力计算的抗剪强度指标。

二、路面工程

路面是用各种坚硬材料铺筑于路基顶面的单层或多层供汽车直接行驶的结构层。

路面按其使用品质、材料组成和结构强度可分为高级、次高级、中级、低级。按其力学性质可分为柔性路面、刚性路面和半刚性路面三大类。常用材料有沥青、水泥、碎(砾)石、砂、黏土等。

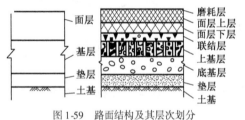

图 1-59　路面结构及其层次划分

路面结构按其层位置和功能和材料的不同,可分为面层、基层和垫层。各层又可详细划分,如面层可为上面层、中面层、下面层;基层又可分为上基层、中基层和底基层。如图 1-59 所示。

面层是直接同行车和大气接触的表面层,它承受较大的行车荷载的垂直力、水平力和冲击力的作用,同时还受到降水的侵蚀和气温变化的影响。因此同其他层次相比,面层应具有较高的结构强度、抗变形能力,较好的水温稳定性,而且应当耐磨、耐久和不透水;其表面还应有良好的抗滑性和平整度。

现代道路,特别是高等级公路上常用的面层类型可归纳为"黑色"和"白色"及彩色三大类。第一类主要有沥青表面处治、沥青混凝土、厂拌沥青碎石、沥青贯入碎石、路拌沥青碎石、沥青上拌下贯式等;第二类主要有水泥混凝土、碾压混凝土、连续配筋混凝土、混凝土砌块、整齐的条石和块石面层;第三类是指主要用于人行步道的彩色地砖和景观道路工程及公交专道等。

基层主要用来承受由面层传来的车辆荷载的垂直力,并将力扩散到下面的垫层和土基中。基层类型可归纳为三大类:第一类是整体型基层,这类基层亦称为半刚性基层,通常是指稳定土类,如石灰稳定土基层、水泥稳定土基层、石灰粉煤灰综合稳定土基层、石灰或水泥稳定工业废渣、水泥稳定碎砾石等。整体型基层强度通常由离子交换作用、结晶作用、碳化作用等化学作用形成,因此,其最大的优点是力学强度高、板体性好;最大的缺点是容易产生干裂缝或冷缩裂缝。第二类是嵌锁型基层,通常是指干压碎石基层、填隙碎石基层等。其强度是由材料颗粒之间的嵌挤和锁结作用形成。第三类是级配型基层,如级配碎石、级配砾石基层等。其强度是由密实级配构成。

垫层是介于土基和基层之间,它的功能:一是改善土基的湿度和温度状况,以保证面层和基层的强度、刚度和稳定性不受土基水文状况的影响;二是将基层传递来的车辆荷载应力加以扩散,以减小土基产生的应力和变形;三是阻止路基土挤入土基层中影响路基结构性能。垫层一般采用水稳定性和隔温性好的材料修筑。常用的垫层材料分为两类,一类是由松散粒料,如砂、砾石、炉渣等组成透水性垫层;另一类是用水泥或石灰稳定土等修筑的稳定土类垫层。上述各层层位名称、层位功能、材料要求和常用材料列于表1-13中。

路面结构基本分层与各层要求 表1-13

层 位	层位功能	对材料要求	常用材料	铺 筑
面层	承受较大的行车荷载的各种力的作用,同时受到降水的侵蚀和气温影响	较高的强度、抗变形能力;较好的水稳定性和温度稳定性;耐磨、耐久、不透水;良好的抗滑性和平整度	水泥混凝土、沥青混凝土、沥青碎石混合料、砂砾或碎石掺土或不掺土混合料等	分两层或三层铺筑
基层	承受由面层传来的车辆荷载的垂直力,并扩散到垫层和土基中,是路面结构的承重层	足够的强度和刚度;良好的应力扩散能力;足够的水稳定性	各种结合料稳定土、稳定碎石、天然砂砾、各种工业废渣和土、砂、石的混合	分两层或三层铺筑
垫层	改善土基的湿度和温度状况;进一步扩散车辆荷载应力;阻止路基土挤入基层	强度不一定高,但水稳定性和隔温性能要好	松散粒料;水泥或石灰稳定土	单层铺筑

(一)路面的分类和分级

路面结构按强度构成原理分为嵌挤类和密实类两类;按照力学特性分为刚性路面、柔性路面、半刚性路面,见表1-14。

路面按力学特性分类 表1-14

分 类	路 面 结 构	结 构 特 点
柔性路面	由各种未经处理的粒料基层和各种沥青面层、碎石面层或块石面层组成	总体结构刚度小,弯沉较大,抗弯拉强度低;靠抗压和抗剪强度承受荷载
刚性路面	水泥混凝土做面层或基层及条石或块石面层	抗弯拉强度高,较大的刚性,弯沉较小;靠混凝土的抗弯拉强度承受荷载
半刚性路面	用水泥、石灰等无机结合料处治的土或碎(砾)石及含有水硬性结合料的工业废渣修建的基层和沥青面层 碾压混凝土路面、化学加固土路面等具有柔刚相济的路面均属于半刚性路面	前期具有柔性路面的力学性质,后期强度和刚度有较大幅度增长,但仍远小于水泥混凝土

按照面层材料将路面分为沥青路面、水泥混凝土路面、块料路面、砂石路面。

沥青路面是指由沥青作为面层材料的所有沥青类路面结构,通常使用的沥青路面有沥青表面处治、沥青碎石、热拌和冷拌沥青混合料(碾压成型后称为沥青混凝土)等。这些沥青面层都是以沥青作为胶结材料或结合料。按施工工艺的不同,可分为层铺法(分层洒布沥青、分层铺撒矿料和碾压的方法修筑)、路拌法(在路上用机械将集料和沥青材料就地拌和摊铺和碾压密实而成的沥青面层)、厂拌法(一定级配的集料和沥青材料在工厂用专用设备加热拌和,然后送到工地摊铺碾压而成的沥青路面)。

水泥混凝土路面分为素混凝土路面、连续配筋混凝土路面、钢纤维混凝土路面、连续配筋混凝土路面、碾压混凝土路面和混凝土预制块路面等。通常国内大量使用的是素混凝土路面,这种路面是指除边角和接缝处以外,其他任何地方不配钢筋的混凝土路面。水泥混凝土路面最大的缺点是温度和荷载应力较大和对地基的要求高,因此在设计和施工中,除进行材料、结构、板厚等设计外,接缝构造和施工工艺十分关键。

按沥青路面的技术特性可将沥青路面分为沥青表面处治(用沥青和集料按层铺法或拌和法铺筑而成的厚度不超过3cm的沥青路面)、沥青贯入式(用沥青和集料按层铺法铺筑而成,厚度一般为4~8cm的沥青路面)、热拌沥青碎石(以沥青和嵌挤结构集料热拌铺筑的路面)、乳化/溶剂沥青碎石(以常温熔融的沥青和嵌挤结构的集料冷拌或热拌,冷铺而成的路面)、沥青混凝土(以沥青和密实结构集料热拌铺筑而成的路面)。

沥青表面处治是用沥青和细集料铺筑的厚度不大于3cm的一种薄层,适用于三级及三级以下公路的沥青面层。各种封层适用于加铺薄层罩面、磨耗层、水泥混凝土路面上的应力缓冲层、各种防水和密水层、预防性养护罩面层。沥青表面处治与封层宜选择在干燥和较热的季节施工,并在最高温度低于15℃以前半个月及雨季前结束。

沥青贯入式路面是在初步压实的碎石或破碎砾石上分层洒布沥青,使沥青贯入石料间隙中,然后再分层撒布嵌缝料,经压实并借助行车压实而形成的一种路面结构层,其厚度一般为4~8cm。当沥青贯入式路面罩封面层后常用于次高级路面(三级及三级以下公路)的面层,其上不罩封面层有时用作路面面层与稳定土类基层之间的连接层,以防止反射裂缝向上扩展,国外也有用做路面基层,也可作为沥青路面的联结层或基层,但乳化沥青贯入式路面的厚度不宜超过5cm。当贯入层上部加铺拌和的沥青混合料面层时,即成为上拌下贯式路面。此时,拌和层的厚度宜不小于1.5cm。沥青贯入式路面的最上层应撒布封层料或加铺拌和层。沥青贯入层作为黏结层使用时,可不撒表面封层料。沥青贯入式路面宜选择在干燥和较热的季节施工,并宜在日最高温度降低至15℃以前半个月结束,使贯入式结构层通过开放交通碾压成型。

沥青混合料(国内习惯上将以密实级配原则修筑并经压实后的沥青混合料路面叫作沥青混凝土路面,沥青碎石则不然;国外不论是压实前或压实后都称为沥青混凝土混合料)是高等级公路、特别是高速公路上常用的路面面层。它是用适当比例的粗集料(如碎石)、细集料(通常使用细碎石、石屑、砂和矿粉)与沥青混合,经过拌和而成,混合料经摊铺、碾压而成的路面结构层叫作沥青混凝土,一般用作路面的面层。沥青结合料[Asphalt Binder(英),Asphalt Cement(美)]是指在沥青混合料中起胶结作用的沥青类材料(含添加的外掺剂、改性剂等)的总称。沥青混合料[Bituminous Mixtures(英),Asphalt(美)]是指由矿料与沥青结合料拌和而成的混合料的总称。沥青混合料有沥青碎石和沥青混凝土两种,二者有四个方面的区别:第一,强度构成原则不同,沥青混凝土按照逐级填充原则构成的强度,矿料有严格的级配,而沥青碎石则是以嵌锁为原则构成的强度;第二,矿粉含量不同,沥青混凝土里必须有足够的矿粉,以增加比表面积从而减薄沥青膜厚度以提高黏结力,而沥青碎石里可以没有矿粉,即使有,也是少量的;第三,矿料级配不同,沥青混凝土矿料有严格的级配,通常采用连续密实级配,而沥青碎石则不然;第四,用途不同,沥青混凝土封闭水的能力强,可以直接用于沥青路面的上面层,沥青碎石透水性好,不宜直接用于上面层。

沥青混合料有各种类型,基于不同的分类方法赋予相应不同的名称。按材料组成及结构的不同,分为连续级配、间断级配混合料;按矿料级配组成及空隙率大小的不同,分为密级配、半开级配、开级配混合料;按公称最大粒径大小的不同,可分为特粗式(公称最大粒径等于或大于31.5mm)、粗粒式(公称最大粒径26.5mm)、中粒式(公称最大粒径16mm或19mm)、细粒式(公称最大粒径9.5mm或13.2mm)、砂粒式(公称最大粒径小于9.5mm)沥青混合料。按制造工艺的不同,分热拌沥青混合料、冷拌沥青混合料、再生沥青混合料等。密级配沥青混合料[Dense-graded Bituminous Mixtures(英),Dense-graded Asphalt Mixtures(美)]是指按密实级配原理设计组成的各种粒径颗粒的矿料,与沥青结合料拌和而成,设计空隙率较小(对不同交通及气候情况、层位可作适当调整)的密实式沥青混凝土混合料(以AC表示)和密实式沥青稳定碎石混合料(以ATB表示)。按关键性筛孔通过率的不同又可分为细型密级配沥青混合料、粗型密级配沥青混合料等。粗集料嵌挤作用较好的也称嵌挤密实型沥青混合料。

开级配沥青混合料[Open-graded Bituminous Paving Mixtures(英),Open-graded Asphalt Mixtures(美)]主要由粗集料嵌挤组成,细集料及填料较少,设计空隙率为18%的混合料。半开级配沥青碎石混合料[Half(semi)-open-graded Bituminous Paving Mixtures(英)]是指由适当比例的粗集料、细集料及少量填料(或不加填料)与沥青结合料拌和而成,是经马歇尔标准击实成型试验的剩余空隙率在6%~12%的沥青碎石混合料(以AM表示)。

间断级配沥青混合料[Gap-graded Bituminous Paving Mixtures(英),Gap-graded Asphaltmixtures(美)]是指矿料级配组成中缺少一个或几个档次(或用量很少)而形成的沥青混合料。

沥青稳定碎石混合料,简称沥青碎石[Bituminous Stabilization Aggregate Paving Mixtures(英),Asphalt-treated Permeable Base(美)]是指由矿料和沥青组成具有一定级配要求的混合料。按空隙率、集料最大粒径、添加矿粉数量的多少,分为密级配沥青碎石(ATB)、开级配沥青碎石(OGFC表面层及ATPB基层)、半开级配沥青碎石(AM)。

沥青玛蹄脂碎石混合料[Stone Mastic Asphalt(英),Stone Matrix Asphalt(美)]是由沥青结合料与少量的纤维稳定剂、细集料以及较多量的填料(矿粉)组成的沥青玛蹄脂,填充于间断级配的粗集料骨架的间隙,组成一体形成的沥青混合料,简称SMA。

沥青混合料结构组成的强度理论有若干种,常用的是胶浆理论,该理论图示见图1-60。

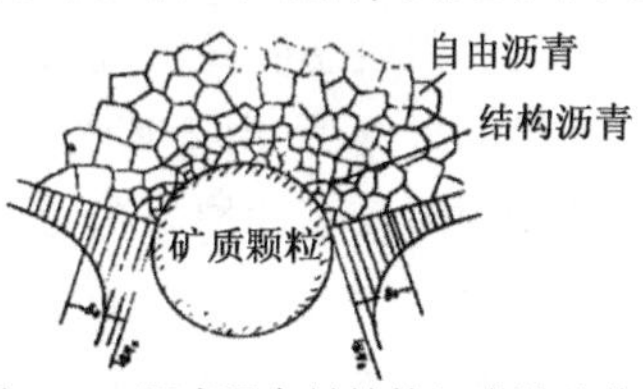

现代道路上常用的黑白两类路面,一般采用层间连续体系进行设计。施工时为使层间贴合紧密,各层之间常用沥青黏层

图1-60 沥青混合料结构组成的胶浆理论图示

(为使面层与基层或上下面层黏结更好而撒铺的黏结薄层)或沥青透层(由液体沥青洒铺而成,稳定和黏结基层或旧路顶面松散颗粒的结构薄层)。

黏层油一般用石油沥青加热后直接喷洒在下层上,待铺筑上层后起到层间黏结作用。洒黏层油一般用在三种场合:一是,双层式或三层式热拌热铺沥青混合料路面的沥青层之间;二是,水泥混凝土路面、沥青稳定碎石基层或旧沥青路面层上加铺沥青层之前;三是,路缘石、雨水口、检查井等构造物与新铺沥青混合料接触的侧面。

透层油主要是起到黏结基层与面层的作用,通常用在半刚性基层与沥青面层之间,通常在施工路面面层时,在压实好的基层表面喷洒一层沥青,让其一部分透入到下层中(顾名思义称透层油),一部分留在表面从而起到黏结上、下层的作用。为确保层间结合良好,沥青路面各类基层都必须喷洒透层油,沥青层必须在透层油完全渗透入基层后方可铺筑。基层上设置下封层时,透层油不宜省略。气温低于10℃或大风、降雨时,不得喷洒透层油。

封层一般用来封闭下层和上层之间的水分移动,保证上层不受水的侵袭,确保路面稳定。封层所用的沥青,根据情况可选择乳化沥青稀浆封层、微表处、改性沥青集料封层、薄层磨耗层或其他适宜的材料。

微表处主要用于高速公路及一级公路的预防性养护以及填补轻度车辙,也适用于新建公路的抗滑磨耗层。稀浆封层一般用于二级及以下公路的预防性养护,也适用于新建公路的下封层。

(二)对路面工程的基本要求

对路面工程总的要求是能够承载、不宜变形、不易破坏、利于行车,具体表现在以下两方面。

1. 结构功能要求

针对路面直接承受车辆荷载和自然因素影响所造成的疲劳断裂、塑性变形累计和表面磨损,要求路面结构要高强、稳定、坚实且耐久。

路面结构的强度是指路面抵抗变形和破坏的能力。从广义上讲,路面强度有各层强度和整体强度之分。归纳目前国内外表达路基路面整体强度的方法不外乎有两种:一种是一定变形下的荷载(如国外的CBR);另一种是一定荷载下的变形(如我国的回弹弯沉)。

路面结构稳定性是指路面结构在自然因素作用下保持强度和完好性的能力。路面结构强度降低的幅度不能太大或不超过允许范围。这是因为,路面直接暴露在大气层中,因自然界有水圈和水循环,故路面稳定性经受自然因素影响较大。大量试验证明:路基与路面材料随温度和湿度变化而导致路基路面材料和结构的体积、几何性质和物理性质变化,即随温度升降和湿度变化而引起胀缩,致使强度和刚度大幅度降低。理论研究还表明:路表温度变化与气温变化是同步的且路表温度高于气温,这是由于部分太阳辐射热被路面所吸收,导致路表温度比气温高,尤其是沥青路面,由于其吸热高,温度增值的幅度会超过水泥混凝土路面。路面结构内温度会沿着结构深度呈不均匀分布,而且在一天不同时刻,路面温度经历正负循环变化,路面内温度梯度与气温变化同步且有周期性。

这种路面结构内温度变化可通过外部和内部影响因素之间联系来预估,通常可通过统计法和理论法两种方法预估。统计法是指在路面结构层不同深处埋设测温元件连续观测,收集当地气象资料(气温、辐射热),对记录的路面温度和气象因素进行逐年回归分析;理论法是应用热传导理论方程式推导出温度预估方程,即各种气象资料和路面材料热物理特性参数组成的温度预估方程。理论法的缺点是参数确定难度大,理论假设理想化,结果与实测有一定的出入。气温的周期性变化,导致不同时期和不同温度下的路面材料和结构的胀缩不同,当受到约束不能释放,就产生温度应力和湿度应力,往往引起路面出现早期破坏,这些因素使得设计和施工复杂化。目前,对路面结构水、温度稳定性评判,是模拟自然因素作用进行强度对比试验,如水泥稳定土或石灰稳定土基层的冻融循环试验等。

在施工现场,路面承载能力(强度和刚度)指标通常有三项,即回弹弯沉、压实度和CBR值。

2.使用品质要求

路面表面应平整、抗滑性好且耐磨。路面表面平整度一般用3m直尺和平整度测定仪来测定和评判。抗滑性目前用构造深度和专门的抗滑试验测定,一般通过选择面层材料的质量和规格来控制。耐久性一般针对一些新型结构,如沥青路面采用的SMA等路面或改性路面结构,并通过混合料的车辙试验来控制。此外,路面使用品质还包括抗噪声和积溅水以及砂石路面的抗扬尘等性能。

(三)路基路面工程设计与施工技术的主要内容

1.路基工程设计与施工内容

路基设计、施工及养护应根据路基的各部分组成、基本要求、影响因素来进行。一般路基的设计与施工内容包括路基断面形式、路基高度、路基边坡、路基防护、路基挡墙、路基排水等内容。

2.路面工程设计与施工内容

路面设计新理念的内涵包括周密全面的野外调查、路面材料选择与组成、路面各个分层的选择、路面结构拟定与组合、路面结构的厚度计算、路面结构层应力验算、路面内部和路表排水、施工程序与工艺设计、新材料工艺技术应用。

(1)路面的分层与各层技术指标

路面结构的基本层是由面层、基层、垫层组成的。路面的分层与各层技术指标是指在设计中,根据地理、地质、土质、荷载、气候等情况,包括设计路面总层次,面层是否有上层、中层和下层,基层是否有上基层、中基层和底基层,是否设置垫层等,每层采用何种材料,分别采用何种技术指标等。

(2)各层材料的选择和组成设计

当各层选定后应确定控制指标,分别取样试验,确定出合格的料场和原材料生产厂家,并对混合料的理论配合比、试验配合比(或目标配合比)、施工配合比进行设计。

(3)路面的分层和组合结构设计

路面分层结构设计是指确定出一种(或几种)面层与一种(或几种)基层(或底基层)、垫层(当有必要设置垫层时)组合,能最有效抵抗自然因素和车辆荷载的作用,而且是经济合理的。结构组合设计实际上是对各层的层位安排。

(4)路面厚度计算与应力验算

设计路面厚度前,首先应确定出路面的合理宽度。归纳世界各国路面厚度计算的方法不外乎有两种,即理论法和经验法,我国采用理论法。对于柔性路面,可以采用弹性层状体系理论模型双圆荷载图式下的帕斯瓦尔斯结果进行设计。过去常用弹性层状体系理论三层体系解算的诺莫图的图算法,目前借助计算机程序计算可以算到15层以上。值得注意的是,厚度计算只能在拟定各层厚度并满足路面整体强度要求的前提下,计算出其中一层的厚度。显然,各层的厚度拟定必须科学合理,否则就失去路面厚度计算的意义。

(5)路面内、外排水与路拱设计

为迅速排除路面积水,防止在湿滑的路面上高速行车打滑和发生水膜现象,路面表面应做成中间高、两边低的按一定形状过渡的表面拱形,称为路拱。常用路拱形状有抛物线形以及折线叠加圆弧线形两种形式。设计时要确定合适的路拱方程以及断面控制点高程。另外,可根据需要布置路面结构层内部排水设施,同时也要做好相应设计。

(6)正确的施工程序与工艺措施

路面施工中,表观(外形、尺寸)和内在质量是两个核心控制环节。因此要严格按照"七十二字"方针(此方针详见本章第七节),合理组织工、料、机,科学安排各工序,严格控制原材料,正确把握各工艺。

现代道路,特别是高等级道路是以黑色(沥青类)、白色(水泥混凝土类)和彩色三类面层为主。如前已述,这三类路面面层通常使用的基层和垫层类型按照强度构成原则和使用性能等的不同,划分为级配型、嵌锁型和整体型三类。其中,整体型基层使用最为广泛。整体型基层,亦称半刚性基层,它通常是指无机结合料稳定土或粒料的路面基层。这类基层定义为在粉碎的或原状松散的土中掺入一定量的无机结合料和水,经拌和得到的混合料在压实与养护后,其抗压强度符合规定要求的材料称为无机结合料稳定材料,以此修筑的路面基层称为无机结合料稳定路面基层,亦称半刚性基层。半刚性基层的实质是由使用不同的土和无机结合料拌和得到不同的稳定材料,其刚度介于柔性路面材料和刚性路面材料之间,故由此得名。

整体型基层根据无机结合料不同,分为水泥稳定类、石灰稳定类、工业废渣稳定类、综合稳定类(水泥与石灰稳定土)。无机结合料基层根据土的颗粒组成不同,分为无机结合料稳定细粒土(细粒土的最大粒径小于9.5mm,且其中小于2.36mm的颗粒含量不少于90%)、无机结合料稳定中粒土(中粒土的最大粒径小于26.5mm,且其中小于19mm的颗粒含量不少于90%)、无机结合料稳定粗粒土(粗粒土的最大粒径小于37.5mm,且其中小于31.5mm的颗粒含量不少于90%)。

半刚性基层的稳定性好,抗冻性强,结构本身成板体(即板体性好),但耐磨性差,广泛用于修筑路面结构的基层和底基层。

第四节 桥梁涵洞与隧道工程基础

一、桥涵工程

桥涵工程包括桥梁和涵洞。桥涵是供铁路、道路、渠道、管线、行人等跨越河流、山谷或其他交通线路等各种障碍物时所使用的承载结构物。当桥涵的单口跨径大于或等于5m、多孔跨径总长大于或等于 8m 时,称作桥梁。如图 1-61 所示为一梁式桥总体布置图。

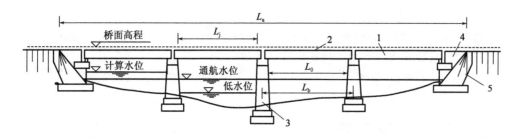

图 1-61 桥梁的组成
1-主梁;2-桥面;3-桥墩;4-桥台;5-锥形护坡;L_a-桥梁全长;L_j-计算跨径;L_0-净跨径;L_b-标准跨径

(一) 桥梁工程

桥梁的基本组成分为上部结构、下部结构和基础等。上部结构也称桥跨结构,是指桥梁结构中直接承受车辆和其他荷载,并跨越各种障碍物的结构部分,一般包括桥面构造、桥梁跨越部分的承载结构和桥梁支座。桥梁下部结构是指桥梁结构中设置在地基上用以支承桥跨结构,将其荷载传递至地基的结构部分,包括桥墩、桥台。桥墩的两侧均为桥跨结构,而桥台一侧为桥跨结构,另一侧为路堤,桥台两侧通常设置八字翼墙、石砌锥形护坡或护岸。墩台基础是桥梁结构的根基,对桥梁结构的安全使用起着举足轻重的作用。

通常根据桥梁的结构形式、所用材料、所跨越的障碍以及其用途、跨径大小等对桥梁进行分类。根据桥梁主跨结构所用材料,分为木桥、圬工桥、钢筋混凝土桥、预应力混凝土桥和钢桥。根据桥梁所跨越的障碍物,可分为跨河桥、跨海峡桥、立交桥、高架桥等。根据桥梁的用途,可分为公路桥、铁路桥、公铁两用桥、人行桥、运水桥、农桥以及管道桥等。根据桥梁跨径总长和单孔跨径的不同,桥梁可分为特大桥、大桥、中桥、小桥以及涵洞。根据桥面在桥跨结构中的位置,桥梁可分为上承式桥、中承式桥和下承式桥。

在桥梁结构设计中,一般按桥梁的结构形式(也称结构体系)将其分为梁式桥、拱式桥、刚架桥、悬吊式桥四个基本类型,以及这些基本类型的组合形式(图 1-62)。其组合形式有多种多样,如斜拉桥、系杆拱桥等,各种结构形式其受力特点、适应范围都有很大差异。

1. 梁式桥

如图 1-63 所示,梁式桥的特点是其桥跨的承载结构由梁组成,在竖向荷载作用下梁的支承处仅产生竖向反力,而无水平反力(推力)。梁式桥的内力以弯矩和剪力为主,水平轴力和扭矩相对很小。荷载作用方向通常与梁的轴线相垂直,梁主要通过抗弯来承受荷载,并通过支座将其传递至下部结构。梁式桥可分为简支梁桥、连续梁桥、悬臂梁桥。简支梁桥是梁式桥中应用最早,使用最广泛的一种桥型。它受力简单,梁中只有正弯矩,常用 T 形截面梁这种构造简单的截面形式。由于体系温度变化,混凝土收缩徐变、张拉预应力等均不会在梁中产生附加内力,因此,设计计算方便,应设计成各种标准跨径的装配式结构。鉴于简支梁是静定结构,结构内力不受地基变形的影响,对基础要求较低,能适用于在地基较差的桥址上建桥;在多孔简支梁桥中,相邻桥孔各自单独受力,便于预制、架设,简化施工管理,施工费用低,因此在城市高架、跨河大桥的引桥上被广泛采用。为减少伸缩缝装置,使行车平整舒适,国内目前常采用桥面连续的预应力混凝土简支梁桥。特别指出,采用桥面连续的预应力混凝土简支梁桥只是桥面连续,并不是连续梁桥。

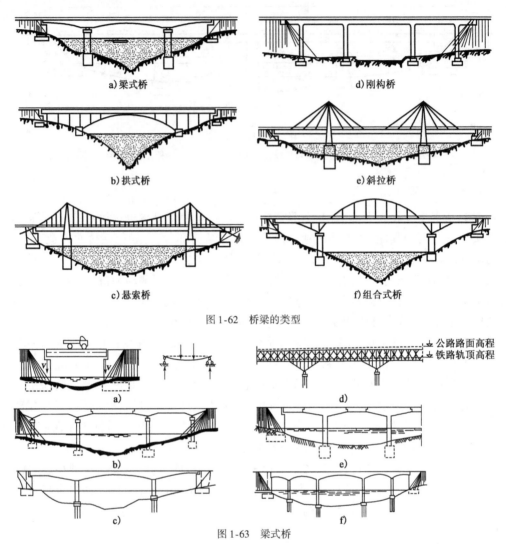

图 1-62 桥梁的类型

图 1-63 梁式桥

梁桥设计、施工和养护中,常用到计算跨径、标准跨径、净跨径、建筑高度、桥下净空、桥梁高度等专业术语。梁式桥计算跨径(l)是指桥跨两端相邻支座中心之间的距离;梁桥的标准跨径是指两相邻桥墩中心线之间或桥墩中心线与相邻桥台前缘之间的距离;净跨径是指设计洪水位线上两相邻桥墩内侧边缘之间或桥墩内侧边缘与相邻桥台前缘之间的距离。桥梁建筑高度(h)指桥上行车路面(或轨顶)与桥跨结构下边缘之间的高差;桥下净空高度(H),是指设计洪水位或计算通航水位至桥跨结构下边缘之间的距离;桥梁高度(H_1)是指低水位至桥面的高差,对于跨线桥是指桥下道路路面至桥面的高差。桥高不同,对桥梁施工的要求也不同,其施工的方法和难度会有很大差异。

2. 拱式桥

拱式桥如图 1-64 所示,其特点是其桥跨的承载结构以拱圈或拱肋为主,在竖向荷载作用下,两拱脚处不仅产生竖向反力,还产生水平反力(推力),这是拱式桥区别于梁式桥的重要特点。拱式桥通常采用钢筋混凝土或圬工结构,但也有用钢管混凝土、钢管加系杆等结构。拱式桥的基本结构体系可分为有铰拱和无铰拱。拱式桥适合建于地质和地基条件良好的桥址。

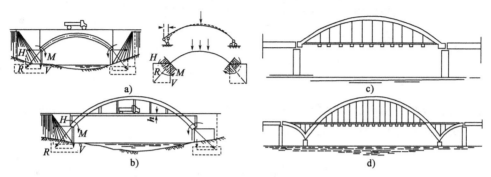

图1-64 拱式桥

拱式桥设计、施工和养护中,常用到计算跨径、标准跨径、净矢高、计算矢高、矢跨比等专业术语。净标准跨径(l_0)是指每孔拱跨两个起拱线之间的水平距离;计算跨径(l)是指相邻两拱脚截面形心点之间的水平距离,因为拱圈(或拱肋)各截面形心点的连线称为拱轴线,故也就是拱轴线两端点之间的水平距离;净矢高(f_0)是指拱顶截面下缘至起拱线连线的垂直距离;计算矢高(f)是指拱顶截面形心至相邻两拱脚截面形心之连线的垂直距离;矢跨比(f/l)是指拱圈(或拱肋)的净矢高与净跨径之比,或计算矢高与计算跨径之比。

3. 刚架桥

刚架桥如图1-65所示,它是由桥跨结构(主梁)与墩台(支柱、板墙)整体相连而形成的结构体系。其梁柱结点为刚结。在荷载作用下,其结构中梁和柱(支柱、板墙)的截面均作用有弯矩、剪力和轴力。T形刚架桥属于无推力结构,与其他刚架桥的受力特点根本不同,即T形刚架桥的悬臂部分主要承受负弯矩,一般为对称设置。刚架桥的外形尺寸较小,桥下净空较大,视野开阔,适用于建筑高度受限、需要较大桥下净空的情况。刚架桥设计必须考虑附加内力,要求刚架桥桥址有较好的地基条件或采用深基础。近年来大跨度预应力刚架桥发展迅速。

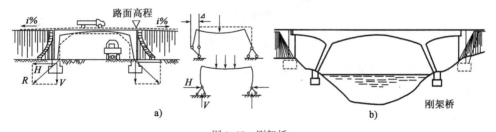

图1-65 刚架桥

4. 悬索桥

悬索桥如图1-66所示,其主要承载结构由桥塔和悬挂在塔上的高强度柔性缆索、吊索、加劲梁和锚碇结构组成,主缆索是主要承重结构,仅承受拉力。该桥型能以较小的建筑高度跨越很长的跨度,这是其他任何桥型无法比拟的。

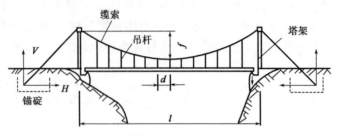

图 1-66 悬索桥

悬索桥在设计计算时,除需考虑其结构的静力特性外,还必须考虑其结构的动力特性,尤其是它的抗风稳定性,计算通常采用有限变形理论。

5. 斜拉桥

斜拉桥如前面的图 1-62e)所示,它由主梁、拉索和索塔组成。斜拉桥的形式主要有独塔斜拉桥、双塔斜拉桥、多塔斜拉桥三种。在结构体系中,斜拉索中荷载所引起拉力的水平分量,使梁结构承受轴向压力,相当于对梁结构施加预应力,其竖向分量为主梁提供弹性支承。与悬索桥相比,斜拉桥抗风稳定性明显改善,不需要巨大的锚碇结构;与梁式桥相比,斜拉桥主梁结构的内力分布更均匀合理。

6. 组合式桥

组合式桥是由几个不同的基本类型结构所组成的桥,如图 1-67 所示。各种各样的组合式桥根据所组合的基本类型结构不同,其受力特点也不同,往往是所组合的基本类型结构的受力特点的综合表现。常见的有梁与拱组合式桥,如系杆拱桥、桁架拱桥及多跨拱梁结构等;悬索结构与梁式结构的组合式桥,如斜拉桥等。

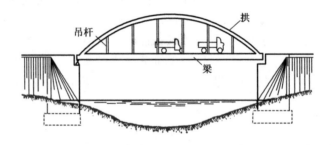

图 1-67 组合式桥

系杆拱桥的系杆拱是典型的梁和拱组合的无推力结构体系。这一桥型的实用跨径为 30~150m。

(二)涵洞工程

如图 1-68 所示,涵洞与桥在结构形式上几乎没有区别,即任何形式的桥梁同样也可以做成相应形式的涵洞,但涵洞在跨径、水力特点、洞口形式、填土高度等与桥梁有着明显的区别。首先是跨径上的区别,当单孔跨径小于或等于 5m,多孔跨径之和小于或等于 8m 的都叫作涵洞,但对于管涵和箱涵则有例外,不论其跨径多大、孔数多少都叫作涵洞。其次,是水力上的区别,对于涵洞是不允许冲刷的,因此必须有铺底;但桥梁是允许冲刷的,是通过冲刷计算来确定基础埋置深度。再次,涵洞上面可以允许填土,因此在设计中往往需要计算涵洞长度,而且其长度随着涵轴线与路中线的正交、斜交和洞口的正做和斜做而变化,因此需要认真计算涵长。最后,涵洞的洞口形式多种多样,有锥形护坡、八字翼墙、走廊式、领圈式、一字式、组合式等,而桥梁通常情况下只有八字翼墙和锥形护坡两种形式。

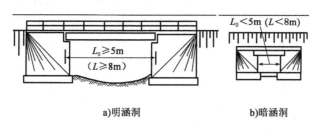

a)明涵洞　　　　　　b)暗涵洞

图 1-68　涵洞的组成

(三)桥涵工程基本要求

(1)安全:即整个桥涵结构以及各个构件,在制造、运输、安装和使用各个阶段应有足够的强度、刚度、稳定性和耐久性。

(2)适用:即满足桥上交通的需要和桥下泄洪和安全通航或通车的要求,保证使用年限,不出现过大变形和裂缝,便于检查与维修。

(3)经济:即通过技术经济比较,从建造期间的造价、取材、工期、运输、安装、施工等方面以及使用期间运营、养护、维修等方面,尽量降低成本、效益最高。

(4)美观:即结构造型应具有美术特征,给人以美的观感,并与景观相适应,比例协调,与环境协调。

(5)先进:即技术先进、保护环境和可持续发展。

二、隧道工程

隧道是为使道路从地层内部或水底通过而修建的工程建筑物。隧道可分为两类,一类是修建在岩石中的,称为岩石隧道;另一类是修建在土层中的,称为软土隧道。软土隧道通常修建在水底或城市立交,故有时也称为水底隧道或城市道路隧道。隧道在山岭中可以克服地形或高程障碍,同时还可以改善线形、提高车速、缩短里程、节约燃料、节省时间,减少对植被的破坏;克服落石、塌方、雪崩、雪堆等危害;在城市中可减少用地,解决交叉口的拥堵,疏导交通;在河流、港湾地区,可让道路不影响水路的通航。隧道由主体建筑和附属建筑两部分组成,主体建筑包括洞门和洞身砌筑,以及由于地形地质情况的需要在洞口地段接长的明洞。附属建筑包括通风、照明、防水、排水、电力、通信和安全设施等。因本章篇幅所限,在此不再赘述。

第五节　道路交通工程与沿线设施

道路除主体工程外,还有大量的交通工程与沿线设施,交通工程包括道路交通安全设施等。交通安全设施是道路交通安全、管理、服务、环保的总称。其范围包括防撞护栏、视线诱导设施、交通标志、交通标线、桥梁护网、防眩设施、隔离和防护设施视线诱导设施、避险车道。沿线设施一般指交通站场(含服务区)以及道路照明等。

一、道路交通工程设施

道路交通安全设施是公路的组成部分,它对提高道路服务性能,保障行车安全和交通畅通具有重要意义。该设施属于交通工程学科范畴,而交通工程是一个"5E"工程的学科,主要从教育、法规、能源、环境、工程五个方面来研究人、车、路、环境的协调发展之间的关系,来保护道路使用者的安全,并为道路使用者提供便利。目前,交通安全设施的应用正朝着国际统一化和新型材料的研究应用方向发展。

与交通工程设施设置密切相关的概念是路侧净区与事故严重度。所谓路侧净区是指公路行车方向最右侧车行道以外的相对平坦、无障碍、可供失控车辆重新返回正常行驶路线的带状区域。路侧净区的宽度是指从车辆越出外侧车行道边缘到路侧障碍物的距离,我国的路侧净区宽度为3.00~4.25m。路侧净区宽度是设置护栏的重要依据,高速公路在提供足够宽路侧安全区的路段可不设置护栏。

事故严重度也是设置护栏的重要依据,也是衡量一定质量的车辆以一定的碰撞条件(碰撞速度和碰撞角)越出路外并与路侧障碍物碰撞造成事故的严重程度指标,同时也是事故造成财产损失和伤亡程度的综合估计值。

路侧事故严重度取决于路侧障碍物和事故严重度。护栏本身是一种障碍物,护栏能够降低交通事故严重程度的主要原因是通过碰撞吸收车辆的能量。降低和减少对越出路外的车辆和乘员构成潜在危险的事物、车辆与路侧障碍物碰撞的措施和优先顺序:第一,清除可移走的所有路侧障碍物;第二,把路侧障碍物移至道路的路侧净区范围外;第三,把遗留的路侧障碍物数量减少,并作成解体消能结构;第四,用护栏或防撞垫保护(但要考虑事故严重度和经济性);第五,通过视线诱导或其他警告设施,改善路侧障碍物的醒目度;第六,降低道路的容许行驶速度。

路侧保护措施设置的依据包括事故严重度、事故率、事故成本、路侧危险物距车行道的距离、车速和碰撞角分布、交通组成、护栏设置成本、维修养护费用、使用年限和利率等。

特别指出,近年来有为数不少的交通事故是因为疲劳驾驶、标识误读、标志误诱、广告误导以及不合适的硬性防护等原因诱发,所以在交通工程与沿线及施设置应周密调查、认真研判,确定设置地段与相应的形式。

(一)防撞护栏

在行车道及路缘带内侧中间带或行车道及路缘带外侧路肩上防撞护栏是为了诱导驾驶员视线,防止运行中的失控车辆驶出路外或驶入对象车道或人行道,增加驾驶员和乘客的安全感,减轻车辆、乘客和构造物的损坏程度,控制行人随意横穿道路,保证行车安全的措施。它设置在道路中央或路基边缘,如高速公路、城市快速路、一级公路的路基边缘以及其他各级公路的高路堤、桥头、极限最小半径、陡坡或依山傍水等路段的路基边缘。护栏依据护栏碰撞条件设计,护栏结构应通过实车碰撞试验的验证。确定护栏碰撞条件的原则有三个方面:一是确保安全,保证85%以上失控车辆不会越出、冲断或下穿护栏;二是降低事故,降低事故的严重度及减少二次事故的发生;三是经济实用,车辆碰撞护栏是小概率交通事件,护栏的设置应考虑到国家经济承受能力。

护栏的设置有四个要求:首先,能阻止车辆越出路外;其次,防止车辆穿越中央分隔带闯入对向车道,使车辆恢复到正常行驶方向;再次,对乘员的损伤最小;最后,能诱导驾驶员的视线。

护栏的设计条件考虑车辆碰撞速度、车辆的质量、碰撞角度、车辆加速度等。

1. 护栏按照受力特点分类

按照受力特点,防撞护栏分为柔性护栏、半刚性护栏和刚性护栏三种,见表1-15。柔性护栏是一种具有较大缓冲能力的护栏结构。缆索护栏是柔性护栏的代表形式,它是一种以数根施加初始拉力的缆索固定在立柱上面形成的结构,它主要靠缆索的张拉力来抵抗车辆碰撞,吸收碰撞能量,即是一种完全依靠缆索的拉应力来抵抗车辆碰撞的护栏,如图1-69所示。半刚性护栏是一种连续的梁柱式结构,具有一定的刚度和柔性。波形梁护栏是半刚性护栏的主要代表形式,是一种以波纹状钢护栏相互拼接并由立柱支承而形成的连续结构,它利用土基、立柱、波形梁的变形来吸收碰撞能量,并迫使失控车辆改变方向。图1-70为路侧波形梁护栏示意图,其由波形梁和立柱和防阻块等组成,车辆碰撞时介于柔性和刚性之间,有一定吸收能量的作用。刚性护栏一般是指一种基本不变形的护栏结构,混凝土护栏是刚性护栏的代表形式,它是一种以一定形状的混凝土块相互连接而组成的墙式结构,它利用失控车辆碰撞后爬高和转向来吸收碰撞能量,图1-71是混凝土护栏的结构形式。

图1-69 缆索护栏

护栏的分类和设计条件　　　　　　　表1-15

按刚度分类	柔性护栏	半刚性护栏	刚性护栏
代表形式	缆索护栏	波形梁护栏	混凝土护栏

图1-70 波形梁护栏

图1-71 混凝土护栏

(1)缆索护栏

缆索护栏由端部立柱、中间立柱、托架、缆索和索端接头组成。端部立柱位于护栏端部,根据缆索的安装长度确定,缆索的安装长度一般为 200~300m,即每根缆索的长度不超过 300m;当缆索护栏的安装长度超过 300m 时,在设计上应采用中间端部结构。中间立柱的间隔最大值为 7m,若埋设在混凝土中时,则可与波形梁护栏一样,采用 4m 为最大值。托架的作用是固定缆索的位置并能把缆索从立柱面横向悬出一定距离,防止碰撞车辆在立柱处受阻。缆索和索端接头根据缆索间距确定,一般为 130mm。

缆索护栏属柔性结构。车辆碰撞时缆索在弹性范围内工作,可以重复使用,容易修复。立柱间距比较灵活,受不均匀沉陷的影响小。风景区公路采用缆索护栏较为美观。积雪地区,缆索护栏对扫雪的障碍较少。但缆索护栏施工复杂,端部立柱损坏修理困难,不适合在小半径曲线段使用;同时它的视线诱导性较差,架设长度短时不经济。

(2)波形梁护栏

波形梁护栏由波形梁板、立柱、防阻块、端头、托架、紧固件、基础构成,主要是通过波形横梁(图1-72)的变形吸收冲撞能量。横梁和立柱之间通过五方防阻块连接(图1-73),通常立柱大约有 2/3 以上的长度打入路肩土中,漏出地面长度不足 1/3。横梁和立柱及基础均承受碰撞力,防阻块吸收撞击能量。波形梁护栏具有"刚柔相济"的特点,故有较强的吸收碰撞能量的能力,也有较好的视线诱导功能,能与道路线形相协调,外形美观,可在小半径弯道上使用,损坏处易更换。波形梁护栏由波形梁板、立柱、防阻块、端头、托架、紧固件、基础构成。

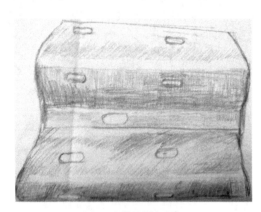 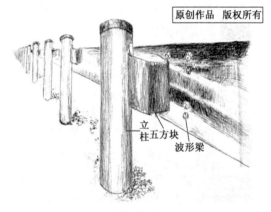

a)安装前的波形梁　　　　　　　b)安装后的波形梁

图 1-72　波形梁

组合型波形梁护栏可在窄中央分隔带上使用。对于车辆越出路外有可能造成严重后果的区段,可选择加强型波形护栏。

(3)混凝土护栏

混凝土护栏对于防止车辆越出路外的效果较好,适用于窄的中央分隔带。由于混凝土护栏坚固不变形,因而维修费用很低。但当车辆与护栏的碰撞角较大时,对车辆和乘员的伤害大。因此这种护栏对于乘客的安全感和舒适性较差,并有较强的行驶压迫感。

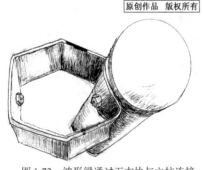

图 1-73　波形梁通过五方块与立柱连接

2. 护栏按设置位置分类

(1) 路侧护栏

按照在路基或桥梁中设置位置,可将护栏分为路侧护栏、中央分隔带护栏。路侧护栏是指设置在公路路肩上的护栏或道路路侧建筑限界以外的护栏,目的是防止失控车辆冲出路外并避免碰撞路边其他设施;中央分隔带护栏是设置在道路中央或公路中央分隔带内的护栏,目的是防止失控车辆穿越中央分隔带闯入对向车道,并保护分隔带内的构造物而设置位于上下行车道内侧边缘的护栏。护栏端头的处理有锚式和圆头式两种形式。

路侧护栏设置依据是路侧护栏一般设置在能降低事故严重度或有可能发生严重事故的地方,具体来讲,路侧护栏应根据公路等级、交通量、车辆组成和路侧特征等因素并参照标准规范的要求来设置。路侧护栏根据防护对象的不同分为路堤护栏和障碍物护栏。是否设置路堤护栏要视路堤高度和边坡坡度决定;是否设置路侧障碍物护栏的主要依据是障碍物的特征和路侧安全净区是否能满足要求。

由于车辆越出路外的频率或概率与事故严重度没有直接关系,所以高速公路在提供足够宽的路侧安全区的路段可不设置护栏。

路侧护栏设置原则主要有三个方面:其一是,高速公路和一级公路以及城市快速路一般要设置;其二是,对二级公路要根据边坡坡度、路堤高度与设置路堤护栏来决定。其三是,对于三四级公路要考虑运行速度、经济条件、交通量等因素确定。

高速、一级公路的波形梁路侧护栏最小设置长度为70m;夹在两填方区段之间长度小于100m的挖方区段,应和两端填方区段的护栏相连;挖方路段可不设路侧护栏。波形梁护栏从地面到横梁顶的高度为755mm;缆索护栏从地面到最上一根缆索顶的高度950mm。

影响护栏位置的因素有横向距离、缘石和斜展率。横向距离为护栏距车行道边缘的距离,横向距离应尽可能大,路侧护栏应尽量设在避让线横距以外。路侧障碍物至车行道边缘的距离应使驾驶员感到对行车不构成危险或不需要采取减速或变换车道操作。不提倡使用缘石。护栏端部斜展率一般为1:50。

护栏至刚性障碍物的距离应不小于护栏的最大动态变形量;若护栏至障碍物的距离不足,应加强护栏的强度,如:减小立柱间距、加大立柱尺寸、加设中间锚固和提高横梁刚度。

路侧护栏形式的选择依据足够的防撞性能要求、现场条件、兼容性、变形、成本、美观、实际使用情况和维修养护决定。

(2) 中央分隔带护栏

中央分隔带护栏设置依据是分隔带的宽度和交通量。

对于高速公路、一级公路均应设置中央分隔带护栏,当中央分隔带宽度≥12m时,可不设;高速公路、一级公路采用分离式断面时,靠中央带一侧按路侧护栏设置。上下行路基高差>2m时,可只在路基较高一侧设置;高速、一级公路的中央分隔带开口处,原则上应设置活动护栏。

常用的中央分隔带护栏结构有波形梁护栏、混凝土护栏和缆索护栏三种。

波形梁护栏有分设型和组合型两种形式。前者用于中间带较宽、中间带内构造物较多,并埋设有通信、电力管线的路段,属于整体式;后者用于中间带较窄、中间带内构造物不多,或埋设地下管线相对较少的路段,属于分离式。

混凝土护栏分为传统型和单坡型两种,前者又可分为基本型和改进型;后者对保护驾乘人员的效果更好,故建议优先使用。

中央分隔带缆索护栏的防撞等级为 Am 级,托架分两边对称设置,总共 8 根缆索。适用于交通量低、大型车占有率较小以及对景观要求高的公路,尤其适用于冬季有积雪的公路。

各种护栏的防撞等级和适用范围见表 1-16。

各种护栏的防撞等级和适用范围　　　　　　　　表 1-16

护栏形式	路基护栏				桥梁护栏		
	路侧护栏		中央分隔带护栏		路侧护栏	中央分隔带护栏	
防撞等级	A	S	Am	Sm	PL1	PL2	PL3
适用范围	高速和一级公路、城市快速路	需要加强保护的路段	高速和一级公路、城市快速路	有重要构造物或需要加强保护的路段	一般公路跨越高速、一级公路	高速和一级公路、城市快速路	桥外特别危险需要重点保护的特大桥

(二)防撞垫

防撞垫(图 1-74)是通过吸收车辆碰撞能量使车辆安全停住,并使车辆改变行驶方向,避免乘员受到严重伤害的设施。

常用防撞垫系有 Hi-Dro 夹层系统防撞垫和填砂塑料桶防撞垫(图 1-76)两种。前者是吸能装置为装水的塑料管(图 1-75);后者的吸能装置为不同质量的砂桶,不能改变碰撞车辆的行驶方向。

图 1-74　防撞垫

图 1-75　装水的塑料防撞垫　　　　　　图 1-76　填砂塑料桶防撞垫

(三) 道路交通标志

1. 道路交通标志的组成和分类

道路交通标志是利用图形符号和文字传递特征信息,用以管理交通,保证道路交通安全,协助车辆顺利通行的设施。按道路的类别分为一般道路标志和高速公路标志;按尺寸大小分为小型、大型、巨型标志等。《道路交通标志和标线》(GB 5768—1999)把交通标志分为主标志和辅助标志等(图1-77)。除标准中规定的法令性标志外,在《公路养护技术规范》(JTG H10—2009)中补充的示警桩、倒向标、情况警示牌、施工标志等均属于告示性和警告性的标志。另外,在高速公路、一级公路和城市快速路上还可以设置因交通、道路气候等变化而随之改变显示内容的可变信息标志。

图1-77　交通标志示意图

下面主要对主标志和辅助标志进行介绍。

(1) 主标志

主标志包括指示标志、警告标志、禁令标志、指路标志、旅游区标志、道路施工安全标志。

指示标志通常为圆形、矩形,蓝底白图案,用以指示行人和车辆按规定方向或地点行进的标志。指示标志的尺寸与停车视距和计算行车速度有密切关系。所谓停车视距是指从驾驶员发现障碍物到汽车在障碍物前安全停止所需要的最短距离。交通标志的版面设计的要求是醒目度、易读性及公认性俱佳。常用部分指示标志样式及其相应的含义见表1-17。

常用部分指示标志样式及其相应的含义　　表1-17

标志样式	含义	标志样式	含义	标志样式	含义
50	道路限速路段的起点表示机动车驶入前方道路之最低时速限制。此标志设在高速公路或其他	↙	表示只准一切车辆靠左侧道路行驶。此标志设在车辆必须靠左侧行驶的路口以前适当位置	↔	表示只准一切车辆向左和向右转弯。设在车辆必须向左和向右转弯的路口以前适当位置
行人横道	表示该处为专供行人横穿马路的通道。此标志设在人行横道的两侧	✦	表示干路先行,此标志设在车道以前适当位置	步行	表示该街道只供步行。此标志设在步行街的两端
80 80 60	机动车各车道限速标志	大型客车向左转弯	大型客车靠右行驶	自行车	非机动车靠右行驶
↑	单行路	⤴	允许掉头	↑	单行路直行

指示标志的设置位置,按照《公路交通标志和标线设置规范》JTG D82—2009 执行。

警告标志采用等边三角形或菱形,黄底黑边黑图案、白底红边黑或深蓝图案,用于警告驾驶员注意前方路段存在的危险及应采取的措施。警告标志距危险地点的距离,应根据计算行车速度确定,可少于安全停车视距;设置位置必须明显;标志尺寸与计算行车速度有密切关系。部分常用警告标志样式及其相应的含义见表 1-18。

部分常用警告标志样式及其相应的含义　　　　　表 1-18

标志样式	含义	标志样式	含义	标志样式	含义
	前面是连续急转弯		前方是隧道标志		前方上陡坡标志
	前方可能是学校		表示多股铁道与道路交叉,设在无人看守铁路道口标志上端		前方是环形路口,视线不好,注意来往车辆,慢点开车
	渡口标志		前面有横向风标志		右侧道路变窄标志

禁令标志用圆形,白底红边红斜杠黑图案,它是对车辆行为加以禁止或限制的标志。禁令标志尺寸与计算行车速度有密切关系。部分常用禁令标志样式及其相应的含义见表 1-19。

部分常用禁令标志样式及其相应的含义　　　　　表 1-19

标志样式	含义	标志样式	含义	标志样式	含义
	设在禁止通行的道路入口处的禁止一切车辆和行人通行标志		限制宽度标志		禁止自行车通行标志
	禁止左转标志		减速让行标志		禁止超车标志
	禁止车辆临时或长时停放		限制高度标志		限制速度标志

指路标志为矩形,蓝底白字(一般道路)或绿底白字(高速公路),用于指示市镇村的境界、目的地方向、距离,高速公路的出入口、服务区、著名地点等。字体与尺寸取决于汉字的辨认程度,指路标志汉字应为标准黑体,字宽与字高相等。标志板的尺寸先根据计算行车速度确定汉字高度,再根据汉字的字数及板面要求确定板面尺寸。指路标志外边框宽 $h/10$,衬底边宽 $h/10$,外边框圆角半径 $0.2h$。部分常用指路标志样式及其相应的含义见表1-20。

部分常用指路标志样式及其相应的含义 表1-20

标志样式	含义	标志样式	含义	标志样式	含义
	道路服务区指示标志		前方右转后下穿主路可到机场高速		表示左侧横向道路机动车通行标志。属于其他标志同指路标志组合示例

部分常用旅游区标志样式及其相应的含义见表1-21。

部分常用旅游区标志样式及其相应的含义 表1-21

标志样式	含义	标志样式	含义	标志样式	含义	标志样式	含义
	前方是寺庙		前方是游泳池		前方是高尔夫球场		前方是体育设施

常用的道路施工安全标志见表1-22。

常用的道路施工安全标志 表1-22

标志样式	含义	标志样式	含义	标志样式	含义	标志样式	含义
	道路施工段封闭标志		前方300m道路施工标志		锥形交通标		前方1km左侧道路封闭标志
	向左行驶标志		前方正在施工作业标志		向右改道标志		左侧道路封闭标志

(2)辅助标志

辅助标志不能单独使用,附设于主标志下起辅助说明作用,按用途分为表示时间、车辆种类、区域与距离、警告与禁令等。辅助标志一般为长方形,白底黑字黑边框。常用的辅助标志样式见图1-78。

道路施工标志的设置地点如图1-79所示。

2.标志的基本要素与设计

标志有颜色、形状、图符三个基本要素。

颜色要有良好的视认性,一般采用亮色与暗色搭配。颜色选取还要考虑表达的抽象概念,一般红色有危险感、黄色有警戒感、绿色有安全感、蓝色有沉静安宁感、黑白对比度好。

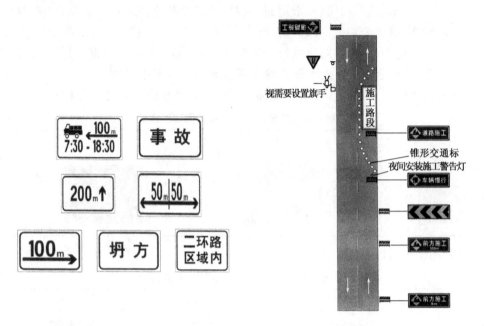

图 1-78 常用的辅助标志样式示例　　图 1-79 道路施工标志的设置地点

形状要有可视认性。同等面积条件下,三角形辨认效果最好,其次为菱形、正方形、圆形、六角形、八角形。形状设计要考虑可容纳信息量的多少。按照过去使用的习惯,正三角形用于警告;圆形用于禁止和限制;正方形、长方形用于指示指路。

人眼对图符信息的辨认速度和辨认距离均优于文字信息,一般不受语言和文字的限制。

交通标志的结构设计,应充分考虑在外界荷载作用下的强度、刚度和稳定性。荷载包括永久荷载和可变荷载,永久荷载主要是自重,可变荷载主要为风载。

3. 标志的设置

标志设置包括位置确定、安装角度和交通标志的支撑方式等。

公路标志版面内容应能准确、醒目地向公路使用者提供警告、禁令、指示、指路、安全等信息。标志的设置应根据高速公路的线形、互通式立交、桥梁、隧道、服务设施等位置,自然环境、交通状况、公路使用者需求等因素综合确定,其数量应相对均衡,避免信息过载或疏漏;标志的任何部位不得侵入公路建筑限界。

公路交通标志的设置,应以不熟悉周围路网体系的公路使用者为设计对象,综合考虑周边路网与公路条件、交通条件、气象和环境条件等因素,制定合理的设置标准,根据各种交通标志的功能和驾驶人员的行为特征进行合理设置。

如图 1-80 所示,标志设置位置要考虑视认、始读、读完、消失、行动、标志、动作完成整个过程。

4. 交通标志的支撑方式

交通标志的支撑方式有柱式(单柱、双柱)、悬臂式、门架式、附着式四种。

单柱适用于中、小型尺寸的警告、禁令、指示等标志;双柱适用于长方形的指示或指路标志。

当柱式安装有困难,而且道路较宽、交通量较大、外侧车道大型车辆阻挡内侧车道小型车辆视线时,可设置悬臂式标志。

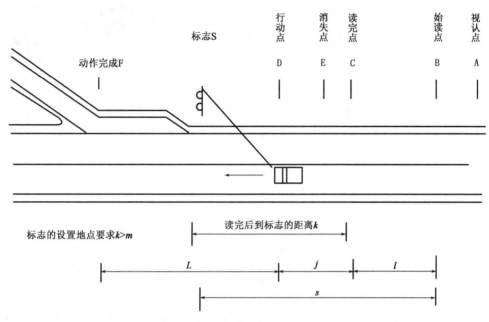

图1-80 道路施工标志的设置位置

门架式适用三个场合:一是,多车道道路需要分别指示各车道去向时;二是,道路较宽、交通量较大、外侧车道大型车阻挡内侧车道小型车辆视线时;三是,受空间限制,如柱式或悬臂式安装有困难时。

附着式适用于公路沿线设置有上跨天桥等构造物以及路侧设置有照明灯杆等场合。

5. 标志内边缘与路面或土路肩边缘距离

标志内边缘与路面或土路肩边缘距离如图1-81所示。

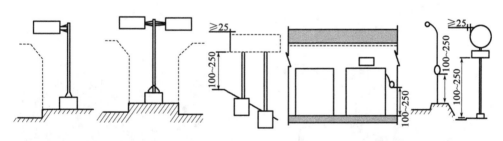

图1-81 标志内边缘与路面或土路肩边缘距离(尺寸单位:cm)

6. 交通标志的安装角度

如图1-82所示,当采用悬臂式、门架式或附着式支撑结构时,标志的安装角度应与公路中心线垂直,并与道路垂直线成0°~10°俯角(图中β)。

同一地点需要设置两种以上的标志时,可以安装在一根标志柱上,但最多不应超过四种标志牌在一根支柱上并设,应按警告、禁令、指示的顺序,先上后下、先左后右进行排列,如图1-83所示。

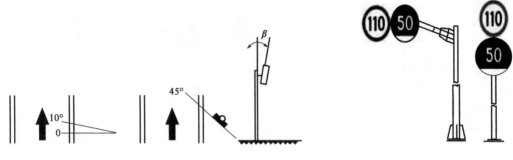

图 1-82　标志安装角度　　　　　　图 1-83　标志并设

(四) 路面标线

交通标线是在高级、次高级路面上用油漆类物质喷刷、用薄膜粘贴或用混凝土预制块、瓷瓦等做成的一种交通设施,其作用是配合标志牌对交通进行有效管制,指引车辆分道行驶,以达到畅通的目的。道路交通标线包括路面标线、箭头、文字以及立面标记、凸起路标等。对标线的要求是鲜明性、反光性、速干性、附着性、耐磨性、耐候性、防滑性、施工性、耐溶剂性以及经济性。公路标线应设置反光标线,能清晰识别与辨认,并符合白天、雨天、夜间视认性规定的要求。设置"路面文字标记"处,其被覆盖部分的摩擦系数不应低于所在路面的摩擦系数。路面标线的设置原则有三个方面:首先,要满足视认性要求;其次,突起路标与反光标线配合使用时,其反射器颜色与标线一致;再次,标线的设置应与标志内容相互配合。

路面标线可用路标漆(标线漆是用路面标线画线车画出的图 1-84)、塑胶标带(图 1-85)和其他材料。如凸起路标(图 1-86)用黄铜、不锈钢、合金铝、合成树脂,以及陶瓷、白石头、彩色水泥等制作。标线材料应耐水、耐磨耗、耐腐蚀且与路面黏结力强,在恶劣气候条件下,能具有较好的辨认性(图 1-87),标线材料应尽可能采用防滑材料,保持一定的粗糙度;标线材料应便于施工且对人畜无害。

图 1-84　路面标线画线车

图 1-85　塑料标带

1. 道路交通标线的标划区分

道路交通标线的标划区分是标线涂料的技术条件之一,规定如下。

图1-86　凸起路标(反光道钉)　　　　图1-87　雨夜反光防滑预成型标线(背胶型)减速标线

(1)白色虚线:设于路段中时,用以分隔同向行驶的交通流或作为行车安全距离识别线;设于路口时,用以引导车辆行进。

(2)白色实线:设于路段中时,用以分隔同向行驶的机动车和非机动车,或指示车行道的边缘;设于路口时,可用作导向车道线或停止线。

(3)黄色虚线:设于路段中时,用以分隔对向行驶的交通流;设于路侧或缘石上时,用以禁止车辆长时在路边停放。

(4)黄色实线:设于路段中时,用以分隔对向行驶的交通流;设于路侧或缘石上时,用以禁止车辆长时或临时在路边停放。

(5)双白虚线:设于路口时,作为减速让行线;设于路段中时,作为行车方向随时间改变的可变车道线。

(6)双黄实线:设于路段中时,用以分隔对向行驶的交通流。

(7)黄色虚实线:设于路段中时,用以分隔对向行驶的交通流。黄色实线一侧禁止车辆超车、跨越或回转,黄色虚线一侧在保证安全的情况下准许车辆超车、跨越或回转。

(8)双白实线:设于路口时,作为停车让行线。

2.路面标线的分类

按照标线所用的材料、设置方式、功能和形态,对路面标线进行分类,见表1-23。

标 线 的 分 类　　　　　　　表1-23

序号	分类方法	类　型		释　义
1	按标线材料分类	涂料	常温型(冷用)	粉末状,也称"热塑涂料"
			加热型(50~80℃)	
			熔融型(180~220℃)	
		粘贴材料	贴附成型标带	
			突起路标	
			分离器	
2	按设置方式分类	纵向标线		沿道路行车方向设置的标线
		横向标线		与道路行车方向成一定角度设置的标线
		其他标线		字符标记或其他形式标线

续上表

序号	分类方法	类型	释义
3	按功能分类	警告标线	促使车辆驾驶人及行人了解道路上的特殊情况,提高警觉,准备防范应变措施的标线
		指示标线	指示车行道、行车方向、路面边缘、人行道等设施的标线
		禁止标线	告示道路交通的遵行、禁止、限制等特殊规定,车辆驾驶员及行人需严格遵守的标线
4	按形态分类	线条	标画于路面、缘石或立面上的实线或虚线
		字符标记	标画于路面上的文字、数字及各种图形符号
		突起路标	安装于路面上用于标示车道分界、边缘、分合流、弯道、危险路段、路宽变化、路面障碍物位置的反光或不反光体
		路边线轮廓标	安装于道路两侧,用以指示道路的方向、车行道边界轮廓的反光柱(或片)

3. 路面标线图例

为读者明确路面标线的样式,下面列示几种常用的路面标线类型、使用的线形、颜色及其图例样式,见表1-24,供参考。

几种常用的路面标线类型、使用的线形、颜色及其图例样式　　　表1-24

标线类型		线形与颜色	图例
指示标线	纵向标线	双车道路面中心线	黄色虚线
		车行道分界线	白色虚线
		车行道边缘线	白色实线
指示标线	横向标线	左转弯待转区线	白色虚线

续上表

标 线 类 型			线形与颜色	图 例
指示标线	横向标线	人行横道线	白色平行粗实线	
		高速公路出入口标线	白色,直接式和平行式	
		车距确认线	白色平行粗实线	
		停车位标线	白色,平行式、倾斜式、垂直式	
		港湾式停靠站标线	包括横向标线和斑马线	
		收费岛标线	包括岛头标线和迎车流地面标线	

续上表

标线类型		线形与颜色	图例
指示标线	纵向标线 导向箭头		
	地面文字标记		
禁止标线	禁止超车线	中心黄实线	
	禁止变换车道线	白色实线	
	禁止路边停车线	黄色实线	
	减速让行线		
	导流线	白色单实线、V形线和斜纹线	
	停止线	白色实线	

续上表

标线类型		线形与颜色	图 例
禁止标线	网状线	黄色	
	导流线	白色单实线、V形线和斜纹线	
	车种专用车道线	由黄色虚线及文字组成专用车道线从起点开始标绘，每经过一个交叉口重复出现一次字符	
警告标线	车行道宽度渐变段标线	白色实线	
	接近障碍物标线	指示路面有固定性障碍物，警告车辆驾驶人谨慎行车，绕过路面障碍物	
	近铁路平交道口标线	由白色交叉线、"铁路"标字、横向虚线、禁止超车线和停车线组成	
	减速标线	白色虚线，在收费广场、出口匝道或易超速、易肇事路段起点附近设置	
	立面标记	黄黑相间的倾斜线条	
振动标线	主要用于事故多发地段和要求对道路轮廓认识性较高的场所，如高等级公路的边缘线、转弯处、出入口、隧道、陡坡等路段；城市道路路口、车道分界线、特种车道的分界线等，应根据道路情况和设计要求来施设；振动标线与突起反光路标在不同时间段中起保证安全的作用		

由上表1-25可知,路面标线包括指示标线、禁止标线、警告标线和振动标线四类。

(1)指示标线包括纵向标线、双车道路面中心线(黄色虚线)、车行道分界线(白色虚线)、车行道边缘线(白色实线);横向标线包括左转弯待转区线(白色虚线)、人行横道线(白色平行粗实线)、车距确认线(白色平行粗实线)、高速公路出入口标线(白色,直接式和平行式)、停车位标线(白色,平行式、倾斜式、垂直式)、港湾式停靠站标线(包括横向标线和斑马线)、收费岛标线(岛头标线和迎车流地面标线)、导向箭头(白色实线)、地面文字标记以及其他标线。

(2)禁止标线包括禁止超车线(中心黄色双实线、中心黄色虚实线、中心黄色单实线)、禁止变换车道线(白色实线)、禁止路边停车线(黄色实线)、停止线(白色实线)、减速让行线(虚线加实线倒三角箭头)、导流线(白色单实线、V形线和斜纹线)、网状线(黄色虚线或实线)、车种专用车道线(由黄色虚线及文字组成)。专用车道线从起点开始标绘,每经过一个交叉口重复出现一次字符。

(3)警告标线包括车行道宽度渐变段标线(白色实线)、接近障碍物标线(指示路面有固定性障碍物,警告车辆驾驶人谨慎行车,绕过路面障碍物)、近铁路平交道口标线(由白色交叉线、"铁路"标字、横向虚线、禁止超车线和停车线组成)、立面标记(黄黑相间的倾斜线条)等。

(4)振动标线主要用于事故多发地段和要求对道路轮廓认识性较高的场所,如高等级公路的边缘线、转弯处、出入口、隧道、陡坡等路段,城市道路路口、车道分界线、特种车道的分界线等。应根据道路情况和设计要求来施设。振动标线与突起反光路标在不同时间段中起保证安全的作用。

标线涂膜施工非常重要,如果施工工艺和选用不当,将会出现各种缺陷,表1-25列示了标线涂膜的主要缺陷及其防治对策,仅供参考。

标线涂膜的主要缺陷及其养护措施 表1-25

标线涂膜的主要缺陷	标线涂膜主要缺陷的施工对策或养护措施
涂膜纵向有长的起筋或拉槽	清理画线机斗槽口;提高涂料熔融温度
涂膜表面有气泡、小孔	待路面充分干燥,适当降低涂料温度,使底漆充分干燥
沥青渗入涂膜,造成标线变色	合理选择和使用稀释剂
裂纹	不使用长期库存的原料;涂敷时厚度要均匀,玻璃珠撒布要适时、均匀
在涂膜上出现凹坑	(1)由于涂料黏度与画线机不匹配的,应控制涂料温度; (2)由于路面不平的,可使用较柔软的涂料,避免使涂膜过硬、过厚
条痕	涂料流动性不好的,应调整涂料黏度;清除斗槽口的涂料屑;修正斗槽口
夜间反光不良	(1)涂膜过薄,对玻璃珠黏合性不足;玻璃珠撒布应均匀、足量; (2)控制涂料熔融温度及玻璃珠撒布时间
剥落	(1)彻底清扫路面,去除混凝土路面灰浆皮及养护膜;待路面干燥后再涂标线; (2)应清除旧标线重画新标线;避免气温在5℃以下施工; (3)寒冷地区防止履带车、防滑链车压标线

二、道路沿线设施

(一)隔离设施

隔离设施主要指隔离栅或称防护墙,是防止牲畜、行人、非机动车等进入高速公路、汽车专用公路、其他公路或其他禁入区域,防止非法侵占公路用地的设施。

隔离设施一般有金属网(图1-88)、钢板网(图1-89)、刺铁丝网(图1-90)和常青绿篱等形式。在互通立体交叉范围和服务区、停车场、收费站等管理场所,隔离栅可以考虑与绿化相结合,宜选择合适的小乔木或灌木,在管辖地界范围与刺铁丝配合形成绿篱。

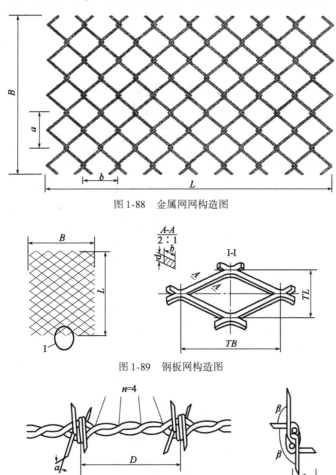

图1-88 金属网网构造图

图1-89 钢板网构造图

图1-90 刺铁丝网构造图

1. 隔离栅

如图1-91所示。隔离设施由立柱、斜撑、隔离网连接件、基础等构成。隔离栅的设置应以风力影响为主进行稳定性验算,并考虑人、牲畜等对隔离栅的破坏因素。采用金属类隔离栅时,应进行防腐处理,隔离栅高度可根据公路两侧地形及其周边具体情况等因素确定,以1.50~1.80m为宜。

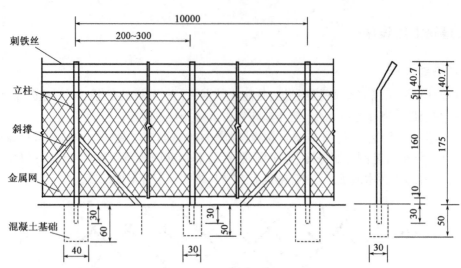

图 1-91　隔离栅的构造(尺寸单位:cm)

常用隔离栅的结构形式和适用性如表 1-26 所示。

隔离栅的结构形式及适用性　　　　表 1-26

栏目与列序号		构造形式	埋设条件	隔离设施代号	隔离设施代号释义
1			2	3	4	5
1	金属网	编织网	土中	F-Wn-E	埋设于土中的编织网隔离栅
			混凝土中	F-Wn-B	埋设于混凝土中的编织网隔离栅
		焊接网	土中	F-Ww-E	埋设于土中的焊接网隔离栅
			混凝土中	F-Ww-B	埋设于混凝土中的焊接网隔离栅
		拔花网	土中	F-Cl-E	埋设于土中的拔花网隔离栅
			混凝土中	F-Cl-B	埋设于混凝土中的拔花网隔离栅
	钢板网		土中	F-Em-E	埋设于土中的钢板网隔离栅
			混凝土中	F-Em-B	埋设于混凝土中的钢板网隔离栅
	刺铁丝网		土中	F-Bw-E	埋设于土中的刺铁丝网隔离栅
			混凝土中	F-Bw-B	埋设于混凝土中的刺铁丝网隔离栅
2	常青绿篱		土中	F-Hw-E	埋设于土中的常青绿篱隔离栅

表 1-26 中的第四列,即隔离设施代号,是专用专业术语,其含义见表 1-27。隔离设施代号由包含字母下标的三个字母横向排列组成,第一位符号是指隔离栅代号,第二位符号是构造形式代号,第三位符号是埋设条件代号。例如,F—Wn—B 表示埋设于混凝土中的编织网隔离栅,余类推。

隔离设施代号含义 表 1-27

代号类型	隔离栅代号	构造形式代号					埋设条件代号	
名称	隔离栅	编织网	焊接网	拧花网	拔花网	钢板网	刺铁丝	埋设于土中	埋设于混凝土中
代号	F	Wn	Ww	Hw	Cl	Em	Bw	E	B

隔离设施构件由立柱、斜撑、隔离网、连接件、基础等组成。构件要尽可能选用标准化产品。

(1) 立柱及其挂钩

当用整张金属网、刺铁丝等隔离网连续铺设时,一般采用挂钩的办法,槽钢立柱挂钩的构造见图 1-92。型钢立柱上的挂钩可用冲压成型,或用焊接挂钩。混凝土立柱上的挂钩可用预埋钢筋。

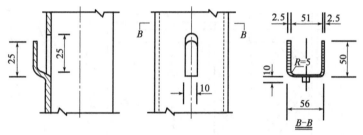

图 1-92 槽钢立柱挂钩的构造(尺寸单位:mm)

(2) 斜撑

钢筋混凝土立柱可采用加强混凝土基础的方法来保证其稳定性。型钢立柱可采用加斜撑的办法保证其稳定性,一般每隔 100m 应在型钢立柱两侧加斜撑,其构造见图 1-93。每隔 200m 或在隔离设施改变方向的地方,在型钢立柱的三个方向加斜撑,其构造见图 1-94。

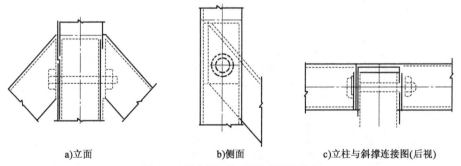

a) 立面　　　　b) 侧面　　　　c) 立柱与斜撑连接图(后视)

图 1-93 隔离栅立柱两侧加斜撑的构造

(3) 隔离网

隔离网挂在立柱的挂钩上。这种方法适用于连续铺设的金属网、刺铁丝等隔离设施。通常,使用比较普遍的有金属网连续铺设的构造(图 1-95)、金属网连续铺设加刺铁丝的构造、金属网连续铺设并用扁钢固定的构造(图1-96)、编织网构造(图1-97)、钢筋混凝土立柱刺铁丝网的构造(图1-98)、槽钢立柱刺铁丝网的构造(图1-99)以及圈状端头焊接网构造(图1-100)。

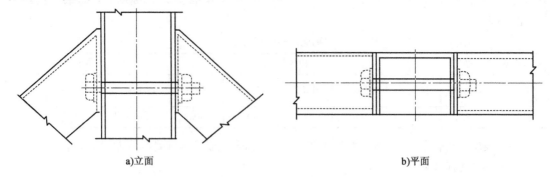

图1-94 隔离栅立柱三个方向加斜撑的构造

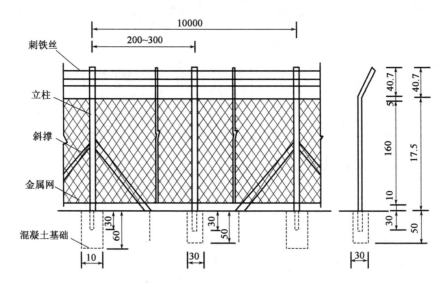

图1-95 金属网连续铺设的构造(尺寸单位:cm)

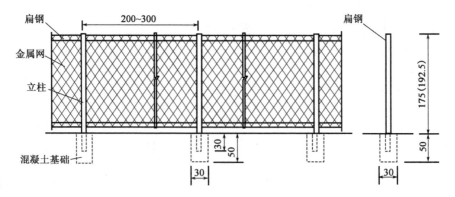

图1-96 金属网连续铺设并用扁钢固定的构造(尺寸单位:cm)

第一章 道路养护技术基础

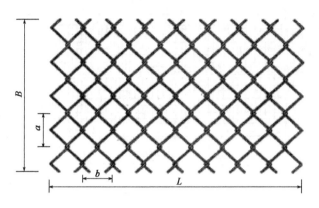

图 1-97 编织网构造图

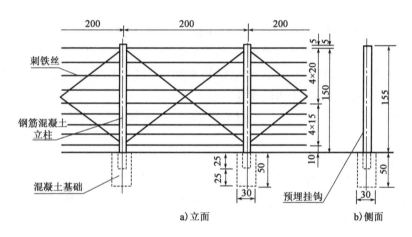

图 1-98 钢筋混凝土立柱刺铁丝网的构造(尺寸单位:cm)

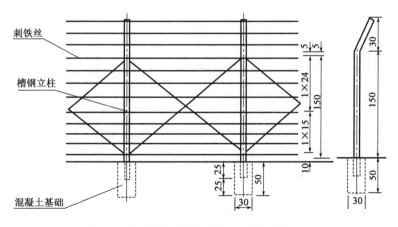

图 1-99 槽钢立柱刺铁丝网的构造(尺寸单位:cm)

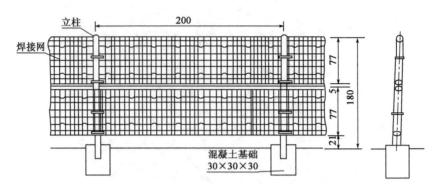

图 1-100 圈状端头焊接网构造(尺寸单位:cm)

2. 隔离设施材料

隔离设施的各种材料可分为网片材料、立柱与斜撑材料和连接附件三大类。

(1) 网片材料

钢板网是用普通低碳退火薄钢板(也可采用低碳冷轧或扭轧钢板)经专用机床的切削和拉伸一次成形的产品。钢板网的材料应符合《碳素结构钢冷轧薄钢板及钢带》(GB/T 11253)、《碳素结构钢》(GB/T 700)、《碳素结构钢和低合金结构钢热轧钢板和钢带》(GB/T 3274)的规定。钢板网弯曲90°无折断现象。

金属网和刺铁丝采用的钢丝,宜采用低碳钢丝,并应符合《一般用途低碳钢丝》(YB/T 5294)的规定。

(2) 立柱与斜撑材料

隔离设施的立柱、斜撑,可采用冷弯等边槽钢和冷弯等边内卷边槽钢。冷弯等边槽钢的规格应满足表 1-28 的要求。冷弯等边内卷边槽钢的规格应满足表 1-29 的要求。钢筋混凝土立柱的规格应满足表 1-30 的要求。

隔离设施的立柱与斜撑用冷弯等边槽钢的规格 表 1-28

序号	尺寸(mm)			图 样
	h	b	d	
1	40	50	2.5	
2	40	50	3.0	
3	56	50	2.5	
4	56	50	3.0	
5	80	50	2.5	
6	80	50	3.0	

(3) 连接附件

隔离设施的连接附件,可采用冷轧或热轧钢板,其技术条件应符合《碳素结构钢》(GB/T 700)、《碳素结构钢和低合金结构钢热轧钢板和钢带》(GB/T 3274)的规定。

隔离设施的立柱与斜撑用冷弯等边内卷边槽钢的规格　　表1-29

序号	尺寸(mm)						图　　样
	h	B	e	f	g	d	
140	40	5	11	14	2.5		
240	40	5	11	14	3.0		
350	50	8	16	18	2.5		
350	50	8	16	18	3.0		

钢筋混凝土立柱的规格　　表1-30

序号	尺寸(mm)		图　　样
	a	b	
1	100	100	
2	120	120	
3	150	150	

螺栓、螺母可采用常用普通紧固件,其机械性能分级应符合相关技术标准的规定。

(4)表面处理

隔离设施的所有金属构件原则上都应进行表面处理,其目的是增强材料的抗腐蚀能力,延长使用寿命,此外还可增添隔离设施的美观、艺术效果。金属件的表面可采用热浸镀锌、热浸镀铝、镀锌(铝)后涂塑、涂塑等做保护和防腐工艺处理。镀锌已是成熟的专业技术,因其技术简单、成本低、防腐性能好,已广泛应用于各行业中。当采用热浸镀铝、静电喷涂等其他防腐方法时,应有可靠的技术数据和试验验证资料,其防腐性能应不低于规定的热浸镀锌方法的相应要求。隔离设施的所有金属件,一般应采用热浸镀锌处理。其他表面处理方法,如油漆、涂塑、紧固件的粉镀锌技术等,在对其耐久性、经济性、美观及施工条件进行全面分析并经认可后,才可采用。热浸镀锌的镀锌量应符合下表1-31的规定,热浸镀锌所用的锌应为《锌锭》(GB/T 470)中规定的0号锌或1号锌。

热浸镀锌的镀锌量　　表1-31

构　件　名　称		锌层质量平均值(g/m²)	
		I	II
网片(板材厚或钢丝直径)(mm)	2.0	105	230
	2.2	110	230
	2.5	110	240
	2.8	120	250
	3.0	125	250
	3.5	135	270
	4.0	135	270
连接件		350	
立柱、斜撑、门柱		500	

3. 隔离栅设置原则与形式选择

(1)隔离栅的设置原则

高速公路、汽车专用一级公路沿线两侧均应设置隔离设施。凡符合下列条件之一者,可以不设置隔离设施:其一,高速公路、汽车专用一级公路的路侧有水渠、池塘、湖泊等天然屏障,认为将来不用担心有人进入和非法侵占公路用地的区段;其二,高速公路、一级汽车专用公路的路侧有高度大于1.5m的挡土墙或砌石等陡坎,人、畜不能进入的区段;其三,桥梁、隧道等构造物,除桥头、洞口需与路堤隔离设施连接封死以外的区段。

隔离设施的中心线一般沿公路用地界线以内20~50cm处设置。由于地形的原因,隔离栅前后不能连续设置时,就以该处作为隔离栅的端部,并处理好端头的围封。隔离栅在遇桥梁、通道时,应朝桥头锥坡或端墙方向围死,不应留有让人、畜可以钻入的空隙,见图1-101。隔离栅与涵洞相交时,当沟渠需要封闭,可视情况设置隔离栅,如沟渠较窄,隔离栅可直接跨过;如沟渠较宽,隔离栅难以跨越时,可采取图1-102的方式处理。

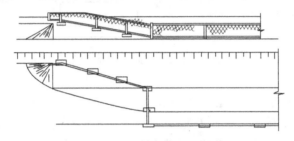

图1-101 隔离栅跨沟处理示意图

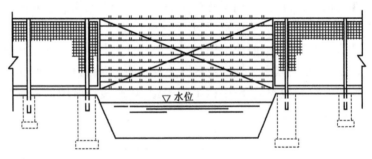

图1-102 隔离栅跨沟处理示意图

隔离栅宜根据管理养护的需要,在适当地点设置开口。凡开口处均应设门,以便控制出入。隔离设施的安装高度应根据不同地形、村镇稠密情况确定。隔离设施的有效安装高度一般为1.60~1.80m,也有1.5~2.1m的,太低发挥不了功能,太高成本大。在地形起伏较大、隔离栅不易施工的路段,可根据需要把隔离栅设计成阶梯的形式,见图1-103。

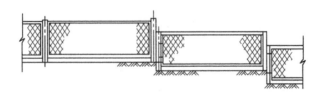

图1-103 隔离栅以阶梯状设置示意图

网片固定在外边框时,可根据不同的丝网结构,采用焊、压、挂等方法。网片与外边框必须连接牢固,网面平整、绷紧。

(2)隔离栅形式选择

当靠近城镇人烟稀少地区和可能人畜等进入的路段、简单立体交叉两端、通道的两侧,一般可设置刺铁丝型隔离栅。

当配合桥梁景观,要求选择美观大方的隔离栅形式的风景区、著名地点等路段,可选用金属网型或钢板网型隔离栅。实践表明,金属网型隔离栅比较适合于地形起伏不大的路段,钢板网型隔离栅适合于地形平坦路段。

在人烟稀少的地带、山岭地区、郊外地区公路保护地、郊外地区高架构造物的下面以及路线跨越沟渠而需要封闭的地方,可选用刺铁丝型隔离栅。

(二)防护设施

为预防人为或自然因素对公路交通的危害,需设置安全设施,阻止人畜进入高速公路和非法占用公路用地的基础设施,这些设施包括桥梁防护网、防落石网(栅)、防雪栅、防风栅等。

(1)桥梁防护网

桥梁防护网的结构形式主要采用编织网或电焊网,网孔尺寸一般不宜大于50mm×50mm;如果桥梁两侧设置混凝土护栏,网面可从护栏顶部设计;如果是桥梁栏杆,则防护网网面应从桥面起算,应做防雷接地处理,接地电阻一般应≤10Ω。

桥梁防护设施设置要求有三个方面:一是,桥梁防护网高度可根据桥梁两侧及其周边具体情况等因素确定,以1.80~2.10m为宜;二是,桥梁防护网应以风力影响为主进行稳定性验算,并考虑人对防护网的破坏因素;三是,桥梁金属护网应做防雷接地设计,其接地电阻应小于10Ω。

(2)防落石网

对路侧危石的处理方法有设置碎落台,定期检查和清除可能落下的危石,设置防护墙、防落石网、金属编织网、尼龙绳编织网、工程塑料网。在可能落石的挖方路段,应设置防护网。

(3)防雪栅

在高寒积雪地区或有雪崩危害的路段,应设防雪栅。防雪栅高度一般在1.0~1.8m,如图1-104所示。

(4)防风栅

在大风常刮的地区,为保证车辆行驶安全,应设置防风栅。

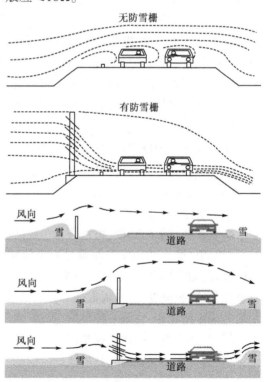

图1-104 防雪栅设置示意图

(三) 建筑物避雷

建筑物避雷通常有三种措施：一是防直击雷体系。根据实际，在设施设备顶端安装普通避雷针为雷电流建立下泄通道，即可满足保护所需。二是等电位连接。等电位连接的原理是基于这样的认识，即认为产生雷害，是由于导体之间有电位差，因此将分开的外导电装置用等电位连接导体连接后接地，以减少系统设备所在的建筑物金属构件和设备之间或设备与设备之间因雷击产生的电位差。三是接地符合现代防雷理论。要求采用共地模式，即防雷地、设备地、保护地和计算机逻辑地等各种地连接到统一的地网上，接地电阻通常要较小。

共用接地系统是自然接地体与人工接地体的组合。自然接地体利用建筑物的基础钢筋做接地装置，如建筑物没有基础钢筋地网，宜在建筑物四周散水坡1m外，埋设人工垂直接地体和水平环形接地体。共用接地系统的接地装置之接地电阻不宜大于4Ω。

(四) 隔离和防护设施的基本要求

隔离和防护设施施工总要求是要发挥功能、美观大方、尺寸准确、选料合格、定位正确以及保护环境。首先，发挥功能：为有效发挥功能效用，防钻、防翻越是主要考虑的因素，隔离设施和桥梁护网的封闭应严密、牢固，特别是在过涵洞水沟、通道、下穿桥梁时的围封，要根据具体情况进行处理，涵洞的跨越可根据水量、沟的深度而定，不应让人、畜穿越。其次，美观大方：与公路线形走向一致，顺直、流畅，纵坡起伏自然、美观；立柱基础的强度、尺寸、埋深、立柱的垂直度、柱间距必须满足设计规定。再次，尺寸准确：卷网安装张拉完成后，其强度和平整度达到规定的要求。金属网不得有明显变形，网孔长轴方向变形量、网孔夹角变形量不得超过规定范围。电焊网不得脱焊、虚焊。第四，选材合格：隔离栅和桥梁护网表面防腐处理要符合要求；表面不得有气泡、裂纹、疤痕、折叠和端面分层等缺陷；混凝土立柱应密实平整，不得有裂缝、翘曲、蜂窝、麻面等缺陷。最后，隔离和防护设施应定位正确。

此外，还要强调的是桥梁护网应做防雷接地处理，接地电阻应符合设计文件的规定。

1. 防眩设施

防眩设施是指设置在道路中央分隔带上，用于消除汽车前照灯夜间眩光影响的道路交通安全设施。眩光是指在驾驶员视野范围内对向出现极高的强光，使驾驶员视觉机能或视力降低，并产生烦躁和不舒适的光照。

(1) 防眩板的分类

防眩设施分为防眩板、防眩网和植物防眩三种。

防眩板(图1-105)防眩原理是通过其宽度部分阻挡对向车前照灯的光束，适用于不能植树的地段，如窄中央分隔带上、中央分隔带较宽的高等级公路桥上等。防眩板的结构设计要素有遮光角、防眩高度、防眩板宽度、间距，其中，遮光角是防眩设施设计的重要依据。防眩设施一般宜采用防眩板，它是一种经济、美观、对风阻挡小、积雪小、对驾驶员心理影响小的防眩设施，尤其是适当板宽的防眩板与混凝土护栏配合使用，效果更佳。此外，建议在进行技术经济论证后，也可采用其他的防眩形式。

防眩网通过网股的宽度和厚度阻挡光线穿过，同时将光束分散反射，减少光束强度。这种防眩方式曾被广泛使用，但实践证明其效果远不如防眩板，故建议尽量少用或不用为宜。

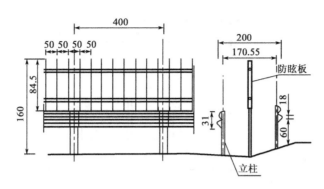

图 1-105 设置在护栏中央的防眩板示意图(尺寸单位:cm)

植树防眩通常树种为常绿灌木或乔木,适用于中央分隔带较宽时的防眩。由于中央分隔带环境比较恶劣,植树较难成活,所以一定要选用耐贫瘠的树种,生长速度不可太快,以免增大修剪工作量。该种方式防眩效果好,还能保护环境,美化路容,所以应用广泛。一般高速公路只要中央分隔带宽度允许,就应予以考虑。但它的施工受到季节限制,一年中只有有限的几个月适于栽植,而且要在路面修好后,赶在通车以前完工,栽植难度较大。设计时应尽量多与公路沿线园林、绿化部门联系,确保树源的数量和质量。

一般高速公路,只要中央分隔带宽度允许,就应予以考虑植物防眩,通常的方式是在中央分隔带内植树,植树方法通常有密集型和间距型两种形式,如图 1-106 所示。间距型要注意道路的走向,密集型比间距型应用更广,一些密集型高度一般以 1.20~1.40m 为宜,根据《公路交通安全设施设计细则》(JTG/T D81—2006)规定,高速公路、一级公路宜采用防眩板和植树防眩两种方式交替设置进行防眩。

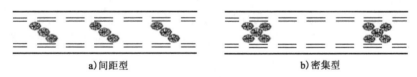

a) 间距型　　　　　　　　　　b) 密集型

图 1-106 植物防眩间距型和密集型植树示意图

(2)防眩板的设置方式

防眩板的设置方式主要有防眩板单独设置、防眩板设置在波形梁护栏的横梁上、防眩板设置在混凝土护栏上三种情况,其结构形式见下表 1-32。

防眩板的分类　　　　　　　　　　　　　　表 1-32

安装位置	设置方式	构造特征	防眩设施代号
中央分隔带	与波形梁护栏相连接		Gs—Pt—Gr
	埋置在混凝土中		

续上表

安装位置	设置方式	构造特征	防眩设施代号
中央分隔带	埋设在土中	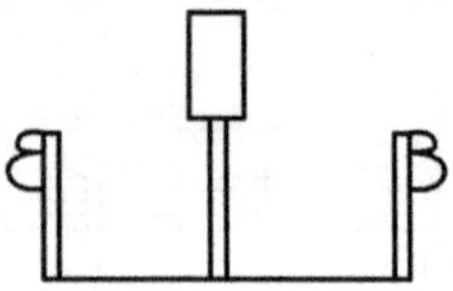	Gs—Pt—E
			Gs—Pt—B
	设置在混凝土护栏上	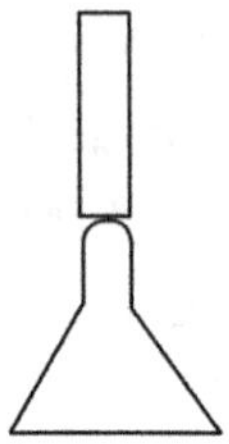	Gs—Pt—Gw

(3)防眩板的代号

防眩板代号分防眩设施代号、构造形式代号和设置条件代号三类。

防眩设施代号用 Gs 表示防眩设施;构造形式代号用 Pt 表示防眩板;N 表示防眩网;设置条件代号分别用 E、B、Gw 表示,E 表示埋设于土中;B 表示埋设于混凝土中;Gw 表示设置在混凝土护栏上;Gr 表示设置在波形梁护栏上。

(4)标注方法

标注方法是用一字线相连三个字母组成,第三个字母为设置条件代号,第二个字母为构造形式代号,第一个字母为防眩设施代号。例如:Gs—Pt—Gw 表示防眩设施是设置在混凝土护栏上的防眩板。

2.防眩板结构

(1)防眩板设计要素

在路段上设置防眩板时,其结构设计要素应符合表1-33要求。

防眩板设计要素 表1-33

结构设计要素	一般路段	平(竖)曲线路段
遮光角(°)	8	8~15
防眩高度(cm)	70~160	120~180
板宽(cm)	8~10	8~25
板的间距(cm)	50	50

(2)防眩板与护栏配合设置

防眩板通过混凝土护栏顶部的预埋件架设在混凝土护栏上,一般采用焊接。预埋件的间距一般为2m(图1-107)。

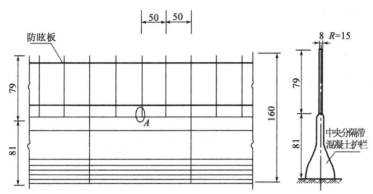

图1-107 设置在护栏中央的防眩板示意图(尺寸单位:cm)

(3)防眩板与波形梁护栏配合设置

可在分设型护栏立柱上加横梁(槽钢),防眩板固定在槽钢上(图1-108)。

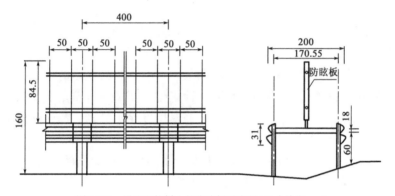

图1-108 设置于护栏上的防眩板示意图(尺寸单位:cm)

也可单独竖立支柱将其埋设在中央分隔带上(图1-109)。

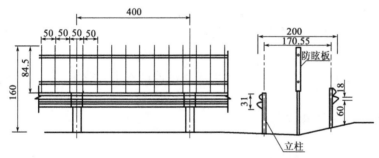

图1-109 设置在护栏中央的防眩板示意图(尺寸单位:cm)

(4)防眩板的连续设置

防眩板的连续设置时,应每隔一定距离使其纵向断开成为相互独立的结构段,每一结构段的长度一般宜为4~12m。

(5)防眩板及其连接件的尺寸

应结合结构和景观等因素确定防眩板及其连接件尺寸。一般板条厚度为2.5~4.0mm,板宽为8~25cm;方形型钢的外形尺寸可为40mm×40mm~65mm×65mm,其壁厚可为2~3mm。

3. 防眩设施制作材料与防腐处理

(1)防眩设施制作材料

防眩设施制作材料包括金属材料和合成材料两种。

金属材料通常有金属板材、型钢、金属网和连接件;钢材性能应符合国家现行有关普通碳素结构钢的技术规定。

合成材料包括工程塑料、玻璃纤维增强塑料制品等。应选用在自然条件下不易老化、不易腿色和不易变形的高分子合成材料,应满足相应的力学性能、耐溶剂性能、环境适应性能等要求。

就材料选用而言,防眩板材料可用薄钢板或钢带等金属材料制造,也可采用合成材料制成,防眩网可以用金属网制成。承重的板条可选用在自然条件下不易老化、不易褪色和不易变形的合成板来加工制作。防眩板纵向构件可采用方形型钢制造,这些材料应满足耐腐蚀性及耐候性的要求。

(2)表面防腐处理

钢制防眩板构件应采用热浸镀锌或涂塑进行表面防腐处理,一般常采用热浸镀锌处理,不宜采用涂刷油漆的办法。

热浸镀锌处理中用于镀层的锌不应低于《锌锭》(GB/T 470)规定的0号和1号锌的要求,镀锌量应大于350g/m^2;有螺纹的连接件在镀锌后,应清理螺纹或做离心分离处理。

涂塑处理是指采用浸塑法或喷涂工艺进行金属构件涂塑处理。其涂塑层的厚度一般在0.3~0.5mm之间。

如确因镀锌困难,个别地段可涂刷油漆,即在金属构件表面涂刷两道防锈漆后,再涂刷两道以上油漆。外层漆干燥后的颜色应符合设计要求。

4. 防眩设施设置原则

高速公路、汽车专用一级公路符合下列情况之一者,宜设置防眩设施:

(1)夜间交通量较大,大型车混入率较高的路段;

(2)平曲线半径小于一般最小半径路段;

(3)设置竖曲线对驾驶人员有严重眩目影响的路段;

(4)从互通立交、服务区、停车场的匝道或连接道进入主干线时,对向驾驶人员有严重眩目影响的路段;

(5)无照明的大桥、高架桥上;

(6)长直线路段;

(7)地形起伏变化较大的路段。

防眩设施的设置应考虑设施的连续性,避免在两段防眩设施中间留有短距离间隙。长距离设置防眩设施时,防眩设施的形式或颜色宜有一定的变化。防眩设施的设置还应注意与公路周围景观的协调。防眩设施与各种护栏配合设置时,应针对不同地区,结合防风、防雪、防眩的综合要求,考虑组合结构的合理性。防眩设施在曲线半径较小的弯道上设置时,应验算其对停车视距的影响。防眩设施在凸形竖曲线上设置时,应避免防眩设施下缘漏光;在凹形竖曲线上设置时,应适当增加防眩设施的高度。

(五)视线诱导设施

1.视线诱导设施的组成

视线诱导设施是指沿着车道两侧设置的,用以指示道路间、车道边界以及危险路段位置的设施的简称,包括路边线轮廓标、分流诱导标、合流诱导标、指导性线性诱导标、警告性线性诱导标等。高速公路主线应连续设置轮廓标,设置间距最大为50m;互通式立体交叉、服务区、停车区、公共汽车停靠站等的出入口应设置分流或合流诱导标;主线线形变化较大路段、匝道等处,应设置引导驾驶员方向的线性诱导标,每处设置数量不应少于3块。

(1)路边线轮廓标

路边线轮廓标用以指示道路线形轮廓,有柱式和附着式两种。

柱式轮廓标由柱体、反射器、基础(混凝土基础)组成,如图1-110所示。柱体为直接埋置于土中的圆形或三角形截面的实心柱体,柱身为白色,上涂黑色标漆,黑色标漆中间是用反光材料制作的矩形色块,一般有红色和白色两种色块,红色色块表示道路右侧,黄色色块标示道路左侧。

附着式轮廓标可附着于波形梁护栏、缆索护栏、挡土墙、桥墩、隧道壁、混凝土护栏等各类建筑物上,图1-111为附着于波形梁护栏上的轮廓标,图1-112为安装于波形梁护栏立柱顶端墙上的轮廓标;图1-113为固定于缆索护栏的轮廓标;图1-114为固定于波形梁上缘的轮廓标;图1-115为附着于侧墙上的轮廓标。附着式轮廓标的形状有三角形、梯形、圆形等多种形状,均由反射器、支架和连接件构成。

图1-110 路边线轮廓标示意图

  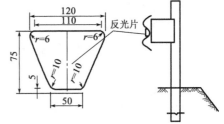

图1-111 附着于波形梁护栏上的轮廓标(尺寸单位:mm)

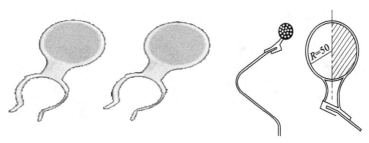

图1-112 安装于波形梁护栏立柱顶端墙上的轮廓标(尺寸单位:mm)

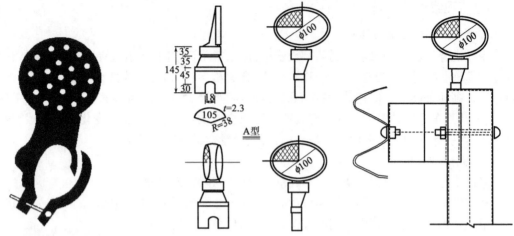

图 1-113　固定于缆索护栏的轮廓标　　　　图 1-114　固定于波形梁上缘的轮廓标(尺寸单位：mm)

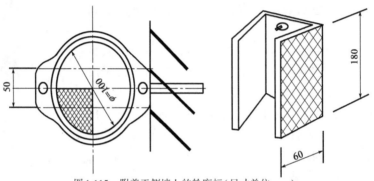

图 1-115　附着于侧墙上的轮廓标(尺寸单位：mm)

(2) 分、合流诱导标

分、合流诱导标用以指示交通流分、合为主要目的,由反射器、底板、立柱、连接构件和基础构成,如图 1-116 所示。立柱式诱导标通常为单柱式,形状有棱形等,通常安装在路侧,采用混凝土基础。

(3) 线形诱导标

线形诱导标包括指示性线形诱导标和警告性线形诱导标,分别用以指示或警告驾驶员改变行驶方向。线形诱导标可埋置于土中,也可附着于护栏立柱上。其构造与分、合流诱导标相同。线形诱导标的结构形式由反射器、底板、立柱、连接件和基础等组成。线形诱导标反光器表面图案的基本单元符号如图 1-117 所示。也可把几个基本单元组合使用,指示性线形诱导标的颜色为白底蓝图案,警告性线形诱导标的颜色为白底红图案。

图 1-116　分、合流诱导标

图 1-117　线形诱导标反光器表面图案的基本单元符号

2. 视线诱导设施设置原则

（1）轮廓标的设置

通常在高速公路主线以及互通立交、服务区、停车区等的进出匝道或连接道，应全线连续设置轮廓标。气候条件较差的地区，可选用较大尺寸的反射器，在公路左右侧对称设置；在有道路照明的路段可省略；在车道数、路基宽度发生变化的路段以及路线由直线段过渡到曲线段时也应设置轮廓标。

（2）平曲线段轮廓标的设置间距

平曲线段轮廓标的设置间距见表1-34。

平曲线段轮廓标的设置间距　　　　表1-34

曲线半径(m)	小于30	30~89	90~179	180~274	275~374	375~999	1000~1990	2000以上
设置间距(m)	4	8	12	16	20	30	40	50

3. 视线诱导设施的连接件

视线诱导设施连接件的构造，如图1-118所示。

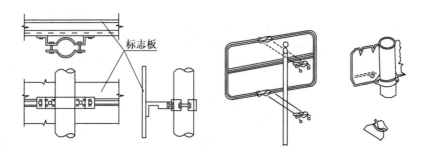

图1-118　视线诱导设施连接件的构造

第六节　道路交通站场与道路照明

一、交通站场

（一）停车场

停车站场属于交通服务设施，如加油站、汽车站、养路道班、食宿站等。

停车场是道路用地控制（红线）内划定的或者专门建设的供车辆停放的场地，主要任务是保管和存放车辆，保持车辆技术性能良好。其类型见表1-35。社会车辆停车场和汽车运输企业的货运汽车停车场的功能各有不同，货运汽车停车场往往是综合性企业的车队所在地；而客运汽车停车场又往往是一个客运服务站，因此，这类停车场不仅要做好车辆的保管存放工作，而且还要进行营运组织和管理工作，并负责车辆的简易技术维护、小修以及运行材料的供应等工作。

停车场的分类　　　　　　　　　　　　表 1-35

划分方法	主要类型与功能特点			
按停放车辆性质分	机动车停车场	小客车停车场	货运汽车停车场	特殊车辆停车场
		公共汽车停车场	出租汽车停车场等	
	非机动车停车场	自行车存车处	三轮车停车场	车辆保管站
按停放场地性质分	路内停车场	路内停车场是指在道路用地控制(红线)内划定的供车辆停放的场地,多用作临时短时间停放。其位置的选择主要考虑道路和交通情况,一般设有标志、隔离护栏或用标线划定范围		
		车行道边缘停车场	道路路肩停车场	宽型隔离带停车场
		立交桥下停车场	高架路上停车场	
	路外停车场	路外停车场是指道路用地控制范围以外专辟的停车场地		
		专用停车楼	地下停车库	机械式立体停车场
按服务对象分	公用停车场	公用停车场又称社会停车场,主要指设置于大型公共建筑、商业文化街、公园及旅游区附近,连接道路为各种社会车辆停放服务,以及分布在城镇出入口附近供入城、过境车辆临时停放的停车场		
		大型集散场所停车场	商业服务业停车场	生活居住区停车场
按停放容量分	小型	停放 50 辆以下的汽车		
	中型	停放 50~100 辆汽车		
	大型	停放 100 辆以上汽车		
按保管方法分	露天停车场	车辆在露天停车场停放和保管,则受各种自然条件的侵害,保管质量差		
	棚式停车场	棚式停车场可使车辆免受雨、雪的侵害,但不能防止风沙和寒气的影响,保管质量尚好,适合临时性流动车辆的停放		
	室内车库	车辆在室内停放,可不受风、雨等自然条件的侵袭		
	暖式车库	暖式车库内在寒冷季节的温度可保持在 10~15℃之间,保证汽车随时具备最佳的技术状态,适合救护车、救火车等特种车辆的保管		

车辆在停车场(库)内停放保管时,根据停车场地条件和车辆的停车要求,可以采用不同的停放方式。停放方式主要有平行式、垂直式、斜置式、斜角插入式四种。

平行式停车场如图 1-119 所示。车辆平行于通道方向停放。这种停放方式占用的停车带较窄,车辆驶出方便、迅速,但单位长度内停放的车辆数最少。垂直式停车场如图 1-120 所示,车辆垂直于通道方向停放。这种停放方式的特点是单位长度内停放的车辆数最多,用地比较紧凑,但所需通道较宽。布置时一般采用两边停车,合用中间一条通道。

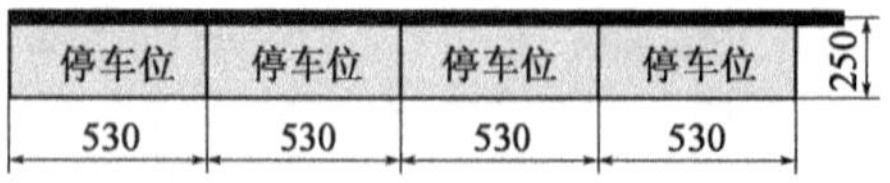

图 1-119　平行式停车(尺寸单位:cm)

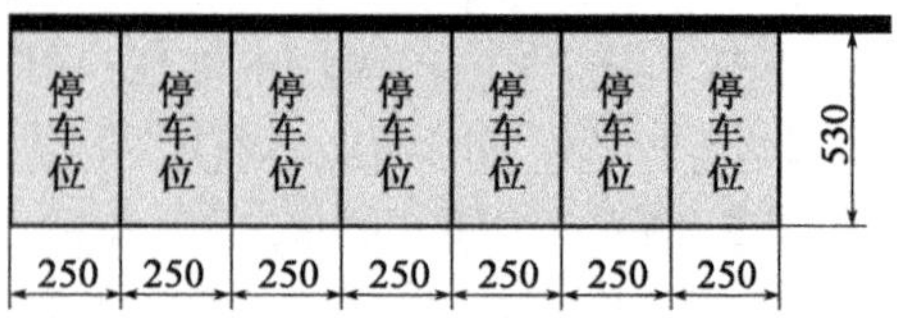

图 1-120　垂直式停车(尺寸单位:cm)

斜置式停车场如图 1-121 所示。车辆一般与通道成 30°、45°、60°或其他锐角斜向布置的停放方式。其特点是停车带宽度随车身长度和停放角度而异,车辆停放比较灵活,驶出、驶入车位方便。但由于受通道宽度限制,车辆只能在通道内做单向前进行驶,单位停车面积比垂直式大,而且随着停放角度的减小,车辆前后不能利用的三角形面积增大,尤其是 30°停放,用地最不经济。所以适宜在停车处宽度有限的场合下采用。另外,还有一种称为斜角插入式停车场,车辆停放呈"人"字形排列,属于斜角插入式停车方法,可减少一部分空隙面积,有利于停车场地的有效利用。

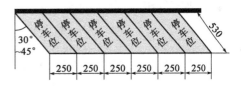

图 1-121 斜置式停车(尺寸单位:cm)

选择车辆停放方式,除须因地制宜地与停车场地的形状相协调外,还应考虑停车场(库)的类型、车辆类型及用途等因素。如对特种用途的车辆和机关自用车辆一般应采用在室内单列停放,以保证能随时快速出车;对于运输企业的车辆,在场地紧张的情况下宜采用双列或多列停放方式。而大型客车在室内停放时,由于机动性较差,宜采用无内部通道的贯通式停车方式等,不同情况下宜采用相应的车辆停放方法。

(二)客运站

客运站与货运站的类型根据公路旅客运输市场的客观要求而定,对于较大规模的汽车客运站,应该具备运输组织管理、中转换乘、通信信息、多式联运和辅助服务等功能。我国汽车运输企业的客运站大致可分为自办站、代办站、停靠站三种形式,见表 1-36。各种类型的车站,在设置前必须周密调查,慎重选址,车站一经设置,不宜轻易变动。

汽车客运站的类型 表 1-36

客运站的类型	适 用 条 件
自办站	一般设置在省、区、县政府所在地及交通枢纽点或旅客较集中的地点。自办站由公路客运部门依靠国家投资或自筹资金兴建,并由汽车运输企业直接领导管理
代办站	一般设置在客运量不大、尚不具备建自办站条件的旅客集散点。代办站由县级客运站与当地城镇、乡村或国有企业单位协商条件,委托代办。代办的业务工作由就近客运站领导
停靠点	一般是根据客流需要设置在客运班车沿线、客运量较小但又不具备设置代办站的旅客集散点。停靠点只设置标志或简易候车棚,没有站务工作人员,仅供班车停靠和上下旅客之用

我国汽车运输企业的货运站,大致可分为零担货运站、整车货运站和集装箱货运站三类,见表 1-37。

汽车货运站的类型 表 1-37

客运站的类型	适 用 条 件
零担货运站	以专门经营零担货物运输为主的汽车站,简称零担站。所谓零担货物,是指一批货物托运的质量、体积或性质在 3t 以下或不满一整车装运时的该批货物。零担货物要求单件质量不超过 200kg,单件体积不超过 1.5m³,货物长度不超过 3.5m,宽度不超过 1.5m,高度不超过 1.3m
整车货运站	以货运商务作业机构为代表的汽车货运站。这种机构在我国各地的名称不一,如营业所、运输站、运管办等。它是调查并组织货源,办理货运商务作业的场所。商务作业包括托运、承运、受理业务、结算运费等项工作。有的整车货运站也兼营零担货运
集装箱货运站	主要承担集装箱中转运输任务为主的货运站,又称集装箱公路中转站

客运站的级别根据车站年平均日旅客发送量(指统计年度车站平均每天始发旅客的数量),结合所在地的政治、经济、文化以及车站设施和设备等因素划分。根据《汽车客运站级别划分和建设要求》部颁标准,客运站级别划分为一级车站、二级车站、三级车站、四级车站和五级车站,见表1-38。

客运站的级别　　　　表1-38

客运站划分	具备一级车站所必备的设施和设备各项后,还应具备以下条件之一
一级车站	日发量在10000人次及以上的车站
	省、自治区、直辖市及其所辖市、自治州(盟)人民政府和地区行政公署所在地,如无10000人次以上的车站,可选取日发量5000人次以上具有代表性的一个车站列为一级车站
	位于国家级旅游区或一类边境口岸日发量在3000人次以上的车站
二级车站	日发量在5000人次及以上,不足10000人次的车站
	县以上或相当于县人民政府所在地,如无5000人次以上的车站,可选取日发量在3000人次以上具有代表性的一个车站
	位于省级旅游区或二类边境口岸日发量在2000人次以上的车站
三级车站	具备三级车站所必备的设施和设备各项后,日发量在2000人次以上不足5000人次的车站
四级车站	具备四级车站所必备的设施和设备各项后,日发量在300人次以上不足2000人次的车站
五级车站	具备五级车站所必备的设施和设备各项后,日发量在300人次以下的车站

(三)服务区

高速公路是全线封闭、全线立交、固定进出、分道分向、汽车专用的道路。然而车辆不可能不停地在道路上运行,因为驾驶员和乘客容易感到疲劳,还需要吃饭和上厕所等,所以行驶一段时间(国外最长建议2~4h)必须停下来休息恢复状态。另外,汽车需要保养、维修和恢复其长时间运行而缓解释放一些动力性能,这都需要在服务区完成。根据服务区内的主要设施,如停车场、餐厅和加油站等布置的位置不同,服务区形式也有所不同。

服务区的位置分为分离式和集中式两种。分离式的上、下行车道停车场分别布置在高速公路两侧,如图1-122所示,P为停车场、G为加油站、W为公共厕所、R为餐厅。集中式停车场是指上、下行车道停车场集中布置在高速公路一侧,如图1-123所示。

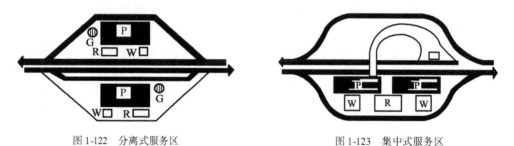

图1-122　分离式服务区　　　　　图1-123　集中式服务区

二、道路照明系统

道路照明系统包括照明设施,如灯柱、弯道反光镜等。

(一) 道路路段照明

道路路段照明大致可分为为运行车辆提供的照明和为管理业务及乘客提供的照明两类。为运行车辆提供的照明指为高速公路使用者提供必要的视觉信息而进行的照明,如高速公路主线照明、互通式立交照明及隧道照明等。其主要功能是使驾驶人员观察到必须要观察的对象及其背景,如进路的几何线形,前方道路上是否有各类的障碍物,路面状况信息,关于道路上的特殊场所及位置信息等。为管理业务及乘客提供的照明是为了保证高速公路管理工作人员的正常业务,同时满足车辆行驶的视觉需求而设置。如高速公路的收费广场与收费遮棚,既要满足收费人员的工作环境照明,也应兼顾车辆在收费广场内的行驶需求。服务区广场的照明也兼顾乘客与驾驶员在广场内各种活动对照明的需要。

道路照明要按照相应的照明标准执行。道路照明器的布置分为杆柱照明、高杆照明、悬索照明三类。杆柱照明方式是把照明器安装在杆柱的顶端,杆柱沿道路配置。杆柱照明的特点是灯杆可沿线任意布置,并且可依线形变化配置照明器,每个照明器都能有效照亮路面,可以选用小光通量光源,比较经济。道路杆柱照明的平面纵向、横向照明布置关系见图1-124。高杆照明是指在15~40m的高杆上安装由大功率的光源组成的多个照明器,进行广阔范围内的大面积照明。悬索照明是指在道路的中间分隔带上设置较大间距的杆柱,其高度一般为15~20m,在杆柱间拉起钢索,并把照明器悬挂在钢索上进行的道路照明。

照明灯具布置(杆柱照明灯与路面间的关系)如图1-125所示。

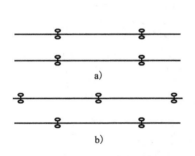

图1-124 一般道路照明布置

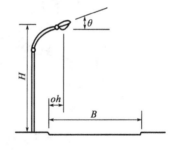

图1-125 照明灯具布置

(二) 大桥照明

由于桥梁自身的一些特点,在特大桥的照明设计时,要考虑大桥主线照明和大桥立面照明。

大桥主线照明的设置,对于普通高速公路桥梁的一般照明和桥下有通航要求的大桥照明不同。对不具有桥下通行、空中飞行及观赏意义等特殊要求的普通高速公路桥梁的照明,在主线未设置照明条件下,考虑到大桥的行车安全,可根据行车需求适当设置照明,其设计原则与高速公路主线照明基本一致。如果在主线已设置照明的条件下,则应考虑大桥照明在照度要求上,要使桥面照明高出其相连接的进出口主线道路。为了使水上交通能够及时发现由桥梁造成的障碍物,还应在桥梁的下部结构上设置照明设施,以便使航行的船舶能够准确辨认前方桥墩的位置、航道的净空等,继而采取有效的安全通行措施。

对于位于特殊地理位置的具有重大意义和观赏价值的大型桥梁,除了考虑行车安全需要的正常照明外,还需要设置供夜间观赏的立面照明,这种照明会产生较强的艺术效果。立面照明设计,首先要掌握桥梁结构类型的特点和立面建筑风格、艺术构思等,根据全日阳光照射方向不断变化所形成的最佳观赏角度及背景的对比和光色的烘托效果等,找出从不同角度落光时最能引人注目的特色,一般观看概率高的立面便是照射面。立面照明的常用光源有两种类型:一是串灯方式,即沿桥梁的轮廓装设照明器(或彩灯)。串灯照明的优点是简单易行,极适于沿大桥的纵向进行照明布设,但其具有耗电量大和艺术效果难以体现的缺点。二是投光照明方式,即采用投光灯作为立面照明的光源。其优点是投光灯的光色好,立体感强,所需照明功率小,投光灯照明极适用于较高耸的桥头建筑物的立面照明。

(三) 立交枢纽照明

在较复杂的互通式立体交叉区域设计照明时,从照明器的安装高度、角度考虑可以采用常规高度(低杆)照明、高杆照明等。如有必要,可用悬索照明。某互通立交的照明采用悬索照明方式,如图1-126所示。

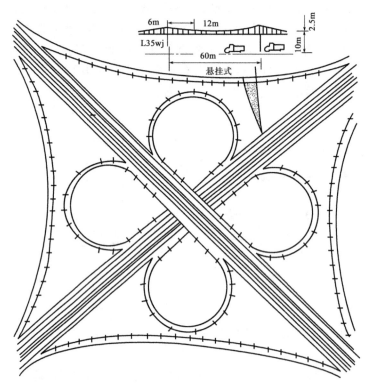

图1-126 立交公路照明

常规高度(低杆)照明像主线照明那样,一般互通式立体交叉的照明器安装高度15m以下,灯杆的间距在30～50m。

对较复杂的立交枢纽,在照明设计上常采用高杆照明方式,如图1-127所示。高杆照明多用于互通立交采用高杆照明时,高杆照明一般灯柱都安装在立体交叉车道以外的地方,杆的设置高度应根据光源、照明器类型及互通立体交叉的层次和高度确定,一般在25～35m之间,特殊的可达40～70m。杆的间距在90～100m之间,杆柱上安装由多个高功率和高效率光源组装在一起的照明器,在广阔立交的范围内进行照明的结构通常有柱式和塔式杆柱两类。高杆照明器的灯架分为能够升降和不能够升降两种,如图1-127所示。

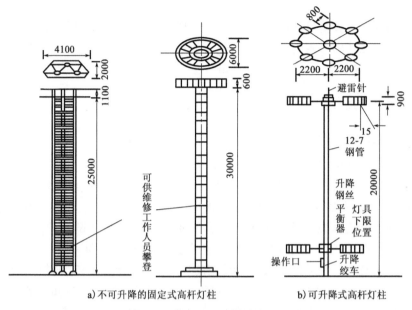

图1-127 高杆照明(尺寸单位:mm)

(四)收费广场与收费天棚照明

广场照明包括收费处广场、服务区厂场、停车场及立交广场等。广场照明方式应根据广场的性质、大小、形状和周围环境等因素综合考虑确定。对小型广场,可考虑采用在四周设立杆柱,进行照明。收费天棚照明的目的在于维持收费工作环境的安全和工作方便。照明必须设法避免损害驾驶员及收费员的视觉和辨别错误的情况发生。照明灯具通常采用两种布置方案,即均匀布置与选择布置。均匀布置即照明器在整个收费天棚内均匀分布,其布置与收费岛、车道及收费亭的位置无关。照明器的类型一般采用嵌装在顶棚之内的嵌入式窄射光类的照明器。

(五)隧道照明

当视野内光线的明暗发生急剧变化时,由于人眼睛的明暗适应不能迅速变化,从而引起人的视觉降低和不舒适,视力也骤然下降,通常称这种现象为黑洞效应。黑洞效应对驾驶员通过隧道时存在着极大的危险性,甚至根本无法开车,还有可能导致严重的交通事故,为此,隧道内必须设置照明系统。根据视觉分析,隧道照明是根据进入隧道前的视觉、进入隧道后立即出现的视觉问题、隧道内部存在的视觉问题、隧道出口处的视觉问题而分别设置。洞外遮挡天然光的措施、入口处照明及隧道内的基本照明,可按照隧道中的实际设计车速对照度的需求决定。隧道出口由于白天亮度很高,会使驾驶员形成强烈的眩光,所以在隧道出口也同入口部分一样设有过渡区,要加强垂直照度,使得过渡区的亮度与洞外相近。由于隧道对交通流的特殊作用,供电故障对正常行驶于隧道内的驾驶员来说是非常危险的,因此在长度超过100m的隧道,应建立应急照明系统。

第七节　道路养护及分类与专业术语

道路养护和管理任务就是运用先进的技术和科学管理的方法,合理分配养护资金,通过养护和维修使得道路在使用年限内经常保持完好状态,并有计划地改善道路的技术指标,以提高道路服务质量,最大限度发挥道路运输的经济效益。

一、道路养护的概念与目的

(一)道路养护的概念

道路养护的实质是指交通主管部门或道路养护部门或管理机构,为保证道路的安全畅通,并使其处于良好的技术状态,在道路运营期间,按照相关的法律法规、政府规章和技术规范、操作规程等,对道路本身和道路用地以及道路沿线附属设施等,开展的保养、维修、水土保持、绿化和管理等工作。道路养护包括路基、路面、桥涵、隧道、附属设施等的养护。

道路养护与其设计、施工和监理质量相辅相成,道路养护应贯彻"预防为主,防治结合"的方针,加强预防性养护,保持道路以及沿线设施的良好技术状况,贯彻"科技兴交,科学养路"的方针,大力推广和应用先进的养护技术、机械设备和科学管理方法,并重视资源节约和环境保护。道路养护工作还要注重养护作业安全并尽可能地减少对通行车辆的影响。

目前,我国道路养护体制是采用多方合作的主体、全面覆盖的内容、条块结合的形式。

我国道路养护管理机构有国有道路养护局或养护段、股份专业养护公司两类机构,前者承担着国道和国家高速道路的养护任务,后者是有针对性对象的道路养护机构。农村道路养护责任主体是建立农村道路养护管理长效机制的基本前提。做好农村道路养护管理工作是省、地(市)、县、乡四级政府的共同责任。省级人民政府是领导主体,担负着制定建设规划、编制养护计划、统筹安排养护资金、做好指导督查等工作,县级人民政府是直接负责主体,负责建设规划实施、筹集管理养护资金以及协调乡镇政府和组织沿线群众的任务;县级交通部门及道路管理机构是实施主体,承担着日常养护管理的具体工作;乡镇政府也有资金筹措和养护管理的义务,是配合主体。

(二)道路养护的目的

1. 保障功能

保障道路行车的安全、快速、舒适、畅通;路容的美观、环保;改进道路结构与功能;保持正常的服务水平。

2. 延长寿命

治理道路的病害,处理各种隐患,提高路面抗损能力,提高道路的使用质量,延长道路的使用年限,提高路面的使用品质。

养护的定义是以恢复面层性能为目的,在计划中反复进行的日常工作或是在紧急情况下的轻度维修作业,主要工法有修补和表面处治等。维修的定义是当养护已不经济或不能充分恢复面层性能时,为使面层恢复到新建路面性能的程度而实施的工程措施,主要维修工法有更换工法和铣刨罩面工法等。

二、养护方式的分类

（一）按养护性质分类

按照工作性质，道路养护分为预防性养护、修复性养护、专项养护和应急养护。

1. 预防性养护

预防性养护是指公路设施在结构强度满足要求，整体性能良好，但有轻微病害的情况下，以预防过快衰减、延长路面使用寿命为目标，而采取的主动养护工程。预防性养护分为广义和狭义的预防性养护。狭义预防性养护只涵盖路面，强调预防为主；广义预防性养护除路面以外，还考虑与路面使用质量和使用寿命相关的其他部分如路基、桥涵等，并强调防治结合。

特别强调，切莫将预防性养护管理成"无病呻吟"，即不可过度提前进行而造成浪费，也不能随意延后时间而铸成大错。即需要科学鉴定，真正做到"小病早治"，防患未然，因此，养护时机选择至关重要。

2. 修复性养护

修复性养护是指公路路基、路面、桥梁、隧道等主体结构物在出现明显病害或者部分丧失服务功能的情况下，以恢复技术状况为目标，针对不同程度损坏进行功能性和结构性修复和定期更换工程，包括大修、中修和小修。

3. 专项养护

专项养护指以恢复、保持和完善公路设施服务能力为目标，集中实施完善增设、加固改造或者重建等工程。

4. 应急养护

应急养护是指在突发情况下，造成公路设施损坏，以最快速度恢复公路安全通行能力为目标，针对公路中断、严重影响公路安全通行、造成重大风险隐患的损害而实施的应急性抢道、保通、抢修以及自然灾害的修复性工程。

（二）按养护工程分类

道路养护工程按其工程性质、复杂程度、规模大小划分为以下四类：

（1）小修保养。历史上，小修和保养是两个不同的概念，保养是对管养范围内的道路及沿线设施经常进行的养护作业。小修是对管养范围内的道路及沿线设施经常进行的修补其轻微损坏部分的作业。如今，小修和保养工程是指对公路及其附属设施进行预防性养护，修补其轻微损坏部分，使之经常保持原设计所要求的完好状态的工作。它通常由养护道班、养护工区（站）在全年定额经费内，逐月安排计划，每日进行保养作业。

（2）中修工程。是对道路及其沿线设施的一般性损坏部分进行定期的修理加固，以恢复道路原有技术状况的小型工程项目。它通常由基层道路养护管理机构按年（或季节）安排并组织实施的工程。

（3）大修工程。是对道路及其沿线设施的较大损坏进行周期性的综合修理，以全面恢复到原技术标准或设计状态，或经过局部改善和增建的工程项目。它通常由基层或在上级机构的帮助下，根据核算的年计划和工程预算组织实施。

(4)改建工程。是对道路及其沿线设施因不适应现有交通量增长和载重需要而分期、分段提高技术标准(等级指标)，或通过改善显著提高其通行能力的较大工程项目。目前我国对这类项目通常是由省(或市)级机构根据批准的年计划或预算组织实施或招标完成的工作。此外，对于当年意外发生的较大水毁、地震毁坏抢修和修复工程或其他临时发生的应急加固工程，可列为专项工程处理。其费用由相应机构在预先列支、或上级专项补助经费内办理。如果当年实在不能修复的，则转入下一年在中修、大修或改建工程计划内完成。

三、道路养护的重要意义

1. 适应建养重心转移

我国交通运输"十三五"发展规划中，除了继续加强交通基础设施建设和满足运输需求总量持续增长的态势外，还要着力提高交通运输服务水平，满足运输需求质量不断提高，努力实现交通运输可持续发展，加快转变交通发展方式来扭转运输供给约束日益强化的局面，为此提出发展科技交通、人文交通、绿色交通、安全交通的理念。注重保障和改善民生，注重科技和管理作用，注重低碳和绿色发展，注重安全和应急保障，实现发展要求、发展方式、重心转变。首先，从发展要求上，从能力不足、服务水平不高，到走得了、走得好。为此，需要提供多层次、个性化的运输服务；提供低成本、高效率的运输服务；提供便捷、舒适、安全的运输服务。其次，在发展方式上，要适应和引导经济社会发展，且考虑当代交通发展和未来交通发展。从适应需求到管理需求，从注重效率到更加注重公平，从重视当前发展到更加重视可持续发展。再次，发展重心上，公路发展由过去增加投资、规模扩张、资源消耗，城际交通和城市交通随着人口布局、产业布局，出现资源供需矛盾变化，这些全部转移到科学发展方面。即要从建设为主到建、养、运、管协同拉动；从资源消耗到强化科技、管理和人的素质；从单一运输发展到综合运输发展，对建设、运输、布局、规模、等级、时机、能力、成本、质量、效率进行综合考虑。

总之，交通发展由主要依靠基础设施投资建设拉动增长，向建设、养护、管理和运营协调发展转变。这个转变，是针对我国交通增长长期过于依赖投资建设而提出的。过去，交通基础设施严重短缺，是经济社会发展的瓶颈，不加快基础设施建设难以满足经济社会发展需要，在当时情况下，交通部门在建设上投入精力多一些是必要的，也是符合当时经济社会发展实际的。现在尽管我们仍处在大规模交通基础设施建设时期，但在基础设施"量"的积累上已经具备了一定的规模，在继续发展交通基础设施建设的同时，必须注重发挥已经形成的基础设施的能力。通过加强维护和管理来提高已有设施的完好率和使用效率；通过改善服务，让基础设施产生更大的运输效益。交通基础设施的功能要通过运输服务来实现，有了好的基础设施，没有高效优质的运输服务，不是全面发展。所以说，在发展内涵上，必须坚持交通建设与运输服务并重，统筹交通建设、养护、管理、运输的协调发展。

2. 恢复道路结构功能

道路养护应主动采取超前防范措施，对路面及其附属设施的初期病害进行早期补强，以消除导致道路损坏的因素。通过道路养护，不但可以防止因各种原因导致的道路损坏，而且可以修复路面结构综合功能。例如,在路基养护中,及时做好养护工作,有利于防止道路水毁;再如,预防性养护往往能将道路病害和安全隐患消灭于未发之时,是保护道路的一个重要手段。

3. 提升道路使用品质

道路使用品质体现在行车的安全、迅速、舒适性等方面。道路养护之于延缓路面使用性能恶化速率、提高路面的内在质量和使用品质具有重要意义。

4. 发现设计施工缺陷

近半个世纪以来,尽管进行了大量的理论研究和实践经验,创新了许多设计思想和方法,装备了不少先进的设备并创新了许多管理经验,但归根结底都要经过历史和现实的考验。设计和施工的质量,直接影响养护的效果和成本等,如果设计不完善或施工质量差,则必定要在大修养护中补救。我国自有道路已有百年历史,其中有失败的教训,也有成熟的经验,在实际工作中,要注意去伪存真、去粗取精,不能让失败的教训再重蹈覆辙,也不能让成功的经验石沉大海。

5. 延长道路使用寿命

以预防性养护为例,因其是在道路及其设施尚未发生破坏或刚出现病害迹象时,通过维修路面、加固桥梁、疏通排水设施、整修路基、绿化路肩等综合性技术措施进行养护,可以有效地避免各种病害的扩大,延长道路的使用寿命。道路全寿命周期理论告诉我们,一条质量合格的道路在使用寿命前75%的时间内,性能下降40%,这一阶段称之为预防性养护阶段,道路在此阶段内如果得不到及时养护,在随后12%的使用寿命时间内,性能将再次下降40%。由此可见,是否进行预防性养护,对道路的使用寿命影响很大。

6. 支撑科研项目基础

我国于1978—2008年共30年间,是中国道路科研技术的鼎盛时期,在道路科研、设计、施工和养护领域,在不同地域、不同单位和不同时间有大量的科研成果问世,其中有的是具有国际先进或领先水平的研究成果,如《多年冻土地区道路养护和维修技术研究》、《多年冻土地区道路养护和维修技术指标》、《沙漠地区道路建设、养护和维修关键技术研究》等。但这些成果的适用性还有待于长期的实践考验,而这种考验恰恰是需通过养护过程中出现的问题和取得的经验来验证的,所以说,道路养护技术是支撑道路科研的基础。

7. 经济寿命分析预测

从道路预防性养护战略体系经济层面分析认为,道路实施预防性养护战略的一个显著特点是业主要预先投入资金实施某些预防性措施,这些预先投入的资金将在项目的整个寿命周期内发挥效益,使寿命周期成本最低。

美国密西根运输部(MDOT)的研究表明:由路面损坏和维修时间与成本的分析结果可知,在路面经历了75%的设计寿命,质量下降40%时进行预防性养护的成本假如为1美元;当剩余寿命仅为12%时,至少要耗费4~5美元或更多的资金来进行大修才能获得同样的路面状况。由此可见预防性养护的效益体现为节省寿命周期成本、提高路网路面质量情况、优化资金配置等。对预防性养护带来的寿命周期成本节省、路网路面质量提高、资金配置优化等效益进行合理的经济性评价方法中,最为常用的是寿命周期成本分析法。寿命周期成本分析法(Life-

Cycle Cost Analysis LCCA),通常在拟定道路建设方案时,综合考虑备选方案在整个使用年限内(从建造开始到最终丧失使用功能为止)的所有费用,包括初始建设费、维护养护费以及用户费,进行成本分析,选出能在使用年限内提供必需的性能且寿命周期成本最低的方案。将LCCA用于选择预防性养护战略,分析评价其实施后的经济效果,可以把采取预防性养护措施后,由于使路面的使用寿命延长、延缓了某些病害的出现、推迟或减少了昂贵的路面大修费用,通过折现等经济学的方法准确合理地予以考虑。

中国目前采用的各种方法中,具有代表性的方法主要有生命周期费用分析法、效用模型法和路面性能衰变研究法。

8. 为建新路积累经验

任何复杂的道路设计理论,完善的施工技术,乃至高深的科研成果,归根结底来自于实践,并非凭空想象。这些成果或者经验,均应经受住长期考验才算成功。然而由于道路是位于自然界中的结构物,受到社会环境、自然地理和水文地质等诸多因素影响,这就使得道路结构更加复杂、多变。客观上讲,再完善的设计,由于其设计模型、材料参数以及环境条件与实体道路结构不可能完全一致;施工也是一样,再先进的设备、科学的程序和精湛的工艺以及所谓合格的材料均存在变异的可能,这必然会导致道路结构在使用过程中或多或少地、程度不同地出现一些病害,而这些病害也验证了设计和施工中存在的某些缺陷,而经过长期检验的行之有效和科学合理的处理这些缺陷的养护技术即为经验。

9. 提高道路通行能力

通过对路面的及时养护,在道路行驶质量明显下降之前就采取措施恢复道路通行能力,就能给道路用户提供机动性大、拥挤少且更加安全、舒适和耐久的路面。施工程序简单,对交通影响不大。可以说,一般的小型养护施工过程中,能保证车辆的正常通行。修复好以后,道路的通行能力将大大提高。

10. 规模节约再建投资

我们知道,公路建设资金变异较大。以修补路面坑洞为例,小洞的养护比大洞的养护容易得多,同样,小坑槽的修复成本远远低于大坑槽的修复成本。美国一些公司通过对几十万公里、不同等级道路的调查得出结论,每投入1美元道路预防养护资金,可节约3~10美元病害处治资金。在整个路面使用周期内,进行3~4次的预防性养护,可节约养护费用45%~50%。我国部分省市对一块混凝土面板(3.5m×5m)也做过测算比较,如果及时采取灌缝处理措施,就可以避免挖补换板,并且可以延长使用寿命2~3年,费用比较如下:

换板挖补:3.5m×5m×150元/m^2 = 2625元;开槽灌缝:(3.5m+5m)×25元/m = 212.5元;纵横缝处理:(3.5m×2+5m×2)×11元/m = 187元。从以上经济分析表明,第一种养护费用最高,预防性养护费用最为经济。可以说,预防性养护在路面寿命使用周期内,支出的养护经费是最少的。

四、道路养护常用专业技术术语

为促使道路养护和管理规范化和现代化,现将常用专业技术术语列于表1-39,供参考。

道路养护常用专业技术术语 表1-39

序号	中文名称	英文名称	概念描述
1	预防性养护	preventive maintenance	在道路各结构层为发生明显破坏的前提下,为进一步延长道路的使用寿命或提高道路的使用性能,所采取的预防性工程措施
2	保养小修	routine	对道路各路面及其他附属设施进行日常保养和修补其轻微损坏部分,使之经常保持完好状态
3	乳化沥青	asphalt-emulsion, emulsified asphalt	石油沥青与水在乳化剂、稳定剂等的作用下经乳化加工制得的沥青制品,亦称沥青乳化
4	改性沥青	modified asphalte mulsion	掺假橡胶、树脂、高分子聚合物、天然沥青、磨细的废胎橡胶粉,或者其他材料等外掺挤(改性剂)制成的沥青结合料,从而使沥青或沥青混合料性能得以改善
5	改性乳化沥青	modified asphalte mulsion	在制作乳化沥青的过程中同时加入聚合物橡胶乳,或将聚合物胶乳与乳化沥青成品混合,或对聚合物改性沥青进行乳化加工得到乳化沥青制品
6	透层	primecoat	为使沥青路面与非沥青材料基层结合良好,在基层上喷洒沥青、乳化沥青材料或其他结合剂而形成的透入基层表面一定深度的薄层
7	黏层	tackcoat	为加强路面沥青层与沥青之间、沥青层与水泥混凝路面之间的黏结而洒布的沥青材料薄层
8	雾封层	fogseal	利用专用雾封层洒布车在沥青面层上喷洒一层高渗透性的改性乳化沥青,形成严密的防水层将路面空隙封闭,起到隔水防渗,保护路面的作用
9	罩面	overlay of pavement	在原有路面上加铺沥青混凝土面层,恢复路面磨耗及表层轻度破损的措施
10	稀浆封层	slurry seal	用适当级配的集料、填料(水泥、石灰、石粉等)与聚合物改性乳化沥青、外掺剂和水按一定比例拌和而形成的稀浆混合料,将其均匀地摊铺在路面上形成的沥青封层
11	沥青玛蹄脂碎石(简称SMA)	stone matrix asphalt	由沥青结合料与纤维稳定性、细集料以及填料(矿粉)组成的沥青玛蹄脂填充于间断级配的粗集料骨架的间隙,组成一体的沥青混合料
12	稀浆混合料黏聚力	cohesion of slurry mixture	稀浆混合料中的胶结料与集料之间随时间、温度变化而形成一定黏聚强度的能力,通常用黏聚力试验仪测定
13	异型缘石	irregular curb	需单独加工的非标准形状路缘石
14	翻浆	frost	因路基或路面基层含水率过大,路基结构强度急剧降低,在行车作用下造成路基湿软、弹簧、路面破裂、冒出泥浆等现象
15	唧泥	pavement pumping	由于路面排水不良,引起基层材料液化,在行车的重复作用下,因板体上下运动而产生的抽吸作用,使路面下稀释的泥浆或细集料从接缝或裂缝处挤出的现象
16	半刚性基础	semi-rigidbase	采用无机结合料稳定集料或土类材料铺筑的基层,如石灰稳定土基层、石灰粉煤灰稳定碎石基层、水泥稳定碎石基层等
17	刚性基层	rigid base	采用热拌或冷拌沥青混合料以及不加任何结合料的粒料类等材料铺筑的基层。粒料类型材料包括级配碎石、级配砾石、复合级配的天然砂砾、复合级配的天然砂砾等基层材料

第八节 道路养护内容体系和基本原则

一、公路养护作业内容

现将公路养护作业内容列于表1-40,供参考。

公路养护作业内容表 表1-40

工程项目	小修保养	中修保养	大修保养	改造工程
路基	保养： 1. 整理路肩、边坡、修剪路肩、分隔带草木，清除杂物；保持路容整洁。 2. 疏通边沟，保持排水系统畅通。 3. 清除挡土墙、护坡滋生的有碍设施功能发挥的杂草，修理伸缩缝，疏通泄水孔，清除松动石块 小修： 1. 小段开挖边沟、截水沟或分期铺砌边沟； 2. 清除零星塌方、填补路基缺口，处理轻微沉陷翻浆； 3. 处理桥头接线或桥头、涵顶跳车； 4. 修理挡土墙、护坡、护坡道、泄水墙、护栏和防冰雪设施等局部损坏处； 5. 局部加固路肩	1. 局部加宽、加高路基，或改善个别急弯、陡坡、视距； 2. 全面修理、接长或个别添建挡土墙、护坡、护坡道、泄水槽、护栏及铺砌边沟； 3. 清除较大塌方、处理大面积翻浆、沉陷； 4. 整段开挖边沟、截水沟或铺砌边沟； 5. 处理过水路面； 6. 改善平交道口； 7. 整段加固路肩	1. 在原路技术等级内整段改善线性； 2. 拆除、重建或增建较大挡土墙、护坡等防护工程； 3. 大塌方的清除及善后处理	整段加宽路基，改善公路线形，提高技术等级
路面	保养： 1. 清除路面泥土、杂物，保持路面整洁 2. 排除路面积水、积雪、积冰、积砂，铺防滑料、灭尘剂或清除压实积雪维持交通； 3. 砂土路面刮平，修理车辙； 4. 碎砾石路面均匀、扫面砂，添加面砂，洒水湿润，刮平波浪，修补磨耗层； 5. 处理沥青路面的泛油、拥包、裂缝、松散等病害； 6. 水泥混凝土路面日常清缝、灌缝及堵塞裂缝 7. 路缘石的修理和刷白 小修： 1. 局部处理砂石路的翻浆变形，添加稳定料； 2. 碎砾石路面修补坑槽、沉降，整段修理磨耗层或扫浆铺砂； 3. 处理桥头、涵顶跳车； 4. 沥青路面修补坑槽、沉陷，处理波浪、局部龟裂、啃边等病害； 5. 水泥混凝土路面板块的局部修理	1. 砂土路面处理翻浆，调整横坡； 2. 碎砾石路面局部路段加厚、加宽，调整路拱加铺磨耗层，处理严重病害； 3. 沥青路面整段封层罩面； 4. 沥青路面严重病害的处理； 5. 水泥混凝土路面严重病害的处理； 6. 水泥混凝土路面接缝材料的整段更换； 7. 整段安装、更换路缘石； 8. 桥头搭板或过渡路面的整修	1. 整段用稳定材料改善土路； 2. 整段加宽、加厚或翻修重铺碎砾石路面； 3. 翻修或补强重铺装、简易铺装路面； 4. 补强、重铺或加宽铺装、简易铺装路面	1. 整线整段提高公路技术等级，铺筑铺装、简易铺装路面； 2. 新铺碎砾石路面； 3. 水泥混凝土路面病害处理后，补强或改建为沥青混凝土路面

续上表

工程项目	小修保养	中修保养	大修保养	改造工程
桥梁、涵洞、隧道	保养： 1. 清除淤泥、积雪、积冰、杂物，保持路面清洁； 2. 疏通涵管，桥下河槽； 3. 伸缩缝养护，泄水孔疏通，钢支座加润滑油，栏杆油漆； 4. 桥涵的日常养护； 5. 保持隧道内及洞口清洁 小修： 1. 局部修理、更换桥栏杆和修理泄水孔、伸缩缝、支座和桥面的局部轻微损坏； 2. 修补墩台、桥梁河床铺底和防护坞工的微小损坏； 3. 涵洞进出口铺砌的加固修理； 4. 通道的局部维修和疏通修理排水沟； 5. 清除隧道河口碎落石和修理坞工接缝，处理渗漏水	1. 修理、更换木桥的较大损坏构件及防腐； 2. 修理更换中小桥支座、伸缩缝及个别构件； 3. 大中型钢桥的全面油漆除锈和各部件的检修； 4. 永久性桥墩、台侧墙及桥面的修理和小型桥面的加宽； 5. 重建、增建、接长涵洞； 6. 桥梁河床铺底或调治构造物的修复和加固； 7. 隧道工程局部防护加固； 8. 通道的修理与加固； 9. 排水设施的更换； 10. 各类排水泵站的修理	1. 在原技术等级内加宽、加高、加固大中修桥梁； 2. 改建、增建小型桥梁和技术性简单的中桥； 3. 增建、改建较大的河床铺底和永久性调治结构物； 4. 吊桥、斜拉桥的修理与个别索的调整更换； 5. 大桥桥面铺装的跟换； 6. 大桥支座、伸缩缝的修理更换； 7. 通道改建； 8. 隧道的通风和照明、排水设施的大修或更换； 9. 隧道的较大防护、加固工程	1. 提高公路技术等级，加宽、加高大中型桥梁； 2. 改建、增建小型立体交叉； 3. 增建公路通道； 4. 新建渡口的公路接线码头引线； 5. 新建短隧道工程
交通工程	保养： 标志牌、里程碑、百米桩、界碑、轮廓标等埋置、维护或定期清洗 小修： 1. 护栏、隔离栅、轮廓标、标志牌、里程碑、百米桩、防雪栏栅等修理，或部分添置更换； 2. 路面标线的局部补面	1. 全线新设或更换永久性标志牌、里程碑、百米桩、轮廓标、界碑等； 2. 护栏、隔离栅、防雪栏栅等的全面修理更换； 3. 整段路面标线的划设； 4. 通信、监控、收费、供配电设施的维修	1. 护栏、隔离栅、防雪栏栅等增设； 2. 通信、监控、收费、供配电设施的更新	1. 整段增设防护栏、隔离栅等； 2. 整段增设通信、监控、收费、供电设施
绿化	保养： 1. 行道树、花草的抚育、抹芽、修剪、治虫、施肥； 2. 苗圃内幼苗的抚育、灭虫、施肥、除草 小修： 1. 行道树、花草缺株的补植； 2. 行道树冬季刷白	更新、新植行道树、花草，开辟苗圃等	—	—

二、养护管理

(一) 道路养护管理框图

日常养护管理框图，见图 1-128。

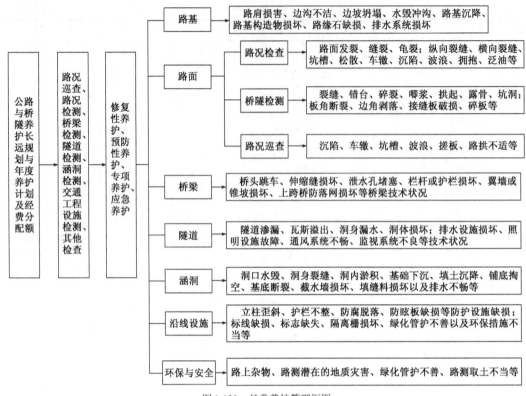

图 1-128 日常养护管理框图

(二) 公路日常养护管理流程

公路日常养护管理流程见图 1-129。

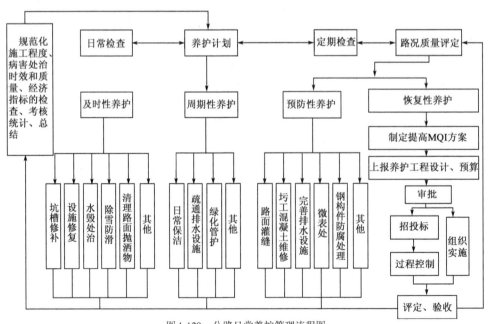

图 1-129 公路日常养护管理流程图

(三) 日常养护巡查流程图

日常养护巡查流程分别见图 1-130，交通安全设施恢复流程见图 1-131。

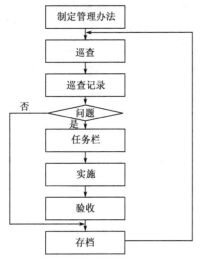

图 1-130 日常养护巡查流程图　　　　图 1-131 交通安全设施恢复流程图

养护巡查检查分类见表 1-41。

养护巡查检查分类、检查方法及检查内容　　表 1-41

养护巡查检查分类	巡查、检查频率	巡查、检查方法	巡查、检查内容
特殊检查	在灾害性天气到来之前进行预防性巡查；在灾害性天气中进行应急性巡查；在灾害性天气过后24h内进行补救性巡查	以步行为主，特殊部位重点检查，遇有紧急情况时及时汇报	主要是在暴雨、台风、大雪、地震等自然灾害时，或发生有可能对公路及其附属设施造成较大破坏的异常情况时，对公路各部位或受损部位进行的全面检查
涵洞经常性检查	每季度不少于两次，汛期加强巡查	步行，目测为主。填写涵洞经常性检查记录表	—
涵洞定期性检查	每三年一次，汛期加强巡查	步行目测为主，配备简单的检测工具，重要情况应进行摄影和摄像，并填写表格	检查主要内容依据相关表格
桥梁经常性检查	每季度不少于一次	步行、目测为主，结合简单仪器进行，并填写相应表格	见桥梁经常性检查记录表

三、道路养护的基本原则

(一) 遵循规范原则

我国现行《公路养护技术规范》和《城镇道路养护技术规范》等相关规范对道路养护均有明确的原则，这些原则是国内外公路养护经验的总结和归纳，应遵照执行。

（二）因地制宜原则

因地制宜原则中,强调除规范以外应注意的五点原则:一是,设计、施工、养护相辅相成,养护弥补设计施工缺陷。二是,考虑水文、地质、气候、环境等因素并借鉴地方成功经验。三是,尽力推广并应用有价值且经受住考验的相关科研成果。四是,拥有一支长期稳定的适应本地区道路养护的人员队伍,一切方案和措施靠人落实,注意在人员按排上贯彻"老、中、青"三结合原则,以发挥老人经验、中年人智慧、青年人精力的优势。五是,道路破坏的一般均有征兆,做好预防性养护至关重要。

四、道路养护技术方针

道路施工技术方针既是道路施工把握的方面,也是道路养护把握的方面。该方针可概括为:施工准备充分、施工组织合理、工程定位正确、施工尺寸准确、各部高程合适、工程用料合格、施工方案科学、施工程序得当、施工工艺精湛、质量检测及时、保证施工安全、保护景观环境、合同承诺有效以及细微末节处理等。

（一）施工准备充分

施工准备包括组织准备、物质准备和技术准备。

(1)组织准备,是指建立机构(施工项目部、监理总监办)、人员落实(履约检查各级各类人员)以及明确职责(分工、职业规范)。

(2)物质准备,包括施工材料(自采和外购原材、辅材)以及机械设备(自有保养、租赁检验)。

(3)技术准备,包括图纸审查、技术交底、规程规范、定额合同以及工程量清单等。

（二）施工组织合理

施工组织体现在施工方案(相当于开工报告附件)中,该方案的制定对于修复性养护,尤其是大修、中修工程至关重要。一般施工方案应至少包括几个方面的内容:首先是工程概况(并附施工平面图);其次是施工组织机构(施工项目部人员结构,包括年龄、经历、职称、职务、学历、能力);再次是工、料、机计划、成本计划 S 形曲线;质量、进度、文明、安全和环境保证措施以及应急预案等;最后是通病防治措施。

（三）工程定位正确

工程定位主要是对路线的中线与边线及桥隧的轴线和边线等的定位。工程定位包括控制网点的复标和增设定位与工程实体的定位两个方面的工作。工程实体定位的中线和轴线等定位线要以控制网为基准进行。平面控制网复查和增设,根据"路线平面图"和"导线点一览表"可用仪器辅助等方法找点,点位一般为混凝土包芯桩,个别也有上钉小钉的方木桩。特别指出,工程定位所依据的平面控制网坐标点数据须是在"单项限差"和"综合限差"均符合要求前提下,经过"六段法严密平差"或"近似平差法"平差后的数据。在具体工程结构物放样时,一定要"双管齐下"做到层层放样,步步校验。

（四）施工尺寸准确

任何工程实体控制无非是外形和内在质量两个方面,施工尺寸是控制外形的主要指标,必须严格按照设计尺寸进行控制,例如矩形工程实体宽度、厚度、高度、垂直度;再如,圆柱形工程实体的直径、高度、垂直度以及各类实体表面的平整度等。

(五)各部位高程合适

高程控制是一切工程施工的共性要求,道路施工如此,道路养护也不例外。首先,检查高程控制水准点有无变位、沉降和移动,确认无误后,再以此为基准进行高程控制;路面施工中要求做到"层层放线,层层抄平",即每施工一层都要放线,并测量压实前后层顶面和底面高程,当确认合适后才能进行后续层的施工,如此循环,直至完成。

(六)工程用料合格

原材料应"四管齐下"做试验。所谓"四管齐下",即外购材料厂家提供检验报告和出厂合格证;施工和养护单位要做相应试验并附批量进料单;监理现场或中心试验室要对所用材料进行同步试验;第三方有资质的甲级实验室做见证、鉴定试验。现以钢筋混凝土工程应做的试验项目为例来说明上述的"四管齐下"的内涵:一是,应对原材料进行技术性能检验,由于水泥混凝土原材料有水泥、碎石、砂、水、外加剂,故应测试上述材料技术指标。需做水泥、胶砂抗压、抗折强度、标准稠度用水量、安定性、细度等试验。对于砂而言,由于对其总要求干燥、清洁、无风化、无杂质,故应做筛分、细度模数、硫酸盐含量、含泥量等试验;钢筋需做拉伸、冷弯、伸长率、断面收缩率试验。特殊场合时,还应做组分(各化学元素含量)分析试验。二是,混合料须做配合比试验。例如,对于水泥混凝土混合料(配合比是指$1m^3$混凝土各材料用量比例。水泥混凝土的配合比有理论配合比、试验配合比和施工配合比三种。理论配合比常用绝对体积法、假定密度法测定,理论配合比的结果只能满足强度,不能满足工作性,即和易性(包括黏聚性、流动性、保水性);试验配合比的结果既满足强度,又满足工作性;施工配合比,即考虑砂石含水率调整后配合比。顺便指出,对于沥青混凝土混合料配合比也是一样,即也有三个配合比的概念需要分别明确,它们分别是理论配合比、目标配合比和施工配合比。其中,理论配合比是计算出碎石、细碎石、石屑、砂、矿粉各自用量,其方法通常有试算法、图解法,称为矿料组成设计;沥青用量要用马歇尔稳定度或旋转压实试验获得最佳沥青用量,并做车辙试验得到的配合比;目标配合比是通过各类试验结合试验路段调整到最佳的配合比;施工配合比是指通过试验路段结合实况施工现场使用的配合比。

(七)工序工艺得当

施工工序是指先做什么与后做什么(相当于施工步骤)。施工程序安排时,应特别注意各工序衔接,以及为保证工序衔接应准备的备用数量。其中,涉及养护监理的工程,在养护工作中要处处体现"质量控制、投资控制、进度控制和安全管理、合同管理、信息管理、环境管理及工作协调"简称"三控、四管、一协调"。

施工工艺是指如何做与怎样做得更好。为确保工艺精湛,重点做好以下工作:首先,严格按照施工规范和设计文件说明执行;其次,注意新材料、新工艺、新机械和新技术的推广应用;再次,道路施工前适当安排试验路段并总结经验。

(八)质量检测及时

工程施工需要检查质量,道路养护也不例外。按照 ISO 9000 系列国际标准(2000 版)对质量的定义为:"质量(Quality)是一组固有特性满足要求的程度"。"要求"是指"明示的、通常是隐含的或必须履行的需求或期望。"而国家标准对质量的定义是"生产过程或者满足规定的要求(需求)的全部特征或特性的总和"。就公路养护而言,其质量应符合《公路工程质量检验与评定标准》(JTG F80/1—2017)的要求。要配备专门的检查人员和设备对其养护结果进行检查。必要时可设立 TQC 小组,以"PDCA"循环的办法实施检查并及时纠正偏差并消除工程潜在的质量隐患。

(九) 确保施工安全

施工安全是各类工程施工和养护工作中的首要问题,许多国家相继制定了相关法律和处罚条例并实施。我国政府和地方行政管理部门也相继出台若干安全法律、法规和条例,并实行安全问责制,即对发生安全事故的单位负责人和相关上、下级领导和直接责任人和实际控制人追究责任。

从事施工和养护单位的负责人一定要本着"人命关天,以人为本"的原则,切实重视施工和养护作业安全,制定切实可行的安全组织、安全预案、分项细则、日常检测、安全巡查等工作,建立专项经费并采取措施预以落实。做好安全工作应重点把握以下几点:

首先,落实人员和制定方案预案并严格执行规范和安全操作规程。养护机构应确定主要专职安全人员并明确岗位职责和工作内容等。应派安全工程师,其主要任务是审查施工组织设计中安全技术措施或专项施工方案是否符合工程建设强制性标准。另外,要有应急预案和桥梁、隧道等施工安全风险评估报告。对危险性较大的工程专项施工方案要组织专家论证。应检查安全生产责任制、安全生产规章制度的建立和落实情况,以及重大危险源安全管理和生产安全事故隐患排查治理情况;应核查项目负责人、专职安全生产管理人员和特种作业人员的资格,以及施工机械安全许可证。在公路养护作业中,应严格执行现行《公路养护安全作业规程》(JTG H30—2015)中的规定。

其次,养护机构应检查施工单位危险性较大工程专项施工方案的实施情况。发现未按照施工方案实施时,或者在养护过程中发现存在安全事故隐患的,应及时整改;情况严重的,应停止施工。分项工程交验时,安全事故现场处理未完成的,不得进入下一道工序。此外,应由专人负责建立安全检查台账,及时记录安全专项检查和巡视、旁站中涉及的施工安全管理情况、存在的问题及处理情况。

最后,应特别注意安全事故的诱发因素,安全问题要牢牢抓住直接诱因这个关键点。国内外根据大量的质量事故调查结果显示,有为数不少的各类安全事故,是由于劳动者所在单位主要负责人盲目追求利益最大化,刻意减少用工数量、变相增加劳动者的工作时间和提高劳动强度,没有进行应有的劳动保护等措施,使劳动者长时间疲劳工作引起。因此,要保证足够的劳动力数量和合理的工作时间是非常必要的。今后,国家必将对无故减少人员、增加工作时间的现象实行强制杜绝,对其行为的主要决策和负责人实施严励的处罚,甚至承担法律责任。安全事故的另一方面的诱因,是对事故前兆没有察觉。有鉴于此,在施工人员队伍里,除一些中、青年工作者外,一定要安排年纪相对较大、从事工作较长、富有施工经验、对事故预测和处理富有经验的人员工作。此外还应注意引入高新检测设备与技术对养护工程进行安全检测与评估。

(十) 保护景观环境

养护施工方在施工组织设计中应按照施工合同制定防治、减少环境污染和生态破坏措施,主要包括下列内容:落实施工环保负责人,对环保人员进行了安全教育;施工场地布设、材料堆放场设置和公路废旧材料处理应符合环保要求;施工通道、临时便道、料场等在干燥时是否洒水降尘;施工废渣、废料、废水和生活垃圾等处理应符合设计要求;应落实水土保持措施,在拟定的取土场作业,取放弃土完工后是否进行防护和植被恢复;养护施工过程中,如涉及树木砍伐,应依法取得树木砍伐许可证,并按照许可面积或数量进行砍伐;对发现环保措施不到位的,应整改,情况严重的,应暂停工并向建设单位报告;养护过程中发现施工违反有关环保法律法规以及未按照合同要求落实环保措施的,应及时整改。

(十一) 合同承诺有效

合同和定额是涉及招投标方式来完成道路工程施工和养护工程的两项重要文件,尤其对于修复性养护中采用招投标程序实施的工程项目,合同又是施工和养护款支付的主要依据,定额(或工程量清单)则是合同约定前提下的工程款支付金额认定的关键凭证,在工程施工和养护工作中占有十分重要的地位。合同文件包括合同协议书、专用合同、通用合同、技术标准或技术规范以及工程量清单等。

目前,我国公路建设和养护资金来源渠道主要有国家投资、社会资本投资以及 PPP 投融资三种方式,其中我国公路建设的国家投资占比在 90%以上。特别需要指出的是,近年来在建设市场涉及合同事宜的新政和新规出台了不少,在实际工作中应注意及时应用。按照最新规定,对于全部使用国有投资或国有投资控股的工程建设项实行招投标制度。在公路养护工程专用标准招标文件出台之前,可参照工程项目建设的系列招标标准文件规定办理。这些文件归纳为两类:第一类是由国务院和国家发展改革委员会颁布的有关工程建设项目招投标系列相关文件,这些文件可归纳为一个函件、两个部令和三个通知以及九个标准文件。这里所谓的一个函件是指 2018 年国务院对国家发展改革委员会(以下简称国家发改委)报送的《必须招标工程建设项目规定》的批复【国函(2018)第 56 号】;两个部令是指国家发展改革委员会 2018 第 16 号令以及 2007 年九部委联合颁布的《标准施工招标文件》和《标准施工资格预审文件》【(2007)56 号令】;三个通知是指国家发改委关于印发《必须招标的基础设施和公共事业项目范围规定》【(2018)843 号通知】、关于印发《简明标准施工招标文件和标准施工总承包招标文件》【(2011)3016 号通知】、国家发改委关于印发《标准设备采购招标文件》等 5 个招标文件的通知【发改委法规(2017)1606 号】;九个标准文件分别是指《标准施工资格预审文件》(2007 版)、《标准施工招标文件》(2012 版)、《标准设计总承包招标文件》(2012 版)、《标准设备采购招标文件》(2017 年版)、《标准材料采购招标文件》(2017 版)、《标准勘察设计招标文件》(2017 版)、《标准设计招标文件》(2017 版)、《标准监理招标文件》(2017 版)以及《简明标准施工招标文件和标准施工总承包招标文件》(2011 年版)等。第二类是行业招投标范本,可归纳为一个部令和一个公告以及 7 个标准文件。一个部令是指中华人民共和国交通运输部颁布的《公路建设项目招标投标管理办法》(2015 年第 24 号令);一个公告是指交通运输部 2017 年发布的第 51 号公告,即发布使用交通运输部配套颁布的行业招标系列标准文件;7 个标准文件是指《公路工程标准施工招标文件》(2018 版,第一、第二、第三册)、《公路工程标准施工招标资格预审文件》(2018 版)、《公路工程标准监理招标文件》(2018 版)、《公路工程标准监理招标资格预审文件》(2018 版)、《公路工程标准勘察设计招标文件》(2018 版)、《公路工程标准勘察设计招标资格预审文件》(2018 版)以及配套的《经营性公路建设项目投资人招标文件示例文本》(2018 版)等。

(十二)细微末节处理

道路养护作业过程中,常会遇到许多细节问题,这些问题看似不太重要,倘若不能及时处理,会演变成工程隐患或导致日后难以处理,造成更大损失。例如,高路堤施工中未设置临时或永久排水措施,会造成边坡坡面上大量冲沟,这些冲沟施工后再整治,将会损失更大;再如,养护过程中,当没有及时安排交通指挥员或在现场交通指挥员未佩戴反光制服或防护制服时,有时会酿成交通事故等。所以,在养护作业过程中应注意细微末节的安排和处理,对上述诸如此类的这些问题应提前考虑周到并安排妥当。

第二章　一般地区道路养护技术

一般地区道路养护内容依据不同的养护类型而异,按照我国相关规范和部门规章以及规范性文件规定已将道路养护划分为预防性养护、修复性养护、专项养护和应急养护。上述各类养护有的属于日常养护内容,有的则属于矫正性养护范畴。本章为了叙述方便并结合当前国内养护单位建制和管理归属,现将各类养护归纳为日常养护和矫正性养护两类来阐述。例如,就路面日常养护而言,是指日常反复对路面进行的巡视和巡查、清扫路面、清除杂物、清理积雪、清除结冰,保持路面整洁以及日常反复进行的路面养护和少量修补,必要时进行道路抢修以恢复路面性能、保持路面良好的使用品质、延缓路面强度下降以及提高耐久性和使用寿命的路面养护工作。道路日常养护内容概括如图 2-1 所示。

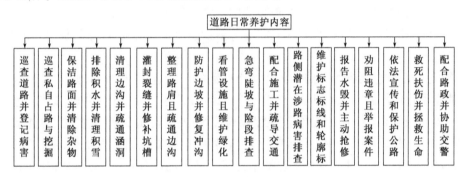

图 2-1　道路日常养护内容

一般地区道路养护除日常养护项目外,还有矫正性养护,矫正性的主要内容归纳如图 2-2 所示。

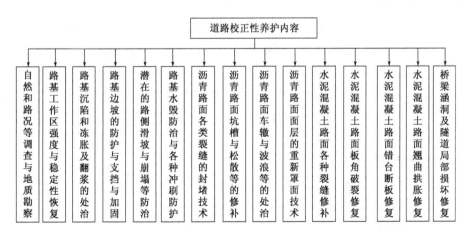

图 2-2　道路矫正性养护内容

第一节　道路日常巡查与检测

道路巡查与检测是针对巡查范围内的各种损坏、结构变化以及道路施工作业情况等状况所进行的检查。

一、道路巡查

公路养护巡查应按照《公路养护技术规范》(JTG H10—2009)的规定执行;城市道路巡查应按《城镇道路养护技术规范》(CJJ 36—2016)的有关规定进行巡查、检测和评价。通过巡查,及时掌握道路的技术状况并采取相应的养护措施。道路的巡查、检测工作,按照内容、周期分为经常性巡查、定期检测和特殊检测。道路的技术状况应根据检测结果进行评价,并形成评价报告。道路巡查、检测和评价的对象包括沥青混凝土、水泥混凝土和砌筑路面等类型的机动车道、非机动车道以及沥青类、水泥类和石料类等铺装类型的人行步道及其道路附属设施等。经常性巡查频率应按道路类别、级别、养护等级分别制定。例如,城市道路养护一般分为Ⅰ等、Ⅱ等、Ⅲ等,对于Ⅰ等养护的道路宜每日一巡,Ⅱ等养护的道路宜每两日一巡,Ⅲ等养护的道路宜每三日一巡。

经常性巡查范围包括各级公路和各类城市道路的车行道(含机动车道、非机动车道、紧急停车带、加宽渠化区域等)、人行步道(含盲道等无障碍设施)、路基(含路肩、边坡、边沟、路基挡墙、涵洞等)、分隔带(含中央隔离带、主辅隔离带等)及其附属设施(含护栏、防撞墩、防眩设施等)、其他相关设施(如检查井、雨水口等)。若相关设施影响道路安全运行时,需提请有关产权单位及时处理。经常性巡查还应包括车行道、人行步道(含盲道)的路基相应的损坏情况以及交通工程、绿化美化等。

(一)道路巡查的内容

1. 车行道损坏巡查

车行道损坏巡查包括沥青路面、水泥混凝土路面以及路面水损害。对于沥青路面的巡查是看路面有无沉陷、隆起、坑槽、拥包、车辙、松散、搓板、翻浆、裂缝、剥落、破损等损坏。水泥混凝土路面的巡查是看路面是否发生断角、短板、错台、拱起、碎裂、沉陷、坑洞、露骨、露筋、裂缝、唧泥等损坏。路面水损害的巡查是看路面有无冒水、冒气造成道路损毁及雨天积滞水等情况。检查井检查时,应着重检查其井框与路面错台、与下沉及周边路面破损以及雨水口周边破损或错台等。

2. 人行步道损坏巡查

人行步道(含盲道)损坏巡查包括步道砖及盲道砖有无破损、缺失、翘起、错台、拱起、沉陷、松动等;路缘石缺失、歪斜、损坏、破损、翘起等;树池边框破损、翘起、缺失等。

3. 路基损坏巡查

路基损坏巡查包括路肩损坏、不洁;边坡坍塌、水毁;边沟淤塞、损坏;路基沉陷、翻浆;路基挡墙开裂、倾斜、破损、翘起等；当设有树池时，还应巡查树池的边框破损、翘起、缺失等。

4．交通工程巡查

交通工程巡查包括分隔带隔离设施的损坏、缺失及位置变差等。护栏、消能桶、防眩设施等其他附属设施损坏、缺失情况。

5．违规占用或挖掘巡查

违规占用或挖掘巡查包括在道路范围内的施工作业对道路设施的影响。违规占用或私自挖掘等损坏道路的情况，以及私设交通指路、指向标志或广告牌的情况。因遗撒物和危险化学物品泄漏等对道路及附属设施造成不良影响的情况。因暗挖、顶管、盾构等非开挖地下工程施工及深基坑开挖施工等对道路造成损坏的情况。其他造成道路损坏及不正常的情况。

（二）巡查方式

经常巡查应根据道路等级的不同，采用相适宜的巡查方式。对于有分隔带的高速公路或城市快速道路应分幅进行巡查。巡查时应按交通行进方向巡查，路幅较宽道路（单向3车道以上），应沿巡查方向左右侧进行分别巡查；单向6车道及以上道路，其中间车道应单独巡查。

城市快速路和自行车限行的城市主干道应使用机动车辆进行巡查，车载巡视设备宜有自动识别、自动量测道路病害等功能。不限自行车行驶的城市主干道宜采用自行车进行巡查。城市次干路、支路和街坊路应采用自行车和步行相结合方式进行巡查。非机动车道、人行道宜使用自行车或步行方式进行巡查。重点区域的广场、商业街等宜采用步行方式进行巡查。

经常性巡查以目测为主，巡查过程应做好巡查记录，巡查记录应整理归档。经常性巡查在每班巡查作业结束后，应按时填写城市道路巡查表并与下一班组的巡查人员进行交接。

（三）巡查要求

1．巡查设备

常用巡查设备及工具包括数码照相机、录像机、望远镜、卷尺、钢直尺、电子测距仪、现场记录文具、交通工具（机动车、自行车）、通信设备、照明设备、交通指挥棒、警示标志牌、反光标志服、起钩器等。

2．巡查安全

经常性巡查宜在白天进行。机动车巡查时，巡查车辆行驶速度应低于40km/h，行驶时应避免紧急制动且不得随意停车；中途停车应设置明显的交通警示标志，以保证人员和车辆安全。巡查车辆应统一标识并设置专用警示装置。巡查人员应着专用工作服或有警示标志的反光标志服，衣冠整洁。自行车巡查时，宜靠道路外侧行驶，停车时应注意行人和机动车辆；步行巡查时，行走方向应与机动车行进方向相反并注意交通安全。

3．巡查配置

巡查人员应经过专业培训，了解现行的养护技术规范、规程，能够熟练使用专业设备，及时发现并报告路况问题，协助处理突发事件和病害处置。

日常巡查人员、车辆配置和巡查里程可参照表2-1所列标准。

城市道路每班巡查人员、车辆配置及巡查里程　　　　　表2-1

机　动　车		自　行　车		步　行	
人员(名)	巡查里程(km)	人员(名)	巡查里程(km)	人员(名)	巡查里程(km)
2	60~80	1	20~30	1	8

注：1. 采用机动车、自行车和步行结合的方式进行巡查时,可根据表中所列配置标准进行合理组合,以达到节省人工和时间并求效率最高。

2. 机动车巡查时每组应安排2~3人为宜,其中1人开车,1~2人巡查。

(四) 巡查作业

巡查过程中倘若发现设施损坏,影响车辆和行人安全时,应及时通知作业班组,采取养护措施,特殊情况可设专人看护,并填写设施损坏通知单。当发现道路沉陷、空洞或明显的错台等影响道路安全运营时,应立即上报,同时组织有关人员设置围挡并进行现场监督,直至应急处置人员到场。在经常性巡查中,发现其他相关专业的设施损坏应及时通知相关单位。

经常性巡查报告应实行分级负责制。养护单位应建立巡查值班制度和通信网络,汇总巡查情况和群众举报路况突发事件,及时向相关管理机构报告。

养护单位应建立巡查报告制度。每周定期召开会议汇总道路巡查情况,并以周报形式向上级管理机构报告。

紧急抢修应提前做好应急预案。对于遇突发事件(路面塌陷、严重道路积水等),养护单位应根据突发事件等级立即启动相应的应急预案,同时做好现场控制,协助抢修工作等。关于应急预案编制详见第六章第六节。

巡查过程中应如实做好巡查记录并配照片,对发现的道路病害应及时整理归档。

二、道路检测

道路检测主要应以定期检测为主,该检测可分为常规检测和结构状况检测,检测范围包括行车道(含机动车道、非机动车道、紧急停车带、加宽渠化区域等)、人行道(含盲道等无障碍设施)、路基(含路肩、边坡、路基挡墙、涵洞等)及其他附属设施。

(一) 常规检测

常规检测主要检测车行道、人行道、广场铺装的平整度和车行道、人行道、广场设施的病害缺陷以及基础、附属设施损坏状况。

常规检测的数据记录应按照既定的评价单元进行记录和评价。沥青路面和水泥混凝土路面及人行道的损坏类型应符合相关规定,并分别按规程或自制的表格样式填写损坏单项扣分表和路面损坏调查表,还应对每处损坏情况进行拍照,重要病害应有明显的标识。常规检测的时间视所在地域的自然条件和气候条件而定,如季冻地区,一般宜安排在每年11月底前完成,并及时形成相应的评价报告。

1. 人员组成

常规检测应由专职的道路养护技术人员或有经验的道路工程技术人员负责,每个检查小组宜由3~5人组成,分别负责记录、拍照、检查、量测等,可协同工作。

2. 检测设备

检测设备包括常规设备和特殊设备。常规设备包括数码照相机、望远镜、卷尺、刚直尺、电子测距仪、专用交通工具、通信设备、滚轮量尺、3m 直尺等。特殊设备包括车载路况检测仪、激光平整度仪等。

3. 检测方式

(1)路面平整度检测。各级公路与城市快速路和主干路宜采用激光平整仪等检测设备;次干路和支路可采用平整度仪或 3m 直尺等常规检测设备。

(2)路面损坏检测。各级公路与城市快速路和主干路车行道应采用车载路况检测仪等检测设备,采用人工目测辅以测量设备的方法;次干道、支路可采用人工目测辅以测量设备等常规方法测量。

(3)路基与附属设施检测。路基和人行道及附属设施的损坏情况,采用人工目测辅以测量设备等常规方法测量。

4. 工作流程

对照公路或城市道路资料卡的基本情况,现场校核道路的基本数据,资料卡格式应符合有关规范的规定。通过平整度及损坏情况检测,判断损坏原因,分别填写损坏单项扣分表和路面损坏调查表。根据检测结果依不同类型的道路进行评价,对于公路,按《公路养护技术规范》(JTG D20—2009);对于城市道路应按《城市道路养护技术规范》(CJJ 36—2016)的有关规定进行评价。此外,根据检测结果,还应确定道路养护范围和方案。对难以判断损坏程度和原因的道路,应提出进行特殊检测的建议。

5. 工作安全

常规检测宜在白天进行。检测人员应着专用工作服或有警示标志的反光标志服。平整度数据检测时应采取交通维护措施,保证工作区域安全。采用车载仪器进行检测时,应有专用车辆在检测过程中进行交通警示和安全保护。采用人工方法进行检测时,检查人员行走方向宜与机动车行进方向相反并注意交通安全。公路巡查和检测中的安全事项,应执行《公路养护安全作业规程》(JTG H30—2015)之相关规定。

(二)结构状况检测

结构状况检测的频率应按照道路等级进行,对于高速公路和城市快速路、一级公路和城市主干路宜 2~3 年一次,二级以下公路和城市次干路、支路以 3~4 年一次为宜。

结构状况检测应具有相应资质的专业单位承担,检测技术人员应具有公路或城市道路养护、管理、设计、施工经验。检测负责人应具有 5 年以上的公路或城市道路专业工作经验。

结构状况检测仪器和工具一般应采用弯沉值、平整度、横向力系数、构造深度自动检测设备,反映出道路弯沉、平整度、路面抗滑性能等路面技术状况。

第二节　道路路基养护技术

道路路基的日常养护包括路基结构、路肩、边坡、边沟、涵洞等的日常养护。路基养护应通过日常巡视和定期检测,发现病害及时查明原因并采取有效措施进行维修、处治或加固,使路基保持良好稳定的状况。

一、路基养护基本要求和常见病害与维修对策

(一)路基养护基本要求

路基养护的基本要求归纳为内在质量和外形尺寸两个方面。对于路肩、边坡、护坡、边沟、涵洞及路基养护要求如下。

路肩应表面平整、坚实、整洁、无坑槽、沉陷、积水、堆积物,横坡适当,边缘齐顺。土质边坡应平整、坚固、稳定、无冲沟、无松散,坡度符合设计标准规定。护坡等路基防护构筑物应保持完好,泄水孔畅通。边沟等排水设施无淤泥阻塞,进出口完好,无基础冲刷、无杂草,纵坡适度,排水畅通。涵洞及其构筑物应保持完好无损坏,洞口清洁,排水通畅。对路基软弱地点和翻浆路段应及时进行处治。

(二)路基常见病害与维修对策

路基常见病害产生原因及维修对策见表2-2。

路基常见病害原因及维修对策　　　　　　　　　　表2-2

部 位	病害类型	病害原因	维 修 对 策
路肩	不洁	人为遗撒、漏油等	加强巡查,及时清理
	破损	排水不畅、雨水冲刷、施工或材料不良以及不外力作用等	修正或加固;土路肩改建成硬路肩
边坡	边坡不稳	边坡设计坡度过大、切坡过多、岩石风化、雨水冲刷以及冻融等	加强巡查,及时整修,消除不稳定因素;边坡防护与加固
	塌方		
	水毁冲沟	路基压实不足、工程地质不良、路基填料土质差、路基排水不畅或缺乏防护等	
路基	沉降	施工时压实不足、填筑方案不合理及路基承载力不足等	路基加固
	翻浆、沉陷	土质不良、冻融作用、地下水位升高、路基含水率过大、施工质量不良、排水设施堵塞、路面积水等	路基换填;疏通或增设排水设施;路基注浆等
护坡等路基构筑物损坏		路基本身不稳定、构筑物施工不良等	及时维修与加固
边沟等排水设施淤塞		沟内杂草未能及时清除或垃圾、碎砾石、土等堆积	加强巡查,及时清除、疏通
涵洞	淤塞	杂草未能及时清除或排水不畅,垃圾、淤泥、土等堆积	加强巡查,及时清除、疏通
	损坏	雨水冲刷、施工质量不良等	及时维修与加固
	填土沉陷	施工时压实不足、填土土质不良等	检查涵体结构,及时修复

二、公路路基养护技术

(一)公路路肩的养护

路肩应平整、坚实、整洁、线形顺直。当出现车辙、坑槽、路肩边缘积土时应及时处理。修整后的路肩横坡坡度应比路面横坡大1%~2%。

对土质松散的路肩,采取石灰土或砾料石灰土稳定或改为硬化路肩,再撒铺石屑或其他粒

料进行养护。在路肩外侧,用块石安砌护肩带或用水泥混凝土预制块安砌坡顶石,其宽度不小于250mm。当沿公路路面边缘安砌路缘石时,缘石顶面与路边平齐。硬路肩可采用沥青混凝土、水泥混凝土、混凝土预制块、浆砌片(卵)石等铺(砌)筑。

(二)公路路基边坡养护

边坡防护的最终目的是保证护坡坡面的稳定性及护坡基础的稳固性。边坡防护重点主要是保护路基边坡表面免受雨水冲刷,减少温度及湿度的影响,防止和延缓软弱岩土表面的风化、碎裂及剥蚀,从而保护路基边坡的整体稳定性,还可兼顾路容美化和环境协调。

边坡防护应根据路基土质条件选用不同治理方法,可分为植被防护和坡面治理两类,亦可混合使用。边坡的坡面养护应保持设计的坡度且表面平顺、坚实。道路巡视中应观察路堑边坡的稳定情况,及时处理危岩并清除浮石。当边坡出现冲沟、缺口、沉陷及塌落时,应及时进行整修。路堑边坡出现冲沟、裂缝时,应及时填塞捣实;如出现潜流涌水应隔断水源或采取其他措施,将水引向路基以外。对路堑或路堤边坡高差大且受条件限制坡度达不到土壤稳定性要求的,应修筑挡土墙。

对植物易生长的边坡,可采用种草、铺草皮及植被植树等植物防护措施。对破坏边坡和风化严重的岩石边坡,可采取抹面、喷浆、勾缝、灌浆、石砌等坡面处理方法。

对岩石开裂并有坍塌危险的边坡,应采用混凝土或钢筋混凝土修筑挡土墙。对岩石挖方受雨水侵蚀出现剥落或崩塌不稳定的边坡,可采用锚喷法加固。在加固范围内应设置泄水孔,涌水地段应设置泄水沟。

当路基与沟渠交汇或路基与桥涵水道连接处,可采用(块)石、卵石及混凝土预制块等材料铺砌护坡。采用(块)石铺砌时,坡面径流流速小于1.5m/s地段,可采用干砌,其厚度大于250mm;径流流速大于1.5m/s的坡面或河道边坡应采用浆砌,其厚度宜大于350mm。边坡经加固后形成的护坡,应加强巡查与养护,发现损坏应及时修理。

应加强观测滑坡地段,做好观测记录,分析可能出现的异常情况并及时采取下列措施:在滑坡体上方设置截水沟,滑塌范围内修建竖向(主沟)及斜向(支沟)排水沟;当滑坡体位于地下水位充沛的地段时,应设置盲沟或截断水源;修建能够抗衡坡体滑塌的挡土墙等构建物。

常用的路基边坡防护分类见表2-3。

路基边坡防护分类表 表2-3

防护类型	防护形式	防护措施
坡面防护	植物防护	种草、栽草
		铺草皮
		植树
	生态防护	工程植物防护(用植物或用植物与非生命的材料相结合进行防护)
	工程防护	抹面、捶面
		喷浆、喷射混凝土
		勾缝和灌缝、砌石
		护面墙、挡土墙、锚杆、加筋
		边坡金属网防护(主动防护和被动防护)

1. 边坡生态防护

边坡生态防护技术是指用植物或用植物与非生命的材料相结合的方式来代替工程防护的一系列环保型防护技术。它是通过种植根系发达的植物,依靠植物的根茎与土壤间附着力及根茎间的相互缠绕来加固边坡、提高边坡表面抗冲刷能力,达到稳定边坡和防止侵蚀的目的,同时又能恢复破坏的自然生态环境,是一种较为有效的固定边坡和防护边坡技术。

目前常用的边坡生态防护技术分类和适用范围归纳如表2-4所示。

边坡生态防护技术分类和适用性　　　　　　　表2-4

序号	防护名称	防护形式及施工工艺	适用范围和主要特点
1	TBS喷射防护	通过改进后的混凝土喷射机,将拌和均匀的厚层基材混合物(含植物种子)按设计厚度喷射到岩石坡面上	适用于边坡坡度小于1:3的稳定的硬质岩石边坡,混凝土坡面和浆砌片石坡面。与传统的浆砌片石护坡技术相比,可节省投资20%~30%;抑制水土流失,护坡效果好
2	三维植被网	主要用U形钉或钢钉将以热塑性树脂为原料制成的三维植被网固定在整平后的坡面上,再在其上覆盖土、播种、养护的一种边坡生态防护技术	适用于坡度为1:1.25~1:1.5的稳定边坡。工艺简单,操作方便,施工速度快,固土性能优良,消能作用明显,经济可行
3	藤蔓植物遮蔽	通过栽植藤蔓性和垂吊性植物,来遮蔽硬质岩石陡坡、挡土墙和锚锭板等圬工砌体,达到美化环境的目的	有一定的自然土壤的较缓边坡,施工简单,抑制水土流失,护坡效果好
4	客土喷洒	利用特制的混合喷射机械,将植物基质和植物种子搅拌混合均匀、加水加压,通过管路、喷枪、喷敷在土壤和岩石表面,形成松软而稳定的植物生长覆盖层	适用于工程开挖后裸露的岩石坡面,应用广泛,能够改良土壤结构,实现草、灌木等植物群落合理的配合,效果良好。但资金投入较大
5	土工格室植草	整平施工场地,清除杂草,铺设施工垫层并压实,然后铺设土工格室,网格室内先填种植土,然后按设计配合比撒播草种	适宜于边坡坡度在1:1.25~1:1.5,在特殊坡段可以配合碎石灌注混凝土加固,边坡坡度比可以达到1:1~1:0.75。施工简单、操作方便,工程造价低、绿化效果好
6	液压喷播植草	把优选出来的绿化草种、肥料、黏着剂、保水剂、纤维覆盖物、着色剂等按一定比例混合成喷浆,通过液压喷播机械直接喷射到待绿化的区域	适用于坡度不陡于1:1.25的土质边坡,一般要求边坡高度小于6m,施工较简单,造价较低廉,成坪速度快,草坪覆盖宽、均匀性及质量高
7	干根网状	将适宜的树干材料呈网状横卧埋入边坡土中,入土部分干材两侧生根,裸露部分萌芽成林,以起到边坡防护效果	适宜于干旱、少雨、缺水的土质边坡,土壤条件相对较好。不受坡度大小影响,材料宜得、施工方便,成林快,造价低,但受施工季节影响
8	框格防护	用混凝土浆、浆砌片石等材料,在边坡上形成骨架,与种草防护结合起来	多用于填方边坡,也可用于挖方土质边坡。在互通立交范围应用较多。在边坡施工难度较大,通常在重要景点使用,一般路段较少采用
9	喷混植草	用特制喷混机械将土壤、肥料、有机质、保水材料、植物种子、水泥等混合干料加水后喷洒到岩石面上	适宜于稳定的岩石边坡,简单易行,施工速度慢,岩石达到完全覆盖需要时间长,至少需要2~3年的时间

续上表

序号	防护名称	防护形式及施工工艺	适用范围和主要特点
10	OH液植草	通过专用机械设备,将新型化工产品OH液用水按一定比例稀释后和草籽一起喷射到坡面	适宜稳定的土质边坡。施工简单、迅速、边坡绿化防护效果好,但OH液工程造价高
11	香根草护坡	在土质边坡上分行栽种香根草进行边坡防护	一般适用于土质边坡,表层土宜形成冲沟和侵蚀,容易发生浅层滑坡和塌方的地方。香根草生长迅速,抗逆性强,具有高效、持久、廉价等特点
12	混凝土框砖	亦称蜂巢式网格植草在整修好的边坡面上拼铺正六边形混凝土框砖,形成蜂巢式格网后,在格网内铺填种植土,再在其中种草	多用于填方边坡的防护。施工简单、外观齐整、造型美观大方,具有边坡防护和绿化的双重效果,工程造价适中
13	挂网喷播	用锚杆、钢筋、钢丝网进行坡面防护处理。然后将种子、肥料、土壤稳定剂和水按一定比例混合成浆状喷射到边坡上	石质坡面,从缓坡到坡度达到60°以上的陡坡都可以应用。植被生长情况良好,覆盖度较高,生长均匀、一致
14	草棒技术	将特制的草棒用螺纹钢和钢丝网按一定间距固定在坡面上,再用镀锌铁丝进行斜方格网拉紧,然后将草棒按一定间距排列,覆盖土后在客土上进行播种和种植	石质或土质混合边坡、坡面较缓,抗侵蚀能力差,植被生长与分布不均衡,成本较低
15	轮胎固土	将废旧轮胎固定在坡面上,覆盖客土,然后播种或栽种植物	多用于较平缓的岩石坡面,并为废旧轮胎的再利用开辟新的途径。固定土量大,保水性好,见绿效果好,植被宜长期生长,成本较低
16	植物生带	将带有种子的植物生带铺于坡面,进行固定,然后进行适当养护	多使用于土质边坡,坡面较缓,施工简单,省工省时,容易养护,种子不易流失,护坡效果好
17	草包技术	将植物种子播放在两层无纺布中间,然后通过行缝、针刺、胶粘等工艺,制造成草包,装土,将其累积于坡面,形成植被	多稳定边坡,坡度小于60°的岩石边坡和坡角小于45°的土质路基边坡,施工简单,成本低,植物生长情况良好
18	植物毯	将植物纤维层和草种、保水剂、养土混合物和木浆纸层混合,形成三维复合草毯结构,提供土壤防侵蚀控制保护层和植物生长基质、水分和养料	应用于岩石、劣质土坡和陡坡。在劣质土坡和岩石边坡使用效果著。工艺简单,施工成本较低,养护管理费用少

鉴于本章篇幅所限,下面仅对上表中的三维植被网防护技术和边坡金属网防护加以阐述,其余边坡防护技术的施工工艺(工法)请读者参考相关书籍。

三维植被网具有施工方便、工期较短、造价低廉、护坡效果好等优点,可在短期内绿化、美化边坡,使公路与周围环境景观融为一体,并有利于生态平衡的恢复与维持,是现代路基边坡生态防护的常用技术措施。

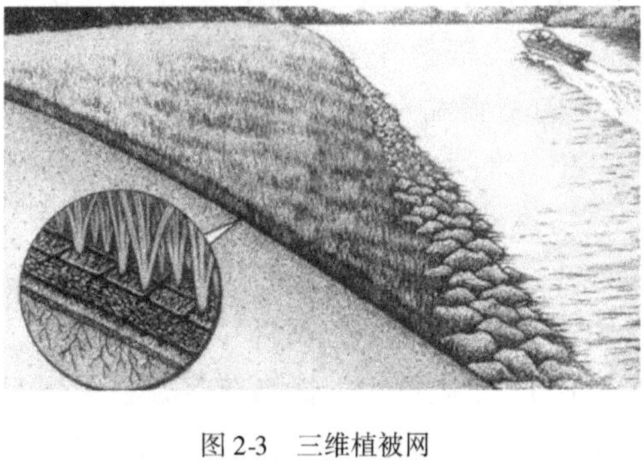

三维植被网(图2-3)是由多层塑料凸凹网和高强度平网复合而成的立体网结构。面层外观凸凹不平,材质疏松柔韧,并留有90%以上的空间填充土壤和草籽。将草籽和土壤牢牢固定在立体网中间,同时,由于网垫表面凸凹不平,可使风和水流在网垫表层产生无数小涡流,起到缓冲水能的作用,并促使其携带物沉积在网垫中,从而有效避免了草籽和幼苗的流失。当草生长

图2-3 三维植被网

茂盛后,植物根系可从网垫中均匀地穿过,并深入地下达0.5m以上,与网垫、泥土三者成为一个牢固的复合整体。植被根系可增加土壤的透水性能,一旦遇到雨水,可迅速渗透;植被的覆盖可使地表土壤避免直接受雨水的冲击,阻止水流的形成,即使形成水流,一般也是不含泥土的清澈水流,与此同时,三维植被网垫和根系也可以起到浅层加筋的作用。因此,这种复合体系有较强的抗冲刷能力,能够达到有效防护边坡的目的。

三维植被网施工工艺流程如图2-4所示,施工作业步骤如下。

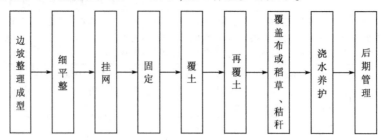

图2-4 三维植被网施工工艺流程图

（1）整修坡面

首先,放出坡脚桩。在路基土方完成后,放出路基边坡坡脚桩。直线路段路基本桩及坡脚每20m打桩,进入曲线段加密到5~10m一桩,保证路基边坡线平滑顺直。

其次,挂线并刷坡。定出路基边桩及坡脚桩后,用白灰标出控制线,然后开始刷坡,可以人工配合挖掘机按1:1.5的坡度进行。用挖掘机挂线刷坡时要预留20cm宽由人工清除,以保证路基边坡的密实度,人工刷坡时要挂线,并用坡度尺检查路基边坡坡度,以保证边坡的外观线形。刷坡后将边坡上的土块粉碎,平整,并施入底肥。

（2）开挖沟槽

在坡顶及坡脚处,按照施工图纸设计尺寸,人工开挖预埋植被网的沟槽并平整。注意每次开挖沟槽和刷坡不要过长,以防止雨水、风沙等作用破坏路基边坡坡面。

（3）覆盖网片

在边坡完工后,按照设计图纸和施工规范要求,及时进行人工铺设EM3型三维植被网。覆盖网时,先将网置于边坡沟槽内,然后从坡顶到坡脚依次进行铺设。铺网时力求与坡面贴敷紧密,防止悬空,使得网保持平衡,不产生褶皱。网块之间要重叠搭接10cm左右。

（4）固定网片

覆盖网后按照一定的密度和方式,采用竹钉或R形钢筋打入边坡进行固定,然后将植被网预埋在沟槽中,再回填土夯实。

（5）覆盖黏土

在三维网固定后,在网上覆盖土并用木条刮入一层细土,使pH值适中的薄土进入网包。

（6）播撒草籽

首先,选择草籽。草籽应根据气候、土质、含水率等因素选择,选择易于成活、枝叶茂盛、根系发达、茎秆低矮、便于养护的草籽为宜。

其次,播撒草籽。播撒草籽要在无风且气温在15℃以上的天气进行,避免在干燥的风季节和暴雨季节播种。为使得草籽均匀分布,草籽应该掺加细砂或细土,搅拌均匀后播撒。

(7) 再次覆土

播撒草籽后三维网上再均匀覆盖一层厚约 2cm 的薄层土,适当拍实,使得边坡表面平整,并使土均匀盖住草籽。

(8) 表面覆盖

为了让草籽尽快发芽,必须保证土壤湿润,使之具有适宜草籽生长的温度。为此,边坡面上应采用纤维布或稻草、秸秆等进行覆盖。

(9) 浇水养护

种植草籽后,应适时洒水施肥、清除杂草,直到草籽成活并覆盖坡面位置。为防止草籽分布不均匀而影响覆盖率和坡面美观,浇水时最好采用雾状喷施,防止形成径流。

(10) 管理维护

在养护期内,应有效养护所有种植面上的植物,直到养护期结束。

2. 边坡金属网防护

边坡防护网分为主动防护网和被动防护网,主要用在容易产生山体滑坡、坍塌的山区,对车辆和行人能起到很好的安全保护作用。

(1) 主动防护网

主动防护网如图 2-5 所示,是以柔性网覆盖包裹在所需防护斜坡或岩石上,以限制坡面岩石土体的风化剥落或破坏以及危岩崩塌,或将落石控制于一定范围内运动,其主要起围护作用,部分抑制崩塌和风化剥落,限制局部或少量落石运动范围。

主动防护网的安装步骤可以分为:放线→复核→钻孔→清空→安装锚杆→灌注→安装纵横向支撑绳→验收→缝合→挂网→张拉等。

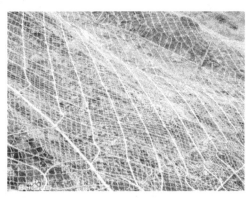

图 2-5　主动防护网

(2) 被动防护网

被动防护网是以钢柱和钢丝绳网连接组合构成一个整体。采用被动防护网对所防护的区域形成面防护,从而阻止崩塌岩石土体的下坠和拦截落石,起到防护边坡作用。

(三) 路基边沟养护

边沟的淤积物应及时清除。在春融前,特别是汛期前,应全面进行检查疏通。雨天应加强巡查,及时巡查及时排除堵塞,疏导水流,保持水流畅、断面完好,暴雨后进行重点检查,如有破损、堵塞应及时整修、清理。对有可能被冲刷的土质边沟,其加固类型可结合地形、地质、纵坡等实际情况按表 2-5 选用。

边沟加固类型　表 2-5

形式	加固类型	加固厚度(mm)	形式	加固类型	加固厚度(mm)
简易	夯实沟底沟壁	—	浆砌	浆砌片石	150~250
	黏土碎(砾)石加固	100~200		浆砌混凝土预制块	100~150
	石灰三合土碎(砾)石加固	100~150		砖砌	60~120

在路基路面养护过程中,如需改造边沟,则要满足四个要求:首先,要满足排水通畅的要求。边沟可以与其他设施相结合,如通道排水、路面排水、农用灌溉渠道、桥梁涵洞等,力求形成一个完整的排水网络。其次,应能够保障安全之需要。根据美国的调查数据,路侧边沟引起的安全事故占路侧发生事故总数量的19%。目前我国公路的边沟横断面形式多采用梯形或矩形,且断面尺寸较大,对行驶车辆来说,安全隐患较多。根据近年来国内外使用经验来看,将边沟做成满铺草被的浅碟形边沟或改为上加盖板的石砌边沟,不但能够保障行车安全,而且利于提高通行能力;也有专家建议将边沟做成钢筋混凝土框架走廊式通道来增加通行能力并确保路侧安全。但应注意采取上述措施应加强边沟外侧边坡的防护固土和植草锁水作用,严防杂物进入框架走廊式边沟。再次,边沟的改造还要与周围的自然环境和谐统一。最后,注意边沟加固与纵坡的关系:当边沟纵坡小于1%时,可不加固;当边沟纵坡坡度为1%~3%时,土质好时可不加固,土质差时可做简易加固;当边沟纵坡坡度大于3%时,则应浆砌防护。

(四)路基沉陷防治技术

路基沉陷(图2-6)是由于路基裸露在大气中,经受着土体自重、行车荷载和各种自然因素的作用,路基的各个部位产生变形所致。

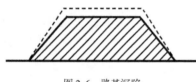

图2-6　路基沉陷

路基的变形分为可恢复的变形和不可恢复的变形,路基的不可恢复变形将引起路基高程和边坡坡度、形状的改变。严重时造成土体位移,危及路基的整体性和稳定性,造成路基各种破坏。

1. 路基沉陷成因分析

根据对路面的影响,路基沉陷可划分为不均匀下沉、局部沉陷、整体下沉三种类型。根据路基沉陷产生的部位,可分为由路基原因引起的沉陷和地基原因引起两类,见表2-6。

路基沉陷原因分析　　　　　表2-6

种类	原因分析	图例
路基原因	路堤填料选择不当,填料中混进了种植土、腐殖土或泥沼等劣质土,由于这类土中有机质含量多、抗水性差、强度低等特性,路堤将出现塑性变形或沉陷破坏	
	路基填筑时未按规范要求的压实工艺进行碾压,压实度达不到规定要求,在重复荷载与填料自重作用下产生沉降变形	
	路基排水不良,土基含水率过大,导致路基强度降低,路基沉陷	
地基原因	原天然地面有软土、泥沼或不密实的松土存在,承载能力极低,路基修筑前地基未经处理,在路基自重作用下,地基下沉或向两侧挤出,引起路基下陷	

2. 路基沉陷处治方法

当原地面为软弱土层,路堤高度较低时,应挖除软弱土层换上良好的填料、应选用渗水良好的填料,不得使用腐殖土或带草、树根的土,铺筑时应分层填筑、夯实,按路基原高度分层填平夯实;路基高度较高的,可采用打砂桩、木桩、石灰桩等处治。处理时应注意及时排除流向路基的地面水。

因填料和铺筑方法不当而引起的沉陷,应及时清除原有填料,按规定重新铺筑、压实,同时要做好清沟沥水,降低地下水位。填石路堤应从下而上,用从大到小的石块填筑,并用石渣或石屑及天然砂砾石填满空隙。

(五)路基翻浆与处理

路基冻胀和翻浆是季节性冰冻地区常见的路基病害。路基翻浆主要发生在季节性冰冻地区的春融时节,以及盐渍土、泥沼、水网、软土等地区。

1. 路基翻浆产生的过程

路基翻浆是由土质与水分及温度共同作用的结果,冻胀与翻浆相伴而生。解释冻胀和翻浆机理的是"结合水迁移学说"理论,翻浆的产生过程见表2-7。

路基翻浆产生过程 表2-7

时间	翻浆过程描述
入冬前	冬季由于降水或灌溉的影响,地面水下渗、地下水位升高,使路基水分增多,为水分积聚提供了必要条件
冬季	进入冬季,气温下降,路基上部的土开始冻结。路基下部的水分包括路肩、边坡下尚未冻结的土中的水分都向路面下已冻结区土中聚集,在路面下聚集较多水分,形成一定厚度的聚冰层
春季	春季化冻时,由于路面吸热和导温性较强,其下部的路基土先于路肩下的融化,化冻后的水分被路基下部未融化的冻土包裹,难以排出路基,导致路基上部处于过湿状态。路基的强度随着冻土的不断融化逐渐降低,以致丧失承载能力,在行车荷载作用下发生"弹簧"、开裂、鼓包、车辙等病害,严重时泥浆外冒,路面大面积破坏,形成了翻浆

2. 路基翻浆的影响因素

季节性冰冻地区用以解释路基冻胀和翻浆的理论基础是"结合水迁移学说"。该理论认为产生冻胀和翻浆的主要因素是土质、温度和水。其实,影响路基翻浆的因素既有土质、温度、水等自然因素,又有路面、行车荷载、设计、施工、养护等非自然因素,见表2-8。

路基翻浆影响因素 表2-8

因素	翻浆过程描述
土质	粉性土是最容易翻浆的土,当粉性土和黏性土含有大量腐殖质和易溶盐时,则更易形成翻浆,砂性土在一般情况下不易发生翻浆
温度	入冬时气温较高或冷暖交替出现,温度在 $-3 \sim 0℃$ 之间停留时间较长;入春时天气骤暖,土基急速融化,易发生翻浆
水	路基附近的地表积水、浅层的地下水、秋雨及农田灌溉等为形成翻浆提供了水源
路面	当路面结构透气性较差时,路基土中的水分不能快速地从面层蒸发,使水分滞积于土基顶部与基层,易出现翻浆
行车荷载	翻浆在行车荷载的作用下最终形成。因此,交通量越大,车辆轴载越重,则翻浆越严重
设计	路线没有避开不利的水文地质地带,路基设计高度不够,路面结构不当、厚度偏薄等因素为日后产生翻浆埋下隐患
施工	填筑方案不合理,填筑材料不符合要求,分层填筑时压实度不足等施工质量问题会加速翻浆的出现
养护	排水设施堵塞,路面、路肩积水未及时排除会加剧翻浆的形成

根据导致路基翻浆发生的水源和翻浆时路面的变形破坏程度,可将路基翻浆分为五种类型和三个等级,处理翻浆的措施一般有9种。见表2-9。

路基翻浆分类与分级以及处理措施 表2-9

项目	翻浆类型与编号		导致翻浆的水类来源			
	类型	编号				
翻浆分类	地下水类	Ⅰ	受地下水的影响,土基经常处于潮湿状态,导致翻浆。地下水包括上层滞水、潜水、层间水裂隙水、泉水、管道漏水等。潜水多见于平原区,层间水裂隙水、泉水多见于山区			
	地表水类	Ⅱ	受地表水的影响,土基潮湿,导致翻浆。地表水主要指季节性积水,也包括路基、路面排水不良而造成的路旁积水和路面积水			
	土体水类	Ⅲ	因施工遇雨或用过湿的土填筑路堤,造成土基原始含水率过大,在负温度作用下上部含水率显著增加导致翻浆			
	气态水类	Ⅳ	在冬季强烈的温差作用下,土中水主要以气态形式向上运动,聚积于土基顶部和路面结构层内,导致翻浆			
	混合水类	Ⅴ	受地下水、地表水或气态水等两种以上水类综合作用土体所产生的翻浆,此类翻浆需根据水源主次定名			
翻浆分级	翻浆等级		路面变形破坏程度			
	轻		路面龟裂、潮湿、车辆行驶时有轻微"弹簧"			
	中		大片裂纹、路面松散、局部鼓包、车辙较浅			
	重		严重变形、翻浆冒泥、车辙很深			
	处理措施					
	措施编号	措施种类	适用翻浆类型	翻浆等级	适用地区或条件	使用说明
处理措施	1	路基排水	Ⅰ、Ⅱ、Ⅴ	轻、中、重	平原区、丘陵区、山区	适用于一切新、旧道路
	2	加高路基	Ⅰ、Ⅱ、Ⅴ	轻、中、重	平原、洼地、坪地	新、旧路均可使用,必要时也可与3、4、5、6、7、8、9任何一类组合应用
	3	砂桩、砂砾、垫层	Ⅰ、Ⅱ、Ⅲ、Ⅴ	中、重	产砂、砾地区	新、旧路均可用,主要作垫层或与2、4类组合应用
	4	石灰土结构层	Ⅰ、Ⅱ、Ⅲ、Ⅳ、Ⅴ	中、重	缺少砂、砾地区	新、旧路均可用,主要作基层或垫层,或与3、5类措施组合应用

续上表

项目	处理措施 措施编号	处理措施 措施种类	适用翻浆类型	翻浆等级	适用地区或条件	使用说明
处理措施	5	煤渣、石灰土结构层	Ⅰ、Ⅱ、Ⅲ、Ⅳ、Ⅴ	中、重	缺少砂、石地区,煤渣供应有保证	新、旧路均可用,主要作垫层或与4类措施组合应用
	6	透水性隔离层	Ⅰ、Ⅴ	中、重	产砂、石地区	适用于新路
	7	不透水隔离层	Ⅰ、Ⅱ、Ⅳ、Ⅴ	中、重	沥青、油毡、塑料薄膜供应有保证	多用于新路
	8	盲沟	Ⅰ、Ⅴ	轻、中、重	坡腰或横向地下水出露地段、地下水位高的地段	新、旧路均可使用
	9	换土	Ⅰ、Ⅱ、Ⅲ、Ⅴ	中、重	产砂砾或水稳定性好的材料地区	适用于新、旧路

3. 路基翻浆的防治措施

路基发生翻浆病害时,应根据翻浆的类型和级别(翻浆程度)采取相应的防治措施。特别是对翻浆路段应查明原因,对病害的范围、发生时间、气候变化、病害表面特征、路面结构、养护情况等进行详细调查与分析,并确定防治方案。当由于软土地基沉降、路基翻浆等病害引起桥头跳车、路基沉陷时,应采取相应的技术措施进行处治。各种防治翻浆的措施见表2-9。

对易发生翻浆的路段应加强预防性养护工作。有翻浆迹象的路段应采取以下措施:一是调整路肩坡度、硬化路肩;二是对于路面坑洼严重路段应调整路拱并恢复路面;三是挖补翻浆土基,更换水稳定性良好的材料并改善路基排水状况。雨季前后应疏通排水设施,检查修整路肩、边沟补修路面碎裂和坑槽;雨季后做好水毁修复。出现翻浆的路段,可采取换填粒料等措施进行处理,同时应疏通或增设排水设施。

(1)设置路肩盲沟或渗沟

为及时排除春融期间路基中的自由水,达到疏干路基上部土体中的目的,可在路肩上设置横向盲沟,该措施适合于路基土透水性较好的地下水类翻浆路段。盲沟应用渗水性良好的碎(砾)石填充,沟底宜做成4%~5%的坡度。如图2-7所示,盲沟布置应与道路中线垂直,如路段纵坡坡度大于1%时,则宜与路的中心线成60°~75°的交角(顺下坡方向),两边交错排列,一般5~6m设置一道,深为20~40cm,宽为40cm左右。盲沟出水口应高出边沟水面30cm,出口按一般盲沟处理。

为了降低路基的地下水位,可在边沟下设置盲沟或有管渗沟。为了拦截并排除流向路基的层间水,可采用截水渗沟。如图2-8所示,渗沟的埋置深度按地下水位的高程、地下水位需下降的深度以及含水层介质的渗透系数等因素考虑确定。渗沟断面尺寸,应根据构造类型、埋设位置、渗水流量、施工条件和维修工法等确定。渗沟侧壁及顶部应设置反滤层,顶部应设置封闭层。

图 2-7 疏干路基上部土体中水的路基盲沟

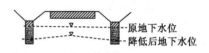

图 2-8 用于降低地下水位的降水渗沟

(2)铺设适宜的垫层

一般铺设石灰稳定类或石灰工业废渣类基(垫)层用以增强路面的板体性、水稳性和冻稳定性,提高路面的力学强度,起到减缓和防止路基冻胀和翻浆的作用,具体可按照现行《公路路面基层施工技术规范》中基层的施工方法操作。

(六)路基沉陷注浆防治技术

路基注浆工艺通常适用于路基路面大面积沉陷或桥台搭板下路基下沉的养护维修作业。路基换填材料应选用水稳定性或透水性好的材料,不得含有机质、垃圾等杂物,粒料最大粒径应不大于100mm。机具设备通常有挖掘机、装载机、推土机、平地机、压路机、自卸汽车、小型夯实机、洒水车等。

1. 作业准备

(1)布孔

布孔前应仔细调查现有地下管线及地下构筑物,可以通过物探、挖探及与相关部门联系协助等方式确定施工区内所有地下管线及构筑物的位置,注浆孔应避开地下管线并采用梅花形布置。确定位置后,在地面上标记清楚并绘制注浆布孔位置图纸。

(2)钻孔

钻机应准确定位,严格按照设计参数钻孔并控制好钻孔深度和垂直度。若现场钻孔孔位因为客观条件限制不能满足设计要求时,应进行移位并重新确定参数,必要时应进行补孔。

(3)埋管

埋管是指采用液压全套管机钻孔时,需埋设注浆管。注浆管可采用 φ40mmPE 管,在注浆管的管壁开 φ6mm 孔,开孔位置依据注浆深度确定;开孔呈梅花形布置,注浆管管长应根据注浆孔的设计深度确定,注浆管外套单向阀。

2. 注浆工艺

注浆系统布置如图 2-9 所示。注浆过程中注意把握以下五个方面。

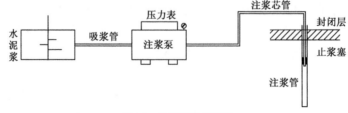

图 2-9 注浆系统布置图

(1)配制水泥浆液

在搅拌桶中根据每次搅拌体积,按照规定的配比先加入水和外加剂混合搅拌,再加入水泥搅拌均匀制成注浆浆液,搅拌时间 3～5min,未按规定均匀或发生沉淀的浆液严禁使用。配制好的浆液应用滤网过滤以除去较大颗粒物。制备好的浆液不得离析,不得放置过久。

(2)注浆泵试运转

确定注浆系统各部分连接无误后,开动注浆泵进行压水试验,检查注浆泵液压情况是否正常,系统管路是否畅通,管有否漏浆。

(3)浆液注入方式

将吸浆管放入盛水泥浆的桶中,通过注浆管路将浆液压入地层中。注浆方式可采用一次整体注浆方式,也可根据实际需求进行二次注浆。注浆时应进行注浆效果检查,符合要求时才可结束注浆作业。当未达到注浆结束标准时应进行补注浆。

(4)注浆量的控制

通过压力表观察注浆压力,检查随注浆量增加的压力变化情况。注浆过程中一般采用双控,即达到设计注浆量后停注或虽未达到设计注浆量但达到设计注浆压力后停注。

(5)凝结时间控制

凝结时间可根据被加固土体的性质来调整。地层含水率大时,浆液容易被地下水稀释,影响固结效果,需要缩短凝胶时间;地层含水率少时,为了使浆液扩散到一定范围,需要延长凝结时间。可以在水泥浆液中加入外加剂,改善其胶凝时间,但应在现场根据地质情况进行调控。

3.注浆异常处理

注浆过程应进行监控,并观测地面或邻近的建(构)筑物的变形情况。如有异常,及时处理。

(1)个别处冒浆处理

注浆过程中应认真观察地表及相邻管线的变化情况,由于浆液的进入引起地层变化,封闭程度较低的地方可能率先会冒出浆液,这时应对冒浆处加以堵塞并采取间歇注浆方式保证浆液有效注入地层。

(2)注浆压力变化处理

注浆压力应控制在一定的范围内,当压力过低时,应检查是否与地下构筑物连通或浆液是否通过地下某些通路流失;压力过高时,应检查管路是否被堵塞。

(3)注浆泵异常处理

在注浆过程中,当发生浆液凝固和堵塞现象时,注浆泵会由于管路故障而提高压力,此时机器会发出异常的声音,压力表指示压力迅速上升,如果不及时处理会产生高压危险事故,此时必须立即停泵,卸下注浆高压软管,冲洗清理管路,检查故障部位并予以处理。

注浆完毕后,将现场清理干净,必要时用高压水冲洗,保持路面干净整洁、养生一定时间后开放交通。

4.质量控制和检查验收

施工前应掌握有关技术文件规定,如注浆孔位置、浆液配合比、注浆施工技术参数以及检测要求等。浆液组成材料的性能应符合设计要求,钻孔、注浆设备应确保正常运转。

施工中应经常抽查浆液的配合比及主要性能指标、钻孔孔位及深度、注浆过程中的压力及浆液数量等。

路基注浆加固宜根据设计要求,采用标贯试验或动力触探法等方法进行注浆加固效果检验。

注浆加固效果检验应在注浆固结体强度大于75%或注浆结束7d后进行,检查结果满足设计要求的承载力和注浆固结强度的90%以上,注浆加固效果可认为合格。

注浆加固效果检验检测点的数量应满足注浆加固设计要求,当设计无具体要求时,检测点的数量宜为施工孔数的1%且不宜少于三点。

路基注浆加固效果可结合其他方法进行互相印证、综合评价。

根据现场钻孔所显示的地质状况,注浆结束后,通过注浆过程中 P-Q-t 曲线(图2-10)分析及反算注浆后地层的浆液填充率,判断注浆效果。图中,P 表示注浆压力;Q 表示注浆量;t 表示注浆时间。一般认为,单孔的 P-Q-t 曲线吻合率在70%以上为合格,每个注浆单元要求整体吻合。通过反算方法求得的地层注浆填充率在85%以上为合格。该评价方法实用性强且易于操作,在实际工作中应用广泛。

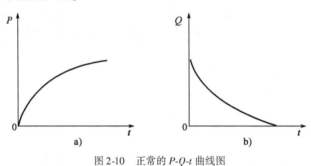

图2-10 正常的 P-Q-t 曲线图

在加固区域钻探或取芯,进行试验室试验,取得相关试验数据进行评价,如强度指标、渗透系数等。此外,可采用地震波仪器进行物理探测的方法进行加固效果检查,该方法实用性较强,并有具体的数据做形象对比,效果比较直观。

路基注浆加固质量验收应符合表2-10的要求。

路基注浆加固质量验收标准 表2-10

项　目	规定值允许偏差	检 查 方 法
注浆效果	满足要求	标贯试验
		P-Q-t 曲线检验等
注浆材料配比	水泥称重允许误差 ±5%	抽查
	水和添加剂体积允许误差 ±1%	
注浆孔位	与设计孔位允许偏差 ±50mm	钢尺量
注浆孔偏斜率	≤1%	侧套管垂直度
注浆孔深	与设计孔深允许偏差 ±100mm	量测注浆管或套管长度
注浆压力	与设计压力允许偏差 ±10%	检查压力表读数

(七)公路水毁防治技术

公路水毁是指暴雨或洪水对公路造成的各种损毁。水毁的预防是在雨季和洪水来临之前,为防止或减轻暴雨和洪水对公路的危害而进行的工作。其范围主要包括四个方面:一是防止大量漂浮物急剧下冲;二是清疏各种排水系统;三是修理、加固和改善各类构造物;四是检修防洪设备,备足抢护的材料、工具以及救生、照明和通信等设备。

1. 技术检查和洪水观测

为防止水毁,在汛前应对公路进行必要的技术检查和河流水文观测,以判断对公路的危害性。同时,应注意积累和保存观测资料,作为今后制订公路改善和加固措施的依据。

(1) 汛前防洪检查

汛前公路检查工作重点应包括如下几方面内容:首先,检查公路防排水系统。检查其设施是否良好和使用功能是否正常。对受损设施应做好记录,并在汛期到来之前完成修复;及时清理各种淤积、堵塞;检查其系统是否适应,对防排水系统本身的不足和因环境变化引起的不适应部分进行分析记录,适时进行完善,以保证其正常的使用功能。其次,检查公路路基的稳定性。检查上边坡、下边坡、挡墙是否存在裂缝、危石,是否产生位移、滑动等。对各类情况要做好记录,存在问题应及时处治;对上边坡、下边坡、挡墙和路基的稳定以每公里为单位,分三类做出初步评价(基本稳定、易受水毁、存在缺陷),对易受水毁路段要加强观察,对存在缺陷路段应在汛期前采取措施。再次,检查各类结构物是否存在隐患。在汛前检查中查出的隐患,应在雨季、汛期之前处治完毕。各种构造物的基础如有淘空现象应及时处治。当河床冲刷严重危及墩台基础时,除必要时在上游设置调治构造物外,还可根据河床水位的高低,在枯水期铺砌单层、双层块(片)石护砌,或采用沉柴排、沉石笼以及抛石块护基处理。

防止透水路堤淤塞是预防其水毁的关键。如发现水流混浊,水中含有较多黏土颗粒时,应在上游设置过滤堰。

如水流中夹带较多杂物,或地势平坦、沟底土质松软时,可在进水口周围土中打入小木桩,桩顶比最高水面高出20cm,木桩上用竹片或柳条编成护篱,并在洪水期定期清除杂物。

(2) 汛期洪水观测

在汛期应进行必要的水文观测,一般主要是进行洪水观测,其主要内容包括水位观测、流速观测、河床横断面和冲刷深度观测,以及流向观测等。所谓水位观测是指平曲线凹岸、导流堤、丁坝和护岸等调治构造物的水位观测,可视工程设施的重要性设置固定水尺或临时水尺进行观测;流速观测一般用流速仪测速,也可用浮标法或泥沙颗粒起动法测速。浅埋式基础丁坝和导流堤等调治构造物宜在墩前、堤头等水流冲击处,主要用于观测洪水期间的局部冲刷深度变化,观测时间应与测速时间相应。对于不稳定河床或平曲线处应进行水流流向观测,并观测不同水位时的流向变化情况。

2. 水毁路段与设施的抢修

为有效进行抢护工作,公路管理机构对所辖路段的水毁抢护工作应统筹安排。易毁路段和构造物应设专门的抢护队伍守护,准备足够的抢护材料、工具、用具以及救生、照明和通信设备等。当洪水对公路产生破坏时,应进行紧急抢护,做到采取应急措施,不使水害扩大;尽快抢修,维持安全通车。

为防止路堤和导流坝等边坡被水浪冲击和水流冲刷,可因地制宜采用各种防浪措施进行抢护,如土袋、石袋防浪、芦排、草席防浪、石笼防浪等。

当路堤有被洪水淹没的危险时,可在临河一面的路肩上,用草袋或黏土筑成土埂临时挡水,预防洪水冲毁路面,洪水退后即拆除。

山区公路常因雨季山洪暴发而发生水毁,常用的防洪措施有排水沟引出、加宽加深边沟以及石砌护坡三种措施。排水沟引出是在挖方路基上边坡顶外开挖截水沟,将大量雨水引到路基外排出。加宽加深边沟,不使边沟漫溢冲刷路基,并采取石砌边沟、路肩保护路基。

在重要路段修筑石砌护坡或护墙,防止洪水冲刷路基。

3. 山区泥石流治理

山岭地区,暴雨或融雪水挟带大量土、石等固体物质汇入沟谷,形成突然的且短暂的间歇的破坏性水流被称为泥石流。

泥石流是在坡面土体疏松、植被稀少、边坡陡峻(坡角在30°~35°以上)、细沟微谷发育条件下,由大强度暴雨或融雪水的作用而形成。按其物质组成和运动特性可分为黏性泥石流、稀性泥石流以及泥流三种。黏性泥石流是指固体物质含量达40%~60%,最高可达80%,含有大量黏土和粉土并挟有石块,水和固态物质凝聚为黏稠的整体,以相同的速度作整体运动,大石块漂浮于表面而不下沉。流经弯道时有超高和裁弯取直作用,破坏性极大。稀性泥石流之固体物质含量10%~40%,黏土和粉土含量少,水和固体物质不能形成整体,水砂构成的泥浆速度远大于石块速度,石块在床面以滚动方式运动,并有一定的分选性。泥流的固体物质为粉砂,平均粒径小于1mm,含量为60%以上。其中粒径小于1mm的占90%以上。

泥石流的治理应把握三个方面的原则。首先,发生频度大的黏性泥石流及规模较大的稀性泥石流路段,经技术经济比较宜改线绕避;无法绕避时须避重就轻选择线路。其次,调治构造物的布设,应根据路段和桥梁所在位置,结合地形、沟槽宽度、泥石流性质、流势及其发展变化规律,综合考虑确定,宜导不宜挑。最后,对于危害性大、涉及面广,且当地人类活动、经济设施有可能促使泥石流发育时,宜与有关部门协商,进行工程和生物水土保持相结合的综合治理。

一般情况下,泥石流治理有四项基本的措施:一是在泥石流形成区,平整山坡、填塞沟缝、修建阶梯、建造土埂等控制水土流失和滑坍发展;二是泥石流流通区,在地形、地质及储淤条件较好处,可修建拦挡坝或停淤场;三是拦挡坝成群建筑,坝间距离应按下游回淤的泥沙能对上一道坝起到防冲护基作用为准;拦挡坝有实体坝、格栅坝、铁丝石笼坝等多种形式;四是当桥梁跨过泥石流的山前堆积体离其顶端很远时,可根据实际情况采用挑流坝、丁坝、导流堤相结合的综合调治措施。

当路侧有少量泥石流时,应在路肩外缘设置碎落台或修建挡渣墙,并随时清除冲积的泥石。

4. 沿河路基水毁防治

沿河路基水毁常发生在弯曲河岸和半填半挖路段。是由于沿河(溪)公路受洪水顶冲和淘刷,致使路基发生坍塌或缺断,影响行车安全,乃至中断交通的现象。其具体成因可归纳为四个方面:首先,受洪水顶冲、淘刷的路段,路基缺少必要的防护构造物;其次,路基防护构造物基础处理不当或埋置深度不足而破坏,引起路基水毁。再次,半填半挖路基地面排水不良,路面、边沟严重渗水,路基下边坡坡面因渗流普遍出露,局部管涌引起路基坍垮。最后,风浪袭击路基边坡,边坡过量水蚀而坍垮。

沿河路基水毁的防治一般有三种措施:一是不漫水丁坝防治路基水毁,丁坝防治沿河路基水毁具有防护长度大、易于抢修、不中断交通的优点。二是漫水丁坝防治路基水毁,漫水丁坝具有坝身短矮、基础埋置深度浅、易于施工、防护作用好、安全性好的优点。三是浸水挡土墙防治路基水毁,浸水挡土墙既是支承路基填土的作用,又有防止水流冲刷或淘刷路基的作用。

5. 公路抗洪能力的评定

为了预测水毁的程度和分析水毁成因及制定治理对策,公路管理机构应每隔3~6年进行一次抗洪能力评定。如遇设计洪水及超设计洪水年,宜结合水毁调查,当年进行一次抗洪能力评定。公路可根据水文、地质、路基、路面等条件基本类同的原则,划分成若干路段,可参考表2-11进行评定。

路段抗洪能力参考评定标准 表2-11

等级	评定标准
强	1. 路基坚实、稳定,高度达到设计高程,路面基层为半刚性基层面层为水泥混凝土或沥青混凝土等铺装路面; 2. 边坡稳定、平顺无冲沟,坡度符合规定的高限值(缓),边坡有良好的防护加固; 3. 道路排水系统功能良好。边沟、截水沟、排水沟完善,纵坡适度,无淤塞,水流畅通,进出口良好; 4. 支挡结构物布设合理、齐全,完整无损坏,泄水孔无堵塞; 5. 防冲结构物布设合理、齐全,完整无损坏,基础冲刷符合设计
可	1. 路基坚实、稳定,高度低于设计高程不超过0.5m,路面基层为半刚性基层,面层为沥青碎石、沥青贯入式或沥青表面处治等简易铺装路面; 2. 边坡稳定、平顺无冲沟,坡度不低于规定的低限值(陡),边坡有必要的防护加固; 3. 边沟、截水沟、排水沟完善,纵坡适度,有淤塞但易于清除,进出口良好; 4. 支挡结构物布设合理,易于修理,泄水孔基本畅通; 5. 防冲结构物重点布设合理,基础冲空面积不超过10%,结构物无断裂、沉陷、倾斜等变形
弱	1. 路基高度低于设计高程0.5m及以上,高于低一级的技术等级的设计洪水高程,无明显沉降,路面为柔性基层、简易铺装路面; 2. 边坡有冲沟或少量坍塌,坡度接近规定的低限值; 3. 边沟、截水沟、排水沟有短缺,或淤塞量较大,或进出口有缺损,影响正常排水; 4. 支挡结构物短缺,或损坏严重,但无倾斜、沉陷等变形; 5. 防冲结构物短缺,或基础冲空面积不超过10%~20%,或结构物局部断裂、沉陷,但无倾斜等变形
差	1. 路基有明显沉陷,高度低于低一级的技术等级的设计高程,路面为柔性基层或砂石路面; 2. 边坡沟洼连片,局部坍塌,坡度陡于规定的低限值; 3. 未设边沟、截水沟、排水沟; 4. 未设支挡结构物,或结构物断裂、倾斜、局部坍塌; 5. 未设防冲结构物,或基础冲空面积在20%以上,或结构物折裂、倾斜、局部坍塌

路基排水设施应保持排水畅通,如有冲刷、堵塞和损坏,应及时疏通、修复或加固。路基排水设施断面尺寸和纵坡应符合原设计标准规定。对暗沟、渗沟等隐蔽性排水设施,应加强检查,防止淤塞,如有淤塞应及时修理、疏通。原有排水设施不能满足使用要求时,应适时增设和完善。新增排水设施时,其设计、施工应符合现行《公路路基设计规范》(JTG D30)和《公路路基施工技术规范》(JTG F10)的有关规定。

(八)路基挡土墙养护

路基挡土墙有各种类型(表2-12),养护时应根据其使用条件选用。

各类挡土墙适用条件 表2-12

挡土墙类型	适用条件
重力式挡土墙	适用于一般地区,浸水地区和地震地区的路肩、路堤和路堑等支挡工程,墙高不宜超过12m,干砌挡土墙的高度不宜超过6m。高速公路、一级公路不应采用干砌挡土墙
半重力式挡土墙	适用于不宜采用重力式挡土墙的地下水位较高或较软弱的地基上,墙高不宜超过8m
悬臂式挡土墙	宜在石料缺乏、地基承载力较低的填方路段采用,墙高不宜超过5m
扶壁式挡土墙	宜在石料缺乏、地基承载力较低的填方路段采用,墙高不宜超过15m

续上表

挡土墙类型	适 用 条 件
锚杆挡土墙	宜用于墙高较大的岩质路堑地段,可用做抗滑挡土墙,可采用肋柱式或板壁式单级或多级墙,各级墙高不宜大于8m,多级墙体之间应设置宽度不小于2m的平台
锚定板挡土墙	宜使用在缺少石料地区的路肩墙或路堤式挡土墙,但不应建筑于滑坡、坍塌、软土及膨胀土地区,可采用肋柱式或板壁式,墙高不宜超过10m。肋柱式锚定板挡土墙可采用单级墙或双级墙,每级墙高不宜大于6m,上、下级墙体之间应设置宽度不小于2m的平台,上、下两级的肋柱宜交错布置
加筋挡土墙	用于一般的路肩式挡土墙、路堤式挡土墙,但不应修建在滑坡、水流冲刷、崩塌等不良地质地段。高速公路、一级公路墙高不宜大于12m,二级及二级以下公路不宜大于20m。当采用多级墙时,各级墙高不宜大于6m,上、下墙体之间应设置宽度不小于2m的平台
桩板式挡土墙	用于表土及强风化层较薄的均质岩石地基,挡土墙高度可较大,也可用于地震区的路堑或路堤支挡或滑坡等特殊地段的治理

保持挡土墙的泄水孔畅通,定期检查和维修,清理伸缩缝、沉降缝,使其正常发挥作用。同时应加强检查挡土墙的各种病害,如发现病害应查明原因,并观察其发展趋势,采取相应的修复、加固等措施;损坏严重时,可考虑全部或部分拆除重建。

重建或增建挡土墙,应根据公路所在地区地形及水文地质等条件合理选择挡土墙类型,并应符合现行《公路路基设计规范》(JTG D30)和《公路路基施工技术规范》(JTG F10)的有关规定。

(九)透水路堤养护

透水路堤的透水层及设置于其内的泄水管应保持稳定和良好的透水(泄水)性能,若有损坏应及时修复。透水路堤的上下游底铺砌应保持平整密实,若有损坏应及时修复。透水路堤的透水层若失去透水性能影响路堤稳定且无法修复时,应考虑改建为桥涵。

第三节 农村公路养护技术

如前已述,农村公路指纳入农村公路规划,并按照公路工程技术标准修建的县道、乡道、村道及其所属设施,包括经省级交通运输主管部门认定并纳入统计年报里程的农村公路。公路包括公路桥梁、隧道和渡口。农村公路主要包括县道、乡道和村道。农村公路在维护社会稳定、改善民生福祉、发挥资金效益、巩固建设成果等诸多方面具有积极意义。

目前,全国正在建立并健全适应本地特点的农村公路养护技术规范体系,特别是近年来,围绕农村公路建设、管理、养护和运营等方面出台了许多法律、法规和部门规章以及规范性文件。其中,交通运输部就出台了专门的部门规章和规范性文件。例如,2015年第22号部令颁布《农村公路建设管理办法》;部交安监发〔2018〕152号文件发布《农村公路建设质量管理办法》;2015年第622号部令发布《农村公路养护管理办法》;部交公路发(2017)第11号文发布《四好农村路督导考评办法》等部门规章和规范性文件。2018年12月20日《农村公路条例(征求意见稿)》出台,并向社会公开征求意见。实现"县为主体、行业指导、部门协作、社会参与"的养护工作机制,以县级人民政府是本地区农村公路管理养护的责任主体,并由地方人民政府安排公共财政预算以及绩效考核,与项目挂钩、与补助资金挂钩的态势逐渐形成。

为了更好地指导农村公路的养护管理,2019年,中华人民共和国行业标准《小交通量农村公路技术标准》(JTG 2111—2019)和《农村公路养护技术规范》(JTG/T 5190—2019)正式颁布实施;不少地方还制定了地方标准。

一、农村公路养护原则

(一)遵循规范与因地制宜相结合

交通运输部于2019年颁布了《农村公路养护技术规范》(JTG/T 5190—2019)。是指导农村公路养护的纲领性规范,适用于农村公路县道、乡道和村道的养护,特别是二级及以下公路的养护工作。其内容章节包括总则、术语、基本规定、路基养护、路面养护、桥梁和隧道养护、交通工程及沿线设施养护、绿化养护、公路防灾与突发事件处置以及养护安全作业等内容,是农村公路养护应当遵循的首要文件,尤其是农村公路采用群众性养护的应符合本规范规定。采用专业化养护的,除应符合本规范的规定外,尚应符合国家和行业现行有关标准的规定。

在养护工作中,应贯彻因地制宜、经济适用、保护环境、节约资源的总体原则,并建立农村公路养护技术体系。农村公路在实际养护过程中,应以低成本为切入点,积极推广适应地区特点和技术成熟且经济合理的养护技术。

(二)坚持安全至上与绿色环保相结合

在养护管理工作中,应贯彻"以人为本"的理念,围绕"保障安全"的基本目标,各条农村公路全路段每隔一定距离应设置路名、路段牌和指示标志,给百姓出行提供方便。同时,紧密结合生态文明建设和绿色发展的政策要求,推广绿色养护技术,推进美丽乡村路建设,达到路面整洁、路基稳定、桥隧安全、排水畅通、设施完好。农村公路养护工作应公开养护路线名称及里程、养护单位、养护责任人及联系方式、监督管理单位及联系方式等信息。

(三)规范管理与分类指导相结合

在养护管理过程中应根据各自的特点及需求进行分类指导,其中县道养护可参照国省干线的要求,乡村道的养护则要适当放宽。农村公路养护的最大特点是专业力量不足,在不影响安全和质量的前提下,为了更加符合农村公路的特点,适当调整,核心问题是如何协调经济和质量与安全等的矛盾。一般而言,农村公路日常巡查及日常保养工作宜以群众性养护为主,具备条件的,也可采用专业化养护。小修宜以专业化养护为主,不具备条件的,也可采用群众性养护。养护工程应实行专业化养护。

(四)养护能力与养护标准相匹配

由于受到各类条件的制约,农村公路的养护能力偏弱,养护过程中要充分考虑现有养护条件的承载能力,合理采用养护标准,实现养护能力与养护标准的匹配。

(五)道路功能与养护要求相适应

农村公路养护的核心目标是保证道路功能的正常发挥,在此基础上可适当降低养护要求。对于大量低等级的乡村道,其主要功能是满足通畅的需求,在有限养护投入的基础上,可降低行车舒适性的要求。围绕农村公路的实际特点,提出适用于当地农村公路养护的技术要求。

(六)四新技术与养护效率相适宜

农村公路养护在进一步贯彻因地制宜经济适用保护环境 节约资源大政方针的前提下,积极鼓励采用新技术、新材料、新工艺、新设备,提升农村公路养护专业化、规范化、信息化和机械化水平。信息化建设着重解决完善信息管理系统,提升管理效率。机械化的着力点是增强机械作业能力,提升养护效率和提高养护质量并发挥养护效益。

二、农村公路养护作业分类

我国公路养护分类经过了若干次变动,如表2-13所示。农村公路养护按照作业性质可分为日常养护和养护工程。日常养护包括日常巡查、日常保养和小修。日常巡查是为及时发现农村公路及其所属设施损坏、污染及其他影响正常通行的情况,开展的日常检查、查看工作;日常保养是对农村公路及其所属设施经常进行清洁、整理等维护保养的作业;小修是对农村公路及其所属设施的轻微损坏进行的修补。养护工程是对影响农村公路及其所属设施正常使用的功能性和结构性病害进行的修复。预防养护、修复养护和应急养护。

公路养护工程管理办法与农村公路养护管理办法及农村公路养护技术规范养护分类　表2-13

部门规章或技术规范	养 护 分 类			
农村公路养护管理办法(2015年)	小修保养	中修工程	大修工程	改建工程
公路养护工程管理办法(2018年)	预防养护	修复养护	专项养护	应急养护
农村公路养护技术规范(JTG/T 5190—2019)	日常养护		养护工程	
	日常巡查	日常保养	小修	预防性养护	修复养护	应急养护

注:农村公路分为专业化养护与群众性养护两种养护实施方式。

三、农村公路的日常养护与养护工程

1. 养护巡查

农村公路养护巡查分为群众巡查和管理巡查。群众巡查应每天上路,与日常保养工作同时进行;管理巡查是指县乡公路管理机构人员进行的巡查。县道巡查频率为8次/月,乡道4次/月,村道1次/月。通常的巡查内容和报表格式可参考表2-14。

农村公路日常巡查内容和频率　表2-14

路线(桩号区间):			日期:	天气:	记录人:
路基	路肩	土路肩 □ 硬路肩 □ 草皮路肩 □ 其他_____	杂物堆积 缺损 裂缝 坑洞 其他	□__处 已处理__处 未处理□ 上报□ □__处 已处理__处 未处理□ 上报□ □__处 已处理__处 未处理□ 上报□ □__处 已处理__处 未处理□ 上报□ □__处 已处理__处 未处理□ 上报□	
	边坡		坡面冲刷 坡体松动 坡体剥落 坡体滑移 坡体坍塌 其他	□__处 已处理__处 未处理□ 上报□ □__处 已处理__处 未处理□ 上报□ □__处 已处理__处 未处理□ 上报□ □__处 已处理__处 未处理□ 上报□ □__处 已处理__处 未处理□ 上报□ □__处 已处理__处 未处理□ 上报□	

续上表

路线(桩号区间):			日期:		天气:		记录人:	
路基	排水设施	排水沟 □ 边沟 □ 急流槽 □ 拦水带 □ 其他_____	沟壁损坏 沟底冲刷 盖板断裂 淤塞 其他	□___处 □___处 □___处 □___处 □___处	已处理___处 已处理___处 已处理___处 已处理___处 已处理___处	未处理□ 未处理□ 未处理□ 未处理□ 未处理□	上报□ 上报□ 上报□ 上报□ 上报□	
	防护及支挡结构		勾缝脱落 结构体破损 结构体工裂 泄水孔淤塞 结构体倾斜滑移 结构体下沉变形 其他	□___处 □___处 □___处 □___处 □___处 □___处 □___处	已处理___处 已处理___处 已处理___处 已处理___处 已处理___处 已处理___处 已处理___处	未处理□ 未处理□ 未处理□ 未处理□ 未处理□ 未处理□ 未处理□	上报□ 上报□ 上报□ 上报□ 上报□ 上报□ 上报□	
	涵洞		淤塞 结构体开裂 铺砌冲刷脱落 其他	□___处 □___处 □___处 □___处	已处理___处 已处理___处 已处理___处 已处理___处	未处理□ 未处理□ 未处理□ 未处理□	上报□ 上报□ 上报□ 上报□	

巡查结果处置分记录、上报和处理三个环节。巡查记录分为纸质记录和电子记录两种形式;巡查中发现重度病害、突发性事件、灾情、险情等,应及时报告;当影响通行安全时,应采取相应措施,对行人及车辆进行提示警示。采用群众性养护实施农村公路小修的,应对相关人员进行岗前教育和专业指导,提高专业技术水平并树立风险防范意识。

2.养护工程

农村公路除了日常养护外,根据实际需要还有一些养护工程(如预防养护、修复养护和应急养护等),凡是养护工程都需要预先进行路面调查和路况评定,决策时应按照科学合理、技术适宜、高强稳定、器质良好、经久耐用和经济适用的原则来选择相应的养护工程。

(1)养护工程决策

影响养护的三个要素是资金约束、技术要求和社会因素,这些因素发生的地点、时间和方法要充分考虑。决策的结果就是要找到上述三要素的结合点和平衡点来合理解决。养护决策应根据农村公路技术状况评定结果,安排预防养护或修复性养护工程。

养护工程应组织进行质量检测,确保资金使用效益,防止质量控制缺位和检测缺乏标准。应根据农村公路技术状况评定结果,安排预防养护、修复养护等养护工程。

(2)技术状况评定

技术状况评定方式主要有现场技术状况评定和养护管理信息系统数据分析两种方式。

农村公路路面、路基、交通工程及沿线设施的技术状况评定参照《公路技术状况评定标准》(JTG 5210)的相关要求执行;桥梁的技术状况评定参照《公路桥梁技术状况评定标准》(JTG/T H21)执行;隧道的技术状况评定参照《公路隧道养护技术规范》(JTG H12)执行。

评定频率应定期组织开展现场技术状况评定,县道评定频率每年应不少于一次,乡道和村道在五年规划期内应不少于两次。路面技术状况评定宜采用自动化快速检测装备。有条件的地区在五年规划期内,县道评定频率应不低于两次,乡道、村道应不低于一次。

养护信息系统评定时应建立农村公路养护管理信息系统。农村公路的日常养护、养护工程及现场技术状况评定的相关信息数据,应纳入农村公路养护管理信息系统进行分析。应加强农村公路养护管理系统的运营维护,保障系统正常使用。

农村公路技术状况评定结果可作为制定养护计划的依据。评定结果为优、良的,可加强日常养护;评定结果为中的,宜实施预防养护或修复养护;评定结果为次、差的,应实施修复养护。

四、农村公路路基工程养护

农村公路路基养护包括路肩与边坡、排水设施、透水路堤、特殊地区路基、防护与支挡结构、涵洞的养护以及路基翻浆与沉陷处治。应加强路基日常巡查,对发现的问题进行记录、处理,使路基保持良好技术状况水平。雨季、汛期应加大路基日常巡查频率,查看路基是否出现沉陷、裂缝、滑移等情况,发现影响交通安全的并进行报告。应设置临时性提示和警示设施。农村公路路基养护后应保证路基应完好稳定、路肩应与路面衔接平顺,横坡适度、边缘顺适、表面平整。边坡应保持坡面平顺,无冲沟。排水设施应无堵塞、无损坏,排水畅通。挡土墙等附属设施应保持完好,无损坏。

1. 路肩养护

农村公路路肩巡查重点是巡查否存在缺损、是否存在杂物、与路面衔接是否平顺。如图 2-11～图 2-14 所示,日常保养的关键是保持整洁、清理杂物、修剪草皮以及路肩修整。小修时,应保持路肩平整,与路面衔接平顺。

图 2-11　路肩日常除草示意图

图 2-12　路肩修整示意图

图 2-13　路基边坡杂草修剪

图 2-14　铲除路肩高出部分

硬路肩的病害,按路面病害的处置方法修复,调整横坡、修补缺口、坑洞、沉陷、隆起等。

特别指出,除堆料坪外,路肩上严禁堆放杂物。堆料坪不能设置在桥头引道、弯道内侧、陡坡处;路面杂物不能清扫至路肩上;修复路肩时,不能从坡脚或坡面上取土。

2. 边坡养护

边坡养护巡查重点是检查坡面是否存在冲刷,坡体是否松动、剥落、滑移、坍塌等。

日常保养的关键是保持整洁,包括修整坡面植物、清理坡面杂物、清理坡脚及碎落台的杂物等,如图2-15、图2-16所示。

图2-15　路基边坡检查

图2-16　修补边坡冲沟

修复养护主要针对预应力锚索(杆)加固边坡、挡土墙修复和完善河道防护等,以保持边坡稳固。若有小修工程,总体要求是坡面顺适、坡脚稳固以及清理零星塌方、填补冲沟、修补坡脚冲刷缺口等。预防养护工作中,注意完善防护网、生态植被等坡面防护设施,以保持边坡稳定。质量要求参照现行《公路路基施工技术规范》(JTG F10)。

3. 排水设施养护

排水设施养护巡查的重点是地面和地下排水设施是否通畅、有无破损,包括暗沟、渗沟等,如图2-17所示。

日常保养的要求是排水通畅,为此要及时清理和疏通地面排水构造物,如边沟、排水沟、截水沟等沟渠中的杂草和垃圾等。小修的关键是保持排水设施完好,对于沟壁破损、沟底冲刷、铺砌缺损、盖板断裂的地方要及时修复。

预防养护的重点是增设和完善排水设施。保持路基排水畅通。保持排水设施完整,排水功能良好,质量要求符合现行《公路路基施工技术规范》(JTG F10)。修复养护时,注意宜整段地修复排水设施。

图2-17　排水设施损坏示意图

4. 防护及支挡结构养护

防护及支挡结构养护(图2-18～图2-21)巡查重点是圬工砌体是否存在局部破损、勾缝是否脱落、泄水孔是否淤塞、结构是否倾斜、滑移、下沉、变形、基础是否存在冲刷。

防护及支挡结构日常保养工作中应保持排水顺畅、表面整洁。为此应清理伸缩缝和沉降缝内的杂物勾缝是否脱落、疏通泄水孔、清理顶部杂物、碎石。

图2-18 边沟修复示意图

图2-19 截水沟修复示意图

图2-20 挡土墙泄水孔示意图

图2-21 挡墙开裂示意图

小修时的要求是应保持表面完好、基础牢固。为此要修复表面破损和基础冲刷、必要时要勾缝或抹面。修复养护工作的重点是保持结构完好稳定,为此应修复和加固挡土墙、护坡等;修复养护的质量要求符合现行《公路路基施工技术规范》(JTG F10)。

5. 涵洞养护

日常保养的关键是保持涵洞通畅。为此,除了要及时清洁洞口杂物、清除洞内堆积物、淤积物、漂浮物等外,应将涵洞的巡查的重点放在圬工(砌体)有无开裂、洞内有无淤塞、进水口是否堵塞、翼墙是否完整、洞口铺砌有无冲刷、脱落等。

涵洞修复养护时,应保持涵洞结构完好,尤其是涵底铺砌、上下游护坡、沉沙井、跌水构造。采用钢筋混凝土、混凝土预制块衬砌等对涵洞进行加固。涵洞修复养护的质量要求符合现行《公路桥涵养护规范》(JTG H11)。

五、农村公路路面工程养护

(一)沥青路面养护

路面养护的总体要求是保持路面清洁、完好。沥青路面应平整,水泥混凝土路面应表面平顺;砂石路面应平整坚实、排水良好;砌块路面应无缺损;路缘石应整齐顺适。

巡查保养的巡查内容,应根据路面病害类型、严重程度及数量、是否存在影响通行安全的障碍物、路缘石是否缺损、倾斜,发现问题时,及时记录并处理上报。

日常保养工作是指清扫路面上的积土、积沙、泥污、积水、积雪、积冰等;保持路面的整洁。

特别指出,沥青路面养护,首先应加强路面的日常养护,及时修复病害;其次,重视路面排水,及时修复病害,防治地表水下渗;再次,路面应保持适度横坡。

沥青路面小修时,应保持路面平整、完好,尤其要防治裂缝、坑槽、车辙、沉陷、波浪、拥包、松散、翻浆、泛油等出现。上述病害的表现形式和形成原因以及处置措施在本书第六章第一节中还要做详细介绍,在此做简要叙述如下。

1. 裂缝和坑槽的修补

沥青路面裂缝修补时,视裂缝状况进行修复。对于裂缝宽度不大于6mm时,可直接灌入热沥青,填入干净石屑或粗砂,并捣实;有条件的路段可用贴缝带修补。

裂缝宽度大于6mm时,用热拌沥青混合料填入缝中,并捣实。有条件的路段可采取专用灌缝设备和高性能的路面灌缝胶开槽灌缝。灌缝应(均匀)密实、边缘整齐、表面光洁。

坑槽修补要坚持"圆洞方补、斜洞正补"的原则。首先,应划出所需修补坑槽的轮廓线,沿所划轮廓线开凿至坑底稳定部分;其次,清除槽底、侧壁的松动部分后涂刷粘层沥青;最后,填入沥青混合料压实,压实后应与原路面结合紧密且密实,无凸起或凹陷当基层损坏时,应先对基层进行处理。

2. 车辙和沉陷的修补

如图2-22所示,车辙修补时,应将凸出部分削除、在凹陷部分喷洒粘层沥青、填补沥青混合料并找平、压实,保持路面平整。

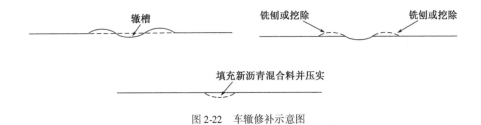

图2-22 车辙修补示意图

沉陷修补时,可视沉陷深度有针对性地修补,路面出现深度不大于2.5cm的局部下沉时,可在沉陷部分喷洒粘层沥青,填补沥青混合料,找平并压实。路面出现深度大于2.5cm的较大面积下沉时,应将下沉部分开挖至稳定结构层,按原路面结构重新填筑,无凸起凹陷。沉陷现场修补示意如图2-23所示。

3. 波浪和拥包的修补

当路面仅有轻微波浪或拥包时,可在波谷部分喷洒粘层沥青,并匀撒适当粒径的矿料,找平后压实;当波浪或拥包起伏较大时,应顺行车方向将凸出部分削平,并低于路表面约10mm,喷洒粘层沥青,并

图2-23 沉陷的修补示意图

匀撒一层粒径不大于10mm的矿料,找平后压实。

4. 松散和翻浆修补

修补松散时,应先将路面松动矿料清除,喷洒沥青后,再匀撒石屑或粗砂,并找平压实。

修补翻浆时,可将翻浆部分挖除,对路基、基层进行处理后,分层填补沥青混合料,并找平压实,应与原路面保持平整,填补密实。

5. 表层泛油的处置

对轻微泛油路段,可匀撒石屑或粗砂,并找平压实;对严重泛油路段,可先匀撒碎石,压实后,再匀撒石屑或粗砂,并找平压实。过多的浮动石料应扫出路面或回收。

(二) 水泥混凝土路面养护

水泥混凝土路面小修的要求是保持路面完好、坚实。为此要防止接缝料损坏、裂缝、坑洞、板角破碎、拱起等。

1. 接缝养护要求

应及时清除嵌入接缝内的砂石及其他坚硬杂物;当填缝料出现脱落或老化时,应及时进行更换。填缝料应饱满、密实,表面连续平整,黏结牢固。填缝料灌注的高度在夏天宜与路面持平,冬天宜稍低于路面。填缝料应选用黏结力强、弹性较好、不易渗水、经济耐用、施工方便的材料。

2. 裂缝修补要求

当裂缝宽度小于3mm时,边缘无碎裂现象,可直接灌注热沥青或填缝料等。当裂缝宽度不小于3mm时,应先清除缝隙中的泥土、杂物,填入粒径3~6mm的清洁石屑,再灌入热沥青或填缝料。

3. 坑洞修补要求

对较浅的坑洞,应清除洞内的杂物,用水泥砂浆或细石混凝土填实,保持表面平整。对较大面积的坑洞,应沿修补区在平行和垂直于路中心线方向划出轮廓线,并凿除修补轮廓线内的混凝土,清除杂物和混凝土碎屑,用适量的水润湿,涂刷水泥浆,用水泥混凝土填补压平。

4. 拱起修补要求

板端拱起但路面完好时,应先切开拱起端,将板块恢复原位,在缝隙和其他接缝内进行清缝,并灌填缝料。填缝材料应密实、饱满。板端发生破损或断裂时,应切割、凿除断裂或损坏部分,用水泥混凝土或冷补料等材料修补,应与原路面保持平整。

5. 板角破碎修补要求

当板角发生轻微的板边、板角碎裂时,可用沥青混合料或接缝材料修补平整;严重的板边、板角碎裂,可采取部分或全部凿除后修补达到平整密实。

(三) 农村公路预防养护与修复养护

农村公路预防性养护与干线公路大同小异,关于干线公路的预防性养护技术在第五章中将作详细阐述。农村公路预防养护工作中,处治的重点是沥青路面的裂缝、坑槽及车辙与松散等以及水泥混凝土路面的板底脱空、更换填缝料等。

(四) 农村公路砂石路面养护

砂石路面养护应作好砂石材料的储备。备料严禁随意堆放,应堆放至堆料台。小修时要保持砂石路面平整坚实。重点是修复路面车辙、坑槽、松散等病害;维护保护层、磨耗层。

1. 保护层养护要求

用砂石材料铺成厚度不超过1cm的薄结构层,其作用是保证路面的平整度。松散保护层应加强经常性的添砂、扫砂和匀砂工作。稳定保护层可采用洒水法、加浆法等进行养护。

2. 磨耗层养护要求

当磨耗层发生高低不平时,应铲除凸出部分,并用同样的润湿混合料补平低凹部分,碾压密实。

3. 坑槽和车辙修复

当坑槽和车辙深度小于3cm时,应先将坑槽和车辙内及其周围的尘土杂物清除,洒水润湿,再用与原路面相同的材料填补并碾压密实。

当坑槽和车辙深度不小于3cm时,应按"圆洞方补"的原则,沿修补区划出轮廓线,沿轮廓线垂直挖槽,挖槽深度应不小于坑槽和车辙最大深度,填入与原路面相同的材料后碾压密实。

4. 松散修复

将保护层和松动的材料扫集堆起后,整平路面表层,洒水润湿,把扫集的材料筛分后加入新的材料进行摊铺压实。

5. 修复养护

修复养护一般是通过铺筑磨耗层、保护层方式。当加厚路面时,应通过修复养护保持砂石路面结构稳定并坚实。其质量要求应符合现行《公路养护技术规范》(JTG H10)的要求。

(五)农村公路块石路面养护

块石路面小修主要是修复接缝,并处治错台、沉陷、隆起等。

1. 接缝修复

用水泥砂浆灌缝的填缝料发生破碎时,应及时剔除后重新灌注,砌块周边应干净无浮尘,坐浆饱满、密实,待砂浆达到一定强度后再开放通车。

用砂、砂砾、煤渣等松散料填缝时,应及时将飞散的填缝料扫回捣实或适当填补,使砌块间的缝隙经常充满填缝料,防止砌块松动。

2. 错台和沉陷修复

个别块石发生错台、沉陷、隆起、破损时,应将块石取出,整理垫层,夯捣坚实,将重铺块石埋放于垫层上,高出原砌块1~3cm,撒填缝料,并加以压实,使新块石与旧路面平整。

3. 隆起和破损修复

较大面积的错台、沉陷、隆起,应将块石挖出,并按尺寸分类、清洗,破损的应更换;污染的垫层应挖除更换,将块石埋放于垫层上,高出原路面1~3cm,撒填缝料,并加以压实,使新块石与旧路面平整。

六、农村公路桥梁和隧道养护

农村公路桥梁和隧道的预防养护和修复养护应采用专业化养护方式。应按相关标准规范要求开展经常性检查、定期检查和专项检查等工作,应加强对4类和5类桥梁和隧道的监管。

4类桥梁和隧道应设置安全警示标志及限速限载标志等;5类桥梁和隧道应封闭交通。另外,漫水桥和过水路面路段的交通安全标志应齐全并完好。

1. 桥梁

桥梁养护要求是桥梁外观整洁,无杂物。桥面铺装坚实平整、横坡适度。桥梁排水、伸缩缝、支座、护墙、栏杆、标线等设施齐全、功能良好。基础无冲刷、掏空。巡查重点是桥面是否破损、是否整洁,栏杆、人行道是否完好,泄水孔是否通畅,伸缩缝是否完好,桥下过水是否通畅。

日常保养工作重点是保持桥面整洁、排水通畅。清洁桥面、疏通泄水孔、清理伸缩缝、清理桥下堆积物。严禁在桥面上堆放杂物或占位晒场。遇冰雪等天气时,应清除积雪,防止桥面结冰。

小修工作是为了保持桥梁完好。处治桥面裂缝、坑槽等病害;修理伸缩缝、泄水孔;修补栏杆、人行道、灯柱等。修复墩台基础、锥坡、翼墙等的松动或破损。

桥梁的预防养护内容是集中维护伸缩缝(图2-24)维修和更换支座;修复性养护是桥面铺装、桥头搭板、枕梁等的修复,此外,还应视情加固桥体及墩台基础等。

图2-24 桥梁伸缩缝损坏

2. 隧道

隧道的养护要求主要是隧道外观应整洁,隧道内路面应平整,衬砌应完整且无明显开裂和剥落。隧道内标志标线应清晰醒目,反光设施应完好,排水系统应良好。洞口、洞身应无松动岩石和危石。

隧道日常的养护的巡查重点是路面是否清洁、洞口砌体、圬工是否脱落、松动或破损、洞内标志是否清晰、完好、排水设施是否通畅、通风、照明和反光设施是否正常使用以及灭火器是否缺失等。日常保养工作的重点是保持隧道内整洁、排水顺畅。清理洞口积雪(冰)、落石、清理路面积水、杂物、疏通洞内排水设施、清洁、扶正、紧固洞内反光设施(标志)等。

小修工作中,首先是维修洞口砌石松动和破损、处治隧道路面裂缝、坑槽等;其次是修复洞门、洞身、衬砌、顶板、侧墙等结构的轻微病害;再次是对局部修复隧道内反光设施(标志)等。

七、农村公路交通工程及沿线设施养护

农村公路交通工程及沿线设施包括交通安全设施、服务设施和管理设施三种。其中,交通安全设施包括交通标志、标线、护栏、视线诱导、隔离栅、防落网、防眩设施、防风栅、积雪标杆等;服务设施包括服务区、停车区和客运汽车停靠站。管理设施包括监控、收费、通讯、供配电、照明和管理养护设施。各类设施应按照统筹协调、总体设计的原则设置,并结合交通量的增长和技术发展状况等逐步补充和完善。养护的重点要做好三个方面:首先,交通安全设施和限高限宽设施,应保持清洁、完好。其次,停车点、服务站、停靠站、候车亭等沿线设施应保持环境整洁、设施完好。再次,路名路段和里程碑及百米桩的设置。县道应设置路名和路段标志牌及里

程碑和百米桩；乡道和村道应设置路名路段标志牌、宜设置里程碑，可设置百米桩。

乡道、村道设置里程碑和设置百米桩的设置示意，如图2-25所示。交通安全设施的小修、预防养护和修复养护应采用专业化养护。

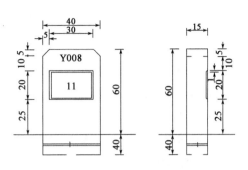

图2-25 农村公路里程桩与防撞护栏（乡道）
（尺寸单位：cm）

（一）养护要求

1. 交通标志养护要求

应保持交通标志设置合理、结构安全，版面内容整洁、清晰，标志板、支柱、连接件、基础等标志部件应完整、无缺损且功能正常；标志应无明显歪斜、变形，钢构件无明显剥落、锈蚀；标志面应平整，无明显褪色、污损、起泡、起皱、裂纹、剥落等病害；标志的图案、字体、颜色等应符合相关标准要求；反光交通标志应保持良好的夜间视认性。

2. 交通标线养护要求

具有良好的可视性，边缘整齐、线形流畅，无大面积脱落；颜色、线形等应符合相关标准要求；反光标线应保持良好的夜间视认性；重新划设的标线应与旧标线基本重合。

3. 护栏养护要求

各类护栏结构有无损坏或变形，立柱与水平构件的紧固状况；污秽程度及油漆状况；拉索的松弛程度；护栏及反光膜的缺损情况。

4. 沿线设施养护要求

加强对沿线设施的清扫和维护，清理疏通排水设施，保持场内环境整洁卫生、设施完好。

（二）养护内容

1. 巡查重点

农村公路交通设施巡查重点为是否存在遮挡、污染、松动、损坏、缺失等。

2. 日常保养

交通工程及沿线设施日常保养的重点是保持整洁。例如，对交通标志的清洁、紧固及遮挡物的清理；护栏、警示墩（桩）的清洁；减速设施的紧固里程碑、百米桩、界碑等设施的清洁；防眩板的清洁、紧固，限高限宽设施的清洁等。

3. 小修

小修的目的是保持设施完好。交通标线的局部修复维护；护栏、警示墩（桩）的刷漆；里程碑、百米桩的描字。

4. 修复养护

交通标志的更换；护栏的维修；标线的补划；限高限宽设施的维修和更换。

八、绿化养护

（一）养护要求

绿化养护关键在于后期的养护，保持绿化植物生长良好、无缺失和死株（自身长势）；应无遮挡标志标牌以及侵入建筑限界等情况。

(二)养护内容

1. 巡查重点

绿化养护巡查工作中,要重点查看植物生长情况,避免其遮挡标志标牌、侵入建筑限界。

2. 养护内容

绿化养护内容主要有浇水、修剪、刷白、施肥、除虫、补植、更换。

(1) 修剪树枝

修剪主要是把乔木、灌木的朽枝、病枝、弯曲畸形枝、过密的分枝,以及侵入公路净空、遮挡交通标志号、影响视距的树枝及时剪除(图2-26)。此外,路肩草皮宜定期修剪,控制草高,避免影响路面排水。

修剪后的草屑、病枝,以及杂物或者枯枝烂叶等,应及时清理,集中处理,避免影响植被生长。

(2) 浇水与刷白

每年秋季或春季,宜在乔木树干上距地面不低于1m的范围内刷白,应根据植物缺水情况进行浇水。浇水时应注意保护植物根部土壤不被冲刷。全路段特别是临村的树木应刷白,以增加路容美观并防治病虫害。如图2-27所示。

图2-26　修剪树木

(3) 虫害防治

病虫害的药物防治(图2-28)应根据不同的树种、病虫害种类和环境条件,选择农药种类、剂型、浓度和使用方法,减少对环境的污染。

图2-27　浇水和刷白

图2-28　绿化植物病虫害防治示意图

九、农村公路防灾与突发事件处置

灾害与突发事件发生后,应按相关应急预案和管理规定采取措施处置。应做好防汛、除冰、除雪等应急物资的储备工作。群众性养护作业人员参与公路灾害与突发事件处置时,应做好如下几个方面的工作。

其一,加强巡查,发现影响安全通行的各类险情或事故应立即上报。其二,应对通过险情或事故路段的车辆和人员,进行提示、警示、劝阻。其三,清除路面积水、积雪(冰)以及其他影响通行的障碍物等。其四,配合开展突发事件处治,清理现场,协助引导交通等。其五,作好预防工作,特别是雨季来临之前排水设施的修复以及重点路段的除冰和除雪等。

十、农村公路养护安全作业

养护安全作业过程中注意三个方面:首先,农村公路养护作业应按现行《公路养护安全作业规程》(JTG H30)的规定执行;其次,农村公路养护作业人员进行养护作业时应穿戴带有反光标志的工作服装;再次,群众性养护作业人员参与养护作业工作前应接受安全教育。特殊路段和特殊气象条件下的养护作业工作前,必须接受安全教育。

易发生地质灾害的傍山路段的特殊路段,养护作业应提前制定逃避险方案,发生险情时应立即撤离。作业时应设置观察员,养护作业人员必须佩戴安全帽。

在高路堤、临水临崖路段以及桥梁上进行养护作业时,应设置必要的防护设施,防止坠落;视距不良的陡坡弯道养护作业时,应放置锥形筒;桥梁、隧道养护作业现场,应放置相关交通标志。在隧道内养护作业时,应增设照明装置。交叉路口路段养护作业应放置导向标志,并派专人巡视路口车辆,做好车辆引导工作。

当遇到台风、大雾、沙尘暴及雷电天气,严禁上路作业。冰冻季节养护作业时,应采取保温防寒等措施。高温季节养护作业时,应采取防暑降温措施;可适当调整养护作业时间,避开高温时段多雨季节养护作业时,应加强防水、防触电、防滑等措施;夜间作业增加照明设施并放置反光标志。

第四节 公路沥青路面养护技术

参照国内外经验,日常养护应纳入养护计划中,因此,也应有计划、调查、评价、设计和实施环节,但为确保行车安全与路面的正常结构功能和使用品质,日常养护强调及时修补,可在概算范围内先行实施,年底清算。日常养护应贯彻合理安排、科学养护的方针。

一、公路沥青路面的养护调查与决策

(一)养护和维修计划制定

养护和维修计划制定是指路面养护前应依据现场调查掌握和评价该路段病害程度并分析其产生原因,确定设计要求的性能和条件,必要时进行面层与结构的重新设计,选定适当的养护维修技术方法(国外称工法)及其实施的程序与原则。通常,道路养护维修计划包括确定路段、明确条件、路面调查、结构评价、养护设计及养护实施等环节,各环节的具体内容见表2-15。

路面养护维修实施环节与计划内容 表2-15

序号	计划环节	主要内容
1	确定路段	确定需要养护维修的路段
2	明确条件	掌握原路面的设计条件、路面结构、交通流量、沿线环境和养护维修经历以及道路使用者和沿线居民的要求等
3	路况调查	面层和路面结构调查,按现场调查掌握病害状况
4	路面评价	面层与路面结构调查评价,病害程度评价及原因分析
5	养护设计	选定养护维修工法、确定性能要求、面层与结构设计,对应病害程度选用可行的养护维修技术方法及设计中性能和条件的整理
6	养护实施	选定养护维修技术方法(工法),进行施工程序与原则制定并实施

(二)路面养护野外调查

路面养护野外调查分面层调查和结构调查,调查目的是为了掌握病害的种类和程度及其成因,更加经济有效地对路面进行养护和维护。

1. 调查流程

(1)调查病害部位。路面病害分为面层病害及结构病害,面层病害是指只是表层或面层,结构病害指面层以下的病害。

(2)确定病害的范围。量化病害的形态和程度,以判断结构的可靠性。

(3)结构病害调查。若根据路面性状难以判断病害范围和深度时,或伴随下沉产生开裂和车辙,可能是承载力不足等原因时,可进行结构调查。结构调查一般依据钻芯取样直接确认病害的程度,钻芯取样不仅能确认深度范围,还可确定基层材料的冲刷侵蚀情况以及沥青混合料的松散状况等。对于干线道路等,也可进行落锤非破坏性检测,以判定路床与基层的状态。

当有以往类似的病害案例及处理经验,且仅能以面层调查就能差别出路面病害类型及成因时,亦可省略结构调查。

2. 调查内容

路面养护野外调查内容可归纳为面层调查和结构调查两部分。

1)面层调查

面层调查分为目视调查和路面性状调查两类调查。前者是以徒步或车上观察为主的方式目测或用简易量具(量具尺)了解面层病害情况。一般采用调查记录、拍照及草图记载等方法记录路面状况、沿线条件、交通流量、地质条件、水文条件、地形地貌、气象条件、使用条件及维修历史等内容。目视调查要点见表2-16。路面状况调查是用调查仪器得到的路面面层状态,进行数字化处理。

沥青路面养护目视观察或量测调查要点 表2-16

序号	调查项目	调查内容
1	使用状况	沿线状况,气象条件、地形地质、交通流量、养护维修经历等
2	车辙	车辙程度以及积水和溅水程度
3	坑洞	坑洞的深度和面积和周围状态(有无填充料渗出和漏油)
4	错台、平整度	搓板、坑洼、隆起、起包与周围的不同,确认从下面渗出物

续上表

序号	调查项目	调查内容
5	磨光、反光、泛油	磨光面积和磨光程度等；反光程度以及泛油范围和程度
6	裂缝	裂缝长度与宽度、裂缝程度与状态；从下面渗出的材料等
7	集料飞散	大空隙沥青面层集料飞散面积和深度、积水和溅水程度
8	空隙封闭和阻塞	大空隙沥青面层空隙闭塞状态、积水或溅水程度
9	剥离	有无填充料渗出路表、部分下沉面积和深度
10	面层局部隆起	面层拥包和隆起范围、高度以及严重程度

参照国外经验，路面性状调查内容包括面层裂缝率测定、车辙深度以及平整度测定等。通过调查可进行病害原因分析，定量评价养护维修路段的局部和综合病害程度及性状，调查结构亦是进行养护设计、选择养护工法及差别是否进行结构调查的重要依据。

2) 结构调查

如果从面层性状调查结果难以判断病害涉及的深度范围和有无结构病害时，或者伴随下沉发生开裂和车辙可能导致承载力不足时，可进行结构调查，以判别现况路面结构是否发生了结构性破坏。结构调查方法主要有落锤式（FWD）弯沉仪测定、钻芯取样、开挖试槽及探坑四种。

上述四种方法中，每种方式均基于不同的应用范围和目的。落锤式弯沉仪不仅可测定与判断或解析出某一层次产生的裂缝，而且还可判断路面承载力大小。钻芯取样（芯样直径一般为 10cm 或 15cm）法不仅可测定裂缝宽度和深度，而且还可以根据路面病害位置与芯样取样位置之间的关系判别出病害根源和程度。例如，在沥青路面裂缝端部和前方位置钻芯取样，可判别出裂缝是只发生在表面层还是沥青混合料下面引发的；再如，在车辙路段钻芯取样并测定各层厚度，则可确认变形是只发生在表层还是连同下面层均产生变形。此外，钻芯取样法通过对芯样的混合料检验，可知其级配等性能。开挖试槽法不仅能直接量测各层厚度，而且能用采集的试样进行 CBR 等各项材料试验，直接确认路床、基层和沥青面层的状况，从而选用更准确的养护技术方法（即工法）。

沥青路面调查项目与路面病害种类有关。沥青路面病害可分为 6 类 25 种，详见第六章表 6-1。第一类为线状裂缝类，包括疲劳裂缝、车辙裂缝、施工缝开裂、反射裂缝、温度应力裂缝、冻胀开裂、路床、基层承载力降低裂缝；第二类为龟甲状裂缝，包括路床基层下沉开裂、沥青老化开裂、构造物周边开裂、上下面层剥落开裂；第三类是车辙开裂，包括路床基层压密下沉、流动和磨耗；第四类是大空隙沥青混合料特有病害，包括集料飞散、空隙堵塞、封闭和部分隆起等；第五类是平整度差，主要是指纵断方向的凹凸；第六类为其他病害，包括搓板、磨光、隆起以及坑洼等。水泥混凝土路面调查项目与其病害种类有关。水泥混凝土路面病害主要有开裂、接缝破损、错台、唧浆、车辙、坑洞、剥落、磨光等。

必须指出，目前我国是按野外调查结果及路面技术状况分类，与上述类型稍有区别，但大同小异。

(三) 养护对策

我国目前沥青路面养护质量的评定等级分为优、良、中、次、差 5 个等级，按现行《公路技术状况评定标准》(JTG H20)评定,并应按以下情况采取相应养护对策。

1. 按照 PCI 确定养护对策

在满足强度要求的前提下,当高速公路及一级公路的路面损坏状况指数(PCI)评价为优、良,或者二级及二级以下公路的路面损坏状况指数评价为优、良、中时,以日常养护为主,并对局部破损进行小修;当高速公路及一级公路的路面损坏状况指数评价为中及以下,或者二级及二级以下公路的路面损坏状况指数评价为次及以下时,应采取中修罩面措施。在强度不能满足要求时,应采取大修补强措施以提高其承载能力。

当高速公路及一级公路的路面行驶质量指数评价为中及以下,或者二级及以下公路的路面行驶质量指数评价为次及次以下时,应采取罩面等措施改善路面的平整度。

2. 按照 SFC 确定养护对策

高速公路及一级公路的抗滑能力不足(SFC < 40)的路段,或二级及二级以下公路抗滑能力不足(SFC < 35.5)的路段,应采取加铺罩面层等措施提高路表面的抗滑能力。

3. 按照交通量确定养护对策

当路面不适应现有交通量或荷载的需要时,应通过提高现有路面的等级或通过加宽等改建措施提高公路的通行能力和服务质量。

4. 大、中修及改建工程对策

大、中修及改建工程的结构类型和厚度,可根据公路等级、交通量、当地经济条件和已有经验,通过设计确定,具体要求应符合规范的有关规定。

对项目的养护维修对策,可根据公路网的资金分配情况和养护工作计划安排,结合各路况分项评价结果和本地区成熟的养护经验,选择具体的养护维修措施。

二、公路路面养护方法(工法)

公路路面日常养护中,要加强路况巡查,及时发现病害,研究分析病害产生的原因,并有针对性地对病害进行维修处治。加强经常性和预防性的日常养护,以保障路面及沿线设施良好的技术状况。严禁履带车和铁轮车在沥青路面上直接行驶,如必须行驶,应采取相应保护措施。沥青路面病害的维修应符合下列要求。

首先,对各种路面病害应分析其产生的原因,并根据路面的结构类型,设计使用年限,维修季节、气温等实际情况,及时采取相应维修处置措施,防止病害扩大,并应符合沥青路面养护标准。对病害的维修事先应有周密的计划,做好材料准备,保证工序之间的衔接,对坑槽、沉陷、车辙等需将原路面面层挖除后进行机械修补作业的病害,宜当日开挖当日修补,并设置警示标志,保障行车安全。

其次,高速公路和一级公路路面病害的维修应采用机械作业,所使用的沥青混合料宜集中厂拌,并采取保温措施,其他等级的公路应逐步提高维修作业的机械化水平。

最后,修补面积应大于病害的实际面积,修补范围的轮廓线应与路面中心线平行或垂直,并在病害面积范围以外 100 ~ 150mm。应采取措施使修补部分与原路面联结紧密。

在病害的处置中,凡需重新做面层的,其技术要求应符合现行《公路沥青路面施工技术规范》(JTG F40)的规定;凡需重新做基层的,其技术要求应符合现行《公路路面基层施工技术规范》(JTG 034)的规定。

(一)路面保洁与泛油处置

1. 路面的保洁

巡查过程中,发现路面上有杂物,应及时清扫,保持路面整洁。路面的日常清扫,应根据实际情况采用机械或人工的方法进行。高速公路和一级公路应以机械清扫为主,其他等级可机械和人工相结合进行清扫。清扫时,应防止产生扬尘而污染环境,危及行车安全,并及时清除和处理路面油类或化工类等污物。

二级及以上公路路面的清扫作业频率宜不少于 1 次/天,其他等级公路可根据路面污染程度、交通量大小及其组成、气候及环境等因素而定,但不宜少于 1 次/周,路面分隔带内的杂物清理宜不少于 1 次/月。长隧道内和大型桥梁的清扫频率应适当增加。

雨后路面积水应及时排除。在春融期,特别是汛期,应对排水设施进行全面检查并疏通。冬季降雪天气应及时除雪除冰,并采取必要的路面防滑措施。

2. 泛油的处置

(1)轻微泛油的路段,可撒上 3~5mm 粒径的石屑或粗砂,并用压路机或控制行车碾压。

(2)泛油较严重的路段,可先撒 5~10mm 粒径的碎石,用压路机碾压。待稳定后,再撒 3~5mm 粒径的石屑或粗砂,并用压路机或控制行车碾压。

(3)面层含油量高且已形成软层的严重泛油路段,可视情况采用下述方法之一进行处置:首先,撒一层 10~15mm 粒径或更大的碎石,用压路机将其强行压入路面,待基本稳定后,再分次撒上 5~10mm 粒径的碎石,并碾压成型。其次,将含油量过高的软层铣刨清除后,重做面层。

特别指出,处置泛油要注意四个方面:第一,处治时间。应选择在泛油路段已出现全面泛油的高温季节;第二,撒料方式。撒料应顺行车方向撒,先粗后细;做到少撒、薄撒、匀撒、无堆积、无空白;第三,细料剔除。即禁止使用含有粉粒的细料;第四,碾压方法。采用压路机碾压,使所撒石料均匀压入路面。

(二)坑槽修补工艺(修补工法)

修补工艺是指采用修补材料应急填充路面空洞和错台及局部下沉的低凹部位,恢复车辆正常行驶条件的工艺。

修补工艺常用的修补材料及适应范围见表 2-17。

主要修补材料及其使用 表 2-17

材料类别			适 应 范 围		
			密级配类沥青路面	大空隙沥青路面	水泥混凝土路面
热拌热铺式	热拌沥青混合料		□	□	△
常温拌和式		常温沥青混合料	□	□	△
	常温硬化型材料	树脂类	□	□	□
		乳化沥青类	□	□	△
		水泥类	△	△	□
		全天候型材料	□	□	△

注:表中□表示适用;△表示有条件适用。

1. 用热拌沥青混合料修补

(1) 切除路面。将破损部位及其周边有不良影响的范围,根据需要用刀具或破碎机切断、清除,清除范围状态如图 2-29 所示。

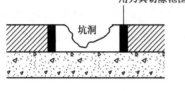

图 2-29 清除范围状态

(2) 清除杂物。在施工范围的内侧和周围,仔细清除垃圾和泥土,当其潮湿时,可用喷灯烘干。

(3) 涂刷黏层。在底面和侧面仔细涂刷黏层沥青,黏层沥青主要用乳化沥青,施工时进行养生直至硬化完全。若黏层沥青在底部的凹处积存较多时,应用布条等清除。

(4) 控制松厚。在低凹部位摊铺时,应适当考虑增加松铺厚度。当摊铺厚度在 7cm 以上时,可分两层摊铺。如与原路面接缝附近的粗集料发生松散时,宜用耙子将之清除,再用过筛后的较细材料仔细处理表面。

(5) 实时碾压。先用整平机或振动夯板将端部碾压,注意材料不要抛撒,再用压路机压实。当施工规范小时用振动夯板压实,但当修补厚度较厚时,可与夯锤并用。但这时应从端部向中心压实。

(6) 开放交通。当路面表面温度降至 50℃ 以下时可开放交通。为防止材料松散和保护接缝部位,可在端部采用封层处理,即涂乳化沥青后撒砂或石粉处理。

2. 用常温沥青混合料修补

常温材料虽较热拌沥青混合料需要有强度增长时间,但可早期开放交通,利用行车碾压。常温沥青混合料的包装一般为袋装产品,搬运方便,故在紧急需求时采用。但其性状因产品而异,宜慎重选择。

当用常温沥青混合料修补面坑洞时,其施工工艺基本与热拌沥青混合料相同,不同之处在于以下两个方面:一是小规模施工时,可不涂黏层,一般采用锹背和夯具进行初步振实,再利用行车碾压成型;二是由于混合料完全成型需要时间,因此混合料摊铺后要考虑暴露在空气中有足够的行车压实时间。

3. 用常温硬化型材料修补

常温硬化型材料主要有树脂类、乳化沥青、水泥类材料。无论何种材料,均要有一定的硬化时间和高耐久性,保证使施工现场稍有水也可施工的材料。

(1) 用树脂类材料修补

常用的树脂类材料主要有环氧类、脲烷类及聚酯类等。这类材料修补路面时常有一定级配,如密级配和树脂砂浆等。使用前应明确其商品特性。稀浆状常温硬化材料施工工艺如下。

首先,切割与清杂。将破损部位和周边不良影响部位切除,清除杂物,尤其清除施工范围的内侧和周边的垃圾和泥污。其次,烘干修补部位。用树脂类材料修补时,要确认修补面干燥,当施工场所及修补面潮湿时,应先用喷灯类工具烘干。再次,洒布黏层沥青。均匀涂布黏层或底料,若底料低凹部位聚集较多时,用布条将多余的抹去。最后,摊平并与原路面接顺。低凹部位材料要补够数量,用抹子、镘刀等摊平,接顺相邻路表。

修补完成后,当确认树脂类材料充分硬化后再开放交通。

(2)用常温全天候型材料修补

常温全天候材料是一种抗剥落性高的袋装成品,在雨天等潮湿条件下亦有良好的黏结性,受气候变化影响小,适用性强。其施工工艺可概括为四个步骤:首先,清理原路面。去除施工区域的油污和杂物。其次,填充修补料。将材料填充到施工段落的低凹部,摊铺厚度应考虑压实预留量。再次,整形和压实。用平板振动器等充分压实,有时视情况可用铁锹或夯锤等工具进行简易的整形和压实或利用开放交通碾压。最后,撒砂后放行。在表面撒布石粉或砂,以防黏附车轮,随后开放交通。

(三)裂缝修补工法

裂缝修补工法,亦称封缝工法,主要有灌缝、贴缝和填缝三种工艺。这里仅阐述灌缝工艺,其他两种工艺在后续章节中叙述。

灌缝工艺是指为防止因路面裂缝造成雨水进入并延缓路面破损,将已开裂缝的路面用灌缝材料填充的工艺。常用的灌缝材料如表 2-18 所示。

路面裂缝主要灌缝材料及适用范围　　表 2-18

材料类别		适应范围		
		密级配沥青路面	大空隙沥青路面	水泥混凝土路面
加热沥青类灌缝料	封缝料	□	△	□
	沥青砂浆	□	△	○
	氧化沥青	□	△	□
	灌缝料	□	△	□
乳化沥青类灌缝料	特殊乳剂水泥类	□	△	□
	特殊乳剂类	□	△	□
	双液混合型	□	△	□
树脂类灌缝料	环氧树脂	□	△	□
	MMA 树脂	□	△	□

注:□表示适用;○表示有条件适用;△表示封缝段有可能失去水平方向排水功能。

表述灌缝材料分为有氧化沥青或一般直馏沥青等改性后的热沥青类,能常温施工的乳化沥青类和树脂类等。对水泥混凝土路面的开裂,有必要注意有裂缝宽度很细的非发展性开裂和发展性开裂其施工方法各异。非发展性开裂常用树脂类封缝材料;发展性的开裂,仅注入树脂。因为封缝材料不能随裂缝宽度的变化而伸缩,因此应按图 2-30 设置 U 形或 V 形沟槽,再注入接缝材料或树脂封缝材料。

a) U 形沟槽　　b) V 形沟槽

图 2-30 封缝沟槽

1. 用热沥青类材料灌缝法

用热沥青材料的灌缝工艺是指将橡胶沥青类改性沥青加热后灌入裂缝的方法。因热沥青高温不流淌,低温不脆裂,有较高的黏结力和黏附性及弹性,故能适用膨胀,收缩能力好,其施工工艺如下。

(1)开槽清缝。用开槽机沿裂缝开槽,并除裂缝周边可能松动部分,并用空气压缩机吹除接缝中的泥土和垃圾等杂物。

(2)加热灌缝料。将灌缝料加热到要求温度。

(3)涂布底料。对应材料特性涂布底料。

(4)灌入灌缝料。用灌缝机等将灌缝材料沿裂缝灌入,铲除多余部分,使表面平整成型。

(5)表面撒砂。为防止行车中轮胎黏附,根据需要在裂缝表面撒砂。

2. 用乳化沥青类封缝材料灌缝工艺

乳化沥青封缝材料,有特殊性的乳化沥青类液体、水泥类固化材料拌和料及双液混合型橡胶乳化沥青材料。无论哪种材料,均可常温施工且能在潮湿条件下使用。其中双液混合型橡胶乳化沥青混合料施工工艺如下:

(1)清洁原裂缝。清除裂缝周边可能松动的部分,用压缩空气清扫吹除裂缝内垃圾和泥土。

(2)配制灌缝料。将对应外界气温的定量的硬化剂倒入有主剂的容器中并搅拌均匀。

(3)灌入灌缝料。将混合后的封缝料沿开裂口注入,铲除多余部分,使表面平整成型。

(4)撒布细粒砂。为防止行车轮胎黏附,可根据需要在裂缝表面撒砂。

确认封缝材料充分硬化后,即可开放交通。

3. 用树脂类材料灌缝工艺

树脂类材料灌缝是指用环氧树脂或 MMA 树脂等常温硬化型树脂类封缝材料灌入裂缝的工艺。这类材料一般硬化快、温度适应性强,且有软化性能,适应开裂变形,可快速施工,树脂具有柔软性,能适应缝隙宽较窄(小于5mm)的裂缝灌封。其施工程序与施工工艺如下。

(1)清理原裂缝。清除裂缝周边可能动的部分,用空压机等工具清扫吹除缝内的垃圾和泥土。

(2)调制灌缝料。把硬化剂倒入装有主剂的容器内,并搅拌均匀。

(3)灌入灌缝料。将混合好的灌缝料沿裂缝灌入,铲除多余部分,使表面平整成型。

(4)开放交通。灌缝材料表面硬化后即可开放交通。

(四)罩面工艺(罩面工法)

罩面工艺是指在原路面上加铺沥青混合料使之恢复表面功能的技术方法。因罩面会增加路面厚度,故使用该法时应注意与周围建筑的地坪高程及路缘石高程的配合,使得罩面后之路面高程与周围地坪高程相匹配。

沥青路面罩面按其功能划分为普通型罩面(简称罩面)、防水型罩面(简称封层)和抗滑层罩面(简称抗滑层)三种。罩面主要适用于消除路面浅层破损,恢复原有路面平整度,改善路面性能的修复工作;封层主要适用于提高原有路面的防水性能、平整度和抗滑性能的修复工作;抗滑层主要适用于提高路面抗滑能力的修复工作。

罩面的沥青结合料宜使用性能较好的黏稠型道路石油沥青、乳化石油沥青、改性乳化沥青、改性沥青。矿料应选用耐磨、强度高、水稳定性好的石料。所采用的沥青结合料、矿料规格、各项技术指标应符合现行《公路沥青路面施工技术规范》(JTG F40)和其他有关规范的规定。

罩面厚度应根据路段的交通量、公路等级、路面状况、使用功能等综合考虑确定。当路面损坏状况指数、行驶质量指数在中、良等级,路面仅有轻度网裂时,可采用较薄的罩面层(厚

10~30mm)。当路面破损、平整度、抗滑三项指标都在中等以下,要求恢复到优、良等级时,应采用较厚的罩面层(厚30~50mm)。一般情况下,高速公路、一级公路罩面宜采用40~50mm的厚度;其他公路可采用较薄的罩面层(厚10~40mm)。各级公路的罩面厚度不得小于最小施工层厚度。

交通量较大、重型车较多的路段宜采用厚约10mm的封层。在中午交通量路段宜采用厚约7mm的封层。

用于高速公路、一级公路时宜采用不小于40mm的厚度的抗滑层。用于二级公路时,宜采用中粒式、细粒式沥青混凝土结构,也可采用热拌沥青碎石或沥青表面处治结构,厚度不得小于最小施工层厚度。用于三级、四级公路时可采用乳化沥青封层结构,厚度可为5~10mm。

路面破损严重,采用罩面等措施不能使路面恢复良好的工作状态时,为保证必要的服务功能,应进行翻修并对旧沥青面层尽可能予以再生利用。

翻修前,应对需要翻修路段的路面结构、路基土特性和交通量进行调查分析,并按路面补强设计要求或现行《公路沥青路面设计规范》(JTG D50)的规定进行结构厚度设计。

如因路基软弱导致路面损坏时,应对软弱路基采取有效措施处治达到质量标准后再修筑基层、面层。

1. 准备工作

罩面施工前,必须对原有沥青路面的病害的病害状态进行预先修补,当病害严重时,应分析原因并采取相应措施,如果是由于局部路床或路面基层问题引起时,需进行更换。当路面或路床产生开裂时,要对裂缝状进行处理;如是路面裂缝,应根据需要灌缝或采取防止反射裂缝的对策。特别是罩面层厚度较薄时极易受原路面开裂影响而产生反射裂缝,控制这种反射裂缝可在原路面上设置薄的应力吸收层或下面采用沥青玛蹄碎石混合料。其中应力吸收层中的封层技术,是采用集料和改性沥青或改性乳化沥青等胶结料分层撒布而成的应力吸收垫层。

在罩面前还应对排水平设施(如暗渠、排水管、边沟等)的破损进行修补,以防水分进入路床、基层。此外,在罩面施工中,需借助路面清扫车清扫面层并清除垃圾和尘土。

2. 洒布黏层

黏层一般采用乳化沥青,洒布一般用沥青撒布车撒布,其数量视路面粗糙度而定,一般采用$0.3~0.6L/m^2$;当撒布面积较小时,可采用手持式沥青撒布机进行撒布。

3. 整平路面

整平原路面的目的是使罩面表面平整,此项工作亦称整平工序。该工序是将原路面的坑洼部位用沥青混合料填补,或对大面积不平段加铺薄层沥青混合料整平层。整平前应先了解表面不平整的程度,局部凹深小于3cm处铺罩面时,应先将凹处用沥青混合料填平;当罩面为两层以上时,可将第一层作为整平层,用沥青混合料摊铺机摊铺。原路面若纵断面或横断面形状有缺陷时,先进行整平,以修整纵、横断面。

4. 铺罩面层

罩面施工时,根据需要,应对边沟、街渠、检查孔等进行加高。其中检查孔的加高方法有事先加高和事后加高两种方式。事先加高时,应将路面加强高不动的部分固定牢固;事后加高,即铺设后加高的方式,是用特殊刀具将加高部分的周边切孔,加高后用树脂黏附。此外,因罩面路面高程提高时,应按不影响交通的原则,与相连道路和原有设施衔接顺畅。

5. 碾压工序

罩面碾压与其他沥青表面处理相同,兹不评述。

上述罩面工艺适用于密级配沥青混合料路面及一般沥青类路面,而当在原有路面上采用大空隙沥青混合料罩面时,由于原路面可能受雨水渗水作用,易产生沥青剥落等早期病害,为此罩面采用双层结构。一层采用优质抗剥离性能的沥青混合料,第二层采用大空隙沥青混合料,而当罩面厚度或施工时间等因素制约,无法采用双层施工时,可考虑采用专用双层摊铺机。

(五)公路沥青路面补强

1. 原路况调查

补强前,应对原有公路的技术状况进行详细调查,调查内容如下:

(1)调查原路设计资料与现有路况。首先是调查原有路面设计、施工、养护的技术资料,及从使用开始至改建的间隔时间、使用效果等。其次是,调查原有公路路况,如路面破损及病害的情况和程度、路表排水(积水)状况、积雪(砂)状况、路肩采用的加固措施等。再次是,调查路基和路面(行车道)的宽度、路线纵坡、路面横坡、平曲线半径等。

(2)调查交通组成与增长率。调查年平均双向日交通量、交通组成和交通量增长率等。

原有路面整体强度测定与稳定性评价。原有公路的分段及弯沉测定按现行《公路沥青路面设计规范》(JTG D50)的有关规定进行。

2. 原路面处理

补强前,应对原有公路进行适当处治。

(1)公路路拱不符合现行《公路工程技术标准》(JTG B01)的,应结合补强设计对路拱进行调整,使其符合规定。

(2)对原路面的病害,应视其层位、严重程度和范围,按有关规定进行处治。

3. 补强层设计

在现有公路等级不变的情况下,沥青路面因损坏严重、路面结构强度指数(PSSI)不符合要求的,应进行路面补强。补强也适用于提高公路等级而进行的改建工程。补强设计中,补强层材料设计参数按新建路面材料设计参数的选择方法进行,并应符合现行《公路沥青路面设计规范》(JTG D50—2017)的有关规定。当基层需补强时,其结构的选择应根据公路等级、交通量大小、材料种类、路基干湿类型、现有路况,以及施工季节、施工机械配备和工期要求等因素综合考虑后确定。补强设计应符合现行有关设计规范的规定。

补强设计应综合考虑由补强厚度导致的纵坡与横坡的调整,以及与沿线结构物的联结等的相互协调,使纵坡线形符合现行《公路工程技术标准》(JTG B01)的要求,否则应改建线形,使其符合标准后再进行补强设计。补强设计中应考虑补强结构层与原路面结构的连接问题。

(1)沥青路面补强层选择

沥青路面补强层选择主要是指材料的类型及结构形式的选择。沥青路面补强层材料类型应按现行《公路沥青路面设计规范》(JTG D50)的规定选取。路面补强结构形式应注意按如下情况进行选择。

高速公路和一级、二级公路宜采用半刚性、热拌或冷拌沥青碎石混合料、沥青贯入式碎石基层加沥青混合料面层的补强结构形式。

三级公路在不提高公路等级的情况下,可采用单层或多层补强结构;当需提高公路等级时,宜采用半刚性基层加沥青混合料面层的补强结构形式。

四级公路可采用单层或多层的补强形式。

(2)路面补强与相邻结构衔接

路面的补强应注意与桥涵的良好衔接。路面补强路段内若有桥涵等构造物,在补强前应对其铺装层进行检查。若原有铺装层出现破损,应及时修复。

为保证路面与桥涵顶面的纵坡顺适,应综合考虑和重新设计路线纵坡。

(六)公路沥青路面加宽

在急弯陡坡和危险路段因故需要部分或全段加宽公路沥青路面时,应符合下列要求。

1. 原路调查与处理

路面加宽前,应对原有路面做全面的调查。加宽时应处理好新路面与原有路面的纵横向衔接。由于路基宽度不足需对路基尤其是高路堤路基加宽时,还应对加宽部分路基进行加固,避免加宽路面出现不均匀沉降。

2. 加宽设计与方案

路基、路面加宽的设计应按现行《公路路基设计规范》(JTG D30)和《公路沥青路面设计规范》(JTG D50)的规定进行。加宽方案应根据原有公路等级、线形及交通量等确定。

当原有公路线形不需改善,且路基较宽,加宽后路肩宽度符合现行《公路工程技术标准》(JTG B01)时,可在原公路的基础上直接加宽,否则应首先改善和加宽路基;如原有公路因线形较差而需改善,设计时应尽可能利用原有的沥青路面。加宽路面的基层和面层材料应按规定进行试验和配合比设计。

3. 路面加宽的方式

倘若路基、路面同时加宽,则路基应加至应有宽度。通常情况下,为使路面边缘坚实,基层宜比面层宽出 200~250mm,或埋设路缘石。

当路基加宽宽度小于 1m 时,加宽的路面或基层压实质量不易控制,宜采用单侧加宽时应调整原有路面的路拱横坡。双侧加宽宜采用两侧相等的加宽方式。而当不能采用两侧相等加宽的路面,如两侧加宽宽度差在 1m 以下时,不必调整横坡;当两侧加宽宽度差超过 1m 时,应调整路拱横坡。

如果加宽路面处于路线平曲线处,应按现行《公路工程技术标准》(JTG B01)规定设置相应的超高和加宽。

第五节 城市道路沥青路面养护技术

城市道路沥青路面应分别进行经常性和预防性养护。当路面出现裂缝、松散、坑槽、泛油、拥包、啃边、沉陷、波浪、车辙等病害时应及时进行养护维修。在养护维修前,应对各种路面病害分析其产生的原因,并根据道路的使用年限、道路等级、交通量、结构类型、维修季节、气温等综合因素,采取相应的维修措施。沥青路面面层不得采用水泥混凝土进行修补。

当采用铣刨机铣刨的路面时,在修补前应将残料和粉尘清除干净。较大面积沥青路面铣刨、挖除的旧料宜再生利用;零星挖补的旧料应及时归堆清运,做到工完场清。

沥青路面边线维修时,应将纵横接缝接茬宜使用机械切割,做到边线齐直、切口垂直、底面清洁、形状规整。因基层损坏引起的路面病害应先治基层,再修复面层。

当沥青路面摊铺面积大于 200m² 时,应采用摊铺机铺筑。铺筑沥青混合料前,应做好施工范围内井座、侧缘石等有关设施高程的调整和位置稳固、井盖防污等工作。

沥青路面坑槽宜采用热修补工艺及设备进行修补。

城市道路沥青路面常见病害见表 2-19。

城市道路沥青路面常见病害 表 2-19

序号	病害	定义	特征
1	线裂	道路产生的单根线状裂缝,包括横缝斜缝等,有时伴有少量支缝	裂缝长度≥1m,缝宽≥3mm
2	网裂	交错裂缝,把路面分割成近似规矩形的块状	网块直径<300mm
3	碎裂	裂缝成片出现,缝间路面已碎成碎块,包括井边碎裂	碎块直径<300mm
4	车辙	在行车作用下,沿车轮带形成的路面凹槽	凹槽深度>15mm,距离长,处在车道位置
5	沉陷	路面局部下沉	3m 直尺量测,下沉深度≤30mm 为轻微程度,下陷深度>30mm 为严重程度
6	拥包	路面面层材料在车辆推挤作用下形成的路面局部拱起	波峰波谷高差>15mm
7	剥落	面层细料散失	深度<20mm,表面麻粒
8	坑槽	路面材料散失后形成的凹坑	凹槽深度≥20mm
9	啃边	由于行车荷载作用致使路面边缘出现损坏	路面边缘烂边、缺口、剥落,凹凸差>5mm
10	路框差	路边与检查井框顶面的相对高差	相对高差≥15mm

沥青路面常见病害原因及维修对策见表 2-20。

沥青路面常见病害原因及维修对策 表 2-20

序号	病害	病害原因	维修对策	对策说明
1	线裂	路基或基层不均匀沉降;反射裂缝;施工接缝质量差;结构承载力不足等	灌缝、填料	缝宽15mm 以内的裂缝,应采用灌缝胶或热沥青灌缝;缝宽15mm 以上的严重裂缝,应清缝后采用细(砂)粒式热拌沥青混合料填缝
2	网裂碎裂	温差变化和沥青老化;反射裂缝;疲劳损坏等	挖补、基层补强、面层铣刨罩面	局部网裂、碎裂可采用挖补工艺;大面积网裂、碎裂,可在铣刨面层、补强基层后重新罩面修复
3	车辙	面层材料稳定性不足,路基或基层剪切破坏等	铣刨平整、铣刨后罩面、微表处	局部车辙,可用机械铣刨平整;凹槽深度 15mm 以上、面积大、距离长的严重车辙,可采用铣刨罩面工艺,若路面有足够结构强度,也可采用微表处因局部下沉而造成的车辙,应先修补基层

续上表

序号	病害	病害原因	维修对策	对策说明
4	沉陷	基层强度不足等	挖补或补强	当路面和基层密实稳定,只修补面层;路基或基层损坏时,应先修补基层,再重铺面层;桥涵台背填土沉降时,应先处理台背填土再修补面层;正常沉降时,可直接加铺面层
5	拥包	面层混合料稳定性不足;基础变形等	铣刨平整、铣刨后罩面	拥包峰谷高差不大于15mm且趋于稳定的微拥包,可采用机械铣刨平整;拥包峰谷高差大于15mm且面积较大时,可铣刨后重新罩面;基础变形形成的拥包,应整修基层后重铺面层
6	剥落	沥青含量少,沥青与集料黏结不良等	铣刨罩面、微表处	已成松散状态的面层,挖除或铣刨后罩面;可用微表处等方法维修
7	坑槽	面层碎裂,表层脱落等	坑槽修补	坑槽修补可采用热料修补、坑槽热修补;在低温寒冷季节,可采用冷料修补;坑槽深度已达基层,应先处治基层,再修复面层;槽深大于50mm时应分层摊铺压实
8	啃边	基层变形;铺筑时压实不足;车辆沿道路边缘行驶等	挖补补砌缘石	路面边缘沥青面层破坏而形成的啃边,应将破损的沥青面层挖除,补砌路缘石,恢复面层;因基层变形而形成的啃边,应对路面边缘基层局部补强后再恢复面层
9	路框差	基础底板强度不足或井筒砌体碎裂;面层下陷等	及时修复	检查井修复、周边路面破损修补

为使读者进一步明确城市道路常见病害的养护技术,下面阐述几种常用的城市道路沥青路面养护工艺,供参考。

一、沥青路面裂缝封缝工法(工艺)

(一)灌缝工艺

灌缝工艺适应于沥青路面裂缝宽度15mm以下的线形裂缝作业。线形裂缝包括横向裂缝、纵向裂缝和斜裂缝。

1. 灌缝材料要求

灌缝常用材料主要有灌缝胶、热沥青、填充料等。热沥青包括石油沥青、改性沥青。石油沥青应选用高针入度、较好延度的道路石油沥青,改性沥青宜选用聚合物改性沥青,其材料技术要求应符合《城镇道路工程施工与质量验收规范》(GJJ 1—2008)和《公路沥青路面施工技术规范》(JTG F40—2004)等的相关规定。

灌缝胶通常有聚合物类、沥青橡胶类及树脂类等。灌缝胶应具有与沥青混凝土缝壁黏结力强、不渗水、弹性好,高温时不流畅、不黏轮,低温时不脆裂以及耐久性好等性能。聚合物类灌缝胶材料技术指标应满足相关要求,橡胶沥青灌缝胶主要技术指标应符合表2-21规定。

沥青路面橡胶沥青灌缝胶的技术要求 表 2-21

评价指标	技术要求		试验方法
	普通型(-10℃)	低温型(-20℃)	
低温拉伸	通过	通过	按照《路面橡胶沥青灌缝胶》(JT/T 740—2009)规定的试验方法办理
锥入度(0.1mm)	30～70	50～90	
软化点(℃)	大于或等于80	大于或等于80	
流动值(mm)	小于或等于5	小于或等于5	
弹性恢复率(%)	30～70	30～70	

填充料包括粗砂、细砂等，使用时应采取措施使其洁净。

2. 灌缝时机把握

季节性冰冻地区沥青路面的灌缝时间宜安排在春、秋两季；其他地区据当地经验确定。

3. 灌缝施工工法

灌缝胶灌缝材料主要是灌缝胶等。采用的工具设备有灌缝机、开槽机、热喷枪、吸(吹)尘设备、钢丝刷等。

(1) 找缝并划线

同灌缝胶灌缝工艺。

(2) 沥青的加热

将沥青放入热熔炉釜加热、搅拌，并可根据需要在沥青中加入一定数量的细砂。当普通沥青加热到150～170℃时，采取保温措施后适时灌注。

(3) 清缝并干燥

用铁钩钩出缝内松动的颗粒，用钢丝刷清除缝槽边缘松动的沥青混合料，使缝槽边缘保持坚固状态；用吸(吹)尘设备将缝内的杂物、尘土清净，用热喷枪吹烤干燥。

(4) 灌注热沥青

灌缝的枪头应于缝宽相适应，灌缝时灌缝枪应匀速移动。宽度为6mm以下的裂缝，可直接用热沥青灌缝，灌注时应从裂缝的一端缓慢、连续地灌至另一端，使热沥青注入时能将缝内的空气排挤出。热沥青灌满后，可在缝表面撒一层细砂。宽度为6～15mm以下的裂缝，灌缝可分两次进行，中间间隔3～5min。第一次可先将热沥青灌筑至距路面表面10mm左右，然后在缝内撒入干净的粗砂，并用竹片把粗砂撒入嵌入灌缝料中。第二次灌筑至与路面平齐，灌缝时应避免灌缝料溢出路面，最后在缝表面撒一层细砂。

(5) 清理和熨平与放行

将溢出缝外的沥青和细砂等清除后，用热烙铁熨平缝口，将路面废料清理干净，灌缝料冷却至自然温度后开放交通。

(6) 质量控制和检查验收

质量控制要点是灌缝料的种类和主要技术指标。环境温度、灌缝料加热温度、灌缝温度及开槽尺寸都会影响其质量。另外，应检查缝内表面是否洁净，干燥，坚固性，灌缝料的均匀性及贴封层的密封性。检查内容应包括槽缝成型质量、清缝质量、灌缝质量、外观质量等。

沥青路面灌缝胶灌缝质量验收应符合表 2-22 的要求。

沥青路面灌缝胶灌缝质量验收标准 表2-22

项目	规定值及允许偏差	检验频率 范围	检验频率 点数	检验方法
槽缝成型	1.骑缝开槽不偏,槽缝尺寸均匀。槽缝尺寸应为10~20mm宽,20~40mm深,深度比宜为2; 2.槽缝内干燥、整洁、坚实	100m	2	钢直尺量、目测
灌缝	灌缝连续、均匀,无气泡和颗粒状胶粒	100m	2	目测
外观质量	1.T形贴封层表面平整、边缘整齐、无脱落变形; 2.按缝周围整洁,无灌缝料污染	100m	2	目测

沥青路面热沥青灌缝质量验收应符合表2-23。

沥青路面热沥青灌缝质量验收标准 表2-23

项目	规定值及允许偏差	检验频率 范围	检验频率 点数	检验方法
清缝	缝内干燥、整洁、无松动现象	100m	2	工具刷刮、目测
灌缝	灌缝连续、充分、饱满、无气泡	100m	2	目测
外观质量	1.接缝表面与原路面平顺; 2.按缝周围整洁,无灌缝料污染	100m	2	目测

(二)填缝工艺

填缝工艺亦称裂缝填料工艺。该工艺适用于沥青路面裂缝宽度大于15mm的线裂缝填料作业。线形裂缝包括横向裂缝、纵向裂缝和斜裂缝。

1. 材料要求

裂缝填缝料常用的材料主要有细料式(AC-10)和砂粒式(AC-5)普通或改性热拌沥青混合料等,城市道路填缝材料技术要求应符合《城镇道路工程施工与质量验收规范》(CJJ 1—2008);公路填缝材料技术要求《公路沥青路面施工技术规范》(JTG F40—2004)等相关规定。

2. 填缝时机

填缝时间宜安排在春、秋两季。

3. 填缝工艺

填缝使用的工具设备有吸(吹)尘设备、热喷枪、钢丝刷、夯缝工具、烙铁、手锤、测温枪等。

(1)找缝并画线

查找施工作业范围内的裂缝,并根据裂缝的破损情况和裂缝补修类型进行画线。

(2)清缝与干燥

先用铁钩钩出缝内松动的颗粒,再用钢丝刷清除缝槽边缘松动的沥青混合料,使缝槽边缘保持坚固状态,最后用吸(吹)尘设备将缝内的杂物和尘土清净后,再用热喷枪吹烤干燥。

(3)填入填缝料

填入细粒式或砂粒式沥青混合料并用专用工具捣实。填缝时的温度,对于普通沥青混合料温度应在150℃左右,改性沥青混合料温度应不低于160℃。

(4)撒砂与熨平缝口

在填缝表面撒一层细砂,用热烙铁熨平缝口。

(5)冷却放行

将路面废料清理干净。填缝表面自然冷却至50℃以下后开放交通。

4. 质量控制和检查验收

质量控制要点是细(砂)粒式沥青混合料主要技术标准。包括混合料填缝时温度、清缝质量、填缝质量、开放交通温度。检查内容应包括清缝质量、填缝质量、外观质量等。

细(砂)粒式沥青混合料填缝质量验收应符合表2-24的要求。

细(砂)粒式沥青混合料填缝质量验收标准　　　　　　表2-24

项目	规定值及允许偏差	检验频率		检验方法
		范围	点数	
清缝	缝内干燥、整洁、无松动现象	100m	2	目测
灌缝	填缝均匀、饱满、平整密实	100m	2	目测
外观质量	1. 与原路面平顺,接缝表面与路表面允许高差0~3mm; 2. 按缝周围整洁、无填缝料污染	100m	2	1m直尺量、目测

二、坑槽修补工法(工艺)

(一)基层坑槽补修

坑槽基层补修针对因基层损坏引起的路面病害,应先处治基层再修复面层。补修后的基层应具有足够的强度、刚度和良好的稳定性。其表面应平整、密度。

坑槽补修工艺用于沥青路面常见的坑槽、龟裂、网裂、翻浆及小面积沉陷、松散、拥包等病害的处治作业。

1. 材料要求

基层修补材料宜采用AC-25、ATB-30等粗粒式沥青混合料进行修补,其材料技术要求应符合《城镇道路工程施工与质量验收规范》(CJJ 1—2008)、《公路沥青路面施工技术规范》(JTG F40—2004)等的相关规定。

2. 作业方法

(1)基层挖除

除基层受损部分或基层顶面松散部分,保留完好部分并整平基底,基层补修厚度不足80mm时,可在面层修补时,用底面层修补材料一并修补。修补面应成矩形并同路中心线平行或垂直,四周应凿边整齐,分层断口垂直,修补范围应比实际基层最大破损边缘扩大200mm。基层挖除应从中间向四周开挖,避免损坏边部。若基层开挖深度大于两层(含两层)以上结构深度时,应分台阶开挖,台阶宽度应为300~500mm。基层挖清后,整平槽底,槽底应平整、稳定无浮尘。若路基松软,不能满足承载力要求时,应采取换填方式加固路基。

(2) 路基修补

粗粒式沥青混合料摊铺前,槽壁应涂刷改性乳化沥青黏层油,基底宜喷洒改性乳化沥青透层油。透层油用量一般为 $0.8 \sim 1.0 \text{kg/m}^2$,喷洒后应立即撒布石屑,用量一般为 $8 \sim 14 \text{kg/m}^2$。粗粒式沥青混合料运抵施工现场后应分层摊铺压实,每层压实厚度宜控制在100mm内。若采用平板振动夯夯实,振动板质量不小于180kg。对于局部难以采用机械夯实部位,可采用人工夯锤夯实。

(二) 坑槽热料修补工法

热料修补工艺是指铣刨或凿除需处治路面部分,然后用热拌沥青混合料(热料)进行填补并压(夯)实的坑槽修补方法。热料修补工艺适用于气温较高季节(通常施工温度高于10℃)的坑槽修补。热料修补工艺用于寒冷季节坑槽修补时,应配备性能良好的混合料加热保温设备。

1. 材料要求

热拌沥青混合料级配种类宜与原路面面层结构材料一致,常用材料主要有细粒式(AC-10、AC-13)、中粒式(AC-16、AC-20)、粗粒式(AC-25)普通或改性热拌沥青混合料等,城市道路修补材料技术要求应符合《城镇道路施工与质量验收规范》(CJJ 1—2008);公路修补材料技术要求《公路沥青路面施工技术规范》(JTG F40—2004)等的相关规定。

普通沥青混合料出厂温度应在140℃以上,改性沥青混合料出厂温度应在160℃以上。

黏层油宜选择改性乳化沥青,用量为 $0.4 \sim 0.8 \text{kg/m}^2$,其材料技术要求应符合《城镇道路施工与质量验收规范》(CJJ 1—2008)的相关规定。

2. 机具设备

坑槽热料修补机具设备包括沥青混合料加热保温车、废弃材料运输车、钢轮振动压路机、切缝机或小型铣刨机、液压镐或风镐、平板振动夯、小型振动压路机、改性乳化沥青撒布机具、吸(吹)尘设备、铁锹、镐、耙、刮板、手推车、钢丝刷、喷灯、测温枪。

3. 作业方法

(1) 成品材料储存及加热

热拌沥青混合料可以从沥青拌合厂直接装入加热保温车保温储存,储存时间不宜超过24h。施工前应根据储存料的实际温度确定加热时间,一般不应超过1h,普通沥青混合料加热温度范围应为 $140 \sim 160 ℃$,改性沥青混合料加热温度范围为 $160 \sim 170 ℃$。加热过程中严格控制温度,以防烧焦。普通热拌沥青混合料温度高于190℃时应废弃。

可利用专用设备加热再生厂拌沥青冷却料,在坑槽修补前加热搅拌均匀。

(2) 测量并划线

按"圆洞方补"的原则,施划修补轮廓线。修补轮廓线(修补范围应在坑槽外围边缘线最大尺寸外至少100mm)应呈正方形或长方形,边线与道路中线平行或垂直。

(3) 铣刨或切缝

对于较大面积的浅层坑槽,可用小型铣刨机铣刨表面层,铣刨深度应均匀、边口齐直;当坑槽修补面积较小,可用切缝机沿修补轮廓线切割,切缝时应走线顺直,切缝深度 $30 \sim 50 \text{mm}$,切口应垂直、整齐。施工时先用液压镐或风镐将病害路面破碎、刨松,由距离切缝至少50mm 向处治部位中间凿除,缝边位置人工凿除,再用铁锨和镐等器具将路面破碎物清除,并修整基底,直至基底应平整、坚实。

若路面下面层需修补时,层间应形成阶梯搭接,搭接宽度一般为150mm左右。

(4)清理并干燥

采取吸(吹)尘设备吸(吹)、人工清扫等方法清净基槽内的粉尘、松散颗粒和其他残余物。基槽清理后,可对坑槽修补面进行加热、干燥,加热区域比坑槽外轮廓宽100~150mm。

(5)涂刷黏层油

槽壁、槽底均匀涂刷黏层油,槽底不得有淤积。

(6)摊铺与整平

先用铁锨和刮板摊铺粗平,并清扫坑外零星散落的混合料,再用刮板和铁耙细平,注意纵横坡坡度应与路面一致。对于较深的坑槽,应按混合料级配类型分层进行填补和压实,每层松铺厚度根据压实设备的功率及性能确定。人工摊铺热料的松铺系数一般为1.30左右。

采用小型振动压路机和平板振动夯压实,每层松铺厚度不宜超过70mm。

(7)夯实或压实

当坑槽修补面积较大时,可采用振动压路机压实。压实分初压、复压、终压(复压采用振压,初压和终压采用静压)。有超高地段的,压实程序应由外及内分层压实,无超高地段的碾压程序是由边至中压实。轮迹重叠1/3轮宽。机械碾压不到的部位应采用人工夯实。坑槽修补面积较大时,也可采用平板振动夯、小型振动压路机夯实、压实。

压实表层的沥青混合料时,首先骑缝(钢轮或平板夯50%以上的宽度在原路面上)压实坑槽边缘的修补材料,然后向坑槽中央移动压实,每次应重叠1/3轮宽或平板宽。碾压时,起振、停振、转向等动作,应在坑槽外路面上完成。普通沥青混合料初压温度应控制在120℃以上,终压温度应在70℃以上。改性沥青混合料初压温度控制在150℃以上,终压温度在90℃以上。压实完毕后坑槽表面应与原路面整齐或稍高。

(8)封边和修整

压实完毕后,可用平板振动夯进行修边。修边时可将平板前段抬起,前后拖动打磨坑槽边缘接缝,使接缝表面密实并平顺。

为提高新旧沥青混凝土黏结效果,修边完毕后可用喷灯对接缝进行烤边,烤边宽度一般为150mm左右。烤边完毕后,采用人工刷涂乳化沥青的方式进行封边处理,封边宽度一般为30~50mm。最后可在封边上均匀地撒布一层洁净的干砂。

(9)冷却并放行

坑槽修补后应予以看护,待沥青混凝土表面温度低于50℃后,可开放交通。

(三)坑槽无痕热修补工艺

坑槽无痕热修补工艺适用于普通沥青路面的坑槽修补;对于改性沥青路面(尤其是特殊组分的改性沥青路面)应通过试验或论证后酌情使用。沥青路面坑槽无痕热修补技术,是指利用沥青路面热修补车自身的加热设备,对坑槽沥青面层进行加热、耙松,铲除不用的旧混合料,添加一定数量的乳化沥青及新的沥青混合料,最后碾压修补成型的一种技术。

1. 材料与设备

坑槽无痕热修补采用的材料有乳化沥青、热拌沥青混合料、细砂等。使用的机具设备有加热修补车、小型振动压路机、吸(吹)尘设备、铁耙、铁铲、镐、推平板、扫帚、测温枪等。

2. 作业方法

作业前检查机械设备是否正常,提前准备好施工用料,沥青混合料应提前装入修补加热箱中备用坑槽无痕热修补的具体工法如下。

(1) 确定应处治的范围

病害处治范围一般为病害四周向外扩大 100mm 的矩形,同时还应结合加热的特点确定加热处治面积。

(2) 清理并加热补修区

首先,清理槽内的杂物及松散粒料,用吸(吹)尘设备清净灰尘。其次,用加热装置将补修区域加热。加热区域应比坑槽实际病害区域向四周扩出 250mm 以上。加热具体时间应根据气候条件及需加热路面厚度等通过加热试验确定,一般应以路面混合料可以耙松为原则,普通沥青路面加热时间应比改性沥青路面的加热时间稍短。最终应将修补路面加热到 140～170℃,严禁长时间加热,以免沥青老化。

(3) 表面耙松并铲除旧料

移动加热器,用铁耙将加热软化的沥青路面耙松、耙匀,耙松区域呈矩形,矩形边缘距病害边缘不小于 100mm。耙松过程中应剔除松散料中大粒径集料及烤焦老化的沥青混合料。若旧路面(使用 5 年以上)不能重复利用,应全部铲除弃用。

(4) 喷洒沥青与添加新料

喷洒沥青与添加新料分两个步骤进行:首先,对于可再生利用的面层旧料,可均匀喷洒一定数量的乳化沥青,并添加部分新的沥青混合料。若新料温度不足,可将新料摊在旧料上,用加热器对其再次加热,新旧料应混合均匀。其次,清除不可重复利用的面层旧料后整修基底。用吸(吹)尘设备将槽内细小松散颗粒清理干净,然后在槽壁四周和槽底面均匀涂撒一层乳化沥青黏层,黏层油用量为 $0.4 \sim 0.8 \text{kg/m}^2$,最后填入新的沥青混合料并整平。

(5) 修补料的压实

面层混合料整平后,采用小型振动压路机碾压。碾压时先碾压边缘,再向中间推进,轮迹重叠 1/3 轮宽,碾压速度先慢后快,程序与其他沥青路面相同,兹不详述。

(6) 撒布细砂并冷却放行

碾压后可在修补表面均匀撒布一层细砂。表面温度低于 50℃ 后开放交通。

3. 检查验收

坑槽热料修补的施工质量要求与验收指标包括修补料的种类和主要技术指标;修补料搅拌均匀性和加热出料温度;基槽内表面的洁净、干燥、整平和坚固性;黏层油的用量和涂刷均匀性;摊铺温度和压实温度;平整度和密实度;接茬质量等。

(四) 坑槽冷修补工艺

冷补沥青混合料(冷料)修补工艺可用于低温寒冷季节的坑槽修补。

1. 材料要求与机具设备

冷补沥青混合料应具有良好的耐水性,其材料技术要求符合《城镇道路工程施工与质量验收规范》(CJJ 1—2008),亦可参照《公路沥青路面施工技术规范》(JTG F40—2004)等的相关规定。

冷补沥青混合料应在保质期内使用。使用前应开袋检查,若混合料已破乳、变质或矿料结团,应予以废弃。

坑槽冷补用黏层油宜选择阳离子快裂改性沥青,材料用量为 $0.4 \sim 0.8 kg/m^2$。其材料技术要求符合《城镇道路工程施工与质量验收规范》(CJJ 1—2008)相关规定。

冷补沥青混合料采用机具设备有材料运输车、小型振动压路机、改性乳化沥青撒布机具、平板振动夯、切缝机或小型铣刨机、液压镐或风镐、吸(吹)尘设备、铁锹、镐、耙、刮板、手推车、钢丝刷等。

2. 作业方法

(1) 测量放样与控坑整修

首先,测量放样。在坑槽处划线,按"圆洞方补"的原则,划出施工轮廓线,边线与道路中线平行或垂直。其次,挖坑整修。铣刨或切缝后,用液压镐或风镐将病害路面破碎、刨松,用铁锹、镐等将破碎路面清除并修整基底。

(2) 清理杂物并涂刷黏油

首先,清理杂物。用吸(吹)尘设备吸(吹)、人工清扫等方法,将基槽内的粉尘、松散物和其他残余物清除干净。其次,涂刷黏油。在槽壁和槽底涂刷黏层油。

(3) 填补冷料并摊铺压实

将冷却补料填入基槽内,均匀摊铺、整平,用小型振动压路机、平板振动夯实或夯实,超过 50mm 深的坑槽应分层摊铺压路机。

3. 检查验收

沥青路面坑槽修补质量验收应符合表 2-25 的要求。

沥青路面坑槽修补质量验收标准　　表 2-25

项目	规定值及允许偏差	检验方法
基槽成型	1. 四周切缝整齐方正,切缝深度不小于30mm; 2. 采用铣刨机或其他机械施工,边口应整齐; 3. 开槽深度不低于原沥青路面上面层厚度; 4. 基槽内干燥、整洁、无松动现象	钢尺量、目测
铺筑	1. 面层铺筑厚度允许偏差 -5mm,+10mm; 2. 表面粗细均匀,无毛细裂缝,压实紧密,无明显轮印	钢尺量、目测
平整度	人工摊铺≤7mm;机械摊铺≤5mm	3m 直尺、塞尺量
接茬	1. 接茬密实,无起壳、无松散; 2. 接茬平顺齐直,与原路面高差 0~5mm	目测 1m 直尺、塞尺量
路框差	井框与路面高差≤5mm	1m 直尺、塞尺量
横坡	与原路面平顺,横坡一致,不得有积水	目测

三、检查井修复工艺

检查井修复工艺适用于沥青路面检查井下沉及周边路面破损修复作业。当作业区域需尽快恢复交通时可采用快捷法修复工艺。当作业区域交通情况能够保证一定时间时,修复作业宜采用现浇钢筋混凝土的检查井护盘工艺。

(一)检查井快捷法修复工艺

1. 材料与设备要求

检查井快捷法修复工艺采用的材料有热拌沥青混合料、预制混凝土井圈、改性乳化沥青、快硬水泥、砂、石子、混凝土砖或混凝土砌块、水等。该工艺采用的机具设备有沥青混合料加热保温车、材料运输车、切缝机、液压镐或风镐、平板振动夯、小型振动压路机、吸(吹)尘设备、铁锹、镐、耙、刮板、手推车、喷灯、测温枪等。

2. 施工前准备工作

施工前先按施工范围量测并划线,再铣刨或切缝、凿除路面,其方法同热料修补工艺。

(1)拆除井盖和井座。检查井周围破损沥青路面凿除后,把井盖和井座依次撬离井口,不得损坏井盖和井座。

(2)井口清理和井筒调整。人工清凿井口,保留的井口应平整坚固,若井筒砌体损坏,需拆除损坏部分,用混凝土砖块(或混凝土砌块)和水泥砂浆予以补砌;若井筒下沉量较大需砌筑混凝土砌块经行井筒升高;若井筒无混凝土井圈,可直接加装混凝土预制井圈进行升高;若混凝土预制井圈松动或破损,需拆除后予以重砌或更换。

(3)井口卧浆。在井口周围200~300mm范围内,满铺1:2快硬水泥卧底砂浆,厚度50mm。

(4)安装井座和井盖。把井座轻松放在卧底砂浆上调整就位,用铁锤垫方木轻击井座,使井座顶面与路面平行,并略高于原路面20~30mm,把井盖装入井座,利用原沥青路面做井盖安装高程的基准面在井盖顶面用3m小线拉双十字线,用铁锤垫方木轻击井座和井盖,使其慢慢下沉,最终使井盖顶面平齐于拉线。

(5)井座四周包封。沿井座四周,用快硬混凝土包封,并抹平养生。

检查井周边路面破损修补与坑槽修补工艺相同。

3. 质量控制和检查验收

检查井修复工艺质量控制要点是修补轮廓线标划、基槽成型质量、清凿后井口周围平整性和坚固性、检查井井盖高程控制、井座安装稳固性、快硬混凝土质量、接茬质量、路框差等。检查内容应包括:基槽成型质量、井盖安装质量、水泥砂浆及水泥混凝土质量、沥青混合料铺筑质量、平整度、接茬质量、路框差等。沥青路面检查井周边快捷法修复以及沥青路面检查井下沉快捷法修复质量验收应符合表2-26的要求。

沥青路面检查井下沉快捷法修复质量验收标准　　　　表2-26

项　　目	规定值及允许偏差	检验方法
基槽成型	基槽内整洁、无浮渣,基槽、槽壁无松	目测
井口处理	1. 井口清凿彻底、井座安装基面平整坚固; 2. 井筒补砌或升高砌筑时,砌体砂浆密实饱满,砌体上下错缝、无通缝; 3. 井座安装基面高程允许偏差±20mm	钢尺量、目测

续上表

项　　目	规定值及允许偏差	检验方法
井盖对中	中心偏位≤5mm	钢尺量测
井盖高程	与原路面标高允许高差0~5mm	钢尺量测
井座井盖稳固性	1.井座牢固、无松动； 2.井盖平稳、过车无响动	目测并听音

(二)现浇钢筋混凝土检查井护盘工艺

1. 材料要求与机具设备

现浇钢筋混凝土检查井护盘工艺所用材料有快硬混凝土、钢筋笼、镀锌钢丝、特制模板、支撑件、沥青混合料及改性乳化沥青等。该工艺采用的机具设备有沥青混合料加热保温车、材料运输车、检查井盖凿除专用设备或切缝机、液压镐或风镐、平板振动夯、振捣棒、电焊机、小型振动压路机、吸(吹)尘设备、铁锹、镐、耙、刮板、扫帚、收推车、喷灯、测温枪等。

2. 作业方法

(1)测量与划线并切缝。先以检查井中心为基准点,划出圆形修补轮廓线,直径不小于2.1m,再用切缝机沿修补轮廓线对路面切缝,切缝深度宜与沥青路面上面层厚度相同。

(2)开挖基槽与基底处理。首先用专用检查井拆除设备或风镐、液压镐等破碎路面。开挖基槽,基槽上口直径1.8m,下口直径1.4m,深度不小于460mm(距原路面标高)。然后清理和修整基底,保证基底平整、坚实。开挖后若发现基底松散,应适当加大基槽的开挖范围和开挖深度。

(3)拆除井座和井筒调整。拆除井盖和井座后,调整检查井的井筒高程,使井筒顶面高程距原路面高程≥360mm。

(4)安放护盘钢筋笼。井筒顶面铺设普通油毡等隔离材料,安放按照行车道检查井钢筋混凝土护盘配筋图(图2-31)绑扎好钢筋笼。

(5)安装检查井的井座。采用螺丝杆支顶等支垫方法准确安装检查井的井座。井座安装可采用三根螺栓支撑,用螺母和垫片进行高程调整固定。将螺栓焊在钢筋骨架上,在螺栓上安装下层螺母和垫片,安装井座及上层垫片和螺母,挂双十字线,对井座进行高程调整,井座位置与高程准确调整后紧固螺母。

(6)支模板与混凝土浇筑。首先采用易拆卸、易组拼的钢制折叠模板支搭井筒内模,模板应包含可自由拆卸的插板,以解决混凝土浇筑时检查员爬梯与内模冲突的问题。其次,一次性浇筑快硬混凝土至道路沥青表面面层底面高度。混凝土宜为掺加聚丙烯纤维(0.9kg/3)的预拌混凝土,抗压强度等级≥C30。混凝土应充分振捣,以保证混凝土均匀、密实。浇筑过程中应检查井盖位置、高程,避免发生偏差。水泥混凝土表面应做拉毛处理,以保证粗糙度。

(7)养生拆模与面层铺筑:混凝土养生至设计强度的70%后,拆除井筒内模板。涂刷改性乳化沥青黏层油,摊铺沥青混凝土压实,封边修整后,开放交通。

3. 质量控制和检查验收

现浇钢筋混凝土检查井护盘工艺的质量控制要点是槽的开挖范围和质量、井筒高程调整、井座位置和高程调整固定、钢筋绑扎质量、模板安装质量、混凝土浇筑质量、开放交通时混凝土强度、沥青混凝土面层铺筑质量、接茬质量、路况差等。检查和验收内容包括基槽成型质量、钢筋绑扎质量、模板安装质量、井盖安装质量、混凝土强度和浇筑后高程、沥青面层铺筑厚度和平整度、接茬质量、路况差等。现浇钢筋混凝土检查井护盘质量验收应符合表2-27的要求。

现浇钢筋混凝土检查井护盘质量验收标准　　　　　　　　表2-27

项　目	规定值及允许偏差	检查频率 范围	检查频率 数量	检验方法
开挖深度(距路面高程≥460mm)	±30mm	每座	3点	用尺量
开挖上直径(≥1.8m)	±30mm	每座	2点	用尺量
开挖下直径(≥1.8m)	±30mm	每座	2点	用尺量
钢筋保护层(30mm)	±10mm	每座	3点	用尺量
井盖顶面高程(与原路面高程相同)	0~5mm	每座	1点	挂双十字线用尺量
井盖开启方式及牢固度	沿行车方向开启	每座	1点	目测
混凝土浇筑后高程(与中面层沥青混凝土顶面相同)	-5~0mm	每座	3点	用尺量
混凝土强度	满足设计要求	每浇筑批	1组	试块测试

钢筋混凝土检查井护盘钢筋、混凝土等技术要求可参照图2-31行车道检查钢筋混凝土护盘设计图。

四、铣刨罩面工艺

铣刨罩面工艺适用于较大面积铣刨加铺沥青混凝土面层的养护维修作业。

(一)材料要求与机具设备

铣刨罩面工艺的材料一般采用普通或改性热拌沥青混合料、改性乳化沥青等,其材料技术要求符合《城镇道路工程施工与质量验收规范》(CJJ 1—2008)、《公路沥青路面施工技术规范》(JTG F40—2004)等的相关规定。该工艺采用的机具设备有铣刨机、摊铺机、沥青撒布车、混合料运输车、渣土运输车、水车、拖车、双钢轮振动压路机、清扫车、小型振动压路机、切缝机、液压镐或风镐、平板振动夯、吸(吹)尘设备、铁锹、镐、耙、刮板、手推车、喷灯、测温枪等。

(二)铣刨罩面作业方法

1．施工前准备

铣刨罩面的作业条件是铣刨罩面宜选择在干燥和较热的季节施工,施工期间的气温应大于10℃。铣刨罩面施工前,至少应做两方面工作:一是对超过铣刨深度的松散、坑槽、网裂等病害,应预先进行处理;二是确定施工区域,放出边界线,边线应与道路中线平行垂直。

2．铣刨旧路面

铣刨时,宜每3~5m作为一个测量断面,随时量测铣刨深度,过深或过浅时,应及时调整铣刨深度。新旧路面接缝应采用垂直相接,铣刨机无法铣刨的部位及铣刨起止点部位,可用切割机切缝后,用液压镐或风镐凿除。

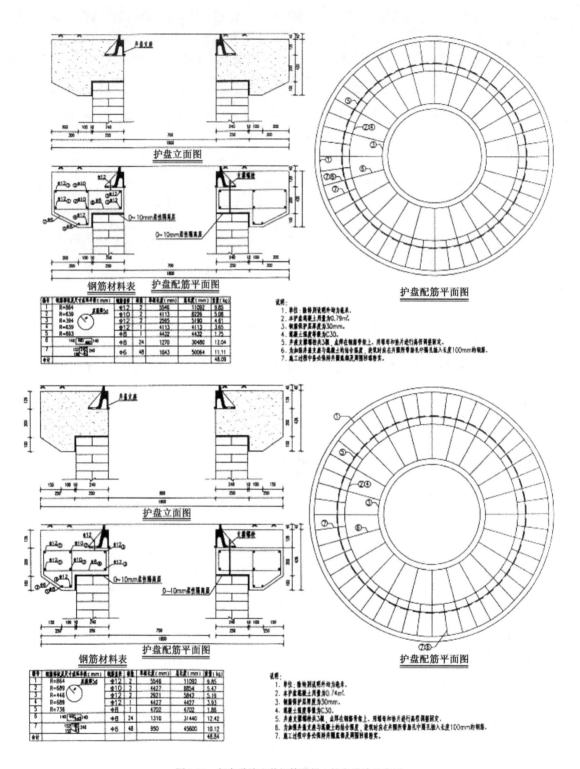

图 2-31 行车道检查井钢筋混凝土护盘设计示意图

3. 清理基层

采用清扫车清扫、吸(吹)尘设备吸(吹)等方法清理基底内的粉尘、松散颗粒和其他残余物。

4. 撒布黏油层

黏油层宜采用沥青撒布车喷洒,局部可采用手工喷洒或刷涂。撒布车撒布时应保持稳定的车速和喷洒洒量,并不得污染周围路面及附近附属构造物,宜事先将周边构造物遮盖。改性乳化沥青用量为 $0.4 \sim 0.6 kg/m^2$。

5. 摊铺沥青混合料

当罩面面积大于 $200 m^2$ 时,应采用摊铺机摊铺。当采用机械摊铺时,摊铺前根据松铺厚度垫好垫木,调好摊铺机并对熨平板进行充分加热,加热温度不低于100℃,摊铺机应保持匀速前进,速度宜控制在 $2 \sim 4 m/min$,摊铺过程中设专人检测摊铺温度、松铺厚度。若采用人工摊铺时,沥青混合料宜卸在铁板上,由人工进行扣锹布料,不得扬锹远甩。用耙子搂平,刮板整平,刮平时应轻重一致,避免混合料离析。铁锹等工具沾防黏结剂或加热使用。

6. 压实沥青混合料

沥青混合料碾压分为初压、复压和终压。碾压时应严格控制沥青混合料的碾压温度。非表面层的沥青混合料碾压时应防止振动压路机冲击新旧接边壁。缝壁边缘、构筑物周围的沥青混合料,宜使用小型振动压路机以及夯锤等机具进行压实或夯实。

(1)初压。普通沥青混合料初压温度不低于130℃,改性沥青混合料初压温度不宜低于150℃。采用钢轮振动压路机静压 $1 \sim 2$ 遍,碾压应从外侧向中心进行,轮迹1/3轮宽。沥青混合料碾压速度宜控制在 $1.5 \sim 3 km/h$。

(2)复压。应紧接在初压后进行,采用钢轮振动压路机按"高频底幅"方式振动压实 $3 \sim 5$ 遍,碾压速度宜控制在 $3 \sim 4 km/h$,轮迹重叠 $100 \sim 150 mm$。

(3)终压。采用钢轮振动压路机静压 $2 \sim 3$ 遍,表面无明显轮迹为止。碾压速度宜控制在 $3 \sim 5 km/h$,轮迹重叠1/3轮宽,终压温度普通沥青混合料不宜低于70℃,改性沥青混合料不宜低于90℃。

压实时效特别注意压边时的碾压规则。面层沥青混合料初次压边时,压路机应先在旧路面上走,同时碾压新铺混合料 $100 \sim 150 mm$,然后碾压新铺混合料,并跨过旧路 $100 \sim 150 mm$,将接缝碾压密实。压路机不得在新罩面的路段上转向、调头、加水或停留。

7. 清理现场、开放交通

将施工现场清理干净并派专人看护罩面区域,沥青面层温度低于50℃后开放交通。

(三)质量控制和检查验收

铣刨罩面质量控制要点是:沥青混合料配合比,铣刨深度、加铺深度,铣刨后基层表面整洁性,黏层油用量和撒布均匀性;摊铺温度好压实温度,压实度和平整度,接茬质量等。

检查和验收检查内容应包括压实度、厚度、平整度、路况差、接茬质量、外观质量等。

沥青路面铣刨罩面质量验收应符合表2-28的要求。

沥青路面铣刨罩面质量验收标准　　　　　表2-28

项目	规定值及允许偏差	检验频率 范围	检验频率 点数	检验方法
厚度	-5，+10mm	100m	1	挖坑或钻芯法，按 T 0912
平整度	≤5mm	20m	宽度<9m　1 宽度9~15m　2 宽度>15m　3	3m 直尺、塞尺量
路况差	≤5mm	每井	1	1m 直尺、塞尺量
接茬	新老接茬紧密、平顺、齐直，与原路面允许高差0~5mm	每处 20m	横向接缝　2 纵向接缝　1	1m 直尺、塞尺量
接茬	和平石相接平顺，与平石顶面允许高差0~5mm	20m	1	1m 直尺、塞尺量
压实度	符合《城镇道路工程与施工质量验收规范》(CJJ 1—2008)相关规定			
外观质量	表面平整、坚实，接缝紧密，无明显轮迹	每个工作路段		目测

第六节　公路水泥混凝土路面养护技术

水泥混凝土路面日常养护是指通过经常性养护，保持路面处于良好的技术状况与服务水平的日常工作。由于路面养护不仅是日常保洁和防护，更重要的是针对一些病害所采取的相应处治技术，所以在水泥混凝土路面养护前，有必要明确这类路面常见的病害与特征和成因与对策。

一、公路水泥混凝土路面常见病害与养护要求

(一) 公路水泥混凝土路面常见病害及一般养护维修对策

水泥混凝土路面常见病害见表2-29。

水泥混凝土路面常见病害　　　　　表2-29

序号	病害	定义	特征
1	线裂	路面因不均匀沉陷或胀缩而造成的板体断裂，包括横向裂缝、纵向裂缝及斜裂缝，裂缝将板分成两块	裂缝长度≥1m，缝宽≥3mm
2	板角	垂直贯穿整块板厚，与接缝相交的裂缝。板角到裂缝两端的距离不大于板长1/2	裂缝与纵横缝相交将板角切断
3	碎裂	板体在行车或温度影响下，产生裂缝继而扩展为碎块	板被裂缝分割成3块以上，严重时会伴有剥落、松动和沉陷
4	错台	接缝或裂缝两边出现高差	垂直高度>8mm

续上表

序号	病害	定义	特征
5	拱起	横缝或接缝两侧的板体发生明显抬高	相对邻近板突起>10mm
6	接缝料损坏	接缝料剥落挤出、老化和缝内无填料	散失深度在表面下≥5mm
7	边角剥落	邻近接缝或板角，混凝土开裂或成碎块	邻近接缝600mm内或板角150mm内
8	唧泥板底脱空	荷载作用时板发生弯沉,水和细料在轮载作用下从接缝或板边唧出,板底出现脱空	车辆驶过时有水从板缝或边缘外唧出,或者在板或边缘的表面有唧出的材料的沉淀物;严重的,车辆驶过时板有明显的颤动和脱空感
9	沉陷	路面连续数块板下沉,低于相邻面板平面	下沉深度>30mm
10	磨损露骨	路面板表面细集料散失、粗集料暴露	面积1m²以上
11	坑洞	路面板粗集料脱落而形成局部凹坑	面积0.01m²以上
12	路框差	路表与检查井框顶面的相对高度	相对高差≥15mm

水泥混凝土路面常见病害一般维修对策见表2-30。

水泥混凝土路面常见病害维修对策　　　　　表2-30

序号	病害	病害原因	维修对策	对策说明
1	线裂	路基或基层强度不足；施工质量差；板体承载力不足；重复荷载应力、翘曲应力和收缩应力等综合作用等	裂缝灌浆、扩缝补块、全深度补块	(1)缝宽<3mm的裂缝,可用灌浆法处治； (2)缝宽为3~15mm且贯穿板厚的中等裂缝； (3)缝宽≥15mm的严重裂缝,可采用挖补方法全深度补块
2	板角断裂	板块厚度不足；板下基层不良或局部脱空,在重车及温度作用下断裂等	切凿后补块	(1)板角断裂应按破裂面确定切割范围。在后补的混凝土上,对应原板块纵横处切开； (2)凿除破损部分时,应保留原有钢筋；传力杆若有缺陷应更换并在新旧混凝土补强； (3)与原有路面板的接缝面,应涂刷沥青,如为胀缝,浇筑面层
3	碎裂	重载作用；板体承载力不足；板下基层不良或局部脱空等	全深度补块整板更换	全深度补块时切割面应大于损面,基层不良时,可现浇混凝土补强,整理钢筋和传力杆后,浇筑面层
4	错台	在车辆荷载作用下,板块不均匀下沉；在温度和湿度梯度作用下产生翘曲；横缝处未设置传力杆等	磨平处置填补处治	(1)垂直高差≤10mm的错台,可采用磨平机磨平或人工凿平； (2)垂直高差>10mm的严重错台,可采用聚合物混凝土补平； (3)补平时接顺坡度应不大于1%,下沉板应切凿成20~50mm深的槽并涂刷界面剂
5	拱起	接缝被硬物阻塞或胀缝设置不当,使板受热时不能自由伸长等	清理接缝切宽横缝重设膨胀全深度补块	(1)板两端因硬物夹入拱起时,清除接缝硬物,使板恢复原位,清缝后灌填缝料； (2)板端拱起但路面完好时,应根据拱起的高度,将拱起板两侧横缝切宽,释放应力,使板逐渐恢复原位,清缝后灌缝料； (3)拱起板端断裂或破损时,可全深度补块

续上表

序号	病害	病害原因	维修对策	对策说明
6	接缝料损坏	温度、降水等因素导致填缝料老化、未及时更换新的填缝料；填缝料本身的材质差；施工不规范等	修补或更换	(1)填缝料局部脱落应进行灌缝填补； (2)脱落缺失大于1/3缝长应进行整条接缝的更换
7	边角剥落	接缝内落入坚硬杂物，板块膨胀应力超出混凝土强度，边缘被硬物挤碎；重交通荷载重复作用；接缝处混凝土强度低或传力杆设计与施工不当等	扩缝补块 全深度补块	(1)板角修补可采用切凿后重新更换和加设传力杆，浇筑混凝土方式维修。基层不良时，可现浇混凝土补强基层。 (2)板边修补可采取扩缝补块法或全深度补块法维修
8	唧泥	填缝料损失；雨下渗及路面排水不良，基层中细粒含量较多等	板底注浆	(1)注浆后应对接缝及时灌缝； (2)若路面或路基排水不良，应采取措施，改善排水系统
9	沉陷	路基强度不足；排水设施不完善基层软弱；面板严重破碎下沉等	顶升面板压浆 整块面板翻修	(1)采用面板顶升，顶升值应经测量计算，确定面板复位后再压浆。 (2)面板整块沉陷并发生碎裂，应整块翻修。 (3)当沉陷处经常有积水，可在适当位置增设雨水口
10	磨损露骨	表面磨耗严重、混凝土配合比不当等	表面刻槽 稀浆封层	(1)可采取表面刻槽、稀浆封层等方法进行处治； (2)刻槽时，槽深宜为3~5mm，槽宽宜为3~5mm，缝距宜10~20mm
11	坑洞	水泥混凝土面板材料有杂质、粗集料脱落、局部振捣不密实、硬物撞击等	填补 薄层修补	(1)深度<30mm且数量较多的浅坑，或成片坑洞，可采用适宜材料修补； (2)深度≥30mm的坑槽，应先局部凿除，再修补面层
12	路框差	基础底板强度不足、井筒砌体碎裂等	检查井及周边路面修复	翻挖后重新安装井框、井盖；浇筑混凝土、填缝料封缝

(二)公路水泥混凝土路面日常养护要求

水泥混凝土路面应保持路容整洁，定期进行清扫保洁，清扫频率按规范有关要求执行。路面接缝好坏是水泥混凝土路面能否正常使用的关键，因此接缝应保持良好，表面平顺。而保持接缝完好与否的关键是填缝料。要防止填缝料凸出或缺损和脱落老化。填缝料凸出板面的高度，高速公路及一级公路不得超过3mm，其他等级公路不得超过5mm。填缝料局部脱落、缺损时，应及时灌缝填补；填缝料老化、接缝渗水严重时，应及时进行整条接缝的填缝料更换。填缝料更换前，应清除原接缝内的填缝料和杂物。新灌注填缝料时，应做到饱满、密实、黏结牢固。材料应符合相关规范的规定。

应加强水泥混凝土路面日常巡查，并做好定期检查。日常巡查是对水泥混凝土路面外观状况进行的日常巡视检查。主要检查拱起、沉陷、错台等病害，以及路面油污、积水、结冰等诱发病害的因素和可能妨碍交通的路障。巡查频率应不小于1次/天。雨季、冰冻季节和遇台风暴雨等灾害性气候,应加强日常巡查工作。日常巡查可以车行为主,采用观察、目测及人工计量,定性与定量观测相结合,重要情况应予摄影或摄像。调查要点见表2-31。发现妨碍交通的路障应及时清除,一时无法清除的,应采取相应的安全措施,日常巡查结果应及时记录。

水泥混凝土路面养护目测观察和量测调查要点　　　　表2-31

序号	调查项目	调查内容
1	接缝病害	接缝填料挤出或脱落程度,接缝边角缺损程度与接缝宽度
2	面板开裂	开裂宽度与开裂状态(形态、缺角等),有无砂土挤出等
3	邻板错台	相邻面板错台高差,从下面渗出物的确认
4	面板坑洞	坑洞面积和深度以及周围的状态
5	路面车辙	车辙程度与积水或溅水程度
6	剥落磨损	剥落面积和深度;防滑链磨损程度,积水或溅水程度;纵断方向变形
7	浮浆(抗滑)	浮浆面积;积水或溅水的程度
8	使用状况	沿线状况,交通流量、气象条件、养护和维修经历等

定期检查是指按一定周期对水泥混凝土路面的基本技术状况进行的全面检查。主要检查内容按现行《公路技术状况评定标准》(JTG H20)执行。

水泥混凝土路面的养护质量评定等级分优、良、中、次、差5个等级。水泥混凝土路面的养护与质量评定方法按现行《公路技术状况评定标准》(JTG H20)执行。

当高速公路及一级公路的路面损坏状况指数评价为优和良,二级及二级以下公路的路面损坏状况指数评价为中及中以上时,可采取日常养护和局部或个别板块修补措施。倘若高速公路及一级公路的路面损坏状况指数评价为中及中以下,二级及二级以下公路的路面损坏状况指数评价为次及次以下时,就采取全路段修复或改善措施。如果高速公路及一级公路的路面行驶质量指数、抗滑性能指数评价为中及中以下,二级及二级以下公路的路面行驶质量指数、抗滑性能指数评价为次及次以下时,应分别采取措施,改善路面平整度,提高路表面的抗滑能力。

路面结构承载能力不满足现有交通的要求时,应采取铺筑沥青混凝土或水泥混凝土加铺层措施,提高其承载能力。

二、公路水泥混凝土路面养护技术

水泥混凝土路面要做好清扫保洁,当面板发生拱起、胀起、坑洞等病害时,应及时采取措施进行处治。

(一)路面的日常清扫保洁

(1)水泥混凝土路面必须定期清扫泥土和污物,尤其与其他不同类型路面平面连接处及平交道口容易污染处应勤加清扫。对于路面上出现的小石块等坚硬物,在行车碾压下容易破坏路面和嵌入路面接缝,同时还会造成飞石伤人,应予以清除。

(2)路面清扫时,应尽量减少清扫作业产生的灰尘,以免污染环境,危及行车安全,清扫作业宜避开交通量高峰时段进行。路面清扫后的垃圾应运至指定地点进行处理,不得随意倾倒。

(3)当路面被油类物质或化学药品污染后,可能对路面混凝土造成破坏,还会降低路面摩擦系数、危害交通安全,应及时清洗干净,必要时用中和剂或其他材料处理后再用水冲洗。

(4)交通标志标牌、标线等交通安全设施是整个公路景观的组成部分,也是交通安全的必要保障,交通标志及标线受到污染后应及时清扫(洗),保持整洁、醒目。

(5)应保持交通标志标牌、标线、示警桩的完整,发生局部脱落、破损时应用原材料进行修复或更换。

(二)路面预设接缝的日常保养

1. 接缝日常养护要求

保持接缝完好,表面平顺。接缝日常养护要求如下。

(1)二级及以下公路,填缝料凸出板面超过5mm时应铲平。

(2)气温较高时混凝土板膨胀,如填缝料本身压缩性能及热稳定性差,易发生填缝料外溢甚至流淌到接缝两侧面板,影响路面平整度和路容时应予清除。

(3)杂物嵌入接缝中,会使接缝失去胀缩作用,从而使面板产生拱胀及断裂,应予清除。尤其是石子嵌入时,使接缝处板端应力集中,以致接缝附近的混凝土板块挤碎,应及时剔除。

2. 填缝料定期更换

(1)填缝料的更换周期主要取决于填缝料自身的寿命、施工质量及路面条件,一般为2~3年。

(2)填缝料局部脱落时应进行灌缝填补;填缝料脱落缺失大于1/3缝长或填缝料老化、接缝渗水严重时应立即进行整条接缝的填缝料更换。

(3)填缝料的更换应做到饱满、密实、黏结牢固。

(4)更换填缝料前应将原填缝料及掉入缝内的砂石杂物清除干净,并保持缝槽干燥,清洁。填缝料灌注深度宜为3~4cm,当缝深过大时,缝的下部可填2.5~3.0cm高的多孔柔性垫底材料或泡沫塑料支撑条。填缝料的灌注高度夏天宜与面板平,冬天宜稍低于面板2mm,多余的或溅到面板上的填缝料应予以清除。填缝料更换宜选在春秋两季,或宜在当地年气温居中且较干燥的季节进行。

(三)刻槽法恢复表面功能

刻槽法是将路面表面层按等间距切铣成一定形状的浅沟,以提高路面抗滑性能的工艺(工法)。浅沟相对于车辆行进方向有纵向和横向之分。纵向适用于弯道、斜面及容易受横风影响的支线路段,高架桥等场所横向刻槽多用于交叉口、横向人行道及收费站前等路段。当采用机械刻槽法仅用以恢复水泥混凝土路面表面功能时,刻槽深度为3~5mm,槽宽为3~5mm,槽距为10~20mm。纵向刻槽时,应平行于纵缝;横向刻槽时,应平行于横缝。刻槽深度应逐步推进,不求一蹴而就,以免刻槽边缘碎裂。本法施工注意两点:一是若在刚铺完的路面上刻槽,有时会产生边角破损和早期槽被堵情况,因此路面开放交通一定时间后刻槽效果好;二是对用于弯道的纵向沟槽,在弯道30~50m的直线部位采取减小沟槽宽度措施,以满足两轮车辆正常行驶。

(四)路面裂缝破坏的处理

1. 扩缝灌浆法处理裂缝

灌浆法处治裂缝主要有压注灌浆、扩缝灌浆、直接灌浆等,应根据病害程度和施工条件等因素进行选择。灌浆材料应具有较好防水性能、足够的强度与温度稳定性,并应通过试验确定。对于宽度小于 3mm 的轻微裂缝,可采用扩缝灌浆法。其作业方法如下:

(1)顺着裂缝扩宽成 1.5cm 的沟槽,槽深可根据裂缝深度确定,最大深度不得超过 2/3 板厚。

(2)用压缩空气清除缝隙中泥土杂物及混凝土碎屑,吹净灰尘后,填入粒径 0.3~0.6cm 的清洁石屑。

(3)根据选用的灌缝材料,准备好灌缝材料,灌入扩缝内。

(4)灌缝材料固化后,达到通车强度,即可开放交通。

2. 条带罩面处理裂缝

当采用条带罩面法时,裂缝两侧的切缝应平行于横缝(或纵缝),且距裂缝距离不小于 150mm,凿除的混凝土深度以 70mm 为宜。平整度要求按相关规范执行。对贯穿全厚的大于 3mm、小于 7mm 的中等裂缝,可采取条带罩面进行补缝,其作业步骤如下。

(1)在裂缝两侧切缝时,且距裂缝距离不小于 15cm。

(2)凿除两横缝内混凝土的深度以 7cm 为宜。

(3)每间隔 50cm 打一对耙钉孔,并在两耙钉孔之间打一对与耙钉孔直径相匹配的耙钉槽。

(4)耙钉宜采用甲 16 螺纹钢筋,使用前应予以除锈,耙钉长度不小于 20cm,弯钩长度为 7cm。

(5)耙钉孔必须填满砂浆,方可将耙钉插入孔内安装。

(6)切割的缝内壁应凿毛,并清除松动的混凝土碎块及表面尘土、裸石。

(7)浇筑混凝土应及时振捣密实、抹平,并喷洒养护剂。

(8)修补块面板两侧,应加深缩缝,并灌注填缝料。

(五)注浆处理板底脱空

采用注浆法处治板底脱空,根据检查结果,确定空隙部位,合理布置注浆孔。注浆材料应具有足够的强度和耐久性,采用沥青类材料时,灌浆压力控制在 200~400kPa,水泥类材料控制在 1.5~2.0MPa,待其抗压强度达到 3MPa 时,方能开放交通。注浆效果检查可采取钻孔取芯、超声波或雷达检测等方法。注浆结束后,应将注浆孔及检查孔用水泥砂浆封填密实。有关注浆作业参见本节三中相关介绍。

(六)面板顶升法处理沉陷

用面板顶升法处理沉陷前,应设置排水设施。为此路面和路肩应保持设计横坡,对路面裂缝、接缝应进行密封,并设置纵向积水管和横向出水管。面板顶升法作业步骤如下。

(1)面板在顶升前,应用水准仪测量下沉板的下沉量,测站距下沉处应大于 50m,并绘出纵断面,求出应当升起值。

(2)在混凝土面板上钻孔,孔深应略大于板厚 2cm。

(3)板块顶升宜采用起重设备或千斤顶。

(4)灌注材料可采用水泥砂浆。

(5)灌注材料压入后,每灌一孔应用木楔堵塞,压浆全部完毕,应拔出木楔,宜用高强度水泥砂浆堵孔。

(6)压浆材料的抗压强度达到6MPa时,方可开放交通。

(七)相邻面板错台处治

错台的处治方法有磨平法和填补法两种,按错台的轻重程度选定。轻微错台可不作处理;错台高度小于或等于10mm时,可采用人工凿平或磨平机磨平;错台高度大于10mm的严重错台,可采取沥青砂或水泥混凝土进行处治。

1. 人工凿平法

(1)划定范围并测量高度。先划定错台处治范围,再用钢板尺测定错台高度。

(2)人工用平头钢凿由浅到深从一边凿向另一边细心凿平,凿后的面板应达到基本平整。

(3)清缝落入填缝料。清除接缝杂物,吹净灰尘,及时灌入填缝料。

2. 机械磨平法

(1)使用磨平机,从错台最高点开始向四周扩展,边磨边用3m直尺找平,直至相邻两块板齐为止。

(2)磨平后,应将接缝内杂物清除干净,并吹净灰尘,及时将填缝料填入。

3. 沥青砂填补法

采用沥青砂填补法时,当错台高度大于10mm的严重错台,可采取沥青砂或水泥混凝土进行处治。

(1)清洁路面并喷洒沥青。首先,清除路面杂物和灰尘。然后,喷洒一层热沥青或乳化沥青,沥青用量为 $0.40 \sim 0.60 kg/m^2$。

(2)摊铺沥青砂并碾压。摊铺沥青砂,修补面纵坡变化应控制在1%。沥青砂填补后,宜用轮胎压路机碾压。

(3)冷却开放交通。待沥青砂修补层冷却成型后开放交通,初期应控制车辆慢速通过。

4. 水泥混凝土修补

(1)凿除修补下沉板并清洁毛面。将错台下沉板凿除 $2 \sim 3cm$ 深,修补长度按错台高度除以坡度(1%)计算,凿除修补下沉板。清除毛面混凝土上的杂物灰尘。

(2)浇筑聚合物细石混凝土。按照技术要求,浇注聚合物细石混凝土。

(3)混凝土养护与开放交通。喷洒养护剂养护混凝土,混凝土达到通车强度后,即可开放交通。

(八)拱起处理

1. 轻微拱起处理

因硬物夹入发生拱起,应将硬物清理干净,使板块恢复原位,并清理接缝内杂物和灰尘,灌填缝料。

2. 严重拱起处理

(1)板端拱起但路面完好时,两旁的板体因受热伸长而把板拱起时,应根据拱起高低程度,计算多余板的长度,将拱起板两侧附近横缝切宽,等应力释放后切除拱起端,逐渐使板块恢复原位。

(2)将横缝和其他接缝的杂物、灰尘用高压空气清吹干净,并灌入填缝料。

(九)集料外露处治

(1)公路水泥混凝土板表面露骨,一般采用稀浆封层加以处治。
(2)对较大面积的水泥混凝土面板露骨宜采取稀浆封层及沥青混凝土罩面措施。
(3)当剥落继续发展进行,裂缝也显著发生时,则必须查明原因,经处理后,翻挖,重新铺筑路面。

(十)路面坑洞的修补

对个别坑洞,应清除洞内杂物,用水泥砂浆等材料填充,达到平整密实。对较多坑洞且连成一片的,采取水泥混凝土薄层修补方法进行修补。对面积较大,深度在3cm以内,成片的坑洞,可用沥青混凝土进行修补。

1. 水泥混凝土薄层修补法

水泥混凝土薄层修补法步骤如下。

(1)切割矩形修补构槽沿坑洞周边用切割机切割成规则的矩形槽。切割面积的图形边线,应与路中心线平行或垂直。切割的深度,应在6cm以上,取出修复区内有缺陷的混凝土,并将切割面内的光滑面凿毛。
(2)清除杂物并凿毛。清除槽内的混凝土碎屑,用水湿润或凿毛。
(3)填补混凝土并振实。混凝土拌和物填入槽内,振捣密实,并保持与原混凝土面板齐平。初凝前用压纹器压纹,压纹深度宜控制在3mm左右。
(4)养生后开放交通。喷洒养护剂养生。待混凝土达到通车强度后,方可开放交通。

2. 沥青混凝土修补法

对面积较大,深度在3cm以内,成片的坑洞,可用沥青混凝土进行修补,步骤如下。

(1)凿出处沿区域。用风镐凿除一个处治区,其图形边线应与路中心线平行或垂直。凿除深度以2~3cm为宜,并清除混凝土碎屑。
(2)铺筑沥青混凝土。铺筑沥青混凝土前,应将凿除的槽底面和槽壁洒黏层沥青,其用量为$0.4 \sim 0.6 kg/m^2$。沥青混凝土应碾压密实平整。
(3)实时开放交通。待沥青混凝土冷却后,控制车速通车。

(十一)面板碎裂损坏处治

1. 换板处理

采用整块板更换和板的局部更换处治,处治好基层或垫层,并设置横向排水设施。原有拉杆、传力杆应保持顺直、有效。重新浇筑的水泥混凝土强度不应低于原设计强度。重新浇筑的水泥混凝土材料要求、配合比、施工工艺、标准等应符合有关设计与施工规范的规定。

修复后的路面平整度,包括接缝在内,用3m直尺检测,高速公路、一级公路应不大于3mm,其他等级公路应不大于5mm。

2. 板上直接加铺的路面

路面上直接加铺的路面的种类主要有:素混凝土、钢筋混凝土、钢纤维混凝土、沥青混凝土等,应根据检查、检测结果,针对外部环境和交通量发展状况,按照经济、合理的原则,选择相应的路面加铺层类型。

旧水泥混凝土路面上直接加铺的路面时,无论采用何种路面类型,均应对旧路面的病害进行修复处治。

(1)加铺时机

高速公路及一级公路的路面损坏状况指数和行驶质量指数应在良及良以上;二级及二级以下公路的路面损坏状况指数和行驶质量指数应在中及中以上。

(2)工作要求

路面加铺层的设计与施工,按照相关路面的设计、施工规范规定执行。

新旧路面之间应设隔离层,一般用沥青混凝土、土工布、油毡等。加铺层的路面厚度应通过计算确定,普通水泥混凝土不小于180mm,钢纤维混凝土不小于120mm,钢筋混凝土不小于140mm,沥青混凝土不小于70mm。路面加铺层的纵、横缝位置应与旧水泥混凝土面板一致。

采用在旧水泥混凝土路面上分离加铺,应符合下列要求:旧水泥混凝土路面的损坏状况指数和行驶质量指数在中或以下;旧水泥混凝土板块应充分破碎或压裂,并稳定无脱空,必要时可采用乳化沥青、水泥浆压注稳定;在旧水泥混凝土板破碎或压裂时,应做好涵洞、地下管道、电缆、排水管等设施的保护;基层的厚度应通过结构设计计算确定,且不小于最小结构厚度;加铺的基层与面层的设计与施工按照相关设计、施工规范规定执行。

(十二)旧水泥混凝土路面再生

关于旧水泥混凝土路面再生技术将在第四章中做详细阐述。在此仅介绍一般要求。旧水泥混凝土再生利用时,应符合下列三项要求。其一,旧水泥混凝土被破碎以后,作为再生混凝土集料使用,其强度应达到二级标准及以上,且最大粒径应为40mm,小于20mm的粒料不能再作为混凝土集料,应筛除。其二,作为基层集料使用,其强度应达到三级标准且集料含量以80%~85%为宜。其三,用作底基层时,应将混凝土板块充分破碎或压裂,并做到稳定无松动碎块。

(十三)水泥混凝土路面的加宽

水泥混凝土路面的加宽应符合公路路基设计、施工规范的有关规定。基层加宽时,新加宽的基层强度不得低于原有水泥混凝土路面的基层强度,并宜采用台阶法搭接。两侧新加宽的水泥混凝土路面宽度差大于1m和单侧加宽时,应调整路拱。如条件许可,应尽可能采取双侧相等加宽方式。在平曲线处,应按现行《公路工程技术标准》(JTG B01)规定设置超高、加宽,原来漏设的,应予补设。路面板加宽处的纵缝应设置拉杆。加宽水泥混凝土面板的强度、厚度、路拱、横缝均应与原设计相同。加宽水泥混凝土路面的施工,应符合相关施工规范规定。

第七节 城市道路水泥混凝土路面日常养护技术

水泥混凝土路面日常养护有三个方面的内容:一是清除杂物,经常清除泥土、石块、砂砾等杂物,严禁路面上进行拌和砂浆或混凝土等作业。对有化学制剂或油污的水泥混凝土路面应及时清洗;二是接缝养护,重视并加强接缝养护,使填料保持良好状况,防止填料失效;三是修补缺陷,水泥混凝土路面缘石缺失应及时补齐。

城市道路的水泥混凝土路面应加强日常巡查,及时发现拱起、沉陷、错台等病害及路面污油、积水、结冰等诱发病害因素和可能妨碍交通安全的遗撒物、杂物等。对路面发生的病害,应分析其产生的原因并制订相应的维修措施,及时进行处理。水泥混凝土路面接缝应进行适时保养,保持接缝完好、表面平顺。对Ⅰ、Ⅱ等级养护的道路宜采用专用机械及相应的维修措施及时进行处理。水泥混凝土路面养护维修的常规和专用材料,应具有足够的温度、耐久性和稳定性。养护维修的主要材料均进行必要的试验并符合相关规范的要求。

快速路、主干路的水泥混凝土路面无论是板轻度剥落,还是板块表面大面积磨光,均不宜采用沥青混合料进行局部修补或罩面。

水泥混凝土面层施工期间,日平均气温不得低于5℃或现场气温不宜高于30℃,雨天不得施工。较大面积水泥混凝土面层施工应采用预拌混凝土。

一、路面裂缝修补

(一)填缝工法

杂物嵌入接缝时应予清除,若杂物是小石块或其他硬物时应及时剔除。填缝料凸出板面应及时处理。填缝料的更换宜选在春秋两季或在当地气温居中且较干燥的季节进行。填缝料局部脱落应进行灌缝填补;脱落缺失大于1/3缝长时应进行整条接缝的更换。

清缝、灌缝宜使用专用机具,填缝料的填补和更换应做到饱满、密实、黏结牢固。

1. 材料要求

(1)填缝料的技术要求

填缝料的技术要求,应符合表2-32的规定。

接缝填料材料技术要求　　　　　　　　　表2-32

性　　能	加热施工式填缝料		常温施工式填缝料
	低弹性型	高弹性型	
灌入稠度(s)	—	—	<20
失粘时间(h)	—	—	6~24
针入度(0.1mm)	<50	<90	—
弹性(复原率,%)	>30	>60	>75
流动度(mm)	<5	<2	0
拉伸量(mm)	>5	>15	>15

注:接缝材料的性能测试方法可按《公路水泥混凝土路面接缝材料》(JTT 203)推荐的方法进行。

(2)修补材料要求

裂缝修补材料根据其功能可分为补强材料和密封材料。当路面由于裂缝和断裂造成强度不足时,宜选用补强材料。当路面仅出现裂缝或贯穿裂缝而板面强度仍能满足使用要求时,宜选用密封材料,将裂缝封闭。

水泥混凝土路面裂缝的密实材料宜选用聚氨酯类灌缝材料;裂缝修补的高模量补强材料宜选用经过改性的环氧树脂类材料或经过乳化反应过的环氧树脂乳液等。水泥混凝土路面裂缝修补材料主要技术性能应符合表2-33的规定。

水泥混凝土路面裂缝修补材料技术要求   表 2-33

性　能	裂缝修补材料	
	密封材料	高模量补强材料
灌入稠度(s)	<20	<20
拉伸强度(MPa)	≥4	≥5
黏结强度(MPa)	≥4	≥3
断裂伸长率(%)	≥50	2~5

注：灌入稠度试验方法可按《公路水泥混凝土路面接缝材料》(JT/T 2003)的方法进行。其他性能指标试验方法应按《公路水泥混凝土路面养护技术规范》(JTJ 073.1—2001)。

2. 填缝作业方法

(1) 清除旧料。填缝前，接缝中的旧填料应予清除，并将缝内灰尘吹净。

(2) 烤缝预热。在温度较低季节施工时，应先用喷灯烤缝预热。

(3) 热料填缝。用加热式填料修补时，应将填缝料加热至灌入温度，滤过杂物、搅拌均匀后倒入填缝机进行填缝。

填缝时宜用铁钩来回搅动，使填缝料缝壁黏结良好，保证填灌饱满。填缝料的灌注高度夏天宜与面板2mm，多余的或溅到面板上的填缝料应予以清除。用加热式填料补修时，除无须加热外，作业方法与加热式填缝料相同。

如果接缝填缝需要更换，更换填缝料前应将原填缝料及掉入槽内的砂石杂物清除干净，并保持槽干燥、清洁。填缝料灌注深度宜为30~40mm。当缝深过大时，缝的下部可填25~30mm高得多空柔性垫底材料或泡沫塑料支撑条。

(4) 整理放行：填缝后，应维护至填缝料固化后，方可开放交通。

(二) 灌缝工法

1. 扩缝灌注法

缝宽小于3mm的轻微裂缝，可采用扩缝灌注。

(1) 切割沟槽。顺着裂缝扩宽成15~20mm的沟槽，槽深根据裂缝深度确定。

(2) 清理杂物。用钢丝刷等清除缝内碎屑，用吸(吹)尘设备清净灰尘，并填入粒径3~6mm的清洁石屑。若缝内潮湿，灌缝前可用喷灯或热喷枪吹风干燥。

(3) 灌入新料。根据选用的灌缝材料，按配合比配制灌缝料，搅拌均匀后，灌入扩缝内。

(4) 养生放行。灌缝料固化后，达到通车强度，即可开放交通。

2. 条带罩面法

缝宽大于或等于3mm、小于15mm且贯穿板厚的中度裂缝，可采取条带罩面法进行扩缝补块。

(1) 原缝扩宽。在裂缝两侧且平行于缩缝，每侧距裂缝距离不小于150mm，用切缝机切缝，如图2-32所示。

(2) 清理杂物。在两条切缝内侧用风镐或液压镐凿除混凝土，深70mm左右。

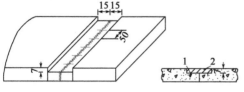

图2-32　条带补缝(单位:cm)
1-植筋；2-新浇混凝土

(3)预先打孔。沿裂缝两侧每隔500mm左右在条槽底打一对植筋孔,孔径略大于植筋直径2~4mm,并在两植筋孔之间打一与植筋孔直径相当的凹槽。

(4)再次清理。清理孔内混凝土碎裂,将孔内填灌快硬砂浆,把除过锈的钢筋插入孔内安装。植筋宜采用φ16 螺纹钢筋,两端锚固弯钩长度不小于200mm。

(5)凿毛除尘。切缝内壁凿毛,清除松动的混凝土碎块及表面松动裸石,用吸(吹)尘设备清净槽内尘土。

(6)涂刷黏剂。将槽内表面刷一层水泥浆或界面剂。

(7)灌混凝土。人工按比例拌制快硬混凝土,填铺后及时振捣密实,抹平、压光后,拉毛。拉毛后喷洒养护剂,其喷洒面应延伸到相邻就混凝土面板200mm以上。

在修补块面板两侧,应加大缩缝深度,并灌注填缝料。

3. 集料嵌锁法

缝宽大于15mm 的严重裂缝,可采取全深补块集料嵌锁法、刨挖法和设置传力杆法,其中集料嵌锁法适用于无筋混凝土路面裂缝修补,刨挖法适用于接缝间传荷很差部位裂缝修补,设置传力杆法适用于重载交通的混凝土路面裂缝修补。集料嵌锁法操作方法如下:

(1)原缝切割。在修补的混凝土路面位置上,平行于缩缝划线,沿线进行全深度切割。在保留板块边缘,沿内侧40mm 位置,锯50mm 深的缝,见图2-33。

(2)破碎清除。破碎、清除垂直面之间旧混凝土,破碎过程中不得伤害基层、相邻板块及缘石。

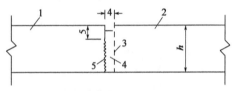

图2-33 集料嵌锁法(单位:cm)
1-板留块;2-全深度补块;3-全深度锯块;4-凿除混凝土;5-缩缝交错界面

(3)基层补强。基层若完整且强度符合要求,应整平基层;若基层部分损坏,则挖除损坏部分后,可用C20 快硬混凝土至基层表面并拉毛,也可按原设计基层材料重做基层。

(4)清槽刷浆。用吸(吹)尘设备清净槽内尘土后,将修补面刷一层水泥浆或界面剂。

(5)浇筑修补混凝土。修补混凝土的强度指标不得低于原路面混凝土设计强度,可采用快硬混凝土浇筑。将修补混凝土摊铺在补块区内,及时振捣密实,抹平、压光后,拉毛或刻纹。浇筑的混凝土面层高程、表面纹理应与原路面吻合。

(6)补块的养生。可采取洒水覆盖养生,也可采用养护剂养生,其用量根据养护剂材料性能确定。

(7)处理接缝并开放交通。做接缝时,应将板中间的各缩缝锯切到1/4 板厚处,清缝后将接缝材料填入切缝内。当混凝土强度达到20MPa 后开放交通。

4. 刨挖法

刨挖法亦称倒T 形法,其示意如图2-34 所示。施工要求同集料嵌锁法。在相邻横边下暗挖150mm×150mm 的一块面积用于荷载传递。

5. 设置传力杆法

设置传力杆法见图2-35,施工要求同集料嵌锁法。施工作业时,如基层受损,应先处理或修复,再安放传力杆和拉杆。

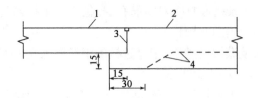 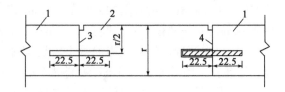

图 2-34　刨挖法(单位:mm)
1-保留板;2-补块;3-全深度锯缝;4-垫层开挖线

图 2-35　设置传力杆法(单位:cm)
1-保留板;2-全深度补块;3-缩缝;4-施工缝

原混凝土面板设有传力杆或拉杆时,应用与原规格相同的钢筋焊接或重新安设。安装时应在板厚 1/2 处钻出比传力杆直径略大孔,孔中心距离 300mm,其误差不应超过 3mm。

对于横向施工缝设置的传力杆,其直径宜采用 25mm 的光圆钢筋,长度为 450mm,嵌入相邻保留板块内深 225mm。当设置拉杆时,拉杆孔直径宜比拉杆直径大 2~4mm,并应沿相邻板块间的纵向接缝板厚 1/2 处钻孔,中心距 800mm。拉杆采用 φ16 螺纹钢筋,长 800mm、400mm 嵌入相邻车道的板内。

传力杆和拉杆若安装倾斜或松动失效,应予以更换。

(三) 接缝板填缝

1. 接缝维修要求

接缝处因传力杆设置不当所引起的损坏,应恢复传力杆的作用。在伸缩缝修理时,应先将热沥青涂刷缝壁,再将接缝板压入缝内。对接缝板接头及接缝板与传力杆之间的间隙,应采用沥青或其他接缝料填实抹平,上部采用嵌缝条的接缝板应及时嵌入嵌缝条。当相邻车道横向位移、纵向接缝张开宽度 10mm 以下时,宜采用加热式填缝料;纵向接缝张开宽度 10~15mm 时,宜采用聚氨酯类常温施工式填缝料维修;纵向接缝张开宽度 15mm 以上时,可采用沥青砂填缝。接缝板边出现碎裂,破碎宽度小于 80mm 的一般碎裂,可采取浅层切缝修复方法填充高模量补强材料进行维修;破碎宽度大于 80mm 的中等碎裂可采用浅层扩缝补块法维修;破碎宽度大于 80mm 的严重碎裂可采用全深度补块法维修。

2. 接缝板填缝材料要求

用于水泥路面修补的填缝材料,应符合《公路水泥混凝土路面接缝材料》(JT/T 203)的规定,同时满足以下要求。

(1) 黏结力强。与水泥混凝土板缝壁具有良好的黏结力。当混凝土板伸缩时,填缝料能与混凝土板缝黏结牢固而不致从混凝土缝壁拉脱。

(2) 塑性适当。具有较高的拉伸率,填缝料必须随混凝土板伸缩而不致被拉断。

(3) 温稳性好。耐热及耐嵌入性好。在夏季高温时,填缝料不发生流淌。填缝料应耐砂石杂物嵌入,保证混凝土板伸胀不受阻。具有较好的低温塑性。在冬季低温时,填缝料不发生脆裂,仍具有一定的延伸性。

(4) 耐久性好。填缝料应能在较长时间保持良好的实用性能,及耐磨、耐水、不易老化等。

填缝料可分为加热施工式和常温施工式两种类型。加热施工式填缝料可采用聚氯乙烯胶泥、沥青橡胶类和沥青玛蹄脂等;常温施工式填缝料可采用聚氨酯焦油类、氯丁橡胶类、乳化沥青橡胶类等。

3. 接缝维修作业

纵向接缝张开宽度 10mm 以下时,可采用聚氯乙烯胶泥、焦油类填缝料和橡胶沥青等加热施工式填缝料进行维修;纵向接缝张开宽度 10～15mm 时,可采用聚氨酯类常温施工式填料进行维修。

(1) 聚氨酯类常温施工方式

首先,维修前清除缝内杂物,吹净缝内灰尘。其次,按材料配合比,配制填缝料。再次,宜采用挤压枪注入填缝料。

填缝料固化后,方可开放交通。

(2) 沥青砂填缝

纵向接缝张开宽度 15mm 以上时,可采用沥青砂填缝。

首先,清缝。清除缝内杂物,吹净缝内灰尘。其次,配料。按配比拌制沥青砂。再次,填缝。填缝前用喷灯烤缝表面。

接缝内填入沥青砂并捣实,用烧热的烙铁熨实填缝表面。最后,放行。填缝表面温度自然冷却至50℃后,开放交通。

接缝板边出现碎裂,用切缝机切割规整,其周围切割面应垂直板面。

(3) 高模量补强材料填补

当板边出现碎裂,破碎宽度小于 80mm 轻微碎裂,可用高模量补强材料以浅层切割修复方法进行填补维修,其施工工艺如下。

首先,碎裂部位浅层切割。在破碎部位边缘,用切缝机切割规整,其周围切割应垂直板面,切割后清除修复区混凝土碎块,并把底面凿平。

其次,清理杂物并修补涂刷界面。先用吸(吹)尘设备清净灰尘杂物后,用喷灯烘烤干燥;再沿修补界面,涂刷界面剂。

再次,配制并填充补强材料。配制并填充高模量补强材料,其材料技术性能应符合规定。围护养生,开放交通。

(4) 浅层扩缝补块法维修

接缝板边出现碎裂,破碎宽度大于 80mm,部分碎块松动或散失尚无中等碎裂,可采用浅层扩缝补块法维修,并做接缝处理。该法的施工工艺如下。

首先,碎裂部位浅层切割。标划出修复区,在破碎部位边缘,平行或垂直接缝方向,用切缝机切割规整,其周围切割面应垂直板面。切割深度应大于混凝土破碎面深度,且不小于 70mm 深。切割宽度每侧应大于破损宽度至少 50mm。

其次,将切缝内壁凿毛。凿除修复区混凝土,清除混凝土碎块并把地面修凿平整。

切缝内壁凿毛,用吸(吹)尘设备清净表面尘土。沿修补界面,涂刷一层界面剂。

再次,用快凝混凝土补块。按比例拌制快硬混凝土,填铺后及时振捣密实,抹平、压光、拉毛后喷洒养护剂。当混凝土强度达到切缝强度时,沿原缩缝位置用切割机切出 1/4 板深的缝槽,清除灌入填缝料。

最后,开放交通。混凝土强度达到 20MPa 后开放交通。

接缝板边出现深度碎裂,破碎宽度大于 80mm,影响行车安全或危害轮胎的严重碎裂,可采用全深度补法维修,并做接缝处理。其工艺流程和作业要求可参照全深度补块法裂缝维修工艺。

二、整块面板翻修

水泥混凝土面板产生严重沉陷、碎裂、断角等时,可对整块面板进行翻修处治。

1. 材料要求

水泥混凝土路面板块修补材料宜选用早强混凝土或其他专用快速修补材料。水泥混凝土板块快速修补材料,快速修补混凝土配比,应经过试验适配确定。修补后的混凝土颜色应与旧混凝土基本一致。快速修补混凝土原材料质量,应符合各自产品的特定要求,并符合《城镇道路工程施工与质量验收规范》(CJJ 1—2008)的相关规定。且应具备如下技术性能。

(1)快硬早强。3h内强度达到20MPa,2h内达到原板块设计强度。

(2)收缩性小。混凝土7d内无收缩,28d的收缩率小于0.02%。

(3)耐久性好。耐磨性好、耐久性好。修补后的混凝土耐磨性一个达到原有未损坏的旧混凝土耐磨性,且具有抗冻、耐腐蚀、抗渗等耐久性能,后期性能稳定。

(4)和易性好。施工和易性好,修补用混凝土初凝时间宜一致。

2. 整板翻修

水泥混凝土路面整板翻修,可采用如下维修方法:

(1)旧路面板凿除、清运:用液压镐凿除就水泥混凝土路面板,并及时清运混凝土碎块。凿除时不得造成相邻板破损并尽可能保留原有拉杆,若有损坏应予恢复。

(2)基层处治:基层损坏部分清除,视基层损坏程度采取不同处治方法。

基层损坏厚度小于80mm,基底整平压实后,可直接浇筑面层修补混凝土。基层损坏厚度不大于80mm,且坑洼不平,基底整平压实后,可采用C20快硬混凝土进行补强,补强混凝土顶面高程应予旧路面基层顶面高程相同。

宜在混凝土路面板接缝处的基层上,涂刷一道宽200mm的沥青带。

(3)混凝土铺筑:混凝土混合料应在搅拌后立即运至施工现场,人工摊铺。宜采用插入式振捣器振捣,振动梁刮平提浆,人工抹平,按原路面纹理对混凝土表面进行拉毛或刻纹。

(4)养生:混凝土板面纹理处理后,宜喷洒养生剂进行养护,养生剂应洒布均匀。

(5)切缝、接缝填缝:混凝土达到切缝强度后,用切缝机切缝,切缝深度宜为板块1/4厚度,清缝后灌入填缝料。

(6)混凝土强度达到20MPa后开放交通。

三、板块脱空处治

水泥混凝土路面板块脱空,可采取弯沉仪、探地雷达等设备测定。其弯沉值超过20(1/100mm)时,应确定为板块脱空。水泥混凝土路面板块脱空可采取压注水泥浆、水泥粉煤灰和水泥砂浆等方法进行处治。压浆处理后,应对面板的接缝及时灌缝。

1. 材料要求

板底脱空灌浆材料,应符合以下要求:

(1)板底脱空灌浆材料宜选择流动性高、具有一定膨胀能力的水泥砂浆或水泥浆。板底脱空灌浆材料应具有自流趋密实性;早期具有一定的膨胀性能,砂浆 14d 水养护膨胀率大于 0.02%;凝结时间适中,初凝时间不小于 2h,终凝时间不超过 3.5h;早期强度高,12h 抗压强度达到 3.5MPa。

(2)灌浆用水泥砂浆、水泥粉煤灰和水泥浆配合比应经试验室试配确定。

(3)灌浆材料的原材料:水泥宜选用 42.5 号或 52.5 号普通硅酸盐水泥,水泥各项性能应符合《通用硅酸盐水泥》(GB 175—2007)规定;砂宜选用粒径小于 3mm 的优质砂,含泥量小于 2%;外掺挤宜选用具有减水、早强、微膨胀功能的混凝土快速修补剂;粉煤灰宜选用 II 级粉煤灰;水宜选用饮用水。

2. 浆孔布设

灌浆孔布设基本要求见图 2-36。

(1)灌浆孔布设应根据面板尺寸、下沉量大小、裂缝状况及灌浆机械确定。

(2)用凿岩机在路面上打孔,孔的大小应与灌浆嘴的大小一致,一般为 50mm 左右。

(3)灌浆孔与面板的距离不应小于 500mm。在一块板上,灌浆孔的数量一般为 5 个,也可根据情况确定。

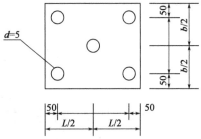

图 2-36 灌浆孔布置(尺寸单位:cm)
d-灌浆孔直径;L-板长;b-板宽

3. 注浆作业

采用水泥灌浆法进行板底脱空灌浆,应符合下列规定:

(1)检查灌浆孔。

(2)清除杂物:灌浆孔好后,应采用压缩空气将孔中的混凝土碎屑、杂物清除干净。

(3)灌注浆液:灌浆机械可用压力灌浆机械或压力泵,灌注压力为 1.5~2.0MPa。

灌浆作业应先从沉陷最大的地方的灌浆孔开始,逐步由大到小。当相邻孔或接缝中冒浆可停止泵送水泥浆,没灌完一孔应用木楔堵孔。

(4)待砂浆抗压强度达到 3MPa 时,用水泥砂浆堵孔,开放交通。

4. 质量要求和验收标准

水泥混凝土路面养护维修质量一般要求是板面平整,无破碎、坑洞、错台、唧泥、露骨、剥落,无沉陷积水;板面整体缩缝和胀缝整齐清晰,填缝料紧密、无松缝;井座无松动、无沉陷;板块修补外形规整、接缝紧密平顺。

水泥混凝土路面养护质量验收应符合表 2-34 的要求。

水泥混凝土路面养护维修质量验收标准　　　　表 2-34

项 目	规定值及允许偏差	检 验 方 法
强度	抗压、抗折强度不低于原路面设计强度	试块
切边	四周切缝整齐垂直,不得附有损伤碎片,切角不得小于 90°	钢尺量、目测
铺筑	1. 面层铺筑厚度允许偏差 -5mm, +10mm; 2. 路面无露骨、麻面,板边蜂窝麻面≤3%,面层拉毛应整齐	钢尺量、目测
平整度	路面平整度≤3mm	3m 直尺、塞尺量

续上表

项 目	规定值及允许偏差	检 验 方 法
相邻板高差	新旧板接平顺齐直,高差≤5mm	1m 直尺、塞尺量
伸缩缝	1. 顺直,深度、宽度不得小于原规定; 2. 嵌缝密实,高差≤3mm	1m 直尺、塞尺量
路框差	1. 座框四周宜设置混凝土保护边; 2. 座框或护边与路面高差≤3mm	1m 直尺、塞尺量
纵横坡	与原路面纵坡、横坡相一致,不得有积水	目测

第八节　水泥混凝土路面新型表层修补技术

一、"BC 型表层修补料"特点及施工

"BC 型表层修补料"主要用于混凝土路面浅层病害的修补,如蜂窝、麻面、起皮、起砂、冻融、啃边、露骨、细微裂缝等病害的处理。在我国江浙地区被广泛应用。

BC 型表层修补料施工所用原材料 见表2-35。

BC 型表层修补料施工用原材料　　表2-35

序号	材 料 名 称	规 格 型 号	单 位	数　　量
1	表层修补料	TL-02 或 BC	t	根据实际施工需求调配
2	洁净水	达到人畜饮用标准	t	

(一)特点

目前 BC 型表层修补料用于混凝土路面浅层病害的修补,相对传统材料具有如下优点:

(1)可操作性强。施工时无须复杂的施工机械和技术要求,无须长时间的封闭交通,施工后 3~4h 可开放交通,而且修补后与原水泥混凝土路面颜色接近,有较好的美观度。

(2)黏结性良好。利用材料本身的黏结能力和表面能原理,修补面与原混凝土反应成统一的整体,从而形成很高黏结强度,施工后可与各种病害部位黏结,黏结能力基本不受厚度影响,可实现 2mm 超薄修补,在伸缩、碾压、推移等外力作用下不脱落、不碎裂。

(3)效益明显。无需对病害部位开挖,可节省大量的施工费、材料费和养护时间,有效延缓道路病害的扩散和蔓延,延长道路使用寿命(3~5年)。同时,混凝土表层病害修复采用换板处理,造价为 180 元/m^2;若采用 BC 型表层修补料,造价为 46 元/m^2。

(二)施工设备与人员组织

施工流程:交通管制→划线→铣刨、清理→冲刷→清理→搅拌→铺装→刻纹→切缝→养护→开放交通。

1. 施工器械

BC 型表层修补主要施工机械见表2-36。

BC型表层修补主要施工器械一览表　　　　　　　　　　　　　　表2-36

序号	设 备 名 称	规 格 型 号	单位	数量	备注
1	发电机	10~15kW	台	1	根据实际施工需求配置
2	高压风枪	背负式	台	1	
3	高压水枪	≥4MPa以上	台	1	
4	铣刨设备	铣刨宽度250~300mm、深度0~5mm,可调	台	1	
5	空压机	3.5/5L/min	台	1	
6	风镐	G10	台	1	
7	振动棒	直插式	台	1	
8	切割机	切割深度10~12cm	台	1	
9	海绵或拖把	吸水性较好	把	2~4	
10	立式搅拌机	直径1.2m;电机功率4.5kW	台	1	
11	搅拌电钻	搅拌专用	把	4	
12	铁锹		把	6	
13	大号铁抹		把	4	
14	搅拌桶	50kg	个	4	
15	储水桶	50kg	个	4	
16	电子秤	50kg	台	1	
17	压纹设备		套	1	
18	硬塑料刷	60~80cm	套	2	
19	透明胶带	1~1.2cm	卷	5	
20	刮尺	4.5~5m	把	2	
21	钢卷尺	3~5m	把	1	
22	记号笔	红色	只	5	
23	钢刷		把	5	
24	扫把		把	2	

2.施工人员配备

BC型表层修补料施工一般需要8~10人,具体人员配备可参考表2-37。

BC型表层修补料施工人员配备　　　　　　　　　　　　　　表2-37

序号	人 员 名 称	单 位	数 量	备 注
1	领工工长	人	1	协调管理
2	搅拌工	人	2	可根据施工要求调配
3	刮尺工	人	2	
4	泥抹工	人	2~4	
5	清理冲刷	人	2	
6	机动工	人	2	

（三）主要施工工艺

1. 划线、标识

选定需要修补的区域，并做好标记、标识，如图2-37所示。

2. 铣刨、清理

如图2-38所示，先将空鼓、脱皮、细微裂缝（≤1mm）、起砂、露石子、啃边等部位的松动部分剔除掉，再用铣刨机对低于1~3mm的裂缝部位、过于平整的部位、有油污的部位要进行铣刨处理，铣刨方法是采用专业铣刨设备进行铣刨，如条件允许也可以采用人工尖锤敲击，或用钢刷清理（根据实际情况也可直接用高压水枪直接冲刷清理）。为确保修补质量，建议最好用铣刨机铣刨。

图2-37 铣刨后清理路面示意图

图2-38 划线标识示意图

对于局部有比较严重的裂缝、破碎、啃边等部位，应先处理完毕后再做罩面修补，具体施工方法是选定需要修补的区域，并做好标记、标识，并在需要修补的裂缝两侧划线，要笔直、平行。沿裂缝两侧各8~10cm处，用切割机锯出两条深10~12cm深的切缝，切缝宽度一般15~20cm。用风镐凿除划线范围的混凝土，凿除深度一般为板厚的1/2约12cm（不得小于10cm深，凿除时应从划线内区域向外凿除，避免出现啃边现象。如果面板已出现比较严重的错台、脱空，建议先打孔压浆找平后再进行条带修补，修补完成后再做整体罩面修补。

3. 清扫/冲刷

如图2-39所示，将修补区域内的泥土、碎石等杂物清扫干净后用高压风枪吹干净，再用高压水枪彻底冲刷干净，冲刷时应从路面的高处向低处依次冲刷，应将泥浆冲出作业面并防止污水回流，用水洗刷干净后，应将水保留在作业面一段时间（至少40~60min），将作业面充分润透，直到不再冒气泡为止。

对于裂缝修补区域的清理，首先用空气压缩机或高压风枪彻底吹干净被凿除的混凝土槽体底面及四周，切缝四条直边用钢刷或铁抹再

图2-39 清扫冲刷路面示意图

次清理干净,不得有浮灰,再用高压水枪充分冲刷并湿润清理好的修补区域底面及四周;修补前不得有明水,若有明水,用高压风枪或海绵、拖布将明水清理干净。

4. 搅拌

修补料搅拌前应先配料和加水,根据修补区域面积计算所需修补材料用量,此用量以单块路面板面积为单位计算并尽量做到一次性铺装。待所有施工工序和施工工具充分准备完毕后方可进行搅拌,如图2-40所示,将BC材料与水混合搅拌(根据施工经验,搅拌时应先加水再加修补料易,于搅拌)。加水量控制在(TI-02)型13.5%~14%、BC型17%~18%时效果最佳(水:TL-02修补料,13.5%~14%;水:BC修补料,17%~18%),但根据修补部位不同,对稀释度不同要求时可调整加水量,但加水量必须控制在(TI-02型)13.5%~14%之间,BC型17%~18%之间不许泌水。对于裂缝修补部位先用搅拌机先干拌TL-02修补料和50%~60%干净碎石,修补料与碎石比例为2:1,最好是用水洗过的碎石,直至均匀(碎石直径10~30mm连续级配),再加入13.5%~14%的干净水搅拌3~5min(水:修补料为13.5%~14%),直至均匀(若天气温度较高,可适当多加一点水,但加水的范围应控制在13.5%~14%以内),修补完成后再做整体罩面;用立式搅拌机或电钻搅拌时须充分搅拌均匀,观察无干粉球和气泡,如果仍有干粉球和气泡,可静止1min后再搅拌,搅拌时间在3~5min为宜,但也不宜时间过长,防止在搅拌桶内凝固(注意控制好水灰比,搅拌好的修补料不得泌水)。

图2-40 修补材料加水搅拌示意图

5. 铺装

为防止铺装材料污染与修补区域相邻的部位,先用胶带把需要保护的区域隔离开后,再将搅拌好的修补材料倒入需修补的操作面内,立即用刮尺刮平(图2-41)(注意:修补前操作面内不能有明水),再用大号的抹子图2-42辅助收光,控制高程做到平整度一致,抹面时严禁在修补材料表面洒水或用泥抹沾水抹面收光,避免出现表面泌水,降低强度。修补裂缝

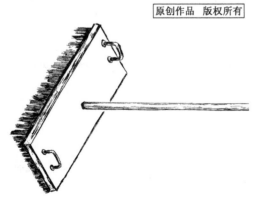

图2-41 铺装找平刷示意图

图2-42 铺装找平示意图

时是将搅拌均匀的修补料倒入冲刷干净的长方体槽里,立即用振动棒振捣密实,振捣时先从边缘和角隅处按顺序振捣,然后再全面振捣。同一位置振捣时间不宜过长,直至混凝土不下沉、不冒气泡、并泛浆为准,并用刮尺刮平,注意控制好高程,再用抹子收光做到一次成型,修补料操作时间控制在15~20min内(注意:初凝后不得二次收光;0℃以下不得施工)。

6. 表面压纹

如图2-43所示,铺装好的表层修补料在刚初凝时立即用刻纹滚筒压出深度为0.5~1mm的防滑槽或用塑料刷拉毛(根据原有路面实际道路情况而定),观察表层,以刚风干、无浆液为宜(根据天气情况)。

7. 清理现场

施工完成后应及时清理施工现场,尤其是要及时清除混凝土拌和物凝固的结块,特别是搅拌材料的搅拌器械、施工工具及地面,避免因修补材料黏结造成不必要的损失。

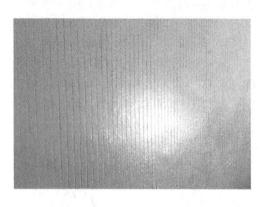

图2-43 防滑纹示意图

8. 切缝并养护

修补完成终凝1h后,在原有伸缩缝位置重新切缝(切缝深度6~8cm),切缝前先弹好墨线,保证切缝线平直和缝隙的美观。在一般情况下不得破坏原有路面切缝位置。根据灌封需要并灌注密封胶密封后,立即进行洒水并覆盖塑料薄膜等进行养护(冬天除外)。

9. 开放交通

温度在20℃以上时,2~3h即可开放交通,温度低时,可适当延长开放时间。如条件允许,尽量延长开放交通的时间,这有助于材料性能的提高。

(四)注意事项

(1)此种修补方法限于混凝土面板基础较稳固时使用。如果面板已出现比较严重的错台、脱空,应先打孔压浆找平后再进行修补。

(2)铣刨后的操作面应彻底用高压水枪清理干净,不得有浮灰。

(3)操作面应充分湿润,直至不再渗水为止。

(4)铺装前修补面必须彻底冲刷干净,湿润但不得有明水。

(5)尽可能使用搅拌机搅拌修补料,必须控制好水灰比,搅拌好的修补材料不得出现泌水。雨天或0℃以下不得施工。

二、SC型钢纤维 水泥路面修补技术

SC型钢纤维水泥路面修补料主要用于处治水泥混凝土道路板角断裂、严重裂缝、坑洞、小面积断板、严重麻面等病害的处理。

此法所用的施工原材料如表2-38所示。

SC 型钢纤维水泥路面修补料所用原材料 表 2-38

序号	材料名称	规格型号	单位	数量
1	水泥路面修补料	SC 型	t	根据实际施工需求调配
2	洁净水	达到人畜饮用标准	t	

（一）特点

根据一些省份实践证明，使用 SC 型钢纤维水泥路面修补料修补的区域未发现脱落、裂缝、起鼓等现象，修补效果明显。相对传统材料具有如下特点：

（1）可操作性强。施工时无须复杂的施工机械和技术要求，无须长时间的封闭交通，施工后 2~3h 可开放交通，而且修补后与原水泥混凝土路面颜色接近，有较好的美观度。

（2）黏结性好。利用材料本身的黏结能力和表面能原理，修补面与原混凝土反应后形成统一的整体，从而形成很高黏结强度，施工后可与各种病害部位黏结，修复后新路面不脱、不裂，严丝合缝。

（3）效益明显。适用于对工期要求紧的小修路面中度病害快速处治，特别是针对较宽裂缝无需对病害部位深层和整面幅开挖，可节省大量的施工费、材料费和养护时间，有效延缓道路病害的扩散和蔓延。

该种材料也存在如下缺点：首先是造价较高，混凝土表层病害修复采用换板处治，造价为 180 元/m^2；若采用 SC 型修补料，造价为 120 元/m^2，对于没有修复时限或修补面积较大的和换板处治相比，优势不十分明显；其次是，人工需求量大，因为浅层处理，机械化作业程度不高，凿除旧路面时人工需求量较大、耗时较多。

（二）施工程序与主要工艺

1. 施工流程

SC 型钢纤维水泥路面修补技术施工工艺流程为：交通管制→划线→切割→铣刨→清理→冲刷→清理→搅拌→铺装→刻纹→切缝→养护→开放交通。

2. 施工器械

SC 型钢纤维水泥路面修补技术施工所用器械如表 2-39 所示。

SC 型钢纤维水泥路面修补技术施工所用器械 表 2-39

序号	设备名称	规格型号	单位	数量	备注
1	发电机	10~15kW	台	1	根据实际施工需求配置
2	高压风枪	背负式	台	1	
3	高压水枪	≥4MPa 以上	台	1	
4	空压机	3.5/5L/min	台	1	
5	风镐	G10	台	1	
6	振动器	平板式	台	1	
7	切割机	切割深度 10~12cm	台	1	
8	海绵或拖把	吸水性较好	把	2-4	
9	立式搅拌机	电机功率 4.5kW	台	1	

续上表

序号	设备名称	规格型号	单位	数量	备注
10	储水桶	50kg	个	4	根据实际施工需求配置
11	电子秤	50kg	台	1	
12	压纹设备		套	1	
13	透明胶带	1~1.2cm	卷	5	
14	刮尺	4.5~5m	把	2	
15	钢卷尺	3~5m	把	1	
16	记号笔	红色	只	5	
17	钢刷		把	5	
18	扫把		把	2	

3. 具体施工流程

(1) 划线并标识

选定需要修补的区域,并做好标记并标识。

(2) 铣刨或凿除异常部位并清理

如图 2-44 所示,先将空鼓、脱皮、细微裂缝(≤1mm)、起砂、露石子、啃边等部位的松动部分剔除掉,用混凝土路面切缝机将需处理的区域切割成 50cm×50cm 大小的板块,切割深度控制在 8~10cm。用风镐凿除划线范围的混凝土,凿除深度一般为 8~10cm(不得小于 8cm 深),凿除时应从划线内区域向外凿除,避免出现啃边现象。

施工中要特别注意的是,当面板已出现比较严重的脱空、错台和破碎,需先进行第一步处理板底灌注和凿平打磨,再进行修补。如果第一步处理不能达到效果,建议通过中修整体换板进行处理。

图 2-44 铣刨和凿除异常部位并清理示意图

(3) 清扫、冲刷

将修补区域内的泥土、碎石等杂物清扫干净后用高压风枪吹干净,再用高压水枪彻底冲刷干净,冲刷时应从路面的高处向低处依次冲刷,应将泥浆冲出作业面并防止污水回流,用水洗刷干净。回填前再对于修补区域用空气压缩机或高压风枪彻底吹干净被凿除的混凝土槽体底面及四周,修补前不得有明水,若有明水,用高压风枪或海绵、拖布将明水清理干净。

(4) 搅拌

根据修补区域面积计算所需修补材料用量(以单块路面板面积为单位计算),尽量做到一次性铺装,等待所有施工工序和施工工具充分准备完毕后方可进行搅拌,搅拌时将 SC 材料与水混合搅拌(图2-45),加水量必须控制在 13.5%~14% 之间。对于裂缝修补部位先用搅拌机先干拌修补料和 50%~60% 干净碎石,修补料与碎石比例为 2:1,最好是用水洗过的碎石,直至均匀(碎石直径 10~30mm 连续级配),再加入 13.5%~14% 的干净水搅拌 3~5min(水:修补料为13.5%～14%),直至均匀(若天气温度较高,可适当多加一点水,但加水的范围应控制在13.5%～14%以内),修补完成后再做整体罩面;用立式搅拌机或电钻搅拌时须充分搅拌均匀,观察无干粉球和气泡,如果仍有干粉球和气泡,可静止1min后再搅拌,搅拌时间在3～5min为宜,但也不宜时间过长,防止在搅拌桶内凝固(注意控制好水灰比,搅拌好的修补料不得泌水)。

(5)铺装

为防止铺装材料污染与修补区域相邻的部位,先用胶带把需要保护的区域隔离后,再将搅拌

图2-45 SC型钢纤维混凝土搅拌加料示意图

好的修补材料倒入需修补的操作面内,立即用刮尺刮平(注意:修补前操作面内不能有明水),再用大号的抹子辅助收光,控制高程做到平整度一致,抹面时严禁在修补材料表面洒水或用泥抹沾水抹面收光,避免出现表面泌水、降低强度。修补裂缝时是将搅拌均匀的修补料倒入冲刷干净的长方体槽里,立即用平板振动器振捣密实,振捣时先从边缘和角隅处按顺序振捣,然后再全面振捣。同一位置振捣时间不宜过长,直至混凝土不下沉、不冒气泡、并泛浆为准,并用刮尺赶平,注意控制好标高,再用抹子收光做到一次成形,修补料操作时间控制在15～20min内。注意初凝后不得二次收光;0℃以下不得施工。

(6)压纹或拉毛

铺装好的表层修补料在刚初凝时立即用刻纹滚筒压出深度为0.5～1mm的防滑槽或用塑料刷拉毛(根据原有路面实际道路情况而定)。之后观察表层,以刚风干、无浆液为宜(根据天气情况)。

(7)清理现场

施工完成后应及时清理施工现场,尤其是要及时清除混凝土拌和物凝固的结块,特别是搅拌材料的搅拌器械、施工工具及地面,避免因修补材料黏结造成不必要的损失。

(8)切缝并养护

修补完成终凝1h后,根据灌封需要在原有伸缩缝位置重新切缝(切缝深度6～8cm),切缝前先弹好墨线,保证切缝线平直和缝隙的美观。在一般情况下不得破坏原有路面切缝位置。灌注密封胶密封后,立即进行洒水并覆盖塑料薄膜等进行养护(冬天除外)。

(9)开放交通

温度在20℃以上时,2～3h即可开放交通。温度低时,可适当延长开放时间。一般而言,如果条件允许,尽量延长开放交通时间,有助于材料性能的提高。

(三)施工注意事项

(1)此种修补方法限于混凝土面板基础较稳固时使用。当面板已出现比较严重的脱空、错台和破碎,需先进行板底灌注、凿平打磨处理。如果处理不能达到效果,建议通过中修整体换板进行处理。

(2)尽可能使用搅拌机搅拌修补料,必须控制好水灰比,搅拌好的修补材料不得出现泌水。雨天或零摄氏度以下不得施工。

(3)铣刨后的操作面应用高压水枪彻底清理干净,不得有浮灰。铺装前修补面必须彻底冲刷干净,湿润但不得有明水。

第九节　砌筑路面和砂石路面养护技术

砌筑路面又称块料路面,是指经粗加工或精细加工成的天然石料(粗料石或细料石)或者用水泥混凝土预制块铺筑的路面。砌筑路面应设置基层、垫层(整平层),且强度满足交通荷载要求,块料之间一应用填缝料填嵌密实。砌筑路面基层宜采用刚性基层。

砌筑路面应进行经常性巡逻检查和养护,及早发现病害,查清原因,采取适当措施,及时维修,保持路面状况良好。春季和雨季应增加巡逻次数。

一、城市道路砌筑路面养护

(一)砌筑路面的养护维修要求

砌筑路面应表面平整、抗滑,排水通畅。

当砌筑路面砌块接缝中的填缝料发生散失、损坏,应及时添补或重新勾缝,保证路面稳固。若路面出现坑洞、松动缺损、沉陷、隆起、碎裂、错台、检查井周边病害等时,应及时维修。基层强度不足而造成的路面损坏,应清除软弱基层,重新铺筑基层,恢复面层。更换的块料材质、规格、颜色等宜与原路面一致。块料的修补范围宜大于损坏范围一整块,缝宽应与周边原状路面一致。

(二)常见病害及维修对策

砌筑路面常见病害主要表现为坑洞、破碎、松动、错台、拱起、沉陷、路框差等,其病害主要原因及维修对策见表2-40。

砌筑路面常见病害原因及维修对策　　　　　表2-40

病害类型	病害原因	特　征	维　修　对　策
坑洞	板块松动、破损、缺失等	深度>20mm	补块重砌
破碎	面层遭重车碾压、基层强度不足或板块厚度、强度不等	整块板破碎成数块	基层补强、换板重铺
松动	层间、缝间黏结力或镶嵌力不足等	车过或脚踩感觉不稳,有响声	垫层处理、面层翻铺、重新嵌缝
错台	基层强度不均匀或垫层松散缺失等	垂直高差>5mm	基层补强、垫层调整、面层翻铺
起拱	基层隆起或胀缝设置不当等	最大突起量≥30mm	处理基层、调整胀缝、调换板块
沉陷	基层强度不足等	深度>20mm	基层翻修或补强后,重新铺筑
路框差	井座周边路面下沉,井筒砌块松动碎裂	高差≥15mm	井座四周基础补强或填换后重新铺筑、检查井调整修复

(三)城市道路料石路面维修工艺

本工艺适用料石路面局部修补翻修作业。料石路面出现局部缺损、破碎、松动、错台、坑洞时,应进行局部修补、更换;发生较大面积的沉陷、拱起、破碎、松动、成片凹凸不平时,应进行翻铺整修。

1. 材料要求

根据损坏部位现状,宜选用同一产地、品种、材质、颜色一致的石料,并提前对所备料石的规格、颜色、品种和所需数量进行检查、核对。同时备齐修补所需其他材料,如水、砂、碎石、普通(快硬)水泥等。更换的料石应坚硬、耐磨、耐酸、表面平整、抗滑,料石的物理性能、加工尺寸和外观质量应符合表2-41的规定。

料石的物理性能、加工尺寸和外观质量要求　　表2-41

项目		规定值及允许偏差	项目		规定值及允许偏差
物理性能	饱水抗折强度(MPa)	≥10	加工尺寸	长度、宽度(mm)	±0.2
	饱水抗压强度(MPa)	≥120		厚度(mm)	±2
	体积密度(g/cm^3)	>2.5		对角线长度(mm)	±2
	吸水率(%)	<1		棱线之间的夹角(°)	90±1
	孔隙率(%)	<3		平面度(mm)	≤1
	磨耗率(狄发尔法)(%)	<4		外观质量	色调、花纹基本一致,无缺棱、缺角、加工裂纹

注:料石的试验、检验方法按照《天然花岗石建筑板材》(GB/T 18601—2001)、《天然饰面石材试验方法》(GB/T 9966.1~9966.8—2001)、《公路工程石料试验规程》(JTJ 054—1994)等的相关规定执行。

2. 工具机具

工具机具包括:平板振捣器、插入式振捣器、切割锯、液压镐或风镐、叉车、手锤、手推车、木抹子、铁抹子、挂杠、刚錾子、铁钩子、橡皮锤、大铁锤、橡胶垫、筛子、灰槽、水桶、铁锨、镐、扫帚、线绳等。

3. 作业方法

(1)确定修补范围。根据路面损坏情况划出修补范围,修补部位宜大于损坏部位一整块料石。

(2)清理表面杂物。清除基层表面的碎块、杂物、浮土和砂浆,基层若有损坏应挖除,直至露出坚实的层面。

(3)重新整修基层。若基层比较完整,仅局部凹凸不平,可将凸处清理后用1:3水泥砂浆填补找平。若基层部分损害,可采用水泥(快硬)混凝土进行修补;若基层破损严重或基层软弱、强度不足,应挖除后重新铺筑,具体基层翻挖和基底处理两个流程。挖除受损基层材料,边线应整齐、断口用垂直。基底处理时,避免超挖或扰动路基,清除混杂、松散材料,整平夯实基底。

(4)浇筑修补混凝土。大面积修补宜采用预拌混凝土,小面积修补可人工按比例现场拌和,配合比应准确。人工摊铺后,用振捣器振实,不得漏振。振实后,用木抹子将混凝土表面抹平,但不压光。混凝土终凝后进行养生。

(5)挂出基准线。以周围路面顶面为基准,依据原路路面层纵、横挂出基准线。若铺砌面积较大,可每隔5m左右安设一道料石作为控制点,并建立方格网,以控制高程和方向。

(6)用料石铺砌。按照四个步骤进行:首先,洒水湿润基层,均匀刷水灰比为0.4~0.5的水泥浆;摊铺水泥砂浆垫层,砂浆厚度一般应高出石材底面高程10~20mm。垫层砂浆应采用1:2~1:3的干硬性水泥砂浆,干硬程度以"手捏成团、落地即散"为宜。用木抹子抹平后,将料石至路面高程。若通过试夯发现砂浆厚度过大,应抬起料石调整砂浆厚度。其次,试铺合格后,翻起料石在干硬性砂浆层上均匀洒水灰比为0.5的水泥浆,然后依照控线将料石对准原位放下,安放时四角应同时下落。料石安放后调整料石位置,上置垫木,用橡皮锤敲击(若料石尺寸较大,可在顶面垫放橡胶垫,用大锤、木夯配合锤击料石),应使料石铺砌平实、四角平整、纵横向对缝顺直,顶面高程、相邻高差符合要求。再次,在铺砌过程中,如发现料石下有空隙,应将料石抬起后用砂浆补实刷浆后再行铺砌。修补料石接缝宽度应与周边原状路面缝宽保持一致。最后,检查井周围或与构筑物的相接部位,应按所需形状切块补齐。

(7)灌缝与养生及开放交通

料石铺砌后围护养生。料石接缝采用1:3的水泥干砂灌缝、扫缝填充。灌缝后,进行洒水养生,待接缝中的水泥砂充分密实后,进行二次灌缝。

(8)开放交通。

养生期满后,清理面层表面,开放交通。

4. 质量控制和检查验收

质量控制要点:料石选材;基层清理及整修,干硬性砂浆的配比及试铺厚度,料石试夯,料石铺砌及调整,灌缝质量等。检查内容应包括:铺筑质量、接茬质量、路框差等。

料石路面维修质量验收应符合表2-42的要求。

料石路面维修质量验收标准　　　　　　　表2-42

项目	规定值及允许偏差	检验频率		检验方法
		范围	点数	
铺筑	1.铺砌平整、稳固、无翘起、灌缝饱满	每处维修路段		目测、脚踩
	2.更换的料石材质、规格、颜色等与路面一致	每处维修路段		目测
	3.平整度≤5mm	10mm	1	3m直尺、塞尺量取最大值
	4.纵横缝顺直,排列整齐。纵横缝线中心偏差≤2mm	10m	3	10m直尺、塞尺量取最大值
	5.缝宽误差±2mm	10m	3	1m直尺、塞尺量取最大值
	6.相邻块高差≤2mm	10m	3	水准仪
	7.横坡坡度允许偏差±0.3%	10m为1断面	3	1m直尺、塞尺量取最大值
接茬	1.新老接茬齐平,高差≤2mm	10m	3	1m直尺、塞尺量取最大值
	2.面层与其他构建物相接平顺,无积水现象	每处		目测
路框差	检查井井框与路面高差≤2mm	每井	1	1m直尺、塞尺量取最大值

二、公路砌块路面养护

砌块路面分为水泥混凝土预制块路面及块石路面两大类。要求砌块路面的填缝料应无散失、损坏;砌块路面应保持平整,无严重破碎块;砌块路面应排水良好,无积水;砌块路面应定期清扫保洁。

(一)公路砌块路面的养护标准

砌块路面的养护标准,应符合表 2-43 规定。

砌块路面养护标准　　　　　　　　　　　　表 2-43

项　目	允　许　值	说　明
平整度(mm)	≤10	用 3m 直尺量测
相邻块顶面高度差(mm)	≤5	用钢尺量测,取最大值
最大缝宽(mm)	≤10	用楔形塞尺量测,取最大值
横坡度(%)	±0.5	用水准仪测量
破损率(%)	≤1	量测每 1000m² 中破损块的面积

(二)公路砌块路面的修复要求

用水泥砂浆做填缝料时,可采用快硬早强砂浆,砂浆强度未达到设计强度的不得开放交通。用砂做填缝料时,应填筑密实,并及时添补。砌块路面的局部损坏维修,应符合下列要求:

破碎砌块应按原材料和原尺寸补换。水泥混凝土预制块和石块强度指标应达到设计要求。重铺的砌块宜高出原路面 5mm。缝隙内的填料应保持密实、饱满。砌块路面的破损率大于 15% 时,应予翻修。

砌块路面翻修时,应对路基土、路面结构、排水、地下水及交通量等进行详细调查,并据此进行设计。

原有的各种病害应彻底处治。基层和垫层应压实处治。当砌块下铺设砂垫层时,砂垫层厚度以 30mm 为宜,砂的含泥量不应大于 3%。砌块路面两侧应预先设置坚固的边缘约束。应按设计形式铺好第一排砌块,随后的铺砌应与前一排砌块稳固、紧密相靠。约束边缘与砌块间的空隙,应按设计要求镶嵌。不得采用小而薄的切割块填塞。边缘内孔隙镶嵌完毕,应采用平板振动器全面振压砌块表面。振动板的面积宜为 $0.35 \sim 0.5 m^2$;振动频率以 75~100Hz 为宜。振压后应的铺砌面上撒砂,用砂填充缝隙,并继续振压 2~3 遍,即可开放交通。当用水泥砂浆做填缝料时,砌块周边应干净无浮尘,坐浆饱满、密实。水泥砂浆强度未达到设计强度的不得开放交通。

三、公路砂石路面养护

(一)砂石路面养护的总体要求

砂石路面养护的总体要求是保持路面平整坚实,防止和修复路面的破损和变形,保持排水良好。养护材料应尽可能就地取材,以降低养护成本。路面与路肩连接处,应保持平整坚实,高差(错台)不得大于 20mm。路面与桥涵衔接应平顺,防止跳车。当原有路面磨耗过大,强度或宽度不足,不能满足交通量增长的需要时,应对路面采取加宽、加厚或翻修措施,提高通行能力。

路面磨耗层和保护层应保持良好,发现波浪、坑槽、车辙等病害应及时维修。砂石路面的日常养护工作,主要是保护层的养护(铺砂、扫砂、匀砂)以及磨耗层的小面积修补,排除路面积水,保持路面整洁。砂石路面出现磨耗层破损、坑槽、车辙、松散、波浪等病害时,应及时修复。当砂石路面保护层(含松散保护层和稳定保护层)出现大面积损坏或飞散、减薄、磨耗层损坏、松散时,应及时加铺磨耗层和保护层。当砂石路面强度不足、出现坑槽、车辙既深且多,或破坏面积大、深达基层，或路面沉陷过剧、路基翻浆严重等时，应进行局部或整段大修。在大修前应分析破坏原因，调查路基稳定性，确定大修方案。冬季扫雪、除冰时，应注意防止损坏路面结构。

交通量增大或重型车辆增多，原有路面宽度、厚度不能满足行车要求时，可加宽、加厚原路面。加宽、加厚路面应根据原有路况及所用材料，做好综合调查，通过设计确定方案。

(二) 砂石路面加宽和加厚要求

砂石路面加宽应按原路面厚度、材料和操作方法铺筑。根据路基情况，因地制宜，视路肩宽度确定双边或单边加宽。如路基过窄，则在加宽路基后再加宽路面。新加宽的路基达到要求的压实度后才能加铺路面。

砂石路面单独加厚，应按设计要求加厚。加厚层的压实厚度不得小于80mm，否则应将旧路表面挖松后与加厚部分一起拌和压实。超过120mm时，应分层铺筑，其上层厚度宜为全部加厚层的40%。加厚部分与原路面的接头处宜采用5～10m长的缓坡搭接。

当砂石路面同时加宽和加厚时，应先进行综合调查，并做好设计，先加宽，后加厚。新加厚的路面，可采用同样结构类型，并要求做到路面横坡适宜，做好新旧部分的结合。加宽、加厚的路段稳定后，及时铺筑磨耗层和保护层。加强初期养护，使其早日达到稳定、密实、平整，保证工程质量，特别应注意加宽部分与路肩接合处保持平整，排水顺畅。在有足够强度和平整度的砂石路面上，为改善路面技术状况，可加铺一层厚度为10～15mm的沥青磨耗层。其施工方法可参照现行《公路沥青路面施工技术规范》(JTG F40)的有关规定执行。

第十节　公路桥涵及构造物养护技术

每年雨季和冬季前后，应对涵洞进行检查，检查内容包括：洞内的淤积程度，涵洞主体结构的开裂、漏水、变形、位移基础下沉及冻胀程度，涵顶及涵背填土沉陷程度，涵背泄水状况。

一、涵洞日常养护

(一) 涵洞日常养护要求

涵洞洞口应保持清洁，洞内排水通畅。大雨或大雪后应及时清除洞内外的淤积物或积雪。暴雨后应及时修复排水构筑物的水毁，清除洞内淤泥和洞口堆积物。

涵底铺筑出现冲刷损坏，下沉、缺口应及时修复，涵洞铺砌与上下游渠道坡度应平顺。涵台及坡锥体的杂草和树根应及时清除并修复。

涵洞进水口的沉砂井和出水口的跌水构造，应适时检查其是否与洞口结合成整体，如有损坏或发现裂隙，甚至脱离，应及时修复加固。

涵洞的裂隙、局部脱落，应及时修补。当砖石拱涵的接头处或铰缝填料脱落时，应采用麻絮浸透沥青填料或用其他弹性材料及时修补，不得采用灰浆抹缝，以免再次脱落。

水泥混凝土管涵的接头处或铰缝处发生填料脱落，引起路面渗水时，可用干燥麻絮浸透沥青填实或用其他弹性材料封堵；不得用灰浆抹缝，以免再次脱落。

当涵顶及涵背的填土出现下沉时，应检查涵体结构并采取修复措施。

（二）涵洞检查

涵洞检查分为经常检查和定期检查。

1. 经常检查

经常检查的频率为每月至少进行两次，在洪水、冰雪前后及行洪期间应加强检查。经常检查内容包括：进水口是否堵塞，沉砂井有无淤积，洞内有无淤塞及排水不畅，洞口周围是否有杂物堆积，涵洞是否清洁、漏水，周围路基填土是否稳定和完整，涵洞结构是否损坏。经常检查中发现有排水堵塞或有较大损坏需要进行维修的，应做好记录并及时报告。

2. 定期检查

定期检查的频率为每年至少进行一次，在接到较大损坏情况的报告后应增加检查。定期检查内容包括三个方面：一是检查涵洞的过水能力，包括涵洞的位置是否适当，孔径是否足够，涵底纵坡是否合适，若过水能力明显不足，经常造成内涝及路基损毁的，应考虑改造；二是检查进出水口，检查进水口铺砌、翼墙、护坡、挡水墙、沉砂井等是否完整，洞口连接是否平整顺适，出水口铺砌、挡水墙、翼墙、护坡等是否完整，排水是否顺畅；三是检查涵身承载状态体，检查侧墙是否渗漏水、开裂、变形或倾斜，墙身砌体砂浆是否脱落、石块是否松动，基础是否冲刷淘空，涵身顶部盖板或拱顶是否开裂、漏水、变形下挠，拱顶砌块是否松动脱落，底是否淤塞阻水，涵底铺砌是否完整，洞口附近填土是否有渗水、冲刷、空洞，填土是否稳定，涵洞顶路面是否开裂、下沉，行车是否安全。

定期检查中，检查人员应现场填写"涵洞定期检查记录表"（表2-44）；实地查明损坏情况，根据涵洞的技术状况及排水适应状况，参照桥梁技术状况评定标准中相关结构类型，对涵洞的技术状况综合做出好、较好、较差、差、危险等五个级别的评定，提出日常养护、维修、加固、改建等建议。

涵洞定期检查记录表 表2-44

1.路线编码		2.路线名称		3.涵洞桩号	
4.管养单位		5.涵洞类型		6.检查时间	
7.序号	8.部件名称	9.损坏或需维修情况描述		10.维修建议(方式、范围、时间)	
1	进水口				
2	出水口				
3	涵身两侧				
4	涵身顶部				
5	涵底铺砌				
6	涵附近填土				
11.涵洞技术状况总评		好	较好	较差	差	危险
12.养护方案	日常养护	维修	加固	改建	13.下次检查时间	年 月
14.备注					
主管负责人		检查人		检查时间	年 月

涵洞圬工砌体表面发生局部风化、裂缝及灰缝剥落，局部砌块松动、脱落，砌体渗水等，可分别采取勾缝、局部拆除重砌、表面抹浆或喷浆、砌体背后压注水泥浆或化学浆液、加设涵内衬

砌等方法处理。

当涵洞洞口冲刷严重时,可采用浆砌块石铺底并用水泥浆勾缝。铺砌末端应设置抑水墙或在出水口做消力池或消力槛等缓和流速设施。涵洞经常发生泥沙淤积时,可在进水口设沉砂井,以沉淀砂、杂物。当涵体结构坏时,应挖开填土,按涵洞原结构进行或修复。当涵洞端墙鼓凸倾斜时,应挖开填土,加固或重新砌筑墙身。对非结构损坏引起的涵顶路面下沉,应查明原因进行修整。道路加宽或提高路基而需要接长涵洞时,应充分利用原有涵洞结构并在新旧涵洞之间做沉降缝。

(三) 涵洞的病害类型及加固方法

涵洞常见病害类型及维修方法见表2-45。

表2-45 涵洞常见病害类型及维修方法

病害类型	维修方法
涵洞进、出水口处严重冲刷	位于陡坡上的涵洞或直接受水流冲击的涵洞,其入口处应采取适当的防护措施; 用浆砌块石铺底,并用水泥砂浆勾缝。铺砌长度视土质和流速而定,铺砌的末端应设置混凝土或浆砌块石抑水墙
涵洞流速特别大	应在出水口加设消力设施,如消力槛、消力池等。消力槛的末端应设置混凝土或浆砌块石抑水墙,或设置三级挑槛
涵洞经常发生泥砂淤积	可在进水口设沉砂井,以沉淀泥砂、杂物
管涵的管节因基础沉陷而发生严重错裂	应挖开填土处理地基,再重建基也可直接采用对地基及基础压浆的方法处理。有铰涵管如变形大于直径的1/20时,应查明原因进行处理
波纹管涵发生涵管沉陷、变形	应挖开填土进行修理。管底应按土质情况做好垫层,管上加铺一层防水层,并注意对回填土分层夯实
涵洞的侧墙和翼墙,发生倾斜变形	应查明原因后加以处理,如因填土未夯实发生沉落,或填土中水分过多、土压力增大而引起的,应更换透水性好的填土并夯实;如属基础变形引起的,则需要修理或加固基础
因加宽或加高路基导致涵洞长度不足	应接长处理。一般可将原涵洞洞身接长,两端新建洞口端墙和路基护坡;当路基加高、加宽不多时,也可采用只加高两端洞口端墙或加高加长洞口翼墙的方法
承载力不足的涵洞应进行加固或改建	挖开填土,用混凝土或钢筋混凝土加大原涵洞断面; 涵内用混凝土或钢筋混凝土预制块衬砌加固或用现浇衬砌进行加固; 挖开填土,用新构件分段进行更换改建
涵洞位置不当,过水能力不足	应进行改建。改建施工宜分段进行,并做好接缝的防水处理

(四) 压力式涵洞的加固技术

压力式涵洞进水口周围路堤发现渗流、空洞、缺口或冲刷现象时,应及时进行修补处理。

洞口周围路基可用不透水黏性土封堵,洞前做铺砌或修挡水墙。

压力式涵洞或倒虹吸管的涵顶路面出现浸渍,应及时处理。可采用对涵内顶部表面抹浆、喷浆或衬砌的方法处理。

下面以倒虹吸为例,介绍压力式涵洞的病害类型及处治措施。

1. 病害类型及产生原因

倒虹吸的病害类型及产生原因见表 2-46。

倒虹吸的病害类型及产生原因 表 2-46

病害类型	病害产生原因
管身环向裂缝	主要是由于管身分节过长,温度降低时引起纵向收缩变形造成管身脱节,当基础约束过大时造成拉裂甚至断裂
管身纵向裂缝	主要是由于现浇管顶施工质量差,同时外漏的管顶受到阳光直射,管身顶部内外温差大,管身内外变形不一致
管身龟裂	严寒地区,当冬季没有排完管内积水或没有采取保温措施时,将发生冻害而造成管身龟裂
接头漏水	接头止水材料老化或接头脱节将止水拉裂,引起漏水
边墙失稳	进口处地基沉陷或顶部超载,导致进口处挡土墙或挡水墙失稳
混凝土表面剥落	冻融作用或钢筋锈蚀,使混凝土表面剥落
管内堵塞	未及时清污,杂物堵塞进口或沉积物堆积管中
钢筋锈蚀	主要原因是管身裂缝处或缺陷处,钢筋裸露失去混凝土保护层,引起钢筋锈蚀

2. 倒虹吸病害维修

1) 裂缝处理

由于裂缝的产生,使裂缝处钢筋处于高应力状态,同时裂缝的存在降低了倒虹吸管的抗渗性和抗冻性,加速混凝土表面的剥落,因而将缩短管道的寿命。裂缝的处理方案有:

(1) 对于既没有考虑运用期温度应力,又未采取隔温措施的管道要采取填土隔温措施。该方法能降低管道运用期的温度应力,并防止混凝土冻融,施工方便,节省材料,降低效果明显。

(2) 对安全系数太低的管道采用全面加固方法。当管道强度安全系数太低,可采用内衬钢板的全面加固方案。该方法优点是能有效提高安全系数,加固后安全可靠,并能长期正常运行;缺点是造价高,用钢量大,施工比较困难。

(3) 防渗方案。防渗方案适用于管道强度安全系数较高,仅在管道裂缝两侧进行局部补强的情况,起到裂缝处防止渗水的作用。

2) 渗漏处理

(1) 对因裂缝引起的渗漏可按裂缝处理方法进行。

(2) 管壁一般渗漏的处理。可在管内壁刷 2~3 层环氧基液或橡胶液;若为局部漏水孔或气蚀破坏,可涂抹环氧砂浆封堵。

(3) 接头漏水的处理。对于受温度变化影响大的,仍需保持柔性接头的管道,可在接缝处允填沥青麻丝,然后在内壁表面用环氧砂浆贴橡皮。对于已做腹裹处理、受温度影响显著减小的管道,可改用刚性接头,并隔一定距离设一柔性接头。

3) 淤积处理

在进口处设置拦污栅隔离漂浮物,以防止堵塞;在进口上游一定距离设置沉砂池和冲砂孔,防止杂物的堆积;控制过水流量和流速,防止悬浮物的沉积。当出现堵塞,应先排除管内积水,再用人工挖出。

4) 冲磨处理

设置拦沙槽拦截砂石,减轻对管壁的磨损。对已发生气蚀与冲磨的管壁可进行凿除,并重新涂抹耐磨材料。

二、桥梁日常养护技术

(一) 桥梁基本状况卡片

桥梁建档是为了记录桥梁的行政数据、技术参数、维修记录、技术状况评定结果和图像资料,为今后的养护维修提供参考依据。

《公路桥涵养护规范》(JTG H11—2004)中规定,桥梁管养单位应对辖区内的所有桥梁建立如规范中附录 A 所示的桥梁基本状况卡片。该卡片由行政数据识别、技术结构数据、档案资料、最近技术状况评定、桥梁照片五组数据和81子目构成,如表2-47所示。

桥梁基本状况卡片　　　　　　　　　表2-47

A 行政数据识别

1	路线编号		2	路线名称		3	路线等级	
4	桥梁编号		5	桥梁名称		6	桥位桩号	
7	功能类型		8	跨越地物名		9	具体位置	
10	设计荷载		11	通行载重(t)		12	弯斜坡度	
13	桥面铺装		14	管养单位		15	建成年代	

B 结构技术数据

16	桥长(m)		17	桥面总宽(m)		18	车行道宽(m)	
19	桥面高程(m)		20	桥下净高(m)		21	桥上净高(m)	
22	引道总宽(m)		23	引道路面宽(m)		24	引道线形	
上部结构	25	孔号		下部结构	29	墩台		
	26	形式			30	墩台形式		
	27	跨径(m)			31	材料		
	28	材料			32	基础类型		
33	伸缩缝类型		34	支座形式		35	地震动峰值加速度系数	
36	桥台护坡类型		37	护墩体		38	调治构造物	
39	常水位(m)		40	设计水位(m)		41	历史洪水位(m)	

C 档案资料(全、不全、无)

42	设计图纸		43	设计文件		44	施工文件	
45	竣工图纸		46	验收文件		47	行政文件	
48	定期检查报告		49	特殊检查报告		50	历次维修资料	
51	档案号		52	存档处		53	建档年/月	

D 最近技术状况评定

桥幅	54 检查年月	55 定期或特殊检查	56 全桥评定等级	57 桥台与基础	58 桥墩与基础	59 地基冲刷	60 上部结构	61 支座	62 经常保养小修	63 处置对策	64 下次检查年/月
单幅	—	—	—	—	—	—	—	—	—	—	—

E 修建工程记录

65 施工日期		66 修建类别	67 修建范围	68 修建原因	69 工程费用(万元)	70 经费来源	71 质量评定	72 建设单位	73 设计单位	74 施工单位	75 监理单位
开工日期	竣工日期										
76 附注:											

E 桥梁照片

77	立面照	
78	桥面正面照	
79	主管负责人		80	填卡人		81	填卡日期	

(二)桥梁基本状况卡片填写

桥梁基本状况卡片填写说明如下,其中术语后括号内容为对应的表格中该项的编号。

A.行政数据识别

第1栏:路线编号。根据《公路路线标识规则和国道编号》(GB/T 917—2009)确定,由一位字母标识符和1~4位数字构成。

第2栏:路线名称。上述第1栏路线编号中所述国标规定的路线命名,用文字填写。

第3栏:路线等级。路线等级即公路技术等级,分为高速公路、一级公路、二级公路、三级公路和四级公路。按《公路路线标识规则和国道编号》(GB/T 917—2009)规定路线等级编号,用1位码填写,如表2-48所示。

桥梁基本状况卡片 表2-48

0:高速公路	2:二级公路	4:四级公路
1:一级公路	3:三级公路	9:等外公路

第4栏:桥梁编号。国标《公路路线标识规则和国道编号》(GB/T 917—2009)规定的桥

梁编码,由1位标识符和四位数字组成。

第5栏:桥梁名称。即桥梁的全名,用文字填写。对既有桥梁采用原桥名,对新建桥梁采用国标《公路路线标识规则和国道编号》(GB/T 917—2009)规定命名。

第6栏:桥位桩号。按1/2桥长处的路线里程,即桥梁中心桩号,填写形式为:K×××+×××,可参考设计或竣工文件等填写。

第7栏:功能类型。采用文字方式填写,功能类型有:跨河桥(跨非通航河道)、跨航道桥、跨线桥(简单立交桥—分离立交)、互通式立交桥、跨山谷桥、高架桥;若为其他,需具体说明。

第8栏:跨越地物名。跨越非通航河流、航道、铁路和山谷等时,仅填写其文字名称,不填写编号。跨越公路时,按上述第1、2栏路线编号和路线名称的规定填写。

第9栏:具体位置。跨越公路,则填写下穿公路中心线与桥轴交点处下穿公路的里程,填写方式同第6栏桥位桩号规定。非公路的下穿通道,则填写"/"。

第10栏:设计荷载。按照设计或竣工文件中的桥梁设计荷载等级标准填写设计荷载,即《公路工程技术标准》(JTG B01—2014)中的公路—Ⅰ级、公路—Ⅱ级;《公路工程技术标准》(JTJ 01—1988)中的汽车—10级、拖—60、汽车—15级、挂车—80、汽车—20级、挂车—100、汽车—超20级、挂车—120等。

第11栏:通行载重。即目前使用荷载,可以按桥上限重标志填写;若桥上无限重标志且结构状况良好时,按原设计车辆荷载等级填写;经过荷载试验的桥梁,按试验鉴定的许可荷载等级填写,如55t、30t、20t、10t等。

第12栏:弯斜坡度。桥梁中心线为曲线的弯桥或与路线呈一定夹角的斜桥,其桥梁中心线某点与路线中心线的弯曲角度或斜向夹角等为弯斜度。坡度是指桥面纵向或横向与水平面所成的夹角。

弯桥采用"+R…"或"-R…"形式填写弯曲半径,精确至1m。其中"+"表示右弯,"-"表示左弯,所谓右弯是指弯曲中心位于桥梁上行方向右侧。

斜桥采用"+α"或"-α"形式填写,精确至1°。其中,"+"或"-"分别表示桥梁右或左斜,α为桥轴方向的中心线与支承线构成的锐角。自桥轴方向的中心线起,α在右侧即为右斜桥。

当桥面纵坡大于正常排水要求的2.5%时,应将其视为坡桥,填写其最大纵坡值,精确至0.5%。填写时需考虑以下几种情形:一是,双向坡桥,按里程增长方向顺序填写,形式为:+*.*%,-*.*%。二是,单向坡桥,若沿里程增长方向为下坡,则填写为:-*.*%;反之,则填写为+*.*%。三是,桥梁一侧有纵坡而另一侧为正常排水纵坡或无纵坡,则填写为0.0%,+*.*%或-*.*%,0.0%。

第13栏:桥面铺装。常见的桥面铺装有沥青混凝土桥面铺装及混凝土桥面铺装,采用文字方式填写桥面铺装类型,如沥青处治、沥青混凝土、水泥混凝土和其他类型(需具体说明)。

第14栏:管养单位。管养单位填写县级或相当于县级的公路管养单位的全称。

第15栏:建成年代。即桥梁建造竣工交付使用的年月,年用四位数字表示,月用两位数字表示,填写形式为年/月。

B. 结构技术数据

第16栏:桥长(m)。有桥台桥梁的桥长为两岸桥台侧墙或八字墙尾端间沿桥面中心线的长度,无桥台桥梁的桥长为桥面系行车道沿桥面中心线的长度,精确至 0.1m。

第 17 栏:桥面总宽(m)。填写上部构造外缘之间垂直于桥轴线方向的宽度,按桥面全宽填写,为桥面净宽+中央分隔带宽度+两侧防撞设施宽度+人行道宽度,精确至 0.1m。

第 18 栏:车行道宽(m)。车行道宽度为两侧缘石或护栏带内侧之间宽度,若桥面中央设有分偏带,该宽度应为不包括分隔带在内的有效行车宽度,包含所设置的加(减)速车道、紧急停车道、爬坡车道、慢车道或错车道的宽度,精确至 0.1m。

第 19 栏:桥面高程(m)。填写 1/2 桥长处桥面纵向竖曲线顶点处行车道中心点的高程,精确至 0.01m。

第 20 栏:桥下净高(m)。跨河桥填写桥下容许泄洪的净空,精确到 0.1m。梁式桥填写常水位至上部结构跨中下缘的实际竖向高度;拱式桥填写常水位至拱顶下缘以下 0.5m 处的实际竖向高度。多跨桥,仅填写跨主河槽的桥下实际竖向净空。跨航道桥仅填写主通航孔跨中的设计通航净空。跨线桥、互通式立交桥及高架桥填写下穿通道路面或轨顶至上部结构下缘的最小竖向高度。跨山谷桥、开启桥,此项填写为"/"。

第 21 栏:桥上净高(m)。上承式桥,桥上无竖向净空限制,此项填写"/";中承或下承式和桥上有竖向净空限制的上承式桥,填写行车顶面上跨结构限制的实际最小竖向高度,精确至 0.1m。

第 22 栏:上部结构孔号。桥跨按里程增长方向顺序编号,填写与桥梁跨数相对应的孔号,填写形式为:××(小编号)—××(大编号)或××,不同结构形式分栏填写。

第 23 栏:上下结构形式。按行车道位置、截面形式、结构体系类型的先后顺序,用文字方式填写相应内容,不同结构形式分栏填写。

第 24 栏:车行道位置。分为上承式(一般可不注明)、中承式和下承式三种。

第 25 栏:截面形式。分为板式(实体板、空心板、肋板)、肋梁式(π形、形、T形、矩形等)、箱形(单箱单室、单箱多室、双箱单室、双箱多室等)、板—梁组合(RC 微弯板—I 字梁组合,RC 板—I 字梁组合)、桁架等;若为其他,需具体说明。

第 26 栏:结构体系类型。分为梁式桥(简支梁、悬臂梁、连续梁、T形刚构、连续—刚构等)、拱桥(实腹拱、双曲线拱、桁架拱、刚架拱、系杆拱等)、刚架桥(门式刚架、斜腿刚架、连续刚架等);若为其他,需具体说明。

第 27 栏:上部结构跨径(m)。即《公路桥涵设计通用规范》(JTG D60—2004)规定的标准跨径,精确至 0.1m。填写时应与第 25 栏相对应,不同结构形式分栏填写。

第 28 栏:上部结构材料。采用文字方式(也可用代码)填写下列项目之一。具体划分为钢筋混凝土(RC)、预应力混凝土[先张(PrePC)、后张(PostPC)]、素混凝土、石料或砖(干砌、浆砌)、钢材(铆接、焊接、栓接、混合连接,如栓焊、铆焊等)、木材、组合的(应注明组成材料);若为其他,需具体说明。

在填写钢筋混凝土(RC)、预应力混凝土、素混凝土时,应注明预制、现浇;在填写石料或砖时,应注明石料的种类,如:料石、片石或块石等。

第 29 栏:墩台号。墩台按里程增长方向顺序编号,起始号为 0。基础类型(包括桩数量)均相同的墩台数量填写一栏,否则应分栏填写。

第 30 栏:墩台形式。用文字方式进行填写,不同结构形式分栏填写,包括桥墩形式和桥台形式。桥墩形式包括实体墩、空心墩、桩(柱)式墩(单排、多排)、柔性墩、薄壁墩(双壁式、V形、X形或Y形墩)、单向推力墩(半重力式、悬臂式、斜撑式);桥台形式;如承拉桥台、重力式桥台(U形、八字式、一字式、埋置式)、轻型桥台(薄壁式、支撑梁式)、框架式桥台(双柱、多柱、墙式、半重力式)、组合桥台(锚定板式、过梁式、台墙组合式)、齿槛式桥台、空腹式桥台(L形桥台)等。

第31栏:下部结构材料。参照第28栏上部结构材料填写。

第32栏:下部结构基础类型。用文字方式填写下列基础类型,不同类型分栏填写。置基础或扩大基础、桩基础(打入桩,如钢筋混凝土桩、预应力混凝土桩、钢桩、木桩)、现浇钢筋混凝土桩(钻孔桩、挖孔桩)、管柱、沉井;若为其他,需另行注明。

第33栏:伸缩缝类型。用文字方式填写下列伸缩缝类型,不同类型分栏填写。首先,橡胶伸缩缝,包括橡胶带(板)伸缩缝、组合伸缩缝;橡胶与型钢组合、橡胶与钢板组合。其次,钢制伸缩缝。包括板式(混动型、梳型)、拼板式、毛勒缝。最后,锌铁皮伸缩缝,即U形伸缩缝;最后,简易接缝。

第34栏:支座形式。用文字方式填写下列支座类型:油毛毡支座、钢板支座、辊轴支座、钢铰支座、钢筋混凝土摆柱式支座、钢筋混凝土铰座、板式橡胶支座、盆式橡胶支座;若为其他,应另行注明。

第35栏:地震动峰值加速度系数。按照计算结果填写。其中表征地震影响的参数采用地震动峰值加速度系数表示,可按地震基本烈度表示,可参考设计或竣工文件等填写。

第36栏:桥台护坡类型。用文字方式填写下列桥台溜坡及锥形护坡类型。如土质、植物保护、料铺砌、混合型。其他,需说明。若无桥台护坡,则填写"/"。

第37栏:护墩体。填写护墩体的材料类型,如木桩、钢筋混凝土桩等。

第38栏:调治构造物。用文字方式填写调治构造物类型,如导流坝、闭式导流堤、形堤、顺水坝、丁坝;若为其他,应另行注明。

第39栏:常水位(m)。在江河、湖泊的某一地点,经过长时期对水位的观测后得出,在一年或若干年中,有50%的水位等于或超过该水位的高程值,称为常水位,精确至0.1m。可参考设计或竣工文件等填写。

第40栏:设计水位(m)。按设计文件的数据填写,精确至0.1m,并注明设计洪水频率。填写形式为B/A,其中A为设计洪水频率,B为设计洪水位。

第41栏:历史最大洪水位(m)。通过查询有关档案资料,并根据现场调查,填写曾发生的最大洪水位,精确至0.1m。

C. 档案资料

桥梁基本状况卡片中第42栏~第53栏,仅填写文件的全、不全、无三种情况。

第42栏:设计图纸。包括初步设计图纸、施工设计图纸等。

第43栏:设计文件。是指除设计图纸以外的所有设计文件,包括招标文件、设计任务书、设计计算书等。

第44栏:施工文件。是指除施工图、竣工图之外的所有施工文件,包括施工合同文件、隐蔽工程记录、材料、实验报告等。

第45栏:竣工图纸。包括施工图、竣工图等。

第46栏:验收文件。包括监理文件、竣工验收文件及承载能力试验鉴定等文件。

第47栏:行政文件。

第48栏:定期检查报告。

第49栏:特殊检查报告。指专项检测、应急检测等特殊检查报告,由具有资质的检测单位出具。

第50栏:历次维修资料。指中、大修及改造的设计文件和图纸。

第51栏:档案号。指一座桥梁所有档案资料的总档案号,此项数据由档案保存单位提供。

第52栏:存档处。填写档案资料保存单位的全称。

第53栏:建档年/月。最初建立桥梁档案的日期,由档案保存单位提供,填写形式同第15栏。

D. 最近技术状况评定

第54栏:检查年月。填写形式同第15栏。

第55栏:定期或特殊检查。即检查类别,用文字方式填写,即①定期检查、②特殊检查。

第56栏:全桥评定等级。根据桥梁技术状况评定结果,填写一类、二类、三类、四类、五类中的一种。

第57~61栏:部件名。第57~第61栏,填写桥梁检查数据表中的对应各部件的评分值。

第62栏:经常保养小修。填写部件名称。

第63栏:处治对策。根据全桥梁状况评分,按下列类型进行填写:①一类桥,正常保养;②二类桥,小修;③三类桥,中修,酌情进行交通管制;④四类桥,大修或改造;⑤五类桥,改建或重建,及时关闭交通。

第64栏:下次检查年/月。按规范中对不同桥梁的检查频率的要求进行推算,填写形式同第15栏。

E. 维修工程记录

第65栏:施工日期。填写建造、改善与维修工程的开工和竣工年月,填写形式同第15栏。

第66栏:修建类别。用文字填写中修、大修,改造或重建三者类别之一。

第67栏:修建范围。填写维修加固的工程范围。

第68栏:修建原因。用文字方式填写中修、大修或改造、改建或重建的原因。

第69栏:工程费用(万元):填写维修加固工程的总费用,精确至0.1万元。

第70栏:经费来源。用文字方式填写费用来源。

第71栏:质量评定。依据工程验收文件用文字填写。

第72~第75栏:相关参建单位。填写建造、改善与维修工程建设单位、设计单位、施工单位和监理单位的全称。

第76栏:附注。填写需要进一步说明的问题。

第77栏:立面照。上游侧立面照片,尽量将上部结构和下部结构拍摄在同一张照片中。如上下游结构形式不一样,分别拍照;如加固改造后检查,应采用加固改造后的照片。

第78栏:桥面正面照。

第79栏:主管负责人。填写检查负责人签名。

第80栏:填卡人。填卡人手写签名。

第81栏:填卡日期。填写填卡的具体日期,填写形式为××××(年)／××(月)／××(日)。

三、桥梁特殊检查

桥梁特殊检查包括应急检查和专门检查。实施专门检查前,承担单位负责检查的桥梁工程师应充分收集资料,包括设计资料(设计文件、计算所用的程序、方法及计算结果)、竣工图、材料试验报告、施工记录、历次桥梁定期检查和特殊检查报告,以及历次维修资料等。原资料如有不全或疑问时,可现场测绘构造尺寸,测试构件材料组成及性能,勘查水文地质情况等。

(一)特殊检查分类

桥梁特殊检查根据桥梁破损状况和性质,采用适当的仪器设备,以及现场勘探、试验等特殊手段和科学分析方法,查明桥梁病害原因、破损程度、承载能力和防灾能力,确定桥梁的技术状态,以便采取相应的加固、改善措施。

桥梁特殊检查分为应急检查和专门检查。应委托有相应资质和能力的单位承担。

1. 应急检查

桥梁遭受洪水、流冰、漂流物、船舶撞击、滑坡、地震、风灾和超重车辆自行通过之后,应立即对结构作详细检查。查明破损状况,采取应急措施,尽快恢复交通。

应急检查通常由地(市)级公路管理机构的专职桥梁养护工程师主持。

2. 专门检查

根据经常检查和定期检查的结果,对需要进一步判明损坏原因、缺损程度或使用能力的桥梁,针对病害进行专门的现场试验检测、验算与分析等鉴定工作。

以下几种情况下应做专门检查:

(1)定期检查中难以判明损坏原因及程度的桥梁。

(2)桥梁技术状况为四类、五类者。

(3)拟通过加固手段提高荷载等级的桥梁。

(4)条件许可时,特殊重要的桥梁在正常使用期间可周期性地进行荷载试验。

(二)特殊检查内容

特殊检查应根据桥梁的破损状况和性质,采用仪器设备进行现场测试、荷载试验及其他辅助试验,针对桥梁现状进行检算分析,形成鉴定结论。应根据需要对以下三个方面问题做出鉴定:

(1)桥梁结构材料缺损状况。包括对材料物理、化学性能退化程度及原因的测试鉴定;结构或构件开裂状态的检测及评定。

(2)桥梁结构承载能力。包括对结构强度、稳定性和刚度的检算、试验和鉴定。

(3)桥梁防灾能力。包括桥梁抵抗洪水、流冰、风、地震及其他地质灾害等能力的检测鉴定。

桥梁结构材料缺损状况鉴定,可根据鉴定要求和缺损的类型、位置,选择表面测量、无破损检测和局部取试样等有效可靠的方法。试样应在有代表性构件的次要部位获取。

桥梁结构检算及承载力试验应按国家及行业有关标准和技术规范进行。

桥梁抗灾能力鉴定一般采用现场测试与检算的方法,特别重要的桥梁可进行模拟试验。

原设计条件已经变化的,所有鉴定都应针对当时桥梁的实际状况,不能套用原设计的资料数据。

(三)特殊检查报告

特殊检查报告包括下列主要内容:

(1)概述检查的一般情况。包括桥梁的基本情况、检查的组织、时间、背景和工作过程等。

(2)描述目前的桥梁技术状况。包括现场调查、试验与检测的项目及方法、检测数据与分析结果和桥梁技术状况评价等。

(3)详细叙述检查部位的损坏程度及原因,并提出结构部件和总体的维修、加固或改建的建议方案。

特殊检查通常由省级公路管理机构的总工程师或授权的专职桥梁养护主管工程师主持,委托公路桥梁检测中心或具有相应能力的科研设计单位、工程咨询单位进行。

四、钢筋混凝土梁裂缝修补技术

(一)裂缝产生原因及维修对策

表2-49列示了钢筋混凝土梁式桥裂生产原因及维修策略,供参考。

裂缝产生原因及维修策略 表2-49

病害类型	主要特征和原因	维修对策
网状裂缝	1. 发生在各种跨度的梁上,裂缝细小,宽度为0.03~0.05mm,用手触及有凸起的感觉,无固定规律; 2. 多为混凝土收缩引起的表面龟裂	表面封闭 表面修补
下缘受拉区裂缝	1. 多发生于梁跨中部,梁跨度越大,裂缝越多,为受力裂缝; 2. 自下翼缘向上发展,至翼缘与梁肋相接处止; 3. 裂缝间距一般为0.1~0.2m,宽度一般为0.03~0.1mm; 4. 当梁跨径<10m时,其裂缝较细小; 5. 车辆超载,梁刚度不足,产生过大挠度等引起	表面封闭 灌浆 加固
腹板上的竖向裂缝	1. 当跨径>12m时,其裂缝多处于薄腹部分,在梁的半高线附近裂缝宽度较大,一般在0.15~0.3mm; 2. 当梁跨径<10m时,其裂缝较细小,且多数裂缝系由梁肋向上延伸,越上越细,上端未到腹板顶部; 3. 设计不当、施工质量不良、温度及周围环境条件不良的影响所致	表面封闭 灌浆 加固
腹板上的斜向裂缝	1. 钢筋混凝土梁中出现最多的一种裂缝,且多在跨中两侧,离跨中越远倾斜角越大,反之较小,倾角在15°~45°之间,第一道裂缝多出现在距支座0.5~1.0m处; 2. 裂缝宽度一般在0.3mm以下; 3. 设计不当,施工不良;主拉应力过大,混凝土不能负担而导致产生裂缝	表面封闭 灌浆 加固

续上表

病害类型	主要特征和原因	维修对策
梁侧水平裂缝	1. 为近似水平方向的层裂缝； 2. 施工不当引起,分层浇筑,间隔时间长	表面封闭 灌浆 加固
梁底纵向裂缝	1. 沿下翼缘主筋方向的裂缝； 2. 混凝土保护层过薄或掺入氯盐等速凝剂所造成	表面封闭 灌浆

(二) 混凝土裂缝检测技术

在混凝土结构物的施工及使用过程中,往往会造成一些缺陷和损伤。其原因是多种多样的,主要原因有四方面:一是施工原因,如振捣不足,钢筋过密而骨料最大粒径选择不当、模板漏浆等造成的内部孔洞、不密实区、蜂窝及保护层不足、钢筋外露等;二是混凝土由非外力作用形成的裂缝,如在大体积混凝土中因水泥水化热积蓄过多在凝固及散热过程中的不均匀收缩而造成的温度裂缝,混凝土干缩及碳化收缩所造成的裂缝;三是长期在腐蚀介质或冻融作用下由表及里的层状疏松;四是受外力作用所产生的裂缝,如因混凝土养护龄期不足就进行吊装而产生的吊装裂缝等。这些缺陷和损伤往往会严重影响结构物的承载力和耐久性。因此,事故处理、施工验收、旧有建筑物安全性鉴定、维修和补强设计时必须进行检测,以确定混凝土内部缺陷的大小、位置和性质。目前,在诸多混凝土缺陷的无损检测方法中,应用最广泛、最有效的是超声波法。

1. 超声波法检测混凝土缺陷

1) 基本原理

采用超声脉冲波法检测混凝土缺陷的基本原理是:利用超声波在技术指标相同(指混凝土原材料、配合比、龄期和测试距离一致)的混凝土中传播的时间(或速度)、接收波的振幅和频率等声学参数的变化,来判断混凝土的缺陷。首先,因为超声脉冲波传播速度的快慢,与混凝土的密实度有直接关系,对于技术指标相同的混凝土来说,声速高则混凝土密实、相反则不密实。当有空洞、裂缝等缺陷存在时,破坏了混凝土的整体性,由于空气的声阻率远小于混凝土的声阻抗率。超声波遇到蜂窝、空洞或裂缝等缺陷时,会在缺陷界面发生反射和散射,因此传播的路程会增大,测得的声时会延长,声速会降低。其次,在缺陷界面超声波的声能被衰减,其中频率较高的部分衰减更快,因此接收信号的波幅明显降低,频率明显减小或频率谱中高频成分明显减小。最后,经缺陷反射或绕过缺陷传播的超声波信号与直达波信号之间存在相位差,叠加后互相干扰,致使接收信号的波形发生畸变。根据上述原理,在实际测试中,可以利用混凝土声学参数测量值和相对变化综合分析,判断混凝土缺陷的位置和范围,或者估算缺陷的尺寸。

2) 检测方法

超声脉冲波检测混凝土缺陷技术一般根据被测结构的形状、尺寸及所处环境,确定具体测试方法。常用的测试方法大致有以下两种。

(1)平面测试(用厚振动式换能器)

对测法。将一对发射和接收换能器分别置于被测结构相互平行的两个表面,且两个换能器的轴线位于同一直线上。

斜测法。将一对发射和接收换能器分别置于被测结构的两个表面,但两个换能器的轴线不在一直线上。

单面平测法。将一对发射和接收换能器分别置于被测结构的同一表面进行测试。

(2)测试孔测试(采用径向振动式换能器)

孔中对测。将一换能器分别置于两个对应测试孔中,位于同一高度进行测试。

孔中斜测。将一换能器分别置于两个对应测试孔中,但不在同一高度即保持一定高程差的条件下进行测试。

孔中平测。将一换能器分别置于两个对应测试孔中,以一定的高程差同步移动进行测试。

2. 混凝土浅裂缝检测

所谓浅裂缝,是指限于结构表层,开裂深度不大于500mm的裂缝。实际检测时一般可根据结构物的断面尺寸和裂缝在结构表面的宽度,大致估计被测的是浅裂缝还是深裂缝。一般工程结构中的梁、柱、板和机场跑道等出现的裂缝,都属于浅裂缝。在测试时,根据被测结构物的实际情况,浅裂缝可分为单面平测法和对测法。

(1)平测法

当结构的裂缝部位只有一个表面可供检测时,可采用平测法进行裂缝深度检测,平测时应在裂缝的被测部位以不同的测距同时按跨缝和不跨缝布置测点进行声时测量。如图2-46所示,首先将发射换能器和接收换能器置于被测裂缝的同一侧,并耦合好保持不动,两个换能器内边缘间距为100mm、150mm、200mm等,依次移动并读取相应声时值。以 l'_i 为纵坐标、以时间为横坐标绘制"时—距"图,如图2-47所示。也可用统计方法求两者之间的回归直线式,求得回归系数。

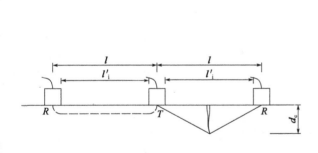

图2-46 平测裂缝示意图

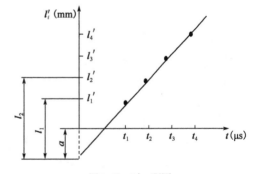

图2-47 时—距图

进行跨缝的声时测量,将换能器分别置于以裂缝为轴线对称的两侧,两换能器中心连线垂直裂缝走向,以100mm、150mm、200mm等间距分别读取声时值。该声时值便是超声波绕过裂缝末端传播的时间。根据几何关系,可推算裂缝深度,计算式在此从略,读者可参考结构检测技术书籍。

以不同测距取得的裂缝深度平均值作为该裂缝的深度值。如所得的值大于原测距中任一个,则应该把由该距离对应的数值舍弃后重新计算数值。

以声时推算浅裂缝深度,是假定裂缝中充满空气,声波绕过裂缝末端传播。若裂缝中有水或泥浆,则声波经水介质耦合穿过裂缝而过,不能反映裂缝的真实深度。检测时,裂缝中不得有填充水和泥浆。当有钢筋穿过裂缝且与换能器的连线大致平行靠近时,则沿钢筋传播的超声波首先到达接收换能器,测试结果也不能反映裂缝实际的深度。因此,布置测点时应注意使换能器的连线至少与该钢筋的轴线相距1.5倍的裂缝预计深度,如图2-48所示。

(2)斜测法

当结构物的裂缝部位具有两个相互平行的测试表面时,可采用斜测法检测。按图2-49所示方法布置换能器,保持换能器的连线和不通过缝的测试距离相等、倾斜角一致的条件下,读取相应的声时、波幅和频率值。当换能器的连线通过裂缝时,由于混凝土失去了连续性,超声波在裂缝界面上产生很大衰减,接收到的首波信号很微弱,其波幅和频率与不过裂缝的测点值比较有很大差异,据此便可判断裂缝的深度及是否在水平方向贯通。斜测法检测裂缝深度具有直观、可靠的特点,若条件许可宜优先采用。

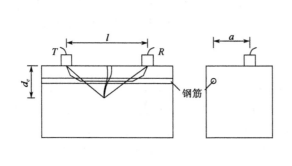

图2-48 平测时避免钢筋的影响　　　　图2-49 斜测裂缝深度示意图

3. 混凝土深裂缝检测

所谓深裂缝,是指混凝土结构物表面开裂深度在500mm以上的裂缝。对于桥墩等大体积混凝土结构,在浇筑混凝土过程中,由于水泥的水化热散失较慢,混凝土内部温度比表面高,使结构断面形成较大的温差,当由此产生的拉应力大于混凝土抗拉强度时使混凝土中产生裂缝。

(1)测试方法

深裂缝的检测一般是在裂缝两侧钻测试孔,用径向振动式换能器置于测试孔中进行测试。如图2-50所示在裂缝两侧分别钻测试孔A、B。应在裂缝一侧多钻一个较浅的孔C,测试无缝混凝土的声学参数,用于对比判别之用。测试孔应满足下列要求:孔径应比换能器直径大5~10mm;孔深应至少比裂缝预计深度深700mm,经测试如浅于裂缝深度,则应加深测试孔;对应的两个测试孔,必须始终位于裂缝两侧,其轴线应保持平行;两个对应测试孔的间距宜为2m,同一结构的各对应测孔间距应相同;孔中粉末碎屑应清理干净。

检测时应选用频率为20~40kHz的径向振动式换能器,并在其接线上作出等间距标志(一般间隔100~500mm)。测试前要先向测试孔中注满清水作为耦合剂,然后将换能器分别置于裂缝两侧的对应孔中。以相同高程等间距从上至下移动,逐点读取声时、波幅和换能器所处的深度。

(2)裂缝深度判断

用换能器所处深度与对应的波幅值 A,绘制 $d-A$ 坐标图(图2-51),随着换能器位置的下移,波幅逐渐增大,当换能器下移至某一位置后,波幅达到最大并基本稳定,该位置所对应的深度便是裂缝深度。

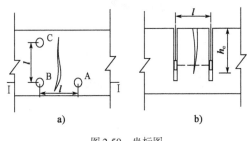

图2-50 坐标图　　　　　图2-51 钻孔测裂缝深度示意图

(三)混凝土裂缝修补工艺

1.裂缝表面封闭修补工艺

混凝土裂缝表面修补工艺适用于宽度小于0.15mm的裂缝表面封闭修补作业。该工艺使用的主要机具设备:交通导改车辆、照明设备、操作平台(升降车、活动支架或挂篮等)、发电机、角磨机、金刚石磨片、钢丝刷、吹尘设备、台秤、毛刷、刮刀等。其工艺流程:桥梁裂缝修补的工艺如图2-52所示。

图2-52 裂缝表面封闭法修补工艺流程

混凝土裂缝表面修补作业方法如下。

(1)清理基面

沿裂缝两侧50mm范围内,用角磨机打磨裂缝表面至露出新混凝土基面,并用棉丝蘸丙酮擦净基面。

(2)封缝胶封闭

将成品封缝胶按使用说明书配比配制完成后,用刮刀沿裂缝均匀涂抹,并使其平面与原混凝土齐平。封缝胶应随用随配,配制好的胶体应及时使用。

(3)固化及修饰

封缝胶固化前不应人为扰动,固化后应对毛刺进行整平处理。

2.裂缝灌浆修补工艺

1)适用范围

本工艺适用于宽度大于或等于0.15mm的裂缝修补作业。

2)主要机具设备

交通导改车辆、照明设备、操作平台(升降车、活动支架或挂篮等)、发电机、注射器(灌注泵)、注浆嘴、角磨机、金刚石磨片、钢丝刷、吹尘设备、搅拌器、台秤(量杯)、毛刷、刮刀等,如图2-53所示。

a)升降车用于难以到达位置的高空作业

b)发电机为机械设备和照明提供电能

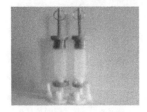
c)注浆器用于灌注封缝材料

d)注浆嘴用于灌注封缝材料

e)角磨机用于混凝土表面打磨

f)钢丝刷用于清理混凝土表面

g)吹尘设备用于清除混凝土表面灰尘

h)搅拌器灌封材料的搅拌

i)台秤材料的称重

j)刮刀修整封缝胶

图 2-53　裂缝表面修补机具设备

3)工艺流程

工艺流程如图 2-54 所示。

4)施工作业方法

(1)清理基面

沿裂缝两侧 50mm 范围内,用角磨机打磨裂缝表面至露出新混凝土基面,并用棉丝蘸丙酮擦净基面。

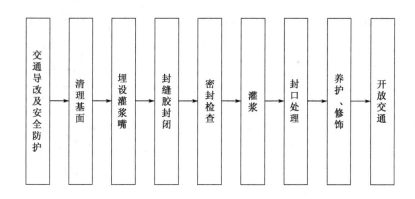

图 2-54 裂缝灌浆修补的工艺流程

(2) 埋设灌浆嘴

灌浆嘴沿缝走向布置,间距 200~400mm。布置时应按窄缝应密、缝宽可稀的原则布置,在裂缝交叉处和裂缝较宽处和端部以及裂缝贯穿处以及钻孔内均应设置灌浆嘴。每一条裂缝至少须有一个灌浆嘴和排气嘴及出浆嘴。

粘贴前,先把灌浆嘴底盘用丙酮擦洗干净,然后用刮刀将封缝胶抹在底盘周围,骑缝粘贴到裂缝处。操作中不得堵死嘴孔和裂缝。

(3) 封缝胶封闭

将成品封缝胶按使用说明书配比配制完成后,用刮刀沿裂缝均匀涂抹,并使其平面与原混凝土齐平。封缝胶应随用随配,配制好的胶体应及时使用。

(4) 密封检查

待封缝胶固化后进行压气试漏。试漏前应将所有灌浆嘴用堵头堵死,并沿裂缝涂一层肥皂水,从灌浆嘴中通入压缩空气,以检查裂缝的封闭情况。若无冒泡现象,说明密封效果良好,否则予以修补。

(5) 灌入浆液

压气试验合格后,将堵头卸掉并配制灌浆液。灌浆时,应根据浆液流动性选择灌浆压力,一般为 0.1~0.4MPa。竖向、斜向裂缝自下而上逐个进行,同时注意排气。当相邻排气嘴溢浆时,在该处安装灌浆器继续灌浆。当最后一个排气嘴出浆时,保持恒压继续压灌,当进胶速度小于 0.1L/min 时,再继续灌注 5min 后,停止灌浆。

灌注过程中如发现局部有漏浆现象,及时用快速凝结材料封堵。

(6) 封口处理

灌浆结束后,应用堵头将灌浆嘴堵死,24h 内不得扰动灌浆嘴堵头。

(7) 养护与修饰

检查补强效果和质量,发现缺陷应及时补修。待胶液完全固化后,将灌浆嘴拆除,用角磨机将表面修饰平整。

3. 质量控制和检查验收

裂缝修补的质量控制要点是封缝胶和灌封胶材料的主要技术指标,基面清理质量,灌浆嘴埋设要求,封缝胶封缝质量,灌浆顺序和压力。检查和验收方法有两种:一是表面封缝材料固化后应均匀、平整,不出现裂缝,无脱缝;二是当注入裂缝的修补胶达到7d固化期时,可采用取芯法对注浆效果进行检验。取芯检验应采用劈裂抗拉强度测定方法。合格标准是当检验结果符合下列条件之一时为符合要求:一是破坏虽有部分发生在界面上,但其破坏面积不大于破坏面总面积的15%;二是沿裂缝方向施加的劈裂力,其破坏应发生在混凝土部分,即内聚破坏。

桥梁养护应在质量评定基础上进行,桥梁评定分为一般评定和适应性评定。一般评定是依据桥梁定期检查资料,通过对桥梁各部件技术状况的综合评定,确定桥梁的技术状况等级,提出各类桥梁的养护措施。桥梁一般评定由负责定期检查者进行,适应性评定应委托有相应资质及能力的单位进行。桥梁适应性评定依据桥梁定期及特殊检查资料,结合试验与结构受力分析,评定桥梁的实际承载能力、通行能力、抗洪能力,提出桥梁养护和改造方案。

第十一节　交通工程与沿线设施养护技术

一、隔离栅施工与养护关键技术

(一) 立柱基础施工

立柱基础施工包括现场浇筑混凝土和混凝土预制两种。

1. 现场浇筑

基坑底可垫混凝土,立柱放入基坑内,正确就位,先用临时支撑固定立柱,再用靠尺量其垂直度,用卷尺量其高度;立柱的埋置深度、地面高度、垂直度检查无误后,可浇灌混凝土并分层捣实,混凝土的强度等级一般为C15。立柱的埋设应分段进行,先埋两端的立柱,然后拉线埋设中间立柱。施工中应严格控制立柱与中间立柱的平面投影在一条直线上,不得出现参差不齐的现象。柱顶应平顺,不得出现忽高忽低的情况。

2. 混凝土预制埋设

通过模具预先把混凝土基础制作完毕,也可将立柱与混凝土基础制作成整体结构,现场直接安装到位。对预制的混凝土立柱和基础,在运输及装卸时应避免立柱折断或摔坏边角。预制立柱装车时,堆放不宜超过5层。

不管选用何种施工安装方式,在施工过程中都应严格检查立柱就位后的垂直度和立柱高程,以保证网片安装的质量和隔离栅安装完毕后的整体美观效果。

(二) 隔离栅网片安装

混凝土基础强度达到设计强度的70%以上时,可安装隔离栅网片。

1. 金属编织网安装

金属编织网安装可分为无框架整网安装和有框架安装两种。

对于无框架整网安装,要求从端头立柱开始,先将金属网挂在立柱挂钩上扣牢,然后沿纵向展开,边铺设边拉紧。要求展网自如,挂钩时保证网不变形。对于有框架的网片安装,要求框架与立柱连接牢固,框架整体平顺性良好。

2. 钢板网安装

要求网面平整,无明显凹凸现象,框架与立柱应连接牢固,整体连接平顺。

3. 刺铁丝安装

刺铁丝安装时,要求从端头立柱开始,刺铁丝之间要求平行、平直,绷紧后用 11 号铁丝与混凝土立柱或钢结构立柱上的铁钩绑扎固定,横向与斜向刺铁丝相交处用 11 号铁丝绑扎。

以上各类形式的隔离栅网片安装完毕后,立柱基础均应进行最后压实处理。

二、桥梁护网的施工要点

(1)桥梁护网应以跨线桥与公路、铁路等设施的交叉点为控制点,向两侧对称进行施工。当上跨桥梁为斜交时,桥梁护网长度应根据设计文件的要求做相应调整。

(2)桥梁护网的立柱一般采用预埋基础,应按设计要求制作预埋件,安装立柱时要控制柱距,注意连接部件的牢固性。立柱与基础连接应符合设计要求,牢固、垂直、高度一致。未设置预埋件时,应采取后固定的施工工艺固定立柱。

(3)桥梁护网是桥梁建筑的附属安全措施,对桥梁景观有很大的影响。除应牢固安装在立柱或支撑上外,金属网片应平整、绷紧、舒展自然、美观。

(4)为防止雷电伤人,施工时,需在合适位置安装接地避雷线。接地避雷线安装要符合设计文件的要求。

三、防眩设施施工和养护更换技术

(一)施工时间与施工组织

1. 施工时间

防眩设施的施工应根据其设置方法在路面工程或护栏工程施工完成后进行,或者与护栏工程同步进行。

2. 施工组织

施工前应做出详细的施工组织设计,尤其是人员和材料进场时间、工序衔接等都要安排好。

(二)施工程序与施工方法

1. 测距定位和放样

施工前应清理场地,确定控制点(如桥梁、立交、中央分隔带开口及防眩设施需变化的路段),在控制点之间测距定位、放样。

2. 安装施工工法

(1)设置于混凝土护栏上的防眩板或防眩网的安装。

预埋件的设置位置、结构尺寸等不符合设计要求,或未按要求设置预埋件的,应与建设单位联系,不得随意处理,以免破坏混凝土护栏的使用功能。混凝土强度达到设计强度的 70%以上时,方可在混凝土护栏顶部安装防眩设施。

防眩板、防眩网在安装过程中,不得随意调整安装高度及垂直度,以免下缘漏光过量影响防眩效果。防眩板、防眩网安装后,其下缘与混凝土护栏顶部的间距应符合设计文件的规定;与混凝土护栏成为整体结构,一般不会削弱混凝土护栏的原有功能,但应注意检查。

(2)设置于波形梁护栏上的防眩板或防眩网的安装。

防眩板或防眩网可通过连接件安装在波形梁护栏上。防眩板或防眩网安装在波形梁护栏上时,不得削弱波形梁护栏的原有功能。防眩板或防眩网下缘与波形梁护栏顶面的间距应符合设计文件的规定。施工过程中不应损伤波形梁护栏的防腐层,否则应在24h之内予以修补。

(3)独立设置立柱的防眩板或防眩网的安装。

施工前,应清理场地、协调与其他设施的关系。防眩板或防眩网单独设置立柱时,可根据所在位置将立柱埋入土中、设置混凝土基础或固定于桥梁、通道、明涵等构造物上。当设置混凝土基础时,其强度达到设计强度的70%以上时,才能在立柱上安装防眩板或防眩网。立柱施工时,不得破坏地下管线和排水设施。

第三章　特殊地区道路养护技术

特殊地区道路是指位于泥沼和软土地区、盐渍土地区、季节性冰冻地区、沙漠地区、高寒地区(含多年冻土地区)等地区或地段的道路。由于这些地区有着不同的自然地理、工程地质和水文地质条件,以及独特的气候特征,因此在道路设计和施工以及养护中的侧重点各不相同。例如,泥沼和软土地区路基采取适当的技术措施稳固路基,如固结土体并加强排水等;黄土地区路基容易发生湿陷、冲沟以及边坡松散和坍塌等病害,应采取相应的处治措施;多年冻土地区的路基养护应遵循"保护冻土"的原则;盐渍土地区公路受水流侵袭后,路基出现坍塌或溶陷,应采取相应的加固措施;沙漠地区路基养护应采取"固、阻、输、导"等措施进行综合治理,以及做好公路两侧的固沙措施,并对公路两侧植物应加强管护等。

半个多世纪以来,国内外对特殊地区公路设计和施工及养护技术进行了大量研究。例如,仅冻土研究而言,在20世纪60年代,苏联就道路冻深、保温材料、冻胀阈值、抗冻机理等进行研究并提出了EPS隔温层设计方法;2004年,美国AASHTO协会标准颁布了基于平衡湿度路基平衡湿度变化规律而建立的路面低温开裂预估模型;2008年,欧盟取得了水泥混凝土抗冻耐久性系列研究成果。

我国从20世纪末到如今,由于国家在采取投资、人口和地产及外贸为主拉动经济发展战略的基础上又以投资、外贸和消费作为拉动经济的引擎,其中投资拉动力度和建设规模不断加大,而有不少公路又是投资在特殊地区,因此在该地区公路建设和养护技术方面自然也就成了领跑世界的佼佼者。从20世纪末到本世纪初,我国沙漠地区和软土地区公路建设和养护技术日趋成熟;近年来,我国黄土和冻土研究取得重大进步。我国铁路、公路、建筑等行业依据季冻区气候和环境特点相继展开作用机理、设计参数、施工措施等方面关键技术研究,其中有些技术已经达到世界先进水平。例如,在多年冻土和季节性冻土地区公路建设和养护研究就归纳有如下几个方面:首先,冻融损伤机理及相关模型更切实际。主要体现在路基土和半刚性基层冻融损伤机理、基于损伤和可靠度理论的半刚性基层材料的失效概率模型、基于黏弹塑性损伤理论来揭示沥青与集料的界面黏附机理。另外,路面低温裂缝指数预估模型、沥青混合料的低温性能以及小梁低温弯曲和冻断温度的关系模型等相继推出。其次,技术标准与设计方法有新的亮点。主要有基于沥青混合料冻融损伤机理前提下的抗冻标准、采用冻断温度评价为基础的不同冻区沥青路面容许开裂标准,以及大温差环境的路面材料和组合式抗冻控裂型沥青路面结构等。另外,抗冻水泥混凝土技术标准及其抗冻的设计方法也赋予了新的内涵。再次,试验方法与评价指标更加科学。基于冻融环境的影响的设计基准期,水泥混凝土有害冻融循环次数的概念、微观尺度下界面的黏附性能评价等。最后,应用技术和监控系统有新的方略。主要包括与冻融和温缩试验方法相适应的新式仪器,例如:高寒地区混凝土桥梁裂缝监测的导电膜材料应用技术;高寒地区混凝土桥梁等结构物耐久性监测技术;基于拉—敏效应的季冻区桥涵结构安全监控系统,以及考虑气温条件和围岩地下水状况的隧道抗冻设防等级及相应的冻害防治措施等。

必须指出,尽管在特殊地区公路建设当初,设计者认为已经进行了周密的野外勘察与调查以及精心地组织了设计;施工者也认为在施工中曾进行了科学的组织和施工,然而,在道路运营过程中,那些有悖设计意图或不很完善,甚至是错误的设计,以及不太规范甚至是蛮干的施工所造成的后果依然存在;由于道路是位于自然界中在的结构物,有着更加复杂和多变的特性,新生的自然灾害也会源源不断地暴露出来。这就要求从事特殊地区公路养护的工作者,从诸多道路病害中,不断吸取成功的治理经验和总结失败的治理教训,即针对后期暴露出的问题,对原有结构的适用性认真地进行分析与类比,诸如设计的背景条件、当初的设计方案、考虑因素以及施工方案、所用材料、施工工法等方面存在的问题认真总结。切实做到"去粗取精,去伪存真",既不能让成功的经验石沉大海,也不能让失败的教训再重蹈覆辙。与此同时,还要认真研究新生病害成因与形成规律,追溯历史上更为久远的成功治理经验;加强最新规范、规程和标准的应用;有的放矢地探求和推广"四新"技术,并随时跟进使用效果,精准进行评价,及时完善或改正。

第一节 泥沼和软土地区公路养护技术

一、泥沼和软土地基病害与防治对策

(一)泥沼与软土地基病害成因

软土是指以水下沉积的饱水的软弱黏性土或淤泥为主的地层,有时也夹有少量的腐泥或泥炭层。软土主要分布在我国东北的大小兴安岭、长白山、三江平原、松辽平原等地及青藏高原和西北地区的湖盆洼地、高寒山地;在内陆湖塘盆地、江河湖海沿岸和山河洼地则分布有近代沉积的软土。泥沼比软土具有更大的压缩性和更高的有机质含量,但它的渗透性强,受荷后能够迅速固结。

泥沼和软土具有含水丰富、透水性小、压缩性大、抗剪强度低、承载能力差等特性。泥沼软土地带的路基容易出现路基基底土被压缩而产生较大的沉降,基底土被挤压塑流,向两侧或下坡一侧隆起使路堤下陷、滑动以及冰冻膨胀而产生弹簧、翻浆等病害。在荷载作用下造成公路变形,功能受到影响或破坏,同时还危害到通道、桥台等横向构造物和挡土墙等纵向构造物的安全使用。

(二)泥沼与软土地基病害防治对策

泥沼和软土地区路基应加强排水,改善排水条件,采取适当的技术措施稳固路基。路堤两侧边坡,应栽植柳、枫杨等亲水性好且根系发达的树木,以增强路基抵抗冲刷和侵蚀的能力。

泥沼、软土地带的路基容易出现沉陷、滑动、弹簧、翻浆等病害。可采取下列措施进行防治。

1. 降低水位

当在路基两侧开挖沟渠的工程量不大时,可加深路堤两侧边沟,以降低水位,促进路基土渗透固结,达到稳固路基的效果。

2. 换填土层

对软土路基沉降等病害可采用换填土层法，即将路基一定深度范围的湿软土层挖除，换以强度较大的砂、碎(砾)石、灰土或素土以及其他性能稳定的土类，填至路基高程，并予以压实。

3. 抛石挤淤

抛石挤淤为强迫换土的一种形式，适用于软土液性指数大、厚度小于4m、且排水困难的淤泥层。抛石之石料一般采用不易风化的直径不小于30cm的大块(片)石。

具体做法是先将病害路段挖到软土层，抛石自路堤中部开始，逐步向两侧展开，使淤泥挤出，在块(片)石抛至一定高度后，一般应露出淹没水面，用压路机碾压，然后在其上铺设反滤层，再填土至路基原有高度。

4. 反压护道

当路堤下沉致使两侧或路堤下坡一侧有隆起的趋势时，可采取在路堤两侧或一侧填筑适当高度与宽度的护道，在护道重力作用下，使路堤下的淤泥或泥炭向两侧或单侧被挤出隆起的趋势得以平衡，从而保证路堤稳定。

5. 侧向压缩

在路堤坡脚处修筑块石或者片石挡土墙，亦可修筑板桩墙，如木排桩、钢筋混凝土桩、片石齿墙等纵向结构，来限制基底软土的侧向挤出，从而保证基底的稳定。

6. 砂桩挤密

在软土路基中采取冲击或振动等方法形成一定直径的钻孔，在孔中灌以砂、石、灰土或石灰等材料，捣实形成直径较大的桩体，利用桩体的横向挤紧作用，使路基土粒彼此靠紧，孔隙减少。经过上述操作后的桩体具有较高的承载能力，群桩的面积约占松散土加固面积的20%，桩和原土组成复合地基，达到加固的目的。

7. 其他方法

除以上治理方法外，还可采用砂石垫层、化学加固法、塑料排水板以及土工织物等方法，以改善排水条件，稳定路基。

为读者参考方便，现将泥沼和软土地区路基常见的病害，以及根据不同情况采取的具体防治措施列于表3-1，供参改。

泥沼与软土地基病害防治措施　　　　　　表3-1

序号	方法	简　介
1	降低水位	当在路基两侧开挖沟渠的工程量不大时，可加深路堤两侧边沟，以降低水位，促进路基土渗透固结，达到稳固路基的效果
2	反压护道	当路堤下沉，两侧或路堤下坡一侧隆起时，可采取在路堤两侧或一侧填筑适当高度与宽度的护道，在护道重力作用下，使路堤两侧或单侧有被挤出隆起的趋势得以平衡，保证路堤稳定
3	换土	将病害处路堤下软土全部挖出，换填强度较高、渗透性较好的砂砾石、碎石
4	抛石挤淤	抛石挤淤为强迫换土的一种形式，适用于软土液性指数大，层厚较薄，片石能沉达下卧硬层者。抛石之石料一般采用直径不小于30cm较大的片(块)石。先将病害路段路堤挖到软土层，抛石自路堤中部开始，逐步向两侧展开，使淤泥挤出，在片(块)石抛至一定高度后(一般应露出淹没水面)，用压路机碾压，然后在其上铺设反滤层，再填土至路基原有高度

续上表

序号	方法	简介
5	侧向压缩	在路堤坡脚砌筑纵向结构,限制软土侧向挤出,可采用板桩、木排桩、钢筋混凝土桩、片石齿墙等
6	砂井(桩)、石灰桩	在软土路基中采取冲击或振动等方法形成一定直径的钻孔,在孔中灌以砂、石、灰土或石灰等材料,捣实形成直径较大的桩体,利用横向挤紧作用,使路基土粒彼此靠紧,孔隙减小,而且钻孔被填满和压紧,形成桩体。桩体具有较高的承载能力,群桩的面积约占松散加固面积的20%,以致桩和原土组成复合地基,达到加固的作用
7	化学加固法	利用化学溶液(如水玻璃溶液、丙烯酸氨溶液、水泥浆液、纸浆溶液等)或固化剂,亦称胶结剂(如水泥等),采用压力灌注或搅拌混合等措施,使土颗粒胶结起来,达到对土基加固的目的
8	塑料排水板法	塑料排水板是一种利用塑料板排水,以达到加固软土地基和防止道路翻浆的新型材料
9	土工布法	土工布在高压下具有较大的孔隙率,透水性能好,有优越的垂直、水平排水能力,很高的抗拉强度及隔水作用,能提高路基整体强度,重新分布土基压力,增强路基稳定性

二、泥沼与软土地区路基养护技术(养护工法)

限于篇幅并结合道路养护的特点,下面只介绍表3-1中第7、8、9栏相应的三种防治方法,其余方法请读者参阅相关书籍。

(一)化学加固法

化学加固法常用的各种材料中,以水泥浆液使用较多。以下重点介绍利用水泥作为主要材料的加固方法。

水泥土搅拌桩是利用水泥作为固化剂,通过特制的搅拌机械,在地基深处将软土和固化剂(浆体或粉体)强制搅拌,利用固化剂和软土之间所产生的一系列物理化学反应,使软土硬结成具有较强的整体性、良好的水稳定性和一定强度的复合地基。

水泥搅拌桩施工工艺流程如图3-1所示。

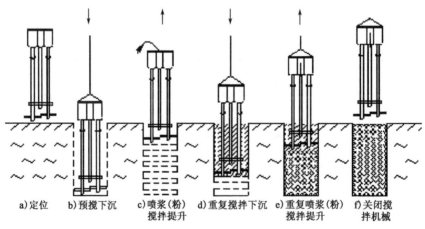

图3-1 水泥搅拌桩施工工艺流程

水泥土搅拌桩施工工艺如下:

1. 机械就位

搅拌机械就位与调平,如图 3-2 所示,施工中应保持搅拌桩机底盘的水平和导向架的竖直,搅拌桩的垂直偏差不得超过 1%;桩位的偏差不得大于 50mm。

2. 预搅下沉

如图 3-3 所示,预搅下沉至设计加固深度。

图 3-2 搅拌机械就位与调平　　　　图 3-3 预搅拌下沉

3. 喷浆提升

在喷浆提升过程中应采用边喷浆(粉)、边搅拌提升的方式,直至预定的停浆(灰)面。搅拌机喷浆提升的速度和次数必须符合施工工艺的要求,并应有专人记录。

4. 搅拌下沉

搅拌下沉过程中应反复搅拌下沉,直至设计加固深度。

5. 搅拌提升

如图 3-4 所示,根据设计要求,喷浆(粉)或仅搅拌提升直至预定的停浆(灰)面。

6. 移机成桩

如图 3-5 所示,关闭搅拌机械,形成搅拌桩。

图 3-4 搅拌下沉与提升　　　　图 3-5 移机成桩

(二) 物理加固法

1. 塑料排水板法

塑料排水板法可以代替常用的砂井法,它是应用插板机将塑料排水板插入土中,然后在上面加载预压,土中水即可沿塑料通道溢出,地基得以加固。排水板具有一定的强度和延伸度,适应地基变形的能力强,材料截面尺寸不大,插放时对路基扰动小,并能保持排水板条竖立,施工效率高,材料质量轻,运输方便,插板质量也容易控制和检查。

塑料排水板法施工工艺流程如图 3-6 所示。

图 3-6　塑料排水板施工工艺流程

塑料排水板法施工工艺如下。

(1) 平整场地。塑料排水板施工前,要对场地进行清表、整平和初步碾压,如图 3-7 所示。

(2) 铺设垫层。如图 3-8 所示,采用机械配合人工摊铺,在施工过程中要避免对软土表层的扰动过大,以免造成砂、土、泥混合,影响排水效果。

图 3-7　平整场地

图 3-8　铺设垫层

(3) 测量定位。如图 3-9 所示,用全站仪、钢尺确定打设区域,放出每个塑料排水板的打设点位置,并用竹签、白灰等做好标记。

(4) 插板机就位。如图 3-10 所示,将配备好的竖向排水板施工机械就位,根据打设板位标记进行插板机定位。

图 3-9　测量定位

图 3-10　插板机就位

(5)穿板套靴。如图 3-11 所示,将塑料排水板穿过插板机的套管,从套管下端穿出,与专用管靴连接,连接后拉紧,使桩尖与管靴贴紧。

(6)开机插板。如图 3-12 所示,插板机就位后,通过振动锤驱动套管对准孔位下沉,排水板从套管内穿过,与端头管靴相连并顶住排水板插到设计深度。

图 3-11　穿板套靴

图 3-12　开机插板

(7)剪带移位。如图 3-13 所示,插板完成后,剪掉多余的板带,使排水板外露长度不小于 250mm,埋入砂垫层中并做出标记,以防止塑料板随地基沉降而降至砂垫层以下,形成排水系统的脱节,同时也便于检查打设的数量和间距。

特别指出,根据以往施工经验,有些场合曾发生过塑料排水板施工后无法排水或排水不畅的情况,分析其原因是由于土质中含有腐蚀性物质将板带腐蚀堵塞所致。因此建议当使用该方法时,须对地基土进行严密的化学分析试验,以确认其适用性后方可使用。

2. 土工布法

土工布作为一种补强材料,主要用于加固地基,已在我国得到广泛推广使用。处理软弱地基时,一般将土工布铺设在路堤底部,在路基自重压力作用下,土工布受拉并产生抗滑作用,从而提高路基的稳定性。

土工布有过滤、排水、隔离、防护以及加筋等作用。过滤作用是指土工布在排除路基水的同时,可以阻止细粒土的流失,使土体保持稳定,加速固结,减小土的孔隙比,使土基趋于密实;排水作用是指在饱水的松软地基或翻浆路段敷设土工

图 3-13　剪带移位后的情形

夹层后,在上部填土及行车荷载的作用下,可将土中多余的水挤出,通过土工布的垂直透水性和平面透水性沿设计的底坡迅速排出。隔离作用是指在饱水的松软地基上填筑路基时,为增强地基的承载力,防止毛细水对土基强度的影响,一般多采用水稳性好的碎石、砾石、砂砾等透水性集料作基层的铺筑料。在地基与填料之间敷设土工布夹层,既可有效地防止集料下陷,又

可阻止淤泥软土在荷载作用下上翻。防护作用是指用于边坡的防护,防治坡面在水流的冲刷下的坍塌、淘刷和失稳。加筋作用是指土工布夹层与土基及填料之间产生较大的内摩擦力,使填料与土工布以及地基形成一个连续的整体,它能在纵向、横向均匀地传递并快速消散荷载,改善土基的受力状态,起到稳定填料、增强土基承载力的作用。

土工布法施工工艺如下。

(1)开挖排水沟。如图 3-14 所示,当施工路段有积水时,根据设计要求在路基边缘先开挖排水沟,排除淤泥软土层的积水。

(2)清理场地。如图 3-15 所示,待积水排除后,人工清除淤泥软土层上的石块、树枝等杂物,并将场地整平,做好不小于 2% 的横坡。

图 3-14 开挖排水沟　　　　　　　　图 3-15 清理场地

(3)铺设土工布。如图 3-16 所示,在整平好的松软地面上,人工把土工布卷材按需要长度从路基的一侧逐渐滚动摊铺向路基的另一侧并拉平,不能有皱折。然后视不同土基强度,采用搭接、缝合或用黏合剂粘合连接的方式,将不同幅土工布拼接在一起,使土工布在整个覆盖区内形成一个整体。

(4)固定土工布。如图 3-17 所示,将大块土工布的四周用片石压在已挖好的路基排水沟内,填压片石时要注意轻放,并使片石的大面与土工布接触,以防止土工布撕裂或被顶破,如有破损,应及时修补。

(5)填筑路堤。如图 3-18 所示,按设计要求填筑路堤时,为隔断可能上升的毛细水,一般在土工布上层先铺筑一层透水性好的砂砾层。土工布与砂砾层在路基与排水沟之间构成一个统一的排水系统,有利于将固结水顺利地排出路基之外。填筑路基时,应分层填筑,每层填筑长度应小于 20m,

图 3-16 铺设土工布

先用轻型压路机碾压,然后用重型压路机碾压成形。

图 3-17　固定土工布

图 3-18　填筑路堤

第二节　积雪和冰冻地区公路养护技术

一、积雪地区路基养护

积雪在此指雪害,雪害有积雪和雪崩两种形式。山上大量的积雪突然沿山坡或山沟崩落下来,就会发生雪崩。雪害对公路的危害主要是影响行车安全,严重的则会阻断交通。在我国新疆及西藏的山区多有发生。

(一)雪崩防治原则

大量的雪崩不仅会掩埋路基、阻断交通,还会击毁路上的行车及建筑物,如图 3-19 所示。

对雪害的防治,应通过全面的调查研究,摸清雪害的成因与基本规律,了解现有防雪设施工作效果,保持防雪设施的完好,增添必要的防雪设施,减轻雪害对公路及交通的危害程度。

1. 雪崩的防治原则

(1)原公路(特别是盘山公路)多次通过同一道雪崩地带时,应该尽量将公路移出或改为明洞或隧道通过。

(2)对危害公路的雪崩生成区,应该于雪季前和雪季后对防雪崩工程,如水平台阶、稳雪栅栏等进行维修,保护森林、植被,以充分发挥稳定雪体的作用。

(3)对雪崩运动区和堆积区,应该保持防雪崩工程,如防雪走廊、导雪槽或将雪崩体引向预定的堆雪场地的导雪堤等的完好。对雪崩运动区,应保持防雪崩工程,如土丘、楔、铅丝网和排桩等的完好,以减缓和拦阻雪崩体的运动。在大的雪崩发生前,制造一些小规模的"人工雪崩",以减轻雪崩对公路的危害。

图 3-19　雪崩

(4)采取任何防治雪崩的工程措施,都应注意保持原有植被和山体的稳定,避免造成人为的滑坡、泥石流和塌方。

(5)在山坡面上植树造林,对雪体滑移能起阻滞作用,是防治雪崩的有效措施。对山坡上的树木,应注意加强管理和抚育。

2. 风雪流防治

积雪分为一般积雪和风雪流(风吹雪)。我国较严重的积雪多发生于东北地区、青藏高原以及新疆等地。

一般积雪是指在风力较弱或无风的情况下,降雪在道路上形成的均匀雪层。积雪达一定深度就会发生雪阻现象,汽车通行就会非常困难。此外,积雪在路上压实并冻结,使行车滑溜,极易引发交通事故。

风雪流是指当风速大于雪粒的起动风速(4~5m/s)时,吹起的积雪挟带雪粒,随风急速流动,形成风雪流。对于风雪流的预防和防护措施如下。

(1)改造线形或地形

改造路基平面及纵、横断面或改造公路附近地形。如提高路基、放缓边坡,设置储雪场,整修内侧山坡,敞开路基以及在路基一定范围内清除有碍风雪流通过的障碍物等。这是一项治本的防雪措施,但要注意工程量大小和可能产生的其他病害。

(2)栽植防雪林带

防雪林带应按规定位置栽植,可采用灌木—乔木—灌木结合的形式或单一林带。防雪林的树种选择要因地制宜,一般有杨树、榆树、槐树和落叶松等树种。

(3)设置防雪设备

防雪设备有防雪栅、防雪堤(墙)及导风板三种,因其设备费用较高,须遵循就地取材、因地制宜的原则,力求经济适用,只宜用在积雪较多又无其他方法处理的地段。

(二)雪崩防治设施的设置及养护要点

1. 设置水平台阶

水平台阶是在公路侧面山坡上稳定积雪并阻拦短距离滑雪的工程设施,如图3-20所示。

当采用水平台阶养护时,要经常整修台阶和坡面,并种植草植树,保持其良好的稳雪能力。台阶平面宽度应保持在2m左右。

2. 设置稳雪栅栏

稳雪栅栏为防止山坡上积雪的蠕动而沿等高线设置的防雪措施,如图3-21、图3-22所示,设置时应保持露出地面部分的高度 H 大于该处的积雪深度;栅板宽与栅板间距均宜保持在10m左右;栅板宽与坡面角度宜保持在105°,斜支柱与坡面的角度宜保持在35°~40°,支撑点应位于立柱高的2/3处。稳雪栅栏的立柱的间距在2m左右。

最高的一排栅栏应尽可能接近雪崩的裂点及雪檐下方。

3. 布设导雪堤

导雪堤为改变雪崩运动方向,使雪崩堆积到指定地点的防雪设施。导雪堤有土堤、浆砌石堤、铅丝笼石堤等结构形式,可根据当地沟槽坡度及施工条件选择使用,如图3-23所示。设置时应符合下列要求。

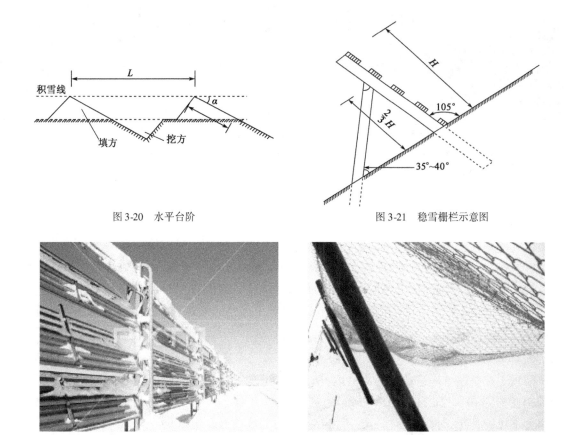

图 3-20 水平台阶　　　　图 3-21 稳雪栅栏示意图

图 3-22 稳雪栅栏现场照片

a) 土堤　　　　b) 铅丝龙石堤

图 3-23 导雪堤

首先,控制设置角度导雪堤与雪崩运动方向的夹角宜小于 30°。其次,及时检查维修。

对堤体应及时进行维修,保持其原设计的抗冲击与摩阻力。最后,设堆雪场并清理。

导雪堤末端应保持有足够的堆雪场地,雪季前应检查场地并进行必要的清理。

4. 布置防雪走廊

防雪走廊虽然初期投资大,但从长远来看,它是在公路上修筑效果最好的构造物。其形式

图 3-24 防雪走廊

与明洞相似,能使雪崩雪从其顶上越过;也可防止风吹雪堆积,如图 3-24 所示。养护时应符合下列要求:

(1)必须保持工程各部结构完好。

(2)防雪走廊与公路及内侧的山坡应紧密连接,如有空隙,可用土石分层回填并夯实。

(3)保持防雪走廊上部沟槽中设置的各种防治发生雪崩的辅助设施及山坡植被的完好。

(4)走廊的顶盖倾角应尽量与山坡坡度一致,两者之间的夹角一般不宜超过 15°。

5. 布设导雪槽

导雪槽是在公路上修筑的构造物,内侧与山坡紧密连接,外侧以柱支撑,可使雪崩雪从其顶上越过的工程设施,适用于防治靠近公路一侧上方的小雪崩,根据实际情况可做成临时性或永久性。导雪槽的设置和养护应符合三项要求。其一是必须保持工程各部结构牢固完好。其二是槽下净空应满足有关规定。其三是导雪堤宜做成从内向外略倾斜。

6. 设置阻雪土丘

阻雪土丘是在雪崩运动区的沟槽内,用土堆筑而成,如图 3-25 所示。养护时应将土丘尺寸保持在宽为 10~12m,长为 15~20m 的范围内,高于该沟最大雪崩峰面高度。有损坏或几何尺寸不足的,应及时修补。修补时不得在土丘下部或两侧取土。

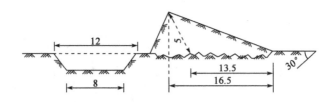

图 3-25 阻雪土丘(尺寸单位:m)

7. 设置楔状构造物

即雪崩运动区下部和堆积区上部设置的楔状构造物群,其主要作用是分割、阻挡、滞留雪崩体。其高度应大于雪崩体之峰面高度,可用木、石、水泥混凝土、金属等制成。这类构造物的养护应保持构造物完好。并保证其高度大于雪崩峰面高度,不足时应及时加固。

8. 布设铅丝网

铅丝网是设在沟槽雪崩运动区的狭窄通道内,属于阻拦雪崩继续向下运动的设施。其设置和养护应符合相关要求。铅丝网宽度宜与沟槽同宽,但不宜超过 10cm,其高度应大于雪崩峰面高度,网眼铅丝的规格型号不得小于 8 号,网孔不得小于 6cm,挂设铅丝网的支柱宜用型钢,支柱埋置深度不应小于 1m。

雪季后应及时对铅丝网检修。

9.钉设排桩

排桩的作用同铅丝网,一般设置在较大的沟槽雪崩支沟口处或规模不大的雪崩沟槽内,高度应大于雪崩峰面高度。其养护应保持所有柱体完好。

必须指出,减缓或阻止雪崩体崩落应是首先考虑的措施,为此在雪崩体崩落前,可采取以下措施减缓或阻止其发生崩落,特别是阻止风雪流向雪崩生成区聚雪。首先,在雪崩生成区的积雪体上撒溶雪剂,以促使雪崩融化后形成整体,增加雪体强度,减轻雪崩的危害,但这种措施因用量极大,一般不提倡使用,仅限于紧急情况。其次,用炮轰或人工爆破以损坏雪檐、雪屋的稳定性。也可在雪崩体坡面从两端用拉紧的绳索将下部的积雪刮去,使其上部失去支撑,制造小规模的"人工雪崩",以减轻雪崩的危害程度。

二、多年冻土地区路基涎流冰治理措施

涎流冰是由挖方路段上边坡裂隙水(空隙水)冰冻而成的。这些裂隙水(空隙水)在天气暖和时以液体流出,而在冬季时则因渗水流速小,在流动过程中受冰冻而成为涎流冰。

我国涎流冰主要分布在东北地区的大、小兴安岭和长白山地区,以及西藏、川西和西北地区海拔2500~3000m及以上的山地和高原上。

涎流冰可分为河谷涎流冰和山坡涎流冰,如图3-26与图3-27所示。山坡涎流冰由山坡或路基挖方边坡出露的地下水冻结形成。河谷涎流冰则是沿沟谷漫流的泉水和冻雪融水冻结形成。前者主要危害桥涵,后者主要危害公路路面。

图3-26 河谷涎流冰

图3-27 山坡涎流冰

(一)涎流冰防治原则

(1)涎流冰属季节性病害,处治的出发点在于使涎流冰尤其是河谷涎流冰不得"侵入"路面而影响行车安全。同时还应考虑保护环境和创造良好的行车条件。

(2)在处治涎流冰前,宜在前一个冬季现场调查,划定冰蚀范围,测量涎流冰数量,然后进行设计,在春融后的下一个冰冻前组织施工。

(3)在工程建设期,若发现涎流冰迹象,应及时处治。

（二）涎流冰防治措施

1. 河谷和桥涵涎流冰防治

（1）河床纵坡不大的河流，可在入冬初在桥涵的下游筑起土坝，使桥涵上下游各约50m范围形成水池，水面结冰坚实后，再在水池的上游开挖人字形冰沟，以利汇集水源，同时挖开下游河床最深处的土坝，放尽池内存水，保持上下游进出口不被堵塞，使水不在冰层下流动。

（2）桥涵上游如有大片地形低洼的荒地，可用土坝截流。在桥位上下游各30~50m的水道中部的顺流方向上开挖冰沟，用树枝柴草覆盖，再加铺土或雪保温，并经常检修以保持冰沟不被冻塞。解冻后即可拆除。

2. 山坡涎流冰防治措施

山坡涎流冰的主要防护措施有设置聚冰沟与聚冰坑、挡冰墙、挡冰堤，设置地下排水设施以及清除涎流冰。

（1）设置聚冰沟与聚冰坑

聚冰沟多用于拦截冲积扇沟口处的泉水涎流冰和地势较缓的山坡涎流冰；聚冰坑多用于水量较小、边坡不高的路堑坡涎流冰，用以积聚涎流冰，不使其流到路面。其断面形式如图3-28、图3-29所示。

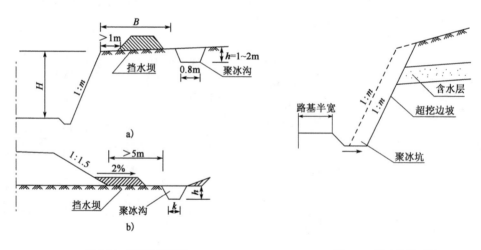

图3-28 聚冰沟断面图　　　　图3-29 聚冰坑断面图

（2）设置挡冰墙

挡冰墙适用于阻挡和积聚涌水量不大的山坡涎流冰和挖方边坡涎流冰，防止其侵入路面。挡冰墙一般用浆砌片石、块石筑成，需根据冰量确定挡冰墙的尺寸，一般为高度80~120cm，顶宽40~60cm。基础埋置深度按土质、积冰量及当地冰冻深度等情况确定。当积冰量较大时，可与聚冰坑配合使用。挡冰墙又可分为边沟外挡冰墙和路肩外挡冰墙，其断面形式如图3-30、图3-31所示。

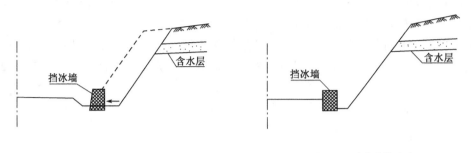

图 3-30　边沟外挡冰墙　　　　　　　图 3-31　路肩外挡冰墙

（3）设置挡冰堤

挡冰堤适用于地势平坦、涌水量不大的山坡涎流冰和径流量较小的小型沟谷涎流冰。挡冰堤修筑在路基外，山坡地下水露头的下侧或沟谷内桥涵的上游，用以阻挡涎流冰，减小其漫延的范围。山坡上的涎流冰，可采用柴草、草皮或石砌的长堤予以拦截。在沟谷内一般用干砌石堤，以利秋夏排水。挡冰堤的长、宽、高和道数按当地的地形及涎流冰数量确定，基础埋置深度应按当地土质和冰冻深度而定。其断面形式如图 3-32 所示。

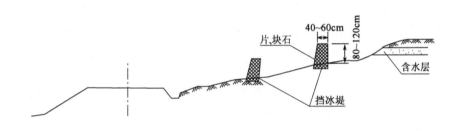

图 3-32　挡冰堤

（4）设置地下排水设施

寒冷地区常用集水渗井、渗池、排水暗管和盲沟等排水设施以挡截、疏导、排泄坡上的地下水，防止其出露和漫延。

（5）清除涎流冰

对流至路面的涎流冰要及时清除，撒布砂、炉渣、矿渣、石屑、碎石等防滑材料，或撒布氯化钙、氯化钠等盐类或者新型环保防冻剂，以抑制涎流冰的形成。为防止行车产生滑溜，应设置明显标志。当冰层在盐类物质和行车作用下变软时，应立即将冰层铲除，防止重新冻结，铲除冰层后应重撒防滑材料。

三、多年冻土地区公路养护

多年冻土地区公路养护工程应把握五个方面：第一，编制工程实施性施工组织设计。实施性施工组织设计应体现高原和多年冻土的环境特点并遵循机械化快速施工的原则。施工前应完成施工组织设计、设立施工标记、修筑施工便道、划定取土地点和运土路线等准备工作，并备齐施工机具、材料和人员。第二，预先布置排水系统。路基施工前应预先形成临时排水系统，防止施工期间地表水侵害路基而造成病害。第三,合理选择施工季节。路基养护施工应按设计和实际情况来选择施工季节。当在寒季施工时,应事先备好合适的路基填料并采取有效的保温措施,防止填料冻结。第四,清表土宜选址堆放备用。路堑地段、取土场地表的草皮应先行挖除,选址堆放并适时洒水养护,以供完工后恢复地表植被和绿化时利用。第五,路基土石方宜移挖作填,应采取措施。对于隧道弃渣和路堑挖方后的岩土(如岩石或少冰冻土以及多冰冻土等),凡是能够符合填料要求的材料,待其融化后可用作填筑路基或保温护道。

(一)多年冻土地区路基施工

1. 路堤施工

路堤施工应根据冻土环境和现场冻土地质情况,进行相关工艺设计,制订相关调控地温的工程措施预案。路堤的填筑宜在暖季进行,高温高含冰量冻土地段高路堤的填筑宜跨年度分两期进行,或者采用控制填料温度、基底覆盖隔热层等方法施工。

路基施工的取土场必须按照设计指定的地点设置,取土坑的位置应根据地形、地质、地表排水条件确定,宜集中取土,并应严格控制取土场的位置和开挖深度,减少对多年冻土的热干扰。不得在路基两侧随意取土,应减少对冻土环境的破坏。取土过程中应定期对取土场内的填料的地质特征进行检查核对,宜选择不易冻胀的填料。

在融沉和强融沉多年冻土分布地段,当路基位于倾斜地形时,取土场宜设在路堤上侧山坡,取土场与路堤坡肢间的距离不得小于100m;在地面横坡不明显的平坦地段,可在路堤两则取土,取土场与路堤坡脚间的距离不得小于200mm。含土冰层,厚层地下冰冻土分布地段,不得在路堤两侧取土。

取土前应将表面的腐殖土集中堆积,然后划分取土坑,集中深挖取土地,取土完毕后,应整理取土坑,反腐殖土回覆在取土坑上,并种植适宜的耐寒植物。

地表排水系统应在施工之前实施。在路基主体施工开工前,应先做好临时排水设施,预防雨季地表水对路基坡脚和边坡的浸泡、渗透及冲刷。应加强对边沟、排水沟、截水沟等的养护维修。

填土护道应及时碾压,压实度应达到80%以上,护道材料与路堤填料相同时,应与路堤主体工程同时施工并同时完成。应及时将水冲沟壑修复填平。草皮泥炭护道在路堤主体完成后尽快施工完成有利于保护冻土。

从取土场到施工现场应设专用便道。

2. 路堑施工

高含冰量冻土地段路堑开挖宜选择在寒季进行,基底和边坡换填及保温层等施工宜在6月底前完成。路堑施工期间,各道工序应紧密衔接,快速施工,缩短暴露时间,减少对多年冻土地基的热干扰。

路堑施工应合理选择施工工艺,采取隔水、排水、换填和设置保护层等措施,保护冻土,防止热融滑塌。路堑边坡开挖宜采用机械化快速施工,宜在寒季开挖。开挖前应先做好永久性排水设施,施工过程中应注意施工场地的排水。

路堑路段路基换填作业以粗粒土为换填材料并采用集中取土时,宜在寒季施工;采用其他填料时,宜在暖季作业。暖季施工应安排在夏初或秋初,并做好防护,宜避开降雨集中、热融作用最活跃的七八月份,避免阳光直接照射。跨年作业应兼顾挖、填的不同要求,宜选择秋末开挖成型,来年暖季回填。

路堑较长路段应分段开挖,开挖可采用爆破松土开挖法,钻孔应选用钻进速度快、功率大、便于搬运的钻机施工,并应符合以下三项规定:首先,爆破松土法可采用深孔爆破或深孔药壶爆破,钻孔应根据少超不欠的原则布置,应加强炸药的防水防冻,宜使用防水性能好的炸药,宜一次爆破成型。其次,较长路堑应分段施工,爆破后的清方应与后段钻孔同时进行。再次,开挖应配备马力大,适合冻土开挖要求的松土机,浅路堑可先基底后边坡开挖,深路堑宜先边坡后基底开挖。开挖中应随时做好临时排水。

经爆破松动或松土机松动后的松方可采用推土法或装运法清方,地表部分可用的松方应直接运走或横向推置于路堑侧开挖界限30m外。上限以下含饱冰层或饱冰冻土,可根据路堑长度,采用纵向一次推出或横向通道分段推出的方法,推弃于路堑外适当地点,推土应由高向低拉槽推送。横向通道的设置应与路堑开挖的松土作业同时进行,间距宜为100m。长度工期200m以下的路堑,宜从两边相向开挖,并在路堑口下方设横向通道。200m以上的长路堑,可分段开挖,在中部设置横向通道。

开挖至换填层位时,应对暴露的冰层做昼盖夜开的简易遮挡防护,减少热融影响,暖季开挖的路堑在清方成型后,应全段尽快一次回填,避免开挖堑面的长时间暴露。

开挖完成后,应及时完成整平作业,整平作业应包括清除刷坡后将余土清出侧沟,基面与侧沟平台的整平和路堑成型等工作。

路堑边坡保温层铺设草皮泥炭层时,边坡挖除部分应整平,每块草皮泥面炭厚度不宜小于0.25m,根部应整平。铺设时应上下错缝,互相嵌锁。

3.隔热层的铺设

施工前应对拟采用的隔热层材料抽样,进行必要的室内试验检测;隔热层的铺设应在下垫层高程和压实等达到规范要求后进行;隔热层上填料的压实度应满足规范要求。

施工时应严格控制隔热层下的路基填高和横坡,按照施工要求进行压实和整平。全区段的铺设应满足幅宽要求,弯道处局部可适当加宽,全区段最小有效宽度应达到设计要求。隔热层材料应按设计要求的控制指标和拼接方式提前定制,保证施工顺利进行。每个隔热层单块应采用同批次产品制作。

隔热层应根据设计拼接方式进行拼接,直线段隔热板材料宜采用搭接方式;曲线段拼接困难时,宜采用直线积累、集中接缝处理的方法进行铺设。采用同质不规则板材进行现场切割组拼,当相邻板材之间原有的搭接方式被打断时,应采用黏合剂对该处进行胶接。整个区段的铺设应顺滑自然,板材嵌挤紧密,不留空隙。

施工机械不得直接碾压隔热板。应按照设计的最小压实度进行隔热层上填料摊铺,达到最小压实厚度要求后再用压路机压实。

4.片块石路基施工

片块石路基应选择洁净、耐冻、无裂纹的石料,粒径应基本一致。

进行片块石路基填筑时,边坡码砌应采用硬质片块石,片块石间严禁用小石块填塞,保证通风空隙,人工进行路基边坡片块石码砌时,码砌高度应与设计高度一致。采用挖掘机配合施工时,应在不影响通风效果前提下对边坡片块石进行规则整修,整修时应防止挖掘机将底部填土带起影响通风效果。

片块石的压实应采用重型振动压路机或冲击式压路机,碾压遍数应不少于6~8次,碾压的纵向行与行之间重叠应不少于0.5m。前后相邻区段重叠应不少于2.0m。片块石层表面应选用合适粒径的小石块进行找平。

压路机的线压力应与片块石的抗压强度极限相匹配,避免使片块石破碎和挤压破坏骨架结构。压路机的单位线荷载可按下式计算,其值不应大于常用石料的抗压强度极限和允许的线荷载。

$$q = G/b$$

式中:q——单位线荷载(N/cm);

G——振动压路机的钢轮重(N);

b——压路机轮胎宽(cm)。

软石料(如石灰岩和砂岩)、中硬石料(如石灰岩、砂岩、粗颗粒花岗岩等)、坚硬石料(如细颗粒花岗岩、闪长石等)及其坚硬岩石(如辉绿岩、玄武岩、闪长岩等)的抗压强度极限和允许的线荷载分别为30~60MPa和600~700(N/cm)、60~100MPa和700~800(N/cm)、100~200MPa和800~1000(N/cm)、200MPa和1000~1250(N/cm)。

压路机的最大接触应力应与片块石的允许最大接触应力相匹配,不得造成片块石表层破坏和出现裂纹或压实度不够。片块石允许最大接触应力可按表9.5.5确定,压路机的最大接触应力可按下式计算。

$$\sigma_{max} = \sqrt{qE_0/R}$$

式中:σ_{max}——压路机最大接触应力(Mpa);

q——单位线荷载(N/cm);

E_0——压实层的变形量(MPa),片块石压实层的变形模量与石料允许最大接触应力在压实前分别为30MPa和0.4~0.6MPa,压实后分别为100MPa和2.5~3.0MPa;

R——碾压轮的半径(m)。

片块石顶部砂砾层摊铺完后,应采用压路机进行整平碾压。砂砾层的密实度宜按照中密要求控制,平整度应按照填土路基要求控制。

5. 通风管安装

通风管安装应把握原地面及地基处理、沟槽开挖方式、长度和横坡调整和沟槽回填以及管侧和管顶填筑。总体要求是选管合格、定位正确、尺寸准确、结实牢固、功能正常。

通风管安装前,应对原地面的基底进行处理,处理时应本着"宁填勿挖"的原则,减少对附近地表的开挖。通风管尺寸必须符合设计要求,外观应平整光洁,插口不得开裂或有碰撞损伤。

通风管应采用反开槽法安设。沟槽开挖前路堤应填至通风管顶在设计高程以上不小于130cm的位置,压实度应按照路床以下填料要求控制,平整度应按照土质路基要求控制。沟槽开挖应采用开槽机或按标志桩进行人工开挖,沟槽的宽度和深度应大于通风管外径3~5cm,并设4%人字形横坡,沟底浮土应清理干净,沟槽底铺设的中粗砂垫层应平整,厚度应满足设计要求。通风管宜采用人工或小型超重设备安装,也可采用装载机配合人工安装。安装应平顺,不得碰撞接口或碰坏通风管。安装时通风管两端伸出路堤长度应满足设计要求。两端应取齐,通风管长度误差可在中间管节调整,应保持通风管横坡为4%人字形横坡。安装通风管的沟槽可采用中粗砂回填,并用小型压路机或平板夯压实。

管顶路堤填筑应按照设计结构尺寸,进行路堤表面排水横坡、平整度、边坡整修等工作。

6. 热棒安装

热棒安装前应对临时建筑、运输道路、水源、电源、照明、主要材料、人员等进行合理安排。热棒使用前应进行检查,保证外观良好,光滑无毛刺,焊缝平整,翅片不倒折,表面防腐层完好。热棒存放时应远离火源,露天存放时,宜进行覆盖,防止阳光直射。

热棒应在路基施工结束、路基两侧边坡平整处理后采用工程钻机安装。钻孔施工时钻机应采用地锚固定。当地层较复杂,钻孔特别困难,钻机振动较大时,应采用钢绳固定或支架支撑。在易塌孔地层路段宜采用简便易行的护壁方法钻进,防止钻孔坍塌;钻孔宜预留一定倾角,避免钻进时钻头下俯,开了时可采用导向装置,液压给进加压,应慢速钻进,控制钻孔角度。钻孔完成后应清理钻孔周边0.5m范围内的泥土和杂物,钻孔附近不得有阻碍热棒吊装的施工材料和杂物。

钻孔施工完成后应及时起吊热棒进行安装。不能及时安装时,应采取临时措施保护钻孔,热棒起吊应利用热棒本身顶部环形槽作为受力点进行起吊,并根据热棒的长,采取必要的防护措施,防止设备摇摆,吊车吊臂有效起吊高度应超出热棒长度1m。吊装时严禁压伤或擦伤热棒及其上部的翅片部分。施工过程中应控制热棒的埋置角度,与钻孔的直线夹角为0°,钻孔直线度偏差应小于5mm。热棒吊装入孔后,应及时用砂土密实回填,并进行现场清理。

7. 防护及排水工程

基坑施工宜在基础所用建筑材料、机具和垫层所用砂砾全部备齐后开始。防护及排水工程应组织力量快速施工,各个工序应全面展开,相互衔接,逐段完成,不得拖延过久。基坑开挖完成后的暴露时间不宜超过15d;挡土墙总施工时间不宜超过50d;不宜使基坑长期暴露,影响基坑边坡稳定,增加施工困难。基坑开挖后,如果发现基础全部或部分在纯冰或含土冰层上,应进行特殊处理;基础完工后应立即回填夯实。

砂砾垫层施工前,应将积雪、融雪水或雨水及基坑内淤泥和松软湿土彻底清除。

挡土墙施工宜避开暖季,采用不间断连续作业的方式。连续施工过程中基坑不得积水。高含冰量冻土地段挡土墙的施工宜选择在寒季进行,并应精心组织,连续作业,快速施工基础,立即回填,不得积水。

渗沟宜在春融后至雨季开始以前施工,必须在暖季施工时,应防止基坑暴露时间过长。

(二)多年冻土地区路面基层施工

多年冻土地区常用的路面基层(或底基层)有半刚性基层(或底基层)以及粒料类基层(或底基层)。沥青路面的半刚性材料基层、底基层混合料应采用专用厂拌设备,集中拌和,拌和设备应能自动计量各种材料用量。拌和生产能力应与摊铺、碾压设备相匹配。

混合料应严格按照设计配合比充分均匀拌和,保证混合料的最大粒径和级配符合要求。混合料拌和含水率宜根据多年冻土地区高蒸发率和水分损失情况适当加大。

混合料的运输能力应与拌和生产能力、摊铺生产率相匹配,应选择适宜的运输路线和行车速度,避免发生混合料离析现象,混合料运输过程中应采取覆盖措施减少水分损失。混合料宜采用摊铺机摊铺,摊铺能力应与拌和设备的生产能力、运输能力相互协调,避免停机待料,保证施工的连续性。

混合料宜采用养护薄膜下铺设黑色或深色织物双层吸热保温养护,或采用黑色养护薄膜吸热保温养护,也可采用覆盖草袋、薄膜、厚砂等保温措施,提高混合料养护温度。

混合料养护时间不应少于7d,养护结束后应尽快铺筑面层或封层。掺外加剂的混合料,养护期可根据混合料强度形成试验结果适当缩短。

1. 水泥稳定类基层施工

水泥稳定类基层施工的作业时间应根据日气温的变化来合理确定。基层施工应采取控制施工级配(保证混合料设计抗压强度)、在混合料中掺入适宜水泥外加剂、采用吸热覆盖措施(提高养护温度)、封闭施工等技术措施,保证混合料强度,提高混合料的抗裂性能。

水泥稳定类混合料摊铺前应洒水湿润下卧层表面,即基层施工前对垫层充分洒水湿润,宜采用洒水车进行雾状洒水,以下卧层表面全部湿润、无明水为宜。

水泥稳定类混合料施工过程中各工序应紧凑有效,一气呵成,混合料摊铺后应立即进行碾压,初步碾压应紧跟摊铺机后进行。从混合料拌和开始至碾压结束宜在2h内完成,最迟不得超过水泥初凝时间。

2. 粒料类材料基层与底基层施工

粒料类宜采取预埋路缘石、安装侧模板等侧向支撑措施,保证碾压成型质量。

级配碎石应采用厂拌设备集中拌和,拌和过程应严格控制各仓上料速度和均匀性,保证碎石掺配比例,严格控制混合料含水率及拌和时间,保证拌和质量。

级配碎石宜采用沥青混凝土摊铺机中其他碎石摊铺机摊铺,二级以下公路可用自动平地机或摊铺箱摊铺混合料。

级配碎石摊铺后应在接近最佳含水率条件下及时碾压,当混合料碾压含水率偏低时,应根据实测含水率,用喷雾式洒水车补充洒水。级配碎石碾压过程应严格压实厚度,合理选择碾压设备与工艺,保证其密实程度。宜采用振动压路机和胶轮压路机联合交替碾压。先采用钢轮压路机慢速静压,使混合料成型并具有一定的密实度;再用振动压路机和胶轮压路机碾压,碾压速度宜先慢后快,先弱振后强振,使结构层内部密实,降低空隙率,最后用钢轮压路机慢速静压。

级配碎石摊铺、碾压过程应严格控制混合料离析,及时处理粗、细集料分布不均匀的位置。

(三) 多年冻土地区沥青面层施工

沥青路面施工应考虑多年冻土地区温度低、施工期短、碾压成型困难、养护条件有限等影响,沥青路面面层应在暖季施工。

宜采取提高混合料出料温度、减小拌和机拌和仓出料口与运输车的高差、缩短混合料运输距离、加强运输车辆保温与覆盖、缩短运输车辆在摊铺机前方的待机时间等技术措施,保证沥青混合料摊铺温度。

应采取缩短施工工作段长度、适当增加摊铺层厚度、合理调整碾压速度、保证施工连续性等措施,严格控制混合料有效压实时间,保证沥青路面成型质量。

半刚性基层沥青路面在基层成型并检验合格后,应及时铺筑沥青混合料面层,缩短半刚性基层暴露时间。

1. 材料技术要求

沥青路面宜选择高标号的道路石油沥青,技术指标应符合《多年冻土地区公路设计和施工技术细则》(JTG/T D31-04—2012)的要求;面层和中面层沥青混合料宜采用SBR或SBS改性沥青,技术指标应符合上述细则的规定。

2. 沥青面层施工

沥青面层与基层连续施工。面层沥青混合料配合比设计可分为目标配合比设计、生产配合比设计和生产配合比验证三个阶段,沥青混合料技术要求应符合《多年冻土地区公路设计与施工技术细则》(JTG D031-04—2012)的相关规定;应采用马歇尔试验方法测定沥青混合料稳定度、流值等指标。

拌和厂冷料斗应采取隔离措施,避免不同规格的冷料混料。

普通沥青混合料摊铺温度应保证在130℃以上,改性沥青混合料摊铺温度应保证在140℃以上。热拌沥青混合料出料温度、储料仓储存温度、运输到现场温度等施工温度应考虑运输、摊铺、碾压过程中的温度变化,参考试验路段试验结果进行控制。

沥青混合料拌和、运输、摊铺和碾压工序应合理匹配,保证施工连续性和沥青面层成型质量。沥青混合料摊铺后应立即碾压,减少热量损失。沥青混合料运输车应采取保温措施,车厢四周宜采取包裹棉袄等保温措施。混合料顶面宜覆盖双层棉袄,并固守四角,有条件时,宜用保温运输车运输沥青混合料。

第三节 泥石流和滑坡地段公路养护技术

一、泥石流地段路基养护

泥石流是指带有大量泥沙和石块的间歇性洪流,多发于山岭地区、暴雨或融雪季节,破坏性较强。泥石流对路基的危害主要通过堵塞、淤埋、冲刷、撞击等产生;一般是通过压缩、堵塞河道使水位壅升,以致淹没上游沿河路基,或迫使主河槽改道、冲刷,造成间接水毁。

(一)泥石流的形态和特征

泥石流是山地沟槽或河谷在暂时性急水流与其流域内大量土石互相作用形成的洪流过程和现象。由固体土石与液体水组成,固体物质含量有时会超过水量。其特点是过程短暂,发生突然,结束迅速,复发频繁。

如图3-33所示,泥石流的形态分为形成区、搬运区、停积区。

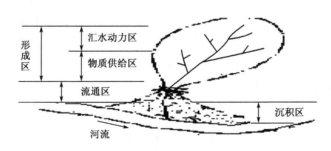

图3-33 泥石流的形态

泥石流汇水区的特征是具有黏土,能造成巨大山麓堆积和坚硬的石灰岩、片岩及火成岩等岩块。黏土组分不大于固体部分的 25%~30%;其余的为砂、小碎石、砾石、巨砾。水是泥流组成的部分之一。泥石流保持着直线运动的方向做整体运动,在静止时固结,各组成部分不分散。位于山洪泥流经道路上的建筑物及在石流横向上的防护物受破坏,顺河床方向及坡度为 0.05~0.06 的冲积锥底部将被沉积物所覆盖。

由于流态特征受控于水体量与固体物质比值及固体物质的粒径级配,故泥石流常呈现紊动流、扰动流、蠕动流,其宾汉体流变模式为泥浆;牛顿体流变模式显示固体物质较少。

从泥石流的形成机制来讲,泥石流的物质成分为水石质、泥石质及泥水质,其补给方式通常为雨水型、冰川型。按暴发起因分类有融雪型泥流、溃决型泥石流、地震型泥石流、火山型泥石流。受力性质通常有土力型(滑坡型和崩塌型)和水力型(坡面侵蚀型及河床侵蚀型)两种类型。

(二)泥石流的形成条件

1. 地形地貌条件

上游有广阔的盆地式汇水面积,而其周围山坡较陡,有利于大量水流迅速汇聚而产生强大的冲刷力;中游纵坡降 0.05~0.06 或更大,可作为搬运流通的沟槽;下游坡度急速变缓,为 0.05~0.02,且有开阔平缓的坡地作为泥石流的停积场所。

2. 地质环境条件

在汇流区内,必须是各种天然或人工松散土石堆积层发育;或其为区域大断裂破碎带、强烈构造揉皱带,以及各种易风化岩层的风化破碎带,且分布广、厚度大。

3. 水文气象条件

有短期暴雨或冰雪突然溶化水汇流,具有强大的冲刷能力。在干旱或半干旱的山区往往具备上述水文气象条件。

在泥石流频发地段,难以控制时,可考虑局部改线,即进行工程地质选线,应视泥石流的类型、分布、规模、发育阶段和处治的难易程度等因素进行综合考虑,选择路线走向,合理布设路线位置。首先,尽量采取绕避方案。对规模大、活动性强或泥石流集中发育的路段,路线以绕避为宜。其次,确定线路位置和高程。在泥石流堵河或淤积严重的路段,应视泥石流的规模、活动性和对河道的堵塞、淤积情况以及河道摆动的趋势等确定线路位置和高程。再次,设桥跨越方案。路线不宜布设在处于发育阶段的泥石流堆积区内。当流通区有狭窄稳定的沟床可以利用时,可考虑提前抬高线位,设桥跨越。如没有建桥条件时,也可考虑以隧道方案通过。当沿河两岸均有泥石流发育时,线路宜选在泥石流相对轻微的一岸,必要时可考虑多次跨河。最后,确定堆积区通过方案。对已趋于稳定的泥石流,路线也可考虑在堆积区通过,但应确保泥石流排泄通畅,做好导流工程。应避免在洪积扇上设置路堑,设置的桥涵不得压缩沟床断面。

路线遇源流时,一般以绕线方式避开冲积扇,从较窄的颈部穿过较有利。当无法绕线时,可视具体情况用单孔桥等方式通过。

(三)泥石流防治的基本原则

1. 宜当避重就轻选择线路

发生频率高的黏性泥石流及规模较大的稀性泥石流路段,经技术经济比较宜改线绕避;无法绕避时,应避重就轻选择线路。

2. 合理布设调治构造物

布设调治构造物,应根据路段和桥梁所在位置,结合地形、沟槽宽度,可能发生泥石流的性质、流势及其发展变化规律,综合考虑确定。

3. 工程措施与生物措施相结合

对于危害性大、涉及面广的泥石流,且当地人类活动、经济建设有可能促使泥石流发育时,宜与有关部门协商,进行工程和生物水土保持相结合的综合治理。

4. 采取堵塞沟缝等控制水土流失

在泥石流易形成区,平整山坡、堵塞沟缝、修建阶梯和土埂等控制水土流失和滑坍发展。

5. 修建拦挡墙式或停淤场

泥石流流通区,在地形、地质及储淤条件较好处,可修建拦挡墙或停淤场。

(四)泥石流防治的方法

对于泥石流的防治,首先应开展调查,通过访问、测绘、观测等获得第一手资料,掌握其活动规律,采取预防为主、综合治理的措施减轻泥石流的危害。对泥石流频发的地区,养护部门应加强巡查,观察周围环境及设施的变化和动态,及早发现问题并采取防治措施。泥石流防治的具体措施可从以下几方面着手,见表3-2。

泥石流防治措施　　　　　　　　　　　表3-2

类型	内容
绿化措施	对可能发生泥石流的山坡、沟谷,在春秋两季应大量进行植树造林,铺植草皮。铺草皮前应先修整边坡,铺时要接缝紧密,用锤拍紧拍平。正在滑动的边坡,不宜种植。植树应选用生长速度快,根系多的树种,如柳树
跨越措施	修建桥梁、涵洞,从泥石流沟的上方跨越通过,让泥石流在其下方排泄,用以避防泥石流。适用于跨越流通区的泥石流或者洪积扇区的稳定自然沟槽
穿过措施	修隧道或渡槽,从泥石流的下方通过,而让泥石流从其上方排泄。适用于路线穿过规模大、危害严重的大型或多条泥石流沟
排导措施	其作用是改善泥石流流势,增大桥梁等建筑物的排泄能力,使泥石流按设计意图顺利排泄。排导工程包括排导沟、渡槽、导流堤等
拦挡措施	主要是修建谷坊坝、拦渣坝和停淤场。用以控制泥石流的固体物质和暴雨、洪水径流,削弱泥石流的流量、下泄量和能量;固定泥石流河床,防止沟床下切和谷坡坍塌;减缓河床纵坡,降低流速;防止或减轻泥石流对路基及其附属构造物的破坏

1. 常用排导措施

泥石流防治常用排导措施见表3-3。

泥石流防治常用排导措施　　　　　　　　　　　表3-3

类型	简介	示例
排导沟	排导沟适用于有排沙地形条件的路段。出口应与主河道衔接,出口高程应高出主河道20年一遇的洪水水位。排导沟纵坡宜与地面坡一致。排导沟的横断面应根据流量计算确定,排导沟应进行防护	

续上表

类型	简 介	示 例
渡槽	渡槽适用于排泄流量小于30m/s的泥石流,且地形条件应能满足渡槽设计纵坡及行车净空要求,路基下方有停淤场地。渡槽应与原沟顺直平滑衔接,纵坡不小于原沟纵坡,出口应满足排泄泥石流的需要	
导流堤	当在堆积扇的某一区间内,需要控制泥石流的走向或限制其影响范围时,可设置导流堤,以防上游泥石流直接冲击路堤或壅塞桥涵	

2. 常用拦挡措施

针对其形成条件及形成机制以及不同性质的泥石流类型分别对待,尽可能保持水土不产生流失。如图3-34、图3-35所示,上游沟谷两岸用斜坡予以稳保;中游以拦挡为主,同时减缓沟床纵坡挡;下游以疏导为主,尽可能减少淤积。尽可能做到合理布局,以少受泥石流龙头直接威胁为宜。交通线路的通过方案有:扇前避绕,扇后避绕及扇身通过,择优2选取方案。不论采取何种工程措施,事先应对泥石流流速、流量以及拦挡导流建筑的尺寸予以充分调查与计算,选用或建立适当的工程技术措施。

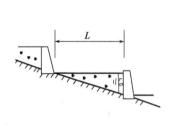 

图3-34 泥石流拦挡墙　　图3-35 拦挡泥石流的格栅坝

泥石流防治常用拦挡措施见表3-4。

泥石流防治常用拦挡措施　　　　　　　　　　　　　　　表 3-4

类型	简　介	示　例
谷坊坝	山区沟道内拦截泥沙的小坝。谷坊的高度一般不超过 5m。一条沟道内往往需节节修筑多座谷坊，形成谷坊群，方能达到预期效果	
拦渣坝	泥石流形成区的地质、地形条件较好时，可分级修建砌石或混凝土拦渣坝。拦渣坝通常是一沟一坝，将泥石流全部拦截在坝后，只许清水过坝。修筑时应注意坝址应选在有充分停淤的河谷狭窄处，基础应设在可靠的地基上。沉积在坝后的泥石，要随时清除，以便充分起到沉积和拦阻泥石的作用	
停淤场	当路线在小型泥石流洪积扇的下缘通过，路线下侧离大河较远、沟床纵坡平缓、无法将泥沙石块输入大河时，可考虑利用沟口与路线之间的开阔有利地形设置停淤场，将泥石流中的固体物质导入停淤场沉积下来，余水由桥孔排泄出去。这种措施只适用于泥石流物质储量有限的流域	

二、滑坡地区公路养护技术

滑坡是边坡岩体主要在重力作用下沿贯通的剪切破坏面发生滑动破坏的现象。滑坡与崩落是两个完全不同的概念。滑坡是斜坡破坏的形式之一，斜坡的破坏形式主要有崩落和滑落两大类，崩塌是高陡的边坡岩体突然发生倾倒崩落，岩块翻滚撞击而下，堆积于坡脚的现象。

（一）滑坡的特征和滑坡要素

滑坡的要素如图 3-36 所示。滑坡的构造和形态特征如图 3-37 所示。

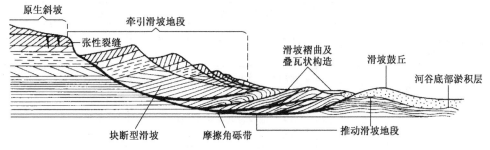

图 3-36　滑坡的构造和形态特征

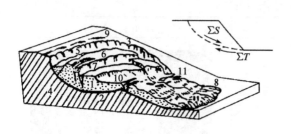 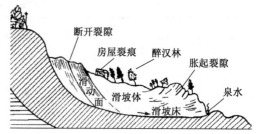

图 3-37 滑坡的要素示意图

1-滑坡体;2-滑床面;3-滑动周界;4-滑坡床;5-滑坡后壁;6-滑坡台地;7-滑坡台坎;8-滑坡舌;9-后缘拉张裂隙;10-膨胀裂隙;11-扇形张裂隙(图中：ΣS 为滑坡界面下滑力之和；ΣT 为滑坡界面抗滑力之和)

(二) 滑坡分类

从不同角度对滑坡分类,见表 3-5。

滑坡类型及其特征汇表　　表 3-5

划分依据	名称类型		特征
按滑坡体厚度分	浅层滑坡		滑坡体厚度在 6m 以内
	中层滑坡		6~20m
	深层滑坡		20~30m
	超深层滑坡		超过 30m 以上
按滑坡的规模大小分	小型滑坡		滑坡体积小于 3 万 m^3
	中型滑坡		3 万~50 万 m^3
	大型滑坡		50 万~300 万 m^3
	巨型滑坡		超过 300 万 m^3
按形成的年代分	新滑坡		由于开挖山体所形成的滑坡
	古滑坡		久已存在的滑坡,又可分为死滑坡、活滑坡及处于极限平衡状态的滑坡
按力学条件分	牵引式滑坡		滑坡体下部先行变形滑动,上部失去支撑力量,因而随着变形滑动
	推动式滑坡		上部先滑动、挤压下部引起变形和滑动
按滑坡物质组成划分	覆盖层滑坡	黏性土滑坡	黏性土本身变形滑动,或与其他成因的土层接触面或沿基岩接触面而滑动
		黄土滑坡	不同时期的黄土层中的滑坡,并多群集出现,常见于高阶地前缘斜坡上
		碎石滑坡	各种不同成因类型的堆积层体内滑动或沿基岩面滑动
		风化壳滑坡	风化壳表层间的滑动。多见于岩浆岩(尤其是花岗岩)风化壳中
	基岩滑坡	均质滑坡	发生在层理不明显的泥岩、页岩、泥灰岩等软弱岩层中,滑动面均匀光滑
		切层滑坡	滑动面与层面相切的滑坡,在坚硬岩层与软弱岩层相互交替的岩体中的切层滑坡等
		顺层滑坡	沿岩层面或裂隙面滑动,或沿坡积层与基岩交界面或基岩间不整合面等滑动
	特殊滑坡		如融冻滑坡、陷落滑坡等

(三) 滑坡发生的条件

滑坡地区公路养护时,必须明确滑坡发生的条件,即滑坡发生预兆或潜在滑坡的判定,只有这样才能有针对性地采取措施。下面简述滑坡发生条件,并提出防治措施。

1. 地形地貌条件

在地貌上要有一个有效临空面。斜坡坡度在 20°～40°时易发生滑坡;河流的凹岸易发生滑坡。

2. 地层与岩性

第四纪黏土、黄土(松散),第三纪、白垩纪泥岩、页岩、砂岩、红土(成岩、半成岩),老地层的泥岩、页岩、煤系地层,泥质类变质岩(板岩、千枚岩、片岩),泥质夹层(滑动面),泥质类岩石最容易产生滑坡,图 3-38 说明了坡体中几种强风化营力活跃带造成的滑坡。

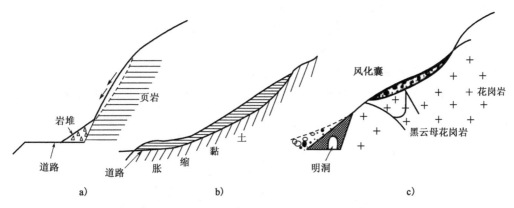

图 3-38　坡体中几种强风化营力活跃带所造成的滑坡

3. 地质构造条件

如图 3-39 所示地质构造中的断层、节理、不整合面、不同岩层界面均有可能形成滑动面。

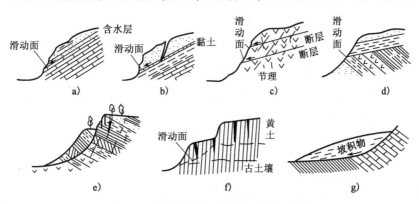

图 3-39　滑坡滑动面与地质构造关系示意图

4. 水文地质条件

降水或地下水的作用,会增加滑坡体的重量,使岩土体产生浮托力并改变岩土的强度;另外,水流有润滑作用,形成滑体的滑动面,即水体运动有促进滑坡形成的作用。

5. 人类挖掘活动

人类活动主要是对岩石土体的开挖,破坏了原地面的天然平衡状态,从而增加了有效临空面及对斜坡的加载作用,破坏了斜坡上的覆盖层。震动作用又增加土体水分致使岩土体滑动。

(四)滑坡的识别

1. 地形与地物标志

发生滑坡或潜在滑坡的地物标志有五个方面:其一,滑坡区留下围椅状或槽状地形;其二,坡面上出现异常台坎,坡脚堆积;其三,滑体出现多级台阶、鼻状突起;其四,滑体上出现"醉汉林"或者"马刀树";其五,房屋出现开裂或倾斜乃至沉降等。

2. 岩土体结构构造

发生滑坡或潜在滑坡亦受岩石或土体的结构或构造影响,主要有五个方面:其一,有扰动、松动、挤压揉皱、擦痕、受水浸润等;其二,滑体的地层产状、层位、断层与外围的不一致;其三,地层的产状乱、异常;其四,有被泥、石充填的张裂隙;其五,出现小型坍滑现象。

3. 水文地质变化

滑坡地段的水文地质变化主要表现在三个方面:首先,含水层位、水位、泉水流量等变化(图3-40);其次,在滑体后缘的断臂上,常有地下水渗出;最后,在滑体的前缘有成排的泉水。

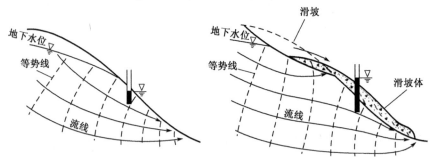

图 3-40　斜坡遭受滑坡堆积物覆盖前后地下水流的变化

4. 滑坡边界及滑床特征

滑坡地段滑坡体在滑坡边界和滑床有如下四个方面的特征:首先,滑坡后壁上有擦痕;其次,滑体前缘由舌状突起、揉皱、断裂;再次,滑体周边两侧常有沟、断裂、擦痕;最后,滑床上有磨光面、黏粒物质夹带磨光角砾。

(五)滑坡地区公路养护措施

1. 滑坡地区公路养护原则

对于滑坡群路段路线,以改线绕避为宜。对大型复杂的滑坡,宜首先改线考虑绕避,如绕避有困难或路线增长过多时,应结合滑坡的稳定程度、处治的难易,从经济与施工等方面对绕避和整治方案综合比较后加以取舍。对于小型滑坡,一般可不绕避,但应根据其滑动原因和稳定性采取排水、支挡、减载等措施进行处理。对于中型滑坡,一般也可考虑通过,但需慎重考虑其稳定性,选择有利部位通过,并采取相应的工程处治措施。

滑坡的上缘或下缘比中部好。通过滑坡的上缘,以挖方路基为宜,以减轻滑体重量;通过下缘,以路堤为宜,以增加其抗滑力。

山区溪谷通常是地质、地貌比较脆弱地段,两岸常发生滑坡、岩堆、泥石流等不良地质现象。路线通过这些地段总的原则是避强制弱,避重就轻,加强调查,综合防治。

防治的主要措施是消灭减轻水对滑坡体的增加的平衡条件。路线以浅堑方式自上方通过,可减轻上方压力;以路堤加挡墙方式从滑坡体下方通过,相对稳定,不论是在上方或在下方通过,都要做好排水设施。对大型滑坡,选线时务必绕避。

2. 不能绕避时的防治措施

（1）排水防渗

截断和排出所有流入滑坡范围内的地表水。抽出所有在滑坡范围内的井里的地下水和排去所有积水洼地里的水。填塞和夯实所有的裂缝,防止表面水渗入。图 3-41 所示为在滑坡体以及上方开挖排水沟示意图;图 3-42 所示是在潜在的滑动面的含水层中,开挖排水廊道示意图。

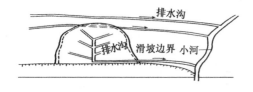

图 3-41　排水沟示意图

图 3-42　排水廊道示意图

（2）削坡、减重、反压

如图 3-43 所示,将较陡的边坡减缓或将其上部岩体削去一部分,并把削减下来的土石堆于滑体前缘的阻滑部位,使下滑力降低,同时又增加抗滑力,增加边坡稳定性。

（3）增建支挡建筑物

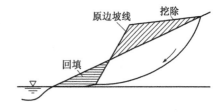

图 3-43　削坡处理示意图

在不稳定边坡岩体下部增建挡土墙或支撑墙,靠挡墙本身的重量支撑滑移体的剩余下滑力。挡墙的主要形式有浆砌块(片)石挡墙、混凝土或钢筋混凝土挡墙等,如图 3-44、图 3-45 所示。

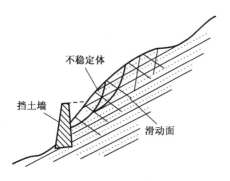

图 3-44　无排水措施挡土墙

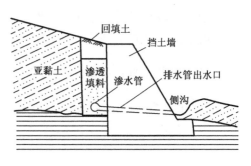

图 3-45　有排水措施挡土墙

(4) 锚固措施

锚固措施如图 3-46 所示。利用预应力钢筋或钢索锚固不稳定边坡岩体,是一种有效的防治滑坡和崩塌的措施。

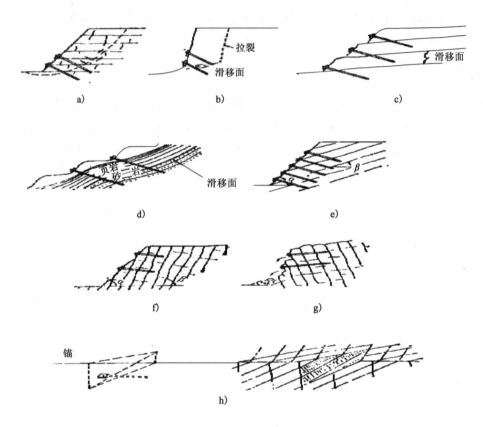

图 3-46 预应力锚固措施防治滑坡示意图

第四节 盐渍土地区公路养护技术

盐渍土是土层盐渍化过程的产物,在公路工程中主要是指地表土层 1m 厚度内,易溶盐含量超过 0.3% 的含盐土层。在我国湖北等部分省及一些沿海地区分布有大量的盐渍土。

一、盐渍土的重要特征与危害

由于土体中易溶盐的存在会改变土体的基本工程性质,因此也就会对路基工程带来直接的危害,主要表现如下。

1. 淋溶与湿陷

这类病害主要是由于降雨或流动水体将土基中结晶的易溶盐晶体溶解,使土体中固相体积减小、孔隙比增大,从而在自重、流水或外荷载作用下形成的土基局部雨沟、洞穴、沉陷或坍塌等,如图3-47所示。

2. 潮化与翻浆

这类病害主要是由于盐渍土中所含易溶盐晶体聚冰、脱水及吸湿潮化,使得土基饱水及承载能力下降,在外荷载反复作用下形成翻浆,使道路表面泥泞、湿滑,影响车辆正常运营,以氯盐渍土地区较为多见。

图3-47 路基塌陷

3. 疏松与盐胀

盐胀主要发生在硫酸盐渍土中,这类病害主要是由于盐渍土中的盐分因结晶膨胀而造成路面局部不平、鼓起、开裂,还会在昼夜温度变化所引起的盐胀反复作用下造成路基边坡及路肩表层的疏松、多孔,致使道路易遭风蚀,导致陷车。

4. 结构物腐蚀

这类病害主要是由于盐渍土中所含易溶盐与道路工程中所使用的金属材料、非金属制成品发生化学反应,致使这些材料或制成品的工程性能发生劣化,最终导致道路的破坏。这类病害在道路工程中表现为钢筋锈蚀,混凝土或黏土制成品粉化开裂,导致高等级路基支挡和防护结构物和路面结构层损坏。

二、盐渍土地区路基处理措施

1. 铲除盐渍土

路堤基底和护坡道的表层土大于填料的容许含盐量时,宜予以铲除;但年平均降水量小于60mm,干燥度大于50,相对湿度小于40%的地区,表层土不受氯盐含量限制,可不铲除。铲除表层盐渍土时,应做成自路基中线向两侧2%~4%的横向坡面,以利排水。当基底土层的含水率大于液限,如其厚度小于1m,宜全部清除并换填渗水土壤;如其厚度大于1m,应按软土地基有关规定处理。

2. 完善排水和降水设施

加强地表排水和降低地下水位,可以防止雨水浸泡路基,避免地下水上升引起路基土次生盐渍化和冻害;可以结合取土,在路基上游扩大取土坑平面面积,使之起到蒸发池的作用,蒸发路基附近的地表水,亦可在路基上游设置长大排水沟,以拦截地表水,降低地下水位。

3. 保证路堤填土高度

路堤高度大于最小填土高度,可使路堤不受冻害和次生盐渍化的影响,最小填土高度应以地下水最高位毛细水上升高度、临界冻结深度决定。

4. 控制填料含盐量和密度

当土的含盐量满足规范中规定的填料要求时,可避免发生膨胀和松胀等现象,并应尽量提高填土的夯实密度,一般应达最佳密度的90%以上。

5. 设置毛细水隔断层

当采用提高路基高度或降低地下水等措施有困难或不经济时,用渗水土填筑路堤适当部位,构成毛细水隔断层,其位置设在路堤底部较好,其厚度视所选用的渗水土的颗粒大小而定,即相当于毛细水在该渗水土中的上升高度加一安全高度。

第五节　沙漠地区公路养护技术

我国西北地区风沙地貌广泛分布,沙害是公路常见的病害之一。

沙漠地区公路主体的养护对象为沙漠地区公路路基以及公路两侧。本节主要介绍沙漠地区公路物理防护、沙漠地区公路生态防护等风沙对路基损害的预防和治理技术。

一、沙漠地区公路主要病害

在北方干旱、半干旱地区,由于气候比较干燥,雨量稀少,风沙大,地表植被稀疏、低矮,容易发生边坡或路肩被风蚀,或整个路基被风沙掩埋等沙害。

风沙对公路的主要危害是沙埋(图3-48)和风蚀(图3-49)。

图3-48　沙埋(图中白灰色为砂,黑色为沥青路面)

图3-49　风蚀

(一)沙埋

公路沙埋主要原因有两种情况:一种情况是由于风沙通过路基时,由于风速减弱,导致沙粒沉落堆积而掩埋路基;另一种情况是由于沙丘移动上路而掩埋路基。沙埋一般有以下三种类型。

1.片状沙埋

其面积较大,形成也较迅速,主要发生在风沙流活动地区。当道路及两侧初期积沙较薄时,通过养护尚能维持通过;如沙源丰富,积沙日益增厚,则会阻断交通。

2.舌状沙埋

在流动沙丘地区,当路线横切沙丘走向时,或在风沙流活动地区,当路基上风侧有障碍物时,均可形成舌状沙埋。舌状沙埋形成迅速,厚度较大,一场大风即可使交通中断。

3.堆状沙埋

在流动、半流动沙丘地区,沙丘前移上路,造成大量的沙子堆积,形成堆状沙埋。堆状沙埋的发展需要一定的时间,能够预测,可以预防,但一经形成,因积沙量大,危害严重,处理比较困难。

(二)风蚀

风蚀是指在风沙的直接冲击下,路基上的沙粒或土颗粒被风吹走,出现路基削低、淘空和坍塌等现象,从而引起路基的宽度和高度的减少。风蚀的程度与风力、风向、路基形式、填料组成及防护措施等有关。

(1)路堤风蚀

当主导风向与路基处于正交时,迎风侧路肩及边坡上部风蚀较严重,背风侧则较轻。当主导风向平行路基时,两侧路肩及边坡上部均遭受风蚀。

(2)路堑风蚀

路堑边坡的风蚀一般均较严重,风蚀程度则随路线与主导风向的交角而有所不同。当风向与路线平行时,两侧坡面多被风蚀成条沟状;当风向与路线正交时,迎风坡面的局部地方则易被掏空成犬牙状。

二、沙漠地区公路路基防护技术

为了防止沙质路基遭风蚀,必须加以全面防护,以保证其稳固。按其防护材料不同划分,有下面几种防护类型:

(一)沙漠地区公路路基主要防护类型

1. 土类防护

土类防护是指用黏性土或天然矿质盐盖等覆盖路基土表面。

2. 柴草类防护

柴草类防护如图3-50所示,是利用各种柴草、草皮在路基迎风面上或突出部位,进行平铺、层铺或叠铺。

3. 砾卵石类防护

砾卵石类防护是平铺砾卵石或栽砌卵石后填砂砾。

图3-50 柴草防护

4. 无机结合料防护

无机结合料防护是用水泥土、石灰土以及水玻璃等制成加固土封固。

5. 有机结合料防护

有机结合料防护可采用石油沥青土、煤沥青土等封固。

在砂、砾、卵石丰富的地段,可平铺砂砾石将边坡及路肩覆盖,厚度一般为5~10cm,当运距太远时,也可仅覆盖路肩,边坡则用"草方格"防护。实践证明,这种方法效果良好。

(二) 沙漠地区公路两侧病害防治措施

为防治公路沙埋,在公路两侧的一定范围内,必须采取各种工程防护措施,控制风蚀过程的发生和改变沙子移动与堆积的条件。物理防沙措施实现的途径,在于控制风蚀过程的发生和改变沙子的搬运和堆积条件。在路基两侧采取的防护措施的一般配置示意如图3-51所示。

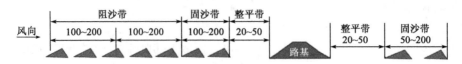

图 3-51　沙漠地区公路路基两侧工程防护措施配置示意图(尺寸单位:m)

物理防沙的分类及其相应的机理如表3-6所示。

物理防沙的分类及其相应的机理　　　　表3-6

序号	措施	防沙机理
1	封闭	封闭活动表面并改变沙丘表面性质——切断气固界面接触
2	固定	固定活动沙面使变动床为固定沙床——阻止气固界面交换
3	阻拦	阻滞或拦截过境风沙流——增大风沙阻力,使得减速沉积
4	疏导	促进风沙流体顺利通过保护区——减少风沙阻力,阻止分离
5	改向	迫使风沙流改变运动方向——增大迎风阻力,迫使侧向绕流
6	消散	变沙丘整体前移为沙流迁移——增大面风速且减小沙阻力

物理防沙通常有固、阻、输、导四种措施,其实现的途径如表3-7所示。

物理防沙措施实现的途径　　　　表3-7

防沙途径	防沙原理
固	表面粗糙度,将贴地层的风速控制在起沙风速之下或用不容易被风吹动的物质把沙颗粒和风隔离开来
阻	阻滞风沙流并拦截过境流沙,切断沙源
输	通过改变建筑物的几何形状,增大通过建筑物的风动沙运移强度,使得原饱和风沙流在通过建筑物时呈不饱和状态,从而不产生沙的停积
导	通过导风工程设施改变气流方向,引导风沙流所挟持的沙改变沉积部位,从而使得建筑物本身免受风沙危害

为进一步明确表3-7中各类防护设置,下面对表3-8中常用的防护方法加以叙述。

1. 固沙工程

采用各种覆盖物和化学固结剂,使得沙质表面与风的作用完全隔绝。在流沙上设置沙障,可降低近地表风速,削弱风沙活动。在迎风面设置护墙,将背风面改造成流线型坡道并砌筑固定。常用的固沙措施如表3-8所示。

这些防护方式既可单独使用,也可以配合使用,下面分别予以阐述。

固沙措施一览表 表3-8

类型	沙障种类	设置形式规格要求	应用条件和性能
平铺式沙障	土类压沙	利用黏土全面铺压成宽度为10~20cm、厚度为5cm的带状铺压固沙。带间隔为10~15m。带与主导风向垂直	用于当地有黏土的路堤流沙防治,雨水难以渗入沙层,妨碍植物固沙
	砂石类压沙	利用粗砂、卵石全面铺压或带状铺压固沙。厚度不超过最大粒径	用于当地有砂石的流沙防治,但强风地区不能用粗砂覆盖。碎卵石具有聚水作用,利于植物生长
	铺草压沙	利用各种草类全面铺压或带状铺压固沙,厚度为5cm。用草绳或枝条纵横连接或用沙压盖,防止被风吹走	用于当地产有草类地段的流沙防治。利于植物生长,材料用量大,要注意防火
	草席或篱笆压沙	利用各种草类或枝条编织成席子或篱笆块全面铺压固沙,接头处用小桩固定	用于路侧局部沙丘的处理,大面积使用困难,能维持3~5年
高立式枝柴沙障	—	主要利用灌木、枝柴。高度在1m以上,有条状、带状、格状三种。条状、带状形式适用于单一风向地区;格状形式用于风向多变地区。条间距5~10m,与主导风向垂直。带间距10~20m,每带由3~5行构成,行间距2~3m;与主导风向垂直。格状为5m×5m或5m×10m	用于当地有枝柴地区的流沙防治。透风结构,调整气流,化强为弱,抑制流沙活动的性能。能均匀地撒布外来沙,有一定阻沙作用,利于植物固沙
低立式沙障	隐蔽式柴草沙障	先在沙地上挖10~20cm的沙沟,将柴草直立放入沟中,再灌井并压实两边的沙。一般沙障与沙表面误差在5cm左右,可以呈格状或条状,前者规格为1m×1m或1m×2m,后者条距为1.5m或1m,条带与主导风向垂直	用于路旁流沙防治,可固定就地沙,促使外来沙安全通过
	半隐蔽式柴草沙障	对于流动沙丘,迎风坡先设与主风向垂直的主带;后设与次风向相垂直的副带。沙障埋入深度与外露比例为1:2,外露高度一般为15~30cm。规格依当地风的状况和地面起伏而定。单一风向时,设置间距1~2m的条状;多风向时可设置成格状	用于当地产有草类的大面积的流沙防治,能有效地降低沙表风速,削弱风蚀作用,稳定流沙、阻挡外来风沙,具有固阻双重作用。一般可用2~5年
	半隐蔽式黏土沙障	用黏土碎块堆成的高10~20cm、底宽30~50cm的小土埂沙障,在风向单一的地区为条状,土埂与主导风向垂直。多风向时可设置格状,土埂间距为1~2m。这种沙障也可先用沙先堆成沙堆,再用5~10cm厚的黏土封闭	用于产有黏土地区的流沙防治,具有固沙保水作用,有利于植物生长
	半隐蔽式草皮沙障	用长40cm、宽20cm的草皮铺设。可用错缝铺设(厚度30cm)、错缝斜立铺设和平铺。错缝铺设厚度30cm;错缝斜立铺设是指先用沙堆成沙堆,再斜立铺设,横断面为高度30~40cm、底宽为50cm的梯形。上述两种可做成格状或条状,间距1~2m	用于当地产有草皮的流沙防治,具有固沙保水作用,有利于植物生长。一般可用3~5年

固沙可增加地表粗糙度。可采用各种材料作为覆盖物,或设置各种沙障,将贴地层风速控制在起风沙之下,或用不易被风吹的物质把沙粒与风隔离。可采取平铺式沙障、高立式枝柴沙障及低立式沙障三种形式。

(1) 平铺式沙障

平铺式沙障又分为黏土类压沙、沙石类压沙、铺草压沙、草方格沙障、席或笆块压沙和喷洒盐、碱水等几种方式。

黏土压沙(黏土沙障)如图 3-52 所示,利用黏质土全面铺压或带状铺压固沙,铺压厚度为 50mm 左右,带状铺压应与主导风向垂直,带宽一般为 100~200mm。带与带间隔为 10~15m,适用于产有黏质土地带的流沙防护,多用于路堤流沙的防护。黏土沙障固沙基于两个原理:第一,根据风沙动力研究沙物质流动性与粒径大小密切相关。粒径 0.04~0.47mm 范围内的沙粒最容易形成风沙流,当沙颗粒粒径大于 0.09mm,起动风速随着粒径的增大而增加,因此黏土颗粒具有很好的抗风蚀能力;第二,黏土极其容易形成结皮,使得地表的抗风蚀能力增加几个量级。黏粒含量越多,其抗风蚀能力越强。

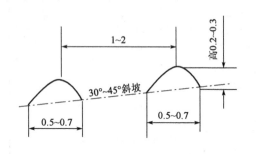

图 3-52　黏土沙障示意图(尺寸单位:m)

沙石类压沙是利用粗沙、卵石全面铺压或带状铺压固沙。铺压厚度以不超出其最大粒径为度,对强风地区不宜用粗沙覆盖,适用于产有沙石地段的流沙防护,如图 3-53 所示。

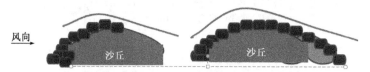

图 3-53　在迎风面设置护墙在背风面改造成流线型坡道并砌筑固定

铺草压沙是利用草类全面铺压带状铺压固沙,铺压厚度为 50mm 左右,用草绳或枝条纵横固结,或者用沙压盖,以免为风所吹蚀,适用于草类地段的流沙防护,有利于植物生长,具有简单易行的优点。但材料用量较大,容易引起火灾。

草方格沙障(图 3-54)固沙原理是增加地表粗糙度,改变风速梯度,减弱贴地风速,增大对风的阻力,降低实际风速作用的有效性,控制风蚀,固定流沙,阻止沙丘前移。

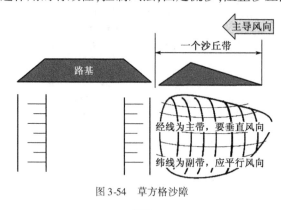

图 3-54　草方格沙障

席或笆块压沙是用草类和枝条编制成席或笆块,全面铺压固沙,搭接处需用小桩固定,适用于路侧局部沙丘的处理。编制过程较费工,且材料用量大,不宜于大面积采用。

如图 3-55 所示,覆盖沙面有带状铺压和全面铺压两种方式。

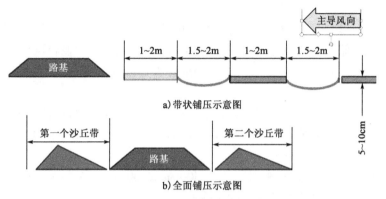

图 3-55 覆盖沙面

喷洒盐、碱水固沙是鉴于我国沙漠地区分布着许多盐池、碱湖,利用天然盐、碱溶液喷洒沙面,形成坚实的板结层或硬壳,借以达到固沙的目的。

(2) 高立式枝柴沙障

如图 3-56 所示,高立式枝柴沙障的材料以灌木枝柴为主,如沙柳等栽植的沙障,高度在 1m 以上,根据当地风的状况,分为条状、带状、格状三种规格形式,均为透风结构。单一风向地区采用条、带状形式;在风向多变地区采用格状形式。

高立式沙障的布置如图 3-57 所示,对于格状,每条间距离为 5~10m,与主风向垂直;带间距离为 10~15m,每带由 3~5 行构成;行间距离为 2~3m,并与主风向垂直;格状包括 5m×5m 和 5m×10m 两种,适用于产有枝柴地区的流沙防护。

图 3-56 高立式沙障

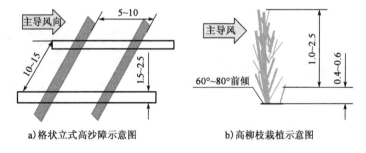

图 3-57 高立式沙障布置图(尺寸单位:m)

(3) 低立式沙障

低立式沙障分为隐蔽式柴草沙障、半隐蔽式柴草沙障、半隐蔽式黏土沙障和半隐蔽式草皮沙障。

隐蔽式柴草沙障是先在沙地上开挖宽 150～200mm 的沟,然后将柴草竖直放入沟中,踏实两边的沙,要求障顶与沙表相平或不超过 50mm。根据风的情况可采用格状或条状,适用于路旁流沙的防护。

半隐蔽式柴草沙障主要对于流动沙丘,在迎风坡先设主带,即与主风向垂直的沙障,后设副带,即与次要风向垂直的沙障,主带从迎风坡下部开始向上进行;在背风坡,宜先设副带,再自下而上设置主带。沙障外露高度以 150～300mm 为宜,适用于产有草类的路侧大面积流沙的防治。

半隐蔽式黏土沙障是用黏土碎块堆成的小土埂,高 200～300mm,底宽 500～700mm。在单一风向地区采用条状,土埂与主风向垂直;在风向多变地区采用格状,土埂间距为 1～2m,适用于产有黏质土地区的流沙防护。

半隐蔽式草皮沙障的草皮规格:长×宽=400mm×200mm。有错缝层铺、错缝斜立铺设及平铺三种形式,适用于有草皮产地流沙的防治。

2. 阻沙工程

阻沙工程是通过设立高立沙障、阻沙墙体、沙障板等,将行进中的风动沙流阻止在距公路较远或一定距离的地方,使得公路不受沙埋、风蚀影响的工程措施。其作用是拦阻沙流、切断沙源、抑制沙丘前移、使其停滞在沙障附近,防止公路沙埋。

阻沙的关键是拦截过境流沙,切断沙源。应利用各种材料,在迎风路侧设置人工障碍物,减少和抑制沙丘前移,减轻或防止流沙对公路的危害。阻沙工程有以下几种。

(1)高立式防沙栅栏

高立式防沙栅栏主要用灌木枝条、玉米、高粱或芦苇等高杆植物制作而成。一种形式是用这些植物杆成行栽入沙内 30～50cm,外露 1m 以上形成防风篱笆;另一种形式是将植物杆编成 1.5m×2.0m 的笆块,固定于桩上。

(2)挡沙墙(堤)

挡沙墙(堤)如图 3-58 所示,是直接利用就地沙土或砂砾修筑的紧密不透风的挡沙墙或堤,其高度一般为 2～2.5m。两侧边坡坡率为 1:2～1:1.5。采用就地沙土修筑时,用土或砂砾进行表面封固。

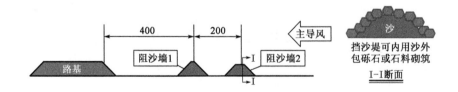

图 3-58 挡沙堤(尺寸单位:m)

(3)栅栏与挡沙墙(堤)相结合

栅栏(图 3-59)与挡沙墙(堤)相结合可以显著提高阻沙效果。

3. 输沙工程

输沙工程是通过工程措施使得危及公路的风沙加速离开。

输沙是通过改变建筑物的几何形态,采取措施增大通过建筑物的风动沙运移强度,使原饱和风沙在通过建筑物时处于非饱和状态,从而不产生沙的停留。具体可采取下列措施:

(1)修筑路旁平整带

修筑路旁平整带是将路基两侧 20～50m 范围内的一切突出物整平,并用固沙材料封固。有取土坑的,可将坑修成弧形的浅槽,如图3-60 所示。

图 3-59 栅栏与挡沙墙结合示意图

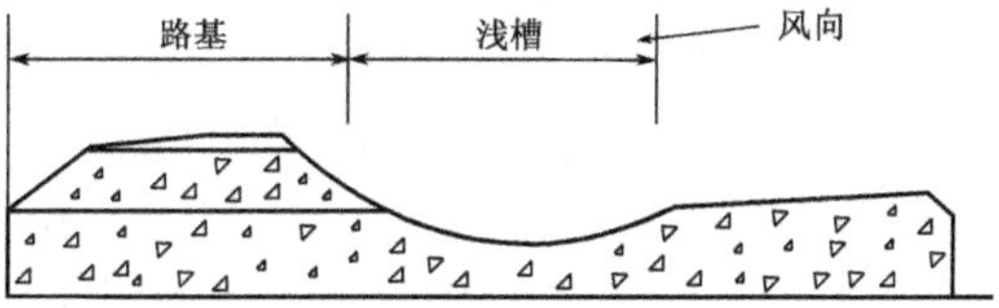

图 3-60 设有浅槽的路基

(2)聚风板

聚风板(简称风板,如图 3-61 所示)由立柱、横撑木及栅板组成。其板面高度与下口高度之比以 1:0.7 为宜。

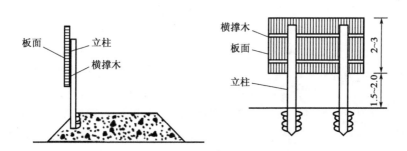

图 3-61 直立式下导聚风板的结构和设置部位(尺寸单位:m)

聚风板主要适用于风向单一、沙丘分布稀疏、移动快的低矮沙丘、沙垄造成的局部严重沙害。阻沙设施距路基边缘的最近间距,应根据沙源数量、年风沙流量、风向与路线交角等因素进行综合考虑。一般阻沙设施距路基边缘的最小距离不小于 150m;多道防沙设施之间的距离,不应小于设施高度的 15～20 倍。

(3)设置浅槽与风力堤

设置浅槽与风力堤(图 3-62)是在沙源较丰富的流动沙丘地区,为防止沙丘前移对路基造成危害,在路基迎风侧设置浅槽与风力堤。借助浅槽特有的气流升力和与风力堤的综合作用,加大风速,达到公路输沙的目的,避免造成路侧积沙。

风力堤顶与路基同高,L/H 值控制在 10～20 的范围内,各变化点均应做成流线型,浅槽与风力堤采用固沙措施封固。

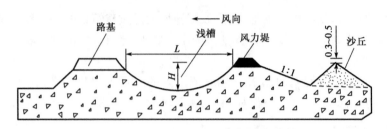

图 3-62 设有浅槽与风力堤的路基输沙设施(尺寸单位:m)

(4)输沙式路堤断面

当路堤高度低于30cm,输沙式路堤边坡坡度采用1:3;路堤高度大于30cm,风向与路线成锐角相交时,边坡坡度采用1:6。路肩边缘均应做成流线型。

在有条件的地区应优先采用植物固沙,并应贯彻草、灌、乔相结合的原则,以达到最大的防风固沙效果。对已发生沙埋的公路,需将积沙清除到路基下风侧20m以外的地形开阔处并整平,以免形成新的阻风积沙现象。

4.导沙工程

导沙是通过导风工程设施改变气流方向,采取各种措施引导风沙流所挟的沙改变沉积部位,从而使建筑物本身免遭风沙危害。

5.生物防沙技术

生物防沙,是指利用植物防止风沙过程的出现,植物可隔离大气层,改变局部气候。防沙生物主要采用乔、灌木以及适应地区和气候特点的草本植物,如图3-63所示。

生物防沙技术应满足下列要求:

(1)对于沙丘迎风堤的风蚀区,由于风力撞击,沙层坚实,一般固沙植物难以生长,应选择生命力强的柠条、花棒及油蒿。对于沙丘坡脚和沙埋区,应选用黄柳、沙拐枣及水木蓼等灌木。

(2)对于靠近公路两侧的沙漠边坡地区,应选用小冠花种植。倘若公路两侧为活动沙地,应种植半灌木或草类植物,与方格草治理结合进行。

图 3-63 植物防沙林带

(3)对于埋藏有黏质土且深度较浅时,可栽植乔木;如为基岩、卵石,只能种植耐旱耐贫瘠的灌木。

(4)对于地下水为矿化度较低或淡质水,水位深不超过1m的潮湿沙地,可种植杨、柳类喜湿树种;对于湿润沙地,可根据水位深度选择适宜树种。

生物防沙技术常用植物如表3-9所示。

主要固沙植物表　　　　　　　表3-9

固沙植物名称	使 用 特 点
沙蒿	半灌木,有深生的主根和长而平展的侧根,固沙好
花棒	灌木,枝条生长快,根杆粗大,耐风蚀,不怕沙埋,固沙好
柠条	灌木,枝叶茂盛,根系粗壮,耐干旱,生长萌生强,固沙好

续上表

固沙植物名称	使 用 特 点
棱棱	灌木或半乔木,分枝多,耐干旱,不怕沙压,固沙好
沙竹	多年生草本,根茎发达,耐干旱,繁殖生长快,固沙好
沙拐枣	灌木,叶退化,水平和垂直根系,枝条细软,固沙差
白刺	灌木,分枝密集,能阻止和聚集流沙,固沙较好
骆驼刺	多年生草木,根系深,耐盐碱,喜生长于半固定沙地
沙竹	小乔木,耐盐碱,耐干旱,枝叶茂盛,根茎发达,防护林
沙米	1年生草本,分枝多,生长在流动或半固定沙丘上,固流沙
红柳	抗风、抗旱、耐盐能力强,不定根且萌生侧枝,固沙很好
冬青	长绿灌木,在冬季也有抗风固沙能力,可在流动沙丘边缘造林
苦豆子	草木,繁殖力强,不怕沙压,生长于水分条件好的流动或半固定沙丘
三忙草	1年生草本,基叶自基部扩张,湿润年份生长好

采取植物固沙时,防沙固沙的植物品种须耐风蚀和沙埋、耐盐和耐碱、耐高温和干旱,其关键因素是水源和沙地下伏物性质。

第六节 黄土地区公路养护技术

黄土地区地表覆盖的岩石风化产物主要是黄土,这种土质的颜色以黄色(亦有灰黄色或褐黄色)为主,故称黄土,它属于第四纪地质特殊沉积物。黄土的物理特性属于低液限黏土,一般液限含水率小于0.4,含有大量粉颗粒,通常具有肉眼可见的大空隙(孔隙比接近1),富含碳酸钙成分及其结核。黄土在地质构造和地质结构上一般无层理,但形成的具有多孔性柱且有垂直节理的黄色粉性土。我国黄土的分布特点具有连续分布、地层完整、厚度较大等特点。

我国黄土高原黄土分布主要在黄河流域,如甘肃、青海、宁夏、内蒙古、山西、陕西、河南、河北、山东等省、自治区。

就黄土地区公路相对于一般地区公路养护的特点而言,既有一般地区公路养护工法的普遍适用性,亦有针对该地区黄土之土质特点的特殊性。例如,由于位于黄土地区路基会产生特有的工程地质病害,特别是黄土的湿陷性对路基路面危害较大,所以在道路施工和养护中具有处理这些现象的针对性。近年来,黄土土质研究的新技术与新成果突出表现在湿陷系数的选用和波速测试两个方面。

一、黄土地区的地形和地貌与病害类型

(一)黄土地区的地形和地貌

地形地貌是一个地区的地层岩性和地质构造以及内外动力地质作用的综合反映,在一定程度上体现了工程所处区域地质条件的复杂程度和内外动力地质作用的强烈程度。其中,外动力地质作用中水流对地形地貌重新塑造作用明显(图3-64)。黄土地区的地表特点除了黄土覆盖,还有许多沟壑以及树枝状冲沟发育等各种地貌,并常常造成水土流失。

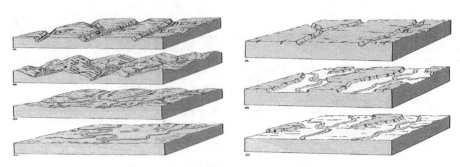

图 3-64 流水对地形地貌的重新塑造作用示意图

根据气候特征、地形地貌、地层结构、路基病害特征等将我国黄土分布区域划分为东南区、中部区、西部区和北部区。该分区是一般黄土路堑(边坡高度 30m 以内)边坡坡率确定的参考依据。

黄土地貌类型的分类及地貌特征的描述,是黄土场地工程地质条件划分的重要依据。黄土地貌大致分为堆积地貌、侵蚀地貌、潜蚀地貌、重力地貌四种。其中,堆积地貌包括黄土高原和黄土平原以及河谷阶地。黄土高原主要有呈条状延伸的黄土梁[图 3-65a)]、呈穹状或馒头状的黄土丘陵(黄土峁)[图 3-65b)]、黄土阶地[图 3-65c)]。

a)黄土梁

b)黄土峁

c)黄土阶地

图 3-65 黄土高原堆积地貌

侵蚀作用是指水流或河水冲刷河床,使岩土发生机械破坏(冲蚀和磨蚀)和化学溶蚀破坏的作用,包括水流或河水的垂直侵蚀作用与侧向侵蚀作用。垂直侵蚀作用是指河水冲刷河底和加深河床下切的作用,侵蚀强度决定于河水具有的能量大小和河底的地质条件。侧向侵蚀作用是因河流冲刷两岸而加宽河床的作用,常发生在河流的中下游地区,该作用使河谷愈来愈宽,河床愈来愈弯曲,最终形成河曲,如图 3-66 所示。在平原区,河段变迁与河曲发展形成牛轭湖,如图 3-67 所示。河流阶地是河流侵蚀、沉积和地壳升降等作用的共同产物,通常在河谷两岸由于流水作用会形成的狭长而平坦的阶梯平台。地壳稳定期,河流侧向侵蚀和沉积作用显著,塑造宽阔河床、河漫滩。地壳上升,垂直侵蚀作用加强,河床下切,将原先的河漫滩抬高,形成阶地。阶地分为堆积阶地、侵蚀阶地和基座阶地三种。如图 3-68a)所示,堆积阶地沉积物很厚,基岩不出露,主要分布在河流的中下游地区。反映河流下蚀深度均未超过原来谷底的冲积层;侵蚀阶地是指阶地面由裸露基岩组成,阶地面上的沉积物薄,分布在山区河谷,如图 3-68b)所示;基座阶地是指基座阶地由两层不同物质组成,由冲积物组成覆盖层,基岩为其底座,反映河流垂直侵蚀作用的深度已超过原来谷底冲积层厚度,切入基岩,如图 3-68c)所示。

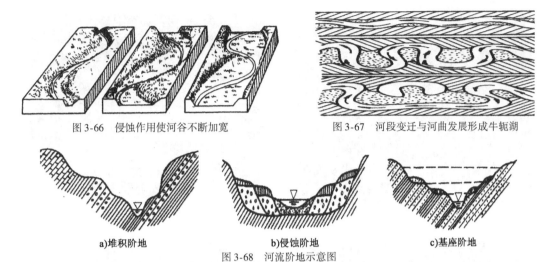

图3-66 侵蚀作用使河谷不断加宽

图3-67 河段变迁与河曲发展形成牛轭湖

a)堆积阶地　　b)侵蚀阶地　　c)基座阶地

图3-68 河流阶地示意图

潜蚀地貌包括黄土地区的垂直节理(图3-69)、黄土冲沟(图3-70)、黄土柱林(图3-71)、黄土陷穴(图3-72)、黄土碟(图3-73)以及黄土桥(图3-74)。黄土柱是分布在沟边的柱状黄土体,它是由流水沿黄土垂直节理潜蚀和崩塌共同作用下形成的,是黄土陡坡经崩塌残留的部分黄土,一般高数米或十余米。黄土陷穴地貌地形比较凌乱,一般需要绕避,如果必过此处,应仔细勘探并妥善处理。黄土碟为湿陷性黄土区碟形洼地,由流水下渗浸蚀黄土,在重力的作用下土层逐渐压实,引起地面沉陷而成。形状为圆形或椭圆形,深1m至数米,直径10～20m,常形成在平缓的地面上。

图3-69 黄土的垂直节理

图3-70 黄土冲沟

(二)黄土地区公路工程主要地质病害

1.潜在性病害

路基潜在性病害取决于黄土地区的地貌特征。这些地貌特征形成原因比较复杂,有的地质学家认为:黄土地区特别是黄土高原的地形地貌与新构造运动有关,由于印度板块推挤导致青藏高原隆升,进而引起黄土高原隆起。上述各类黄土地貌中,暴露和潜在的黄土冲沟和黄土陷穴以及黄土碟等类似地貌对路基危害极大,这些一般在施工中已做处理,在养护工作中主要是针对处理不彻底后续暴露的病害进行补处理。此外,路基施工后陆续发生的路基湿陷、沉降等病害也要及时处理,这些养护工法与施工工法大同小异。

图 3-71 黄土林

图 3-72 黄土陷穴

图 3-73 黄土碟

图 3-74 黄土桥

2. 滑坡和崩塌

黄土高原腹地受地形和侵蚀作用或地震作用而诱发滑坡或者崩塌,崩塌体有时堵塞河谷,水位上涨甚至形成堰塞湖。黄土滑坡、泥流等往往是地表径流从古土壤面或基岩面上发育的黄土洞穴出口排泄形成。特别指出,崩塌与滑坡的区别:前者是指边坡土体突然坠落堆积于坡脚的现象,后者是形成一个滑动面缓慢滑至坡脚堆积。滑坡有各种触发形式,如图 3-75 ~ 图 3-78 就是其中常见的触发方式。

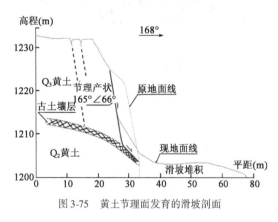

图 3-75 黄土节理面发育的滑坡剖面

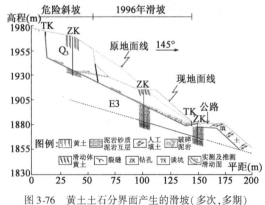

图 3-76 黄土土石分界面产生的滑坡(多次,多期)

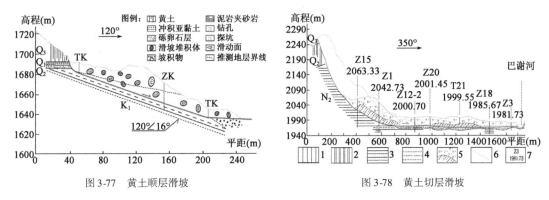

图 3-77 黄土顺层滑坡　　　　　图 3-78 黄土切层滑坡

3. 黄土的流变性

黄土的流变性是指黄土随着含水率的增大，土体达到流变软化所需要的时间逐渐减少，在雨水或灌溉用水等水流作用以及溶蚀、潜蚀等的触发作用下，近地表土体容易因积水而致使土体达到高含水率状态或饱和状态甚至过饱和状态，致使土体在短期内发生流变软化甚至开裂的现象。

4. 黄土的湿陷性

黄土的湿陷性，是指由于黄土在干燥气候及受水浸湿的条件下会产生较大的沉陷现象。黄土湿陷性评价采用两种方式：其一是，在土自重压力和附加压力作用下浸水后产生显著附加变形（湿陷），即湿陷变形是在水与压力的共同作用下使黄土的结构破坏，发生迅速而显著的下沉，它是正常压缩以外的附加下沉。其二是，自重湿陷性黄土，即浸水后仅在自重压力下就产生湿陷的土。前者的湿陷系数计算公式如下。

$$\delta_s = \frac{h_p - h'_p}{h_0}$$

式中：h_p——保持天然湿度和结构的试样，加至一定压力时，下沉稳定后的高度（mm）；

h'_p——上述加压稳定后的试样，在浸水（饱和）作用下，附加下沉稳定后的高度（mm）；

h_0——试样的原始高度（mm）。

黄土的湿陷性评价是采用 δ_s 大于等于 0.015 作为判定黄土湿陷性的界限值。

自重湿陷系数主要用于计算自重湿陷量，其本身并不作为判定黄土湿陷性的质量指标，自重湿陷系数的值可按下式计算。

$$\delta_{zs} = \frac{h_z - h'_z}{h_0}$$

式中：h_z——保持天然的湿度和结构的土样，加压至土的饱和自重压力时，下沉稳定后的高度，（cm）；

h'_z——上述加压稳定后的土样，在浸水作用下，下沉稳定后的高度（cm）；

h_0——土样的原始高度（cm）。

当在浸水饱和自重压力下不发生湿陷，只有在附加一定压力后浸水才发生湿陷的湿陷性黄土才称为非自重湿陷性黄土。当 $\delta_s \geq 0.015$ 时，计算总湿陷量 Δ_s。自重湿陷性评价的方法是当 $\delta_{zs} \geq 0.015$ 时，计算或实测自重湿陷量 Δ_{zs}，其结果分为 Ⅰ（轻微）、Ⅱ（中等）、Ⅲ（严重）、Ⅳ（很严重）4 个等级。根据场地受水浸湿的可能性、路堤高度结合湿陷后的危害程度和修复的难易程度确定湿陷性黄土地基的处理深度。

黄土的湿陷特性以及大小与下列四项因素有关:首先,天然含水率。黄土的湿陷性随其天然含水率的增加而减弱。其次,天然孔隙比。当其他条件相同时,黄土的天然孔隙比愈大,则湿陷性愈强。实际资料表明,西安黄土的 $e<0.9$,兰州黄土的 $e<0.86$,一般不具湿陷性或湿陷性很小。再次,饱和度和液限。饱和度 S_r 愈小时,湿陷系数愈大。西安 $S_r \geq 70\%$ 仅具轻微湿陷性,而液限 $W_L \geq 30\%$ 时湿陷性较弱。另外,年降水量、土体密度以及黏粒成分以及干重度等都会有影响。当年降水量 $\geq 750mm$ 时,基本无湿陷性;年降雨量 $250\sim600mm$,随着黄土中黏粒成分的增加,其湿陷性有减小的趋势;当干重度 $\gamma_d \geq 15kN/m^3$,湿陷性一般较弱。

在实际工作中,应根据公路等级、黄土湿陷等级、处理深度、施工条件及材料来源,并经技术经济比较后确定处理方法。

湿陷性评价是黄土取样和湿陷程度等级划分的主要依据。保证原状土样的质量,黄土地采取原状土样的方法为挖探及静压取土。黄土地区勘探孔的需用原土夯实回填,以消除当地人畜安全的潜在的威胁。

按照场地湿陷性类型和湿陷程度等级划分的Ⅰ~Ⅱ级非自重湿陷性黄土和Ⅰ级自重湿陷性黄土,可采用重锤夯实或冲击碾压。Ⅱ级以上自重湿陷性黄土,可采取强夯、挤密桩(石灰桩、灰土桩、碎石桩)或孔内深层强夯等方法进行压密、加固处理。湿陷性黄土的湿陷系数达到 0.015 时的最小湿陷压力为湿陷起始压力 $P_{sh}(kPa)$,随着黄土的初始含水率增大而增大。当湿陷压力小于湿陷起始压力时,相应的湿陷系数小于 0.015,在非自重湿陷性黄土场地上,当地基内各土层的湿陷起始压力大于其附加压力与上覆土的饱和自重压力之和时,路基、挡土结构可按非湿陷性地基设计。

当采用单线法压缩试验不应少于 5 个环刀试样,均在天然湿度下分级加荷,分别加至不同的规定压力,下沉稳定后,各试样浸水饱和,附加下沉稳定,试验终止。

双线法压缩试验应取 2 个环刀试样,分别对其施加相同的第一级压力,下沉稳定后应将 2 个环刀试样的百分表读数调整一致,调整时应考虑各仪器变形量的差值。应将其中一个试样保持在天然湿度下分级加荷,加至最后一级压力,下沉稳定后,试样浸水饱和,附加沉稳定,试验终止。将另一个试样浸水饱和,附加下沉稳定后,在浸水饱和状态下分级加荷,下沉稳定后继续加荷,加至最后一级压力,下沉稳定,试验终止。湿陷性不是影响路堑边坡稳定的决定因素,挖方地段以分层查明影响边坡稳定的物理力学性质为主;较浅路堑的路基基底要作湿陷性评价。黄土地基的勘探、取样深度要满足地基强度评价的要求。黄土地基的评价包括地基强度评价和地基湿陷性评价。

二、黄土地区公路养护

(一) 黄土地质勘察(现场原位测试)

黄土地区路基养护工程,要对连片的路基病害进行深入地质调查和补充勘察,以便彻底进行根治。通过原位测试直接得出地基的湿陷变形量和湿陷变形的时空分布,这种方法判定的场地湿陷类型比较可靠。常用的原位测试方法有现场试坑浸水试验、现场静载荷试验、旁压试验、扁铲侧胀试验以及静力触探试验等。

现场试坑浸水试验的内容归纳为三个方面：其一，测定变形和湿陷程度。测定浸水坑内不同位置的土层各层自重湿陷变形、场地不同土层自重湿陷量、场地总湿陷量及确定自重湿陷的下限深度，包括对浸水坑外因地层湿陷引起的地面变形进行观测；对试坑周边裂缝的发展进行观测；对注水量、浸润范围及土层含水率变化情况进行观测。其二，监测土压力和侧向位移。对不同深度土压力及侧向土压力进行监测，对试坑边侧向位移进行监测。其三，找出内在的联系及规律。拟采用探井取样进行室内试验，对比研究"取样试验计算法"与"现场实测法"的内在联系及规律。

（二）黄土地区路基设计特点

黄土地区路基设计与施工以及养护相辅相成，作为从事黄土地区公路养护的工作人员，必须要明确黄土地区路基设计特点。

黄土地区路基设计包括一般路基设计、高路堤设计、深路堑设计、陡坡路堤设计、路基防护与支挡设计、路基排水设计等。关于一般路基设计在第一章和第二章均有阐述，在此不再赘述。通常情况下，路堤高度在20m以上称为高路堤；挖深20m作为深路堑界定的高度。而黄土高路堤是指用黄土作为路堤填料填筑的边坡高度大于30m的路堤，黄土深路堑是指在黄土中开挖的边坡高度大于30m的路堑。黄土路堤填料可采用新黄土和老黄土，但由于老黄土透水性差，干湿难以调节，大块土料不易粉碎，故路床部分不宜采用老黄土。当路堑开挖接近设计高程时，应通过试验查明路床土料的物理力学性质，视土质和含水率情况，必要时采取挖除换填、掺灰改良、晾晒等处理措施。

1. 黄土地区一般路基设计特点

根据黄土地区路堤填筑与路堑开挖的实践经验，边坡高度30m以内的路堤的边坡形式和坡率无须通过稳定性计算确定，根据黄土路基设计分区和黄土分类，按一般路基的边坡形式及边坡坡率参考《规范》确定。

2. 高路堤和深路堑稳定性验算特点

高路堤稳定性计算可采用简化Bishop法，陡坡路堤稳定性计算可采用不平衡推力传递法，两种方法均是岩土工程中有关稳定性计算的常用方法。高路堤自身压缩变形计算规定可采用改进的分层总和法或数值方法，但数值方法应根据实际情况，合理建模，选择合适的单元、本构关系及其参数计算。

由于影响深路堑边坡稳定性的因素复杂多变，路基稳定性评价应以定性分析为基础，定量计算为手段，在进行边坡稳定性计算之前，根据边坡工程地质条件或已经出现的变形破坏迹象，定性判断边坡可能的破坏形式和边坡稳定性状态。根据西部项目"黄土地区路基工程技术指标体系与控制参数研究"成果，对于深路堑边坡稳定性计算，宜采用的方法为裂隙圆弧法。该项研究对圆弧法、裂隙圆弧法、裂隙法三种方法用于黄土深路堑边坡稳定性分析的结果进行对比，其结果是：对一坡到顶的高边坡，三种方法计算的稳定安全系数比较接近；而对阶梯形高边坡，圆弧法的安全系数最大、裂隙圆弧法次之、裂隙法最小。目前高等级公路黄土深路堑边坡通常都设计成阶梯形，单级坡率为1:0.5~1:1.0，单级坡高为8~10m，而且采用逐级开挖施工，边坡侧向应力逐渐释放。尽管坡顶会出现张拉裂隙，但是裂隙深度较小。裂隙法夸大了黄土高边坡实际存在的裂隙深度，减小了滑弧长度，致使计算的稳定安全系数偏小。为了既考虑黄土高边坡裂隙的影响，又不减小边坡实际的稳定程度，对黄土深路堑边坡稳定性分析采用裂隙圆弧法是适宜的。

3. 路基防护与支挡设计特点

路基防护与支挡设计包括路基边坡3种类型共11种防护结构形式。在《黄土地区公路路基设计与施工技术规范》(JTG/T D31-05—2017)中，阐述了每种类型(工程防护、植物防护、综合防护)及其结构形式的设计要求和适用条件。此外，对路基沿河冲刷防护工程类型(植物防护、砌石或混凝土护坡、石笼防护、浸水挡墙、护坦防护、抛石防护、排桩防护、导流)及适用条件和主要类型的设计要求，以及路基边坡支挡工程类型及适用条件与每种类型(挡土墙、抗滑桩、锚固工程)及其结构形式的设计要求等均有规定。

从造价节约考虑，黄土地区的低等级公路上，也可采用传统的捶面、草泥抹面、三合土抹面、四合土抹面等坡面防护结构形式，但耐久性和路容景观美化不理想，上述措施一般使用年限为5~10年。

由于土钉支护对水的作用特别敏感，在湿陷性黄土中设置土钉支护更增加了这种敏感程度，一旦土体含水率增大，随之而来的是土体自重增大、抗剪强度降低、土体与土钉之间的界面黏结强度降低等，其安全性和耐久性难以保证，建议不宜过多采用。

4. 路基排水设计特点

黄土地区路基排水设计分路表排水、中央分隔带排水、坡面排水、路侧排水、地下排水5个方面。其中，中央分隔带排水考虑了采用铺面封闭(不绿化)和不采用铺面封闭(绿化)两种情况，由于黄土地区以干旱气候为主，降雨量小，中央分隔带绿化成本高，再是植物浇水下渗容易引起地基湿陷，所以黄土地区中央分隔带排水宜采用铺面封闭式。

(三) 黄土地区公路路基施工与养护原则

1. 严格遵守相关规范

在黄土地区公路养护规范没有出台前，《黄土地区公路路基设计与施工技术规范》(JTG/T D31-05—2017)是该地区许多实践经验和科研成果的概括和总结，也是公路养护施工的重要依据，应遵照执行。该规范不但有制定的目的、适用范围、共性要求和执行相关标准的要求，还有黄土地区公路勘察的基本原则、贯彻水土保持、保护环境和节约土地、有关安全生产、劳动保护和文物保护、采用"四新技术"以及执行相关标准的原则和要求。具体的内容有一般规定、路堤填筑、路堑开挖、路基防护与支挡工程施工、排水工程施工、施工监测6个方面。其一，一般规定。包括黄土地区路基施工基础资料准备、临时排水、施工环节衔接、材料和弃渣堆放、信息化施工等内容。其二，路堤填筑。对填料要求、压实机械、含水率等规定。其三，路堑开挖。对开挖方法、开挖坡面稳定性控制、开挖路床土料处理等规定。其四，路基防护与支挡工程施工。基本与路基防护与支挡设计的有关条文相对应，规定了各类防护与支挡工程施工技术要求，包括材料选用、工序安排、操作要求等。其五，排水工程施工。对基底处理、各类排水设施用料要求、施工工序等做了规定。其六，施工监测。施工监测包括高路堤填筑变形监测、深路堑开挖变形监测、抗滑桩受力与位移监测、锚固工程支护效应监测等方面的内容。通过监测，对加固工程的安全性、可靠性以及对边坡加固的有效性进行检验。

另外,黄土地区路基设计和施工以及养护还有若干相关规范,例如,《湿陷性黄土地区建筑规范》(GB 50025—2004)、《公路工程地质勘察规范》(JTG C20—2011)、《公路工程名词术语》(JTJ 002-87)等。其中,涉及许多诸如"黄土高路堤""黄土深路堑""陡坡路堤""冲击轮势能"等专业技术术语和相关规定,这些都是大量现场试验和研究的概括和总结,也应注意针对性地引用。

2. 应当吸取当地经验

近半个世纪以来,在黄土地区公路建设施工和养护方面,也积累了不少成功经验,要因地制宜地采用。例如,通过陕西、山西、甘肃、河南、内蒙古、河南、青海、甘肃的已建和在建公路工程项目的工程地质构造、水文地质、气候条件及地震情况,由路基边坡参数、边坡防护加固形式、路基排水措施、地基处理方案的现场调查经验得知:采用现场冲沟沟底强夯施工(图3-79)、路基本体强夯施工(图3-80)、全坡面穴种植物防护(图3-81)、坡面钻孔穴种绿化植物紫穗槐和柠条植物防护(平台和坡面差异)(图3-82)、中央分隔带采用石灰土封闭并在其上填碎石(图3-83)、挖方段平台截水沟增设急流槽(图3-84)等,均是较为成熟的措施,各地可以借鉴。

图3-79 现场冲沟沟底强夯施工

图3-80 路基本体强夯施工现场

图3-81 全坡面穴种植物防护

图3-82 平台和坡面差异化坡面钻孔穴种绿化植物紫穗槐和柠条植物防护

图 3-83 中央分隔带采用石灰土封闭其上填碎石

图 3-84 挖方段截水沟增设急流槽

3. 高度重视安全生产

特殊地区公路养护施工安全问题更要给于高度的重视。安全生产和劳动保护的目的是为劳动者创造安全、卫生、舒适的劳动工作条件,消除和预防劳动生产过程中可能发生的伤亡以及职业病等,这就要求养护工作的管理者时时处处体现以人为本的思想。需要指出的是,根据最新研究认为:除了传统的安全诱发因素和防范措施外,导致安全问题有两大新的危险因素:其一是对潜在的安全隐患缺乏警觉性和经验不足;其二是,一线工作人员长时间加班加点产生的疲劳。这就要求管理者以人为本的理念针对性地采取措施来克服。

4. 注重四新技术应用

"四新技术"包括了新技术、新材料、新设备和新工艺。运用"四新技术"的切入点是看是否有利于提高生产效率、保证或提高工程质量以及降低成本等,对于成熟可靠的"四新技术"应积极采用。

5. 保护文物古迹环境

黄土地区大部分位于黄河流域,该地区历史文化悠久,古迹甚多,因此,黄土地区公路建设应特别重视文物保护。

6. 做好前期准备工作

养护施工前,应做好相应的前期准备工作,不但要熟悉设计文件,而且对某些专门性的地质问题做必要的补充调查与测绘。例如,防护工程施工应与跟进填筑和开挖施工紧密结合,合理衔接,防止降水对坡面的破坏;支挡工程施工过程中,应根据地质条件、施工季节特点和工期要求设置必要的临时工程,边坡临时工程宜与永久支挡工程相结合等等,均要在施工前对其涉及的各个方面准备工作周到地准备和合理安排。

首先,熟悉设计文件。清楚设计和技术标准,并进行现场现场核对,应根据核对后的工程项目、工程量、工地特点、工期要求和施工条件,结合实际情况,编制施工组织设计。

其次,进行地质勘察。黄土场地工程地质条件划分除考虑场地特征,如地形、地貌、地层结构、湿陷性等外,还应考虑冲刷强度指数、地表形态指数、边坡稳定性指数。黄土的工程地质勘察与评价按照《公路工程地质勘察规范》(JTG C20—2011) 执行。黄土地区勘察的内容归纳为三个方面:其一,根据室内试验的湿陷系数 δ_s 判定地基土是湿陷性的还是非湿陷性的;其二,对于湿陷性黄土再根据自重湿陷量的实测值或计算值判定场地的湿陷类型,即判定场地是自重湿陷性黄土场地还是非自重湿陷性黄土场地;其三,根据场地的湿陷类型和湿陷量的计算值,综合判定黄土地基的湿陷等级(Ⅰ～Ⅳ)。湿陷性黄土地基处理方法的选用与地基的湿陷等级有关。

湿陷性黄土场地自重湿陷量计算值的计算修正系数 β_0 是因地区土质而异的修正系数,在缺乏实测资料时,可依据陕西省黄土力学与工程重点实验室近些年所做的研究工作的成果。陇西地区可取 1.80;陇东、陕北、晋西、宁夏地区可取 1.40;关中地区可取 0.90;其他地区可取 0.40。必须指出,上述系数与目前国内有关湿陷性黄土场地自重湿陷量计算采用的修正系数 β_0 取值有所不同。

通过大量的现场试坑浸水试验,由测试不同埋深范围土层的湿陷变形量确定实测平均自重湿陷系数(试坑浸水试验平均湿陷系数),与给定土层不同埋深土的室内试验测定自重湿陷系数按照土层厚度的加权平均值比较分析(图3-85),得出新的修正系数 β_0 及相关指标。

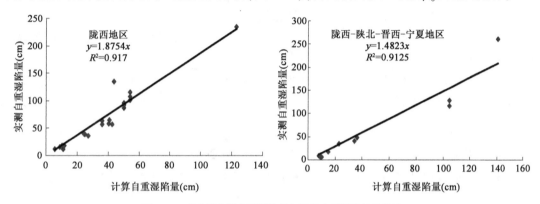

图3-85 黄土层实测自重湿陷量与平均自重湿陷量的关系

最后,做好施工排水。黄土地区水土流失明显,施工前应做好临时排水,临时排水设施应与永久排水设施综合考虑,并与工程影响范围内的自然排水系统和协调。天气干燥季节施工,要做好施工现场防尘。应合理布置堆料场地和弃渣场地,材料和弃渣不得随意堆放。应严格按照施工方法和工序施工,及时反馈施工信息,做到信息化施工。应做到工完场清,减少对环境的不利影响。

三、黄土地区公路养护施工工法

(一)既有路基状况调查与病害处治

1. 既有路基状况调查与评价

养护工程施工前,应通过资料收集和调查访问,了解既有公路的技术标准,地形地貌、工程地质和水文地质情况、地基处理方法、路基填筑技术、目前的使用性能或存在的病害和隐患、目前的交通量和交通组成及其未来预测等情况。调查工作应以出现病害和存在隐患的路段为重点,对既有路基进行现场勘探与测试,查明路基变形情况、路侧陷穴、湿陷性黄土层分布深度、地下水情况、路基路面强度等。

出现病害和存在隐患的路段初步判定是通过沿线调查目测,在初步判定的基础上对这些路段施以探地雷达检测(一般采用60MHz的天线),根据探地雷达检测结果划分出重点路段;

对重点路段再进行瞬态瑞利波检测,以确定路段损坏分布的交界面,准确探明路侧陷穴、路基内部软夹层、孔洞形态及范围;最后再选择代表性路段进行钻探取芯和标贯试验,确定湿陷性黄土层分布深度、路基路面强度(CBR、回弹模量)等。

应对现场取样进行室内试验,测定路基和地基土的物理、力学性质指标,判定地基土的湿性类型与等级;同时,应结合现场调查,查明既有路基排水影响区内地基土的物理、力学性质变化。

2. 既有路基病害处理

对既有路基深陷严重、压实度达不到拓宽改建要求的路段,应将既有路基挖除、换填级配好、强度较高的填料分层压实,或将既有路基翻挖,掺杰灰处理后,分层填筑压实。

黄土路基内部有孔洞、裂隙等病害和桥涵过渡段路基出现横向裂缝,桥头跳车厉害的路段,宜采用注浆法进行加固。应对实施注浆可能引起的沉降进行观测,必要时应采取回填措施。

路侧陷穴处理应按规范执行,但不宜采用爆破回填。

对零填、低填路堤和路堑,当地下水造成路基湿软、翻浆等病害时,应挖除既有路床、路基重新填筑,在基底设置渗沟、排水管等设施。

对既有路基病害进行处理时,宜采用对既有路基破坏性小的复合地基处理方法,并考虑拓宽路基对既有路基附加沉降的影响。

(二)施工前室内试验验证

室内试验验证工作是为了对湿陷性黄土进行进一步评价,黄土样品试验项目见表3-10,主要有CBR测试条件对比试验、石灰土石灰掺量对比试验以及绿化边坡土质条件试验。

黄土路基实验项目　　　　　　　　　　　　　　　表3-10

序号	试验项目	序号	试验项目	序号	试验项目	序号	试验项目
1	颗粒分析*	5	天然含水率	9	直接剪切试验	13	湿陷起始压力
2	天然密度	6	塑限含水率	10	三轴剪切试验*		
3	湿陷系数	7	液限含水率	11	自重湿陷系数		
4	压缩系数	8	压缩模量	12	碳酸钙含量*		

注:1. 表中各种含水率以及碳酸钙含率的量纲为%;天然密度量纲为kg/m^3。
　　2. 剪切试验内摩擦角和黏聚力单位分别为°和MPa;压缩系数量纲为kPa^{-1};湿陷起始压力量纲为kPa。

1. CBR测试条件对比试验

目前工程中CBR试验时通常是将试件饱水4昼夜。但是,由于黄土地区气候干燥,路基土的工作条件是否能达到饱水4昼夜那样的湿度一直被质疑,同时也有建议将饱水时间改短一些。该试验用3种塑性指数不同的代表性土样,分别采用不饱水、饱水1昼夜、饱水2昼夜、饱水3昼夜和饱水4昼夜进行CBR对比,结果见表3-11。

黄土填料CBR测试条件对比试验结果　　　　　　表3-11

土样塑性指数	不饱水	饱水1昼夜	饱水2昼夜	饱水3昼夜	饱水4昼夜	土样塑性指数
16.0	31.43	2.49	2.25	2.13	2.13	16.0
8.8	51.98	9.14	7.69	11.52	17.85	8.8
3.5(风积沙)	8.64	1.42	1.47	1.08	1.62	3.5(风积沙)

由上表可知,饱水1昼夜即可造成CBR值急剧降低,且基本稳定,继续延长饱水时间意义不大。

2. 石灰土石灰掺量对比试验

在公路工程中,石灰土主要用于石灰土垫层和石灰土桩挤密桩(湿陷性黄土地基处理),其掺灰量范围为6%～15%(石灰质量/干土质量)。其中,用于石灰土垫层时掺灰量范围为6%～8%;用于石灰土桩时掺灰量范围为10%～15%。而在工民建、市政等领域,石灰土也主要用于石灰土垫层和石灰土桩挤密桩(湿陷性黄土地基处理),但其掺灰量均是采用体积比2:8～3:7。将体积比换算为质量比,前者的掺灰量约为13%,后者的掺灰量约为22.3%。可见,在工民建、市政等领域,石灰土的掺灰量远远高于公路部门的常用掺灰量,工程中是否需要这么高的掺灰量,是值得探讨的问题,也是试验的目的。

试验采用两个主要性能指标:一是评价强度的无侧限抗压强度;二是评价隔水防渗性能的渗水系数。试验用土料的塑性指数为8.8,石灰采用Ⅲ级钙质消石灰,试验结果见表3-12。

石灰土石灰掺量对比试验结果　　表3-12

石灰掺量(%)	6	8	10	13	15	23
7d无侧限抗压强度(MPa)	0.47	0.64	0.63	0.65	0.69	0.76
渗水系数(mL/min)	10.0	15.9	21.2	38.5	39.4	47.6

由此可知,掺灰量达到8%之后,再提高其掺量对强度提高作用不大,相反掺量提高之后隔水性能降低。

3. 绿化边坡的土质条件试验

绿化边坡在施工期前,应对代表性工程路堑边坡土质进行了取样试验,测定其塑性指数。实践表明,当塑性指数为6.9～14.9时,说明边坡土性均为低液限黏土,适宜植物生长。值得注意的是,边坡植物长势差异主要在水分供应情况。

4. 选择合适的地基处理方法

根据工程类别,有针对性地选择地基处理方法。制定的该类等级划分,是对现行有关标准的改进和发展。黄土软弱地基在黄土地区是比较常见的,地基土的含水率一般在30%左右。由于黄土的天然含水率超过25%时,就不再具有湿陷性,该类地基处理的设计和施工,应按现行《公路软土地基路堤设计与施工技术细则》(JTG/T D31-02—2012)的规定执行。在湿陷性黄土地基处理方法方面,宜结合公路工程的实际情况采用。一般而言,黄土地基处理有换填垫层法、冲击碾压法、强夯法、挤密桩法、桩基础法5种处理方法。这些方法除桩基础法在实际工程中应用偏少外,其他方法均是公路湿陷性黄土地基处理多年来广泛采用用的方法,技术成熟,使用效果良好,工程造价合理。桩基础法虽然在实际工程中应用偏少,但是在甲类工程遇到需要处理的深厚湿陷性黄土地基时,该方法是不可或缺的。人工构造物基础下的桩基设计参照现行《建筑桩基技术规范》(JGJ 94)和《公路桥涵地基与基础设计规范》(JTG D63)的有关规定执行;路堤下的桩基按复合地基设计,符合路堤与地基的变形特点。为保证桩基与路堤的变形协调性,桩顶需要设置桩帽,桩帽顶需要设置加筋石灰土垫层。

(三) 湿陷性黄土地基的处理

湿陷性黄土地区的公路工程地基处理宜按下表3-13的规定划分等级,由此确定地基处理深度。黄土地区公路工程分区采用西部交通建设科技项目"黄土地区路基工程技术指标体系与控制参数研究"的成果,按地质构造进行一级分为3个大区,在一级分区下再按地形地貌进行二级分区,共分为12个小区,同时引入冲刷强度指数、地表形态指数、边坡稳定性指数来描述亚区的公路工程特征。这三个指数分别综合反映了在自然环境条件作用影响下公路边坡受冲刷程度、公路建筑场地地形地貌复杂程度、公路边坡稳定等级。三项指数的引入,使黄土场地工程地质条件划分更加贴近黄土地区公路工程的特点,可更加全面地反映公路建设场地地质条件的复杂程度。防护、支挡、排水等构造物采用圬工材料强度要防护、支挡、排水等构造物施工用到的砖块、片(块)石、水泥砂浆、混凝土的最低强度要求列于该附录中。

公路工程等级划分 表3-13

工程等级类别	甲类	乙类	丙类
划分标准描述	二级及以上公路上的涵洞、通道及墙高大于6m的挡土墙;高速及一级公路上与桥台相邻范围的路基	除甲类、丙类以外的工程	三级及三级以下公路

甲类工程应消除地基的全部湿陷量,或采用桩基础穿透地表水、施工用水下渗影响范围内的湿陷性土层。乙类工程地基最小处理深度应符合下表3-14的规定。丙类工程当地基湿陷等级为Ⅰ级、Ⅱ级时,可不进行处理。

湿陷性黄土地基最小处理深度(m) 表3-14

路基类型	湿陷性等级与特征							
	经常积水或浸湿可能性大				季节性积水或浸湿可能性小			
	Ⅰ	Ⅱ	Ⅲ	Ⅳ	Ⅰ	Ⅱ	Ⅲ	Ⅳ
高度大于4m的路堤	2	3	4	6	1	2	3	5
零填、路堑、高度小于或等于4m的路堤	1	1.5	2	3	1	1.5	2	2.5

地基处理的内容包括湿陷性黄土地基处理和黄土陷穴处理两部分。具体方法主要有换填垫层法、冲击碾压法、强夯法、挤密桩法、桩基础法和黄土陷穴处理。

湿陷性黄土地基处理以强夯法应用最多,冲击碾压、挤密桩亦有应用。路堤补充压实也多采用强夯法。黄土地区桥头跳车问题不严重,可以采用一般路基常用的处理措施。路基防护以骨架植草的综合防护居多,且防护效果好。植物防护采用穴种可以提高其成活率,但是阳坡植物长势不如阴坡,应考虑阳坡保水措施并采用较缓的坡率。黄土路基上的各种排水设施必须做好铺砌加固,防止水下渗,同时加强养护,保证其正常工作和整个排水系统畅通。临时排水设施应与永久性排水设施综合考虑进行布置,并与工程影响范围内的自然排水系统相协调。尤其要防止施工中临时排水不到位,造成边坡水毁情况的发生。

1. 换填垫层法

换填垫层法(图3-86)可用于处理厚度3m以内的湿陷性黄土地基。各种地基湿陷等级均可用于各种等级的公路。高速公路、一级公路宜采用石灰土垫层,二级及二级以下公路可采用石灰土垫层或素土垫层。换填垫层法是处理湿陷性黄土地基的最佳方法,但该法工程造价高,一般用于工程部位临近房屋建筑、结构物,或因其他处理方法受限时;当湿陷性黄土层厚度在

3m 以内时可用其他方法。

对高速公路、一级公路,当采用石灰土垫层的厚度大于 1.5m,为节省工程造价,可采用上下垫层法,即下部和上部各 0.5m 范围采用石灰土垫层,中间采用素土垫层。二级及二级以下公路,当素土垫层厚度大于 2m,且含水率大于或接近最佳含水率时,垫层底部应设置 0.5m 厚的石灰土垫层。石灰土垫层的石灰剂量,其质量比对消石灰宜为 8%,对磨细生石灰宜为 6%。土料宜采用塑性指数 7~15 的黏性土,不应含有有机质,土块粒径不宜大于

图 3-86 水泥土垫层施工

15mm。石灰中 CaO + MgO 含量不应低于 55%,宜采用Ⅲ级钙质消石灰或Ⅱ级镁质消石灰;水泥土垫层的水泥剂量,其质量比宜为 4%~5%,宜选用强度等级为 32.5 级的普通硅酸盐水泥。

换填垫层用作小型构造物的基础时,垫层的厚度宜根据构造物的要求确定,并符合下式的要求。

条形基础

$$p_z + p_{cz} \leqslant f_{ak}$$

$$p_z = \frac{b(p_k - p_c)}{b + 2z\tan\theta}$$

矩形基础

$$p_z = \frac{bl(p_k - p_c)}{(b + 2z\tan\theta)(l + 2z\tan\theta)}$$

式中:p_z——相应于荷载效应标准组合时,垫层底面处的附加压力(kPa);

p_{cz}——垫层底面土的自重压力(kPa);

f_{ak}——垫层底面经深度修正后的地基承载力特征值(kPa);

b——矩形基础或条形基础底面的宽度(m);

l——矩形基础底面的长度(m);

p_k——相应于荷载效应标准组合时,基础底面的平均压力(kPa);

z——基础底面土的自重压力(kPa);

p_c——基础底面下垫层的厚度(m);

θ——垫层的压力扩散角(°),石灰土垫层可取 28°。

垫层底面的宽度应满足基础底面压力扩散的要求,可按下式确定:

$$b' \geqslant b + 2z\tan\theta$$

垫层施工前应先施做排水设施,施工现场应防止积水。当垫层底部存在洞穴或旧基础时,应挖除后用石灰土分层填实。垫层分层摊铺碾压的厚度不宜大于 0.3m,每层压实遍数宜通过试验确定。垫层验收合格后,应及时填筑路堤或做临时遮盖,防止日晒雨淋。

垫层填筑压实施工过程中,每填筑压实一层,应及时测定压实度,压实度应满足路基相应层位的要求值,检测频率应符合现行《公路工程质量检验评定标准》(JTG F80/1)的有关规定。

图 3-87 静载试验

换填垫层用作小型构造物的基础时,应检测垫层承载力。每个独立工点或分项工程检测不应少于3处。承载力可由静载试验(图 3-87)确定应满足设计要求。

2. 冲击碾压法

冲击碾压法可用于处理湿陷性等级为Ⅰ~Ⅱ级非自重湿陷性黄土地基,以及零填及高度小于4m的路堤下的Ⅱ级自重湿陷性黄土地基;地基土的含水率宜在10%~22%之间。湿陷性黄土处理厚度宜为0.5~1.0m,不宜超过1.5m。冲击碾压法的有效加固深度应根据冲击压路机现场碾压试验或当地经验确定,当缺少资料时,可按下式估算。

$$D = \alpha \sqrt{\frac{mgh}{10}}$$

式中:D——有效加固深度(m);

m——冲击轮的质量(t);

g——重力加速度常数(9.81m/s²);

h——冲击轮外半径与内半径之差(m);

α——修正系数,可取0.7。

采用冲击压路机对湿陷性黄土地基处理,在宁夏、青海、甘肃、陕西、山西、河南、河北等地均进行过立项研究,众多研究成果和工程实例分析表明,25kJ三边形冲击压路机(图 3-88)的有效影响深度(使土体压实度增大1%的最大深度)约为1.4m,可有效地消除1.1m深度范围内土体的湿陷性;20kJ三边形冲击压路机的有效影响深度约为1.1m。冲击碾压法浅层处理效果明显,但不能提高深层地基的承载力。冲击碾压应满足最小水平安全距离(表 3-15)要求,对不符合表 3-15 安全距离要求但又需施工的路段,可采取下列措施:其一,开挖宽0.5m、深1.5m左右的隔振沟进行隔振;其二,降低冲击压路机的行驶速度,增加冲压遍数。

图 3-88 三边形冲击压路机

冲击碾压安全距离(最小水平安全距离)(m)　　表 3-15

构造物类型	安全距离	构造物类型	安全距离	构造物类型	安全距离
重力式挡墙距墙背内侧	2	距桥台翼墙端(其他桥台)	10	距离涵洞通道	5
扶壁式挡墙距扶壁内侧	2.5	悬臂式挡墙距立壁内侧	2.5	距离房屋建筑	30
距离翼墙端(U形桥台)	5	导线点、水准点、电线杆	10	距互通立交桥	10

冲击碾压处理湿陷性黄土地基施工时,冲击碾压前应先用平地机将原地面大致整平,再用钢轮压路机静压或振压将地表适当压实。冲击碾压宜采用排压法,纵横向轮迹交错,纵向相错1/6轮轴距,横向轴缘相互重叠20~30cm。冲击碾压处理的最短施工长度不应小于100m,场地宽度应满足保证冲击碾压速度的要求。地基土的天然含水率应控制为最佳含水率±3%,天然含水率较高时应在晾晒后冲压,天然含水率较低时应补充洒水后冲压。冲压过程中应对沉降值、压实度、湿陷系数进行测试,及时掌握压实效果。冲击碾压工序完成后,应采用平地机进行初步整平,再用钢轮压路机振动碾压1~2遍,进行压实收光。

施工结束后7~14d内,按1处/2000m²的抽检频率,在设计处理深度内每隔0.5m取1~2个土样进行室内试验,测定土的压实度、压缩系数和湿陷系数。施工结束后15~30d,可采用载荷试验、标准贯入试验、瞬态瑞利波法或钻孔取样试验等方法检验地基土的强度变化情况,评价冲击碾压的效果。载荷试验的频率应按1处/3000m²控制,且不应少于3处;其他方法的检测频率可适当增大。

3. 强夯法

强夯法(图3-89)可用于处理各级湿陷等级的湿陷性黄土地基。适宜处理的湿陷性土层厚度宜为3~6m,不宜超过8m。选择强夯法处理时,有效处理深度和施工安全距离的确定是值得研究的问题。

Menard曾提出估算处理(影响)深度的公式,但由于其考虑的因素太少,估算值比实测值偏大太多,国内外的大量工程实践证明应对其折减修正,按下式(下称迈那德修正式)进行计算。

$$H \approx \alpha \sqrt{mh}$$

式中:H——有效处理深度(m);

α——折减系数,取值在0.4~0.7的频数,约为80%;

m——夯锤的质量(t);

h——夯锤的落距(m)。

图3-89 强夯法

Menard提出的估算公式仅与锤重和落距有关,而实际上有很多因素影响有效处理深度,其中土体的含水率就是一个很重要的因素。对于天然含水率低于10%的土,土体呈坚硬状态,夯击时表层土容易松动,能量消耗在上部,深部土层不易夯实,消除湿陷性黄土层的有效深度小;当天然含水率大于塑限含水率3%以上时,土体呈软塑状态,夯击时土中多余水分瞬时难以被挤出孔隙,土体侧向挤出严重,形成"橡皮土";天然含水率接近最佳含水率时,土颗粒间的阻力较小,土颗粒易于挤密,有利于夯击能量向深处传递,消除湿陷性黄土层的有效深度大。

陕西省建筑科学研究院等单位根据200余份强夯施工实测资料,提出考虑土体含水率影响的强夯处理湿陷性黄土地基的有效处理深度计算公式(下称中国陕西式)如下。

$$D = \alpha \left(\sqrt[3]{\frac{W}{10}} - 1 \right)$$

式中：D——有效处理深度(m)；

W——强夯能级(kN·m)，即夯锤质量与落距的乘积；

α——土体含水率适宜系数。

由此可知，采用中国陕西式计算出的有效处理深度的误差在 -5.11% ~ 9.25% 之间，一般可以满足工程的需要。采用迈那德修正式计算结果的误差随着含水率不同而异，当含水率适宜时，在 -2.63% ~ 15.47% 之间，基本可行；除此之外，计算误差在 8.87% ~ 35.56% 之间，应慎重采用。由此说明，含水率对强夯有效处理深度有着重要的影响。规范推荐的强夯法的有效加固深度经验取值(m)见表 3-16。

强夯法的有效加固深度经验取值(m) 表 3-16

单击夯击能 (kN·m)	全新世(Q4)黄土、 晚更新世(Q3)黄土	中更新世 (Q2)黄土	单击夯击能 (kN·m)	全新世(Q4)黄土、 晚更新世(Q3)黄土	中更新世 (Q2)黄土
1000 ~ 2000	3.0 ~ 5.0	—	4000 ~ 5000	7.0 ~ 8.0	—
2000 ~ 3000	5.0 ~ 6.0	—	5000 ~ 6000	8.0 ~ 9.0	7.0 ~ 8.0
3000 ~ 4000	6.0 ~ 7.0	—	7000 ~ 8500	9.0 ~ 12.0	8.0 ~ 10.0

注：1. 对应栏内，单击夯击能小的取小值，单击夯击能大的取大值。

2. 强夯法的有效加固处理深度系指可有效地消除该深度范围内土体的湿陷性，应从最初起夯面算起。

对于人工振动，振动安全允许距离可按下式计算。

$$R = \left(\frac{K}{V}\right)^n Q^m$$

式中：R——爆破振动安全允许距离(m)；

Q——振源能量，对于强夯为单击夯击能(kN·m)；

V——保护对象所在地安全允许质点振速(cm/s)；

K、n——分别为与爆破点至保护对象间的地形、地质条件有关的系数和衰减指数；

m——对于强夯一般取 0.5。

为保证结构和周围建筑物安全，在强夯施工时，要严格控制最小水平安全距离，此距离可按照表 3-17 选用。

强夯施工单击夯击能(kN·m)与其最小水平安全距离(m)参考值 表 3-17

夯击能	最小安全距离	夯击能	最小安全距离	夯击能	最小安全距离
1000 ~ 2000	40	5000	65	8000	85 - 100
3000	50	6000	70	9000	试夯确定
4000	60	7000	75		

安全距离与振动引起的地表水平振动速度峰值有关，一般将速度峰值小于 5cm/s 作为破坏界限，将速度峰值小于或等于 2cm/s 作为安全界限。表 3-17 是根据安全界限并考虑一定的安全储备得到的。房屋建筑受振动影响的损坏程度，还与房屋建筑的坚固程度有关，实际工程中需结合建筑材料类型、建造年限等考虑施工安全距离。

强夯振动频率主要分布在 0~30Hz、60~75Hz 和 100~110Hz 等几个频段附近,对地表影响较大的是 20Hz 以内的低频强夯能量所引起的振动,其中振动频率为 10Hz 时对地表影响最大。在同样的夯击能下,重锤低落距夯击时所产生的速度峰值比轻锤高落距要小,对环境的影响亦较小,是强夯施工中比较有利的一种组合方式。

当施工场地达不到允许安全距离要求时,可以开挖隔振沟,采用该项措施可以减振 60%~80%。隔振沟设置应注意以下两点:其一是隔振沟的隔振效果随沟深逐渐增大,一般设置不宜小于 2m;沟的宽度基本不影响减振效果,以方便施工开挖并能够保证沟壁稳定确定沟宽即可。隔振沟设置距离强夯点越近效果越好,而不是设置在距离房屋建筑越近越好。其二是强夯施工前应在代表性路段选取试夯区进行试夯,确定夯击方案、单击夯击能、夯击次数、夯击遍数、间歇时间等参数。每个试夯区场地面积不应小于 500m²。

强夯处理地基土的含水率宜在 8%~24% 之间,当含水率过高或过低时,视含水率大小可采取相应的处理措施。当含水率小于 8% 时,可采用洛阳铲等成孔注水润湿土体,待 3~7d 后进行施工;当含水率大于 24% 时,可通过晾晒待含水率降低后再行施工。

强夯施工过程中如出现土体难以压实现象,可采取挖开晾晒、换土或填入适当厚度的砾石、片石夯击等措施。强夯法处理施工要注意两个要点:其一,把握夯点布置与间歇时间。夯点宜按正方形或等边三角形布置,夯点中心距可取夯锤直径的 1.2~2.0 倍。强夯宜分为主夯、副夯、满夯三遍实施。两遍夯击之间宜有一定的时间间歇,间歇时间根据试夯结果确定。单从土性上来讲,低液限黏土一般考虑 7~14d;低液限粉土一般考虑 3~7d;砂土一般考虑 1~3d。其二,控制夯击次数与夯沉量。夯击次数应按试夯得到的夯击次数和夯沉量关系曲线确定,并应满足三项要求:首先,当单击夯击能小于 2000kN·m 时,最后两击的平均夯沉量不宜大于 50mm;当单击夯击能为 2000~4000kN·m 时,最后两击的平均夯沉量不宜大于 100mm;当单击夯能大于 4000kN·m 时,最后两击的平均夯沉量不宜大于 200mm;最后一击的夯沉量应小于上一击的夯沉量。其次,夯坑周围地面不应发生过大的隆起。再次,夯坑不应过深而造成提锤困难。最后,施工抽检与效果评价。施工结束后 7~14d,按 1 处/2000m² 的抽检频率,在设计处理深度内每隔 0.5m 取 1~2 个土样进行室内试验,测定土的压实度、压缩系数和湿陷系数。施工结束后 15~30d,可采用载荷试验、标准贯入试验、瞬态瑞利波法或探井取样试验等方法检验地基土的强度变化情况,评价强夯的效果。载荷试验的频率应按 1 处/3000m² 控制,且不应少于 3 处;其他方法的检测频率可适当增大。

需要指出,强夯施工的噪声和振动是方案设计时需要考虑的重要因素,要慎重考虑。

4.挤密桩法

挤密桩法可用于处理湿陷等级为 Ⅱ级~Ⅳ级 的自重湿陷性黄土地基,适宜处理的湿陷性黄土层厚度宜为 5~12m,不宜超过 15m。宜在下列三种情况下采用。首先,桥台、台后及高挡墙(高度≥6m)基底湿陷性黄土地基处理。其次,采用强夯法对附近房屋建筑、构造物或其他设施造成影响,且不便采取减(隔)振措施。最后,路线处于黄土冲沟,强夯等大型机械作业困难或强夯施工对自然边坡稳定性构成威胁。

挤密桩间距并非间距越小越好,太小的间距可能会导致成桩缩颈,桩间土隆起,挤密系数降低等问题。挤密桩在成桩过程中已经对周围的土体产生了挤密,桩周围约等于桩直径范围内挤密效果显著,周围桩体施工时不宜使该显著挤密区重叠,以免造成桩间土隆起,降低挤密效果。当然桩间距太大时也会降低挤密效果。

挤密桩的中心间距应按桩间土得到有效挤密的原则确定,可按下式估算,宜为桩孔直径的 2.0~2.5 倍。

$$S = \beta \sqrt{\frac{\bar{\rho}_{dc} D^2 - \bar{\rho}_{d0} d^2}{\bar{\rho}_{dc} - \bar{\rho}_{d0}}}$$

式中:S——挤密桩的中心间距(m);
　　D——挤密填料孔直径(m);
　　d——预钻孔直径(m),无预钻孔时取 0;
　　β——取值与桩位布置形式有关,正三角形布置时 $\beta=0.952$,正方形布置时 $\beta=0.886$;
　　$\bar{\rho}_{d0}$——处理前地基土受力层范围内,各层土的干密度按厚度加权计算的平均值(g/cm³);
　　$\bar{\rho}_{dc}$——桩间土挤密后的平均干密度(g/cm³),为桩间土的最大干密度(g/cm³),由室内重型击实试验确定。

实践证明,采用挤密石灰土桩处理,当设计石灰土桩的直径采用 0.4m,桩中心距 1.0m,呈等边三角形布置,桩长 7~8m。处理之后绝大部分土层湿陷性消除(湿陷系数小于 0.015);而且土体强度(压缩模量)大幅度提高,压缩性减小。采用上述公式计算桩间距值为 1m,证明采用以上公式进行桩间距估算是可行的。

挤密桩可以采用预钻孔夯扩挤密法成桩或采用沉管挤密法成桩,当挤密处理深度在 12m 之内时,不宜预钻孔,挤密孔直径宜为 0.35~0.45m;因为前者比后者多出预钻孔体积的取土量,在挤密处理效果相同的条件下,前者需要的孔内填料量比后者多。当要求的处理深度不太大时,沉管挤密法成桩更加经济。当挤密处理深度超过 12m 时,可预钻孔,预钻孔直径宜为 0.25~0.30m,夯扩挤密后成桩的直径宜为 0.50~0.60m。预钻孔夯扩挤密法的优点是施工噪声低,振动影响小,能减小长桩施工长时间振动对周围的影响。

当采用沉管法成孔施工时,桩管宜选用壁厚不小于 10mm 的钢管,应在管壁上每隔 0.5m 清晰设置观测入土深度的标识。沉管初始阶段,宜采用低锤轻击,当桩管沉入深度超过 1m,方向垂直且稳定后再加大落距,直至桩管下沉到设计的深度。

成孔后应检测成孔的直径、深度是否符合设计要求,如发现缩径等问题时,应及时采取措施处理。

若采用预钻孔法成孔施工时,钻孔机械可采用螺旋钻、机动洛阳铲、钻斗等,钻杆上应有明显的深度标识。钻进过程中,当出现钻杆跳动、机架明显晃动或无法进尺等异常情况时,应停机检查是否遇到石块、砖砌体等地下障碍物,在排除障碍物之后再继续施工。

钻进到达设计深度后,应保持在该深度处空转清土,然后停止回转,提升钻杆至孔外卸土。采用钻斗钻机时,钻进到达设计深度后即可停钻,直接提升钻杆至孔外卸土。

桩孔夯填施工时,石灰土挤密桩石灰土掺灰量宜为 10%~12%,石灰应采用消石灰。干拌水泥碎石挤密桩水泥碎石的配合比宜为水泥:石屑:碎石 = 1.0:2.6:3.3。素土挤密桩桩孔内所填土料宜采用塑性指数 7~15 的黏性土。沉管法成孔回填的夯实机具宜采用锤重 0.2t

以上的夯锤,预钻孔法成孔夯扩回填的夯实机应采用锤重 1.0t 以上的夯锤,分层夯填之后的桩体压实度不宜小于 93%。开始填料前,应将孔底夯实。填料应严格按照规定的数量对称均衡地填入桩孔,并按规定的落距进行夯击,待夯击达到规定的次数后,方可进行下一层填料。不得边填料、边夯击施工。孔内填料压实质量检测,抽检频率为总孔数的 2%,且每个台班不应少于 1 孔。质检部门为总孔数的 1%,且总计不应少于 9 孔。计算全桩长的压实度平均值。桩间土挤密效果检测,为总桩孔数的 0.3%,且不应少于 3 孔。计算全处理厚度内桩间土的平均挤密系数。地基承载力检测,对素土桩应在成桩后 7~14d,对石灰土桩、水泥碎石桩应在成桩后 14~28d,进行单桩或多桩复合地基载荷试验。载荷试验检测频率应为总桩数的 0.2%~0.5%,且不应少于 3 处。当桩孔填料压实质量、桩间土挤密效果检验不合格时,应进行单桩或多桩复合地基现场浸水载荷试验,作为判断处理后是否消除地基湿陷性的标准。现场浸水载荷试验不宜少于 3 处。

5. 桩基础法

桩基础法(图3-90)适用于人工构造物基底湿陷性黄土层处理,对地基受水浸湿可能性大的桥头路堤段亦可采用。桩长宜在 15m 以上。

图 3-90 湿陷性黄土地区灌注桩基础

桩基础的单桩竖向承载力特征值应在现场通过单桩竖向承载力静载荷浸水试验测定的结果确定,当试验有困难时,可按下式估算。

$$R_a = q_{pa}A_p + uq_{sa}(l-Z) - u\bar{q}_{sa}Z$$

式中:q_{pa}——桩端土的承载力特征值(kPa),应按饱和状态下的土性指标确定;

A_p——桩端横截面面积(m^2),对扩底桩,取扩底截面面积;

u——桩身周长(m);

q_{sa}——桩周土的平均摩擦力特征值(kPa);

$\bar{q}_{sa}$——桩周土的平均负摩擦力特征值(kPa),可按 5m 桩长范围考虑;

l——桩身总长度(m);

Z——自重湿陷性黄土层中的桩身长度(m)。

单桩竖向承载力静载荷浸水试验在试坑内进行,对非自重湿陷性黄土场地,试坑平面尺寸(边长或直径)一般不小于 3m,深度不小于 0.5m,坑底铺设 0.10~0.15m 的滤水层。对自重湿陷性黄土场地,试坑平面尺寸(边长或直径)一般不小于湿陷性黄土层的厚度,并不小于10m。浸水下沉稳定的标准为每昼夜下沉量不大于1mm。

对自重湿陷量的计算值小于50mm的非自重湿陷性黄土场地,单桩竖向承载力的计算应计入湿陷性黄土层内的桩长按饱和状态下的桩侧正摩擦力;在自重湿陷性黄土场地,除不计自重湿陷性黄土层内的桩长按饱和状态下的桩侧正摩擦力外,尚应考虑桩侧的负摩擦力。桩周土的平均负摩擦力特征值应由现场单桩竖向承载力静载荷浸水试验测定,当试验有困难时,可按表3-18的数值估算。为提高桩基的竖向承载力,可采用下列措施减小负摩擦力:在自重湿陷性黄土层中,宜采用非挤土桩,如钻孔灌注桩、人工挖孔灌注桩。对位于中性点以上的桩侧表面进行处理,如涂沥青。设置灰土垫层置换桩头端0.5~1.0m湿陷性黄土。

桩周土平均负摩擦力特征值(kPa)　　　　　　表3-18

自重湿陷量的计算值(mm)	钻孔灌注桩、挖孔灌注桩	预制桩	自重湿陷量的计算值(mm)	钻孔灌注桩、挖孔灌注桩	预制桩
70~200	10	15	>200	15	20

路堤下的桩基应按复合地基设计,并应符合下列规定:单桩可按正方形或等边三角形布置,桩间距宜为4~5倍的桩径;采用扩底灌注桩时,桩间距宜为1.5~1.8倍的扩大头直径。横向布置宽度应保证路堤坡脚外至少一根桩。桩顶宜设置圆形或正方形桩帽。桩帽直径或边长宜为1.0~1.5m,厚度宜为0.3~0.4m,宜采用C20~C30水泥混凝土现场浇筑而成。桩顶进入桩帽长度不宜小于50mm。桩帽顶应设置一层厚度0.3~0.5m的加筋石灰土垫层,掺灰量宜为6%~8%;加筋体采用上、下两层双向土工格栅,应变5%时土工格栅的双向拉伸强度不宜低于80kN/m。施工质量检验:检验内容应包括检查施工记录、桩体质量、桩数、桩位偏差、桩帽质量、土工格栅铺设质量、垫层厚度以及承载力等。

灌注桩桩体完整性宜采用低应变法检测,抽检频率不应少于总桩数的10%。对端承型大直径灌注桩完整性检测应在10%的范围内采用钻芯法或声波透射法进行。桩帽质量应检验轴线偏位、平面尺寸、厚度、混凝土强度等,抽检频率为总数的2%。桩基土工格栅强度应满足设计要求。土工格栅外观应无破损、无老化、无褶皱,搭接宽度符合设计要求;对搭接宽度按搭接点数的2%抽检。单桩承载力检测对灌注桩应在成桩28d后进行,对预制桩应在成桩15d后进行,抽检频率应为总桩数的0.2%~0.5%,且不应少于3根。对施工前试桩的承载力检测不宜少于3根桩。

6. 黄土陷穴处理

黄土陷穴处理措施如表3-19所示。采用灌砂法处理时,在距离地表0.5m范围应采用6%~8%石灰土回填,以防地表水下渗,回填夯实的压实度应达到95%以上。

黄土陷穴处理方法　　　　　　表3-20

处理方法	回填夯实	明挖回填夯实	开挖导洞或竖井回填夯实	注浆或爆破回填	灌　砂
适用条件	明陷穴	陷穴埋藏深度小于或等于3m	陷穴埋藏深度大于3m、小于或等于6m	陷穴埋藏深度大于6m	陷穴埋藏深度小于或等于3m、直径小于或等于2m,洞身较直

黄土陷穴的处理范围,宜控制在路堤或路堑边坡上侧80m、下侧50m范围内。应对黄土陷穴采取下列预防措施:对流向陷穴的地表水,采取拦截引排措施。对路堑顶的裂缝和积水洼地,填平夯实,防止雨水下渗。对斜坡上的路堤,做好上侧的排水工程,并填平夯实积水洼地。夯实表面土层,或覆盖不透水黏土,或在坡面植树植草。

(四)路基拓宽改建养护施工

1. 既有道路与环境调查

路基拓宽改建的内容包括既有路基自然条件调查、路基状况调查与评价、路基病害处理、路基拼接设计、拓宽改建与路基排水等。

自然条件调查应根据既有公路沿线的地形、地貌、地质构造、水文地质、地基土的性质,不良地质的发育情况,采取措施保证拓宽改建路基的强度和稳定性。路基拓宽改建前,应搜集既有公路路基勘测设计、竣工图和养护方面的资料,调查既有路基的稳定情况,并对既有路基和拓宽场地进行工程地质和水文地质调查、勘探和测试。应查明既有路基的填料性质、含水率、密度、压实度、强度和稠度状态,既有路堑边坡地质情况、现有防护排水措施及边坡稳定状态,拟拓宽场地的水文地质、工程地质条件,拓宽路基与既有路基衔接要求、拓宽路基拼接方式等内容;评价新拼接路基或增建路基对既有路基沉降变形和边坡稳定的影响程度。

为规范和指导高速公路改扩建工程的设计,《高速公路改扩建设计细则》(JTG/T L11—2014)、《公路路基设计规范》(JTG D30—2015)中均有"路基拓宽改建"之规定。由于高速公路拓宽改建工作在我国软土主要分布地区开展得比较早,而且拓宽路基对既有路基的影响在软土地基上更加敏感,所以软土地区路基拓宽改建方面的研究成果和经验较多,上述两个标准尤其适用于软土地区路基的拓宽改建。《黄土地区公路路基设计与施工技术规范》(JTG/T D31-05—2017)体现了黄土地区的特点,主要是根据陕西、河南、内蒙古在黄土地区高速公路拓宽改建的经验总结。路基拓宽时注意以下几个方面:第一,既有路基状况调查与评价。内容包括一般性调查、病害调查、取样试验、技术状评价等方面。鉴于水毁(冲蚀、溶蚀)导致路侧黄土出现陷穴,是黄土地区既有道路普遍存在的病害,所以病害调查时强调目测、探地雷达、瞬态瑞利波、钻探综合调查相结合,以保证不遗漏可能的病害点。第二,既有路基病害处理。包括路基沉陷、内部孔洞、路侧陷穴、翻浆等病害处理等。第三,路基拼接设计。包括对差异沉降控制、既有道路强度要求、拓宽路基地基处理、既有路基开挖台阶形式与尺寸等。第四,路基拼接施工。包括既有设施与构造物拆除、临时排水、削坡、清表、台阶开挖、加筋材料铺设等方面。第五,拓宽改建路基排水。包括拓宽路基排水设施与既有路基排水设施总体布局、既有排水设施处理修缮、整体式拓宽路基路拱设计、既有路基与拓宽路基结合处顶面防渗处理等方面。

拓宽路基的总体要求是采取工程措施,减小拓宽路基与既有路基之间的差异沉降,使得拓宽的路基与既有的路基之间保持良好的衔接。为此,拓宽路基宜选择施工速度快、工期短的拼接方式,采用沉降变形小、收敛快的地基处理方法。还应注意布置有效的排水系统和排水设施,与既有路基排水设施自然合理衔接。

2. 既有路基病害处理

略。

3. 路基拼接施工

(1)拆除既有路基与布置排水设施

对整体式拓宽路基,应拆除既有路缘石、路肩、边坡防护、排水设施及既有构造物的翼墙或护墙等。施工前应截断流向拓宽作业区的水源,做好原地表临时排水设施,并与永久排水设施相结合,保证施工期间排水通畅。为此,拓宽路基排水设施应与既有路基排水设施总体布局,自然合理衔接,形成完整有效的排水系统。特别是既有路基边坡台阶开挖前,应确认既有排水设施是否满足要求,当不能满足要求时,应对其进行疏通、修复和改造,必要时增设排水设施。对严重堵塞无法修复的既有排水设施,应拆除或进行封闭处理,防止渗漏水对路基的破坏。整体式拓宽路基,拓宽部分路基路拱应与既有路基路拱综合设计,保证路面水畅排。此外,还应注意对既有路基与拓宽路基结合处顶面进行防渗处理。

(2)路基拓宽拼接处施工工法

路基开挖前,应进行既有路基边坡削坡及坡脚以外原地面清表,既有路基与新路基之间应采用台阶衔接。削坡与台阶开挖不宜在雨季施工,雨季施工时,应对已经削坡和开挖的台阶采取有效的防水和排水措施。台阶开挖据路基填筑高度确定最下一层的台阶高度,宜采用由下至上,逐级开挖、填筑的方法,开挖一级填筑一级。

铺设的加筋材料宜按设计要求进行,特别是应将其深入台阶内缘采用钢筋钉固定,并及时填土覆盖,防止暴晒。

(五)路堤填筑与路堑开挖

1. 路堤填筑

(1)填料选择

黄土路堤填料可采用新黄土和老黄土,但路床部分不宜采用老黄土,应测试黄土填料的CBR值;当达不到设计要求时,可采取掺石灰等处理措施。老黄土由于其透水性差,干湿难以调节,大块土料不易粉碎,故路床部分不宜采用老黄土。要将掺石灰处理黄土作为首选,以提高路基防水性。

(2)路基碾压

黄土路堤宜采用15t以上的振动羊足碾压实,松铺为0.25~0.30m。高路堤采用冲击压路机补充压实时,宜采用冲击轮势能25kJ的机型,每填高2~2.5m补压一次;采用强夯补充压实时,夯击能宜为800~1000kN·m。每填高3~4m补压一次。

黄土碾压时的含水率宜控制在通过击实试验确定的最佳含水率范围内,误差不超过2%。当含水率过小时,应均匀加水后再进行碾压;当含水率过大时,可采取翻松、晾晒降低含水率,也可掺入适量石灰处理。

(3)加强排水

路堤填筑期间因故较长时间停工时,应将压实面做成横坡2%~4%的路拱,并将路堤边坡整理拍实。恢复施工时,应对压实度进行检测,满足要求时方可继续填筑。

2. 路堑开挖

(1) 开挖方法

路堑开挖应从上而下进行,不得掏底开挖和采用大药量爆破施工。当黄土层含石过多、开挖困难时,可采用雷管破碎施工。

(2) 边坡整修

施工中应保持开挖坡面平整,不可随便刷方。当发现边坡有变形迹象时,宜采取合理的减载措施。

(3) 路床检查

施工开挖接近设计高程时,应通过设计查明路床土料的物理力学性质,视土质和含水率情况,必要时采取挖除换填、掺灰改良、晾晒等处理措施。

(六) 中期防护工程施工

1. 植物防护施工

植物防护应根据设计要求,选择合理的施工季节进行施工。植草、植灌可按穴种、沟种、撒种、铺草皮及植生袋等方式实施,宜首选穴种。植树苗木出圃时,单株植物应带原土栽植,土球用草袋包装牢固。

每个植树坑底应施加 0.5kg 有机肥作为底肥,并填入 50mm 松土,防止接触烂根;然后分次回填,边填边踩,并注意提苗,保持直立稳固。植草、植灌、植树后,应适时洒水、浇水、施肥并防治病虫害,加强前期养护。

2. 液压喷播植草防护

植草前应对坡面进行整理、适当平整、清除杂物。对喷播采用的种子应以批次为单位做发芽率试验,测定千粒重,作为确定各种植物种子用量的依据。对具有蜡质的草种和灌木种子,应进行温水浸泡等催芽处理,以确保出苗率。

喷播施工应设计比例配制水、草种、肥料、木纤维、保水剂、黏合剂等的混合物。

喷播施工草种发芽后,应定期检验植被覆盖率,及时对稀疏无草区进行补播。藤蔓植物防护施工可参照植草、植灌防护施工。

3. 骨架植草防护施工

骨架施工放样应根据设计图纸定出关键的坐标和位置,用钢钎或竹签在坡面上标定,之后挂线开挖骨架沟槽。

砌筑骨架时应自下而上逐条砌筑,并与边坡及开挖沟槽紧贴;先砌筑骨架衔接处,再砌筑其他部分骨架,两骨架衔接处应处于同一高度。骨架砌筑灌浆应饱满,不得出现空洞;勾缝应平整、光滑,灌浆宜采用 1:3.5~1:4.5 的水泥砂浆,勾缝宜采用 1:2~1:3 的水泥砂浆或 1:0.5:3 的水泥石灰砂浆,砂浆配合比应满足强度要求。在骨架底部及顶部和两侧范围内,应采用水泥砂浆砌浆片石灰砂浆,砂浆配合比应满足强度要求。在骨架底部及顶部和两侧范围内,应采用水泥砂浆砌片石镶边加固。

当边坡率缓于 1:1 时,骨架内宜回填客土。回填客土宜使用振动板使之密实,靠近表面时用有潮湿的黏土回填。骨架表面与回填客土表面应平顺且密贴,以防地表水沿缝隙涌入。当边坡坡率陡于1:1时,骨架内不宜回填客土,宜采用穴种植草。

骨架内植草工程应在骨架强度达到设计强度的70%以上时进行,植草施工可参照植草、植灌防护施工。

4. 铺网植草防护施工

植草前应对坡面进行整理,适当平整,清除杂物。对土质条件差、不利于草种生长的坡面应回填客土,回填客土厚度宜为50~75mm,并用水润湿让坡面自然沉降至稳定。

三维网应顺坡铺设,铺设方式宜为平铺式和叠砌式相结合,应重叠搭接,搭接宽度不宜小于100mm。三维网宜根据土体条件采用木桩、锚钉等固定,四周以U形钉固定。

网格内填采用素土、肥料及腐殖质的混合物,填土应充满网包,人工分层充填 拍实,且洒水湿润,至网包层不外露为止。播种可采用人工撒播,也可采用液压喷播。采用人工撒播后,应撒5~10mm细粒土。

5. 厚层基材喷植草防护施工

锚杆施工应根据设计孔位采用风钻成孔,钻孔孔眼方向应与坡面垂直,锚杆孔应冲洗干净(在黄土中,不应用水冲洗,应输送高压风吹孔),然后安装锚杆并用水泥砂浆封填。铺网时应张拉紧,网间搭接宜小于50mm,并每隔0.3m用18号铁丝绑扎,安装锚杆托板固定网。应按设计比例把绿化基材、纤维、种植土及混合植被种子依次倒入混凝土料斗搅拌,搅拌时间不应少于1min,搅拌应均匀。基材混合物的喷射应分两次均匀进行,先喷射不含种子的基材混合物,然后喷射含种子的基材混合物。

6. 挂网喷混施工

防护与支挡工程所用的砂浆、混凝土,应采用机械集中拌和,不得直接在砌体面上或路面上人工拌和,并应随拌和随用。喷浆、喷混、挂网喷浆、挂网喷混防护施工应符合下列规定。首先,试喷作业。喷护作业前应进行试喷,确定合适的水灰比。防护施工用砂浆强度等级不应低于M10;混凝土强度等级不应低于C15。其次,挂网锚杆。挂网锚杆也应采用高压风清孔,注浆固定锚杆。铺设钢筋网前宜在坡面上喷射一层混凝土,钢筋网与坡面的间隙宜为30mm,随后再喷射混凝土至设计厚度。钢筋网和锚杆不得外露。再次,喷射作业。应自下而上进行喷射作业。当喷混厚度超过60mm时,宜分两层喷射,喷层厚度应均匀,养护时间不应少于7d。喷层周边与未防护坡面的衔接应做好封闭处理。施工过程中应及时做好泄水孔和伸缩缝。

7. 护面墙施工

护面墙所用石料应为色泽均匀、结构密实、无裂纹、未风化的硬质岩石,混凝土预制块应满足设计要求。

浆砌砌体应错缝,不得通缝、叠砌、贴砌和浮塞,砂浆应饱满密实,勾缝应牢固、美观。墙体应根据伸缩缝和沉降缝分段砌筑,泄水孔、耳墙、砂砾反滤层应与墙体同步施工。

砌体应自下而上逐层砌筑,直到墙顶。当为多级防护时,宜先砌上墙。

8. 路基沿河冲刷防护

植树防护应选用喜水性树种,林带应由多行树木组成,乔灌木应密植。植树后,应采取有效措施加以保护。砌石或混凝土护坡应在坡面密实、平整、稳定后铺砌。砌块应嵌紧,不得浮塞,砂浆应饱满、密实,不得有悬浆。

抛石防护宜在枯水季节施工。抛石体应选用质地坚硬、耐冻且不易风化崩解的石块,抛石体边坡坡度和石料粒径应根据水深、流速和波浪情况确定。石料粒径应大于 300mm,坡度应不陡于抛石石料浸水后的天然休止角。抛石为粒径的 3~4 倍;用大粒径时,不得小于 2 倍。

导流构造物施工前,应采取相应措施,避免施工过程中的水流冲刷农田、村庄、公路和下游路基,丁坝坝头应按设计进行平面防护,处理好坝根与相连接的地层或其他防护衔接。顺坝应按设计处理好与上下游河岸的衔接,使水流顺畅,坝根附近河岸应按设计防护加固至上游不受水流冲击处。

改移河道工程施工,河道开挖应先挖好中段,然后再开挖两端,河床加固设施及导流构造物的施工应合理安排,及时配套完成。利用开挖新河道的土石填平旧河道时,在新河道未通流前,旧河道应保持适当的流水断面。

(七)路基挡土墙施工

承托路基挡土墙下部的地基承载力应达到设计要求,挡土墙基础开挖后,应进行检验,当基底承载力不满足设计要求时,应提请变更设计。

挡土墙应随开挖、随下基、随砌筑,并做好墙背反滤、防渗水设施。挡土墙应根据设计图的分段长度,结合墙趾实际地形、水文、地质变化情况设置伸缩缝。缝宽宜为 20~30mm,应整齐一致、上下贯通并应填缝处理,沉降缝和伸缩缝可合并设置。

墙背应及时回填,墙后填料应满足设计要求。采用石灰填料时,石灰剂量可采用 5%~6%,石灰中 CaO + MgO 含量不应低于 55%,宜采用Ⅲ级钙质消Ⅱ级镁质消石灰。墙背回填碾压时,在距墙背 0.5~1.0m 范围内,不得用重型振动压路机碾压,应使用小型机具夯实或人工夯实。

1. 重力式挡土墙施工

重力式挡土墙施工时,砌筑墙体所用石料应采用结构密实、硬质均匀、不易风化、无裂缝的硬质石料,符合设计规定。砌筑墙体所用砂浆的类别和强度等级应符合设计规定,配料应准确。宜采用机械搅拌,要求搅拌得均匀、充分。砂浆经运输后,应检查其稠度和分层度,稠度不足或分层的砂浆应重新拌和至符合要求。砂浆应具有良好的和易性。砌体缝隙应填满压实,胶结牢固。墙体采用浆砌片石,片石应分层错缝砌筑。采用块石砌筑时,块石应平砌,石块应大小搭配,相互错叠,咬接紧密。现浇混凝土重力式挡土墙应分层浇筑,插捣密实,不应出现蜂窝、麻面、露筋、空洞。

采用台阶式基础时,台阶与墙体应连在一起同时砌筑,基底及墙趾台阶转折处,不应砌成垂直通缝,砌体与台阶壁间的缝隙应饱满。

当采用重力式挡土墙作为抗滑挡土墙时,不得全断面开挖,应开挖一段砌筑一段,并做好边坡的临时防护措施。

2. 石笼式挡土墙施工

石笼基底应大致整平,必要时用碎石或砾石垫层找平。石笼应做到安设位置正确,搭叠衔接稳固、紧密,确保整体性。填充石料应自身稳定,大面朝下,适当摇动或敲击,使其平稳。石料间应相互搭接。网箱封盖应在顶部砌垒平整的基础上进行,先使用封盖夹固定每端相邻结点后,再加以绑扎,封盖与网箱边框相交线,应每隔25mm绑扎一道。

3. 悬臂式与扶壁式挡土墙施工

悬臂式挡土墙和扶壁式挡土墙宜就地整体浇筑,也可采用装配式施工。当采用现场整体浇筑时,应根据设计图纸制作模板。模板宜采用钢模;当采用木模时,应在模板内侧加钉镀锌铁皮,以保证混凝土表面光滑平整,安装的模板不得与脚手架相连。模板与钢筋安装工作应配合进行,模板结构与所采用的钢筋安装结扎方法及混凝土的浇筑方法相适配。

现场整体浇筑时,每段墙体的底板、面板和肋的钢筋应一次绑扎,一次完成混凝土灌注。当采用现场分段浇筑时,应按设计要求进行施工,并预埋好连接钢筋。连接处混凝土面应严格凿毛,并清洗干净。凸榫应按照设计尺寸开挖,并与墙底板一同灌注混凝土。混凝土浇筑应均质密实、平整,无蜂窝麻面,不露钢骨,强度符合设计规定,做到搅拌均匀,振捣密实,养护及时。灌注混凝土后,应按有关规定进行养护。

装配式施工时,应在基础混凝土强度达到设计强度75%后开始安装,预制墙板与基础应按设计要求连接牢固。

4. 加筋土挡土墙施工

当加筋土挡土墙采用黄土填料时,应选择粗的黄土或掺碎石、砂砾等,并采用重型击实标准,严格按照要求压实。填料每层摊铺后,应及时碾压,防止填料摊铺后由于不及时碾压而改变填料的含水率。拉筋底面的填料应平整密实,压实时不应使用羊足碾碾压。拉筋应平顺铺设在已压实的填料上,不应有弯曲或扭曲,然后将其连接在面板拉环处,敷设时拉筋应与面板背面垂直。

填料摊铺、碾压应从拉筋中部开始,平行于墙面碾压,先向拉筋尾部逐步进行,然后再向墙面方向进行,不得平行于拉筋方向碾压。填土分层厚度及碾压遍数,应根据拉筋间距、碾压机具和密实度要求,通过试验确定。

安装立式墙面板应按不同填料和拉筋预设仰斜坡,仰斜坡宜为1:0.02~1:0.05,墙面不应外倾。施工过程中应按规范要求对加筋挡土墙进行监测。

5. 抗滑桩施工

抗滑桩施工前,应严格按给定坐标,准确放线定位,并对桩位附近边坡或表层易滑部分采取措施,做好锁口盘及桩位附近地表水的拦截工作。抗滑桩施工时,应做好井下排水、通风、照明设施。抗滑桩宜在旱季施工;雨季施工时,应在孔口搭设雨棚。抗滑桩可采用人工开挖或机械成孔。采用人工开挖时,应做好保证人员安全的措施和应急预案,采用机械成孔时,黄土层中应采用旋挖成孔,不宜采用泥浆护壁钻孔灌注桩。桩井开挖应根据坡体变形情况隔桩或隔两桩开挖。桩井开挖过程中应随时校准其垂直度和净空尺寸。

抗滑桩应整节开挖,每节开挖深度宜为0.5~2.0m。开挖一节,应及时做好该节护壁,当护壁混凝土具有一定强度后,方可开挖下一节。不得在土石变化处和滑动面处分节。护壁各节纵向钢筋应焊接,不得简单绑扎。在围岩松软、破碎和有滑动面的节段,护壁应增加钢筋,并应在护壁内顺滑动方向用临时横撑加强支护,并观察其受力及变形情况,及时进行加固,当发现横撑受力变形、破损而失效时,施工人员应立即撤离。

浇筑护壁混凝土时,应紧贴围岩灌注,灌注前应清除孔壁上的松动石块和浮土。围岩较松软、破碎、有水时,护壁宜设泄水孔,护壁混凝土不侵入桩截面净空以内。

桩井采用浅眼爆破法施工时,应严格控制用药量,桩井较深时,严禁用导火索和导爆索起爆。孔深超过10m时,应经常检查井内有毒气体的含量,当二氧化碳浓度超过0.3%或发现有害气体时,应增加通风设备。

在桩孔开挖过程中,地质人员应下坑进行地质编录,核对地层岩性及滑面位置;当发现与设计不符时,应及时提请设计变更。

桩坑挖到设计高程后应进行验槽,保证封底厚度,桩身混凝土浇筑时应边灌注边振捣,全桩混凝土施工不间断,一气呵成。当滑坡有滑动面需加快施工进度时,宜添加速凝剂、焊强剂等。桩身主筋的接着不应设在土石分界和滑动面处。

6. 桩板式挡土墙施工

桩板式挡土墙施工工序为先施工桩,后施工挡土板。桩身施工参照抗滑桩,挡土板可预制或现浇。挡土板应在桩身混凝土达到设计强度后进行。挡土板安装时,应边安装边回填,并做好板后排水设施。挡土墙板应按设计要求与桩体正确连接,配套完成。

7. 锚固工程施工

锚固工程通常用于岩石边坡,采用的锚索材料应采用高强度、低松弛预应力钢绞线,应顺直、无操作、无死弯。锚固段应除锈、除油渍,不得使用有机械操作、电弧烧伤和严重锈蚀的钢绞线。不得将钢绞线及锚索直接堆放在地面或露天储存,应避免受潮、受腐蚀。考虑到锚索张拉工艺要求,实际下料长度应比设计长度多留1.5m。

锚索孔位应按设计图标示测放,钻孔俯角与锚索倾角一致,共倾角允许误差为±1°;考虑沉渣的影响,为确保锚索深度,实际钻孔深度应大于设计深度1.0。

锚索成孔不得加水钻进;成孔困难时,可采用跟管钻进。钻进过程中应对每孔地层变化、钻进速度、漏风、反渣、地下水情况以及其他特殊情况做现场记录。应根据岩性及完整性确认通过滑动面破碎带至稳定地层中,有足够锚固长度后终孔。成孔后,应采用强风清孔,清徐孔中碎屑或地下水。

锚索孔内灌注水泥砂浆,水灰比宜为0.4~0.45,灰砂比宜为1:1,砂浆体强度不低于30MPa。采用从孔底到孔口返浆式注浆,注浆压力不宜低于0.3MPa。注浆应饱满、密实,必要时宜采取二次注浆。

张拉应在砂浆体强度达到设计强度的80%后进行。正式张拉前先对锚索进行1~2次试张拉,荷载等级为0.1倍的设计拉力。锚索张拉分级进行,除最后一级应稳定10~20min外,其余每组应稳定5min,并分别记录每一级钢绞线的伸长量。在每一级稳定时间时应测读锚头位移3次,当张拉到最后一级荷载且变形稳定后,卸荷至锁定荷载锁定锚索。锚索锁固定后,在48h内发现在明显的预应力松弛时,应进行补偿张拉。锚索锁最终定后,切除多余钢绞线,用C30混凝土及时封闭锚头。

8. 锚杆挡土墙施工

锚杆施工前应做锚杆抗拔力试验,以验证锚杆的承载能力能否达到设计要求。锚杆应按设计尺寸下料,并应做好储存、调直、除污、防锈等加工处理,锚杆钢筋接头应焊接,沿杆体轴线方向每隔 1.5~2.0m 应设置 1 个对中支架以便锚杆在孔内正确就位。

钻孔准确,倾角应符合设计要求,钻孔时,不得加水钻进、钻孔后应将孔内粉尘、石渣清理干净。安装普通砂浆锚杆时,锚杆应安装在孔位中心,灌浆应采用孔底注浆法。砂浆锚杆安装后不得敲击,摇动。普通砂浆锚杆在 3d 内,早强砂浆锚杆在 12h 内,不应在杆体上悬挂重物,应待砂浆强度达到设计强度的 75% 后安装肋柱、墙板。锚杆挡土墙宜采用一次注浆法,当需要显著提高锚杆的抗拔力时,可采用二次注浆。安装墙板时,应边安装墙板边进行墙背回填及墙背排水系统施工。

9. 锚定板挡土墙施工

锚定板挡土墙的施工工序应按照逐层拼装挡土墙、拉杆、锚定板,逐层填土的顺序循环进行。墙后填土应按规定的顺序进行,锚定板在填土过程中的抗拔能力,保证锚定板挡土墙的整体稳定性。

拉杆应采用延伸性较好的钢材,安装应确保拉杆顺直,拉杆与肋柱、锚定板的连接紧密牢固。拉杆埋于土中部分,助柱、锚定板上螺丝杆均应做防锈处理和防水封闭。

锚定板施工时,应现场进行原型锚定板的拉拔试验。吊装锚定板时,应保证肋柱不前倾。应视基础设计情况,确定助柱是否需要支撑。

拉杆及锚定板埋设,应先填土后挖槽就位。挖槽时,锚定板宜比设计位置高 30~50mm。锚定板前方超挖部分宜用 C10 水泥混凝土或石灰土回填夯实。不得直接碾压拉杆和锚定板。

第七节 季节性冻土地区公路养护技术

季节性冻土(seasonal frozen soil)指的是冬季冻结、春季融化的土层,其所在地区称为季节性冻土地区。该地区的气候特点是温差大,冻融循环频繁。季节性冻土属于冻土系列,冻土是指零摄氏度以下并含有冰的各种岩石和土壤。一般可分为短时冻土(数小时或数日以至半月)、季节冻土(半月至数月)以及多年冻土(数年至数万年以上)。冻土还可以依据不同分类方法进行分类,根据土颗粒组成分为不冻胀土、稍冻胀土、中等冻胀土和极冻胀土;根据含水率的多少分为不冻胀土、弱冻胀土、冻胀土和强冻胀土。

冻土是一种对温度极为敏感的土体介质,含有丰富的地下冰。因此,冻土具有流变性,具有长期强度远低于瞬时强度的特征。有鉴于此,在冻土区修筑工程构筑物面临冻胀和融沉两大危险。冻胀是由于气温降低土颗粒之间的空隙水和土颗粒表面包裹的弱结合水冻结不断胀大,直到路基土颗粒间的空隙容纳不下冻结形成的冰夹层时,就会发生土基冻胀;融沉是由于冻土层冬天冻结硬化现象明显,冻土层所含水分较多,随着气候变暖或地热影响开始融化,有些冻土夏天甚至演变为沼泽,导致地面陷沉。

应当指出,无论是在季节性冻土地区进行路基研究、设计和施工,还是道路养护,都离不开基础资料的调查和收集,这是公路抗冻设计和施工及养护的基础,只不过是在不同的阶段需要收集和调查的着重点不同而已,即路基路面养护过程中基础资料的调查与设计中也有所不同,养护中的调查与施工中大同小异。季节性冻土路基设计中的基础资料调查分为可行性研究、初步勘察和详细勘察三个阶段进行。可行性研究阶段的调查为了工程方案论证,应调查工程所在区域的气象、水文地质资料,重点调查冻土深度、土的冻胀特性、雪害分布等。初步勘察阶段的调查应查明公路沿线水文条件、地质条件、冻结指数、标准冻深,以及涎流冰等特殊冻害,提出抗冻设计方案。详细勘察阶段的调查目的是勘察和试验确定沿线地基及路基填料的冻胀特性,并确定路基、路面、桥梁、涵洞及隧道等设施抗冻设计所需的设计参数。施工阶段应核查施工图抗冻设计中相关的基础资料,不符合实际情况时应及时调整设计。养护阶段是对潜在的和已经暴露出来的不符合实际情况的情形进行补充调查,应针对性地补充或调整设计和施工中的某些缺陷。

一、季节性冻土地区公路常见病害与发生机理

季节性冻土地区公路常见病害有路基冻胀与翻浆、边坡浅层融滑、路面开裂松散以及桥隧混凝土冻融损伤四大病害。这些病害不但会影响设施寿命和增加养护费用,而且会威胁运营安全并降低通行效率。

(一)路基冻胀与翻浆(图3-91)

季节性冻土地区最大的路基路面病害就是路基冻胀与翻浆。路基冻胀多发生在冬季气温较低的季节,冬季气温骤降,在路基工作区土层冻结过程中,在基质吸力作用下产生水分迁移形成聚冰带而产生冻胀。历史上解释路基冻胀的机理基于结合水迁移学说理论,该理论认为土壤中的水分有自由水和结合水两种,自由水是指存在于土颗粒空隙当中的水,自由水在0℃以下结冰;结合水是指包裹于土颗粒表面的一层薄膜水,又分为受分子引力与土颗粒表面紧密贴合的强结合水以及外围的弱结合水。前者的冰点约在-78℃;后者的冰点约在-5℃。因此,冻胀主要是自由水和弱结合水的冻结所致,在人类生存的自然环境下,强结合水无论如何是不会冻胀的。路基冻胀过程是由于温度和水分及土质三者共同作用的结果。当气温降低时,首先是自由水冻结,然后是弱结合水冻结,当弱结合水冻结后,就减薄了包裹于土颗粒表面的结合水膜的厚度,就产生剩余分子引力和渗负压力,打破了原来平衡状态,于是土颗粒表面再次企图吸附水形成新的结合水膜,当土壤空隙有源源不断的毛细通道供水(图3-92)时,这种现象会不断重复,直至路基土颗粒间的空隙容纳不下冻结形成的冰夹层时,会发生土基冻胀,进而带动路面损坏。由此可见,有些粉性土有着通毛细通道就容易发生冻胀。因此,冻胀与土的名称和性质有关。翻浆经常是在进入春天后出现,当气温升高使得冰夹层融化,道路水分不能及时逸出,土基湿度增加使路基软化导致翻浆。

图3-91 路基冻胀与翻浆

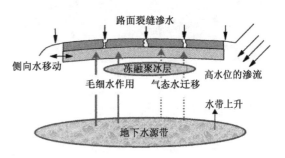

图3-92 路基冻胀过程中的水分迁移集聚示意图

近年来通过研究翻浆路基温度分布特征、冻胀变形及水分迁移规律,通过数值模拟和分析,揭示了路基冻胀机理,进一步证实了上述理论。冬季路基单向冻结,春融期路基双向融化。

(二)边坡浅层融滑

边坡浅层融滑,如图 3-93 所示,多发生在春融季节。季冻区土质边坡春融期时,边坡冻结层由表层向内部融化,融化层湿度大,路基边坡土体内部积水来不及排除或因故无法排除时,融化层底部处于冻结状态,水分蓄积在融化层内,土体因饱和极易发生融化层滑移破坏。对于无法支撑土压力的坡面防护工程,因边坡融化层的滑移会引发护坡融滑破坏。

(三)路面开裂松散

路面开裂多为路基冻害将路面连带开裂,引起的反射性裂缝。这种裂缝进而发展成为网裂乃至路面松散,如图 3-94 和图 3-95 所示。

(四)混凝土冻融损伤

混凝土冻融损伤是由于暴露在季节性冰冻地区的混凝土及其结构物因温度交替变化冰冻引起的热胀冷缩,导致混凝土发生冻融损伤,如图 3-96 所示。

图 3-93 边坡浅层融滑图

图 3-94 路面开裂

图 3-95 路面松散

图 3-96 混凝土冻融损伤

二、季节性冻土技术指标

季节性冻土地区的反复冻融作用对路基的强度和变形影响明显,因此路基设计一般采用路基路面一体化综合设计思想进行设计(图 3-97)。即路基设计应满足强度和稳定性要求,也应满足抗冻性能要求。首先,路基设计应依据沿线的气象、水文、地质及路基土质试验等资料,结合当地路基冻害防治的经验进行抗冻设计。其次,路基设计应满足路面的容许冻胀变形要求和冻融衰减后强度要求,进行路基路面综合抗冻设计。再次,路基抗冻应从基底处理、填料选择、路基防护、路基排水等方面进行综合设计。对水文地质不良路段的路基应进行动态设计。

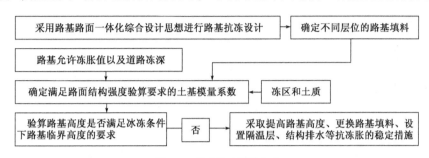

图 3-97 路基抗冻设计方法

一般而言,抗冻路基设计内容包括冰冻条件下路基临界高度、路基填料选择、路基压实要求、路基排水设计、涎流冰路段路基设计、路基防护与支挡、改建和扩建路基设计等。

1. 冻结指数

设计前应收集冻结指数。所谓冻结指数是指该年内日平均温度的负温度累计值。日平均温度为每日的2时、8时、14时和20时4个时刻的气温平均值。由于冻结指数各年不同,实际工作中,一般采用工程所在地不少于10年的冻结指数最大值。当有冻结指数资料时,可根据调查的气温资料按下式计算确定。无气温资料时,可参考《季节性冻土地区公路设计与施工技术规范》(JTG/T D31-06—2017)中的推荐值确定。

$$F = \sum_{i=1}^{n} |t_i|$$

式中:F——冻结指数(℃·d);
t_i——日平均负温度值(℃·d);
n——计算年日平均温度为负温度值出现的天数。

2. 冻结分区

由于季节性冻土分布广泛,不同冻区的冰冻程度和病害型式不同,为提高公路抗冻设计和施工以及养护的有效性,需进行冻土分区。在施工和养护工作中,应根据冻结指数按表3-20确定工程所在地冻土分区。

工程所在地冻土分区   表3-20

冻区划分	重冻区	中冻区	轻冻区
各分区冻结指数 F(℃·d)及其描述	$F \geq 2000$	$2000 > F \geq 800$	$800 > F > 50$
	冻结指数为2000℃时,路基冻深范围大在1.3~1.5m,选用冻胀率较小(为2%~3%)的填料	当冻结指数为800℃时,路基冻深范围在0.5~0.7m,路基填料选择冻胀率较大(为5%)的填料,路基产生的冻胀值为25~38mm,在容许的范围内	冻结指数小于800℃的地区,路基冻深小于0.7m,路基填料即使选择冻胀率稍大(为5%~6%)的材料,冻胀值也很小,路面及公路构造物在冬季产生的冻害也较轻

根据试验,冻结指数和大地冻深有一定的相关性,其相关性见图3-98。其中,标准冻深由下式计算。

$$Z_d = \frac{D}{\sqrt{K \cdot F}}$$

式中:Z_d——大地标准冻深(m);

D——大地冻深地区系数,参考表3-21;

F——冻结指数;

D——大地冻深,自地表面至冻结层底面的厚度称冻结深度。

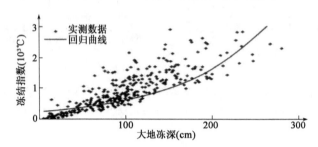

图3-98 冻结指数和大地冻深相关性图示

大地冻深地区系数 D　　　　　　　　　　　　　表3-21

不同地区	D_I	D_{II}	D_{III}	D_{IV}	D_V	D_{VI}	D_{VII}	D_{VIII}
系数	0.053	0.073	0.105	0.034	0.082	0.020	0.050	0.069

将一年内当日最低地表温度≤ -6℃且最高地表温度 >0℃的天数作为有害冻融天数。水泥混凝土年有害冻融循环次数的平均值应按下式计算。当缺乏气象资料时,可参考《季节性冻土地区公路设计和施工技术规范》(JTG/T D31-06—2017)中的推荐值的相近站点资料确定。

$$n_m = \frac{1}{n}\sum_{i=1}^{n} n_i$$

式中:n_m——年有害冻融循环次数的多年平均值(次/年),当最冷月平均气温小于 -10℃时,如计算得到的年有害冻融循环次数不足60,按60次计;

n——年有害冻融循环次数(次/年,$i = 1 \sim n$)。

3. 土的冻胀率

试验确定土的冻胀特性,对粒径小于0.075mm的颗粒含量超过15%的路基土应测定其冻胀率,试验方法应符合现行《公路土工试验规程》(JTG E40) T 0187的规定。对于土的冻胀率,在无实测条件时,宜可按下式计算。

$$\eta = (w - w_0) \times \lambda + 1$$

式中:η——土的冻胀率(%);

w——路基土冻前含水率(%);

w_0——起冻胀含水率(%),可取$(0.80 \sim 0.84) \times w_p$($w_p$为塑限),或参考表3-22选用;

λ——系数,黏质土、粉质土及土质砂取0.25,细粒土质砾、粉土质砂取0.28。

不同土质的起始冻胀含水率 表 3-22

土名	黏质土	粉质土	黏土质砂	细粒土质砾、粉土质砂	含细粒土砾
起始冻胀含水率 w_0(%)	12~17	10~14	9~11	8~10	6~8

4.路基容许冻胀量

路基容许冻胀量属于路基抗冻指标,这些指标包括冻胀变形要求、路基强度要求以及边坡稳定要求三项指标。其中,冻胀变形要求是路基容许冻胀量,所谓路基冻胀量是指路面横断面宽度内各个测点的冻胀量平均值。路基强度要求是路基土模量冻融折减系数;边坡稳定要求是抗融滑稳定系数。

路基容许冻胀值是以半刚性基层材料允许弯曲变形作为沥青路面冻胀变形控制标准提出的。季节性冻土地区路基冻胀量与全冻路基总冻胀量有所不同,全冻路基总冻胀量可按照下式计算。

$$Z_j = \sum_{i=1}^{n} h_i \eta_i = h_1\eta_1 + h_2\eta_2 + h_3\eta_3 + h_4\eta_4$$

式中:Z_j——路基冻胀量(mm);

h_i——第 i 层路基土的厚度(mm);

η_i——第 i 层路基土的平均冻胀量(mm)。

季节性冻土地区路基冻胀量应满足表 3-23 规定的路基容许冻胀量要求。路基冻胀量根据冻深范围内土层的厚度与土的冻胀率按下式计算。

$$Z_j = \sum_{i=1}^{n} h_i \eta_i \leq z_y$$

式中:Z_j——路基冻胀量(mm);

h_i——第 i 层路基土的厚度(mm);

η_i——第 i 层路基土的平均冻胀率;

z_y——路基容许冻胀量(见表 3-23)(mm)。

路基容许冻胀值 z_y(mm) 表 3-23

公路等级	高速、一级公路	二级公路	公路等级	高速、一级公路	二级公路
水泥混凝土路面	20	30	沥青混凝土路面	40	50

通过对季节性冻土地区已建、在建高速公路和干线公路冻害调查发现,部分路面出现的纵裂、隆起与路基冻胀有关。路基冻胀危害的本质是由于路基土体的冻胀变形造成路面平整度降低甚至路面开裂,使得路况及路面使用性能降低,使用寿命缩短。通过对辽宁、吉林、黑龙江以及内蒙古、新疆、甘肃、青海等省、自治区路面冻胀的调查,发现都存在不同程度的冻胀变形,路面冻胀变形范围分别为 2~4cm、6~7cm。对吉林省长余高速、松肇一级路冻胀量(断面埋设单点位移计)进行野外观测,路基冻胀融沉变形观测结果如图 3-99 所示。

通过计算机模拟挠曲类型(图 3-100)基本上均是外大内小,正向挠曲的特征。

将以上观测数据,整理成如表 3-24,可以看出,各观测点路基总冻胀量平均值在 17~45mm 之间,Ⅱ号点和Ⅲ号位于挖方地段,因此冻胀量比较大,路表面存在不均匀冻胀。

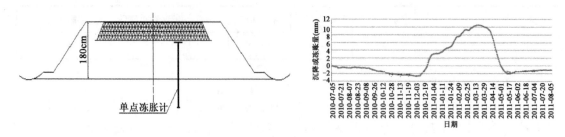

图 3-99　某路基断面路基冻胀融沉变形观测结果示意图

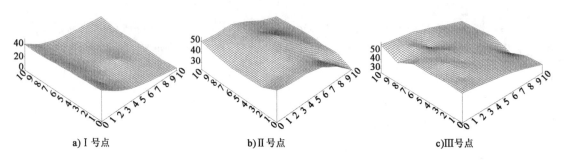

a) Ⅰ号点　　　　　　　b) Ⅱ号点　　　　　　　c) Ⅲ号点

图 3-100　某高速公路冻胀特征值挠曲类型

高速公路冻胀特征值　　　　　　　　　　　　　　　　表 3-24

编号	总冻胀量平均值（mm）	编号	总冻胀量平均值（mm）	编号	总冻胀量平均值（mm）
Ⅰ	17.58	Ⅱ	41.22	Ⅲ	45.76

图 3-101 为另一条某高速公路总冻胀图，该图表明，路基监测断面的冻胀值集中在 30～35mm 之间。

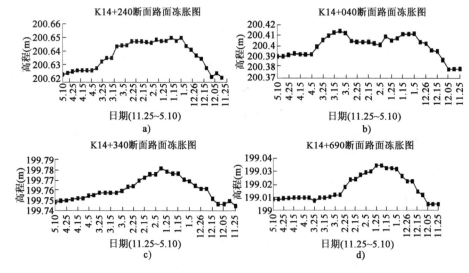

图 3-101　某高速公路总冻胀图

全冻结路基冻胀量计算示意图如图 3-102 所示。汇总路基冻胀变形和路面平整度的关系（表 3-25），进而提出路基冻胀量的指标要求。

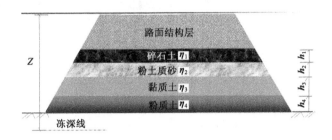

图 3-102　全冻结路基冻胀量计算示意图

不同研究成果对路基冻胀量规定　　　　表 3-25

		路面类型	二级公路沥青路面			
路面冻胀观测值	吉林	路基总冻胀量(mm)	20	40	50	60
		路面平整度(最大间隙)(mm)	3.0	6.0	8.0	10.0
	黑龙江	路面类型	水泥混凝土路面			
		路基总冻胀量(mm)	20	40	50	60
		路面平整度(最大间隙)(mm)	1.0	3.2	4.0	5.3
《季节性冻土地区公路设计与施工技术规范》(JTG/T D31-06—2017)专题研究冻胀观测值		路面类型	高速公路、一级公路无机结合料稳定类基层沥青路面			
		路基总冻胀量(mm)	20	40	50	60
		路面平整度(最大间隙)(mm)	3.0~5.0	5.0~7.0	5.0~9.0	10.0~12.0
《公路路基设计手册》观测值		路面类型	水泥混凝土	沥青混凝土		次高级路面
		容许冻胀量(mm)	20	40		60

根据国内外经验，当不均匀冻胀引起路面不平整度（最大间隙）超过 3mm 时，水泥混凝土路面的开裂及断板率明显提升。从调查表 3-25 中的调查结果可以看出，二级公路水泥混凝土路面总冻胀值多在 30mm 以下，根据调查统计并参照国外的经验，规范规定二级公路水泥混凝土路面路基容许冻胀量为 30mm；高速公路、一级公路为 20mm；通过观测二级及以下公路沥青路面的总冻胀值多在 50mm 以下，高速、一级基层沥青路面的总冻胀值多在 40mm 以下，当超过以上数值时，路面冻胀裂缝增多。因此，规范规定高速公路、一级公路路基容许冻胀量为 40mm，二级公路路基容许冻胀量为 50mm。

季节性冻土与季节性融化层土的冻胀性分级见表 3-26。在实际工作中，应先根据路基填土的不同土质类型、冻前天然含水率、地下水位深度等确定路基冻深范围内不同层位的土的冻胀性。

特别指出，季节性冻土的冻胀性分级建立在一定的工程经验基础上，需要进一步开展长期调查，积累各地区土质特性、冻前天然含水率情况、冻胀特性等，进一步修正冻胀特性分级。

季节性冻土与季节性融化层土的冻胀性分级 表3-26

土组	土的名称	冻前天然含水率 w（%）	冻前地下水位距设计冻深的最小距离 h_w(m)	平均冻胀率 η（%）	冻胀等级	冻胀类别
C_1	碎（卵）石，砾、粗、中砂（粒径小于0.075mm的颗粒含量不大于15%），细砂（粒径小于0.075mm的颗粒含量不大于10%）	不饱和	不考虑	$\eta \leq 1$	I	不冻胀
		饱和含水	无隔水层	$1 < \eta \leq 3.5$	II	弱冻胀
		饱和含水	有隔水层	$3.5 < \eta$	III	冻胀
		$W \leq 12$	>1.0	$\eta \leq 1$	I	不冻胀
			≤1.0	$1 < \eta \leq 3.5$	II	弱冻胀
		$12 < W \leq 18$	>1.0	$1 < \eta \leq 3.5$		
			≤1.0	$3.5 < \eta \leq 6$	III	冻胀
		$W > 18$	>0.5	$3.5 < \eta \leq 6$		
			≤0.5	$6 < \eta \leq 12$	IV	强冻胀
C_2	粉土质砂	$w \leq 14$	>1.0	$\eta \leq 1$	I	不冻胀
			≤1.0	$1 < \eta \leq 3.5$	II	弱冻胀
		$14 < w \leq 19$	>1.0	$1 < \eta \leq 3.5$		
			≤1.0	$3.5 < \eta \leq 6$	III	冻胀
		$19 < w \leq 23$	>1.0	$3.5 < \eta \leq 6$		
			≤1.0	$6 < \eta \leq 12$	IV	强冻胀
		$w > 23$	不考虑	$\eta > 12$	V	特强冻胀
C_3	粉质土	$w \leq 19$	>1.5	$\eta \leq 1$	II	不冻胀
			≤1.5	$1 < \eta \leq 3.5$	II	弱冻胀
		$19 < w \leq 22$	>1.5	$1 < \eta \leq 3.5$		
			≤1.5	$3.5 < \eta \leq 6$	III	冻胀
		$22 < w \leq 26$	>1.5	$3.5 < \eta \leq 6$		
			≤1.5	$6 < \eta \leq 12$	IV	强冻胀
		$26 < w \leq 30$	>1.5	$6 < \eta \leq 12$		
			≤1.5	$\eta > 12$	V	特强冻胀
		$w > 30$	不考虑	$\eta > 12$		
C_4	黏质土	$w \leq w_p + 2$	>2.0	$\eta \leq 1$	I	不冻胀
			≤2.0	$1 < \eta \leq 3.5$	II	弱冻胀
		$w_p + 2 < w \leq w_p + 5$	>2.0	$1 < \eta \leq 3.5$		
			≤2.0	$3.5 < \eta \leq 6$	III	冻胀
		$w_p + 5 < w \leq w_p + 9$	>2.0	$3.5 < \eta \leq 6$		
			≤2.0	$6 < \eta \leq 12$	IV	强冻胀
		$w_p + 9 < w \leq w_p + 15$	>2.0	$6 < \eta \leq 12$		
			≤2.0	$\eta > 12$	V	特强冻胀

5. 路基土模量冻融折减系数

通过路基冻深范围内各层路基填料冻胀变形之和与路基容许冻胀量相比,判定路基抗冻冻胀变形指标是否满足要求,当路基冻胀值不满足要求时,采取提高路基设计高程的措施,使之满足路基冰冻临界高度的要求。

设置防冻垫层、隔离层,同时加强排水边沟、盲沟的设计。冻深范围内换填不冻胀或弱冻胀性材料。

季节性冻土地区路基回弹模量设计值应考虑平衡湿度和冻融循环的影响,可按下式计算。

$$E_0 = K_s \cdot K_n \cdot M_R$$

式中:E_0——平衡湿度状态下路基回弹模量设计值(MPa);
K_s——路基回弹模量湿度调整系数,按现行《公路路基设计规范》(JTG D30)确定;
K_n——季节性冻土地区路基土回弹模量冻融循环折减系数;
M_R——标准状态下路基动态回弹模量值(MPa)。

$$E_0 \geq [E_R]$$

式中:E_R——路面结构设计的路基回弹模量要求值(MPa)。

美国对路基土在冻融循环条件下回弹模量变化规律研究结果得出冻融条件下路基强度衰减,融解土回弹模量最低值与未冻结土回弹模量值之比,其比值依材料不同依次为:砾石为0.35~1.00,平均值为0.75;砂为0.49~0.79,平均值为0.63;粉土为0.30~0.46,平均值为0.40;黏土为0.46~0.7,0.52。全冻结路基冻胀量计算示意如图3-102所示。

挪威考虑了不同土质的冻融衰减程度,并以临界承载力的概念进行考虑,指出了不同土质的衰减程度。挪威路基强度衰减情况如图3-103所示。

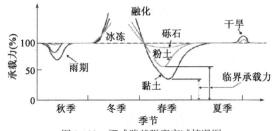

图3-103 挪威路基强度衰减情况图

国内研究主要是东北地区部分高速公路弯沉调查统计结果,如表3-27所示。研究认为,季冻区公路在冻融循环的反复作用下,公路路基强度较竣工初期有明显衰减,从而影响公路耐久性和使用性能。

挪威路基强度衰减情况图　　　　　表3-27

技术指标	高速公路名称				
	沈山	长平	长吉	长余	哈同
设计弯沉值 l_d(0.01mm)	22.0	27.0	27.0	25.5	35.9
代表弯沉值均值(0.01mm)	65.3	49.2	54.0	37.1	94.5
>10% l_d 比例	100%	88%	94.4%	75.8%	100%

通过考虑冻区、公路自然区划、大地标准冻深、土质的影响,对季冻区运营期路基土模量衰减规律调查研究。对冰冻气候典型的吉林省及黑龙江省代表性公路路基进行了调研,通过对野外钻探调查、原位测试、承载板测试、FWD 测试以及瑞雷波无损测试等,结合室内重塑土的冻融循环试验,开展季冻区路基强度衰变规律(图 3-104)调查研究,从而提出考虑冻融循环时土基模量的折减系数。

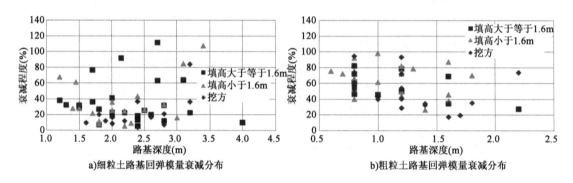

图 3-104　土模量衰减规律分析结果

研究表明,运营多年达到平衡湿度状态下的路基含水率较竣工时会发生变化,细粒土路床范围内含水率与塑限含水率比较接近,有半数以上高于塑限含水率,绝大部分含水率已经超过了起始冻胀含水率。对运营期路床内细粒土取芯件测其回弹模量并换算为标准试件的回弹模量与路基设计回弹模量对比,细粒土衰减到 0.40~0.70。粗粒土原位测试模量较设计模量也有所下降,衰减到 0.50~0.80。长平高速路基经过近 20 年的运营,路基强度出现了衰减,且路床底面模量的衰减程度要明显大于路基顶面模量的衰减程度。路基模量衰减主要考虑的是路基顶面,考虑钻探取芯调查结果,得出路床顶面砂性土回弹模量衰减到 0.6~0.8。长平高速公路 FWD 测试结果表明路基回弹模量衰减范围 0.29~0.73;黑龙江土模量衰减规律分析采用承载板法测得的土基回弹模量仅为 12.7MPa,仅为设计模量 35MPa 的 0.36。

通过对土模量室内试验分析,室内试验模拟路基实际工作状态,分析路基冻融循环的强度衰减规律。封闭系统条件下,以东北地区粉质粘土为例,冻融循环强度衰减 0.47~0.77。

研究的土基模量衰减情况见表 3-28。

土基模量衰减情况汇总　　　　　表 3-28

项目名称	土基模量衰减范围	项目名称	土基模量衰减范围
新疆路基土冻胀室内试验结果	0.47~0.88	长平高速 FWD 检测	平均 0.77
黑龙江北安试验段承载板测试	0.36	中交二院室内试验	0.26~0.42
黑龙江黑大、哈大、哈双含水量推测	0.7~0.85	吉林省春融期路基调查	细粒土:0.4~0.7 粗粒土:0.5~0.8
长平高速承载板测试	0.6~0.8		

综合相关研究成果,《季节性冻土地区公路设计与施工技术规范》(JTG/T D31-06—2017)按冻区、土组划分的季节性冻土地区路基土回弹模量冻融循环折减系数,见表 3-29。

季节性冻土地区路基土回弹模量冻融循环折减系数   表3-29

季节性冻土地区			现行路基设计规范	
冻区分区	粗粒土	细粒土	路基模量冻融循环折减系数	0.7~0.95
重冻区	0.80~0.90	0.70~0.85		
中冻区	0.80~0.95	0.70~0.90		
轻冻区	0.85~0.95	0.75~0.90		

季节性冻土地区路基土回弹模量冻融循环折减系数能准确反映冻结指数、土质类型对路基回弹模量衰减的影响,能有效的保证季冻区路基整体强度、刚度、水稳定性、抗冻性能和耐久性,对提高公路路基长期性质、预防路基冻害具有重要作用。

需要指出,表3-29中路基土回弹模量冻融循环折减系数,主要是基于我国东三省在役公路调查数据提出的,在区域代表性、样本量等方面还存在着一定的局限性,需要进一步开展不同冻区路基冰冻稳定性的工程调查,通过观测和监测数据积累,并建立不同冻区路基动静回弹模量转换关系。

6. 冰冻条件下路基的临界高度

如图3-105和图3-106所示,对于中冻区、重冻区土质路基上路床顶面最低点距地下水位的高差应不小于路基冰冻条件下临界高度。

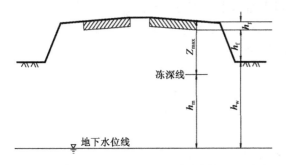
图3-105 高速公路和一级公路路基冰冻条件下临界高度

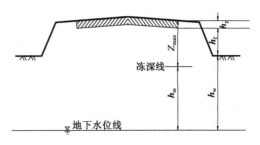
图3-106 二级公路路基冰冻条件下临界高度

冰冻条件下路基临界高度可按下式计算确定。

$$h_f = Z_{max} + h_m - h_w - h_p$$

式中:h_f——土质路基冰冻临界高度(m);

Z_{max}——道路多年最大冻深(m);

h_m——冻结过程中地下水位上升高度(m),实测确定;

h_w——地下水埋深(m);

h_p——路面厚度(m)。

如图3-107所示为分析路基土的温度和湿度及冻胀特性变化规律,即路基温度分布规律、冻结融化过程水分迁移。

根据我国东三省试验结果,聚冰带出现的深度范围为1.08~1.65m,并非在在路基顶部,而是在道路冻结线以上0.1~0.7m范围内,平均厚度为0.5~0.6cm。

在观测及室内试验的基础上,考虑土组和冻区的影响,提出了土体冻结过程中地下水上升高度取值范围,如表3-30所示。

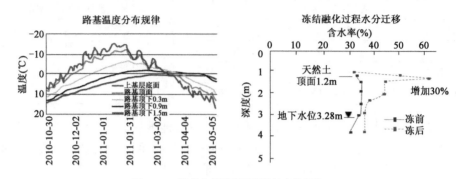

图3-107 路基土的温度湿度特性变化规律

土体冻结过程中地下水上升高度　　表3-30

土组	碎石土、砂类土	粉土质砂	粉质土	黏质土
上升高度(m)	0.6~0.9	0.8~1.0	1.2~1.5	2.0~2.5

为避免由于冻结水上升对路基工作区冻融的影响,保证路基工作区的强度、刚度和耐久性,对提高公路低路堤的长期性质、防止路基病害具有重要作用,且对工程造价影响较小。值得注意的是表3-30只是经验参考值,冻结过程中路基土毛细管上升高度值需进一步调查总结,通过建立长期性能监测基地,模拟野外的温湿度进行毛细水高度的实验研究,最终提出合理的冻结状态下毛细水上升高度值,以降低路基高度。

三、季冻区路基改扩建特点

既有路基改扩建前,应对既有路基进行调查、勘探和测试,分析评价路基冻胀变形、路基基强度及边坡稳定性。

公路路基拓宽时,拓宽部分的路基应与既有路基之间保持良好的衔接,并采取工程措施减小差异冻胀。既有路基冻胀量不满足要求的路段,路基可采取换填不冻胀材料、改善排水设施等措施。对既有路基地基不良路段,当条件受限不能翻挖换填时,可采用CFG桩、碎石桩及注浆等加固稳定措施。既有路基和拓宽路基连接处应采取挖台阶、铺设横向土工格栅等措施提高路基的整体性。对拓宽路基浅层软土地基,可采取垫层和浅层处理措施,减少拓宽路基的沉降。对深厚软土地基,可采取复合地基和轻质路堤措施,但不宜采用对既有路基有严重影响的排水固结法和强夯法。

四、路基施工养护工法

1. 既有公路工程冻害资料调查

季节性冻土地区公路工程建设肯养护应按照要求调查公路所在区域既有工程的冻害资料并提出冻害防治措施。

既有公路结构物冻害调查包括既有路基调查、沥青路面调查、桥梁隧道调查、冻害防治调查、融雪剂腐蚀调查等。路基调查主要是调查已有路基的冻胀、融沉变形、翻浆、边坡融滑、涎流冰等常见冻害,调查防护和排水设施的冻害情况;沥青路面调查主要是调查沥青路面的冻胀和开裂、松散、沉陷等;调查水泥混凝土路面的冻胀、错台、裂缝、表面脱皮等;桥梁隧道调查包括两个方面;其一是,调查桥梁的基础冻胀和融沉、桩基冻拔、翼墙开裂、上部结构冻害、附属设施冻害等;其二是,调查隧道衬砌的开裂与破碎、衬砌的漏水与挂冰、路面积水与结冰、洞口挂冰与仰坡热融滑塌、排水设施出水口积水与结冰等冻害情况。冻害防治调查主要是调查工程所采取的冻害防治措施及使用效果。融雪剂腐蚀调查主要是调查融雪剂对路面、桥梁、隧道等工程结构与材料的腐蚀情况。特别指出,拟建公路所在区域既有工程的冻害资料和冻害防治措施调查后,抗冻设计的针对性会得到明显增强,能有效保证工程抗冻设计的可靠性。改扩建工程资料调查主要是改扩建工程资料调查包括冻害调查内容、冻害调查方法以及评价要求。改扩建工程除了调查既有公路的冻害资料外,还应调查冻害位置、分布区段、类型、损害程度以及冻害防治措施的有效性。对路基冻胀冻害严重的路段,应查明水文及地质情况、进行冻胀观测,绘制冻胀曲线,计算冻胀量。对冻害严重桥隧构造物,还应分析其结构形式及材料抗冻特性等。对路面各结构层进行取芯和冻融试验,按《季节性冻土地区公路设计和施工技术规范》(JTG/T D31-06—2017)的有关规定与现行《公路工程无机结合料稳定材料试验规程》(JTG E51)T 0858 评价其抗冻性能,确定利用方式。

2. 正确选择路基填料

路基冻深范围内各层土质填料应根据冻区划分、路基高度、干湿类型、路面结构类型及容许总冻胀量等因素,结合材料来源,按表3-31选择。宜选择非冻胀和弱冻胀性材料,并保证路基填料的均匀性。

路基土质填料选择 表3-31

路基形式	冻区划分	路基高度（m）	冻胀等级 上路床	冻胀等级 下路床	路基形式	冻区划分	路基高度（m）	冻胀等级 上路床	冻胀等级 下路床
填方路基	重冻区	$h_w>3$	Ⅰ	Ⅰ、Ⅱ、Ⅲ	零填方或挖方路基	重冻区	$h_w>3$	Ⅰ	Ⅰ
		$h_w\leq3$	Ⅰ	Ⅰ、Ⅱ			$h_w\leq3$	Ⅰ	Ⅰ
	中冻区	$h_w>3$	Ⅰ、Ⅱ	Ⅰ、Ⅱ、Ⅲ		中冻区	$h_w>3$	Ⅰ	Ⅰ、Ⅱ
		$h_w\leq3$	Ⅰ	Ⅰ、Ⅱ			$h_w\leq3$	Ⅰ	Ⅰ

注:此处的路基高度是指地下水位或地表常水位距路面距离(m)。

中冻区、重冻区高速公路、一级公路上路床采用Ⅰ类土时,其细粒土(粒径小于0.075mm)含量宜小于5%。当缺少砂石料地区,采用无机结合料、矿渣、固化剂等进行处治时,填料可不受表3-31的限制。

3. 布置路基排水系统

应遵循防水、排水相结合的原则,综合考虑路面、路侧排水措施,形成排水系统。当边沟下无地下排水设施时,中冻区、重冻区冻胀土路基边沟沟底距路床顶面应不小于0.30m,沟底纵坡不宜小于0.75%。

地下水位线和冻深线之间的高度(图3-108)小于冻结过程毛细水上升高度时,将不透水隔离层设置在冻深线以下,能阻隔地下水的影响。如果地下水位在冻深范围内,则应先采取降低地下水位的措施。

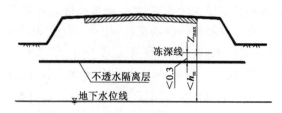

图 3-108　不透水隔离层示意图(尺寸单位:m)

4. 设置隔离层

透水隔离层底面应高出地下水位或地表水位 0.3m 以上,其有效厚度应不小于 0.3m,隔离层上、下宜设土工织物反滤层。隔离层材料宜采用 0.075mm 通过率小于 5%、4.75mm 通过率为 10% ~ 30% 的碎石、砾石、粗砂等,上、下面横坡不宜小于路面横坡。

不透水隔离层应设置在道路多年最大冻深线以下。其材料可选用土工膜、复合土工膜、复合防排水板等土工合成材料,防渗材料的厚度、材质及类型应根据气候、地质条件确定,土工合成材料应符合现行《公路土工合成材料应用技术规范》(JTG/T D32)的有关规定。

5. 处治涎流冰路段

冲积扇和缓坡涎流冰路基边坡外侧宜设置聚冰沟和挡冰埂,如图 3-109 所示。聚冰沟和挡冰埂的设计应根据冬季涎流冰规模和地形条件确定。聚冰沟深度不宜小于 2.0m,底宽不宜小于 1.0m。可用聚冰沟挖出的土石筑成挡冰埂。

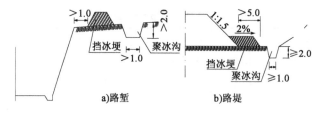

图 3-109　聚冰沟和挡冰埂

山坡和边坡少量的涎流冰宜设圬工挡冰墙和挡冰堤,如图 3-110 所示。挡冰墙高度宜根据聚冰量确定。设置多道挡冰堤间距不宜小于 5m。

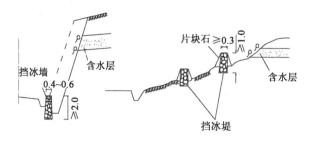

图 3-110　挡冰墙和挡冰堤

6. 分析边坡融滑稳定性

对于季节性冻土地区重要工程的高边坡,在土质和自然条件不良的情况下,需结合

图 3-111 和图 3-112 进行边坡的抗融滑验算,以确定边坡的冰冻稳定性。

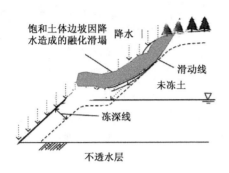
图 3-111 融滑边坡稳定性分析示意图之一

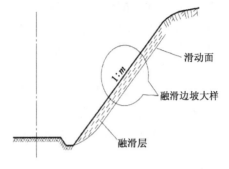
图 3-112 融滑边坡稳定性分析示意图之二

中冻区、重冻区超过 5m 的黏质土和粉土路基边坡应进行抗融滑稳定性验算,抗融滑稳定系数 F_s 按下式计算:

$$F_s = \frac{(G - u_w + qL)\cos\alpha\tan\varphi + CL}{(G + qL)\sin\alpha}$$

式中:F_s——抗融滑稳定系数,应大于或等于 1.20;
  G——单元土体饱和状态下的自重力(KN),$G = H_p \cdot L \cdot \gamma_{sat}\alpha$;
  γ_{sat}——边坡土体的饱和重度(kN/m³);
  H_p——边坡高度;
  α——滑动面的倾斜角(°),可近似取边坡坡面倾斜角;
  L——分析单元体的长度(m),一般取单位长度;
  u_w——单元土体受到的水的浮力(kN),$u_w = H_p \cdot L \cdot \gamma_0\cos\alpha$,其中 γ_0 为水的重度,通常取 10kN/m³;
  q——圬工防护砌体的等效均布荷载(kN/m³),若边坡未设置防护砌体,计算时可忽略;
  φ、C——分别为边坡融滑层底部处于饱和状态的土层与下部界面间的单位黏聚力(kPa)和内摩擦角(°),应取路基边坡实际用土,按照施工压实标准成型试件,进行饱水试件的直接快剪和三轴不固结不排水剪切试验,再将试验测定黏聚力和内摩擦角乘以折减系数得到。

边坡融滑层界面土质抗剪强度参数的环境条件折减系数见表 3-32 所示;表中 K_C 表示黏聚力的折减系数;K_q 内摩擦角的折减系数。

边坡融滑层界面土质抗剪强度参数的环境条件折减系数 表 3-32

项目	细粒土质砂	粉质土	黏质土	项目	细粒土质砂	粉质土	黏质土
K_C	0.4~1.0	0.3~0.8	0.3~0.6	K_q	0.7~1.0	0.5~0.8	0.15~0.25

抗融滑稳定验算方法能够在设计阶段对工程状况进行预判,能够在一定程度上防范病害的发生,减少工程损失,增加道路运营的安全性。

五、季冻区路基施工养护技术

1. 季冻区路堤填筑

季冻区路基施工宜在非冰冻期施工,春融期宜在地表土层融化厚度大于 500mm 后开始路基施工。在冰冻期,也可采用不冻胀的粗粒土填筑路基和进行基底处理,即路基填筑粗粒土和进行地基处理也可在冰冻期施工,但要特别注意的是填筑前应清除基底范围内的积雪和冰块。

当路堤填筑用土在取土场取土时,应将未融化的冻土夹层清除,不得使用含有冻结块的路基填料。路堤填筑应分层填筑并分层压实,冻深范围内的填土不得混合填筑,冻胀性不同的土应水平分层填筑,分层压实。同一水平层路基的全宽应采用同一种填料。每种填料的填筑层压实后的连续厚度不宜小于500mm。填筑路床顶最后一层时,压实后的厚度应不小于100mm;施工中要严格控制各层土的含水率。路堤冻深范围内填土施工时,注意同一施工段内同一层土的含水率应基本一致,含水率偏差应小于2%。每层路基填土顶面应设2%~4%的排水横坡。

路堤冻深范围内填土施工,于冻路堤施工前,应在路基两侧挖出排水沟或边沟,并根据排水设计先做渗沟、渗井等地下排水设施。

2. 季冻区路堑开挖

季冻区路堑开挖可在各个季节进行。其施工重点把握如下几个方面。其一,路堑开挖标高控制。挖方路基地冰冻期施工时应预留不小于1mm的覆盖层,正常施工季节开挖到设计高程。挖方边坡在冰冻期施工时不得一次挖到设计线,坡面应预留不小于300mm的覆盖层,正常施工季节再修整到设计坡面。其二,路基越冬保护措施。在已完工路基,越冬时路基顶面应采取素土覆盖并碾压等保护措施,加强地表排水,防止雪水下渗。越冬后路基压实度应满足规范的要求,不满足时应进行复压或采取换填措施,直至满足要求。其三,春融期接续施工要求。春融期宜在地表土层融化厚度大于500mm后开始路基施工,在取土场取土时应将未融化的冻土夹层清除,不得使用含有冻结块的路基填料。其四,做好施工阶段排水。防止边界外的水流入路堑中,应经常疏通排水沟渠,提前填筑拦水埂。应合理安排地下排水设施和路基施工的工序衔接,避免扰动已压实路基。应及时排出地下渗水,在冻前疏干路基。边沟铺砌应在冰冻来临前完成施工。未完成的地下排水设施应设临时出水口,并采取保温措施,避免冻结。其五,对冻胀土的换填。挖方段路基为冻胀土时,地基土挖除换填深度误差应不大于5%,换填粗颗粒材料中0.075mm的通过率不应大于5%。

3. 预制构件强度等级控制

路基排水施工应符合排水设施预制构件强度等级,冻前应达到设计强度的80%;砂浆强度等级冻前应达到设计强度的100%。修筑涎流冰路段挡冰墙时,宜采用浆砌片(块)石砌筑,砌筑砂浆强度等级不得低于Ma20砌筑前应填充饱满,密实,未达到设计强度前不得浸水。

冰冻区路基施工应符合下列规定:路基填筑粗料土和进行地基处理可在冰冻期施工,填筑前应清除基底范围内的积雪和冰块。

春融期宜在地表土层融化厚度大于500mm后开始路基施工,在取土场取土时应将未融化的冻土夹层清除,不得使用含有冻结块的路基填料。已完工路基,越冬时路基顶面应采取素土覆盖并碾压等保护措施,加强地表排水,防止雪水下渗。越冬后路基压实度应满足规范的要求,不满足时应进行复压或采取换填 措施,直致满足要求。

4. 涎流冰路段路基施工

涎流冰路段路基施工应保护涎流水处的地形、地貌、不得随意挖掘取土。有涎冰路段的路基应采用水稳性良好的粗粒土作为填料。

挡冰墙宜采用浆砌片(块)石砌筑,砌筑砂浆强度等级不得低于 Ma20 砌筑前应填充饱满,密实,未达到设计强度前不得浸水。

六、季节性冰冻区路面施工

1. 加强施工前的野外调查

路面结构层铺筑前应对越冬路基进行冻害调查,并对冻害提出处理方案,处理后方可角筑路面结构层。

2. 选择合适的施工时间

水泥稳定基层施工期的第一次重冰冻是指日最低气温首次降为 -3~5℃,无机结合料稳定类基层低温施工期的日最低气温应在 5℃ 以上,水泥稳定类基层应在第一次重冰冻到来前 30d 完成;石灰、粉煤灰稳定类基层应在第一次重冰冻到来前 45d 完成。

3. 低温施工措施

无机结合料稳定类基层低温施工是指气温为 5%~15% 条件下的施工。无机结合料稳定类基层低温施工时,应采取提高无机结合料稳定类基层早期强度的技术措施。水泥稳定类基层宜增加水泥剂量 0.5~4.0 个百分点,石灰粉煤灰稳定类基层宜掺早强剂或 1%~2% 的水泥,并采取适宜的保温养护方式。季节性冻土地区沥青路面施工中,可能存在气温低,降温快的问题,需要采取保温措施,如运输保温、熨平板加热、轮胎压路机保温等,保证沥青混合料的摊铺和压实温度。沥青混合料最低摊铺温度依据下承层表面温度,摊铺层温度确定,应满足规范的要求。

4. 基层与面层施工应协调

鉴于无机结合料稳定类基层与沥青层在同一年内施工,面层能够起到保护基层的作用,减少基层的温缩开裂和冻融破坏,因此,无机结合料稳定类基层与沥青宜有同一年内施工。未角筑面层的无机结合料稳定类基层,在冬季宜采取素土、砂砾覆盖等防冻措施,做素土覆盖时宜采取土工布等隔离措施。

5. 宜采用温拌沥青混合料

采用温拌沥青混合料技术能够延长施工期,拌和温度减少沥青热老化,有利于提高沥青混合料的低温抗裂性能。有条件采用温拌沥青混合料时,应根据施工温度要求,试验确定温拌剂类型与掺量,并可提高沥青混合料的路用性能。

第八节 高寒地区沥青路面养护技术

高寒地区气象灾害多,危害较大;主要气象灾害有干旱、冰雹、低温冻害、雪灾和大风等。高寒地区气候特征呈现三大特点:其一是平均气温低且冬季漫长严寒。我国境内高寒地区的年平均气温一般均低于 -5.7℃。其二是太阳辐射强,光照充足。大部分地区年太阳总辐射量高于 $605kJ/cm^2$,例如,位于我国西部高寒区的柴达木盆地高于 $700kJ/cm^2$。年日照时数在 2500h 以上,柴达木盆地年日照数时达到 3500h 以上。其三是降水量少,地域差异大。总的分布趋势是由东南向西北逐渐减少。境内绝大部分地区年降水量在 400mm 以下。

高寒地区公路病害包括路基常见病害和路面病害,防治路基病害的措施主要是防止冻胀和翻浆以及保温技术措施。限于本书篇幅,在此不再阐述路基病害。根据我国近年来高寒地区公路路面养护技术方面的最新研究成果,下面对高寒地区沥青路面养护技术加以阐述。

一、高寒地区沥青路面坑槽低温冷补养护技术

冷补沥青混合料不受季节限制,可延长修补时间,提高修补效率,有效地防止因坑槽不能得到及时修补而使破坏加大导致维修费用进一步增加,使道路及早畅通,提高车辆的运营效率。

(一)冷补沥青混合料材料要求与技术指标

近年来,西北高寒地区的一些科研院所通过开发新型冷补沥青混合料试验研究,提出了冷补沥青混合料路用性能的试验方法和评价指标。冷补沥青混合料性能评价指标见表3-33。

冷补沥青混合料性能评价指标　　表3-33

路用性能	推荐技术指标要求	
	常温型	低温型
黏附性	不小于4级	不小于4级
初始稳定度	不小于2.0kN	不小于1.0kN
成型稳定度	不小于4.0kN	不小于4.0kN
残留稳定度	不小于75%	不小于75%
冻融劈裂	不小于70%	不小于70%
车辙试验	不小于400次/mm	不小于200次/mm
低温工作度	—	混合料没有或有少量结块,铁铲能容易拌和

理论上,作为一种专门用于路面修补材料,冷补沥青混合料应同时具备工作和易性与较高的初始强度。但二者在混合料配合比设计中是一对矛盾参数,初始强度高则和易性就差;反之,和易性好则不能保证理想的初始强度。为了寻求一种初始强度高,同时工作和易性又好,储存稳定的冷补沥青混合料,地处西北高寒区的省市自主开发的新型冷补沥青混合料,为冷补沥青混合料的工作和易性与初始强度找到了最佳的契合点。同时根据现场坑槽修补效果及应用观察,使用效果良好,没有出现车辙、脱落等病害。冷补沥青混合料具备同类产品的特点和性能,可应用于高寒地区沥青路面的修补。

1.原材料的组成及技术指标

冷补沥青混合料由基质沥青、改性剂、添加剂、稀释剂、矿料组成。各种原材料技术要求如下:

(1)基质沥青:针对环境特点,要求高寒地区沥青路面冷补沥青混合料易于操作和低温环境下的工作和易性。可采用标号高的沥青,同时为了保证混合料在夏季不发软、形成油包,改善其高温稳定性,试验采用克拉玛依AH90号石油沥青作为基质沥青,结果见表3-34。

克拉玛依 AH90 号基质沥青技术指标　　　　表 3-34

技术指标项目			指　标　值	技术指标项目	指　标　值
25℃针入度(100g,5s,1/10mm)			88	软化点(℃)	45.6
延度(15℃,cm)			126.4	密度(15℃,g/cm³)	0.996
旋转薄膜加热试验(163℃,85min)	质量损失(%)		0.288	闪点(℃)	270
	针入度比(%)		56.2	溶解度(%)	99.7
	延度(cm)	15℃	>100	含蜡量(%)	—
		5℃	46		

(2) 改性剂：冷补沥青混合料的特点是要求在低温条件下具有较好的柔性，良好的工作性，同时兼顾到其高低温路用性能，选择 SBS 改性剂比较合理，这种 SBS 采用的是燕山石化出品的 SBS4303，属星型结构，其技术指标见表 3-35。改性剂制备工艺流程，如图 3-113 所示。

燕山石化 SBS 改性剂技术指标　　　　表 3-35

技术指标	单　位	SBS4303	技术指标	单　位	SBS4303
结构	—	星型	永久变形	%	≤12
嵌段比 S/B	—	30/70	硬度(邵氏 A)	—	80
充油率	%	0	防老剂	—	非污染
拉伸强度	MPa	≥12.0	熔体流动速率	g/10min	0
300%定伸应力	MPa	≥2.5	技术指标	—	SBS4303
断裂伸长率	%	≥650			

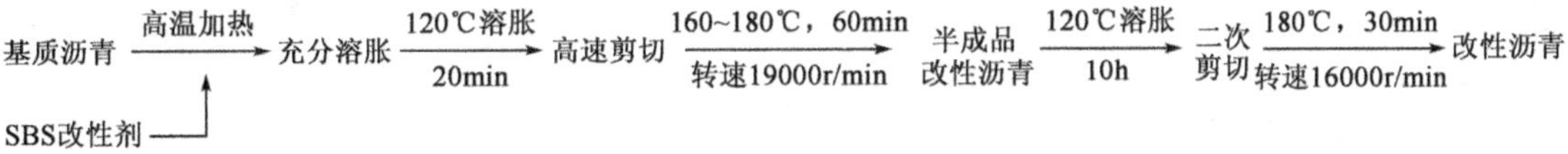

基质沥青 —高温加热→ 充分溶胀 —120℃溶胀 20min→ 高速剪切 160~180℃,60min 转速19000r/min→ 半成品改性沥青 —120℃溶胀 10h→ 二次剪切 180℃,30min 转速16000r/min→ 改性沥青

SBS改性剂 ↑

图 3-113　改性剂制备工艺流程

(3) 添加剂：为了提高冷补沥青混合料抗水损害能力，在初期制备冷补沥青液时，可在沥青中添加胺类表面活性剂为防水剂，主要作用是增加沥青与矿料之间的黏附性，提高冷补混合料强度、疲劳性能和高温稳定性，从而增加混合料作业条件，使其能够在冬季和雨水较多的春季的能潮湿状态下，也紧急修补使用。

(4) 稀释剂：经过对比分析选定某种溶剂作为稀释剂，此溶剂无毒，有刺激性气味，易挥发，易和沥青均匀混合。该溶剂又分为不同型号，型号不同，性能也不同。选用的溶剂型号用 A1 号和 A2 号代替，拌制常温冷补沥青混合料用 A1 号，拌制低温冷补沥青混合料用 A2 号。

(5) 矿料：为了提高集料与沥青的黏附性，可采用属于碱性石料的石灰岩，集料、矿粉为石灰岩磨制而成，集料各项指标均应符合规范要求。

2. 冷补沥青混合料配合比设计

(1) 主集料级配：高寒地区冷补沥青混合料的结构类型为骨架密实型结构，矿料级配见表 3-36，级配曲线如图 3-114 所示，该级配的矿料最大公称粒径为 13.2mm。

骨架密实型结构矿料级配 表3-36

矿料级配 LB-13	通过下列筛孔(方孔,mm)的质量百分率(%)								
	16	13.2	9.5	4.75	2.36	1.18	0.6	0.3	0.15	0.075
取值	100	96	79	42	27	18	13	9	6	5

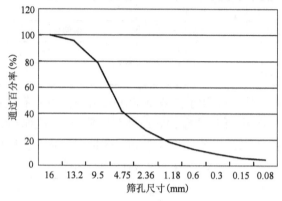

图3-114 冷补沥青混合料级配曲线

(2)其他材料用量

冷补沥青混合料其他材料用量见表3-37。

冷补沥青混合料其他材料用量 表3-37

其他材料	用量	
	常温型	低温型
矿粉	5%	5%
沥青	5.2%	5.2%
SBS外掺剂	5%	5%
防水剂	0.3%	0.3%
稀释剂	20%(A1)	20%(A2)

3. 冷补沥青混合料性能评价

常温型和低温型两种冷补沥青混合料性能评价可用表3-38的评价指标。

冷补沥青混合料性能评价指标 表3-38

路用性能试验	常温型		低温型	
	试验结果平均值	技术指标要求	试验结果平均值	技术指标要求
黏附性	等级4	不小于4级	等级4	不小于4级
初始稳定度	3.70	不小于2.0kN	3.12	不小于1.0kN
成型稳定度	5.49	不小于4.0kN	5.23	不小于4.0kN
残留稳定度	92.7%	不小于75%	95.8%	不小于75%
冻融劈裂	96.9%	不小于70%	89.8%	不小于70%
车辙试验	425.917	不小于400次/mm	346.286	不小于200次/mm
低温工作度	—	—	混合料没有明显结块现象,有黏聚力,用铁铲较容易拌和	混合料没有或有少量结块,铁铲能容易拌和

为判定冷补沥青混合料在实际工程中的修补效果,通过西北高寒区曾经做了路面结构为沥青面层和水泥稳定碎石基层进行坑槽修补试验,修补当天气温在-5~2℃,采用低温型冷补沥青混合料进行修补,修补时混合料已储存5d,有少量结块,但经拍打很容易散开,施工和易性很好,且具有一定的黏聚性。

试验表明,冷补沥青混合料常温型和低温型价格相差不多,主要是在稀释剂的价格上有所区别。与热拌沥青混合料相比,虽然冷补沥青混合料价格高出40多元,但冷补沥青混合料可在寒冷条件下修补。生产1t沥青混合料的费用对比见表3-39。

生产1t沥青混合料的费用对比表 表3-39

沥青混合料类型	混合料编号	使用温度状态	费用合计(元)
冷补沥青混合料	0号	常温	246.99
		低温	252.58
	1号	常温	513.75
		低温	613.75
	2号	常温	336.75
		低温	347.65
	3号	常温	296.58
		低温	333.48
热补沥青混合料	—		203.75

高寒地区冷补后期试验观测结果表明,冷补延长了修补时间,使破损路面坑槽能得到及时修补,从而阻止了坑槽继续破坏,使交通能及早恢复,即冷补沥青混合料经济效益明显。

(二)冷补沥青混合料路面修补工艺

1.冷补沥青混合料生产与储存

冷补沥青混合料的生产、储存与施工工艺,如图3-115所示。

图3-115 改性剂制备工艺流程

冷补沥青液储存方式是在常温下可以用塑料桶密封储存,桶的规格有(每桶净重)5kg、10kg、25kg、50kg、200kg五种。同时应将桶存放在阴凉处或通风的仓库内,不能放置在阳光下,以免受热变质,并远离易燃物品。一般而言,如果储存条件好,冷补沥青液可存放2年以上。

2.冷补沥青混合料路面修补工艺

冷补沥青混合料路面修补工艺流程如图3-116所示。

图 3-116　冷补沥青混合料路面修补工艺流程

路面坑槽冷修补工艺示意图,如图 3-117~图 3-119 所示。

图 3-117　坑槽开挖

图 3-118　材料摊铺

通过对路面坑槽冷补材料的野外试验可知,冷补材料基本满足坑槽修补功能,与旧路面的黏结较好,修补后路面基本满足行驶要求,能提高路面使用年限的作用。此外,冷补材料能够在温度较低的情况下进行施工,可较快地在冬季恢复路面使用功能,提高道路运输水平,社会效益明显。

二、高寒地区沥青路面裂缝灌缝养护技术

(一)高寒地区沥青路面裂缝高性能灌缝材料要求与技术性能

1. 高寒地区高性能灌缝材料评定技术指标

近年来,通过大量的室内优化试验和室外长期性能试验,得出的高寒地区适宜的高性能灌缝材料评定技术指标如下。

图 3-119　坑槽压实

(1)针入度指数 PI:采用由费弗(PFEIFFER)和范·杜马尔(VAN DOORMAAL)所提出的针入度指数(PI)体系。PI 评价体系虽然具有局限性,但其优点是试验操作简便,而且在国内具有长期的使用经验[$PI = (20 - 500A)/(1 + 50A)$]。

(2)当量软化点:$T_{800} = (2.9031 - k)/A$,针入度为 800 时对应的温度。

(3)当量脆点:$T_{1.2} = (0.0792 - k)/A$,针入度为 1.2 时对应的温度。

(4)弹性恢复率(%):试验温度20℃,$D = (10 - X)/10(100\%)$。

其中:A为回归常数,为针入度温度关系直线的斜率,表示沥青的温度敏感性;k为回归参数;X为试样的残留长度(cm)。

基质沥青和改性沥青技术指标对比试验见表3-40。

基质沥青和改性沥青技术指标对比试验表　　　　表3-40

试验项目 样品种类	针入度(0.1mm)			针入度指数 PI	当量软化点 (℃)	当量脆点 (℃)	弹性恢复 (%)
	15℃	25℃	30℃				
美国 carfco	70	111	128	5.3	70.9	美国	70
基质(1号)90号沥青	25	77	126	-1.2	46.6	-12.5	0
基质(2号)90号沥青	31.70	64	118.5	0.5	53.3	-22.9	0
1号改性沥青	51.5	100.5	153.5	1.7	53.3	-37.1	99
2号改性沥青	52	104	144.5	2.1	55	-40.2	99

从表3-40可以看出,倘若采用纯沥青或改性沥青(不添加外掺料)作为灌缝材料的话,各种性能指标与进口产品相差较大,温度敏感性较高,高温时易流淌、低温时易开裂。因此,必须添加必要的外掺料,使灌缝胶高温时针入度不是很大,低温时针入度不是很小,在保证使用性能的前提下,可以使温度的敏感性降至最低,从而达到"高性能化"。

通过野外试验观测灌缝材料灌缝后期的温度变化如图3-120~图3-123所示,说明国产灌缝材料与国外进口材料具有相同的使用效果,而且可以根据不同地区、不同温度条件下的使用情况进行配合比调整,可满足不同的使用要求。

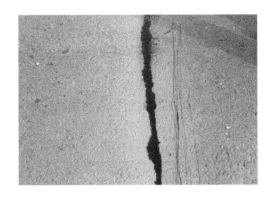

图3-120 灌缝后5min　　　　　　图3-121 4个月后的使用效果

2.基质沥青和改性沥青的技术性能

(1)高性能灌缝胶正交设计优化试验

我国西北地区青海等省(自治区)进行了9组36种正交优化试验和极差分析,可以得出结论:性能较好的组合为芳香基橡胶油 $Y = 8\%$、橡胶粉 $F = 22\%$、增塑剂 $S = 7\%$、增黏剂 $J = 5\%$,以此试验结果作为后续试验的依据。

图 3-122 灌缝 3 年后的使用效果

图 3-123 灌缝 3 年后柔韧性检测

以 SBS 改性沥青为基础料,以 KA160 高芳烃油作为母体溶剂油,再加入几种其他外掺料配制的高性能灌缝胶进行试验,试验结果见表 3-41。

高性能灌缝胶正交设计优化试验　　表 3-41

试 验 项 目	针入度(0.1mm)			针入度指数 PI	当量软化点 (℃)	当量脆点 (℃)	弹性恢复 (%)
	15℃	25℃	30℃				
美国 carfco	70.0	111.0	128.0	5.3	70.9	-76.6	99
1 号配制灌缝胶	83.0	135.5	175.5	4.4	60.5	-70.0	99
2 号配制灌缝胶	79.3	107.7	139.0	6.6	77.4	-97.6	99
3 号改性沥青灌缝胶	75.8	117.7	130.0	6.6	78.0	-97.2	99

国产高性能灌缝材料的各项技术指标与国外进口产品相近,温度敏感性更低,使用性能会更好。

(2)冻融循环试验

高性能路面灌缝材料经受冻融循环的影响,是通过冻融循环试验,其结果如表 3-42 所示。由表可以看出,冻融循环对灌缝材料的针入度和弹性恢复的影响不大,扣除试验误差,可以认为基本无影响,仍可保持原沥青材料性能。究其原因,是由于沥青的老化作用的主要外因是高温热老化和光老化,冻融循环试验的温度变化范围不足以引起沥青的老化,因此室内冻融试验对灌缝材料的各项指标影响不大。

冻融循环对高性能路面灌缝材料的影响试验　　表 3-42

编号	冻前针入度	50 次冻融循环后的针入度	变化情况	冻后弹性恢复(%)	编号	冻前针入度	50 次冻融循环后的针入度	变化情况	冻后弹性恢复(%)
1 号	30	35	增加 5	99	6 号	56.3		未测	—
2 号	45	50	增加 5	—	7 号	70	72	增加 2	97
3 号	57	—	未测	98	8 号	101	94	降低 7	98
4 号	68	67	降低 1	99	9 号	57.5	59	增加 1.5	99

(3)室外长期使用性能试验

通过对进口灌缝胶和自制高性能灌缝材料进行室外长期使用性能相关试验表明,使用 3

个冬季的国产和进口灌缝材料各种性能几乎没有降低,高低温性能更好、温度敏感性更低,可见此种材料的抗老化性能很好;随着使用期的增长,针入度值降低(40% ~50%),说明灌缝材料的柔软度降低,这与实际情况相符,说明自制和进口灌缝材料使用后期性能指标相差无几。

(二)高性能灌缝材料(灌缝胶)灌缝工艺(工法)

灌缝胶灌缝工艺适用于原路面基层和横断面良好,仅表面出现纵、横向裂缝之情形。该工艺的使用年限一般为 2~3 年。

灌缝胶灌缝所采用的工具设备有开槽机、灌缝机、牵引运料车以及热喷枪、吸(吹)尘设备、钢丝刷等。灌缝程序按照刻槽或切缝—清缝—灌缝前准备—灌缝—通车的程序进行,具体步骤如下。

1. 刻槽切缝

如图 3-124 和图 3-125 所示,找缝划线并切割沟槽,可用进口或国产性能良好的刻槽机刻槽,顺着裂缝拓宽成 15 ~20mm 的沟槽,槽深根据裂缝深度确定。切缝后用鼓风机等工具将缝中杂物和灰尘清理干净。

图 3-124 进口刻槽机刻槽

图 3-125 刻出槽口

2. 灌缝准备

将灌缝材料放入热熔炉釜加热、搅拌,并可根据需要在沥青中加入一定数量的细砂。当普通沥青加热到 150 ~170℃时,采取保温措施后适时灌注。

3. 清缝干燥

如图 3-126 所示,先用铁钩钩出缝内松动的颗粒,再用钢丝刷清除缝槽边缘松动的沥青混合料,使缝槽边缘保持坚固状态;用吸(吹)尘设备(高压鼓风机)将缝内的杂物、尘土清净,用热喷枪吹烤干燥。

4. 灌灌缝料

如图 3-127 所示,灌缝的枪头应与缝宽相适应,灌缝时灌缝枪应匀速移动。对宽度为 6mm以下的裂缝,可直接用热沥青灌缝,灌注时应从裂缝的一端缓慢、连续地灌至另一端,使热沥青注入时能将缝内的空气排挤出。热沥青灌满后,可在缝表面撒一层细砂。对宽度为 6~15mm以下的裂缝,灌缝可分两次进行,中间间隔 3~5min。第一次可先将热沥青灌注至距路面表面

10mm 左右,然后在缝内撒入干净的粗砂,并用竹片把粗砂撒入嵌入灌缝料中。第二次灌注至与路面平齐,灌缝时应避免灌缝料溢出路面,最后在缝表面撒一层细砂。

图 3-126　高压鼓风机清缝

图 3-127　灌缝机灌缝

5. 熨平缝口

将溢出缝外的沥青、细砂等清除后,用热烙铁熨平缝口。等待冷却后将路面废料清理干净。

6. 冷却放行

灌缝料冷却至自然温度后可开放交通。

图 3-128　灌缝机

应当指出,虽然灌缝材料与新沥青槽黏结效果较好,对于旧沥青路面的裂缝,由于里面有大量尘土,倘若在施工中未彻底清理干净时,会造成黏结效果不好,从而导致整条脱落,所以该方法对新建路段效果非常好,对旧路段效果较差。

特别指出,在灌缝作业中应使用专用机械进行,图 3-128 所示是高寒地区沥青路面灌缝作业使用的灌缝机。

三、高寒地区沥青路面贴缝养护技术

贴缝适用条件是原路面基层和横断面良好,仅表面出现纵、横向裂缝,伴随裂缝处有较多细微的扩展裂缝,使用年限一般为 2~3 年。其施工步骤如下。

(1)将路面、基层裂缝清理干净,并将裂缝两侧 20cm 范围内的路面同时清理干净。

(2)用宽刷蘸取专用胶黏剂沿裂缝均匀涂刷,以裂缝为中心线,在两侧各涂刷 8cm 以上。一般涂胶面积比贴缝带宽度多出 1cm。

(3)剪取长度略长于裂缝长度的一段贴缝带,揭去隔离纸,有聚丙烯织物的一面朝上,以裂(接)缝为中心线,将贴缝带平整地贴在路面上。

(4)然后用滚筒用力碾压将贴缝带烫贴至路面,以确保贴缝带同路面结合为一体,不能有气泡、皱褶。

(5)如遇不规则的裂(接)缝,可用剪刀将贴缝带切断,按裂(接)缝的走向跟踪粘贴。但在贴缝带的接合处,要形成 80~100mm 的重叠。

第九节　高寒地区水泥混凝土路面养护技术

位于高寒地区的水泥混凝土路面不但承受恶劣气候条件,一些路段重载以及大流量交通日益普遍,尤其是重型货车的增长速率较快,造成水泥混凝土路面越来越多地过早损坏,致使很多地区的路面远远达不到设计使用年限,在路面使用初期就产生了严重的裂缝、断裂板、错台、沉陷、碎板等病害,严重影响了道路的服务水平及行车安全。下面介绍高寒地区水泥混凝土路面典型破坏形式及其养护技术。

一、高寒地区水泥混凝土路面典型破坏形式

一般地区水泥混凝土路面常见的病害,在高寒地区同样会出现。此外,也有高寒地区持有病害。高寒地区水泥混凝土路面典型破坏形式见表3-43。

通过病害成因分析可以发现,很多病害的产生、发展、扩大等都与荷载的作用有关,这就说明超重载的交通条件能使水泥混凝土路面病害发生并加剧其扩展。

高寒地区水泥混凝土路面典型破坏形式　　　　表3-43

破坏类型	实例图片	破坏机理
唧泥、脱空		在重载作用下,路面板下基层的较细粒径材料自裂缝或接缝处同自由水一起喷出,形成唧泥。由于唧泥的作用,板体与基础之间的材料逐渐被带走,最终导致板体支承结构被不断脱空
错台		错台现象的出现往往与其他病害密切相关,如唧泥、填料消耗、路基沉降不均匀等,而重交通会加剧错台的程度
沉陷		沉陷主要是由于支撑路面结构的路基发生沉降引发的。超重载往往会导致路基承受的压应力增大,一方面加快了路基沉降;另一方面也使路面板自身产生疲劳应力,从而间接引发路面板沉陷

续上表

破坏类型		实例图片	破坏机理
露骨			路面材料由于不断地经受重载车辆轮胎的磨耗,导致路面表层产生麻面,形成路面表层露骨病害。露骨并不会影响路面板的结构功能,但集料暴露在自然环境下,不断地经受重载车辆轮胎的磨耗以及雨水的冲刷,逐渐减小板的厚度,降低面板强度,最终导致路面板丧失结构功能
坑洞			坑洞是指路面板表面出现局部集料脱落后形成的局部凹坑。重交通行车情况下,车辆轮胎压过坑洞时,会加剧其边缘料被剥烛的程度,坑洞增大,对路面的使用寿命和行车舒适性产生更大的影响
裂缝	纵向裂缝		重交通行车情况下,产生纵向裂缝的原因主要是路基体填料土质不均匀、含水率不均匀、施工方法不当等,导致路基不均匀沉降,在重载力和板块自重的双重作用下,路面板块就会出现纵向断裂
	横向裂缝		产生横向裂缝的原因主要是由于混凝土本身抗拉强度太低,在重交通行车情况下,就导致水泥混凝土路面发生在垂直道路纵轴线方向上贯穿板厚的裂缝

续上表

破坏类型		实例图片	破坏机理
裂缝	交叉裂缝	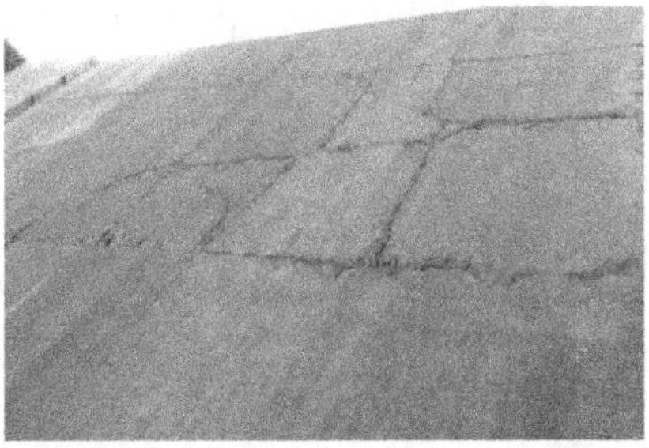	在重载交通作用下产生交叉裂缝的主要原因有:水泥混凝土路面自身强度不足;路基和路面基层的强度和水稳定性差
	板角断裂		在重交通作用下,路面板块下面的路基出现了局部沉降,引起板面竖向变形过大,造成其上表面产生过大的拉应力,在达到疲劳极限时就会造成开裂,形成板角断裂病害
	面板破碎		引起面板破碎的主要原因是荷载过大、温度变化过快且幅度大、板体强度不足等。在重载车辆不断作用下,路面结构内部形成的应力将会大于其结构抗力,使得路面材料出现疲劳破坏,进而造成面板断裂

二、高寒地区水泥混凝土路面的一般养护措施

高寒地区水泥混凝土路面的日常养护与普通水泥混凝土路面的相似,详见《公路水泥混凝土路面养护技术规范》(JTJ 073.1—2001)。水泥混凝土路面病害常采用的养护与维修措施主要有:加铺新面层;破损快速修复技术;裂缝灌封技术。

(一)加铺新面层养护技术

常采用的加铺新面层维修改造方案有以下几种,第一种是加铺连续配筋混凝土路面。即挖除原有路面结构,对破损的基层换填补强,然后在处治后的基层上加铺连续配筋混凝土路面。第二种是用沥青混合料层罩面。即充分利用旧路面结构,旧路面上覆盖沥青罩面结构。第三种是旧路面原地再生利用。即将旧水泥路面破碎成块状后拆除丢弃,或将拆除块破碎重新利用,制作底基层,然后重新加铺面层。

以下对上述加铺新面层维修改造旧水泥混凝土路面的方法逐一介绍。

1. 加铺连续配筋混凝土路面

在超载严重的水泥混凝土路面路段,易产生行车跳动引起板角断裂,路表水容易沿接缝进入结构层,进而产生唧泥、错台、拱起等严重病害,危及行车安全。可以通过加铺连续配筋混凝土路面的方法来提高路面结构承载能力,以适应该路段大、重交通量的需要。

连续配筋混凝土路面(CRCP)是指沿纵向配置连续的钢筋,除了在与其他路面交接处或邻近构造物处设置胀缝以及视施工需要设置施工缝外,不设横向缩缝的水泥混凝土路面。CRCP在路面纵向配有足够数量的钢筋,以控制混凝土路面板纵向收缩产生的开裂,因此,连续配筋混凝土路面除施工缝及构造需要的胀缝以外,不需设置缩缝,形成一个完整而平坦的行车表面,从而改善了汽车行车的平稳性,避免了普通混凝土路面的接缝破坏,同时也增加了路面板的整体刚度,提高了路面板的承载能力和抗雨水损坏的能力。连续配筋混凝土路面钢筋网见图3-129。其施工步骤如下:

图3-129 连续配筋混凝土路面钢筋网

(1)加铺前原基层处治

挖除原混凝土破碎板块之后,应对原路面基层存在的病害进行彻底处治。主要是针对板底脱空、基层强度不足类处治和对加铺路段采用板底压注水泥浆加固进行处治。严重破碎、伴有错台和唧泥等处的处治。

以上病害的处治方法在第二章中已述,此处不再赘述。

(2)CRCP的板厚和配筋

板厚设计根据现行《公路水泥混凝土路面设计规范》(JTG D40—2011)提供的计算流程和方法进行。连续配筋混凝土路面板内配置的钢筋是依据混凝土收缩及温度变形来计算的。

(3)CRCP端部的锚固

连续配筋混凝土取消了横向接缝,因此在与其他路面相接处会因混凝土的热胀冷缩形成纵向位移,为阻止由此产生的巨大水平推力造成路面的损坏,必须采取措施约束、消除或调节纵向位移。根据现行《公路水泥混凝土路面设计规范》(JTG D40—2011)对于连续配筋混凝土端部锚固的说明,可采用钢筋混凝土地梁或宽翼缘工字钢梁接缝等形式来锚固。

(4)施工流程与关键工艺

CRCP工艺流程图如图3-130所示。其关键工艺如下。

(1)钢筋安装

CRCP施工中的关键技术是钢筋网的制作、安装和定位,CRCP的路面使用性能与钢筋网的质量有着非常密切的关系,直接影响到CRCP面板裂缝的数量和间距,所以钢筋网安装一定要牢固,定位一定要准确。浇筑前应检验绑扎或焊接安装好的钢筋骨架,不得有贴地、变形、移位、松脱和开焊现象。钢筋用支架来固定高程,钢筋支架不仅要能够保证钢筋网的稳固,其自身也要足够稳定,以防止在摊铺混凝土时被推倒。

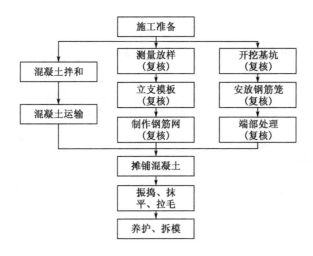

图 3-130 CRCP 工艺流程图

（2）端部处理

端部处理是指将 CRCP 路面端部采取锚固措施，目的是约束或减小 CRCP 面板纵向位移，避免 CRCP 出现损坏或较大裂缝，并保证路面和与其相接的构造物正常工作。如果端部施工质量较好，能够达到设计的约束效果，则 CRCP 面板的位移就较小，微裂缝的宽度和密度也都很小，有利于保证 CRCP 路面的使用性能。

2. 水泥混凝土路面沥青罩面技术

如图 3-131 所示为在旧水泥混凝土路面上进行沥青罩面施工。旧水泥混凝土路面沥青加铺改造具有以下 3 个方面的好处：首先，在表面破损较严重，但仍具有足够强度的旧水泥混凝土路面上铺筑一层高质量面层的复合式路面，不仅可恢复其使用功能，并可显著地延长路面使用寿命；显著改善水泥混凝土特别是碾压混凝土路面的平整度，尤其是接缝处的平整度，有利于提高行车速度、行车的舒适性和安全性；其次，由于下层是高强度的水泥混凝土板，提高了沥青路面结构的刚度，可以承受重交通的作用，减少车辙；减少路面病害处治工程量，降低大修对交通和沿线居民的干扰；再次，可大大降低水泥混凝土路面的噪声和扬尘，改善道路的环境状况。

图 3-131 旧水泥混凝土路面沥青罩面施工

下面阐述在旧水泥混凝土路面上做沥青罩面施工方法。

（1）沥青罩面前旧路面的病害处治

为了充分利用旧路面结构，为沥青罩面结构提供一个稳定的基层，应在加铺罩面之前制订合理的病害处治措施。根据旧路破损状况调查结果，主要采取换板、灌缝、注浆等病害处治措施。换板处治的判断标准应满足三个条件：其一，贯通裂缝数量大于 2 条的混凝土板块；其二，裂缝宽度大于 15mm 的板块；其三，裂缝宽度大于 3mm，且基层强度不足，混凝土板底承载状况较差时。换板处治工艺就是挖除旧混凝土板块,并浇筑与旧路面同等级的混凝土。

灌缝封堵措施适用于路面裂缝数量少于2条、宽度小于3mm且基层强度较好的路段。灌缝材料和工艺应严格按现行规范的要求执行。灌缝封堵工艺见图3-132。

图3-132　灌缝封堵

对于接缝传荷能力不足及板底脱空的板块采取注浆处治。钻孔压浆工艺是旧路面病害处治的关键技术,建议配备专业队伍进行施工,并通过试验路确定压浆处治相关工艺参数。

(2)沥青罩面结构

沥青罩面结构主要依据对现有路面使用性能的调查结果,调查工作是保证旧水泥混凝土路面沥青罩面结构设计技术可行、性能耐久、经济合理的前提。

在进行旧水泥混凝土路面上直接加铺沥青面层的设计时,主要考虑满足两方面的指标要求:一是旧水泥混凝土路面结构经过加铺后达到强度要求;二是沥青加铺层能够满足防止产生荷载型及温度型反射裂缝的要求。

在旧混凝土板上加铺沥青罩面时,应选择抗车辙、抗裂缝、抗磨耗能力强及稳定、耐久、泌水、粗糙抗滑的沥青混合料类型。在确定加铺层厚度时,除考虑改善路面结构承载能力和抵抗混凝土板反射裂缝外,还应考虑加铺层施工的难易程度和经济性等。

(3)施工关键技术

反射裂缝的处治是水泥混凝土路面上加铺沥青设计的关键和难点,实践证明,加铺沥青后产生反射裂缝是难以完全避免的,只能在混凝土板病害处治较好的基础上,采用优质沥青混合料,并在加铺层结构设计中采取一定的反裂措施,以减少和延缓反射裂缝的产生。目前,主要的防治措施有:在沥青加铺层上锯切横缝、采用厚加铺层、加铺裂缝缓解层、设置各种夹层等。

3. 旧水泥混凝土路面原地利用的碎石化再生利用技术

碎石化再生利用技术就是将原有的旧水泥板彻底打碎,将毁损废旧的水泥混凝土破碎为集料,重新配合,制备稳定材料或再生混凝土,可以作为基层或者顶层重新利用。

旧水泥混凝土路面碎石化再生利用有两种方法:一是旧水泥混凝土路面原地利用的破碎处治方法,将旧的路面破碎后及时进行压实,并作为新路面或者底层再生利用;二是水泥混凝土路面工厂破碎再利用技术,工厂式破碎首先将旧路面破碎成可以搬运的小块,集中运往料场进行加工,经过破碎处理、剔筋、筛分得到再生集料。在此介绍旧水泥混凝土路面原地利用的破碎再生利用方法。原地利用的主要方式有四种:第一种是压浆稳固后作为中下基层,加铺基层后再重新铺筑路面;第二种是压浆稳固后作为基层,加铺防止反射裂缝的土工材料后再重新铺筑路面;第三种是破碎后作为中下基层,加铺基层后再重新铺筑路面;第四种是破碎后作为基层,直接加铺路面。

破碎后的路面要满足一定的要求:首先,旧水泥混凝土板破碎后要在平面上保持强度均匀;结构镶嵌要合理,具有一定的强度。其次,破碎后的路面进行压实时要加强施工工艺;最后,破碎的路面要粒径级配良好,不能有应力集中的现象发生。

旧水泥混凝土路面原地利用的破碎再生处治技术主要包括:原地打(断)裂压稳、破(打)碎压稳(碎石化)。

通常,对于断板率低于10%的水泥路面,采取打裂压稳技术直接加铺沥青混凝土罩面;对于断板率界于0~15%的水泥路面,在打裂压稳之后铺设防反射裂缝材料后加铺沥青混凝土罩面层;而对于断板率超过15%且有明显结构性破坏或相邻板的位移(沉降差)大于4mm的水泥路面,宜采用碎石化技术。在对路基及基层有病害处进行局部处理后,将混凝土面板进行破碎压实作为基层,保证新罩面结构有一均匀稳定的承重层,然后视交通需要,并且结合基层处理后的状况重建路面结构。

(1) 原地打(断)裂压稳

原地打(断)裂压稳法处治原理是在旧水泥混凝土路面上施加高能量低频冲击外力,使旧水泥混凝土路面板开裂而丧失板体性后,再用压实机械进行碾压,从而形成稳定均匀的结构层。该法采用的机械设备有两种,第一种设备是门(铡)刀式冲击破碎机,见图3-133。该设备利用重达5~7t的铡刀下落形成的线状冲击力冲切旧水泥混凝土路面板,从而使旧水泥混凝土路面出现断裂。第二种设备是冲击式压路机,见图3-134。冲击压路机是通过三边、四边、五边或六边形压实轮的滚动对旧水泥混凝土路面板形成间歇而周期性的冲击作用,从而使其破裂。冲击压路机在打裂旧水泥混凝土路面时,能有效地消除旧水泥混凝土路面板的脱空,并起到加固地基的作用。

图3-133 门(铡)刀式冲击破碎机

图3-134 冲击式压路机

(2) 破(打)碎压稳(碎石化)

破(打)碎压稳(碎石化)法处治原理是采用低频振动等方式使旧水泥混凝土路面碎裂,进而用专用压实机械碾压形成下粗上细的碎石结构层的一种处理方式,有时也被称为路面碎石化。

此法采用的机械设备有多锤头破碎机(图3-135)和共振破碎机(图3-136)。多锤头破碎机的工作装置由中间2排各3对锤头,2侧各1对翼锤构成,液压缸的往复运动带动各锤头交替地锤击水泥板块并使其破碎。工作流程将在下面介绍的"3. HB碎石化施工工艺流程中阐述"。

图3-135　多锤头破碎机

图3-136　共振破碎机

共振破碎机是由凸轮旋转产生的偏心力使振动梁带动工作锤头振动,频率约44Hz、振幅20mm。锤头与水泥板接触,振动能量大部分被水泥混凝土板吸收,通过调节锤头的振动频率使其与水泥板块的固有频率成整数倍时,激发其共振,水泥板块因内部颗粒间的内摩擦阻力迅速减小而崩溃。共振式破碎机可控制水泥板块的碎块粒径和破碎深度。

(3)加铺罩面层

原路面破碎压稳后加铺层的路面结构组合可采取"白+黑"结构,即加铺层采用沥青混凝土路面亦可采用"白+白"结构;即加铺层选择水泥混凝土路面。

采用"白+黑"结构加铺沥青层时,可将碎石化层作为基层和底基层,可能采用的加铺方式有4种:直接加铺上、中、下面层的密级配沥青混凝土;加铺沥青稳定碎石基层(主要是开级配沥青碎石基层),然后采用两层面层的形式;加铺抗疲劳层后,再加铺沥青面层;加铺无机结合料稳定类基层,然后再加铺沥青面层。无论何种结构,与碎石化层相接的结构层底面的拉应力或拉应变都是关键的控制因素。

采用冲击压稳或打裂压稳技术,高能量低频冲击外力的作用使旧水泥混凝土路面板裂缝不规则且较细微,使开裂的旧水泥混凝土路面层仍有较高的整体刚性,但均匀性稍差,如直接加铺薄层沥青混凝土,仍有出现反射裂缝的可能。一般还要先加铺20~25cm半刚性基层,再加上10~13cm沥青面层,故高程抬高达30~38cm,影响原地面排水系统。

打碎压稳施工形成的结构层均匀性优于打裂压稳形成的结构层的均匀性,但整体刚度明显低于后者。混凝土板块经碎石化后,水泥面板的破碎程度比较彻底,水泥碎块的最大粒径为20~30cm,经专用压路机压实稳固后混凝土面板表面碎块最大尺寸范围为5~10cm,再经洒布乳化沥青稳定,在结构上不再是刚性板块,而成为类似沥青稳定碎石的一种柔性基层。水泥混凝土路面碎石化后,在铺设沥青面层之间,通常采用乳化沥青灌入再生集料技术,以增强碎石化基层与面层的黏结,提高路面整体强度。

采用"白+白"结构,即将旧水泥混凝土路面碎石化后直接加铺水泥混凝土路面。这种结构相对来说是不利的,其抗水损害的能力相对较低,因此,当回弹模量小于150MPa时,需要加铺适当的无机结合料稳定基层；当回弹模量大于150MPa时,需要加铺沥青防水封层。水泥混凝土路面的加铺厚度应不低于规范规定的最小厚度,碎石化防水封层应不小于1cm。

(4) HB碎石化施工工艺流程

破(打)碎压稳(碎石化)方法中"锤式破碎法"的施工工艺流程,见图3-137。

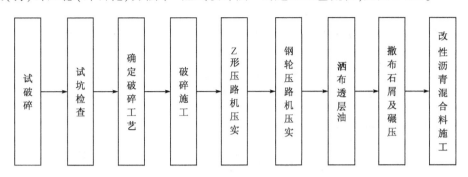

图3-137　HB碎石化施工工艺流程图

锤式破碎法（Hammer broken）,也叫多锤头碎石化技术,它是采用多个重锤反复冲击打碎面板,从而将路面分层打裂成大小均匀的块径。这种技术破碎后的路面,可形成上面层较小、中面层稍粗、底层粒径较大的嵌挤结构。就地破碎,工艺简单,一次成型。完成破碎后,再通过"Z"形压路机(图3-138)压稳,形成平整、稳固的基层结构。路面通过破碎和冲击压实后既能满足基层强度要求,又可消除反射裂缝,为新铺面层提供了理想的基层结构。

采用多锤头破碎机设备的碎石化工艺如下。

首先,在旧路面破碎之前设置好排水设施,并且不得少于2周时间,然后用破碎机(可采用HB4000-2设备)破碎一遍。切割移除暴露的加强钢筋后,采用Z形压路机碾压2~3遍。Z形压路机的作用是保证轮下颗粒不外挤、大小均匀、效果好。

其次,对破碎后的水泥混凝土路面进行检验性碾压,对软弱区域进行移除替换后再用钢轮压路机振动压实3遍。

图3-138　"Z"形压路机

再次,先洒布、灌入改性乳化沥青,其用量为2.5~3.5kg/m²。洒布热的乳化沥青作防水黏结层,其用量为1.0kg/m²。最后,撒布一层粒径为3~5mm的石屑,用16t钢轮压路机碾压2遍。

最后,封闭交通8~12h后,检测路面弯沉值;摊铺热拌沥青混合料调平层和面层,或者铺筑水泥混凝土。

(二)高寒地区水泥混凝土路面快速修补养护技术

众所周知,素水泥混凝土路面需设置各种接缝,路面一旦开始出现局部损坏,若维修不及时或养护不当,就会进一步加剧其破坏。

水泥混凝土路面早期、局部病害最常见的形式为裂缝、孔洞坑槽、接缝附近混凝土局部损坏、边角断裂及表层脱落等。据调查,大多数混凝土路面的严重破损最初都表现为路面局部病害,这些小范围的、局部的、非结构性的、混凝土材料的损害若得不到及时、有效的修复,将导致破损范围进一步扩大、病害进一步加剧,最终导致大范围的、结构性的整板损坏,造成更大的经济损失,即由最初的小范围局部材料破损发展到后期的大范围结构破损。"及时发现、尽早修复"是混凝土路面病害最科学、最经济的处理措施。

用于水泥混凝土路面板局部缺陷快速修补的材料必须采用快硬、高早强黏结力强、韧性好,收缩小,后期性能稳定、耐磨性高,耐久性好的材料。以满足公路修补后快速开放交通的要求。

修补界面黏结强度不低于旧混凝土,以保证局部修补的效果。修补材料的颜色与老混凝土基本一致,无明显差异。

1. 破损快速修复方法分类

由于混凝土路面病害种类较多,不同种类的病害其出现的原因不同,即使是同一类病害(如路面板开裂),其出现的时间及原因也存在差异,因此在进行路面病害修补前,应清楚了解病害出现的原因,有针对性地采取相应的措施,才能得到较好的修复效果。

(1) 局部修补

局部修补旨在消除混凝土路面表面局部的病害,可分为表面薄层(麻面、集料外露等)修复,坑洞(接缝及边角处)局部修复,裂缝注(渗)胶修复,裂缝表面封闭止水修复。局部修补技术在根治剥落、坑洞、初期微细裂缝和板上端1/3板厚之内的其他病害方面十分有效。如果病害延伸深度超过面板厚度的1/3,那么就应改用全厚修补。局部修补技术的应用要合理,它仅用于更换破损混凝土,一般仅能修复路面非结构性损害,而不能修复已损坏的路面结构。不应使用局部修补技术去根除全厚病害,应使用全厚修补或荷载传递修复技术。因此,在确定修补方案前,应对混凝土病害产生的原因进行充分调查。

(2) 全厚度修补(或更换面板)

全厚度修补(或更换面板)不仅可修补或更换破损的材料,而且能恢复路面原有结构,在修复路面结构性损坏(如板面破碎)方面相当有效,但其修补工期较长。一般在修复前尚需对损坏的基层、接缝及传力装置进行处理。全厚度修补见图3-139。

旧水泥混凝土面板全厚度修补时要注意旧板凿除方法、基层损坏修复和设置排水系统3个方面。其一,旧板凿除方法。旧板凿除应注意对相邻板块的影响,尽可能保留原有拉杆。宜用液压镐凿除破碎混凝土板,并及时清运混凝土碎块。其二,基层损坏修复。基层损坏部分应予清除,并将基层整平、压实。个别板块基层宜用C15贫混凝土将路面基层补强,其补强混凝土顶面高程应与旧路面基层顶面高程相同。宜在混凝土路面板接缝处的基层上涂刷一道宽20cm沥青带。其三,设置排水系统。

在对路面排水不良地带进行路面板翻修时,路面板边缘及路肩应设置路基纵、横向排水系统。单一边板块翻修时应在路面板接缝处设置横向盲沟;较长路段翻修时宜设纵横向盲沟,并应在纵坡底部设置横向盲沟。

图3-139 全厚度修补

2. 钢纤维混凝土用于路面断板的快速修复

钢纤维混凝土是在普通混凝土中掺入乱向分布的短钢纤维所形成的一种新型的多相复合材料。这些乱向分布的钢纤维能够有效地阻碍混凝土内部微裂缝的扩展及宏观裂缝的形成，显著地改善了混凝土的抗拉、抗弯、抗冲击及抗疲劳性能，具有较好的延性。

目前水泥混凝土路面断板的处理方法一般情况下是将破碎严重路段的旧混凝土板挖除，再铺上与原设计强度等级相同或者比原设计强度等级高的混凝土。但是新旧水泥混凝土结合强度低，强度发展缓慢，很难在短期内开放交通。这给交通和经济的发展造成了极大的不便。钢纤维混凝土具有高抗折强度、良好的抗冲击性和抗裂性，并且能大大缩短路面快速修复的时间，因此钢纤维混凝土可以应用于水泥路面的新建和快速修复项目中。

（1）钢纤维的种类

常用的钢纤维外形主要有圆直形、扭曲形、长直形、墩头形、端钩形、波浪形等，见图3-140。其中，端钩纤维对混凝土增强、增韧与阻裂效果最好，端钩不仅增进了锚固作用，也提高了界面黏结，得到了广泛应用。

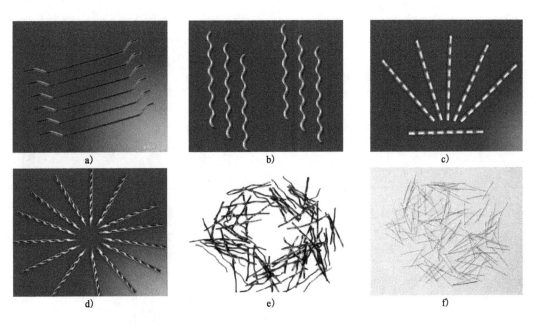

图3-140 常用钢纤维的形状

钢纤维的品种及其性能对钢纤维混凝土的质量和施工都有很大的影响。按生产工艺分，有切断钢纤维、剪切钢纤维、熔抽钢纤维和切削钢纤维四种，钢纤维品种分类见表3-44。

钢纤维品种分类　　　　　　表3-44

钢纤维种类	特　点	抗拉强度
切断钢纤维	用切断机将冷拔钢丝按需要的长度切断而成。切断钢纤维的横截面有圆形或长方形，表面平直光滑，常通过变形处理以增强其表面的机械咬合力，提高黏结强度	由于钢丝经过多次冷拔，材料经受了强烈的塑性变形，抗拉强度大大提高，一般为600～3000MPa

续上表

钢纤维种类	特 点	抗拉强度
剪切钢纤维	使用旋转切削的刀具将一定厚度的冷轧带钢剪切扭曲成矩形断面而形成	由于截面被扭曲成矩形,增强了钢纤维与混凝土基体的黏结力,其抗拉强度为380~800MPa之间
熔抽钢纤维	将碳钢熔化成钢液,经由一个带有刻痕且能高速旋转的熔抽轮的高速旋转,将钢液甩出快速冷却而成	抗拉强度为380~800MPa。这种钢纤维原料来源广泛,制造工序简单,价格较便宜
切削钢纤维	又称铣削型钢纤维。钢纤维的原材料是钢锭或低碳钢厚钢板,用旋转的平铣刀铣削而成,钢纤维的长度为钢板的宽度。	钢纤维在切削过程中受到极大的塑性变形和加工硬化,抗拉强度为380~800MPa

(2)钢纤维混凝土的施工工艺

为了使确定的钢纤维配合比能达到最佳的性能,在施工时应尽量按照以下工艺进行控制,见表3-45。

钢纤维混凝土的施工工艺流程　　　　　　　　　　表3-45

工艺要点	示 例
搅拌: (1)搅拌楼一次拌和量不宜大于其额定搅拌量的80%; (2)投料顺序和方法以搅拌过程中钢纤维不结团和保证生产率为原则,通过试拌或根据经验确定; (3)为保证钢纤维在混凝土中的分散性和均匀性,钢纤维混凝土应比普通混凝土规定的纯拌和时间延长20~30s	
钢纤维混凝土拌和物从出料到运输、铺筑完毕允许时间: 	施工的日间平均温度(℃)	到运输完毕允许最长时间(h)	到铺筑完毕允许最长时间(h)
---	---	---
5~9	1.00	1.25
10~19	0.50	0.75
20~29	0.35	0.50
30~35	0.25	0.35		
铺筑: (1)钢纤维混凝土必须尽量加快施工速度,否则,很快会凝结导致难以摊铺; (2)为保证面板中钢纤维分布的均匀性及结构的连续性,在一块板内的浇筑施工过程不得中断; (3)由于钢纤维的顶托,钢纤维混凝土布料松铺高度宜比普通混凝土略高10mm左右; (4)在浇筑和摊铺过程中,严禁因拌和物干涩而加水,但可喷雾防止表面水分蒸发	

续上表

工艺要点	示　例
振捣： (1)钢纤维混凝土拌和物布料长度大于10m时,可开始振捣作业; (2)为确保钢纤维分布的均匀性,应采用大功率平板式振捣器振捣密实,再采用振动梁压实整平; (3)振动器在每一位置的振动时间一般为15~20s,不得过久,应以振至钢纤维混凝土混合料泛浆,不明显下降、不冒气泡,表面均匀为度; (4)在模板边缘、传力杆等平板式振捣器不易振到的地方,可用高频率插入式振捣棒顺路线方向插入,使钢纤维呈纵向条状集束; (5)面板振实后,随即安装纵缝拉杆	
整平与饰面： (1)三辊轴整平机按作业单元分段整平,作业单元长度宜为20~30m。振捣与整平两道工序时间间隔不宜超过15min; (2)在一个作业单元长度内,三辊轴整平机应采用前进振动、后退静滚方式作业,宜分别作业2~3遍; (3)滚压完成后,将振动辊轴抬离模板,用整平轴前后静滚整平,直到平整度符合要求、表面砂浆厚度均匀为止; (4)饰面的最迟时间不得迟于铺筑完毕允许的最长时间。用3m以上刮尺、刮板或抹刀纵横向精平表面,每个方向不少于两遍。精平后的表面不得裸露钢纤维,也不应留浮浆	
抗滑构造： (1)钢纤维混凝土路面必须使用硬刻槽方式制作抗滑构造。硬刻槽应在抗压强度达到40%后开始,并宜在2周内完成; (2)硬刻槽后应随即将路面冲洗干净,并恢复路面的养护	
养护： (1)钢纤维混凝土路面铺筑完成后立即开始养护。宜采用喷洒养护剂同时保膜覆盖的方式养护,也可采用覆盖塑料薄膜、土工布等洒水湿养方式; (2)日平均温度小于等于5℃施工的钢纤维混凝土路面应采取保温保湿养生措施; (3)养生时间根据混凝土弯拉强度增长情况而定,一般养护天数宜为14~21d,高温天不宜少于14d,低温天不宜少于21d	

(三)高寒地区水泥混凝土路面裂缝灌缝技术

下面以近年来常用的聚氨酯密封胶在高寒地区水泥混凝土路面养护中的应用为例,简述裂缝灌缝技术。

1. 聚氨酯密封胶及其特点

聚氨酯密封胶是一种常温施工的水泥混凝土路面填缝料,具有以下五个特点：

首先,强度较高。耐嵌入度高;塑性较好 弹性、伸长率、柔韧性好。其次,耐久性好。耐磨、耐水、耐化学介质优良。再次,温稳性好。耐老化、耐低温并与水泥混凝土路面有很强的黏结性。最后,环保性好。一般可常温施工,对环境污染小,利于施工人员健康。可采用机械化施工,减轻劳动强度,施工工序简便,施工进度快,工程质量好。

另外,聚氨酯密封胶虽然购买价格稍高(一般是聚氯乙烯胶泥的3倍),但成本可降低18%~20%,另外,由于填缝材料耐嵌入性强,有效地保护了路面的胀、缩功能,施工使用寿命比聚氯乙烯延长5倍使用寿命,降低养护成本。

2. 聚氨酯密封胶生成机理和技术要求

常用的PV聚氨酯密封胶是一种黏结度很高的液体,为常温施工的水泥混凝土路面填缝料。

(1)甲组分(主剂)

甲组分 = 异氰酸酯 + 含羟基的聚醚多元醇。在异氰酸酯过剩的情况下,才发生上述化学反应。

(2)乙组分(固化剂)

扩链剂 + 催化剂 + 填充剂 + 增塑剂 + 其他。使用PV聚氨酯密封胶时,是将甲、乙组分按照一定的比例混合成均匀的浆糊状,灌入接缝,固化后达到修补裂缝,形成没有接口、富有弹性和柔韧性的接缝,防水、密封、防砂石进入接缝的目的。

3. 聚氨酯密封胶的技术要求

PV聚氨酯密封胶的技术要求见表3-46。

聚氨酯密封胶的技术要求 表3-46

名称	灌入稠度	失黏时间(h)	流动度(mm)	拉伸量(mm)	弹性	相对密度	耐高温	耐低温	甲组分外观	乙组分外观
技术要求	<208	6~24	0	>15	复原率大于85%	1.3~1.4	90℃不流淌	-40℃不脆裂	琥珀色黏稠液体	黑色黏稠液体

灌入稠度是指用配合好的PV聚氨酯密封胶,在温度分别为10℃、20℃、30℃的状态下,灌入接缝(接缝的尺寸一般选用15mm×40mm×100mm)中,以时间计算,灌满停表,就是灌入稠度。

4. 聚氨酯密封胶的室内试验

(1)失黏时间及流动度试验

失黏时间是在常温下测定填缝材料的固化时间。流动度试验是测定在高温情况下是否有流淌现象。

(2)弹性试验

弹性试验一般采用球针法进行试验。该试验用以测定填缝材料在使用过程中的柔韧程度,特别是低温时的弹性问题。试验时,一般用3个试件。常温试验:在20~30℃中养护48h,然后分别在25℃的水浴中;低温试验:再在10℃恒温水浴中放置4h;老化试验:放在90℃的恒温水浴中68h。

(3)拉伸试验

①试验目的:检验由于温度引起的混凝土板收缩或膨胀时,填缝材料与接缝的缝壁之间的黏结牢固性。从而使得填缝材料不至于发生脱落、断裂及变形等病害。

②试验方法:试件在 20~30℃ 环境中养护 96h,再在拉伸机上做拉伸试验。

5.聚氨酯密封胶的路面养护施工工艺

(1)清缝

首先,用切缝机使用比缝隙宽度小 1~2mm 的锯片将原来缝清理和切除两遍;其次,用铁钩将缝隙内的残余废渣(必要时可水冲洗晒干)清理干净;再次,用空压机以大于 7.5MPa 压力将缝隙内的灰杂清净。使用切缝机时,严防将原缝扩展,要匀速、平稳、走直。

(2)配料

首先,将乙组分材料搅拌均匀;其次,将甲、乙组分材料严格计算,放入拌和机搅拌至均匀发亮;再次,配料完成后,即移到灌缝机内,随用随拌,避免久放固化。

(3)填缝

上午:温度由低到高,缝内填料低于路面 2~3cm;中午:不宜施工;下午:温度由高到低,缝内填料低于路面 1~2cm 或与路面平齐;灌缝机嘴要经常调整入缝深度,缝宽 3~6mm 深度 > 5mm;8mm 深为 2~3mm。对于重要环节,严格把握施工温度。

(4)收缝

灌缝完毕后 20~30min 内,用小铁铲或腻刀将高出路面部分灌缝料清除。

(5)验收

灌缝完成后,按照质量标准验收(表 3-47)进行验收。

PV 聚氨酯密封胶灌缝质量验收标准 表 3-47

序号	检查项目	允许偏差	检查方法
1	高度	1	钢板尺量测
2	平整度	1(20cm 直尺)	钢板尺量测
3	黏结度	<1%	经验判别,眼睛观察
4	外观	无气泡、不析油;手感与混凝土一致,用手剥离时与混凝土黏结良好	

聚氨酯密封胶最显著的特点为黏结力强、塑性好、温度稳定性和耐久性好。现以甲、乙配合比例分别为 16:100、18:100、20:100 为例:聚氨酯密封胶与水泥混凝土路面接缝的缝壁之间黏结牢固;当路面温差作用产生伸缩变形时,该材料能够与接缝牢固黏结一起,不发生脱落与严重变形,且抗剥落性能好。有较高的拉伸率,填缝料在路面板伸缩时,一般不会拉断。聚氨酯密封胶在夏季温度高时不软化且不流淌;在冬季低温时,甚至温度降到 -30℃,仍然有一定的延伸度。可在常温下施工。耐磨损、耐老化、耐化学物质腐蚀。在恶劣的天气条件下,能保持良好的使用性能。耐砂石嵌入,能有效防止路面接缝挤碎。因此,也是高寒地区水泥混凝土路面养护的首选材料之一。

第四章 路面再生养护技术

路面再生技术,是指将废旧的路面材料加以重复利用的技术,该技术主要针对黑色路面(指沥青面层类路面)中的沥青混凝土路面以及白色路面(指水泥混凝土和整齐的条块石面层)中的素水泥混凝土路面而言。路面再生技术中,应先根据公路路面不同层次的质量要求进行配合比设计,即掺入一定数量的新集料、沥青和再生剂进行拌和,拌和后的混合料在特定环境下进行物理化学反应后,成为达到规范规定的新混合料,从而获得优良的再生路面面层。该技术属于材料循环利用技术范畴,可减轻大气污染、保护路侧环境、减少能源消耗。

国外的路面再生利用技术源于美国 1915 年 Warren Brothers 等人研究的沥青路面再生技术探索实践,后因大规模的公路建设而忽视了对该技术的研究。直到 1973 年石油危机爆发后,美国才开始重视这项技术,并在全国范围内广泛研究,到 20 世纪 80 年代末,美国再生沥青混合料的用量几乎为全部路用沥青混合料的一半,并且在再生剂开发、再生混合料设计、施工设备等方面的研究也日趋成熟。随后欧、美等国家和地区对沥青路面再生进行了大量研究。德国于 1978 年就将全部废弃沥青路面材料加以回收利用;芬兰几乎所有的城镇都组织旧路面材料的收集和储存工作;法国也在高速公路和一些重交通道路的路面修复工程中推广应用再生技术,包括再生沥青混合料的拌制工艺、施工设备研究等,并编制了相应的沥青路面再生技术手册供施工使用。2004 年,作为更加绿色环保的沥青路面温再生技术在美国佛罗里达州诞生,并提出了温拌再生的加工工艺。

我国于 20 世纪 80 年代曾组织过对沥青路面再生的研究,主要是冷拌技术研究和试用,有些省区市相继出台了沥青路面冷再生相应的施工和验收技术规范。交通运输部也颁布了《公路沥青路面再生技术规范》(JTG F41—2008),但总的来说,国内发展不太均衡,目前仍然处于逐步摸索和推广使用阶段。我国无损温再生技术的研究起步于 2010 年,先后由京、湘、陕、津、沪等地的个别高等工科院校和市政单位进行研究,主要是将国外现有温拌剂用于温再生后的相关技术的再次研究。目前,中交第一公路勘察设计研究院有限公司(原交通部第一公路勘测设计研究院)于 2014 年给出的研究成果在行业内较被看好,该成果包括再生机理、辅助渗透设备、混合料组成以及施工工艺等内容,正在逐步通过试验路段积累经验并推广使用。

如图 4-1 所示,路面再生技术分为旧沥青路面再生技术和旧水泥混凝土路面再生技术两大类。旧沥青路面再生利用技术,是采用专用机械设备对旧沥青路面或者回收沥青路面材料(RAP)进行处理,掺加一定比例的新集料、新沥青、再生剂(必要时)等形成新的路面结构层的技术。旧水泥混凝土路面再生利用技术,分为现场再生技术和集料再生技术。水泥混凝土路面现场再生技术是通过专业破碎设备,将旧水泥混凝土原位破碎压稳后用作新路面结构的基层或底基层,习惯上也常将该技术划归为非黏结罩面的表面处理技术范畴;而集料再生技术,即先将旧水泥混凝土现场初步破碎后,运输至集料厂进行再次集中破碎、筛分并去除杂物,回收优质集料,再生出可用于水泥混凝土、水泥稳定碎石、二灰土等混合料的集料。现有的现场破碎压稳工艺主要有多锤式碎石化、冲击压稳以及门板式打裂压稳工艺等。

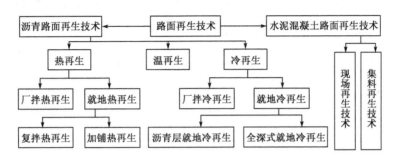

图 4-1　路面再生技术的分类

第一节　沥青路面再生技术及机理

一、沥青路面再生技术

沥青路面再生技术分为冷再生、温再生、热再生三类。下面分别介绍三类技术及其分类和主要技术特点。

沥青路面冷再生技术,指常温下对废旧的沥青路面材料加以重复利用的技术。沥青路面冷再生技术包括厂拌冷再生技术和就地冷再生(图4-2)两种。冷再生具有处理深度深(最大可达到30cm)、适应性好(柔性基础和半刚性基础路面均适用)、节约资源、保护生态环境(施工中对环境污染小)且开放交通早等优势。

图 4-2　就地冷再生施工示意图

沥青路面温再生技术,即沥青路面无损温再生技术,是指在沥青路面铣刨前将一种试剂喷洒到路面上,在特殊机械的辅助下,短时间渗透到路面内部一定深度,使沥青路面在110~130℃温度条件下软化,并可通过专用耙松设备耙松,实现保护沥青和集料级配的目的;将耙松好的旧料收集并在110~130℃温度范围内进行拌和,在不添加任何新料的情况下,再生后的沥青混合料性能可以达到新拌沥青混合料技术指标,属于一种节能环保型的再生技术。

沥青路面热再生分为厂拌热再生和就地热再生两种。厂拌热再生是将旧沥青路面材料(RAP)铣刨后运至拌和厂(场、站),经破碎、筛分,然后以一定的比例与新集料、新沥青、再生剂(必要时)等拌制成热拌沥青混合料,按照热拌沥青混合料的施工工艺重新铺筑路面的一种技术。就地热再生是将旧路面铺层材料就地加热软化,铲起路面废料,增加适当的新拌沥青混合料和再生剂进行机内热搅拌,随即摊铺、熨平和碾压,形成新的路面结构。

(一)沥青路面冷再生技术

沥青路面冷再生技术有按照再生方式分类和按照胶结材料分类两种分类方法。

1. 按照再生方式分类

1)厂拌冷再生

厂拌冷再生技术是将旧沥青路面用特定设备破损、用运输车辆运回搅拌厂储存备用,通过集中破碎、筛分,分析旧料中沥青含量、沥青老化程度、碎石级配等指标,使旧沥青混合料变成沥青再生料,再运输到现场经摊铺、碾压等工序形成沥青路面结构层的技术。厂拌冷再生的主要功能体现在两个方面:其一是,以冷拌沥青混合料的形式实现旧路面沥青层材料的再生利用;其二是,恢复和改善旧沥青混合料路用性能。其优点是性能较好,RAP要求较低,适用范围较广,能耗低、污染小;不足之处是再生混合料强度的形成需要较长的时间且需要加铺一定厚度的罩面层。

厂拌冷再生方式适用于对各等级公路旧沥青混合料回收料进行冷拌再生利用,再生后的沥青混合料根据其性能和工况,可用于高速公路和一、二级公路沥青路面的下面层及基层、底基层,三、四级公路沥青路面的面层。当用于三、四级公路的上面层时,应采用稀浆封层、碎石封层、微表处等做上封层。

2)就地冷再生

如图4-2所示,就地冷再生是采用专用的就地冷再生设备,对沥青路面进行现场冷铣刨,破碎和筛分(必要时),掺入一定数量的新集料、再生结合料、活性填料(水泥、石灰等)、水,经过常温拌和、摊铺、碾压等工序,一次性实现旧沥青路面再生的技术。换言之,就地现场冷再生是在自然环境温度下,连续完成旧路面材料的铣刨、添加定量的新材料(水泥、水、集料)、充分拌和后就地碾压成型,经养生形成满足路用强度等指标要求的新型路面基层。

就地冷再生包括沥青层就地冷再生和全深式就地冷再生两种方式。仅对沥青材料层进行的就地冷再生称为沥青层就地冷再生;再生层既包括沥青材料层又包括非沥青材料层的,称为全深式就地冷再生。全深式就地冷再生之主要功能是将全部的沥青面层和一定厚度的基层进行再生处理,再生后的混合料可用于沥青路面的中、下面层或稳定基层。全深式就地冷再生一般用于病害严重的二、三级公路沥青路面的翻修、升级改建,再生材料可用于沥青路面的基层及轻交通量道路的下面层。

就地现场冷再生的优势是RAP全部就地再生利用,对RAP要求低且价格较低。不足之处是冷再生层不能直接作表面层,需要较长的养护时间,质量控制难度较大。就地现场冷再生主要用于低等级道路的升级改造以及高等级公路半刚性基层柔性化,一般适用于一、二、三级公路沥青路面的就地再生利用,用于高速公路时应进行论证。对于三级公路,再生层可作为面层、基层,用作上面层时应采用稀浆封层、碎石封层、微表处等做上封层。

2. 按照胶结材料分类

根据再生技术中所用胶结材料种类的不同,可分为水泥+乳化沥青和水泥+泡沫沥青两种,分别称为乳化沥青冷再生技术和泡沫沥青冷再生技术。两者的主要差异表现在工艺过程上,性能上的差异有待进一步跟踪观测。乳化沥青冷再生技术一般只用于厂拌冷再生,与传统的水泥稳定碎石的生产工艺较为相似。泡沫沥青冷再生技术既可以用于厂拌冷再生又可以用于就地冷再生。

(二) 沥青路面温再生技术

目前温拌沥青混合料技术(图4-3)主要有沥青—矿物法、泡沫沥青法、有机添加剂法和表面活性剂法四种。温拌沥青混合料技术关键不在于上述的几种方法,而在于温拌剂、加热装置以及温拌设备等,下面分别予以阐述。

图4-3 无损温再生施工现场示意图

1. 温拌再生剂

温拌再生剂是一种喷洒在沥青路面,利用沥青路面辅助养护车辐射后即可快速渗透到路面达一定深度,实现软化路面和再生沥青的一种试剂。

21世纪初,美国不少地方采用Superpave提供的级配温拌再生混合料,添加的温拌剂为Aspha-min zeolite型再生剂,此外,还有Mead Westvaco公司生产的Evotherm DAT温拌剂等。另一种常用的温拌剂为Sasobit的温拌剂,其添加量同样为沥青添加量的1.5%,RAP料占混合料总质量的35%,拌和时同样采用间歇式拌和站进行拌和。温拌剂的添加是利用温拌剂添加专用设备(图4-4)以及温拌剂料仓和喷射口(图4-5)完成。温拌再生混合料的拌和是采用拌和楼,如图4-6所示的是ASTEC公司研制的双滚筒连续式拌和楼。

图4-4 温拌剂的添加设备   图4-5 温拌剂料仓和喷射口

国内常用的是无损温再生剂,它是一种混合性液状,包含有机成分、金属成分等材料。其主要作用是改善沥青混合材料对微波能的吸收能力,通过辅助合成乳化剂,从而间接加热沥青,使得微波沥青辅助器装置能在很短的时间内把沥青混合材料加热到可散化的程度,同时可改善微波辐射加热的均匀性。国内不少地方先后研制了不同型号的微波无损温拌剂,供实际工作中使用。在此限于本书篇幅,不再一一列举。

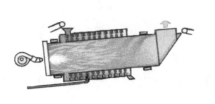 

图 4-6　ASTEC 公司研制的双滚筒连续式拌和楼示意图

2. 微波加热设备(微波辅助渗透墙)

微波加热设备大多数是从仿真微波等离子 CVD 设备得到启示而制造,该系统以多个微波源为加热墙系统核心,以实现微波能对沥青路面的微波辐射加热。微波加热再生装置一般是与卡车结合的微波加热再生装置系统。目前,图 4-7 为总功率为 100kW 的沥青微波现场加热修补工程车。通过该设备对沥青路面的坑槽与裂缝进行了实验性现场热修补工作,并能灵活移动。图 4-8 是新型沥青路面辅助养护车。

图 4-7　微波加热沥青路面加热修补车　　　　图 4-8　沥青路面辅助养护车

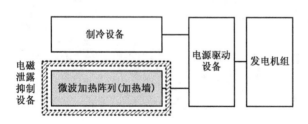

图 4-9　沥青微波辅助作用器系统原理框图

现代微波加热设备的核心部件之一是微波辅助渗透墙(简称微波辅助墙)。图 4-9 为微波辅助墙的系统框图。整个系统由发电机组、电源驱动组、微波辅助阵列、散热系统、电磁泄漏抑制系统(电磁屏蔽系统)等多个部分组成。该系统一般采用多个磁控管阵列的方式,包括喇叭天线(或者其他类型的天线)、变压器、磁控管、散热系统等。微波辅助墙对沥青路面再生原理是:发电机组提供户外的电能,使得微波辅助阵列中的磁控管阵列能转换为微波能量的电能,然后通过天线阵列把磁控管发出的微波能量辐射向沥青路面。

发电站机组是基于微波沥青辅助器装置需要在户外独立工作而配置。磁控管需要一套专门的散热系统,一般有风冷系统和水冷系统两种散热系统。

1)发电站机组与电源驱动组

发电机是基于微波沥青辅助器装置在户外独立工作而配备,一般为两台7.5kW柴油发电机。电源是给每一个磁控管输入独立的电压、电流的配备。

2)微波辅助渗透阵列

微波辅助渗透墙主要由磁控管与喇叭天线(或者其他类型的天线,馈源一般为磁控管)组成。

3)电磁屏蔽系统

为防止微波直接照射损害人体健康,微波墙应设电磁屏蔽系统。其原理是通过采用电磁抑制材料将电磁辐射有效地控制在限定的空间内,以达到防止微波泄漏危害的目的。微波屏蔽装置一般采用金属材料制成的封闭壳体或者金属丝网,使得透过屏蔽层的电磁场强度大幅度衰减,从而实现屏蔽的效果。微波设备的设计、制造和操作应符合相关国家标准,应能充分防止微波泄漏所产生的辐射危险。微波测试可用微波泄露仪等检测。

电磁屏蔽系统一般采用柔性的金属丝网等。图4-10给出了常见的金属丝网的网孔材料,图4-11给出了微波屏蔽链网结构,图4-12给出了微波屏蔽扼流槽弹片结构。

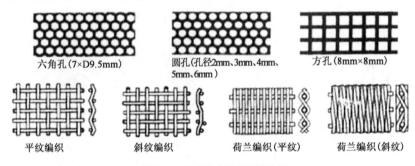

图4-10 常见的金属丝网结构图

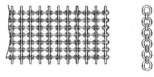

图4-11 微波屏蔽链网结构

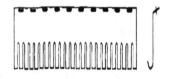

图4-12 微波屏蔽扼流槽弹片结构

4)散热系统

散热系统一般采用风冷系统和水冷系统。两种散热系统在散热强度上相差不大,但二者成本、结构等就大为不同。风冷系统相对而言价格便宜,安装简洁;水冷系统需要配备的设备多,结构复杂。

3.喇叭天线

喇叭天线是由开口波导的开口端渐变扩大形成,由开口波导的末端进行变换得来的,传统的喇叭天线一般都是由一端波导与一端喇叭组成的。喇叭截面逐渐扩大,能明显改善天线与自由空间的匹配。

1)矩形喇叭天线

矩形喇叭天线可以分为H面扇形喇叭天线、E面扇形喇叭天线、角锥喇叭天线和圆锥喇叭天线,其形状如图 4-13 所示。随着喇叭天线的长、宽边的口径分别增大,能很好地改变这个方向的辐射性。传统喇叭天线的结构相对简单,功率容量相对较大,主要被用于微波测量的标准天线。

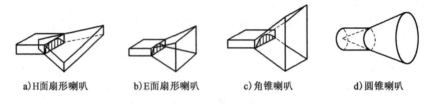

a) H面扇形喇叭　　b) E面扇形喇叭　　c) 角锥喇叭　　d) 圆锥喇叭

图 4-13　矩形喇叭天线

2) 错位排布天线阵列

实践证明,喇叭形布局可影响辅助渗透均匀性。图 4-14 为传统的错位排布阵列示意图,图 4-15 给出了其辅助渗透情况。可见,传统错位排布天线效果不理想,仍然存在非常明显的辅助渗透集中区域。

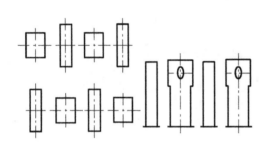

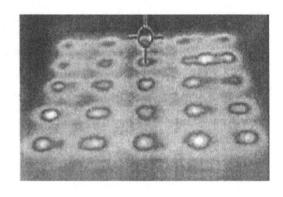

图 4-14　传统的错位排布天线阵列示意图　　　　图 4-15　传统错位排布天线阵辅助渗透情况

图 4-16 为梯状排布的天线阵列示意图,较高的喇叭具有更为分散的辐射,其辅助渗透效果如图 4-17 所示。图中可以看到,辅助渗透软化效果比之前有所改善,但仍存在光斑区域,且受热图案不对称,可能是由于喇叭差异和相位差异所致。

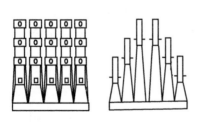

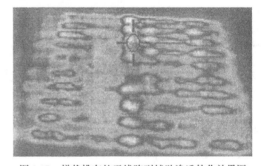

图 4-16　梯状排布的天线阵列示意图　　　　图 4-17　梯状排布的天线阵列辅助渗透软化效果图

3) 微波辅助径向螺旋天线

由于喇叭模式限制而无法缩小喇叭口大小,致使辐射能量相对集中的区域渗透不均匀,为此采用功分和螺旋天线辐射的方式,让单一磁控管覆盖更大的面积,并形成多个辅助中心,即径向螺旋天线阵列。螺旋天线是使用良导体材质(一般情况下是铜)做成螺旋形状的导线(图4-18),螺旋形状导线与同轴导线内导体相连就形成了一个螺旋天线。

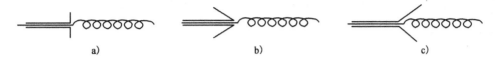

图4-18 几种常见的螺旋天线

螺旋线的主要物理几何参数主要有螺旋天线直径 D、螺距 S 与线圈匝数 n 等。螺旋线的辐射特性主要由 D/λ 所决定,当其值小于或等于0.18时,其最大辐射方向在垂直与轴向的平面内;当 D/λ 在0.25~0.46之间,呈现一个方向沿径向的窄波束。仿真研究表明,采用如图4-19所示的单元结构来对螺旋天线进行馈电为宜。单元结构由同轴—波导转换器、耦合圆台组、通孔、腔体支撑圆柱组、螺旋线天线组、金属腔体、透射板组成。单元结构的工作原理是:螺旋天线组通过同轴—波导转换器馈电,耦合圆台组在腔体中耦合,得到能量作为螺旋天线组的馈电,最终由螺旋天线组辐射出去,实现微波辅助渗透墙单元的功分功能。同轴—波导转换器实现磁控管能量转换为微波能量,相当于现实中磁控管的天线口;耦合圆台组对腔体内部的能量进行耦合,然后馈电给所属的螺旋天线;腔体支撑圆柱组主要是对腔体的结构支撑,同时有一定的调节驻波比的能力;螺旋线阵列组对耦合的能量进行辐射,相当于主要的辅助阵列。径向螺旋阵列天线的原理是基于增加同一辅助区域的有效热区个数的方式来实现微波辅助的均匀度优化。通过对螺旋线的支撑杆进一步优化(图4-20),即通过减小螺旋线支撑杆的半径来减小驻波比。研究还表明,为了达到支撑与传输能量的实际功能,在孔径不变的情况下,螺旋线支撑杆的半径以1.5mm为宜。

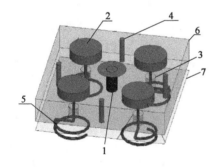

图4-19 径向螺旋辐射器单元结构
1-同轴-波导转换器;2-耦合圆台组;3-通孔;4-腔体支撑圆柱组;
5-螺旋线天线组;6-金属腔体;7-透射板

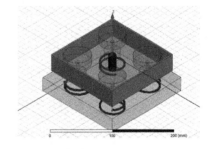

图4-20 螺旋天线微波辅助渗透墙单个辅助单元的结构

综上所述,微波无损温再生剂电磁特性显著,无论在喇叭天线或径向螺旋天线作用下,均可快速响应微波,渗透到沥青路面一定深度内,促使沥青混合料逐渐软化。利用功分和螺旋天线辐射相结合的方式优化,通过紧凑型螺旋径向阵列方法,提高了微波分布均匀性。

4. 微波辅助养护车

微波辅助养护车是将微波核心墙体集成到车上,即在养护车上加装微波辅助渗透墙系统中的辐射屏蔽系统。新型微波辅助养护车,是通过对不同微波屏蔽装置的对比分析,结合路面可能会存在不平整的现实特性,采用微波屏蔽链网结构屏蔽喇叭口径平面以下的主要微波辐射,来保障设备在使用过程中的安全特性的。该车使用柴油发电机组做动力,将柴油发电机组发出的电能转化成微波,利用微波辅助无损温再生剂软化再生沥青路面。

(三)沥青路面热再生技术及其类型

热再生又可分为厂拌热再生和就地热再生。

1. 厂拌热再生

如图4-21所示,厂拌热再生技术是使用一定比例的回收旧沥青混合料(简称RAP)。在不影响混合料性能的前提下,厂拌热再生混合料的各项性能指标要求与对应的热拌沥青混合料相一致,RAP掺配比例不宜过高(一般认为RAP≤20%最佳)。随着RAP掺量的增加,旧沥青性能对于混合沥青性能的影响逐渐增强。

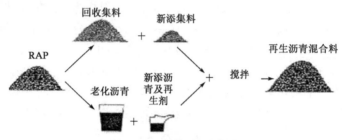

图4-21 厂拌热再生示意图

2. 就地热再生

就地热再生(现场热再生)又可分为复拌再生和加铺再生两种。复拌再生如图4-22所示,是指将旧沥青路面加热、铣刨,就地掺入一定数量的新沥青、新沥青混合料、再生剂,经热态拌和、摊铺、压实成型。掺加的新沥青混合料比例一般控制在30%以内。加铺再生如图4-23所示,是指将旧沥青路面加热、铣刨,就地掺入一定数量的新沥青混合料、再生剂,拌和形成再生混合料,利用再生复拌机的第一熨平板摊铺再生混合料,利用再生复拌机的第二熨平板同时将新沥青混合料摊铺于再生混合料之上,两层一起压实成型。

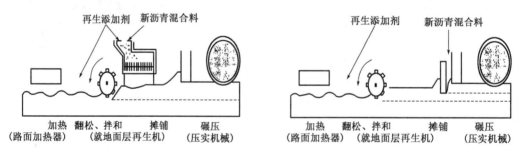

图4-22 复拌再生示意图　　图4-23 加铺再生示意图

二、沥青路面再生技术的原理

由于沥青路面再生机理,对于沥青路面的材料设计与施工程序和工艺,以及再生混合料室内配合比设计和拌和成型模拟方法至关重要。它也是进行混合料的材料设计、工艺设计以及施工试验的基本依据,因此,作为养护技术人员,明确沥青路面再生技术的机理是必要的。

旧沥青再生的机理分为宏观机理和微观机理。目前有"相容性理论"和"组分调节理论"两种理论,前者是从沥青内部结构的化学能来解释,后者是从宏观化学组成量来解释。"相容性理论"从化学和热力学出发,认为沥青产生老化的原因是沥青胶体物系中各组分相容性降低,导致组分间溶度参数差增大。如能掺入一定的再生剂使其溶度参数差减小,则沥青即能恢复到(甚至超过)原来的性质。"组分调节理论"是从化学组分移行出发,认为由于组分的移行,沥青老化后,某些组分偏多,而某些组分偏少,各组分间比例不协调,所以导致沥青路用性能降低,如能通过掺加再生剂调节其组分,则沥青将恢复原来的性质。

相容性理论将沥青分为以大分子沥青质为溶质和以软沥青质为溶剂的两个部分,溶剂和溶质的相容性决定了沥青结构的稳定性。当沥青中沥青质与软沥青质的相容性较好时,表明了两者溶解度参数接近,容易形成稳定性强的高分子溶液,使沥青具有良好的路用性能。可以通过减小或降低沥青质与软沥青质的溶解度参数差,提高软沥青质的溶解能力,使老化沥青性质及路用性能得到恢复。恢复老化沥青性状可以通过添加再生剂的方式。加入再生剂后,软沥青质与沥青质的溶解度趋于接近,减少溶解度参数的差值。此外,通过增加软沥青质,提高沥青中溶剂的相对比例,以提高溶剂对沥青质溶质的溶解能力,改善和提高软沥青质与沥青质的相容性,使沥青性质和路用性能得以恢复。从芳香分与饱和分溶解度参数的比较结果看,芳香分的溶解度参数更接近于沥青质,因此,质量好的再生剂要求含有较多的芳香分组分。由于芳香族的分子属于小分子物质,不稳定且分子量较小,对沥青质具有优良的溶解性和渗入性,可以将大分子链间的许多连接点阻隔、断开,使高分子网格结构中的连接点大大减少,老化沥青的刚度也会随之降低;芳香族分子良好的溶解性和渗入性还可以使处于凝胶状态的沥青溶胀,从而促使大分子间相互作用和运动,增强大分子的柔顺性和沥青的柔韧性。由此可以看出,再生剂的主要成分是芳香分和饱和分。当旧沥青中加入再生剂时,再生剂中的缩合度高的芳烃对老化沥青中的沥青质、胶质的吸附和溶解作用要远大于原老化沥青中小分子芳香分和饱和分对它们的吸附和溶解作用。因此,根据组分调和原理,旧沥青与再生剂间化学组分将发生重新排列和分配,从而会改善沥青四种组分之间的配比关系,形成更为稳定的胶体结构。再生沥青外在的表现就是改变被老化沥青的流变性能。

组分调节理论认为:沥青是一个胶体分散体系,其分散相是以沥青质为核心吸附部分胶质而形成的胶束,并分散在芳烃、饱和烃组成的分散介质中。向沥青中加入适当比例的新软沥青,补充失去的组分,组分调和的实质是通过调整沥青各组分之间的比例,获得满足路用性能要求的沥青。

(一)冷再生原理

厂拌冷再生一般有乳化沥青冷再生和泡沫沥青冷再生两种。它们分别以乳化沥青和泡沫沥青作为再生结合料。现将其再生原理分别介绍如下。

1. 乳化沥青冷再生原理

如图4-24所示,所谓乳化沥青,是将热熔的石油沥青,经过机械作用,以细小的微粒分散到乳化剂水溶液中,形成的水包油的乳状液。

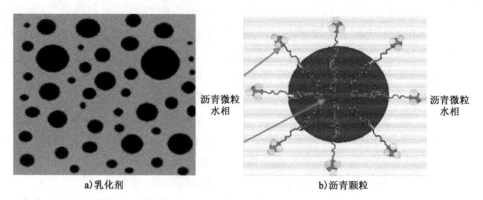

a) 乳化剂　　　　　　　　　　b) 沥青颗粒

图 4-24　乳化沥青

乳化沥青是将黏稠沥青加热至流动状态,再经高速离心搅拌及剪切等机械作用,使沥青形成细小的微粒(2~5μm),且均匀分散在含有乳化剂和稳定剂的水中,形成水包油(O/W)型沥青乳液。

乳化沥青常温下具有较好的流动性,能保证洒布的均匀性。乳化沥青与矿料表面具有良好的工作性和黏附性,可冷态施工,节约能源,减少环境污染。乳化沥青的组成材料主要由沥青、乳化剂、稳定剂和水等组成,各组成成分在乳化沥青中各具功能。

首先,乳化沥青中的沥青选择。乳化沥青的性质将直接决定乳化沥青的成膜性能和路用性能。在选择乳化用沥青时,应首先考虑它的易乳化性。一般而言,相同油源和工艺的沥青,针入度较大者易形成乳液。另外,沥青中活性组分的含量与沥青乳化难易程度有直接关系,通常认为沥青酸总量大于1%的沥青,采用通用乳化剂和一般工艺即可。

其次,乳化沥青中的乳化剂。乳化剂的化学结构是一种"两亲性"分子,即分子的一部分只有亲水性质,而另一部分具有亲油性质,这两个基团具有使互不相容的沥青与水连接起来的特殊功能,在沥青、水分散体系中,沥青微粒被乳化剂分子的新油基吸引,以沥青微粒为固体核,乳化剂包裹在沥青颗粒表面形成吸附层。

乳化剂按其亲水基在水中是否电离而分为离子型乳化剂和非离子型乳化剂两大类,前者又可分为阳离子型、阴离子型和两性离子型。阴离子型乳化剂是在溶于水时能电离为离子胶束,且与亲油基相连的亲水基团带有阴(或负)电荷的乳化剂,如图4-25所示。阴离子型乳化剂最主要的亲水基团有羟酸盐(如 COONa)、硫酸酯盐(如 OSO_3Na)和磺酸盐(如 SO_3Na),三种阳离子型乳化剂在溶于水时能电离为离子或离子胶束,且与亲油基相连的亲水基团带有阳(或正)电荷的乳化剂,如图4-26所示。阳离子型乳化剂按化学结构,主要有季铵盐类、烷基胺类、酰胺类、环氧乙烷二胺类和胺化木质素类等。两性离子型乳化剂在溶于水时能电离为离子或离子胶束,虽然油基相连的新水基团既带有阴电荷,又带有阳电荷的乳化剂。两性离子型乳化剂按其亲水基团的结构和特性,主要有氨基酸型、咪啉型等。但是,两性离子型乳化剂的合成原料来源较困难,价格较高,目前在乳化沥青中较少应用。

非离子乳化剂是在水中溶解时不能离解成离子状态,而是依赖分子所含的羧基(—OH)和醚链(—O—)等作为亲水基团的乳化剂。非离子型乳化剂根据亲水基团的结构可分醚基类、酯基类、酰胺类和杂环类等,但应用最多的主要为环氧乙烷综合物和一元醇或多元醇的缩合物,非离子型乳化剂通常不单独作为沥青乳化剂使用,而主要与阳离子、阴离子乳化剂配合用于制造乳化沥青。

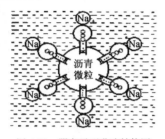
图4-25　阴离子型乳液结构图

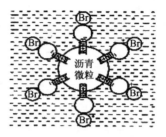
图4-26　阳离子型乳液结构图

稳定剂通常包括有机稳定剂和无机稳定剂两种,其作用是防止已经分散的沥青乳液在储存期间内彼此凝聚,以保证在施工喷洒或机械拌和作用下具有良好的稳定性。稳定剂对乳化剂的协同作用必须通过试验来确定,其用量一般以沥青乳液的 0.1% ~ 0.15% 为宜。

水是乳化沥青的主要组成部分,在乳化沥青中起着润湿、溶解及化学反应的作用。水的用量一般为 30% ~ 70%。

再次,乳化沥青的形成与破乳机理。形成机理揭示沥青能够均匀稳定地分散在乳化剂水溶液中的原因是,乳化降低界面能作用和增强界面膜的保护作用以及界面电荷稳定作用。

其一是,乳化降低界面能作用。沥青与水的表面张力相差较大,一般情况下是不能互溶的,当将乳化剂加入沥青与水组成的溶液中后,乳化剂分子吸附在沥青和水的界面上形成吸附层,从而降低了沥青与水之间的表面张力差,如图4-27所示。其二是,增强界面膜的保护作用。乳化剂分子的亲油基吸附在沥青表面,在沥青和水的界面上形成界面膜,该界面膜具有一定的强度,对沥青微滴起保护作用,使其在相互碰撞时不易聚结。其三是,界面电荷稳定作用。乳化剂溶于水后发生离解,当亲油基吸附于沥青时,使沥青微滴带有电荷(阳离子型乳化沥青带正电荷),如图4-28所示,此时在沥青和水的界面上形成扩散双电层,成为稳定体系。

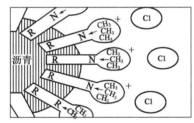
图4-27　乳化剂在沥青表面形成界面膜

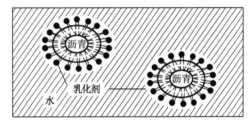
图4-28　阳离子乳化沥青的界面电荷

其四是,分裂(破乳)机理。为了发挥沥青的黏结功能,必须将其从乳液中分离出来,并在集料表面形成连续的薄膜覆盖,这一过程称为分裂,亦称破乳。破乳是借助于蒸发作用和乳液与集料的吸附作用完成的。前者是指乳液中的水分由于落发或被集料吸收而产生分解,多孔、粗糙、干燥的集料易破坏乳液的平衡,加速破乳。后者是指沥青与矿料之间吸附作用。对于阴离子型乳液(带负电荷)与带正电荷的碱性集料(如石灰岩、玄武岩等)具有较好的黏结性,阳离子型乳液(带正电荷)与带负电荷的酸性集料(如黄岗岩、石英石等)具有较好的黏结性。路用乳化沥青的分裂过程见图4-29所示。

乳化沥青要有足够的稳定性,以保证乳化沥青在运输和洒布过程中不致过早破乳。路用乳化沥青的分裂速度与水的蒸发速度、集料表面性质和洒布以及碾压等因素有关。

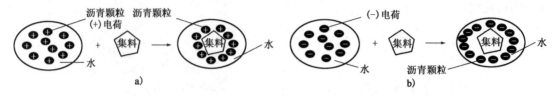

图 4-29 乳化沥青的分裂过程示意图

乳化沥青与矿料拌和后,在空气中逐渐脱水,水膜变薄,沥青微粒逐渐靠拢,乳化剂薄膜挤裂并形成连续的沥青黏结膜层。成膜后的乳化沥青具有一定的耐热性、黏结性、抗裂性、韧性和防水性。道路用乳化沥青的技术要求见表 4-1。

道路用乳化沥青的技术要求   表 4-1

沥青品种以及代号	试验项目与技术要求												
	粒子电荷	破乳速度	筛上残留	黏度		蒸发残留物				黏附性	拌和试验	筛上筛余	存储稳定性	
				恩氏黏度	道路黏度计	残留分含量	溶解度	针入度	延度				1d, ≤	5d, ≤
栏目	1	2	3	4	5	6	7	8	9	10	11	12	13	14
单位	+/-		%	s	s	%	%	0.1mm	mm	级		%	%	%
PC-1	阳离子(+)	快裂	0.1	2~10	10~25	50	97.5	50~200	40	2/3	—	—	1	5
PC-2		慢裂		1~6	8~20	50		50~300						
PC-3		快中		1~6	8~20	50		45~150						
BC-1		慢中		2~30	10~60	55		45~150		—	均			
PA-1	阴离子(-)	快裂	0.1	2~10	10~25	50	97.5	50~200	40	2/3	—	—	1	5
PA-2		慢裂		1~6	8~20	55		50~300						
PA-3		快中		1~6	8~20	50		45~150						
BA-1		慢中		2~30	10~60	55		45~150		—	均			
PN-2	非离子	慢裂	0.1	1~6	8~20	50	97.5	50~300	40	2/3	—	—	1	5
PN-1		慢裂		2~30	10~60	55		60~300		—		3		

注:1. 第 4 栏恩氏黏度是指恩格拉黏度计测定的黏度;
   2. 第 10 栏黏附性是指沥青与粗集料黏附性;
   3. 第 11 栏拌和试验是指与粗细集料拌和试验;
   4. 第 12 栏筛上筛余是指与水泥拌和试验筛上筛余;
   5. 表中"慢中"是指慢裂或中裂乳化沥青;"快中"指快裂或中裂乳化沥青。

2. 泡沫沥青冷再生原理

如图 4-30 所示,所谓泡沫沥青,是指在高温的沥青中加入少量的冷水,由于水的急速气化形成爆炸性泡沫,使沥青表面积大量增加,体积膨胀数倍至数 10 倍,然后在近 1min 内沥青又恢复原状,这种膨胀成泡沫的沥青称为泡沫沥青。沥青膨胀产生泡沫使其黏度下降,从而可以很方便地与冷湿集料拌和均匀。

泡沫沥青是使用专门的沥青发泡设备,向高温沥青中加入少量的水和气,使沥青产生细微的泡沫,形成一种膨胀状态的沥青。泡沫沥青多与水泥一起作为稳定剂,常用于沥青路面的冷再生工程中。

泡沫沥青冷再生技术,需要对沥青要进行发泡试验,确定沥青的发泡性。发泡试验装置如图 4-31 所示。

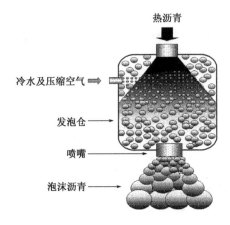
图 4-30　泡沫沥青

图 4-31　泡沫沥青的发泡装置

对泡沫沥青的性能进行评价,通常采用膨胀率和半衰期两个指标。体积膨胀率指沥青发泡膨胀达到的最大体积与泡沫完全消失时和体积之比,它可以反映泡沫沥青原黏度大小。半衰期指泡沫沥青从最大体积降低到最大体积的一半所需的时间,以 s 计,它反映了泡沫沥青的稳定性。对泡沫沥青而言,希望膨胀率和半衰期两个指标都尽可能提高,但实际上两个指标呈现相反的变化趋势,如图 4-32 所示。

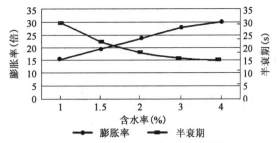
图 4-32　泡沫沥青膨胀率与半衰期的变化趋势

研究表明,当泡沫沥青两个评价指标中的任何一个达到最优而另一个较差时,都不利于泡沫沥青性能的稳定。因此,在设计确定泡沫沥青的发泡条件时,应尽可能通过改变试验参数,使膨胀率和半衰期两个指标均能达到较好的状态,从而获得最佳的沥青发泡效果。

(二) 温再生机理

旧沥青混合料温再生的机理基于三个方面:首先,加速剥离。渗透到结合料内部的活性分子可迅速扩散到集料表面,并与集料表面的活性物质发生有效的化学作用,能够有效降低结合料与石料之间的作用力,从而减弱它们的黏附性,轻松实现旧沥青剥离。其次,降低黏度。温再生沥青路面无损温再生剂中的温拌成分与沥青具有较好的相容性,可以短时间内渗透到旧沥青内部。由于该种物质熔点接近 100℃,会在 110℃ 左右完全溶于沥青胶结料中,并且起到很好的润滑作用,从而使沥青混合料的拌和温度降低 30~60℃,实现无损温再生的目的,即降低沥青的高温黏度。再次,沥青再生。无损温再生剂中的沥青还原成分可对旧料面剥离下的沥青进行调和,还原成分在常温下渗入沥青胶结料中,提高混合料的各项性能,进而恢复混合料的使用性。

温再生机理还取决于采用再生设备类型。以往的温再生一般采用红外或电加热的方式加热沥青、集料及沥青混合料,因为热传导速度低的缘故,必须对材料进行反复加热,致使材料的物理化学性能大幅度削弱。而现任采用的微波温再生是基于辅助渗透软化路面作用机理,不存在上述情况。

1. 微波辅助渗透软化路面作用机理

如图4-33所示,微波作为一种高效环保的加热手段,已陆续应用到路面的加热再生中。微波是频率为300MHz～300GHz的电磁波,是无线电波中一个有限频带的简称,即波长在1mm～1m之间的电磁波。微波频率比一般的无线电波频率高,通常也称为"超高频电磁波"。

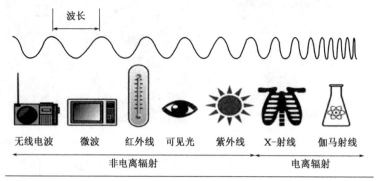

图4-33 微波波段图

一般认为,微波振动同物质分子偶极振动有相似的频率,在快速振动的微波磁场中(图4-34),物质分子的偶极振动尽力同微波振动相匹配,而分子的偶极振动通常落后于微波磁场,这样物质分子吸收电磁能,以数十亿次的高速振动产生热能,因此微波对物质的加热是从物质分子出发的,称为"内加热"。而传统的加热方法,如回流,则是靠热传导和热对流来实现的,即"外加热"。通常,一些介质材料由极性分子和非极性分子组成,在微波电磁场的作用下,介质中的极性分子从原来的热运动状态转为跟随微波电磁场的交变而排列取向。例如,采用的微波频率为2450MHz,就会出现每秒4亿5000万次交变,分子间会产生激烈的摩擦。在这一微观过程中,微波能量转化为介质内的热量,使介质温度呈现为宏观上的升高。

图4-34 微波加热原理图

由此可见,微波加热是介质材料自身损耗电磁能量而加热。微波加热的基本条件是物体本身要吸收微波。水是吸收微波很好的介质,所以凡是含水的物质必定会吸收微波。对于金属材料,电磁场不能透入内部而是被反射出来,所以金属材料不能用微波加热。微波是频段范围为300MHz到3000GHz,属于一种频率相对较高的电磁波。使用微波能量对辐射目标进行辐射加热时,由于被加热介质物料中含有极性分子,它在快速变化的微波能量辐射作用下,其极性取向随着微波场快速地变化,也就使得极性分子不断地进行运动与碰撞,从而得到热能。麦克斯韦方程组是电磁场理论的基础核心,如果以此方程为基础对电磁场能量损耗功率密度表达式进行推导,可对微波辅助原理进行合理的电磁分析。

微波辅助渗透软化机理包括孔道渗透、分项相溶解、微爆扩孔、持续软化机理。孔道渗透(图4-35)是指具有强渗透性的材料通过道路表面的微孔隙、网裂、细缝等,短时间内渗透到道路孔隙中。分相溶解(图4-36)是指材料渗入之后,在微波能作用之下,随着温度逐渐上升,乳液发生相分离,具有沥青强溶解性的成分直接向沥青成分渗透发生溶解,从而降低沥青黏度,水和纳米粉成分充满细微空隙中。微爆扩孔(图 4-38)是指空隙中的微波敏感粉使微波非常敏感,短时间内温度急剧上升到一定值后,导致其与水的温度差加大,在微小密闭的空隙中发生微爆破,在爆破力的作用下,冲开已经溶解降黏的沥青,扩大孔道。持续软化(图 4-37)是指孔道扩大后,后补的乳液材料又再次渗入孔道中,溶解,微爆(图 4-38),循环进行,从而能够将路面短时间内软化 3~5cm。

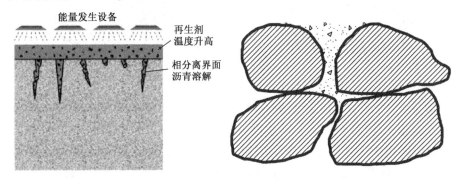

图 4-35　孔道渗透示意图

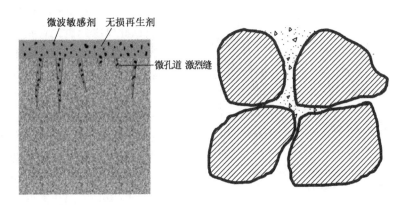

图 4-36　分相溶解示意图

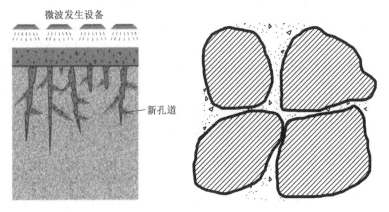

图 4-37　持续软化示意图

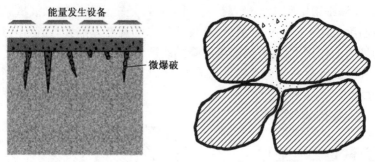

图 4-38 微爆扩孔示意图

2. 红外光谱机理

红外光谱分析法是研究物质化学结构最常用的方法之一,可有效降低沥青混合料拌和温度。它的主要原理是指当连续波长的红外光(波数 1600~650cm^{-1})照射物质时,引起物质分子振动—转动能级的跃迁,物质吸收了某些特定波长的光,通过仪器记录不同波长处的吸光度变化曲线,称为该物质的红外吸收光谱。横坐标常以波数表示,纵坐标常以吸光度表示,吸光度 A 与透射率 T 之间关系为 $A = \lg(1/T)$。

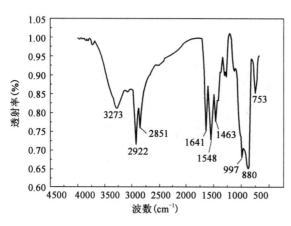

图 4-39 温拌混合料红外图谱

每一个化合物都有其特征的红外光谱,据此可以分析化合物的分子结构。红外光谱在鉴定物质的特征官能团方面具有不可或缺的作用。利用衰减全反射红外光谱(AIR-FTR)分析无损温再生剂中主要官能团,通过分析无损温再生剂中的主要官能团,可以深入研究无损温再生剂降低沥青混合料拌和温度机理,结果如图 4-39 所示。

由图可知,温拌剂再生剂在 3273cm^{-1} 处有较强的吸收峰,结合元素分析中氮元素含量较高的试验结果及 1641cm^{-1} 处的峰形,判断此处的吸收峰为酰胺的仲氨基(—NH)的伸缩振动峰;在 2922cm^{-1} 和 2851cm^{-1} 处的峰为甲基(—CH$_2$)及次甲基(—CH—)的伸缩振动峰;1548cm^{-1} 和 1463cm^{-1} 的峰为甲基和次甲基的弯曲振动峰。1641cm^{-1} 处的峰为仲酰胺中羰基的特征峰。根据对温拌剂再生剂的红外光谱图分析结果可知,温拌剂再生剂中具有亲水的酰胺基团和亲油的脂肪链,因此分子具有两亲性质,它主要作用于两相物质的界面或表面,具有极高的降低表、界面张力的能力和效率;能在一定浓度以上的溶液中形成分子有序组合体,从而将水分分散成小液滴,以微珠的形式分布在沥青中,利用液滴微珠的润滑作用,降低沥青的黏度,从而降低沥青混合料拌和的温度。

(三)热再生机理

沥青再生的实现就需要新旧沥青之间以及旧沥青与再生剂之间的融合。旧沥青再生就是根据生产调和沥青的原理(图 4-40),在旧沥青混合料中添加低黏度的软沥青或再生剂,是调配后的再生沥青具有合适的黏度,并满足相应的路用性质。

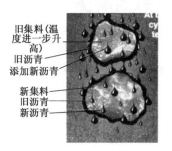 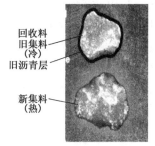 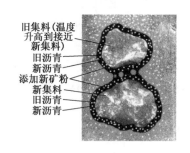

图 4-40　热再生原理

通过对热再生沥青路面大量的机理研究认为,旧沥青黏结剂的再生是沥青路面再生的关键。旧沥青与新沥青以及再生剂结合取得再生效果取决于扩散渗透特征、相容特性和混合条件三个因素。下面从旧沥青、新沥青及再生剂之间的转移、扩散、相容以及复合规律出发,对分析沥青路面中旧沥青、新沥青和再生剂等的宏观和微观相互作用,借助流传导理论、FICK 定律、溶液理论和复合理论,对热再生机理加以诠释。

其一是旧沥青向新集料的传递和分散的对流传导。该理论认为:运动流体与固体表面之间或不互溶的两运动流体之间发生质量传递。由于热再生拌和程序是现将热再生旧料与新料拌和,再加入沥青拌和,属于预热旧料和使得黏结剂分散和新沥青混合。所以属于对流传导范畴。对流传导的传递质量与两运动液体间浓度差成正比,其比例系数称为对流传导质量系数。根据美国沥青协会的研究,转移的沥青膜厚度如图 4-41 和图 4-42 所示。

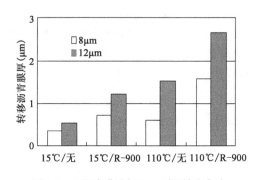 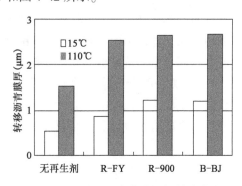

图 4-41　旧沥青膜厚度 12μm 时的转移膜厚　　图 4-42　不同旧沥青膜厚度时的转移膜厚

由图可知,旧沥青预热温度对转移量影响很大;随着旧沥青膜厚度的减少,转移量相应减少;倘若不使用再生剂时,转移量不到 3%。如果旧料预热情况并使用再生剂,转移的旧沥青量只有 6%。添加再生剂加速了老化沥青的转移,转移的沥青质量至少增加 60%。

其二是添加再生剂对旧沥青的扩散和渗透。研究表明,旧沥青量的转移对于新沥青的扩散和渗透提供了边界条件,这样更加有利于新旧沥青之间充分地扩散和渗透。Fick(菲克)研究认为混合料中各组分存在浓度梯度时,则发生分子扩散,并提出了在统一压力和温度下,使用一种简化的微分守恒方程描述扩散过程。该理论证实了影响沥青黏结剂组分渗透扩散的三个因素是温度、黏结剂和时间。

其三是沥青组分调和再生。解释沥青再生的理论为溶液相容理论,该理论用在沥青再生的解释是把老化沥青组分看作是溶质,将再生剂作为溶剂。该理论认为在一定的温度和压力下,其组分相互混合分散均匀,稳定的条件是混合自由能。基于相容理论对于旧沥青的调和再生是沥青在沥青老化过程中,沥青组分呈重质化转移,沥青质含量增多,芳香分含量减少。沥青组分改变的同时,其各组分溶度参数也同时改变,通过适当调配,可以将沥青组分调整到最佳比例。

其四是沥青组分复合再生。支撑这一说法的是复合理论,该理论是将复合材料视为一个多项系统,复合材料的性能和热性能都遵从一定的混合定律方程。

关于热再生的机理,国内外有大量研究,请读者参看有关资料或专著,在此限于本书篇幅,兹不再述。

第二节　泡沫沥青路面冷再生技术

如前所述,冷再生技术采用的沥青一般有泡沫沥青和乳化沥青两种胶结料,分别称为泡沫沥青冷再生技术和乳化沥青冷再生技术,后者将在本章第三节中详细阐述。本节主要阐述泡沫沥青冷再生,即将泡沫沥青用于稳定旧沥青路面材料的技术。使用泡沫沥青拌制的混合料,称为泡沫沥青冷再生混合料。

一、技术术语与施工要求

(一) 技术术语

泡沫沥青冷再生路面结构由沥青面层(磨耗层)、泡沫沥青冷再生层、剩余路面结构层(包括原有路面的部分基层、底基层、垫层和路基等)等多层结构组成。而泡沫沥青冷再生混合料是指使用泡沫沥青作为主要稳定剂,与铣刨料在常温下进行均匀拌和后形成的一种混合料。再生层主要起承重和抗疲劳的作用,应具有足够的强度和稳定性,可以为单层或双层。当再生层用于三、四级公路沥青路面的上面层时,应采用稀浆封层、碎石封层或微表处等做上封层。当再生层作基层或下面层时,沥青面层与泡沫沥青冷再生层之间也应设置封层。

泡沫沥青冷再生设计和施工及养护技术体系示意如图4-43所示。

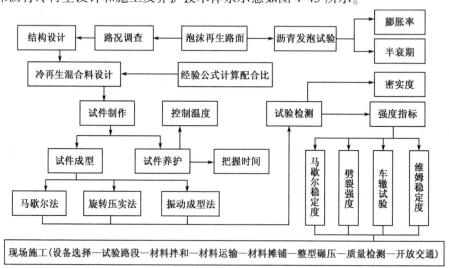

图4-43　泡沫沥青冷再生施工技术体系示意图

泡沫沥青发泡试验过程中有两个指标来控制:其一是膨胀率,指沥青在发泡状态下的最大体积与发泡前的体积之比。其二是半衰期。指泡沫沥青从最大体积衰减至最大体积一半时所需的时间。

对成型的试件,应检验三项指标:其一是马歇尔稳定度和维姆稳定度;其二是车辙试验;其三是劈裂强度,主要是干湿劈裂强度比,简称 ITSR,指马歇尔试件浸水后的劈裂强度与未浸水试件的劈裂强度之比。

(二)施工技术要求

1. 施工气温选择

泡沫沥青冷再生施工宜在气温较高时施工,当气温低于10℃时,不宜进行施工。不应在雨天施工,施工时若遇雨则应采取必要的防雨遮盖措施,保护好已完工的再生层免遭雨淋。

2. 施工设备选型

泡沫沥青冷再生施工应采用专用的路面铣刨和再生设备。

3. 沥青发泡要求

沥青发泡温度宜在 150~180℃ 之间,膨胀率不小于 10 倍,半衰期不小于 10s。泡沫沥青应在混合料中充分分散,一旦发现混合料中存在明显沥青团或沥青丝时,应立即停止生产,查明原因并解决后方可继续生产。已经生产的存在沥青团或沥青丝的混合料不得使用。当泡沫沥青冷再生混合料中含有水泥等活性填料时,从添加活性填料开始至混合料碾压完成的时间间隔不得超过活性填料的初凝时间。

4. 交通管控要求

泡沫沥青冷再生施工前应设专人负责设置路挡、标志牌,控制与疏导通车半幅车道的车辆行驶。泡沫沥青冷再生层碾压完成后即可开放交通,但应限制重载车辆行驶。一般宜在再生层完工 2d 后(再生层含水率以低于拌和时含水率的 40% 为宜)及时加铺封层。

二、原材料技术要求与混合料配比设计

泡沫沥青冷再生混合料设计指标如表 4-2 所示。

泡沫沥青冷再生混合料设计指标　　　　　表 4-2

试 验 项 目		技 术 要 求
劈裂试验 (15℃)	劈裂强度(MPa),不小于	0.40(基层/底基层) 0.50(下面层)
	干湿劈裂强度比(%),不小于	75
马歇尔稳定度 试验(40℃)	马歇尔稳定度(kN),不小于	5.0(基层/底基层) 6.0(下面层)
	浸水马歇尔残留稳定度(%),不小于	75
冻融劈裂强度比 TSR(%),不小于		70

(一)原材料技术要求

泡沫沥青施工常用的材料有沥青、水泥、石灰、石屑和碎石以及水等,各种材料均有严格的

技术要求。

1. 沥青发泡试验与泡沫沥青选用

用于发泡的沥青其技术要求及使用范围应符合《公路沥青路面施工技术规范》(JTG F40—2004)中关于道路石油沥青技术要求中相关的规定。用于重载交通或面层较薄的道路时,宜选用 70 号沥青;当日平均气温低于 20℃时,宜选用 90 号沥青。不得使用改性沥青。

用于泡沫沥青冷再生施工的沥青,应进行发泡性能试验,确定最佳发泡条件,试验方法按照下列步骤进行,并应满足规定的要求。发泡性能用膨胀率和半衰期同时表征,发泡条件包括发泡温度及发泡用水量。

沥青发泡设备可使用维特根 WLB10 型沥青发泡实验机,如图 4-44 和图 4-45 所示,该设备喷射泡沫沥青的速率大约 100g/s。接受泡沫沥青的低碳钢铁桶直径与测量膨胀体积的量尺,应与 500g 沥青的喷射量相对应。试验温度变化时,应对沥青喷射时间进行标定,以保证沥青喷射量在 500g。用水量应与沥青流量值对应,标定完沥青喷射量后,再根据沥青流量标定用水量。沥青与用水量的标定应在一定的气压(通常为 4bar)与水压(通常为 5bar)下进行。

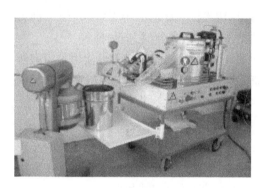
图 4-44　WLB10 实验室用沥青发泡设备图

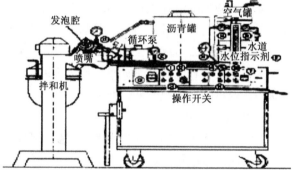
图 4-45　WLB10 实验室用沥青发泡设备简图

其他辅助器具主要有钢桶、量尺与秒表等。钢桶直径为 275mm,容积为 20L;使用随机附带的量尺,或使用精度高于该量尺的其他量具;秒表精度不低于 0.1s。沥青的发泡试验按照下列步骤进行。

(1)泵送沥青并加热:通过试验机泵送循环的沥青应加热至需要的温度(从 150℃开始),并在开始试验前至少维持 5min。

(2)试验器具的标定:首先,标定沥青的喷射流量,并设置计时器,使每次沥青的喷射量为 500g。

其次,设定水流量控制计,达到需要的加入量(通常从沥青质量的 2% 开始)。

(3)发泡时间记录:将泡沫沥青喷射至钢桶里,并在喷射结束后,沥青体积膨胀达到最大的瞬间按下秒表,开始记录时间。

(4)技术指标的测定:使用标尺(与 275mm 直径钢桶和 500g 沥青标定过)测量桶内泡沫沥青的最大高度,并作为泡沫沥青的膨胀率记录。使用秒表测量泡沫衰落至最大体积一半所持续的时间(精确到 0.1s),并作为泡沫沥青的半衰期记录。

(5)平行试验的规定:平行试验重复 3 次,取平均值。至少在 3 个发泡用水量下,重复以上步骤,通常用水量取沥青质量的2%、3%和4%。

(6)关系曲线的绘制:如图4-46所示,在相同的坐标轴下,绘制不同用水量下膨胀率与半衰期的关系图,确定该温度下的最佳发泡用水量。

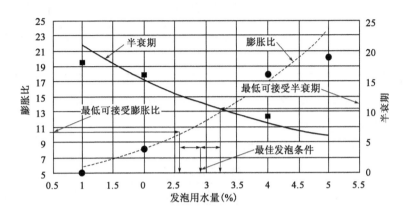

图4-46 确定最佳发泡用水量的方法示意图

(7)最佳水量的确定:重复步骤(1)~(6),可对其他发泡温度(通常为160℃、170℃和180℃)进行检验。

比较不同发泡温度下,最佳发泡用水量对应的膨胀率及半衰期,选择膨胀率与半衰期都最优的发泡温度,作为最佳发泡温度。最佳发泡条件即为此温度以及此温度对应的最佳发泡用水量。

特别指出,泡沫沥青需要进行发泡性能测试、确定最佳含水率和最佳泡沫沥青用量OAC。OAC的测定是以预估的沥青用量为中值,按照一定间隔变化形成5个乳化沥青(泡沫沥青)用量,保持最佳含水率OWC不变,制备马歇尔试件,测试空隙率、干湿劈裂强度,得到最佳沥青用量。然后以该沥青用量成型马歇尔试样,测试冻融劈裂强度比。

2. 水泥与石灰的选择

宜采用强度较低的水泥。普通硅酸盐水泥、矿渣硅酸盐水泥和火山灰质硅酸盐水泥都可用于冷再生,技术指标应符合有关国家标准的要求,其中初凝时间不得小于3h,终凝时间宜在6h以上。快硬水泥、早强水泥或者已受潮变质的水泥不得使用。

石灰质量技术指标应符合《公路路面基层施工技术细则》(JTG/T F20—2015)的要求。

3. 石屑和碎石

石屑和碎石应洁净、干燥、无风化、无杂质,并有颗粒级配,质量稳定,其质量应符合表4-3的要求。

石屑材料与碎石材料质量要求 表4-3

石屑				碎石			
项目	单位	指标	试验办法	项目	单位	指标	试验方法
表观相对密度,≥	g/cm³	2.45	T 0328	表观相对密度,≤	g/cm³	2.45	T 0304
砂当量,≥	%	60	T 0334	石料压碎值,≤	%	30	T 0316

续上表

石屑				碎石			
项目	单位	指标	试验办法	项目	单位	指标	试验方法
塑性指数，≤	—	14	T 0118	吸水率，≤	%	3.0	T 0304
含水率，≤	%	4	T 0332	针片状颗粒含量，≤	%	20	T 0312
				软石含量，≤	%	5	T 0320

注：1. 石屑是指通过4.75mm或2.36mm的筛下部分。
2. 碎石是指粒径大于4.75mm，公称最大粒径为26.5mm的碎石材料；针片状颗粒含量指混合料中的针片状颗粒。

4. 铣刨料的试验与使用

铣刨料应干燥、材料组成稳定，其质量应符合表4-4的要求。

铣刨料质量要求　　　　　表4-4

项　　目		单　位	指　标	试　验　方　法
含水率，不大于		%	4	T 0305
超粒径颗粒(大于31.5mm)含量，不大于		%	15	T 0312
各筛孔通过率的变异性（mm）	0.075	%	±2	T 0301 或 T 0327
	0.6	%	±5	
	4.75	%	±7	
	26.5	%	±10	

当铣刨料中超粒径颗粒含量及材料变异性超过要求时，可采取二次破碎的办法，使其达到要求。

5. 水质分析与使用

以往一些地方对泡沫沥青用水不够重视，甚至未经试验就使用，引发泡沫沥青性能不稳定问题较多。因此原则上凡人或牲畜饮用水均可用于冷再生施工，但应试验确认，尤其是遇有不明水源时，应进行试验鉴定。当采用自然水源时，抽水管应设有滤网，以防止杂草、树根等杂物堵塞再生设备上的喷嘴。

（二）泡沫冷再生混合料设计

泡沫冷再生混合料设计配合比设计流程如图4-47所示。

1. 沥青的最佳发泡条件确定

沥青发泡性能试验如前所述，其目的是确定最佳发泡条件，包括发泡温度及发泡用水量，试验方法按照前述步骤进行。发泡性能用膨胀率和半衰期同时表征，并应满足膨胀率不小于10倍，半衰期不小于10s的要求。

2. 活性填料及其用量的选择

应根据混合后材料(未添加泡沫沥青)塑性指数的试验结果，选择活性填料的种类。

3. 混合料级配范围的选择

用于泡沫沥青冷再生混合料的合成级配范围，宜根据相关规范及当地经验确定，如无资料时，可参照表4-5的要求。

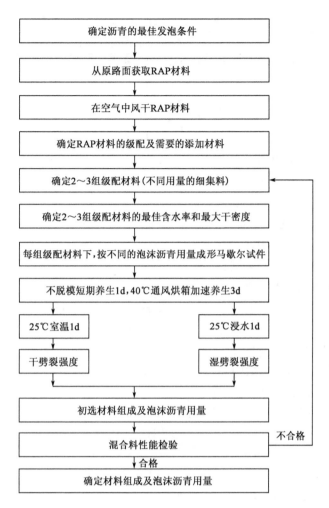

图 4-47 泡沫冷再生混合料设计配合比设计流程

泡沫沥青冷再生混合料合成级配范围参考表　　　　表 4-5

筛孔(mm)	0.075	0.15	0.3	0.6	1.18	2.36	4.75	9.5	13.2	16	19	26.5	31.5
级配上限(通过率,%)	15.0	20.0	25.0	32.0	40.0	50.0	60.0	75.0	85.0	90.0	95.0	100.0	100.0
级配下限(通过率,%)	3.0	6.0	10.0	15.0	20.0	30.0	40.0	50.0	60.0	65.0	70.0	78.0	100.0

泡沫无机结合料全深式冷再生混合料矿料级配参考值见表 4-6；泡沫沥青冷再生混合料工程设计级配范围可参考表 4-7。

无机结合料全深式冷再生混合料矿料级配参考值　　　　表 4-6

筛孔尺寸(mm)	通过各筛孔的质量百分率(%)			筛孔尺寸(mm)	通过各筛孔的质量百分率(%)		
	1	2	3		1	2	3
37.5		100	90~100	4.75	29~49	50~100	28~84
31.5	100			2.36	17~35		20~70
26.5	90~100		66~100	1.18			14~57
19	72~89		54~100	0.6	8~22	17~100	8~47
9.5	47~67		39~100	0.075	0~7	0~30	0~30

泡沫沥青冷再生混合料工程设计级配范围参考表　　表 4-7

类型	各筛孔(mm)的通过率(%)								
	37.5	26.5	19	13.2	9.5	4.75	2.36	0.3	0.075
粗粒式	100	85~100	—	60~85	—	25~65	30~55	10~30	6~20
中粒式		100	90~100	—	60~85	35~65	30~55	10~30	6~20
细粒式			100	90~100	—	45~75	30~55	10~30	6~20

4. 混合料的最佳拌和用水量确定

泡沫沥青试验用量可定为 3%,变化水量进行击实试验,获得最大干密度时,其混合料的含水率即为最佳含水率 OWC。

根据以往施工经验,泡沫沥青冷再生混合料的最佳拌和用水量一般为集料(含水泥但不含泡沫沥青)最佳含水率的 80%。

5. 每盘拌和材料用量的确定

(1) 按下式计算试样的干质量。

$$M_d = \frac{M_w}{1 + 0.01w}$$

式中：M_d——试样的干质量(g);

　　　M_w——试样风干前的质量(g);

　　　w——试样的含水率(%)。

(2) 按照下式确定活性填料(石灰或水泥)的用量。

$$M_C = 0.01 C_C \cdot M_d$$

式中：M_C——水泥或石灰用量(g);

　　　C_C——水泥或石灰含量(%);

　　　M_d——试样的干质量(g)。

(3) 首先计算确定最佳拌和用水量 w_C,然后按下式确定试样中所需的加水质量。

$$M_{ad} = \left(\frac{M_w}{1+0.01w} + \frac{M_C}{1+0.01w_0}\right) \times 0.01 w_C - \frac{M_w}{1+0.01w} \times 0.01w - \frac{M_C}{1+0.01w_0} \times 0.01w_0$$

式中：M_w——试样的风干质量(g);

　　　M_C——石灰或水泥用量(g);

　　　M_{ad}——需要加入试样中的水量(g);

　　　w_0——石灰或水泥的原始含水率(%);

　　　w_C——最佳拌和用水量(%)。

(4) 按下式确定泡沫沥青的用量。

$$M_B = 0.01 B_a \times (M_d + M_C)$$

式中：M_B——需要加入的泡沫沥青质量(g);

　　　B_a——泡沫沥青含量(%)。

6. 泡沫沥青冷再生混合料的拌和

应在确定沥青的最佳发泡条件后,并且其技术指标满足要求时,方可进行泡沫沥青冷再生混合料的拌和。拌和与试件成形宜在常温(25℃左右)条件下进行。每次配制的材料数量应当符合拌和锅的容积要求。

按下式确定试验机上计时器时间的设定：

$$t = \left(\frac{M_B}{Q_B}\right) \cdot f$$

式中：t——试验机上计时器设定的时间(s)；

M_B——需要添加的泡沫沥青质量(g)；

Q_B——试验机上的沥青流量(g/s)；

f——在拌和锅内损失沥青的补偿系数，根据拌和锅的类型，通过试验实测确定补偿系数，例如对于霍巴特(Hobart)拌和锅，该系数通常取1.25；对于强制式拌和锅，该系数通常取1.0。

将试样材料、活性填料、水在拌和锅内一起拌和至均匀。拌和好的泡沫沥青冷再生混合料，必须在活性填料初凝时间内完成成形。

将拌和机与发泡设备对接在一起，以便泡沫沥青直接喷入拌和锅中。开启拌和机，在向拌和锅内喷射泡沫沥青之前至少拌和10s，并在喷射泡沫沥青后持续拌和30s。将拌制好的泡沫沥青混合料转移至容器内，并立即将容器密封，以防水分损失。为尽可能减少水分的损失，应立即成形马歇尔试件。

7. 泡沫沥青冷再生混合料的质量管理

再生混合料的质量管理与检查，主要是结合泡沫沥青冷再生混合料的特点，强调泡沫沥青混合料的外观，即沥青的分散状态，并考虑了含水率的检测。沥青用量检测时，考虑到再生料的变异性和抽提试验的复杂性，在条件允许的情形下，可以采用总量控制的方法。同时对于水泥用量检测，考虑再生料的变异性和滴定试验有时无法实现的情况，在条件允许的情形下，可以采用总量控制的方法。

8. 泡沫沥青冷再生混合料马歇尔试件的成型

首先，清洁试模、套筒、底座和击实锤底面。这些设备不需加热，但应在室温下保存。其次，称量足够拌和好的混合料放入试模，使试件击实高度控制在63.5mm±1.5mm(通常为1150g左右)，用插刀沿周边插捣15次，中间10次，使材料表面成凸圆弧面。再次，用击实锤击实混合料75次，必须保证击实锤自由落下。最后，脱去套筒，将试模反转过来，对另一面同样击实75次。

先将试件连同试模室温条件下放置24h，然后进行脱模，再将脱模后的试件放入40℃±2℃通风烘箱养生72h。

9. 泡沫沥青冷再生路面强度和稳定性试验

1) 劈裂强度试验与干湿劈裂强度比

泡沫沥青冷再生材料的极限劈裂强度σ_S，系指15℃时的极限劈裂强度。劈裂强度试验与干湿劈裂强度比试验至少采用4种不同泡沫沥青用量(通常为1.5%、2.0%、2.5%、3.0%)制作试件，每种泡沫沥青用量下，分别成型两组试件(每组不少于4个)，用于干、湿劈裂强度试验。以两组试件劈裂强度的平均值，计算干、湿劈裂强度比。

劈裂强度试验属于标准的间接抗拉强度(ITS)试验，需要测试试件在干燥和浸水两种条件下的 ITS 值,通过测量试件的最大破坏荷载以确定 ITS 值。具体试验有四个步骤:首先,将养生好的试件在常温(25℃左右)下放置不少于 6h,并且适当去除试件表面的松散颗粒后,再量测每个试件的高度及直径。其次,养生试件,在测试干试件劈裂强度之前,必须将试件置于恒温 25℃ ±2℃ 空气浴中至少 6h。再次,在测试湿试件的劈裂强度之前,必须将试件放入恒温 25℃ ±2℃ 水浴中浸水 24h。最后,按下式计算干湿劈裂强度比 ITSR:

$$ITSR = \frac{ITS_w}{ITS_d}$$

式中:ITSR——干湿劈裂强度比;
　　　ITS_w——湿试件的 ITS 值;
　　　ITS_d——干试件的 ITS 值。

除本试验方法外,其余试验应按照《公路工程沥青及沥青混合料试验规程》(JTG E20—2011)T 0716 的方法进行。

2)泡沫沥青冷再生混合料的无侧限抗压强度试验

泡沫沥青冷再生混合料的无侧限抗压强度试验依据《公路工程无机结合料稳定材料试验规程》(JTG E51—2009)T 0805 规定的方法进行试件成型与强度试验。试件为 φ150mm × 150mm 的圆柱体试件,其中养生方法为:将每个试件脱模后,在室温下静置 24h,然后置于 40℃ ± 2℃ 的通风烘箱中,进一步养生 48h。48h 养生结束后,将试件从烘箱中取出,并冷却至室温。

3)泡沫沥青冷再生混合料的车辙试验

依据《公路工程沥青及沥青混合料试验规程》(JTG E20—2011)T 0719 的规定制作车辙板并进行车辙试验。其中养生方法为:试件带模在室温下静置 24h,然后置于 40℃ ± 2℃ 的通风烘箱中,进一步养生 48h;48h 养生结束后,将试件从烘箱中取出,并冷却至室温。

(1)初选材料组成及泡沫沥青用量。

根据各组材料方案的干湿劈裂强度及干湿劈裂强度比、回归这些指标与泡沫沥青含量关系曲线。选择干劈裂强度及干湿劈裂强度比均最优的材料方案,作为初选组成材料。选取初选材料组成湿劈裂强度最大值,所对应的泡沫沥青用量作为泡沫沥青用量的设计值。

(2)混合料的性能要求。

依据初选材料组成的泡沫沥青用量设计值,重新拌和泡沫沥青冷再生混合料,并对其进行各项性能试验,再生混合料各技术指标与设计参数应满足表 4-8 的要求。

混合料性能指标与设计参数要求　　　　表 4-8

混合料性能指标					混合料设计参数	
类别	技术参数	特重与重交通	中等交通	轻交通	指标	要求
马歇尔试验	稳定度(kN)(60℃)	≥6.0	≥5.0	≥3.0	抗压回弹模量(MPa)(20℃)	500 ~ 1000
	流值(mm)	1.5 ~ 4.5	1.5 ~ 4.0	1.5 ~ 4.0		
强度	劈裂强度 ITS(MPa)(25℃)	≥0.45	≥0.40	≥0.25	劈裂强度(MPa)(15℃)	0.3 ~ 0.7
	无侧限抗压强度 UCS(MPa)(20℃)	≥1.5	≥1.2	≥1.0		
水稳性	干湿劈裂强度比 ITSR	≥0.80	≥0.75	≥0.70		
车辙试验	动稳定度 DS(次/mm)(60℃)	≥4000				

当混合料性能指标不能满足表4-8中的设计要求时,应通过调整材料组成和沥青用量等方法重新进行材料设计。此时,沥青混凝土和半刚性材料设计参数的选取,应按照国家现行规范的要求进行;泡沫沥青冷再生混合料的设计参数,应根据实测确定。

三、泡沫沥青冷再生路面结构设计

(一) 原有路面结构的路况调查分析

原有路面的路况调查,应按《公路沥青路面设计规范》(JTG D50—2017)中关于改建路面设计的调查内容进行,重点调查各路段路面损坏的层位或深度、各层顶面的强度及各层路面材料的性状。调查时,一般是将原路面划分为若干路段,每个路段应选择在具有代表性的地点分别开挖探坑,通过对开挖探坑的调查,填写探坑分析表,其内容包括:探坑的位置、探坑区域产生的病害、铣刨次数及深度、每层材料的形状分析(材料的类型、含水率、塑性指数、铣刨后级配、抽提后级配、沥青含量等)、每次铣刨后路面结构的描述以及铣刨后路面结构的回弹模量等。沥青面层类型应与公路等级、使用要求、交通条件相适应,沥青面层宜选用密级配的材料或通过设置防水层起到隔水作用。泡沫沥青冷再生层的下承层应当具有良好的承载能力,当下承层不满足设计承载力要求时,须进行补强处理。

(二) 泡沫沥青冷再生路面结构设计

泡沫沥青冷再生路面结构设计应按图4-48所示的流程进行。结构设计方法及推荐结构

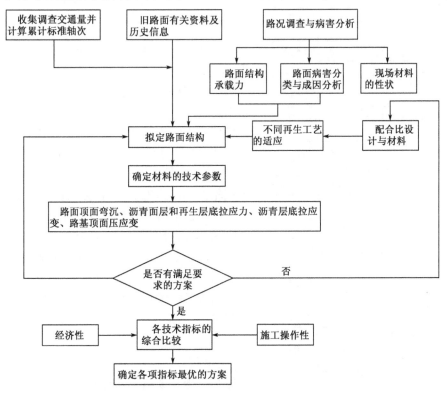

图4-48 泡沫沥青冷再生路面结构设计流程图

形式可按《公路沥青路面设计规范》(JTG D50—2017)中改建路面结构厚度的设计方法进行。其中,路面结构类型系数 A_b 取值为1.6。

对泡沫沥青冷再生层的抗拉强度结构系数 K_s,可按下式进行计算:

$$K_S = \frac{0.0039}{A_c} N_e^{0.43}$$

式中:A_c——公路等级系数,高速公路、一级公路为1.0,二级公路为1.1,三、四级公路为1.2;

N_e——设计年限内一个车道累计当量轴次(次/车道)。

泡沫沥青冷再生路面常用结构厚度推荐见表4-9。用于泡沫沥青冷再生施工的沥青,应进行发泡性能试验,确定最佳发泡条件。根据混合料(未添加泡沫沥青)塑性指数的试验结果,可按照表4-9选用活性填料的种类。

泡沫沥青冷再生路面常用结构厚度以及活性材料选用标准　　　　　表4-9

泡沫沥青冷再生路面常用结构厚度					活性填料的选用标准			
交通等级	特重交通	重交通	中等交通	轻交通	塑性指数	<10	10~16	>16
沥青面层厚度(cm)	≥10	≥5	≥4	—	活性填料	水泥(0~2.0%)	石灰(1.5%~2.5%)	石灰预处理后再稳定
再生层厚度(cm)	15-30	15-25	12-25	15-25				
下承层强度 E_0(MPa)	≥250	≥200	≥150	≥100				

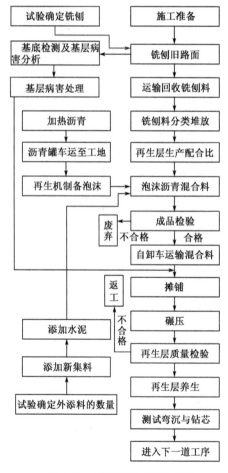

图4-49　厂拌冷再生施工流程图

四、泡沫沥青冷再生路面施工程序与工艺

(一)厂拌泡沫沥青冷再生施工

1. 施工工艺流程

厂拌冷再生施工流程图如图4-49所示。

2. 设备要求

厂拌冷再生施工设备主要有15~40t的水泥料仓1个;装载机2~3台;15t以上热沥青保温罐车2~3台或10t以上沥青加热罐1台;自卸车若干辆;水车2~3辆;路面专用铣刨设备;厂拌再生设备。12t以上双钢轮振动压路机1台(带强弱振动调整);单钢轮振动压路机1台(带强弱振动调整);20t以上胶轮压路机1台;摊铺机1~2台。

图4-50和图4-51为厂拌冷再生施工示意图。厂拌冷再生应采用具有与测重传感器和数据显示仪相连的全电脑控制系统的专用沥青冷再生拌和设备。沥青的喷嘴应能够自清洗,其连续生产能力不宜低于150t/h。

拌和场地的设置应符合国家有关环境保护、消防、安全等规定。拌和场地与工地现场距离符合就近原则。拌和场地应具有完善的排水设施。路面铣刨料和需添加的新料必须分隔堆放,细集料应采取防雨措施,料场及场内道路应做硬化处理,严禁泥土污染。

3. 旧路面的铣刨与病害处理

根据铣刨机的功率及铣刨材料的级配,确定铣刨机的速度范围,一般不宜超过 8m/min。铣刨后的路槽应当平整、坚实和具有符合规定的横坡,不得出现薄的夹层。摊铺泡沫沥青冷再生混合料之前,应安排人员(或清扫车)清扫路槽。

摊铺泡沫沥青冷再生混合料之前,必须对其下承层进行病害调查。对于满足强度要求但出现病害的区域,应进行相应的处理。对于强度不能满足设计要求的,必须进行补强处理。

图 4-50　厂拌泡沫沥青冷再生施工料场示意图

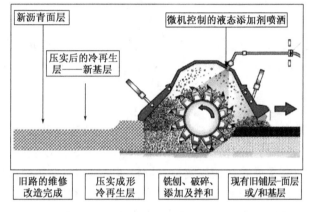

图 4-51　就地泡沫沥青冷再生施工现场示意图

4. 试验路段

在正式摊铺泡沫沥青冷再生混合料之前必须先铺筑试验路段。试验段应当位于施工路段之内,长度控制在 100~200m。试验路段内可根据不同的施工组合方式,确定 2~3 个试验分段。通过试验路段应当确定以下内容:第一,验证现场材料的级配和确定实际生产配合比;第二,热沥青的出厂温度以及沥青的发泡性能;第三,冷再生材料的最大干密度、最佳含水率和添加的水量;第四,摊铺的厚度与速度,以及再生层的松铺系数;第五,泡沫沥青冷再生混合料的性能指标;第六,检验各种施工机械的效率及组合方式是否匹配以及不同压实组合下的压实度。试验路段铺筑应由建设工程主体关系单位共同参加,及时商定有关事项,明确试验目的与内容。铺筑结束后,施工单位应就各项试验内容提出完整的试验路施工和检测报告供报批和备案。

5. 再生混合料的拌制

再生混合料取样应符合现行试验规程的要求。如果厂拌设备料仓数量所限,添加的石屑、碎石可以事先按设计比例混合均匀后,再将其混合物装载到料仓。再生混合料拌和过程中,应经常观测拌和是否均匀,一旦发现沥青出现条状或结团现象,必须立即停止生产。再生材料拌和完成后,应当尽快运输至现场进行摊铺和压实。特别强调,每个工作班结束时应打印出一个工作班材料用量和再生混合料拌和量的统计量,计算沥青、水泥及添加新材料的用量,与设计值及容许值的波动相比较,评定是否符合要求。如果不符以上要求时,宜对设定值适当调整。

6. 再生混合料的运输

再生混合料宜采用较大吨位的运料车运输,但不得超载运输。运料车的运力应稍有富余,施工过程中摊铺机前方应有运料车等候。运料车宜用苫布覆盖,防止运输材料时水分蒸发或遭雨淋。

7. 再生混合料的摊铺

再生混合料的摊铺重点把握三个方面:首先,摊铺机与摊铺方式选择。选择再生混合料宜采用自动找平(钢丝绳或者标高导梁引导的高程控制)方式的摊铺机进行摊铺。摊铺机应缓慢、均匀、连续不间断地摊铺,中途不得随意变换速度或停顿,摊铺速度宜控制在 2～5m/min 的范围内,以防混合料离析。当发现混合料出现明显的离析、波浪、裂缝、拖痕时,应分析原因,予以消除。其次,松铺系数和路拱控制。再生混合料的松铺系数应根据试验路段结果确定。摊铺过程中应随时检查摊铺层厚度与路拱及横坡。再次,缺陷的人工找补。摊铺过程中的缺陷宜由人工做局部找补或更换混合料,但须仔细进行,特别严重的缺陷应整层铲除。

8. 再生混合料的碾压及成型

泡沫沥青冷再生层的具体压实施工流程,可以依据试验路段进行具体确定,确定方法主要考察再生层的压实度、表面的密实情况以及压实的效率等因素。压实施工流程为:双钢轮压路机静压→单钢轮压路机高幅低频强振压实→双钢轮压路机高频低幅弱振压实→视表面干燥情形决定是否洒水→轮胎压路机压实。泡沫沥青冷再生层的终压应采用轮胎压路机进行压实,而且压实前如果再生层表面干燥,应适当洒水,使再生层表面湿润。轮胎压路机的揉搓作用,可使再生层表面更加致密。碾压时注意以下两点:第一,再生混合料摊铺后应及时压实,其单层压实最大厚度不宜大于20cm,当厚度大于20cm时,应经试验路段确定各项施工参数;第二,压路机的工作速度参照《公路沥青路面施工技术规范》(JTG F40—2004)要求进行。碾压时,应重叠1/3 轮宽,后轮压完路面全宽时,即为 1 遍。

9. 工作缝处理

工作缝包括纵向工作缝和横向缝,都应采用垂直的平接缝。所有的接缝处都要往完全压实的路段一侧去除部分材料。纵向接缝至少去除 20cm,横向接缝至少去除 10cm。

(二) 就地泡沫沥青路面冷再生施工

1. 施工流程图

就地冷再生施工流程图如图 4-52 所示。

2. 设备要求

泡沫沥青就地冷再生施工工艺主要应使用轮胎式不带熨平板的就地再生设备。对于履带式带熨平板的就地再生设备,可根据设备的特点做适当调整。

泡沫沥青冷再生施工工艺如图 4-53 所示,其设备包括就地冷再生机、钢轮振动压路机(带强弱振动调整);20T 以上胶轮压路机、平地机、15T 以上热沥青保温罐车、洒水车以及准备与冷再生机连接的推杆、接头、水管。就地冷再生施工应采用最小功率不小于300kW(400马力[1])的专用路拌机械,以确保足够的拌和能力。再生机铣刨转子宽度至少为2m,转速可调,并应具有水平控制系统,保证在连续施工过程中实际铣刨深度和要求的深度误差不超过10mm;须配有检测和试验喷嘴(自清洗),应随时检查沥青的膨胀率和半衰期。

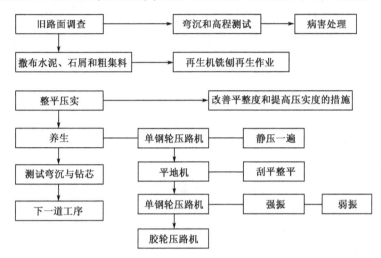

图 4-52　就地冷再生施工工艺流程图

图 4-53　沥青层就地冷再生施工工艺

3. 病害处理

就地再生设计阶段,应对原路面进行详细的病害调查。对泡沫沥青再生铣刨不能处理的病害,或考虑到路面仅再生施工其强度等尚不能满足设计要求的区域,应进行病害或补强处理设计。特别指出,就地冷再生施工前的病害处理比较困难。通常只对强度不足和严重沉陷的区域进行处理。处理的方法可以事先通过再生机进行铣刨,将铣刨的材料暂时堆放在一边,然后再对下承层进行挖除和换填处理,最后再将铣刨的材料回铺至原处。

就地再生施工之前必须清扫路表面,保持路表层表面干净、平整。如果再生层表面不规则,应采取适当的整形方式,以达到线形要求,并保证最终压实后再生层的厚度满足要求。

---

[1] 1 马力 = 735.499W。

4. 试验路段

在就地冷再生施工之前须先铺设试验路段。试验段应当位于施工路段之内,长度控制在 100~200m。在试验路段内可根据不同的施工组合方式,确定 2~3 个试验分段。通过试验路段确定以下内容:第一,验证现场材料的级配和实际生产配合比;第二,冷再生材料的最大干密度和最佳含水率以及添加的水量;第三,热沥青的出厂温度;第四,沥青的发泡性能;第五,再生层压实厚度及松铺系数;第六,不同压实组合下的压实度;第七,泡沫沥青冷再生混合料的性能指标;第八,再生机的铣刨深度和铣刨速度;第九,各种施工机械的效率及组合方式是否匹配;第十,冷再生施工的效率及作业段的长度。

试验段铺筑应由业主驻地负责人、监理机构的专业监理工程师以及施工单位的现场经理部总工程师或专项工程师共同参加,及时商定有关事项,明确试验目的与内容。铺筑完成后,施工单位应就各项试验内容提出完整的试验路段施工和检测报告,报监理工程师批准。

5. 撒布石屑和碎石

石屑和碎石应保持干燥。可将石屑和水泥按照设计比例事先拌和均匀,然后再撒布到路面上。石屑和碎石宜采用撒布车撒布,无条件时也可以采取人工撒布。但人工撒布应事先在路面上用石灰粉打格,宜按照每 100~300m² 的面积进行总量控制,撒布厚度应均匀。

6. 水泥类填料撒布

可采用水泥稀浆搅拌机在再生机铣刨搅拌室内液态添加水泥,也可采用人工撒布的方法。采用人工撒布时,水泥类填料的用量按撒布区域的面积来确定,水泥撒布必须均匀。水泥撒布一旦完成,除了再生机(包括附属设备)以外,其他车辆一律不得进入施工区域。

7. 再生机作业

再生机作业中关键把握三个方面:首先,施工顺序。在直线和不设超高的平曲线段,再生机应首先沿着路幅的外侧开始,然后逐渐向路幅内侧施工;设超高的平曲线段,再生机应首先沿着路幅的内侧开始,然后逐渐向路幅外侧施工。应考虑在再生路面上设置再生机的方向引导措施,保证再生机沿着正确的方向前进。其次,工作速度。应至少每隔 200m 检测和记录再生机的工作速度,以确保再生机保持一定的生产效率和良好的再生效果。工作速度取决于再生机和再生材料的类型,但以 3~8m/min 为宜。再次,跟踪观测。应当安排经验丰富的施工人员在再生机后连续观测拌和材料是否均匀,一旦发现沥青出现条状或结团现象,应立即停止施工并进行处治。

8. 冷再生施工作业段及长度

应根据再生施工的效率,以及添加水泥等活性填料的初凝时间,确定冷再生施工作业段的长度,一般控制在 50~200m 为宜。冷再生施工的每个作业段内,为避免产生夹层,宜一次性整平与压实。

9. 接缝处理

1) 纵向接缝

相邻两个再生幅面应具有一定的搭接宽度。第一个再生作业的宽度应与铣刨毂的宽度一致,所有后续有效再生幅面的纵向搭接宽度不宜小于 15cm。通常,再生层越厚,搭接宽度越大;材料最大粒径越大,搭接宽度越大。

再生机应准确地沿着预先设置的铣刨指引线前行。若偏差超过10cm,应立即倒退至开始出现偏差的地方,然后沿着正确的铣刨指引线重新施工(无须再加水或者稳定剂)。当搭接宽度超过再生机喷嘴的有效喷洒宽度时,后续施工应当关闭若干喷洒嘴,以保证重叠区域没有多余的沥青和水。

2)横向接缝

每当一个工作日结束、两个相连作业段连接处,以及再生施工途中更换罐车或其他情况造成的停机,均会形成横向接缝。重新作业开始前,整个再生机组应后退至离已再生路段至少1.5m的距离,以保证接缝宽度上的材料得到处理。对于超过水泥等活性填料初凝时间的段落,在接缝处应重新撒布水泥,但不用撒布石屑、碎石以及喷洒泡沫沥青。

10. 整形

静压结束后,平地机进行整形工作,消除再生机轮迹印,切削深度应由深至浅。在直线和不设超高的平曲线段,平地机应由路肩向路中心刮平;在设超高的平曲线段,平地机应由内侧向外侧刮平。刮平后多余的混合料应予以废弃。

11. 压实

当路面整形完成后应当及时压实再生材料。压实施工流程为:钢轮压路机静压1遍→平地机整平→钢轮压路机低频高幅压实→钢轮压路机高频低幅压实→视表面干燥情况决定是否洒水→轮胎压路机压实。

再生混合料的压实最大厚度不宜大于20cm,当压实厚度大于20cm时,应经试验路段确定各项施工参数。压路机的工作速度参照《公路沥青路面施工技术规范》(JTG F40—2004)要求进行。碾压时,应重叠1/3轮宽,后轮压完路面全宽时,即为1遍。

五、泡沫沥青冷再生路面施工质量管理与检查

(一)再生设备与操作人员的管理

施工质量管理包括所用关键设备的检查和标定,所用材料的标准试验、试验段检测、施工过程中的质量管理和检查验收(工序间)。首先,应加强对再生设备检查。实践表明,泡沫沥青冷再生施工对一些关键设备的依赖性很强,尤其是专用冷再生设备在对工程质量影响至关重要,故要对关键设备进行管理与检查。其次,操作人员的监管。再生设备操作人员应有一定的经历和较为丰富的经验对新入职人员必须经过专业的培训,熟悉设备的生产流程和操作方法;再次,工地试验室应能进行所用材料的各项常规试验。对于工程量大的项目,工地试验室应当配备专门的室内沥青发泡装置或委托具有室内沥青发泡装置的试验室进行有关试验。最后,建立工地试验和质量检查及工序间的交接验收等制度。即试验、检验应做到原始记录齐全,数据真实可靠。各个工序完结后,均应进行检查验收。经检验合格后,方可进入下一个工序。经检验不合格的段落,必须进行返工或补救,使其达到要求。

(二)施工质量管理与检查

泡沫沥青冷再生路面的质量管理与检查,主要参照《公路沥青路面施工技术规范》(JTG F40—2004)和《公路路面基层施工技术细则》(JTG/T E20—2015)中有关原材料质量管理与检查的内容、方法与频率,同时考虑冷再生施工的特点,增加铣刨材料的质量检查以及沥青发

泡效果的检查。

施工过程中应按照表4-10的要求对再生设备进行检查,一旦出现问题,应立即进行相应处理。

再生设备的检查项目与频度 表4-10

检查项目		目 的	频 率	方 法
就地再生设备	铣刨毂与铣刨刀头	检查铣刨毂和铣刨刀头的磨损情况	每个工作面施工前	目测
	喷洒系统	检查沥青、水喷洒系统是否存在堵塞	每个工作面施工前	试喷和辅助相关仪表
	铣刨速度	检测机器铣刨速度是否满足要求的铣刨速度范围	随时	辅助相关仪表
	铣刨深度	检测机器铣刨深度与实际铣刨深度是否一致	每30~50m	辅助相关仪表
厂拌再生设备	喷洒系统	检查沥青、水喷洒系统是否正常,是否存在堵塞现象	每天施工前,或必要时	试喷和辅助相关仪表
	料门开口比例	检查各料仓的开口比例是否正确	随时	机器上的仪表
	机器的生产率	检查机器的生产率是否在规定的范围内	随时	机器上的显示器

(三)原材料的质量管理与检查

原材料的质量性能指标及检查频度应符合表4-11的要求。

材料质量检查的项目与频度 表4-11

材料名称	试验项目	目 的	频 度	仪器和试验方法
铣刨材料	级配	铣刨材料的级配的变异性是否在允许范围内	当路面结构、铣刨深度、铣刨速度变化时,以及每8000m^2测2个样品	T 0302
	含水率	材料的湿度状况,确定添加的水量	当路面结构、天气等变化,以及再生混合料含水率需要调整时,以及每5000m^2测2个样品	T 0305
	材料的组成	材料的组成是否发生变化	当路面结构、铣刨深度、铣刨速度变化时或其他必要时	目测
	老化沥青含量	为检验新沥青用量提供依据	每15000m^2测2个样品	T 0722或燃烧法
石屑	含水率	含水率是否符合要求,同时确定添加的水量	每8000m^2测2个样品	T 0332
	级配	确定级配是否符合要求	每10000m^2测2个样品	T 0327
	表观相对密度	评定材料质量	施工前或必要时,测2个样品	T 0328
	塑性指数	材料的塑性是否符合规定	施工前或必要时,测2个样品	T 0118
	松方单位质量	计算石屑撒布量	施工前或必要时,测2个样品	T 0309
碎石	外观(石料品种、含泥量)	材料是否符合要求,材料是否变化	施工前或必要时	目测
	针片状颗粒含量	评定材料质量	施工前或必要时,测2个样品	T 0312
	表观相对密度	评定材料质量	施工前或必要时,测2个样品	T 0304或T 0308
	级配	确定级配是否符合要求	每8000m^2测2个样品	T 0302
	压碎值	评定材料质量	施工前或必要时,测2个样品	T 0316

续上表

材料名称	试验项目	目的	频度	仪器和试验方法
沥青	针入度	评定沥青质量	施工前或必要时,测2个样品	T 0604
	软化点	评定沥青质量	施工前或必要时,测2个样品	T 0606
	延度	评定沥青质量	施工前或必要时,测2个样品	T 0605
	温度	检验沥青温度是否符合设计要求	随时	再生机上温度计读数
	发泡效果	检验沥青发泡效果是否符合设计要求	每天开机施工前,或必要时,测试3次	再生机上的测试喷嘴、钢桶、量尺、秒表等
水泥	水泥强度、凝结时间	确定水泥的质量是否适宜使用	施工前,料源变化时重测	水泥胶砂强度检验方法,水泥凝结时间检验方法
石灰	有效氧化钙、氧化镁	确定石灰质量	施工前,料源变化时重测	T 08011、T 08012 或 T 08013

注:1. "随时"是指需要经常检查的项目,其检查频度可根据材料来源及质量波动情况由业主及监理工程师确定;"必要时"是指施工各方任何一个部门对其质量发生怀疑,提出需要检查时,或是根据需要商定的检查频度。

2. 利用再生机上的测试喷嘴检验沥青发泡效果时,可以结合每种机型的特点,在正式施工前或生产过程中进行,具体的试验方法可以参照相关规定进行。

(四)再生混合料的质量管理与检查

再生混合料的质量管理与检查主要把握三个方面:首先,检查就地再生机驾驶室控制面板和厂拌再生设备控制室操作面板各项参数的设定值,核对计算机采集和打印记录的数据与显示值是否一致。其次,从就地再生机后和厂拌再生出料皮带连续观测再生材料的质量和均匀性,一旦发现有任何沥青结团和骨料离析等现象,必须立即停止生产,进行检查。再次,再生混合料质量检查的项目和频度应按照表4-12的规定进行,并如实计算产品的合格率。单点检验评定方法应符合相关试验规程的试样平行试验要求。

材料质量检查的项目与频度要求 表4-12

项目	检查频度及单点检验评价方法	质量要求与允许偏差
混合料外观	随时	观察集料是否存在明显离析情况、泡沫沥青分散情况,有无沥青结团或沥青丝现象
含水率	每4000m^{2}或每800t测2个样品的平均值评定	+1%,-2%
沥青用量(油石比)	每5000m^{2}或每1500t测2个样品的平均值评定	±0.3

续上表

项 目	检查频度及单点检验评价方法	质量要求与允许偏差
活性填料用量	每10000m² 或每3000t 测2 个样品的平均值评定	±0.3
马歇尔试验:稳定度、流值	每天1~2 次,宜4~6 个试件的平均值评定	符合设计要求
强度:劈裂强度ITS 和无侧限抗压强度UCS	ITS:每天1~2 次,宜4~6 个试件的平均值评定	符合设计要求
	UCS:每3 天1 次,宜6~10 个试件的代表值评定	符合设计要求
水稳性(干湿劈裂强度比)	每天1~2 次,宜4~6 个湿试件的劈裂强度平均值与干试件劈裂强度平均值之比,进行评定	符合设计要求
车辙试验	开工前或必要时,测3 个样品的平均值评定	符合设计要求

(五) 再生层的质量管理与检查

泡沫沥青冷再生层在碾压和摊铺过程中,应随时对施工质量进行检查,质量检查的内容、频度、允许偏差应符合表4-13 的规定。

泡沫沥青再生层的质量控制标准　　　表4-13

项 目		检查频度及单点检验评价方法	质量要求与允许偏差		试验方法
			高速和一级公路路试验方法	其他等级公路	
外观		随时	表面平整密实,不得有明显轮迹、裂缝、推挤等缺陷,且无明显的离析		目测
接缝		随时	紧密平整、顺直		目测
厚度(mm)	均值	每1500~2000m²6 个点	-8	-10	施工时插入法量测松片厚度及挖验法量测压实厚度
	单点值		-10	-20	
宽度(mm)	有侧石	检测每个断面	±20		T 0911
	无侧石	检测每个断面	不小于设计宽度		T 0911
纵断面高程(mm)	面层厚度≤6cm	检测每个断面	+5,-10	+5,-15	T 0911
	面层厚度>6cm		±10	±15	T 0911
横坡度(%)	面层厚度≤6cm	检测每个断面	±0.3	±0.4	T 0911
	面层厚度>6cm	检测每个断面	±0.4	±0.5	T 0911
平整度(mm)	面层厚度≤6cm	每200m 每车道2 处,每处连续10 尺	6	8	T 0931
	面层厚度>6cm		8	12	T 0931

注:表中面层厚度是指泡沫沥青再生层上沥青面层的厚度,指标针对再生层。

应对泡沫沥青再生层钻取芯样检验其完整性。一般在龄期 7~10d 时,应能取出完整的芯样。如果再生层取不出完整的芯样,则应找出不合格再生层的界限,进行返工处理。

(六)工程质量的检验评定

原材料的质量管理与检查,主要参照了《公路沥青路面施工技术规范》(JTG F40—2004)和《公路路面基层施工技术细则》(JTG/T E20—2015)中有关原材料质量管理与检查的内容和方法与频率,同时考虑了冷再生施工的特点,增加了铣刨材料的质量检查以及沥青发泡效果的检查。

再生层工程质量的检验评定应符合《公路工程质量检验评定标准 第一册 土建工程》(JTG F80/1—2017)中路面工程质量检验评定的有关规定进行检查。总之,外观表面应平整、密实、无坑洼、无明显离析,施工接茬应平整且稳定。

第三节 乳化沥青路面冷再生技术

在本章第二节中,详细阐述了泡沫沥青混合料施工技术,本节阐述乳化沥青混合料冷再生技术。

一、技术术语与施工要求

(一)技术术语

乳化沥青冷再生路面,是指采用专用机械设备对旧沥青路面或沥青混合料回收料(简称RAP)进行处理,常温下掺加一定比例的新集料、乳化沥青、活性填料(水泥、石灰)等形成路面结构层的技术。乳化沥青混合料中采用的乳化沥青,是石油沥青在胶体磨等机械的高速剪切作用下,与活性乳化剂溶液、稳定剂或其他助剂充分混合,制得的均匀和稳定的乳状液体沥青。集料是指碎石、轧制砾石、筛选砾石、石屑、砂以及矿粉的总称。

乳化沥青路面可以做成乳化沥青表面处治、乳化沥青黏层、乳化沥青贯入式、乳化沥青碎石以及乳化沥青混凝土路面。通常,将乳化沥青混凝土或乳化沥青碎石拌和后,尚未碾压成形的混合料统称为乳化沥青混合料。乳化沥青冷再生路面大多数场合是针对乳化沥青碎石路面和乳化沥青混凝土路面而言。

乳化沥青冷再生混合料是以乳化沥青作为主要沥青结合料,与沥青混合料回收料(RAP)在常温下进行均匀拌和后形成的一种混合料。沥青混合料回收料(RAP)级配是将烘干至恒重的沥青混合料回收料(RAP)进行筛分试验测得的级配。乳化混合料回收料(RAP)的矿料级配是指用抽提法或者燃烧法等其他方法除去沥青混合料回收料(RAP)中的沥青材料得到的矿料级配。

乳化沥青冷再生可分为乳化沥青厂拌冷再生和乳化沥青就地冷再生两种。前者是将沥青混合料回收料(RAP)运至拌和厂(场、站),经破碎、筛分,以一定的比例与新矿料、乳化沥青、活性填料(水泥、石灰等)、水进行常温拌和,常温铺筑形成路面结构层的沥青路面再生技术;后者是指采用就地冷再生设备,对沥青层进行现场冷铣刨、破碎和筛分(必要时),掺入一定数量的新矿料、乳化沥青、活性填料(水泥、石灰等)、水进行常温拌和、摊铺、碾压等工序,一次性实现旧沥青路面再生的技术。

乳化沥青混合料技术指标中,通常要测定最佳含水率,简称OWC,是指乳化沥青冷再生混合料在最大干密度时水的质量与烘干后混合料质量的百分比。

活性填料包括沥青乳化剂和乳化沥青稳定剂以及缓破剂等。沥青乳化剂是一种表面活性剂,其化学结构由亲油基和亲水基组成。它能使沥青微粒在水中形成均匀而稳定的分散系。沥青乳化剂有阳离子型、阴离子型、两性离子型和非离子型。乳化沥青稳定剂是使乳化沥青中沥青微粒的聚结时间减慢、延长乳化沥青破乳时的化学物质。破乳是指乳化沥青中的沥青微粒由分散到聚结的不可逆变化的程度。缓破剂在乳化沥青混合料拌和及运输过程中,能防止矿料与乳化沥青接触面过早破乳的化学物质。

乳化沥青路面成形是指从乳化沥青破乳碾压到路面密实的过程。它包括乳化沥青破乳,水分析出,通过碾压使沥青与矿料黏结牢固,以及通过行车碾压使路面达到密实度要求。成形期随路面类型、施工季节与交通量的不同而异,分成两个阶段。

开放交通后15~30d再做一次乳化沥青单层表面处治,使乳化沥青路面达到平整和密实的要求。

在乳化沥青冷再生路面施工中需要控制油石比和水石比。油石比是指乳化沥青混合料中沥青与矿料的质量比,以百分率表示。水石比是指拌和乳化沥青混合料时,为湿润矿料或延缓破乳时间所加的水或缓破剂水溶液与矿料的质量比,以百分率表示。

干湿劈裂强度比,简称ITSR,是指乳化沥青冷再生试件浸水后的劈裂强度与未浸水试件的劈裂强度之比。

冻融劈裂强度比,简称TSR,是指乳化沥青冷再生试件冻融循环后的劈裂强度与未冻融循环试件的劈裂强度之比。在乳化沥青路面施工中,常以如表4-14所示的符号代替不同的专业含义。

乳化沥青路面施工与养护常用符号及代号　　　　　　表4-14

序号	符号及代号	意　义	序号	符号及代号	意　义
4.1	RAP	沥青混合料回收料	4.5	η	沥青黏度(Pa·s)
4.2	PCI	路面损坏状况指数	4.6	OWC	最佳含水率
4.3	IRI	国际平整度指数	4.7	OEC	冷再生混合料最佳乳化沥青用量
4.4	PSSI	路面结构强度指数	4.8	$ITSR_{d\text{-}w}$	干湿劈裂强度比

乳化沥青的技术性能应符合表4-15的规定。

(二)乳化沥青冷再生路面施工技术要求

为保证乳化沥青冷再生路面的设计和施工及质量控制与检查验收工程质量,特提出如下要求。

1. 原路面调查与分析要求

原路面调查主要有三个方面的内容:

一是,原路面基础数据收集。包括公路等级、设计标准、原路面结构、几何线形、交通状况信息(历年交通量、轴载组成情况等)、养护管理数据(养护历史、路况检测数据等)。

乳化沥青检验记录　　　　　　表 4-15

检验项目		检验结果	检验项目		检验结果
电荷			拌和稳定度	破乳速度	
pH 值				拌和状况	
颗粒直径(μm)	<5 占比(%)			裹覆情况	
	5~10 占比(%)		冻结稳定度	试样外观	
	10~20 占比(%)			1.2mm 筛上余量	
沥青含量(%)			水泥板和试验在 1.2mm 筛上残留物含量(g)	筛上残留物	
1.2mm 筛上余量(%)				水泥用量	
黏度				100g 试样中的沥青含量	
存储稳定度(5d)%	A 样沥青含量			水泥拌和试验残留物含量	
	A 样沥青含量				
	存储稳定度				
蒸发残留物试验	针入度(1/100mm)		备注:针入度试验条件为:针杆质量为100g;温度25°;时间 5s;延度试验温度为 25℃ 溶解度试剂为三氯乙烯		
	延度(cm)				
	溶解度(%)				

二是,原路面技术状况调查。路面技术状况调查主要是进行路面的损坏调查,包括路面内部结构状况和路基路面排水状况以及表面功能衰变状况。路面内部结构状况包括结构损坏类型、病害层位、病害严重程度、层间联系状况、结构层材料性能指标等,可通过探坑开挖、钻芯取样等方式进行检查。原路面结构参数,包括下承层顶面当量回弹模量、路表当量回弹模量等,可通过承载板试验、动力贯入锥触探、落锤弯沉仪法等方法检测。基路面排水状况,包括路表排水设施状况、结构内排水状况、地下排水状况等,可通过人工调查、渗水仪检测等方法检查。路面表面功能衰变包括辙槽、裂缝、平整度、坑槽、波浪、沉陷、泛油等病害调查。

三是,原路面技术状况评价。主要针对交通状况、路面技术状况、路面病害、结构强度、材料组成及性能、排水状况、路基稳定性等数据进行系统深入分析,为再生设计提供依据。评价指标可按照《公路技术状况评定标准》(JTG H20—2007)进行,包括路面损坏状况指数 PCI、路面结构强度指数 PSSI、路面行驶质量指数 RQI、路面抗滑性能指数 SRI、路面车辙深度指数 RDI 等。

对原路面材料进行取样和检测,检测指标主要包括沥青含量、回收沥青各项技术指标及抽提沥青后集料的各项指标等。

2. 沥青和乳化剂选择要求

根据施工季节、所在地区的气候和交通状况,选用合适的道路石油沥青。选择乳化剂时,应遵守下列规定:首先,抽样复验所选择的乳化剂的浓度和离子类型,复验结果必须符合生产厂的产品合格标准。其次,选定的乳化剂试制乳化沥青样品,用显微镜观测,直径 5μm 以下的沥青微粒含量应大于微粒总数的 80%。

3. 乳化沥青制备工艺要求

按配比将乳化剂(需要时掺入稳定剂)充分溶解于水中,制成乳化剂水溶液。乳化剂用量宜为乳化沥青质量的 0.3% ~ 0.8%（按有效含量为 100% 计算）；石油沥青不应含杂质和块状物，必须经过脱水、过滤；将乳化剂水溶液和石油沥青均匀加热到规定的温度，按配比匀速注入乳化机械。加温时，应防止温度过高形成大量泡沫溢出，造成事故。

制备阴、阳离子乳化沥青用水，有严格的技术要求，应通过水质人析试验选用，一般情况下，应符合现行的《生活饮用水卫生标准》（GB 5749—2006）的规定。制作乳化沥青时的乳化温度应通过试验确定。乳化剂水溶液的温度宜为 40 ~ 70℃；石油沥青的温度宜为 120 ~ 160℃；乳化机械的温度宜在 60℃ 以上。低温季节制备乳化沥青时，应预热乳化机械、油泵及管线。

4. 乳化沥青储存与运输要求

乳化沥青制成后，应先送入储存池，抽样检验合格后，再泵入储存容器。乳化沥青的储存设备，应备有搅拌装置，以保证上下层浓度均匀。不同离子型的乳化沥青容器严禁混用。乳化沥青应采用油罐装运，储运温度宜在 20℃ 以上。乳化机械可根据实际情况选用胶体磨、均油机或其他类型的乳化器。寒冷地区乳化沥青的生产设备，应采取保温防冻措施。凡适用于沥青路面的基层，均可作为乳化沥青路面的基层。

5. 乳化沥青冷再生路面使用要求

乳化沥青冷再生混合料可用于高速公路和一、二级公路沥青路面的下面层及基层、底基层，以及三、四级公路沥青路面的面层和基层；当用作高速公路中面层时，应通过专家论证。也可用于各等级公路路肩除表面层外的各结构层，当用于三、四级公路上面层时应采用稀浆封层、碎石封层、微表处等做磨耗层。

乳化沥青冷再生应用除应上述规定外，尚应符合国家、行业颁布的其他有关标准、规范的规定。

二、乳化沥青冷再生路面施工材料要求

（一）原材料技术要求

乳化沥青冷再生路面所用原材料应进行质量检验，经评定合格后方可使用，沥青混合料回收料（RAP）和集料应分开堆放且不得混杂。水泥必须注意防水且避免受潮。

1. 乳化沥青

冷再生使用的乳化沥青材料性能应满足表 4-16 的质量要求。

乳化冷再生路面用乳化沥青质量要求　　　　　　　表 4-16

试 验 项 目		单 位	质 量 要 求	检 验 方 法
破乳速度		—	慢裂或中裂	T 0658
粒子电荷		—	阳离子（+）	T 0653
筛上残留物（1.18mm 筛）不大于		%	0.1	T 0652
黏度[1]	恩格拉黏度 E_{25}		2 ~ 30	T 0622
	25℃赛波特黏度 v_8	s	7 ~ 100	T 0621

续上表

试 验 项 目		单 位	质 量 要 求	检 验 方 法
蒸发残留物	残留分含量　不小于	%	62	T 0651
	溶解度　不小于	%	97.5	T 0607
	针入度(25℃)	0.1mm	50～130	T 0604
	延度(15℃)不小于	cm	40	T 0605
与粗集料的黏附性,表附面积　不小于			2/3	T 0654
与粗、细粒式集料拌和试验		—	均匀	T 0659
常温储存稳定性	1d　　不大于	%	1	T 0655
	5d　　不大于		5	

注:恩格拉黏度和赛波特黏度指标任选其一检测。

厂拌冷再生宜采用慢裂型乳化沥青,就地冷再生宜采用中裂型或慢裂型乳化沥青。乳化沥青应在常温下使用,使用时乳化沥青温度不宜高于60℃。

2. 集料

粗、细集料质量应符合《公路沥青路面施工技术规范》(JTG F40—2004)的有关规定。

3. 水泥

水泥作为乳化沥青冷再生混合料的活性添加剂时,可以采用普通硅酸盐水泥、矿渣硅酸盐水泥、火山灰硅酸盐水泥,不应使用快硬水泥、早强水泥。水泥应疏松、干燥,无聚团、结块、受潮变质。水泥强度等级可为32.5或42.5,其技术指标应符合《公路路面基层施工技术细则》(JTG/T E20—2015)的有关规定。

4. 石灰

石灰的技术指标应符合《公路路面基层施工技术细则》(JTG/T E20—2015)的有关规定。石灰在野外堆放时间较长时应覆盖防潮。

5. 矿粉

矿粉技术指标应符合《公路沥青路面施工技术规范》(JTG F40—2004)的有关规定。

6. 水

饮用水可直接用于生产乳化沥青及冷再生混合料。非饮用水用于生产乳化沥青及冷再生混合料时,不应含有油污、泥和其他有害杂质,且经试验验证不影响产品性能和工程质量。

7. 乳化混合料回收料

乳化沥青厂拌冷再生时沥青混合料回收料(RAP)必须经过预处理后方可使用,应特别重视沥青混合料回收料(RAP)的二次破碎,降低沥青混合料回收料(RAP)中黏结块料的含量。沥青混合料回收料(RAP)样品应满足表4-17中的技术指标要求。

冷再生沥青混合料回收料(RAP)检测项目与质量要求　　　　表 4-17

材料	检测项目	技术要求	试验方法	材料	检测项目	技术要求	试验方法
RAP	含水率	实测	参照现行相关规范	RAP 中的沥青	针入度	实测	《公路工程沥青及沥青混合料试验规程》（JTG E20—2011）
RAP	RAP 级配	实测	参照现行相关规范	RAP 中的沥青	60℃黏度	实测	《公路工程沥青及沥青混合料试验规程》（JTG E20—2011）
RAP	沥青含量	实测	参照现行相关规范	RAP 中的沥青	软化点	实测	《公路工程沥青及沥青混合料试验规程》（JTG E20—2011）
RAP	砂当量(%)	≥50	参照现行相关规范	RAP 中的沥青	15℃延度	实测	《公路工程沥青及沥青混合料试验规程》（JTG E20—2011）
RAP 中的粗集料	针片状颗粒含量、压碎值	实测	按备注	RAP 中的细集料	棱角性	实测	按备注
备注	《公路工程集料试验规程》(JTG E42—2005)						

注：用于公路等级较低或者是所处层位较低的冷再生层时，RAP 中的沥青和粗细集料指标可不做检测。对于燃烧法不会对石质产生损坏的材料，可用燃烧法替代抽提法获得粗细集料用于检测。

(二)乳化沥青试验方法

1. 乳化沥青的取样

从乳化沥青成品中用规定的方法取一定数量的样品，检验其性能，以判断乳化沥青的质量。

取样时，应在容器的上、中、下部且与材料界面距离大于 5cm 的位置均匀取样。如容器中乳化沥青经充分搅拌时，也可在排放管口取样。进行品种鉴别或某项指标的检验时，取样数量为 1~2kg。对批量产品，每 10t 为一取样组，不足 10t 亦为一取样组，每组取样数量为 5~10kg。

取样用具及容器应洁净干燥。取样后，应将盛试样的容器加盖。

2. 材料技术指标试验

1)恩氏黏度试验

恩氏黏度是指取 200mL 乳化沥青试样，在 25℃温度下从恩格拉黏度计流出的时间与同量的蒸馏水从恩格拉黏度计流出的时间之比。试验仪器有包括能保持试样温度 25℃±0.5℃的试样容器在内的恩格拉黏度计，最小读数为 0.1s、15min 的误差为 ±0.5% 的秒表，以及筛孔孔径 1.2mm 的滤筛等。

试验时，先将先试样在密闭条件下于室内存放 24h，基本上消除泡沫，再将试样装入 500mL 的深容器，在不产生气泡的条件下搅拌均匀，然后用孔径 1.2mm 的滤筛过滤后将试样容器置放在 25℃±0.5℃的水浴槽中 30min。

试验前要先用汽油，然后用蒸馏水洗净试样容器；用蒸馏水从恩格拉黏度计流出时间，做 3 次平行试验，取平均值作为蒸馏水流出时间，3 次平行试验误差不得大于 0.5s。再测定乳化沥青试样从恩氏黏度计流出的时间，平行试验不少于 2 次，时间间隔不大于 15min，取其平均值作为试样流出时间 t，2 次平行试验误差不得大于 0.2s。然后按照下式计算恩格拉黏度。

$$E_{25} = \frac{t_s}{t_w}$$

式中：E_{25}——恩格拉黏度；

t_s——试样流出的时间(s)；

t_w——蒸馏水流出的时间(s)。

2)标准黏度试验

标准黏度是指 50mL 的乳化沥青,在 25℃时,从直径为 3mm 的标准黏度计流出的时间。

标准黏度试验所用仪器为配有直径 3mm 的流孔(包括保温槽、试样铜管、金属球塞棒和保温槽盖)的标准黏度计,在 100mL、25mL 处有明显标记的 2 个量筒,两支 0~100℃、最小刻度 0.5℃温度计,最小读数为 0.1s、15min 的误差 ±0.05% 的秒表,容量约 120mL 蒸发皿,筛孔孔径 1.2mm 的滤筛以及电热器或煤气炉等。

试样准备是先将试样在密封条件下于室内存放 24h,基本上消除泡沫,再将试样装入 500mL 的深容器,在不产生气泡的条件下搅拌均匀,然后用孔径为 1.2mm 的滤筛过滤。

试验时,用球塞棒堵住流孔,在流孔下放置蒸发皿,以接收不慎流出的试样。向保温槽内注入温水,转动搅拌叶片,调匀水温使其温度比试验温度高 1~2℃(如试验温度低于室温时应用冷水,水温应比试验温度低 1~2℃),将试样加热至高于试验温度 2~3℃(如试验温度低于室温时,试样加热温度应低于试验温度 2~3℃),慢慢注入试样铜管内,使试样液面达到垂直的球塞棒上的标记,用温度计慢慢搅动试样铜管内的乳化沥青试样,当试样在 25℃±0.5℃ 时,移去流孔下的蒸发皿。对准流孔中心放置的 100mL 量筒,保持试样 25℃±0.5℃恒温 1~3min 后取出温度计,提起球塞棒,依据球塞棒上的标记悬挂在试样钢管壁上。试样流入量筒 25mL 时开动秒表,待流至 75mL 时停表,记下流出的秒数。同一试验至少重复两次,两次平行试验结果与平均值的误差不得超过 ±5%。取两次平行试验的平均值为最终结果。

3)筛上余量试验

筛上余量是指将 500g 试样通过孔径为 1.2mm 的滤筛,烘干后称量筛上残留的沥青,其质量占试样质量的百分率(%)。

该试验采用的仪器有直径 75mm、高 25mm、筛孔孔径 1.2mm 的圆筛,直径(100mm)和高(10mm)的器皿(若有筛底亦可用筛底代替),2 个 750~1000mL 的烧杯,200℃且可调温 ±1℃的电热干燥箱,量程 200℃且最小刻度为 1℃的温度计,称量 2000g(感量 2g)及称量 100g(感量 0.1g)的天平各一台,调温电炉或煤气炉,搅拌用玻璃棒等。

试样在密封条件下于室内存放 24h,基本上消除泡沫。称取试样 500g±5g 放入烧杯中,在不产生气泡的条件下搅拌均匀。

试验时,先将圆筛、筛底、烧杯等用汽油擦洗,再用蒸馏水洗净,烘干后分别称量,准确到 0.1g;再用蒸馏水湿润滤网,用玻璃棒搅匀试样,徐徐注入圆筛,并用蒸馏水将烧杯内的残留试样充分冲洗过筛,用蒸馏水将筛上残留物充分冲洗过筛,直至冲洗水不出现乳化沥青颜色为止;将冲洗后的圆筛置于筛底上,放于 105~110℃ 的电热干燥箱中烘 2~4h,再冷却 30min,用 100g 天平的称量圆筛、筛底和筛上残留物的总量 m,准确到 0.1g。按照下式计算筛上筛余量,计算结果取一位小数。

$$P_r = \frac{m - m_1 - m_2}{m_3} \times 100\%$$

式中:P_r——筛上余量(%);

m——圆孔筛、筛底和残留物总量(g);

m_1——圆筛质量(g);
m_2——筛底质量(g);
m_3——试样质量(g)。

4) 附着度试验

附着度是指取一颗粒径为 20~30mm 的碎石在水中浸泡 1min,然后在阳离子乳化沥青试样中浸泡 1min,在室温下放置 20min 后用水清洗,检验沥青膜的残存情况,以沥青膜附着面积的比例表示。

该试验所用仪器包括 2 个 750~1000mL 烧杯、200℃(可调温±1℃)的电热干燥箱、秒表、干湿温度计以及玻璃棒等。

先将试样在密封条件下于室内存放 24h,基本上消除泡沫,用孔径为 1.2mm 的滤筛过滤;取试样 500mL±5mL 放入烧杯中,在不产生气泡的条件下搅拌均匀,再准备工程上拟使用粒径为 20~30mm 的碎石约 100g。将碎石洗净,在 105~110℃ 电热干燥箱中烘干。

试验时,取粒径为 20~30mm 比较方正的碎石一颗,在室温下冷却,用细铅丝系好;用两个烧杯分别装 400mL 左右的蒸馏水和 300mL 左右的试样。将用铅丝系好的碎石先在水中浸泡 1min,再放入试样中浸泡 1min,浸泡位置应是水和试样的几何中心;提出碎石,在室温为 20~30℃、湿度为 50%~80% 的条件下,悬挂 20min;然后用手提着铅丝在装水的烧杯中上下移动 3min,移动速度为每分钟 30 次,移动高度差为 50mm,观察碎石表面沥青膜的残存面积,以附着面积的比例表示。

当室内气温低于 20℃ 或湿度大于 80% 时,可将浸泡过乳化沥青试样的碎石在室温下悬挂 24h,再于 60℃ 水中浸泡 5min,然后观察表面情况。

5) 破膜度试验

破膜度试验是指取粒径为 15~25mm 的碎石约 50g,在阴离子乳化沥青试样中浸泡 1min,于室内放置 24h,然后在 40℃ 水中浸泡 5min 后,检验沥青膜的残存情况,以沥青膜附着面积的比例表示。

该试验所用仪器包括筛孔孔径 2.5mm 以及内径 75mm 和 100mm 的圆筛各 1 只,1.2mm、15mm 及 25mm 标准筛各 1 只,2 只 750~1000mL 的烧杯,内径 150mm、高 75mm 的金属或玻璃容器,100℃ 温度计、200℃(可调温±1℃)温度计、电热干燥箱以及电热器或煤气炉等。

试验前先将试样在密封条件下于室内存放 24h,基本上消除泡沫,用孔径为 1.2mm 的滤筛过滤;取试样 300mL±5mL 放入烧杯中,在不产生气泡的条件下搅拌均匀;准备粒径为 15~25mm 的石灰岩碎石约 100g,其中粒径为 15~25mm 的碎石应占 85% 以上。

试验时,先将碎石洗净,在 105~110℃ 电热干燥箱中烘干,取约 50g,在室温下摊开冷却;然后将这些碎石放在直径 75mm 的圆筛上,连同圆筛一起,在阴离子乳化沥青试样中浸泡 1min,取出后将碎石互不接触地平放在 100mm 的圆筛上,于室内放置 24h;再把 1000mL 的水注入内径 150mm、高 75mm 的金属或玻璃容器中,加热使水温保持在 40℃±1℃,把直径 100mm 圆筛和筛上的碎石同时浸入水中 5min,检验沥青膜残存面积的比例。最后,用肉眼判断沥青膜残存面积占石料总面积的比例作为试验结果。

6) 拌和稳定度试验

拌和稳定度试验是用来判断乳化沥青的破乳速度的。它是取两组不同粒径范围的碎石各

200g，分别注入5mL和30mL蒸馏水，拌匀后再依次加入乳化沥青试样20g和50g，以每秒一次的速度拌和30s和60s。

该试验的主要仪器有容积1000mL左右的球形底铁锅（拌和锅），长约200mm的拌铲，称量100g（感量0.1g）和称量500g（感量0.2g）的天平各1台，筛孔分别为5.2mm、0.6mm、0.2mm、0.074mm标准筛各1个，50mL的量筒2个，容量200mL的烧杯2个，秒表1个。

试验前，先按照表4-18的规定，准备两组标准碎石各200g试样，要求表面洁净、无杂物和尘土。

拌和稳定度标准碎石规格及其拌和稳定度判别 表4-18

颗粒范围 (mm)	拌和稳定度标准碎石规格				拌和稳定度判别	
	Ⅰ组		Ⅱ组		拌和稳定度	混合料的状态
	%	质量	%	质量		
<0.075	3	6	10	20	快裂	混合料松散，乳化沥青分布不均匀，全部破乳，有些石料没有被乳化沥青所包裹和覆盖
0.075~0.2	3	6	30	60		
0.2~0.6	5	10	30	60	中裂	混合料松散，乳化沥青分布比较均匀，拌和完毕时沥青开始破乳
0.6~2.0	7	14	30	60		
2.0~5.0	85	170	—	—	慢裂	混合料呈糊状物，乳化沥青分布均匀
合计	100	200	100	200		

再将乳化沥青试样在密封下于室内存放24h，基本消除泡沫后，再用孔径为1.2mm的滤筛过滤；最后，将试样在不产生气泡的条件下搅拌均匀后，用量筒分别取试样20g和50g。

试验时，先将Ⅰ组和Ⅱ组标准碎石各取200g置于105~110℃的干燥箱中烘干，取出后在室温下冷却。再将Ⅰ组和Ⅱ组标准碎石200g注入5mL蒸馏水，在拌锅中拌匀后注入20g乳化沥青试样，用拌铲以每秒一次的速度拌和30s，肉眼观测混合料的状况；接着将Ⅱ组标准碎石200g注入30mL蒸馏水，在拌锅中拌匀后注入50g乳化沥青试样，用拌铲以每秒一次的速度拌和60s，肉眼观测混合料的状况。最后，根据试验结果参照表4-18判别乳化沥青的试样的拌和稳定度。倘若两组标准碎石所得结果不一样，以第一组结果为准。施工现场做拌和试验时，应取工程实际用矿料1000g，按照设计配合比规定的加水量，乳化沥青用量。用工地人工拌和方法进行拌和，根据表4-18来判别拌和稳定度。

7）水泥拌和试验

水泥拌和试验是以硅酸盐水泥和乳化沥青在规定条件下拌和所得混合物经水洗、过筛后，测定残留物的质量占水泥和沥青总量的百分率。该试验要求在25℃±5℃条件下进行。

该试验所用仪器包括孔径0.15mm的标准筛，内径75mm、高20mm、孔径1.2mm的圆筛，容量500mL的金属锅、直径10mm左右的玻璃棒或金属棒（搅棒），容量200mL的量筒、200℃（可调温±1℃）的电热干燥箱，称量500g（感量0.2g）和称量100g（感量0.1g）的天平各1台，容量500mL的烧杯，边长为100mm和高为10mm的金属盘等。

试验分四个步骤进行：首先，将烧杯、金属盘与孔径为1.2mm的圆筛用汽油及蒸馏水冲洗干净,烘干后分别称量,准确至0.1g。其次,称取通过0.15mm筛的硅酸盐水泥50g,置于拌和容器内;再制备沥青含量为55%的乳化沥青作为试样;称取试样100g,加入拌和容器内的水泥中。再次,以每秒一次的速度,用搅棒做圆周运动搅拌1min;随后加入150mL蒸馏水,继续搅拌3min;迅速用蒸馏水润湿孔径为1.2mm的圆筛,立即倒入搅拌过的混合料,并用蒸馏水仔细冲洗筛内混合料,同时用蒸馏水洗净拌和容器内和搅棒上黏附的混合料,一并过筛。冲洗圆筛至洗液清洁时,将圆筛置于金属盘中,放在105~110℃干燥箱中1h后,于室温下冷却。最后,称量圆筛、金属盘及筛上残留物,准确至0.1g。试验结果按下式计算。

$$P'_r = \frac{M - M_1 - M_2}{M_3 + M_4} \times 100$$

式中:P'_r——水泥拌和试验筛上残余物质量百分率(%);

M——孔径1.2mm的圆孔筛、金属盘和筛上残留物总量(g);

M_1——孔径1.2mm的圆筛质量(g);

M_2——金属盘的质量(g);

M_3——水泥的用量(g);

M_4——100g试样中的沥青质量(g)。

每个试验应做两次平行试验,取其平均值作为试验结果,两次平均试验结果与平均值的误差不得超过±10%。

8)电荷试验

电荷试验使用6V直流电,观测乳化沥青试样距离20~30cm两个铜片上沥青微粒聚集的情况,以判别沥青微粒电荷的情况。通过试验结果来判别这种乳化沥青究竟属于阳离子型乳化沥青还是阴离子型乳化沥青。

该试验所用仪器包括500mL的烧杯1只、电极板(长10cm、宽1cm、厚0.1cm的铜片)2块、6V(可用干电池)直流电源、固定框架等。

试验前,先将乳化沥青试样在密封条件下于室内存放24h,直至基本上消除泡沫,并用孔径为1.2mm的滤筛过滤;在不产生气泡的条件下将试样搅拌均匀;然后取250mL乳化沥青试样放入烧杯中。

试验分三步进行:首先,将两个电极接通6V直流电源。其次,将带有电极板并接通电源的电极架放入乳化沥青试样中,浸入液面深度为50~70mm,3min后取出。再次,观察电极板上沥青微粒的聚集情况。

试验结果用两个判别标准:即只在阴极板上有沥青微粒聚集的,为阳离子型乳化沥青;只在阳极板上有沥青微粒聚集的,为阴离子型乳化沥青。

9)沥青含量试验

沥青含量试验是把300g乳化沥青试样加热脱水,测定试样中沥青质量的百分率(%)。

试验所用仪器包括容量1500mL球底铁锅、200℃的温度计1支、称量1000g和500g的天平各1台、电热器或煤气炉以及搅拌用玻璃棒等。

试验前,先将乳化沥青试样在密封条件下于室内存放24h;然后在不产生泡沫的条件下将试样搅拌均匀。

试验方法分三步进行:首先,称量铁锅和玻璃棒的质量,往铁锅里加300g乳化沥青试样。

其次，在100～105℃的温度下加热进行脱水，同时用玻璃棒不停地搅拌，待试样无水分蒸发时再加热到150～160℃，保持1min，然后于室温下冷却。再次，称量铁锅、玻璃棒和脱水后沥青的总质量。

根据试验结果，用下式计算沥青含量：

$$P_a = \frac{m' - m_{ic}}{m_s} \times 100\%$$

式中：P_a——沥青含量(%)；

m'——铁锅、玻璃杯和蒸发残留物的总质量(g)；

m_{ic}——铁锅和玻璃棒的质量之和(g)；

m_s——试样的质量(g)。

10) 储存稳定度试验

储存稳定度试验是将250mL乳化沥青试样装入有A、B两个开口的专用玻璃管(图4-54)中，到B开口底的容量为50mL，到A开口底的容量为200mL。静置5d，取A口底以上50mL试样和到B口以下50mL试样的沥青含量之差，代表该试样的储存稳定度。

该试验所用仪器主要有：距底部约4/5和1/5高度处有A、B两个开口的专用玻璃管、300mL的量筒1个、200～300mL的烧杯2只、200℃的温度计1支、称量100g(感量0.1g)的天平1台、A和B开口和顶口胶塞各1个、电热器或煤气炉以及搅拌玻璃棒等。

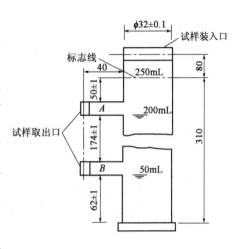

图4-54 乳化沥青稳定度试验用试验管(尺寸单位：mm)

试验前，先将乳化沥青试样在密封条件下于室内放置24h，基本消除泡沫；在不产生泡沫的条件下将试样搅拌均匀；再用量筒取通过1.2mm筛孔直径的试样270mL。

试验分四个步骤进行：首先，装入试样。将玻璃管的A、B开口用胶塞塞紧；再将试样用玻璃棒搅拌均匀后，慢慢注入专用玻璃管到250mL刻度处，顶口也用玻璃胶塞塞紧。其次，静置观测。在室温为20～25℃的条件下静置5d。随时观测试样外观情况，如有分层、絮凝现象，及时记录分层开始时间以及分离程度等。再次，试验取样。5d后从A口取出A口以上50mL的试样作为A试样；从B口放出A、B之间的试样(即A口与B口之间不取样)，随后取出B口以下50mL的试样作为B试样。最后，分别试验。分别做A样和B样的沥青含量试验。

根据试验结果，按照下式计算存储稳定度。

$$C = |P_a^A - P_a^B|$$

式中：C——沥青的存储稳定度(%)；

P_a^A——A试样的沥青含量(%)；

P_a^B——B试样的沥青含量(%)。

11) 冰冻稳定度试验

冰冻稳定度试验是将100g乳化沥青试样装入容器，在-5℃条件下冰冻30min后，放入

25℃水中10min,反复循环两次,检验试样中有无粗粒和冻块。

该试验所用仪器主要有:容量250mL或容量100mL的金属密封盒(内径45mm、高70mm、壁厚0.5~1mm)2个,三角烧瓶2个,可调温±0.5℃的电冰箱,称量500g(感量0.2g)和称量100g(感量0.1g)的天平各1台,孔径为1.2mm的筛,恒温水槽,温度计以及玻璃棒等。

试验前,先将乳化沥青试样在密封条件下于室温下放置24h,基本消除泡沫;再在不产生泡沫条件下搅拌均匀;最后过1.2mm筛后,称取试样100g备用。

该试验方法分四个步骤进行:首先,装入试样。先将三角烧瓶或金属盒洗净、擦干、称重(准确至0.1g);再将试样倒入三角烧瓶或金属盒中,三角烧瓶软木塞上应留有温度计插孔。其次,冻结试样。将三角烧瓶或金属盒置于-5℃±0.5℃的电冰箱中,存放30min。再次,试样保温。取出三角烧瓶或金属盒后,迅速放入25℃±0.5℃恒温水槽中10min。最后,重复试验。从恒温水槽中取出装有试样的三角烧瓶或金属盒,再放入电冰箱中重复试验;两次循环后,搅拌试样并观察试样能否恢复原来状态。

试验结果评判按照两条规则:其一,冻融两次循环并经搅拌后,无粗粒、结块现象即为冰冻稳定度合格;其二,倘若不容易判断时,可过筛(筛孔直径1.2mm)冲洗,经冲洗后筛上没有残留物,即可认为冰冻稳定度合格。

12) pH值测定试验

pH值测定试验方法是称取50~100g乳化沥青试样用酸度计或试纸进行酸、碱度检验。

该试验所用仪器有:100mL的烧杯2个、孔径1.2mm的筛、酸度计或试纸以及玻璃棒等。

试验前,乳化沥青试样应在密封条件下于室内放置24h,基本消除泡沫;再将试样过筛;随后用烧杯取试样50~100g备用。

该试验方法较为简单,即先用玻璃棒搅拌试样,再用不同型号的酸度计测定试样的pH值(也可用试纸检验)。试验结果评判按照酸度计读数(试纸的指示范围)得出pH值。

13) 蒸发残留物试验

蒸发残留物试验是按照沥青含量试验方法得到的加热脱水后的物质,称蒸发残留物。对其针入度、延度和溶解度按规定进行检验,以了解沥青乳化后的性质变化。

该试验仪器、试样准备、试验方法和试验结果等均按石油沥青试验方法进行。试验结果可按规定项目进行记录。

(三) 再生混合料设计

1. 混合料总体要求

(1) RAP回收料

根据工程要求、交通等级、使用状况、气候条件等,在沥青混合料回收料(RPA)分析的基础上,充分借鉴成功经验,选用符合要求的材料,进行再生混合料设计。厂拌冷再生混合料配合比设计时,沥青混合料回收料(RPA)应从处理后的沥青混合料回收料(RPA)料堆取样,就地冷再生,混合料配合比设计时,沥青混合料回收料(RPA)应采用铣刨机从原路面铣刨取样。就地冷再生混合料配合比设计应通过试验路段进行检验。RAP材料中通常沥青随着时间推移而发生劣化(表4-19),RAP回收材料控制指标(冷再生)见表4-20。

沥青劣化指标变化 表4-19

指标 沥青	软化点 (℃)	针入度 (0.1mm)	15℃延度(cm)	四组分分析(%)			
				饱和分	芳香分	胶质	沥青质
原始沥青	47.5	86	>120	18.6	30.2	47.5	3.7
7年后	53	53	55	16.8	25.1	46.0	12.1
10年后	67	30	8	16.0	21.2	48.1	14.7

RAP材料控制指标(冷再生) 表4-20

材　料	检测项目	技术要求	试验方法
RAP	含水率	实测	参照现行相关规范
	RAP级配	实测	
	砂当量(%)	>55	

中、细粒式冷再生混合料宜采用标准击实法成形(ϕ101.6mm×63.5mm),粗粒式冷再生混合料应采用大型击实法成形(ϕ152.4mm×95.3mm)。采用马歇尔方法进行乳化沥青冷再生混合料配合比设计时,推荐旋转压实方式。

(2)混合料设计要求

乳化沥青冷再生混合料设计指标应满足相关要求;冷再生混合料中乳化沥青添加量折合成纯沥青后占混合料其余部分干质量的百分比一般为1.8%~3.5%,水泥剂量不宜超过2.0%。

(3)工程设计级配

乳化沥青冷再生混合料设计级配范围宜满足表4-21的要求。乳化沥青冷再生混合料设计指标应符合表4-22的要求。

乳化沥青冷再生混合料工程设计级配范围 表4-21

筛孔(mm)	各筛孔的通过率(%)				筛孔(mm)	各筛孔的通过率(%)			
	粗粒式	中粒式	细粒式A	细粒式B		粗粒式	中粒式	细粒式A	细粒式B
37.5	100				4.75	25~60	35~65	45~75	60~80
26.5	80~100	100			2.36	15~45	20~50	25~55	35~65
19		90~100	100		0.3	3~20	3~21	6~25	6~25
13.2	60~80	—	90~100	100	0.075	1~7	2~8	2~9	2~10
9.5	—	60~80	60~80	90~100					

乳化沥青冷再生混合料设计指标 表4-22

试验项目		技术要求	试验项目		技术要求
劈裂试验 (15℃)	劈裂强度(MPa) 不小于	0.40(基层/底基层) 0.50(下面层)	马歇尔 稳定度 试验(40℃)	马歇尔稳定度(kN) 不小于	5.0(基层/底基层) 6.0(下面层)
	干湿劈裂强度比(%) 不小于	75		浸水马歇尔残留 稳定度(%) 不小于	75
	空隙率(%)	9~14		冻融劈裂强度比TSR(%) 不小于	70

2. 矿料级配组合设计流程

矿料级配组合设计,即乳化沥青配方设计。其主要内容是确定沥青混合料回收料(RAP)、新集料等各组成材料的级配。以沥青混合料回收料(RAP)为基础,掺加不同比例的新材料、水泥等,使合成级配满足工程设计级配的要求。

(1) 确定最佳含水率(OWC)

首先,参照《公路土工试验规程》(JTG E40—2007)的方法,对合成矿料进行击实试验,确定最佳含水率。

其次,乳化沥青试验用量可定为 3.5% 或 4%,变化水量进行击实试验,获得最大干密度时,其混合料的含水率即为最佳含水率(OWC)。

(2) 确定最佳乳化沥青用量(OEC)

以预估的乳化沥青用量为中值,按照一定间隔变化形成 5 个乳化沥青用量,保持最佳含水率(OWC)不变,按照以下步骤制备马歇尔试件:首先,加料。向拌和机内加入足够的拌和均匀含沥青混合料回收料(RAP)的混合集料;其次,拌合。分初拌、复拌和终拌。初拌时是添加水泥到混合集料中,拌和时间一般为 30s;复拌是按照计算得到的外加水量加水,拌和均匀,拌和时间一般为 1min;终拌是按照计算的乳化沥青量加入乳化沥青,拌和均匀,拌和时间一般为 1min;再次,制件。将拌和均匀的混合料装入试模,放到马歇尔击实仪上,试样双面各击实 50 次(标准击实试件)或 75 次(大型击实试件);最后,养生。将试样连同试模一起侧放在 60℃的鼓风烘箱中养生至恒重,养生时间一般不少于 40h;将试模从烘箱中取出,试样应立即放置在马歇尔击实仪上,双面各击实 25 次(标准击实试件)或 37 次(大型击实试件),然后侧放在地面上,在室温下冷却至少 12h 后脱模。

(3) 测定试件的密度

采用《公路工程沥青及沥青混合料试验规程》(JTG E20—2011)(以下简称《试验规程》)蜡封法测定试件的毛体积密度 Y_0,用其他方法测定试件的毛体积密度前,应对该试验方法进行验证。

成形马歇尔试件的同时,采用真空法实测各组再生混合料的最大理论相对密度 Y_T。

(4) 试件劈裂试验

将各组油石比试件进行 15℃ 劈裂试验、浸水 24h 的劈裂试验。冻融劈裂试件成形的击实次数规定为双面各击实 50 次(标准击实试件),然后按照《试验规程》中的冻融劈裂试验方法对混合料性能进行检验,试验结果应满足相关要求。15℃ 劈裂试验是将试件浸泡在 15℃ 恒温水浴中 2h,然后取出试件立即测试 15℃ 劈裂试验强度。浸水 24h 劈裂试验是先将试件完全浸泡在 25℃ 恒温水浴中 22h,然后将试件在 15℃ 恒温水浴中完全浸泡 2h,然后取出试件立即进行劈裂试验,结果即为浸水 24h 劈裂试验强度。干湿劈裂强度比(ITSR)是 15℃ 劈裂试验强度与浸水 24h 的劈裂试验强度的百分比。

(5) 确定最佳乳化沥青用量(OEC)

根据 15℃ 劈裂强度试验和干湿劈裂强度比试验结果,结合工程经验,综合确定最佳乳化沥青用量(OEC)。

最佳乳化沥青用量(OEC)时的混合料孔隙率和性能指标应满足下表 4-23 的要求,否则应重新进行设计。

乳化沥青冷再生混合料设计技术要求 表4-23

试验项目		单位	技术要求			试验方法
空隙率		%	8~13			T 0709
劈裂试验	15℃劈裂强度不小于	MPa	层位	重交通及以上等级	其他交通等级	T 0716
			面层	0.60	0.50	
			基层及以下层位	0.50	0.40	
	干湿劈裂强度比不小于	%	80		75	T 0716
	冻融劈裂强化比 TSR 不小于	%	75		70	T 0729
	60℃动稳定度不小于	次/mm	2000(面层)			T 0719

注：按照《公路沥青及沥青混合料试验规程》(JTG E20—2011)T 0703 轮碾法成形80mm厚的冷再生混合料车辙板块试件，碾压完成后迅速将试件放置到60℃鼓风烘箱中烘干至恒重(一般48h左右)，再按照《公路沥青及沥青混合料试验规程》(JTG E20—2011)T 07019 进行动稳定度试验，试验前试件保温时间为8~10h。

(四)乳化沥青混合料试验方法

1. 马歇尔试验

马歇尔稳定度试验是指用马歇尔稳定度仪测定乳化沥青混合料的热稳性、抗塑性、流动性能。

(1)试验仪器和设备

该试验所用仪器和设备主要有加荷设备[最大加荷30kN，垂直变形速度(50±5)mm/min]，加荷压头(曲率半径50.8mm)，应力环(承载量30kN，精确到0.1kN)，流值计，击实台，钢球(直径16mm，试验时放置在球座上)，试模(内径101.6mm、高87mm的圆钢筒)，大型和中型电热干燥箱(附有温度调节器)各1台，恒温水槽(至少可同时放置一组试件)，击实锤(质量为4.53kg)，拌盘，电炉或煤气炉，台秤(称量5kg)，筛子，量筒，温度计(200℃)，滤纸等。

上述试验设备的加荷压头由上下两个圆弧形压头组成，压头内侧需精细加工，并淬火硬化，曲率半径50.8mm。下弧形压头固定在一圆形钢板上，并附有两根导棒；上弧形压头附有球座和两个导轨。当两个压头扣在一起时，下压头导棒恰好穿入上压头的导孔内，并能使上压头上下自由滑动。应力环安装在加荷设备的框架与加荷压头之间，中间装有百分表。流值计由导向管和流值表组成，测量试件在最大荷载时的变形。试验时，导向套管安装在下压头的导棒上，流值表的分度为0.01cm。试模的圆钢筒6个为一组，共3组，另备套环和底板各一个。击实台用4根型钢把20cm×20cm×20cm的木墩固定在混凝土板上。木墩上面放置30cm×30cm×2.5cm的钢板。另外，该试验还应配备制作试验试件的击实锤，锤的质量为4.53kg，平的圆形击实底座、导向棒各一个，锤沿导棒落下高度为45.7cm。

(2)制作试件

首先，烘干拌和。预先将矿粉和筛过并洗净的各级集料置于105~110℃干燥箱中烘干，按照矿料的配合比称出一个试件所需要的材料置于拌盘中摊开，加入矿料质量3%~5%的水

(粗粒式3%、中粒式4%、细粒式5%)与矿料拌和均匀,立即加入需要的乳化沥青并迅速拌和,将拌好的混合料倒入垫有滤纸的试模中,用铁刀沿周边捣15次,中间10次。

其次,试样击实。将试模放在击实台上,在上面垫上一张滤纸,盖上击实板,将导向棒插入击实底板内,击实锤从45.7cm的高度自由落下,击实25次,注意导棒要垂直于底板,试件击实一面后,将试模倒置,再以同样次数击实另一面,仿照上述步骤制作若干组试件。矿料最大粒径小于25mm时,一组试件3~4个;矿料最大粒径大于25mm时,一组试件至少6个。

再次,试件养护。将装有试件的试模放置在恒温(110±5)℃的干燥箱中24h,24h后取出装有试膜的试件,两面各击实50次或75次,将再次击实的试模脱模后,于室温下放置24h。

最后,检查试件尺寸。试件高度应为(6.35±0.13)cm,若高度不符合要求,可调整混合料的质量,调整后混合料的质量为原混合料质量的6.35倍与试件高度相除之商。

(3)试验方法

首先,测定试件的高度和密度。试件高度用游标卡尺量取,沿着试件圆周四等分,至少测量四点取其平均值,精确至0.01cm;测定试件密度时,先称量其在空气中的质量,再称量在水中的质量(可用蜡封法),精确到0.1g。按照下式计算试件实测质量和密度。

$$\rho_m = \frac{m_a - m_w}{m_a} \cdot \rho_w \text{ 或 } \rho_m = \frac{m_a}{m'_a - m'_w - \frac{m'_a - m_w}{d_p}} \cdot \rho_w$$

式中:ρ_m——试件实测质量密度(g/cm³);

m_a——试件在空气中的质量(g);

m_w——试件在水中的质量(g);

ρ_w——常温水的密度(ρ_w = 1g/cm³)(g/cm³);

m'_a——蜡封后试件在空气中的质量(g);

m'_w——蜡封后试件在水中的质量(g);

d_p——蜡的相对密度。

其次,测定试件的稳定度。先将测定密度后的试件置于(60±1)℃的恒温水槽中浸泡30min;擦净上、下压头内面,可在导棒上涂少许机油,使上压头能自由滑动。从水槽中取出试件立即置于下压头上,盖上上压头,安装在加荷设备上。但应注意使上、下压头与试件保持相同温度;再将流值计安装在外侧导棒上,使导向套管轻轻压住上压头,将流值表调零;在上压头球座上放妥钢球,对准应力环下的压头,将应力环中的百分表调零;开始加荷,变形速度(50±5)mm/min,当达到最大荷载时,立即读取应力环中百分表数值,同时取下流值计,读记流值表的数值;从水槽中取出试件至测定完毕的时间不能超过30s;将测定密度后的试件置于(60±1)℃的恒温水槽中浸泡8h,然后按上述操作测定该试件浸水后的稳定度。

2.试件技术指标的确定计算

(1)试件稳定度和流值

根据应力环标定曲线,将应力环中百分表读数换算为荷载值,即为试件的稳定度,以N计;流值计中的读数,即为试件的流值,以0.01cm计。若试件高度与规定高度有出入,则稳定度可按表4-24进行修正。

稳定度修正系数　　　　　　　　　　　　　表 4-24

试件高度范围	5.47~5.62	5.63~5.30	5.81~5.94	5.95~6.10	6.11~6.26	6.27~6.44
修正系数	1.25	1.19	1.14	1.09	1.04	1.00
试件高度范围	6.45~6.60	6.61~6.73	6.74~6.89	6.90~7.06	7.07~7.21	7.22~7.37
修正系数	0.95	0.93	0.89	0.86	0.83	0.81

(2) 试件理论密度(ρ_t)

$$\rho_t = \frac{100 + P_a}{\dfrac{w_1}{\rho_1} + \dfrac{w_2}{\rho_2} + \cdots + \dfrac{w_n}{\rho_n} + \dfrac{P_a}{d_a}} \cdot \rho_w$$

式中：　ρ_t——试件的理论密度(g/cm^3)；

　　　　P_a——沥青用量；

w_1、$w_2\cdots$、w_n——各种矿料的配合比，$w_1 + w_2 + \cdots + w_n = 100$；

ρ_1、$\rho_2\cdots$、ρ_n——各种矿料的相对密度；

　　　　d_a——沥青的相对密度；

其余符号意义同前。

(3) 试件中沥青的体积百分率(V_a)

$$V_a = \frac{P_a \cdot \rho_m}{d_a} \cdot 100\%$$

式中：V_a——试件的体积百分率(%)；

　　　P_a——试件中有效沥青的含量(%)；

　　　ρ_m——计算沥青混合料对应油石比的理论最大相对密度；

　　　d_a——沥青的相对密度。

(4) 试件空隙率(V_V)

$$V_V = \left(1 - \frac{\rho_m}{\rho_t}\right) \cdot 100\%$$

式中：V_V——试件的空隙率(%)；

其余符号意义同前。

(5) 试件中矿料的空隙率(V_m)

$$V_m = V_a + V_V$$

式中：V_m——试件中矿料的空隙率(%)；

　　　V_a——试件中沥青体积百分率(%)

　　　V_V——试件的空隙率(%)。

(6) 试件的饱和度(V_f)

$$V_f = \frac{V_a}{V_a + V_V} \times 100\%$$

式中：V_f——试件的饱和度(%)；

　　　V_a——试件中沥青体积百分率(%)；

　　　V_V——试件的空隙率(%)。

(7)试件的马歇尔模数(T)

$$T = \frac{S}{P}$$

式中：T——试件的马歇尔模数 N/1/100(cm)；
S——试件稳定度(N)；
P——试件的流值(1/100)(cm)。

(8)试件残留稳定度(S_0)

$$S_0 = \frac{S_2}{S_1}$$

式中：S_0——试件的残留稳定度(%)；
S_2——试件浸水 48h 后的稳定度(N)；
S_1——试件的稳定度(N)。

乳化沥青混合料稳定度试验记录应按照规定格式进行。

3. 沥青混合料回收料(RAP)材料取样与试验分析

(1)现场取样

现场取样适用于就地冷再生工程的前期调查和混合料设计用沥青混合料回收料(RAP)的获取，以及厂拌冷再生工程的前期调查。现场取样时，首先划分若干个子路段，分析路面结构和路面维修记录。子路段的划分是根据路面情况是否相同或者接近等来划分的，每一个子路段长度不宜大于5000m，且不宜小于500m，或者每个子路段面积不宜大于50000m^2，且不宜小于5000m^2。其次，确定取样点的位置，通常是按照《公路路基路面现场测试规程》(JTG E60—2008)中规定的随机取样方法确定取样点位置。再次，确定各段取样断面数，对于厂拌冷再生，每个子路段取样断面数不少于8个，可采用铣刨机铣刨、钻芯取样、机械切割等方法，钻芯取样时每个取样断面钻芯不少于3个；钻取的芯样和机械切割的样品，在室内击碎至最大粒径不超过37.5mm后使用。就地冷再生，每个子路段每个车道分别取样一处，应采用铣刨机铣刨方法，铣刨深度应与拟再生深度一致；根据需要，取得足够数量的沥青混合料回收料(RAP)。

(2)料堆取样

料堆取样是指在拌和场料堆取样，该法适用于厂拌冷再生工程的前期调查，以及混合料设计用沥青混合料回收料(RAP)的获取。

取样方法参照《公路工程集料试验规程》(JTG E42—2005)粗集料料堆取样法，取样前应去除表面 15~25cm 深度范围内的沥青混合料回收料(RAP)。根据需要，取得足够数量的沥青混合料回收料(RAP)。

(3)试样缩分

试样缩分有分料器法和四分法两种方法。分料器法是将试样拌匀，通过分料器分成大致相等的两份，再取其中的一份分成两份，缩分至需要的数量为止；四分法是将所取试样置于平板上，在自然状态下拌和均匀，大致摊平，然后从摊平的试样中心沿互相垂直的两个方法把试样向两边分开，分成大致相等的四份，取其中对角的两份重新拌匀，重复上述过程，直至缩分至所需的数量。

(4) RAP 料评价

沥青混合料回收料(RAP)评价指标主要是含水率和铣刨料级配等。含水率是根据烘干前后沥青混合料回收料(RAP)质量的变化,按照下式计算沥青混合料回收料(RAP)的含水率 w。

$$w = \frac{w_w - w_d}{w_d} \times 100\%$$

试验方法参照《公路工程集料试验规程》(JTG E42—2005),烘箱加热温度调整为60℃恒温。

图 4-55 是不同铣刨速度下各组铣刨料级配曲线,供参考。

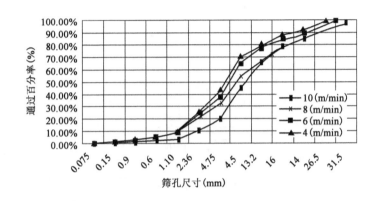

图 4-55 不同铣刨速度下的铣刨料级配曲线

从图中可以看出:随着铣刨速度降低,铣刨料级配存在逐渐变细的趋势。虽然影响铣刨料级配的因素很多,但是在铣刨设备、维修路段等客观因素都确定的前提下,铣刨速度是影响铣刨料级配的重要因素。

在旧路面全面铣刨前,应选择不同铣刨速度进行试验,并通过对不同铣刨材料进行筛分,对比泡沫沥青混合料的目标级配范围来选择适宜的铣刨速度。

三、乳化沥青冷再生路面施工工艺(施工工法)

乳化沥青厂拌冷再生施工流程如图 4-56 所示。

(一)厂拌冷再生施工工艺

1. 拌和厂之拌和设备要求

拌和设备应具有单独的沥青混合料回收料(RAP)、乳化沥青、矿料、水泥、水等各组成部分的添加及其精确计量装置,冷料仓数量应不少于 4 个,应保证混合料均匀拌和。

施工前应对再生设备进行管理与检查。施工过程中应按照表 4-25 的要求对再生设备进行检查,出现问题应及时处理。

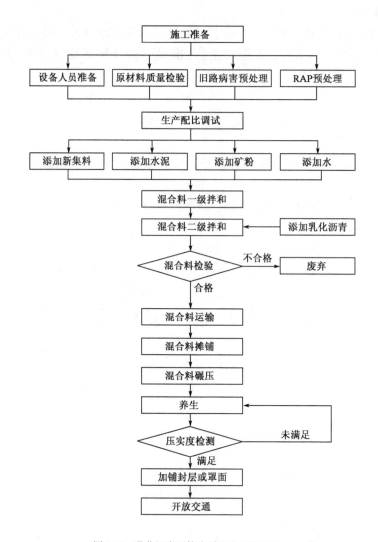

图 4-56 乳化沥青厂拌冷再生施工流程图

乳化沥青冷再生设备的检查项目与频度 表 4-25

检查项目		要 求	频 度	方 法
厂拌冷再生设备	喷洒系统	检查乳化沥青、水喷洒系统是否正常,是否存在堵塞现象	随时	试喷和辅助相关仪表
	料门开口比例	检查各料仓的开口比例是否正确	随时	机器上的仪表
	机器的生产率	检查机器的生产率是否在规定的范围内	随时	机器上的显示器

2. 沥青混合料回收与加工

沥青混合料回收料(RAP)的回收可选用冷铣刨、机械开挖等方式获取沥青混合料回收料(RAP),沥青混合料回收料(RAP)不得混入杂物。

选用冷铣刨时,应事先确定铣刨速度、深度等铣刨参数,必要时通过试验段确定铣刨参数。

在施工过程中保持铣刨参数的稳定,严格控制材料变异。

沥青混合料回收料(RAP)应妥善预处理与堆放。首先,通过破碎、筛分等工艺进行预处理,不允许使用未经预处理的沥青混合料回收料(RAP)。其次,根据再生混合料的最大公称粒径合理选择筛网尺寸,将处理后的沥青混合料回收料(RAP)筛分成不少于两档的材料,其中最小筛网的孔径不宜超过10mm。再次,经过预处理的沥青混合料回收料(RAP),应根据不同料源、品种、规格在硬化场地、防雨棚下分开堆放(堆料高度不宜超过3m)并及时使用,避免长时间的堆放,可用装卸机等将其转运到堆料场均匀堆放,转运和堆放过程中避免沥青混合料回收料(RAP)离析。另外,沥青混合料回收料(RAP)取料时应从堆料的底部开始向上在全高范围内铲装使用。

3. 混合料拌制

(1)生产前12h通知试验室取样,实时检测料场沥青混合料回收料(RAP)及新集料的含水率,确定外加水量。

(2)拌和设备的生产能力应与摊铺设备生产能力匹配。

(3)拌和过程中,根据一级拌和后混合料的加水预湿情况进行水量微调,以拌和后原材料基本湿润无明显泌水为宜,拌和时间由试拌确定。二级拌和后混合料应裹覆均匀一致,表面呈褐色,无明显水流淌,均匀分散无结团,拌和时间由试拌确定。

(4)每个工作班结束时计算乳化沥青、水泥及添加新材料的用量,与设计值及容许值的波动相比较,评定是否符合要求。如果不符合以上要求时,宜对设定值适当调整。

4. 混合料运输

(1)运料车的数量确定。根据拌和机生产能力、运输距离、道路状况、车辆吨位综合确定运料车的数量,宜采用较大吨位的运料车运输,拌和好的混合料应尽快运至施工现场完成摊铺和压实。

(2)运料车合理装料。运料车装料时应多次挪动汽车位置,平衡装料,减少混合料离析。

(3)防止摊铺机待料。再生混合料正常施工过程中摊铺机前方应有运料车等候,避免出现摊铺机等待料车的情况,保证连续摊铺。

(4)运料车清洗装运。运料车每次使用前后必须清扫干净,可在车箱板上喷涂隔离剂防止混合料黏结。运料车用篷布覆盖,运输途中不得随意停留,防止混合料破乳或污染及中途遭受雨淋。

5. 施工前准备

(1)下承层的检查。下承层的平整度和弯沉均要满足设计要求。摊铺混合料前在下承层表面喷洒乳化沥青,喷洒量为纯沥青用量一般为$0.3kg/m^2$。

(2)铺筑试验路段。试验路段长度宜不小于200m。从施工工艺、工程质量、施工管理、施工安全等方面验证施工配合比及施工方案,施工工艺的可行性,为正常施工提供技术依据。通过试验路段铺筑确定以下内容:第一,验证现场材料的级配和确定实际生产配合比;第二,验证并完善乳化沥青厂拌再生设备拌和工艺;第三,摊铺的厚度与速度,以及再生层的松铺系数;第四,确定碾压方案,包括压力机组合方式及碾压速度;第五,乳化沥青冷再生混合料的性能指标;第六,检验各种施工机械的效率及组合方式是否匹配;第七,确定施工组织及管理质保体系、人员设备、通信指挥方式。试验路段铺筑结束后,应编写试铺总结。

6. 混合料摊铺

(1)摊铺机械选择。厂拌冷再生混合料应采用摊铺机摊铺,熨平板不需要加热。用于三级以下公路时也可以选择平地机摊铺。

(2)松铺系数确定。厂拌冷再生混合料的松铺系数应根据试验路段的结果确定。摊铺过程中应随时检查摊铺层厚度、路拱和横坡。

(3)摊铺速度控制。摊铺机必须缓慢、均匀、连续不断摊铺,不得随意变换速度或者中途停顿。摊铺速度宜控制在 2~4m/min 的范围内。当发现混合料出现明显的离析、波浪、裂缝、拖痕时,应分析原因并予以消除。

(4)局部人工找补。摊铺过程中的缺陷宜由人工进行局部找补或更换混合料,但须仔细进行,特别严重的缺陷应整层铲除。

7. 混合料碾压

(1)压实机械选配。根据再生层厚度、压实度等的需要,配备足够数量、吨位的钢轮压路机和轮胎压路机。单幅摊铺宽度不超过 4.5m 时,宜配备 16t 以上单钢轮振动压路机、25t 以上胶轮压路机、11t 以上双钢轮振动压路机各一台;单幅摊铺宽度超过 4.5m 时,宜配备上述压路机各两台。

(2)压实厚度控制。厂拌冷再生层的单层压实厚度应不大于 200mm,宜不大于 160mm 和宜不小于 80mm,压实厚度大于 200mm 时,应经试验路段确定各项施工参数,宜采用分层施工。

(3)压实工艺选择。根据试验段确定合理的压实工艺。经验不足时可参照下述工艺实施;初压采用双钢轮压路机 1~3 遍,第一遍前进采用静压方式,其他压实遍数在不发生混合料推移的情况下都应采振动碾压;复压采用单钢轮压路机振动压实 3~5 遍,终压采用轮胎压路机静压 4~6 遍,根据需要确定是否采用双钢轮压路机静压收光。

(4)碾压时机确定。按照压实工艺在混合料最佳含水率情况下进行碾压。考虑到天气因素,实时调整混合料的含水率。碾压过程中,再生层表面应始终保持湿润,如水分蒸发过快,应及时洒水补充。

(5)碾压程序把握。直线段和不设超高的平曲线段,应由两侧路肩向路中心碾压;设超高的平曲线段,应由内侧路肩向外侧路肩碾压。压路机应以侧面而均匀的速度碾压,初压速度宜为 1.45~3km/h,复压和终压速度宜 2~4km/h。严禁压路机在刚完成碾压或正在碾压的路段上掉头、紧急制动及停放。

8. 工作缝处理

工作缝包括纵向工作缝和横向工作缝,都应采用垂直的平接缝。接缝处从完全压实的路段一侧沿接缝方向反复碾压,并逐渐移向新铺面,再正常碾压。纵向接缝应保证搭接宽度不小于 100mm。碾压时从新铺面层的 50~100mm 宽度开始,接缝碾压紧密后,进行全面碾压。

9. 养生及开放交通

冷再生层在加铺上层结构前必须进行养生,养生时间一般为 3~7d,不宜少于 48h。当满足再生层使用 ϕ150mm 钻头的钻芯机可取完整的芯样或者再生层含水率低于 2% 两个条件之一时,可结束养生。不应通过添加大剂量水泥的方式提高冷再生混合料早期强度。

冷再生层宜在封闭交通条件下自然养生。在封闭交通养生 24h 后,可根据工程需要允许小型车辆通行,但应严格限制重型车辆。车辆行驶速度控制在40km/h以内,并严禁车辆在再生层上掉头和紧急制动。在养生完成后尚未加铺上层结构前,根据工程需要车辆通行时,宜做表面处理。

(二)就地冷再生施工工艺

乳化沥青就地冷再生施工流程,如图4-57所示。

1. 冷再生机选配

就地冷再生机应具备乳化沥青喷洒装置,喷洒计量精确可调,并与切削深度、施工速度、材料密度等联动;喷嘴在工作宽度范围内均匀分布,各喷嘴可独立开启与关闭。再生机的铣刨深度应可调节,最大铣刨能力应不低于150mm。用于高速公路和一级公路时,最大工作宽度宜不低于3.75m;用于其他等级道路时,最大工作宽度应不小于2.0m。

施工过程中应按照表4-26的要求对再生设备进行检查,出现问题应及时处理。

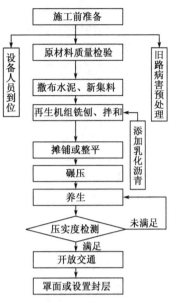

图4-57 乳化沥青就地冷再生施工流程图

乳化沥青冷再生设备的检查项目与频度 表4-26

检查项目		要求	频度	方法
就地冷再生机	铣刨毂与铣刨刀头	检查铣刨毂和铣刨刀头的磨损情况	每个工作面施工前	目测
	喷洒系统	检查乳化沥青、水喷洒系统是否存在堵塞	每个工作面施工前	试喷和辅助相关仪表
	铣刨速度	检测机器铣刨速度是否在满足要求的铣刨速度范围	随时	辅助相关仪表
	铣刨深度	检测机器铣刨深度与实际铣刨深度是否一致	每30~50m	辅助相关仪表

2. 施工前的准备

(1)对原路面处治。就地冷再生施工前应对就地冷再生不能处理的原路面病害,或考虑到再生层强度等尚不能满足设计要求的区域应进行病害处治或补强设计。以下给出了常见病害处理的推荐方法和要求。

首先,各类裂缝处理。裂缝长度超过4.5m或网裂不严重的路段,可铺设聚酯玻纤网。施工方法为先喷洒乳化沥青,再铺设1m宽聚酯玻纤网,长度与缝同长。横向裂缝长度不超过4.5m,但缝宽大于4mm,也需铺设聚酯玻纤网。网裂严重段(面积大于4m²或裂缝宽度超过4mm或裂缝条数大于5条)的处理方法为在已铣刨面的基础上再向下铣刨,填料可采用水泥稳定碎石或泡沫沥青冷再生混合料,新老缝交界处加铺1m宽聚酯玻纤网。

其次,超限弯沉处理。弯沉单点值大于设计值时,处理方法为铣刨长度为10m(前后各5m)、深度在已铣刨面的基础上再向下铣刨、宽度达到整幅路宽。

再次,补丁的处理。如补丁完整,采用纵向加铺聚酯玻纤网,前后两端各增加2m,与补丁同宽;如补丁已破碎,处理方法可采用网裂严重段的处理方法。

最后,路面整形与清洁。如果再生层表面不规则,应采取适当的整形方式,以达到外观尺寸的要求,并保证最终压实后再生层的厚度满足要求。路表面清扫,保持路表层干净、平整。

(2)铺筑试验路段。试验路段长度宜不小于200m。通过试验路段,对就地冷再生的施工工艺、工程质量、施工管理、施工安全等方面进行检验和调整。

(3)计算再生料用量。清除原路面上的杂物,根据再生厚度、宽度、干密度等计算每平方米沥青再生结合料、新集料、水泥等用量。水泥类填料可采用机械或人工撒布,应保证撒布均匀。有条件的应优先采用水泥制浆车添加水泥。

(4)集料的撒布。集料可采用集料撒布机撒布,无条件时也可采取人工撒布,根据撒布机实际撒布能力和所需集料用量,可以多次撒布,应保证撒布均匀。

3.冷再生施工

(1)作业段长度确定。综合考虑施工季节、气候条件、再生作业段宽度、施工机械和运输车辆的效率和数量、操作熟练程度、水泥终凝时间等因素,综合确定每个作业段的长度。

(2)机具的顺次连接。在施工起点处将各所需施工机具顺首尾连接,连接相应管路。就地冷再生施工设备一般包括:水罐车,乳化沥青罐车,水泥浆车(有条件时),就地冷再生设备,摊铺机,平底机(必要时),压路机。

(3)施工设备的启动。启动施工设备按照设定再生深度对路面就行铣刨、拌和。再生机组必须缓慢、均匀、连续地进行再生作业,不得随意变更速度或者中途停顿,再生施工速度宜为3~6m/min。

单幅再生至一个作业段终点后,将再生机和罐车等倒置施工起点,进行第二幅施工,直至完成全幅作业面的再生。纵向接缝应避开车道轮迹带的位置。纵向接缝处相邻两幅作业面间的重叠量不宜小于100mm。

(4)均匀性的控制。应当连续观测混合料的均匀性,发现混合料出现花白料或结团现象,应立即停止施工。

4.混合料的摊铺

(1)摊铺机的选配。高速公路的就地冷再生,应采用摊铺机或者采用带有摊铺装置的再生机进行摊铺,摊铺应符合有关规定。除高速公路外的其他等级公路,宜采用摊铺机或者带有摊铺装置的再生机进行摊铺,也可使用平地机进行摊铺。

(2)摊铺主要方法。若采用摊铺机或者采用带有摊铺装置的再生机进行摊铺,摊铺应符合有关规定。倘若使用平地机摊铺,应按以下四个步骤实施:首先,用轻型刚轮压路机紧跟再生机组初压2~3遍;其次,完成一个作业段的初压后,用平地机整平;再次,用轻型刚轮压路机在初平的路段碾压一遍,对发现的局部轮迹、凹陷进行人工修补;最后,用平地机整形,达到规定的坡度和路拱,整形后的再生层表面应无明显的再生机轮迹和集料离析现象。

(3)摊铺效果检查。如遇下雨应立即停止摊铺,并对已铺路面采取覆盖措施。就地冷再生摊铺出的混合料不应出现明显离析、波浪、裂缝、拖痕。

5.混合料的碾压

(1)压实机械选配。就地冷再生施工应采用流水作业法,使各工序紧密衔接,尽量缩短从拌和到完成碾压之间的延迟时间。根据再生层厚度、压实度等的需要，配备足够数量、吨位的钢轮压路机、轮胎压路机，按照试验路段确定的压实工艺进行碾压，保证压实后的再生层符合压实度和平整度的要求。

（2）压实厚度把握。就地冷再生层的单层压实厚度不宜大于200mm。单层压实厚度大于200mm，应经试验段检验其压实度满足要求。就地冷再生层的单层压实厚度不宜不小于80mm。

（3）碾压程序要求。碾压过程中再生层表面应始终保持湿润，如水分蒸发过快，应及时洒水补充。

碾压过程中出现弹簧、松散、起皮等现象时，应及时翻开重新拌和，质量符合要求。其他要求应符合标准有关规定。

（三）施工质量管理与检查

施工质量管理重点是再生设备的管理与检查、材料质量检测、施工过程质量控制以及外观尺寸检查。

首先，再生设备的管理与检查。对再生设备进行检查，出现问题应及时处理。乳化沥青冷再生设备的检查项目与频度见表4-27。

乳化沥青冷再生设备的检查项目与频度 表4-27

检查项目		要求	频度	方法
就地冷再生机	铣刨毂与铣刨刀头	检查铣刨毂和铣刨刀头的磨损情况	每个工作面施工前	目测
	喷洒系统	检查乳化沥青、水喷洒系统是否存在堵塞	每个工作面施工前	试喷和辅助相关仪表
	铣刨速度	检测机器铣刨速度是否满足要求的铣刨速度范围	随时	辅助相关仪表
	铣刨深度	检测机器铣刨深度与实际铣刨深度是否一致	每30~50m	辅助相关仪表
厂拌冷再生设备	喷洒系统	检查乳化沥青、水喷洒系统是否正常，是否存在堵塞现象	随时	试喷和辅助相关仪表
	料门开口比例	检查各料仓的开口比例是否正确	随时	机器上的仪表
	机器的生产率	检查机器的生产率是否在规定的范围内	随时	机器上的显示器

其次，材料质量进行全面检测。施工过程中，材料进场时按每批1次的频率对材料质量进行全面检测，保证满足设计要求，在此基础上的材料质量控制和检查的项目、额度、质量标准还应符合相关要求。原材料和混合料的各项检测指标符合标准要求，材料用量准确，符合设计要求。化沥青冷再生设备的检查项目与频度见表4-28。

原材料质量检查项目与频度 表4-28

材料	检查项目	要求值	检查频率	材料	检查项目	要求值	检查频率
乳化沥青	标准规定的项目	符合设计要求	1次/每批来料	矿料	按标准规定	符合设计	1次/每批来料
水泥	标准规定的项目	符合设计要求	1次/每批来料	RAP	按标准规定	符合设计	1次/每批来料
石灰	标准规定的项目	符合设计要求	1次/每批来料				

再次,施工过程质量控制。施工过程的质量控制项目、频度和质量标准应符合表4-29的要求。

混合料质量检查项目、频度与质量要求 表4-29

检查项目	质量要求	检验频率	检验方法	检查项目	质量要求	检验频率	检验方法
15℃劈裂强度(MPa)	符合设计要求	1次/日	T 0716	含水率(%)	符合设计	1次/日	T 0801
干湿劈裂强度比(%)	符合设计要求		T 0716	动稳定度(次/mm)	符合设计		T 0719
冻融劈裂强度比(%)	符合设计要求	1次/3日	T 0729	水泥用量	设计值±0.3		总量控制
乳化沥青含量(%)	设计值±0.3	1次/日	总量控制	级配	符合设计	1次/日	T 0302

注:按照《公路工程沥青及沥青混合料试验规程》(JTG E20—2011)T 0703轮碾法成形80mm厚的冷再生混合料车辙板块试件,碾压完成后迅速将试件放置到60℃鼓风烘干箱中烘干至恒重(一般48h左右),再按照《公路工程沥青及沥青混合料试验规程》(JTG E20—2011)T 0719进行稳定度试验,试验前试件保湿温度为8~10h。

最后,外观尺寸检查与要求。工程质量的检验评定应依据《公路工程质量检验评定标准》(JTG F80/1—2017)、《公路沥青路面施工技术规范》(JTG F40—2004)和《公路路面基层施工技术细则》(JTG/T F20—2015)中的有关标准,主要是纵断面高程、横坡度和平整度三项指标,施工过程的外形尺寸检查项目、频度和质量标准应符合表4-30的要求。

外形尺寸检查项目、频度和要求 表4-30

检查项目	质量要求		检验频率	检验方法
	高级公路和一级公路	其他等级公路		
平整度标准差(mm)	1.8	3.0	连续测量	T 0932
厚度(mm)	设计厚度的-5%	设计厚度的-8%	每2000m² 检查一点,单点评价	T 0912
纵断面高程(mm)	±10		每20延米1点	T 0911
宽度(mm)	不小于设计宽度,边缘线整齐、顺适		每40延米1处	T 0911
横坡度(%)	±0.3	±0.4	每100延米3处	T 0911
外观	表面平整密实,无浮石、弹簧现象,无明显压路机轮迹		随时	目测

检查时要按照评定路段划分,即乳化沥青冷再生施工后,应将全线以(1~3)km作为一个评定路段,按照表4-31的要求进行质量检查和验收。

冷再生层工程质量检验评定标准   表4-31

检查项目	质量要求		检验频率	检验方法
	高速公路和一级公路	其他等级公路		
压实度(%)	≥98	≥97	每车道每km检查1点	基于马歇尔击实密度,T 0921
平整度标准差(mm)	1.8	3.0	连续测量	T 0932
厚度(mm)	设计厚度-5%	设计厚度-8%	每1km检查一点	T 0912
纵断面高程(mm)	±10		每200延米1点	T 0911
宽度(mm)	不小于设计宽度,边缘线整齐,顺适		每200延米1处	T 0911
横坡度(%)	±0.3	±0.4	每200延米1处	T 0911
外观	表面平整密实,无浮石、弹簧现象,无明显压路机轮迹		每个车道	目测

尤其注意的是,冷再生层在加铺上部结构前,养生时间必须满足标准的要求。为此,应钻取芯样检验冷再生层的完整性,养生第7d时应能取出完整的芯样,试件不松散、不断裂,且顶面和底面应有不少于50%的平面为宜。

第四节 沥青路面温再生养护技术

如前所述,沥青温再生技术是利用旧沥青路面回收料与新集料和新沥青或温拌再生剂拌和而成沥青混合料的一种方法。即将温拌剂、新矿料、新沥青、废旧沥青混合料在低于热再生温度下进行拌和再生。目前,国内外沥青混合料温拌技术的种类很多,但开始应用的多是利用旧沥青路面翻修中铣刨下来的沥青路面旧料掺加新的沥青混凝土和再生剂,在较低温度下进行拌和而成的新的沥青混凝土用作路面基层或面层的技术。温拌技术是一种新兴的绿色筑路技术,在保持热拌沥青混合料优良路用性能和施工质量的同时,可以有效降低沥青混合料的拌和、施工温度,具有降低能源消耗和保护环境的优点。将温拌技术应用于旧沥青路面的再生利用,可以促进旧路面材料的循环利用,降低公路建设成本。

温拌沥青混合料的生产施工温度介于热拌沥青混合料与冷拌沥青混合料之间,其拌和温度在120℃左右,摊铺温度在100℃左右。温拌沥青混合料力学性能和路用性能不亚于传统的热拌沥青混合料,但生产施工温度可以降低30~50℃,具有明显的经济社会效益和环保作用。

无损温拌再生技术所使用温拌设备详见本章第一节图4-3。

一、无损温拌再生沥青路面的技术要求

(一) 就地无损再生技术的适用条件

参照目前国内外的就地热再生施工经验和《公路沥青路面再生技术规范》(JTG F41—2008)的有关规定,旧沥青路面就地无损再生技术的适用条件可参考表4-32。

无损温再生技术实用条件 表 4-32

项目名称		适用条件	注意事项
原沥青混凝土的平均厚度(cm)		>5	施工时不可将非沥青路面混合料翻松
车辙深度	沥青混合料向两侧挤压变形(cm)	<3	采用加铺法时,沥青混合料向两侧挤压所形成的车辙深度不超过 3cm;应先削去超过 3cm 的部分
	磨耗(cm)	<5	当面层的沥青混合料质量满足使用需要时,采用加铺法
龟裂率(%)		<40	表面的龟裂不收限制,若出现了坑槽病害,需事先修补
旧路面沥青的针入度(0.1mm)		>20	针入度不小于 30

(二) 现场施工条件

旧沥青路面就地无损温再生技术相比就地热再生技术,其施工机械长度较短,整体施工面长度约 50m,工程规模应满足就地热再生特点,一组施工机械的通过时间需要 30~60min,施工宽度需要占一个单车道,因此施工过程中要做好交通调节指挥的工作。工程施工前,应对原路面进行现场的调查、检测和质量评定,质量评定的内容包括路面破损情况、形式质量、强度和抗滑性能等指标。根据质量评定结果可确定最终的施工措施,质量评定可参考标准如表 4-33 所示。

无损温再生参考使用标准 表 4-33

路面强度指数(SSI)	(PCI)	路面状况指数(RQI)	抗滑性能(SFC 或 BPN)	热再生措施
优良	优良	优良	足够	—
			不足	上面层温再生
		优良	足够	上面层温再生
	中、次、差	—	—	面层温再生+新上面层
中	优良	优良	足够	面层温再生+新上面层
			不足	面层温再生+新上面层
		中、次、差	—	不可采用
	中、次、差	—	—	
次、差	—	—	—	

(三) 其他影响因素

沥青路面无损温再生的设备较大,质量较重,操作极为复杂,因此会有很多的客观因素影响,预计的影响如表 4-34 所示。

其他影响因素 表 4-34

影响因素	应注意的问题
沿路附属设施	对沿路设施必须进行保护,并需要检查施工附近区域有无可燃气体
构筑物净空	对于立交桥或地下通道存在净空要求的道路,要满足设备的通行
气候条件	就地热再生施工受气候的影响较小,但是在气温低于 10℃ 且有大风降雨天气不宜施工

二、无损温再生沥青路面的材料要求

(一)沥青路面无损温再生剂选择

温拌沥青技术可以概括为三种:有机降黏温拌技术、发泡降黏温拌技术和乳化沥青温拌技术。长期以来,世界各地一直探索合适的无损温拌再生剂,各地相继推出了不同型号的温拌剂。但值得指出的是,沥青路面无损温拌再生剂是旧沥青路面温再生技术的核心,应选择价格相对合理并且降黏效果好的有机材料。在实际工作中,可由试验对比来选用合适的温拌剂。为使读者进一步明确如何在各厂家提供的温拌剂中,选择出与当地的气候特点、路面结构和施工环境相适合的温拌剂,下面举例说明如何选择温拌剂。例如,某单位为探索不同温拌剂对沥青各性能指标的影响,根据现有降黏剂的特点选择了分子量分别为 1000 和 3000 的 PE 蜡、聚丙烯蜡、PP 蜡、煤沥青萘、硬脂酸酰胺、Sasobit 等作为研究对象,通过试验得出了不同温拌材料对沥青三大指标的影响(表4-35)。

不同温拌剂对沥青三大指标的影响　　　　表4-35

牌号	沥青/蜡	软化点(℃)	针入度(0.1mm)	延度	牌号	沥青/蜡	软化点(℃)	针入度(0.1mm)	延度
SK90	0	47.5	74.5	>100 6.7	萘	100/3	57.2	56.1	14.2
TLPE	100/3	52.8	73.5	6.70	空白沥青	0	57.3	54.8	64.2
NBPE	100/3	45.5	104.2	99.8	煤沥青	100/10	65.0	38.9	一拉就断
Sasobit	100/3	69	44.2	12.4	SK90-2	0	47.7	84.1	80.5
2APP	100/3	45.8	77.7	15.0	SR-1	100/1	47.8	76	>100.0
GPE	100/3	43.2	96.8	12.5	SR-2	100/2	52.7	68.9	82.5
SK90	100/3	47.5	74.5	>100 6.7	SR-3	100/3	60.9	56.2	47.5

注:延度试验温度和单位分别为10℃,cm。

可以看出,以 SK90 为空白沥青作为参照,TLPE,Sasobit,2APP,GPE 对沥青的延度影响最大,它们大幅度降低了沥青的低温性能,而 TLPE 和 Sasobit 提高了沥青的软化点并改善了高温使用性能,其余对高温性能均有所降低;但 NBPE 对沥青的软化点和延度影响不是很大。另外,不同的温拌材料对针入度的影响差异也很大,Sasobit 明显降低了针入度而使沥青变硬;TLPE 和 2APP 的针入度基本不变,NBPE 和 GPE 则明显增大了沥青的针入度使沥青变软。

由此可见,硬脂酸酰胺 SR 是一种非常好的沥青改性剂。由图 4-58 对比可以看出,随着 SR 量的增加,沥青的软化点升高,针入度下降,延度先升高后下降。可见该材料能够有效改善沥青的高温性能,但对低温的影响并不大,加入量小于 2 份时,也有利于增强沥青的低温延度,改善使用性能。

另外,通过试验还发现煤沥青对温度的敏感性高,现有的煤沥青均可实现温拌。可以看出煤沥青的加入很大程度降低了沥青的延度,而作为煤焦油主要副产品,萘同样对沥青的低温性能产生很大的破坏。图 4-59 是煤沥青和萘对沥青的影响,由图可知,温拌剂不能选择煤沥青及相关副产品。

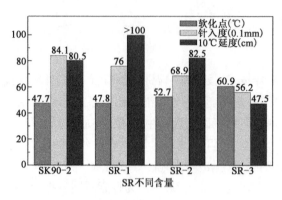

图 4-58　硬脂酸酰胺不同含量对沥青性能的影响

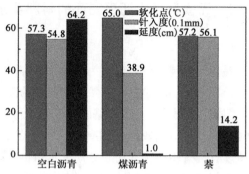

图 4-59　煤沥青和萘对沥青性能影响

为探求不同降黏剂实现温拌的可能性和效果,通过降黏剂对沥青的黏温性能分析,不同降黏剂对沥青黏度的影响如表 4-36 所示。

不同有机降黏剂对沥青黏温性能的影响(单位:黏度/MPa·s)　　表 4-36

牌号	沥青/添加剂	90℃	110℃	130℃	150℃	170℃	牌号	沥青/添加剂	90℃	110℃	130℃	150℃	170℃
SK90	0	8050	1785	554	217.7	101.9	微晶蜡	100/3	5025	1294.1	440.4	183.3	89.8
C9-3	100/3	8387.5	1837.5	568.7	223.3	103.7							
C9-5	100/5	9234	2041.1	602.9	242	107	GPE	100/3	6325	1406.6	486.6	191.8	103.5
C9-7	100/7	10425	2245.8	666.3	255.7	117.2	NBPE	100/3	6050	1202	400	166.5	79.9
Sasobit	100/3	9900	1200	404.1	170.3	82.3	SR-3	100/3	3375	954	317.2	142.5	83.7

图 4-60 为不同有机降黏剂对沥青黏温曲线的影响关系图,从图中可以看出 C9 石油树脂在各个温度下均对沥青起增黏作用,所以该物质不能用作温拌剂使用;Sasobit 在温度小于 105℃时对沥青具有增黏作用而在 110℃之上则出现明显的降黏效果,在 140~150℃左右达到拌和温度。图 4-60 中显示硬蜡(微晶蜡,GPE,NBPE)均有一定的降黏效果,但是在 130~150℃之间的降黏效果不如 Sasobit 明显;加入质量分数为 3 份 SR 其降黏效果从低温区 90℃到高温区 >170℃均比较良好。图 4-61 为 Sasobit 和 SR-3 黏温曲线对比,对比可以发现在 100℃以下 Sasobit 对沥青具有增黏的效果而 SR 从低温区就开始降低沥青的黏度;温度到达 110℃时 Sasobit 将沥青黏度从 1785 降到 1200,而 SR 则降到了 954,130℃时 Sasobit,150℃时 Sasobit 降黏从 217.7 到 170.3,SR 到 142.5。从这些数据可知 SR 的降黏效果优于 Sasobit,并且其价格仅为 Sasobit 的三分之一,以上试验研究说明,应选择 SR 作为沥青温拌剂为宜。

表 4-37 为不同 SR 含量对沥青降黏效果的影响。

SR 不同含量对沥青黏温性能影响　　表 4-37

试样	温度(℃)				试样	温度(℃)			
	110	120	135	150		110	120	135	150
SK90	1.2851	0.6906	0.3372	0.1868	SR-2%	0.8052	0.4836	0.2558	0.1536
SR-1%	1.0117	0.5785	0.3063	0.1834	SR-3%	0.7524	0.4578	0.2452	0.1528

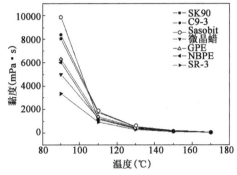

图 4-60 不同有机降黏剂对沥青黏温曲线的影响

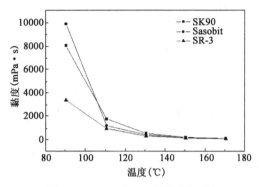

图 4-61 Sasobit 和 SR-3 黏温曲线对比

图 4-62 为 SBS 和芳烃油改性沥青黏温曲线。可以看出 SR 的加入对沥青有明显的降黏效果,随着加入量的增大其降黏效果越明显。试验表明,当 SR 加入量为 2 份和 3 份的时候起降黏效果相差甚微,所以选择 2 份的 SR 改性沥青最佳。

中交第一公路勘测设计研究院有限公司(原交通运输部第一公路勘测设计研究院),(以下简称中交一院)通过对比研究不同有机降黏剂对沥青性能和黏—温曲线的影响,给出一种新型温拌剂 SR 以及 SPR-A 水溶液,可改善沥青高低温使用性能,同时可改善常温下沥青的硬度。

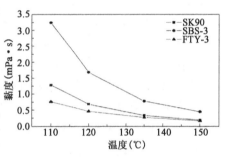

图 4-62 SBS 和芳烃油改性沥青黏温曲线

(二)无损温再生沥青混合料的配合比设计

沥青路面无损温再生沥青混合料的配合比设计,应充分考虑材料组成及工艺,减少旧料及再生剂对沥青混合料性能的影响,从而保证混合料具有优良的路用性能。具体设计方法可沿用新混合料的配合比设计方法,不同的是旧沥青混合料包含有破碎的旧集料,老化后的沥青,因此必须在传统的设计方法之上进行调整和优化,从而合理确定温再生沥青混合料的材料组成配比,并对其路用性能进行验证。

实际上,关于混合料设计方法,国内外曾进行过大量研究。中交第一公路勘测设计院有限公司的最新研究了以下四个方面的内容并取得一定成果:其一是,对旧沥青混合料的特性进行分析,集料级配细化,但矿料的物理性能满足施工技术规范对路面集料的技术要求,认为旧沥青混合料可以进行回收并再次利用在沥青路面建设中;其二是,以马歇尔试验设计方法为基础,对温再生沥青混合料之旧料选型与用量、新集料的级配、矿料级配设计、新沥青选型、温再生剂设计以及最佳沥青用量的设计方法;其三是,对温再生生沥青混合料的高温性能、低温性能以及水稳定性能进行评价,最终检测该混合料的高低温性能和水稳定性都符合规范要求;其四是,提供一种称为温拌久储离散混合料,该材料可在微波作用下快速恢复到热料状态,主要用于填补高程、补充沥青和完善级配。

特别指出,若使用 SPR-A 水溶液时,对其加入方式和加入时间要严格控制。当 SPR-A 水溶液加入热的沥青混合料中会出现大量的水蒸气,人工投料非常危险,水蒸气会烫伤投料者。经试验验证,采用泵送的方法安全有效。但加料时间和泵的流量要进行控制,若泵送时间过长,SPR-A 水溶液隔离效果难以达到理想效果。要根据拌和量情况选择合适的水泵,保证 SPR-A 水溶液要在 90s 以内加完。

1. 旧沥青混合料的级配

(1) 旧沥青混合料的级配分析

旧沥青混合料的级配分析是对旧沥青混合料 110℃ 干燥后进行人工筛分,根据筛分结果,确定旧料的级配组成,试验记录格式可参照表 4-38。

旧沥青混合料级配筛分试验　　　　　　　表 4-38

规格	通过百分率(%)										
	19	16	13.2	9.5	4.75	2.36	1.18	0.6	0.3	0.15	0.075

(2) 集料温度控制

温度控制会影响室内最佳用量效果,温度控制好,能够固定配方用量。故应选择能准确控制拌和温度的拌和设备,可采用 2000 型甚至 3000 型的拌和楼。

(3) 旧沥青混合料的检测指标及标准

旧沥青路面铣刨料中沥青的老化程度、集料的破碎情况及含水率等都会影响再生沥青混合料的性能,因此应对旧沥青路面铣刨料的技术性能进行评价。可采用《公路工程沥青及沥青混合料试验规程》(JTG E20—2011) 对完全用软化耙松所得旧料,加热后,制备的马歇尔试件、车辙板试件进行测试分析,以此评价铣刨料自身残余性能。旧沥青混合料残留性能检测,一般是按照旧料用量(%)检测其动稳定度 DS(次/mm)和残留稳定度 MS_0(%),应分别达到大于 1000 以及大于 80 的要求。

当用旧料成形的试件其残留稳定度低于规范值而不能满足施工要求时,必须对其从沥青本身以及级配稍加调整来进行性能恢复。

2. 配合比设计流程

温再生沥青混合料的材料设计是为了确定矿料级配、旧料掺加量、最佳沥青用量以及无损温再生剂的用量,在进行混合料配合比设计时比新沥青混合料设计复杂一些。可参照马歇尔试验设计方法进行无损温再生沥青混合料的配合比设计。

温再生沥青混合料的配合比设计流程如图 4-63 所示。以马歇尔试验设计方

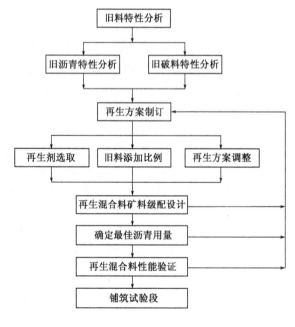

图 4-63　温再生沥青混合料设计流程图

法为基础,来诠释沥青路面无损温再生混合料的设计方法,主要设计内容包括旧料选型与用量、新集料的级配、矿料级配设计、新沥青选型、温再生剂设计以及最佳沥青用量等。

(1)旧沥青混合料特性分析

采用抽提法或燃烧法测定回收沥青混合料中的沥青含量,抽提回收沥青混合料中的沥青,并测试针入度、黏度等相关指标,以评价沥青的老化程度,并据此确定是否需要添加再生剂。对回收沥青混合料中分离沥青后的残留集料进行筛分,确定回收沥青混合料级配。

(2)再生沥青混合料级配类型

分析旧沥青混合料矿料级配的程序是,先根据旧料级配特点及路面性能要求以及再生沥青混合料的类型来确定旧料的添加率,再根据回收旧料级配分析情况选择合适的目标级配进行级配设计,计算旧料及新料的质量。

(3)确定再生剂类型及用量

根据再生剂类型不同,结合再生剂用量的试验数据,确定再生剂的最佳用量。也可采用马歇尔试验方法,对不同再生剂用量条件下的试验结果进行比较,选取再生剂的最佳用量,使再生沥青混合料的性能恢复到规范的要求。

(4)确定沥青的最佳用量

根据普通热拌沥青混合料的经验估计温再生沥青混合料的沥青用量,再按一定比例(通常0.5%)递增和递减,可将沥青用量分为5个等级进行马歇尔试验,并确定最佳沥青用量。

(5)温再生沥青混合料级配设计

新集料性能试验用新集料一般为石灰岩石料,应对其各项指标进行检测,测试结果应符合相关技术规范要求。集料的配合比设计是使各档集料在级配范围内,并确定粗集料、细集料以及矿粉质量比例的过程。具体步骤如下:

矿料级配设计,依据选择的级配类型,确定矿料的级配范围。可采用马歇尔设计法进行温再生沥青混合料配合比的设计,同时采用马歇尔击实成形的方法制作试件,并进行相关性能的测试。

计算不同集料的配合比例,使得合成级配在要求范围之内。

根据公路等级、交通状况、气候条件等确定目标级配,合成级配应尽量接近目标级配。为了兼顾高温抗车辙能力和低温抗裂能力,目标级配一般设置成S形曲线。

根据《公路沥青路面施工技术规范》(JTG F40—2004)规定的级配上、下限,采用将粗、细集料按粒径筛分成档,进行矿料级配设计。

目前,市场上有各式各样温拌久储温补混合料。例如,T型波特王温拌久储温补混合料系列、PT型波特王温拌久储温补混合料等。其中,T型波特王温拌久储温补混合料系列为可集中温拌(130℃)、长期储存(6个月),可随时修补坑槽的松散沥青混合料,分为PT-H与PT-M两种,其中PT-H型适用于传统红外加热方式。

温拌久储离散对微波敏感,在微波辅热车作用下10min内可升温到施工温度(110~130℃),两种温补料均可实现对坑槽方便、快捷的修补。该材料主要是在拌和站中集中拌和而成,再生修补过程中主要用于填补高程。

三、温再生沥青路面施工程序与主要工艺

(一) 施工准备

施工准备包括组织准备、技术准备、材料准备、设备准备等。

首先,组织准备。重点是落实施工组织机构和各级各类人员,人员包括管理人员以及技术型和技能型人才,特别是机械操作手一定要有较高的水平和操作经验。相关人员必须提前到位,明确分工,施工机械、人员的安全标识必须配备齐全,各种警告、警示、限速等标志标牌必须提前到位。

其次,技术准备。包括召开相关技术会议,明确技术分工,组织人员认真学习相关规范文件,掌握施工作业的要点和难点,并提出预防措施与解决办法。

材料准备,制备好施工所需温补料(如 MW 迈克威微波再生剂和 PT 型波特王温拌久储温补料等)。

再次,设备准备。应落实施工所需的各种机械设备、必备的器具、配件、工具及燃油、附属油等,做好开工前的机械设备检查、保养与调试等工作,确保施工期间不发生影响工程质量与进度的工程机械故障。在施工开始前首先将设备调试在最佳状态。

选择施工设备时,应以能够快速响应、快速热料、利于环境保护且无二次污染、修补成本低以及修补路面时间短等为原则。

温再生施工原则上应使用技术成熟的国内外先进的沥青路面辅助养护车为宜。例如MWM50 沥青路面辅助养护车是专为高速公路快速修补坑槽而设计的一款专用车辆,也适用于市政道路的小面积急修使用。

图 4-64　沥青路面辅助养护车

如图 4-64 所示,微波辅助养护车配置有压路机收放机构,随车配有大功率发电机组,不仅能够进行野外作业,还可当移动电源使用;车体配置有温再生剂喷洒装置,沥青路面喷洒再生剂后,能够给路面高效、均匀加热;微波辅助墙可通过机械臂实现前后、左右横移,上下移动,可加大施工作业范围;微波加热墙设有双重微波泄露装置,另外,还有特殊的结构确保高压电源高效散热;车体还配置有储料仓。其具体参数见表 4-39。

根据开发 MWM50 沥青路面辅助养护车的相关资料,该设备具有 8 个特点:第一,该设备结合微波无损温再生剂大约 10min,可修补坑槽 1~2m^2(厚度 50mm),加热深度深、加热均匀、不烤焦沥青路面;第二,本微波养护车布置有储料箱,可以存储施工时所需的物料,微波温再生剂采用压力喷洒的方式,降低劳动强度,提高效率;第三,施工时,加热墙可随路面的平整性自动调平,施工完毕后,微波加热墙可收放至车厢内,避免了微波电气元件暴露在外的危险;第四,设备装有语音报警功能,一定程度上提升了微波加热墙施工时的安全性,采用专用的微波防泄漏屏蔽链,有效地防止微波的泄露,微波加热墙的四周各设置了一个触地行程开关,对防

止微波的泄露起到双重保护的作用;第五,控制系统核心采用工程机械专用控制器,具有高防护、高稳定性、高集约化及高精度;第六,该车装备有发电机组,给用户开挖破损路面提供动力电源,受环境温度影响小,无论刮风、下雪还是冬季,都可以全天候作业;第七,该设备可以根据用户要求配备乳化沥青加热、喷涂设备和坑槽切割面热风加热设备;第八,该设备安装在专用车上,可以实现快速移动(约95km/h),24h内修补作业面积可以覆盖300km半径。

沥青路面辅助养护车设备参数 表4-39

名称	设备参数	取值	名称	设备参数	取值
整车尺寸	长×宽×高(mm)	6630×2450×3300	加热墙	加热面积(m²)	1
	前悬与后悬(mm)	1230/1600		微波辅助渗透墙横向移动范围(mm)	0~500
汽车底盘(东风多利卡)	驱动形式	4×2		微波辅助渗透墙纵向移动范围(mm)	0~500
	总质量(T)	12		微波辅助渗透墙上下向移动范围	0~110
	轴距(mm)	3800/3950		微波防辐射	双层
发电机气动	发电机功率(kW)	75		微波辅助渗透墙底离地距离(mm)	2~50
	方式	电启动		微波辅助渗透墙最大输出功率(kW)	36
压路机	钢轮宽度(mm)	600		微波电源冷却方式	油+风
储料仓	仓体容积(m³)	1.7		磁控管冷却方式	风冷
再生剂罐	罐体容量(L)	50			
	喷洒形式	手喷枪			

注:1. 表中各种移动范围的单位为mm。
　　2. 收发形式为液压收发。

(二)原路面病害和养护情况调查

施工前对原路面的病害,如横向裂缝、网裂、松散、车辙等进行全面调查,对调查结果进行分析,从而判断是否符合无损温再生的条件。

(三)施工主要程序与关键工艺

利用车载式微波加热车进行修补的具体施工工艺如下。

1. 封闭原路交通

封闭交通应依据《公路养护安全作业规程》,根据该规程规定的警告区、过渡区、缓冲区、工作区长、下游过渡区、终止区各自要求的长度,计算出安全锥摆放长度、间隔以及安全锥数量,并予以摆放。交通封闭期间要有专门安全人员负责维护交通秩序,随时观测导改后可能危及本路施工安全的路上交通状况,防止意外事件发生。

2. 画线修补坑槽

按"圆洞方补、斜洞正补"的原则,用石笔画出坑槽修补轮廓线(正方形或长方形),并在轮廓线附近简易标写画线尺寸与桩号。

3. 清理原路面

利用高压空气机对坑槽病害处进行清理,如图4-65所示。

4. 修补前记录

修补前记录桩号以及坑槽现状，记录病害修补位置以及修补前具体情况。

5. 喷涂再生剂

喷涂微波无损温再生剂如图 4-66 所示。无损温再生剂的使用量可根据路面的现状进行判断，一般用量在 $1\sim1.5\text{kg/m}^2$，人工或机械喷涂在沥青路面病害处。

图 4-65 清理路面示意图

图 4-66 喷涂再生剂

6. 路面辅助渗透

利用沥青路面辅助养护车的微波辅助渗透墙照射辅助路面，促使微波无损温再生剂快速渗透的路面中，并对路面进行有效软化再生。如图 4-67 和图 4-68 所示，一般情况下，微波墙工作面离地高度不超过 50mm，必须保证微波防泄漏网完全贴合在地面上，墙体触地开关完全触地。发电机启动，打开操作界面，设置辅助时间，开启微波元件。

图 4-67 辅助渗透软化及车辆

图 4-68 操作界面示意

7. 耙松碾压

达到预设加热时间后停止辅助，测量修补区域温度达到 120℃，进行人工耙松，如图 4-69 所示。碾压过程中若高程不够，则可采用温拌久储离散混合料进行高程填补。碾压时应从两侧往中心碾压，碾压终了温度不低于 50℃。为防止碾压"带走"路面材料，往返碾压应在同一幅上进行。在热材料上变向会造成路面变形与新裂缝，因此在改变碾压方向前，应关闭振动；

压路机在向下一幅上移动的时候,只能在冷却地方进行,以防止裂缝和推挤。在碾压过程中不得在碾压区域里转向、掉头以及左右移动位置或突然制动。

图 4-69　耙松与碾压

(四) 施工过程质量控制与管理

无损温再生技术施工后,待温度降低到环境温度后对修补处进行现场平整度、构造深度以及渗水性能的试验检测,各项技术指标要求符合相关规范后才可开放交通。

第五节　沥青路面热再生养护技术

沥青路面热再生技术由于其矿料配合比容易控制以及混合料性能容易保证等诸多优势被广泛使用。特别是在热熔状态下,通过加入再生剂等手段,可使旧沥青性能能够得到一定程度的恢复,从而循环利用这些旧沥青。但对于现场热再生而言,由于其利用再生重铺机组现场加热沥青,故有污染环境等缺点,随着再生重铺机组上集烟除尘设备的技术改进和效能的提高,这些弊端同样可以避免。

一、厂拌热再生施工技术

(一) 施工设备与技术要求

厂拌热再生的再生方式有新旧沥青调和再生、再生剂再生、混合再生三种。由于 RAP 中沥青含量较小,故加入再生剂后还需添加一些新沥青,这样不但能改善旧沥青的性能,还可使再生混合料达到最佳油石比。当不加入再生剂时,新沥青相当于再生剂,是否使用再生剂取决于沥青的老化程度。

再生剂是一种恢复已老化沥青性能的添加剂,主要采用低黏度石油系的矿物油,再生剂的质量指标与要求如表 4-40 所示。

热拌沥青混合料再生剂质量要求　　　　表 4-40

检验项目	RA-1	RA-5	RA-25	RA-75	RA-250	RA-500	试验方法
60℃黏度 cSt	50~175	176~900	901~4500	4501~12500	12501~37500	37501~60000	T 0619
闪点(℃)	≥220	≥220	≥220	≥220	≥220	≥220	T 0633

续上表

检验项目	RA-1	RA-5	RA-25	RA-75	RA-250	RA-500	试验方法
饱和分含量(%)	≤30	≤30	≤30	≤30	≤30	≤30	T 0618
芳香分含量(%)	实测记录	实测记录	实测记录	实测记录	实测记录	实测记录	T 0618
薄膜烘箱试验前后黏度比	≤3	≤3	≤3	≤3	≤3	≤3	T 0619
薄膜烘箱试验前后质量变化(%)	≤4,≥-4	≤4,≥-4	≤3,≥-3	≤3,≥-3	≤3,≥-3	≤3,≥-3	T 0609 或 T 0610
15℃密度	实测记录	实测记录	实测记录	实测记录	实测记录	实测记录	T 0603

注：$1\text{cst} = 10^{-6}\text{m}^2/\text{s}$

厂拌沥青混合料的拌和设备有间歇式（图4-70）和连续式（图4-71）两种。间歇式的骨料筛分是在烘干之后，而连续式则是将骨料的筛分和称量工序提前在烘干之前，即把"热"筛分，改成"冷"筛分，其效果是完全相同的。

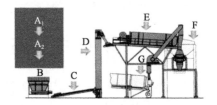

A_1：铣刨废旧路面材料　　A_2：破碎筛分设备
B：旧再生料配料站　　C：传送系统
D：提升　　E：再生加热系统
F：再生仓计量装置
G：尾气二次燃烧

图4-70　间歇式厂拌热再生拌和楼

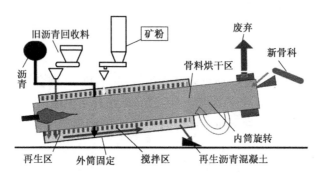

图4-71　连续式厂拌热再生设备双滚筒沥青混合料再生设备

我国有95%的沥青混合料拌和楼为间歇式拌和楼，干拌时间一般比普通热拌沥青混合料延长5～10s，总拌和时间比普通热拌沥青混合料延长15s左右，其目的在于延长拌和时间，使温度较低的RAP与温度较高的新集料有充分的时间进行热量交换，使新旧沥青以及再生剂能够充分融合。

对于高位式烘干筒,要求RAP材料经加热进入拌缸后,先和热的新集料搅拌5~10s,对RAP材料进行二次提温以达到沥青混合料要求的施工温度,然后再加入新沥青,搅拌30~45s。

与间歇式拌和设备相比,连续式拌和设备的拌制流程大为简化,生产效率大幅度提高,因此在欧美发达国家得到广泛应用,但是在我国应用不多。其主要原因是我国目前使用的材料变异性大,再加上拌和场大多都是露天料场,材料含水率受天气影响大,若采用连续式拌和设备,混合料的稳定性难以保证。

就地热再生是采用专用的就地热再生设备,对沥青路面进行加热、铣刨,就地掺入一定数量的新沥青、新沥青混合料、再生剂等,经热态拌和、摊铺、碾压等工序一次性实现对表面一定深度范围内的旧沥青混凝土路面再生的技术。它可以分为复拌再生和加铺再生两种。

(二)沥青厂拌热再生的材料要求与配比设计

1. 再生材料要求

热再生RAP材料控制指标参见表4-41。

RAP 材料控制指标(热再生) 表4-41

材料	检测项目	技术要求	试验方法
RAP	含水率	实测	《公路工程沥青及沥青混合料试验规程》(JTG E20—2011)
	RAP级配	实测	
	沥青含量	实测	
	砂当量(%)	>55	
RAP中的沥青	针入度(0.1mm)	>20	抽提,《公路工程沥青及沥青混合料试验规程》(JTG E20—2011)
	60℃黏度	实测	
	软化点	实测	
	15℃延度	实测	
RAP中的粗集料	针片状颗粒含量、压碎值	实测	抽提,《公路工程集料试验规程》(JTG E42—2005)
RAP中的细集料	棱角性	实测	

(1)再生剂

沥青老化是因为沥青化学组成发生变化,主要是芳香分转化为胶质、胶质转化为沥青质,体系中沥青质含量增加,分散相增多,分散介质胶溶能力降低,沥青胶体稳定性变差。再生剂的检测项目见表4-42。

再生剂检验项目 表4-42

检验项目	RA-1	RA-5	RA-25	RA-75	RA-250	RA-500	试验方法
60℃黏度 cSt	50~175	176~900	901~4500	4501~12500	12501~37500	37501~60000	T 0619
闪点(℃)	≥220	≥220	≥220	≥220	≥220	≥220	T 0663
饱和分含量(%)	≤30	≤30	≤30	≤30	≤30	≤30	T 0618
芳香分含量(%)	实测记录	实测记录	实测记录	实测记录	实测记录	实测记录	T 0618
薄膜烘箱前后黏度比	≤3	≤3	≤3	≤3	≤3	≤3	T 0619

续上表

检验项目	RA-1	RA-5	RA-25	RA-75	RA-250	RA-500	试验方法
薄膜烘箱后质量变化(%)	≤4, ≥-4	≤4, ≥-4	≤3, ≥-3	≤3, ≥-3	≤3, ≥-3	≤3, ≥-3	T 0609 或 T 0610
15℃密度	实测记录	实测记录	实测记录	实测记录	实测记录	实测记录	T 0603

注：$1cst = 10^{-6} m^2/s$

(2)乳化沥青

沥青厂拌热再生之沥青材料可采用乳化沥青，它是将热熔的石油沥青经过机械作用，以细小微粒分散到乳化剂水溶液中，形成的水包油的乳状液。乳化沥青检测项目见表4-43。

乳化沥青检验项目　　　　　　　　　　表4-43

试验项目		单位	质量要求	试验方法
破乳速度			慢裂或中裂	T 0658
粒子电荷			阳离子(+)	T 0653
筛上残留物(1.18mm筛) 不大于		%	0.1	T 0652
黏度	恩格拉黏度计法 E_{25}		2~30	T 0622
	25℃赛波特黏度 v_s	s	7~100	T 0621
蒸发残留物	残留分含量 不小于	%	62	T 0651
	溶解度 不小于	%	97.5	T 0607
	针入度(25℃)	0.1mm	50~300	T 0604
	15℃延度 不小于	cm	40	T 0605
与粗集料的黏附性，裹覆面积 不小于			2/3	T 0654
与粗、细粒式集料拌和试验			均匀	T 0659
常温储存稳定性	1d 不大于 5d 不大于	%	1 5	T 0655

(3)泡沫沥青

沥青厂拌热再生之沥青材料亦可采用泡沫沥青，当采用泡沫沥青，其检验项目见表4-44。

泡沫沥青检验项目　　　　　　　　　　表4-44

项 目	技 术 要 求	试验方法
膨胀率 不小于	10	按现行相关规范
半衰期(s) 不小于	8	按现行相关规范

(4)沥青等级确定

沥青等级确定包括确定沥青目标等级与选择新沥青等级。其中，新沥青等级的选择可参见表4-45。

新沥青标号的选择　　　　　　　　　表4-45

RAP含量建议新沥青等级	回收沥青等级		
	$P \geq 30$	$P = 20 \sim 30$	$P = 10 \sim 20$
沥青选择不需要变化	<20%	<15%	<10%
新沥青标号比正常高半个等级,即针入度10	20%～30%	15%～25%	10%～15%
根据新旧沥青混合调和法则确定	>30%	>25%	>15%

(5)其他指标调和:如黏度、针入度指标调和以及软化点指标的调和。

2.厂拌热再生混合料设计

(1)RPA掺加量

根据施工经验,一般RPA掺量不超过20%。通常不超过30%时,高温稳定性显著提高,表4-46为车辙动稳定度提高幅度试验结果,低温抗裂性能略有下降,见表4-47。

RAP掺量与车辙动稳定度提高幅度　　　　　　　　　表4-46

RAP掺量(%)	0	10	20	40
车辙动稳定度(次/mm)	1677.5	2251	2400	4864.5
提高比例(%)	100	134	143	290

RAP掺量与低温抗裂性能下降幅度　　　　　　　　　表4-47

RAP掺量（%）	位移（mm）	荷载（N）	弯拉强度（MPa）	拉应变 μm	弯曲劲度模量（MPa）
0	0.52	811	6.62	2743	2420
10	0.51	812	6.63	2654	2509
20	0.50	783	6.64	2608	2459
40	0.42	731	5.97	2217	2694

(2)混合料性能

混合料的性能主要是考察其疲劳性能等。实践证明,20%的RAP掺配比例不会对沥青混合料疲劳寿命产生影响,而水稳定性略有降低,可完全满足规范要求。

(3)混合料设计

厂拌热再生的宗旨是在不降低混合料性能的前提下利用RAP。其本质与热拌混合料一致,指标、性能要求与热拌混合料相同,但是由于增加了RAP、再生剂等变量,变得更加复杂。

与普通热拌混合料相比,厂拌热再生混合料设计需要增加的内容包括RAP分析、沥青目标标号与试配。设计流程见图4-72所示。

(4)RAP分析

(5)估算新沥青用量及其占沥青用量的比例

首先,估计沥青总含量。RAP≤20%时,热再生沥青混合料的总沥青用量与普通沥青混合料基本一致,可以根据当地的工程经验进行估计。

其次,估算新沥青用量 P_{nb}。估算可采用下式进行估算。

$$P_{nb} = P_b - P_{ob} \times \frac{n}{100}$$

式中：P_b——总沥青用量(%)；
P_{ob}——RAP 中的沥青含量(%)；
n——RAP 掺配比例(%)。

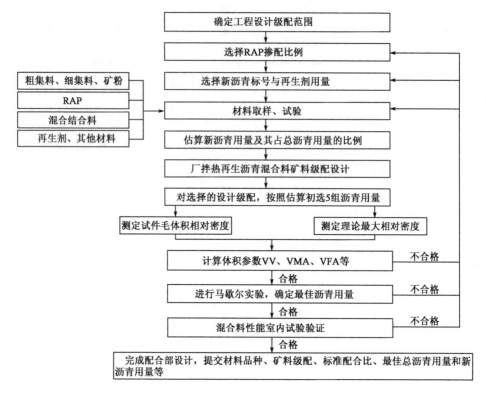

图 4-72　厂拌热再生沥青混合料配合比设计流程图

(6) 厂拌热再生沥青混合料矿料级配设计

厂拌热再生沥青混合料矿料级配设计中，可将粗、细回收沥青路面材料(RAP)中的集料作为矿料混合料的一部分，采用抽提筛分结果，纳入矿料配合比设计。

(7) 确定最佳新沥青用量

以估算新沥青用量 Pnb 为中值，用 Pnb、Pnb±0.5、Pnb±1.0 这 5 个沥青用量水平，按照《公路沥青路面施工技术规范》(JTG F40—2004)的马歇尔方法确定最佳新沥青用量 OAC。

(三) 路面结构养护方案设计

路面结构养护方案设计包括原路况检测、确定养护级别以及适应性评估等。现以广东某高速公路厂拌热再生为例说明。该路段为一级路，地处经济发达地区，交通繁忙，重车较多。路况极差，病害严重，承载力不足。原路现场取样试验检测结果见表 4-48。原计划路面养护用大修结构设计方案，采用 5 大类路面结构，设计复杂且施工难度大。采用的再生路段设计为三层：6cm 再生沥青 AC-25I 下面层，5cm 改性沥青 FAC-20 中面层，4cm 改性沥青 SMA-13 上面层。

某高速公路路面现场取样试样检验结果　　　　　　　　表 4-48

检验项目	样 本 数	平 均 值	均 方 差	偏差系数
沥青含量(%)	86	5.00	0.50	10.1
25℃针入度(0.1mm)	86	28.8	9.51	33
4.75mm筛孔通过率(%)	86	49.7	5.3	10.7
0.075mm筛孔通过率(%)	86	8.7	2.3	26

基层采用素混凝土和(或)再生沥青混合料 LSM-25 补强。

从表 4-48 可以看出,针入度大部分处于 20~40 之间,平均值为 28.8,具有较好的再生利用价值。回收的集料除针片状含量外,其他性能指标均满足,针片状含量指标可通过提高新集料指标补偿。各项指标均有一定的离散性,但和国外相关资料对比,情况并不严重,可以通过针对性措施解决。RAP 的细料和粉料较多,应有针对性措施。

(四)沥青路面厂拌热再生施工工艺

1. 拌和设备及基本要求

沥青路面厂拌热再生施工的机械设备系统包括冷骨料预筛分系统、计量系统、温度控制系统、出料温度统计、再生混合料 AC-25 的级配统计等。拌和设备的基本要求是能够控制 RAP 变异性。为此建议 RAP 分层铣刨、不同来源 RAP 分开堆放。

根据经验,混合料的体积指标、稳定性指标、路用性能等各项指标相互影响。体积指标即空隙率、矿料间隙率、沥青饱和度,三个体积指标的影响规律是:细度模数>沥青含量>针入度;稳定度指标的影响规律主要是:针入度>细度模数>沥青含量;对流值影响规律是:沥青含量>细度模数>针入度。RAP 细度模数对于再生混合料配合比设计的体积参数影响最为显著,沥青含量次之,最后才是沥青老化程度;路用性能指标,即高温稳定性的影响规律是:沥青老化程度>矿料级配>沥青含量。水稳定性影响规律是:沥青老化程度>沥青含量>矿料级配。

综合比较可知,RAP 中沥青老化程度对再生沥青混合料路用性能影响最显著,因此要控制 RAP 含水率,施工中,可以适当提高出料温度 5~15℃,适当延长干拌时间和总拌和时间,但不能过分提高或延长;其次为沥青含量;再次为矿料级配。

2. 机械设备系统标定

(1)冷骨料预筛分系统

倘若选用的连续式搅拌设备不配备"二次筛分"装置时,施工现场可设计一套连续的冷骨料预筛分装置与之配套。

应该指出,间歇式的骨料筛分是在烘干之后;而连续式则是将骨料的筛分和称量工序提前在烘干之前,即把"热"筛分,改成"冷"筛分,其效果是完全相同的。

(2)计量系统标定

骨料和 RAP 的总量采用皮带称量计量方式,要求计量精度为 0.5%;可选用若干个新骨料仓(一般为 5 个)和几个 RAP 料仓(一般为 2 个)。矿粉、回收粉、水泥、消石灰的配料计量采用体积计量方式,要求计量精度为 0.5%(材料规格变化或产量变化较大时应重新标定);沥青和再生剂的计量也采取体积法计量方式,要求计量精度为 0.1%(不同沥青和再生剂应分别标定。

(3) 温度控制系统标定

温度控制系统标定与间歇式拌和楼温度标定相同,容许误差为 ±3℃;设定新集料加热温度时应考虑含水率和气温的影响。

(4) 再生混合料 AC-25 的出料温度

出料温度设定为155℃。实测平均值160.17℃,均方差2.68℃,95%保证率的置信区间为 155.76~164.58℃。对所有数据的分布进行统计,159~161℃之间占 70.1%,如果所有数据均在规范的范围以内且呈近似正态分布,则说明温度控制情况良好。

(5) 再生混合料 AC-25 的合理级配

为控制再生混合料 AC-25 的合理级配,在施工现场可以做出混合料 AC-25 的合理级配统计,用以分析评价其级配能否满足目标配合比之要求。例如,某厂拌热再生混合料 AC-25 的级配统计表的样式如表4-49 所示。

再生混合料 AC-25 的级配统计　　　　　　　　表4-49

筛孔尺寸 (mm)	31.5	26.5	19	16	13.2	9.5	4.75	2.36	1.18	0.6	0.3	0.15	0.075
均值	100	99.35	84.7	73.4	64.8	53.0	39.4	29.6	23.1	17.4	12.1	9.0	5.8
均方差	0.0	0.9	2.6	3.3	3.9	3.5	2.1	2.7	2.3	1.9	1.6	1.3	0.5
置信下限	100	97.8	80.3	67.9	58.4	47.2	35.9	25.2	19.3	14.3	9.4	7.0	4.9
置信上限	100	101	89.0	78.8	71.2	58.8	42.9	34.1	26.8	20.5	14.7	11.1	6.7
目标配比	100	98	87.3	73.6	62.8	51.5	37.7	32.0	25.8	19.5	13.0	9.1	5.1
与目标级配的最大差值	0	2	7.7	7.1	7.7	7.9	6.3	5.8	7.1	5.2	4.4	3.4	1.5
超出规范要求组数	0	3	1	4	2	0	0	3	0	0	0	0	0

从统计结果看,各筛孔通过率的平均值与设定值偏差不大,标准差也较小,离散程度低。根据规范的级配容许误差范围(0.075mm 筛孔 ±2%,≤2.36 筛孔 ±6%,≥4.75 筛孔 ±7%),关键筛孔4.75、2.36、0.075 的通过率均没有超出;非关键筛孔(mm)1.18、9.5、13.2、16、19 筛孔通过率各有 1~4 组超出,占 3.06%,但其值仍在级配范围以内;其余筛孔 100% 满足规范要求。目标级配的各筛孔通过率均落在 95% 保证率的置信区间范围内,说明生产级配能满足目标配比要求。

3. 混合料拌和

厂拌热再生的拌和设备必须具备 RAP 配料装置和计量装置。若使用间歇式拌和设备,当 RAP 掺量大于10%,宜具备 RAP 烘干加热系统,RAP 料仓数量应不少于2 个,料仓内 RAP 含水率应不大于3%;应适当提高新集料的加热温度,但最高不宜超过200℃;干拌时间一般比普通热拌沥青混合料延长5~10s,总拌和时间比普通热拌沥青混合料延长15s 左右;再生混合料出料温度应比普通热拌沥青混合料可提高5~15℃。

4. 摊铺和压实

摊铺温度比热拌沥青混合料高 5~15℃,压实温度高 5~10℃。其他要求应符合《公路沥青路面施工技术规范》(JTG F40—2004)的规定。

厂拌沥青再生混合料摊铺和碾压和全新混合料无明显的区别,只需适当提高施工温度即可。碾压质量取决于压实度和剩余空隙率大小。例如,某再生 AC-25I 路面的压实度和现场空隙率统计见表 4-50 所示。

再生 AC-25I 路面的压实度和现场空隙率统计　　　　表 4-50

指　标	芯样密度(g/cm³)	马歇尔密度(g/cm³)	压实度(%)	现场空隙率(%)
平均值	2.374	2.400	98.91	5.17
标准差	0.037	0.019	1.49	1.49
偏差系数(%)	1.575	0.779	1.51	28.89
95%置信上限	2.435	2.431	101.37	7.63
95%置信下限	2.312	2.369	96.46	2.71

AC-25I 的压实度平均值为 98.91%,变异系数仅为 1.51%,95% 置信区间在 96.46~101.37 之间,说明下面层再生混合料压实充分、均匀。现场空隙率平均值 5.17,但变异系数达到 28.89%,95% 置信区间在 2.71%~7.63% 之间,有较明显的正态分布特征,其中 84% 的芯样空隙率处在最佳区间 3%~7%,仅有 4% 的空隙率超出 8%。实际应用效果良好。

5. 养生和开放交通

应符合现行《公路沥青路面施工技术规范》(JTG F40—2004)的规定。

二、沥青路面就地热再生施工技术

(一)材料要求与配比设计

沥青路面就地热再生材料配合比设计项目见表 4-51。

沥青路面就地热再生材料配合比设计项目　　　　表 4-51

基本步骤	1	2	3	4	5	6	7
设计项目	确定工程设计级配范围	RAP 分析和矿料级配设计	确定再生剂用量(用如下的试配法进行旧沥青再生试验;用内插法初步确定再生剂用量)	马歇尔方法进行混合料设计	确定新沥青混合料中的沥青用量	配合比设计检验	试验路检验再生沥青混合料性能
试验路检验	\multicolumn{7}{l}{试验路检验项目主要有:现场再生沥青的技术指标,马歇尔稳定度,再生混合料的级配、动稳定度,浸水马歇尔残留稳定度,冻融劈裂强度比等}						

1. 再生剂用量确定

现结合一例说明再生剂用量确定过程。

某沥青路面再生剂掺量与性能指标试验见表 4-52。

再生剂掺量与性能指标试验 　　表4-52

内掺	沥青(g)	改性剂(g)	针入度(0.1mm)	软化点(℃)	黏度@135℃(Pa·s)
0	—	—	44	57	1.2
5%	265	14	60	50	0.725
9%	264	26	84	46	0.525
11.7%	225	29.8	92	44	0.475

最终确定再生剂添加量为沥青含量的9%。

就地再生配合比设计(新料)抽提结果如图4-73所示。

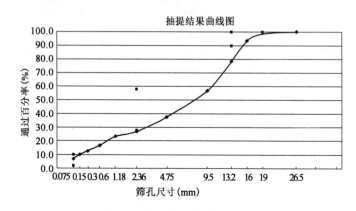

图4-73　就地再生新料抽提后级配曲线

原路面为AC-16I型沥青混合料,从抽提筛分结果及级配曲线来看,原路面2.36~9.5之间明显偏多,根据该高速重载交通特点,工程实际掺加新集料与旧路面混合料比例为20∶80,根据新集料的筛分结果通过合成级配,掺加新集料。

2. 再生过程的生产配比验证

进场后,对目标配比进行生产验证,对新再生沥青混合料进行抽提筛分与目标配合比中的模拟拌和沥青混合料进行比对(图4-74和表4-53),沥青含量与级配相吻合即满足设计要求。

目标与生产配合比　　表4-53

筛孔尺寸(mm)	级配3	19	16	13.2	9.5	4.75	2.36	1.18	0.6	0.3	0.15	0.075	沥青含量
目标(%)	100	98.7	94.8	87.1	74.7	46.7	32.2	26.7	20.4	13.0	8.1	5.7	4.64
生产(%)	100	98.9	95.1	87.2	74.5	47.2	32.0	25.5	19.9	12.9	8.0	5.6	4.67

据以上试验数据可知,生产的再生沥青混合料与目标配合比中设计的再生混合料相吻合。最终确定拌和新沥青混合料配比为7~12∶4~7,沥青用量为4.67%。再生沥青混合料的比例为旧沥青再生混合料∶新沥青混合料=80∶20。

3. 按生产配比生产的再生混合料性能试验

车辙试验:动稳定度试验结果为2044次/mm。水稳定性检验:冻融劈裂强度比TSR为85.3%。

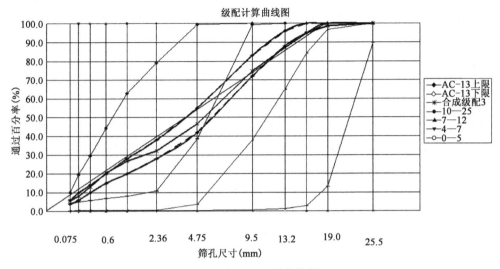

图 4-74 验证的级配计算曲线图

抗低温性能检验：采用 -10℃ 的实验温度，50mm/min 的加载速率对再生沥青混合料的低温抗拉性能进行评价。实验结果为 2357um。

(二) 沥青路面就地热再生施工程序与关键工艺

如图 4-75 所示，就地热再生需要配套一系列设备。沥青路面就地热再生工艺一般要经过路面加热—铣刨—再生剂喷洒—拌和—摊铺—碾压等工序。某沥青路面就地热再生所用设备见表 4-76 所示。

图 4-75 就地热再生工艺流程示意图

图 4-76 就地热再生现场施工示意图

就地热再生,再生深度一般为 20~50mm,适用于仅存在浅层轻微病害的高速公路及一、二级公路沥青路面表面层的就地再生利用,再生层可用作上面层或者中面层。

其施工工艺如下。

1. 路面适度加热

原路面必须充分加热,但不得因温度过高造成沥青老化;加热温度不足会造成铣刨时集料破损,使级配发生变化,再生混合料出现离析,压实困难,此时应减小再生列车各设备间距,减少热量散失。原路面加热宽度比铣刨宽度每侧应至少宽出 200mm。再生混合料温度较新沥青混合料低,而且只是碎石表面沥青膜温度较高,而碎石本身温度低,因此料温下降快。再生层路表温度低于 50℃后方可开放交通。

影响路面加热效果的主要因素有:气温、风力风向、旧路面的空隙率、旧路面的沥青含量、旧路面内部含水率、加热器的温度和发热量等。

普通沥青再生时摊铺温度一般控制在 130℃左右。温度太低会出现离析、压实困难,再生效果不佳等问题;温度太高会降低功效,引起沥青老化严重。

原路面上若有稀浆封层、微表处、超薄罩面、碎石封层的,不宜直接进行就地热再生,应先将其铣刨掉,或经充分分析后做出针对性设计。

2. 再生复拌与摊铺

原路铣刨深度要均匀。再生剂喷洒装置应与再生复拌机行走速度联动并可自动控制,能准确按设计剂量喷洒。再生混合料的摊铺温度宜控制在 120~150℃为宜。

再生剂喷洒剂量要准确。若再生剂太多,路面太柔软以致容易产生车辙;再生剂太少沥青路面性能恢复不好,路面使用寿命降低,而且施工中还会出现离析、压实困难等现象。

3. 混合料的压实

因再生混合料有较高的劲度,较新沥青混合料压实困难,碾压应配套使用大吨位的振动双钢轮压路机、轮胎压路机等压实机具。碾压必须紧跟摊铺进行,使用双钢轮压路机时宜减少喷水,使用轮胎压路机时不宜喷水。再生层路表温度低于 50℃后方可开放交通。碾压时注意以下几点:

采用合理压实工艺,确保有效压实。再生沥青混合料的和易性往往差于新沥青混合料,具有较好的劲度,而温度下降比新沥青混合料快,比新沥青混合料压实困难,要用大吨位压路机予以充分压实。

其次,保证纵横缝温度就地热再生是一个车道施工,加热宽度一般要比翻松宽度宽 20cm 左右,以保证接缝温度,从而保证接缝压实质量。

再次,施工紧凑、紧跟。施工机组间设备尽量缩短间隙;紧跟压实;减少压实洒水。

4. 进行二次调查

封闭交通后,对路面进行二次调查,调查项目如下:

(1)对造成结构性破坏,确需挖补的路面进行预处理后再生。

(2)对于面层严重贫油,出现麻面的路面,根据既定生产配比设计添加再生剂已不能完全恢复路用性能的,采用调查取样再试验的办法,及时调整再生剂的添加量,以恢复路面的整体使用性能。

(3)对于面层车辙严重,表面经重载车辆锥密压实出现泛油的路段,进行取样再分析,及时调整再生剂的添加量,以保持路用性能的正常发挥。

5. 施工过程质量控制

施工过程检查指标及标准如表4-54所示。

施工过程检查指标及标准　　　　　　表4-54

检查项目	检查频度	质量要求或允许偏差	试验方法
再生剂用量	随时	适时调整,总量控制	每天计算
压实度均值	每天1~2次	最大理论密度的94%	T 0924,JTG F80/1—2017 附录B
再生混合料摊铺温度	随时	>120℃	温度计测量
检查项目	检查频度	质量要求或允许偏差	试验方法
宽度(mm)	每100m一次	大于设计宽度	T 0911
再生厚度(mm)	随时	±5	T 0912
加铺厚度(mm)	随时	±3	T 0912
平整度最大间隙(mm)	随时	<7	T 0931
横接缝高差(mm)	随时	<3,必须压实	3m直尺间隙
纵接缝高差(mm)	随时	<3,必须压实	3m直尺间隙
外观	随时	表面平整密实,无明显轮迹、裂痕、推挤、油包、离析等缺陷	目测

6. 再生后路面跟踪检测

再生后对路面进行跟踪监测,检测结果均应满足再生既定目标,具体的几组与旧路面的对比试验数据如表4-55和表4-56。

原路面试验数据　　　　　　表4-55

车辙	沥青含量	现场孔隙率	构造深度	稳定度	流值	平整度
1.8~5.0cm	4.3%	2.2%	0.28mm	12.5kN	2.31mm	1.86(标准差)

再生路面试验数据　　　　　　表4-56

车辙	沥青含量	现场孔隙率	室内孔隙率	渗水系数	稳定度	流值	平整度(标准差)	压实度均值
0cm	4.68%	5.8%	4.1%	35ml/min	11.7KN	2.69mm	0.93	98.8%

还应指出,关于再生剂的使用,厂拌热再生的基本原则是不用或者尽量少用再生剂,不盲目追求RAP掺量,故RAP掺配比例推荐以不超过30%为宜。鉴于我国目前还没有制造出性能优良且对环境影响较小的现场热再生设备,故当前应尽量选用厂法施工。厂拌施工工序基

本与新路相似,只是 RAP 和沥青的选用以及混合料设计稍有区别。

第六节　水泥混凝土路面再生技术

旧水泥混凝土路面再生利用技术分为现场再生技术和集料再生技术。现场再生技术即通过专业破碎设备,将旧水泥混凝土原位破碎压稳后用作新路面结构的基层或底基层,习惯上也常将该技术划归为非黏结罩面的表面处理技术范畴。我国目前现有的现场破碎压稳工艺主要有多锤式碎石化、冲击压稳、门板式打裂压稳等工艺。集料再生技术即先将旧水泥混凝土现场初步破碎后,运输至集料厂进行再次集中破碎、筛分并去除杂物,回收优质集料,再生出可用于水泥混凝土、水泥稳定碎石、二灰土等混合料的集料。

水泥混凝土路面再生有着显著的经济效益。以本世纪初华东地区某双向四车道一级公路为例,此路是"白改黑"改建,改建时曾提出了几种方案(图 4-77),当时对原水泥路面进行挖除、冲裂压实等处理,然后加铺水稳基层、沥青封层和 10cm 沥青面层。

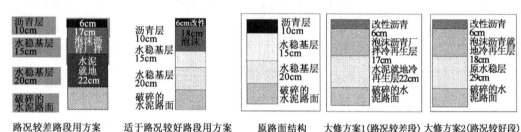

图 4-77　旧水泥混凝土路面养护方案

路面维修时采用了薄层罩面、改性稀浆封层、道路注浆加固、严重病害翻挖处理等工艺。路面维修面积比例约占路段总面积的 65%。路面平整度差,行车舒适性差。

通过效益分析结果表明:按照传统设计方案为原路面铣刨 45cm,然后重新加铺 35cm 水稳基层和 12cm 沥青面层(5cm 改性沥青),其总造价为 183 元/m^2;水泥就地冷再生 + 泡沫沥青厂拌冷再生方案,其造价为 154 元/m^2,每 m^2 节省约 15% 的造价。路面材料废弃量减少 80%。

采取泡沫沥青就地再生的路段,按照传统方案为加铺 20cm 水稳材料和 10cm 沥青面层,总造价为 156 元/m^2。若采取泡沫沥青就地再生方案,造价为 121 元/m^2,每 m^2 节省约 22%。

传统方案路面抬高 30cm,沿线设施需要改建,就地再生方案路面抬高只有 8cm,沿线交通设施基本不需要改建,同时施工工期缩短 20%。

针对水泥混凝土路面。通常多采用水泥混凝土路面碎石化技术,该技术是将水泥混凝土路面的面板,通过专用设备一次性破碎为碎块柔性结构,因破碎后其颗粒粒径小,力学模式更趋向于级配碎石,因而将其命名为碎石化。水泥混凝土路面碎石化示意如图 4-78 所示。碎石化后可以作为基层,在其上直接加铺沥青面层和水泥面层。

图 4-78 水泥混凝土路面碎石化示意图

一、碎石化的施工程序与主要工艺

(一)碎石化前处理

1. 设置排水设施

路面碎石化处理一般要求设置边沟以保证排水。如果没有边沟,则应将路肩挖除至混凝土路面基层同一高度,以使水能从碎石化区域排出。

2. 特殊路段处理

对出现严重病害的软弱路段分三步修复处理:

首先,清挖原路。清除混凝土路面并开挖基层或路基至稳定层。

其次,换填材料。顶面高程与破碎混凝土板底相同。

最后,回填压实。剩余的部分,应采用 HMA 罩面底层相同的混合料回填,并进行适当的摊铺和压实。

3. 构造物标记和保护

对构造物应按构造物埋置深度或所处位置采用适当的破碎方法或禁止破碎,参照表 4-57 所示。

构造物处破碎方法　　　　表 4-57

构 造 物	正常破碎	低锤头破碎	禁 止 破 碎
埋深管线	埋深>1m	0.5~1m	埋深<0.5m
路肩外建筑物	>10m	5~10m	<5m

4. 设置高程控制点

在有代表性的路段设置高程控制点,以便在施工中监测高程的变化,指导罩面施工。

(二)碎石化施工工艺流程

试验区主要用于设备参数调整,以达到规定的粒径和强度要求。

1. 试验路段

在碎石化施工正式开始前,应根据路况调查资料,在有代表性路段选择至少长 50m、宽 4m

(或一个车道)的路面作为试验段。根据经验一般取落锤高度为1.1~1.2m,落锤间距为10cm,逐渐调整破碎参数对路面进行破碎,目测破碎效果,当碎石化后的路表呈鳞片状时,表明碎石化的效果能满足规定要求,记录此时采用的破碎参数。

2. 试坑开挖

为了确保路面破碎成规定的尺寸,在实验区内随机选取两个独立的位置开挖1㎡的试坑,试坑的选择应避开有横向接缝或工作缝的位置。试坑应开挖至基层,以在全深度范围内检查碎石化后的颗粒是否在规定的粒径范围内。如果破碎的混凝土路面粒径没有达到要求,那么设备控制参数必须进行相应调整,相应增加试验区循环上一个过程,直至要求得到满足,记录符合要求的MHB碎石化参数备查。

3. 破碎顺序

MHB破碎操作的顺序应在满足破碎效果的基础上,保证有利于表面排水。一般情况下,应先破碎路面两侧的车道,这是因为两侧缺乏侧向约束,有利于破碎,然后破碎中部的行车道。破碎一个车道的过程中实际破碎宽度应超出一个车道,与相邻车道搭接部分,宽度至少15cm。

4. 破碎原路面

在整个破碎施工过程中,需要注意以下事项:

首先,正确把握破碎顺序。由于路面两侧缺乏侧向约束,容易破碎,一般情况下,应先破碎路面两侧的车道,然后破碎中部的行车道;破碎时最好是从混凝土路面的高处向低处破碎,以避免摊铺沥青混凝土后影响排水。

其次,注意预留搭接。一个车道的实际破碎宽度应超过车道本身,与相邻车道搭接15cm以上。

再次,不宜过度破碎。进行路肩破碎时,应适当降低锤头高度,减小落锤间距,既保证破碎效果,又不至于因破碎功过大而使破碎过度。

最后,不宜过分修整。破碎后不应对破碎后混凝土路面进行修整以提高路面平整度或改善线形,以免破坏混凝土路面碎石化效果。对5cm以上的低洼处应用密级配碎石粒料回填压实后再进行全面压实。

5. 压实新路面

压实的主要作用是将表面的扁平颗粒进一步破碎,同时稳固下层块料,为新建沥青面层提供一个平整的表面。为了防止压实过度而将碎石化层压入基层,应避免在潮湿的条件下进行压实操作,特别是在稳定性有问题的地方。压实按不超过5km/h的速度并按以下顺序进行,先用Z纹压路机至少三遍,再用胶轮压路机一遍,最后用振动钢轮压路机一遍。

6. 撒布透层油压实

为使表面较松散的粒料有一定的结合力,建议用乳化沥青透层表面在撒布适量的石屑进行钢轮静压,石屑用量以不黏轮为标准。透层油乳化沥青用量大约为$3kg/m^2$,渗入深约3cm。

二、路面碎石化施工质量控制方法

(一)试验段的设备参数

MHB破碎机械的主要控制指标是落锤高度和锤迹间距。这两个指标决定了冲击能量的大小和分布密度,最终决定了破碎后结构层的粒径分布特性和力学性质。初步选定的设备控制参数范围(经验值)如表4-58所示。

初步选定的设备控制参数范围(经验值) 表4-58

项 目	原水泥混凝土下卧层强度状况					
	强度较高		强度一般		强度较低	
水泥强度等级	32.5	42.5	32.5	42.5	32.5	42.5
下落高度(m)	1.2	1.2	1.1	1.1	1.0	1.0
锤迹间距(cm)	8~12	6~10	8~12	6~10	8~12	6~10

(二)施工质量控制的一般过程

选择代表性路段作为试验段,其长度最小为100m,在试验段中安排不同的锤迹间距(2cm级差)的子区段,每段长度不少于50m;根据破碎效果和设备控制参数进行调整;对不同锤迹间距的子区段粒径进行检测,选择对应的设备控制指标;检测回弹模量,验证是否满足要求。如果不满足可以采用增加落锤高度和减小锤迹间距的方法,增加破碎程度,降低变异性,达到质量控制指标要求。

关于施工材料以及详细工艺和其他要求,因本书篇幅所限,兹不阐述。读者可参见《公路水泥混凝土路面再生利用技术细则》(JTG/T F31—2014)。

第五章　道路预防性养护技术

道路预防性养护技术在提高路面使用性能、延长使用寿命和节约寿命周期费用等方面具有重要意义,在发达国家早已应用。在国内虽然起步较晚但应用步伐很快,于本世纪迅速推广使用,在此值得一提的是,虽然行业规范和地方性规范相继颁布实施,但总的来讲有成功的经验,也有失败的教训,特别是资金使用受地域或单位经济实力影响较大,有过渡超前浪费的;也有相对滞后遗憾的,还有技术和经济效果和效益较好的等诸类不均衡现象。为使读者准确理解和合理应用该技术,本章将对路面的预防性养护技术加以系统阐述。

第一节　道路预防性养护技术及要求

一、预防性养护技术的基本概念与发展动态

(一) 预防性养护技术的基本概念

道路预防性养护的概念是 20 世纪 70 年代初由美国提出的,AASHTO 当初对预防性养护(Pavement Preventive Maintenance,PPM)的定义为:在不增加路面结构承载力的前提下,对结构完好的路面或对附属设施有计划地采取某种具有费用效益的措施,达到保护路面系统、延缓损坏,保持或改进路面功能状况的目的。

概括性地讲,预防性养护对好路进行保养;深层含义体现在狭义的预防性养护和广义的预防性养护两个方面。其一是,狭义的预防性养护,其二是,广义的预防性养护。概括地讲,狭义预防性养护只涵盖路面,强调预防为主,即突出的是路面结构本身的预防性养护,并且强调在养护时机上应以预防为主并不增加结构。而广义预防性养护除路面以外,还考虑与路面使用质量和使用寿命相关的其他部分的养护,如路基、桥涵等,并强调防治结合。即广义的预防性养护是对狭义预防性养护的进一步拓展,换言之,首先,从狭义上讲:预防性养护就是在路面没有发生结构性破坏以前,为了更好地保持道路路面的良好运营状态,延缓未来的路面破坏,获取道路寿命周期内的最大效益,在不增加结构承载能力的前提下,在适当的时间,采取相应的技术措施改善路面系统的功能状况,提升路面服务水平。其次,从广义上讲:预防性养护就是在道路没有发生结构性破坏以前,为了更好地保持道路的良好运营状态,延缓道路未来的破坏,获取道路寿命周期内的最大效益,在不增加结构承载能力的前提下,针对道路出现或可能出现的病害,在适当的时机,积极采取路基维护、路面维修、桥涵维修加固、附属设施维护等相应的综合技术措施,用以改善道路系统的总体功能状况,提升道路服务水平。

考虑到我国当前公路的规模及养护工作的现状,目前完全按照预防性养护思路,在路况尚好的情况下进行大规模的预防性养护不太现实,因此拓展预防为主至防治结合为宜,即路面如果稍超出狭义预防性养护的范畴与时机,通过预防性养护使其避免更大病害。

(二)预防性养护技术的费用效益

早在 1987 年,美国公路战略研究计划(SHRP)中对养护费用效益的研究结论认为,整个路面寿命周期内进行 3~4 次的预防性养护,可延长使用寿命 10~15 年,节约养护费用 45%~50%。

21 世纪初,美国不但对已有的道路,特别是高速公路进行了后评价,而且通过对其国内几十万公里不同等级道路进行跟踪调查,发现这些道路的使用性能和寿命有一个共同的变化特征,那就是一条质量合格的道路,在使用寿命 75% 的时间内,性能下降 40%,他们把这一阶段称为预防性养护阶段,如在此阶段不能及时养护,在随后 12% 的使用寿命时间内,性能再次下降 40%,从而造成养护成本大幅度地增加,如图 5-1 所示的是预防性养护效益费用曲线,从曲线图形中我们可以体会到这一点。

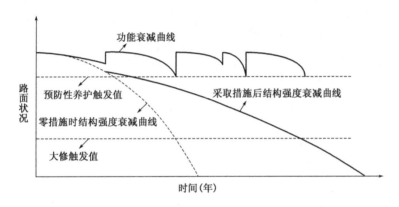

图 5-1 预防性养护费用效益曲线

(三)国内外道路预防性养护技术发展现状

美国国会当初通过的美国 SHRP 计划中一个重要研究成果就是明确了预防性养护在延长路面寿命周期、节约寿命周期费用方面的良好费用效益。鉴于 1997 年美国国会调查研究报告显示全美 48% 州际公路(郊外)和 60% 城市州际公路的路面状况为"勉强及格"或"差"的情形,21 世纪初,美国公路部门将重点放在现有公路系统保值和养护策略方面并逐步立法。与此同时,于 2003 年 7 月在密歇根州立大学成立了 NCPP 预防性养护中心,专门从事预防性养护方面的培训、咨询及相关技术研究。如今,美国已有 34 个州制订了路面保值计划,广泛开展了预防性养护技术的深入研究。目前预防性养护技术已在许多国家相继推广和采用,并在探索推进。例如,日本对预防性养护提出了更为科学合理的,分别满足路况最佳养护时机及养护工法与养护费用及纳税人满意度的评价决策体系。

我国上海市 20 世纪 90 年代中后期逐渐引进了"预防性养护"的理念和技术。当时使用的预防性养护措施有稀浆封层、微表处等,并制定了《上海市公路沥青路面预防性养护技术规程》。随后江苏省和北京市也应用该技术,特别是对乳化沥青稀浆封层颇有研究,编制了《乳化沥青稀浆封层技术应用研究》《乳化沥青稀浆封层技术应用指南》《乳化沥青稀浆封层施工技术规程》。21世纪初,江苏省将稀浆封层预防性养护技术的推广工作纳入养护工作计划和考核目标,全省平均每年实施300余公里。随后,陕西省铺筑薄层罩面试验段以及铺筑碎石封层试验段,在此基础上,总结经验,改进工艺,逐步在全省推广预防性养护技术。另外,山东省引进智能化、高性能沥青洒布和碎石撒铺设备并研究和推广沥青碎石封层预防性养护技术,大量配备使用高性能的灌缝设备和高质量的灌缝材料。如今,预防性养护技术已在全国各地相继使用,有些省市还颁布了适应地区特点的推荐地方标准。

为推广和使用预防性养护技术,不少地方和单位用于预防性养护技术的资金也在逐年增加,有的增加幅度还比较大。图5-2 华北高速在21世纪初预防性养护资金投入情况,图中黑色柱形图为公路养护总投资,斜线柱形图为预防性养护投资。目前全国预防性养护投资占比平均约在8%~12%之间。

国内外用于预防性养护的主要技术有裂缝封缝类、表面封层类、薄层罩面类以及表面涂刷类技术。常用的有裂缝灌缝、裂缝贴封、沥青碎石封层、就地热修补、稀浆封层、微表处、薄层罩面、复合罩面等。

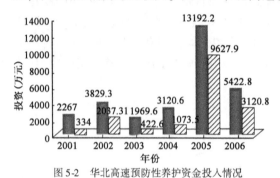

图5-2 华北高速预防性养护资金投入情况

(四) 预防性养护与修复性养护的区别

1. 养护时机不同

从某种角度讲,养护技术可分为预防性养护与修复性养护两类。预防性养护,是指在路况还比较好时,采取一些必要的技术手段,以便使路况功能一直保持在较好的状态,如灌缝、沥青表处、稀浆封层等就是典型的预防性养护技术;修复性养护(被动养护),是指在路况已经出现各种病害时,采取相应的养护措施,如坑槽的挖补、大修等。这两种养护策略的主要区别在于养护时机不同,但预防性养护是一种更为经济有效的养护策略。概括地讲,预防性养护是养"好"路;修复性养护是养"坏"路。

2. 路况性能有别

就旧路况性能而言,预防性养护有更大的优势。修复性养护是等路面损坏达到了必须维修的程度后才采取相应的措施。进行路面矫正性养护时,路面经常处于较差的服务状况。而采取预防性养护,是当路面还处于良好使用状况时,就采取预防性养护措施,及时阻止路面状况的急剧下降。这种举措不仅能获得更长的道路使用寿命,而且在路面使用寿命期间,始终能维持较好的道路服务水平,由此产生良好的社会和经济效益。

3. 养护费用各异

从费用的角度来看,寿命周期费用分析和实践证明,预防性养护具有更好的经济性。预防性养护是一种主动性养护策略,它根据路面的状况,有计划地采取预防措施来对道路进行养护,改变了过去在路面损坏后才采取措施的被动状况。另外,进行预防性养护,养护费用可以平摊在各年份内,养护管理部门也可以有计划地调配资金。美国亚利桑那州公路部门就公路养护费用曾做过如下比较:其一,铺筑完沥青混凝土路面后,中间不做任何的维修与养护,通车20年后,进行路面翻修;其二,铺筑完沥青混凝土路面后,在通车10年后,做一次修补性养护,然后再做一次沥青混凝土罩面;其三,按预防性养护的要求,对于已铺的沥青混凝土路面,根据路面检测结果,及时定期地做预防性养护。对三种维修养护方式的经济分析表明,第一种方式的养护费用是第三种的163%,第二种方式为第三种的155%,即采用预防性养护可以节约资金三分之二以上。可见,预防性养护是三种养护方式中最经济的。

4. 施工工艺区别

从施工工艺上来讲,预防性养护具有简单、快速的特点。如采用微表处技术,只用一种专用施工机械(如改性沥青稀浆封层机),以较少的劳动力(每机配6~8人),20min即可修复完2000m^2以上的沥青路面,并且最短可在半小时以内开放交通,快速、方便。而且,由于路面始终处于良好的技术状况,减少了紧急养护的必要。另外,对交通通行影响小。相对修复性养护而言,修复性养护往往对路面进行翻修以恢复其使用功能,施工难度大,费时费力,对交通的影响也较大。

(五)预防性养护技术体系

鉴于当前,国内的预防性养护体系尚未完全形成,应在道路预防性养护工作中,应解决好以下几个关键问题:其一是预防性养护时机与路段选择;其二是预防性养护资金计划与安排;其三是预防性养护技术方案制订;其四是预防性养护规范和规程制定;其五是采取预防性养护质量保证措施;其六是预防性养护工程效果评估。

为解决以上关键问题,养护管理部门的人员需要具有扎实的预防性养护的理论与丰富的实践经验及科学养护的理念,科学编制养护决策计划,重点分清楚两个问题:即路况指标达不到规定的技术要求时须采取的养护措施,与路况指标达到了技术要求但从全寿命周期分析角度出发需要采取的预防性养护措施。另外,为有的放矢地对道路进行预防性养护,科学合理地利用养护资金,还应当建立预防性养护专项科目。

二、预防性养护基本要求和实施程序

(一)预防性养护基本要求

1. 周密的调查与科学的决策体系

沥青路面预防性养护措施有表面涂刷沥青再生、雾封层、裂缝填封、稀浆封层、微表处、石屑封层、热拌沥青混合料薄层罩面等,它们都各有特点和适用条件。使用前在野外应进行周密调查,继而进行客观的路况评析,最后进行决策。决策者要做的就是针对不同路况,结合施工条件选择最佳的养护措施与养护时机。目前,用于选择预防性养护措施的方法主要有费用效益法、决策树法、矩阵法、综合评判法以及寿命周期成本法。实践证明,预防性养护决策的正确与否将会直接影响养护效益是否正常发挥。否则不但造成资金的浪费,也会引发怨声载道,弄的决策者无地自容。有鉴于此,上述决策方法也不宜公式化地死搬硬套。应认真吸取各地相关的经验和教训,多召开几次专家评审会。认真听取专家意见和建议。竭力做到精准施策。

2. 对正常交通的影响尽可能地小

预防性养护措施必须在现有运营中的路面上实施，必然会影响正常的交通，使其影响最小成为考察措施的一个重要因素。因此，预防性养护措施须具有可施工性、快捷、专业化施工、对交通干扰小、开放交通快等特点。

3. 能够体现四新技术的合理应用与分析

预防性养护技术中应能体现新材料、新工艺、新设备和新技术的应用。这主要是考虑预防性养护措施应有较强的效用，以解决实际工作中某方面的难题，如延缓沥青膜老化或脱落，可找到更加成型的技术，在实体工程中试用获得可靠效果。

4. 方案与措施适宜和节能环保且工法得当

预防性养护技术中关键是决策方案正确、养护措施得当。选择材料合理、施工工法精湛等。这里特别强调的是预防性养护所用材料应该是环境友好型材料。保护且不污染环境已经是现代社会可持续发展的必然要求。预防性养护措施应具有较强耐久性和适应环境的能力。因为路面是全天候工作，若没有较强的耐久性，就无法实现保护路面、延缓路面衰减的目的。

(二) 预防性养护实施的时机

在实际应用中，对于沥青路面预防性养护时机的选取方法主要有基于时间或路况的方法、效益费用评估法、排序法、生命周期费用评估法。其中，基于时间或路况的方法主要是针对公路表面的破坏情况；效益费用评估法、排序法、生命周期费用评估法都是从经济角度出发的方法，受主观因素的影响较多，有一定的局限性。

预防性养护的经济性和有效性在很大程度上取决于采取预防性养护措施的时机，由于预防性养护是在路面还处于良好状况下进行的，所以它是在路面外观根本没有表现出明显破坏或路面仅仅有某些破坏的前期征兆时而采取的行动措施(此时进行预防性养护的效益最好)。目前常用的路面大中修或重建时机决策方法主要针对的是明显的路面破坏，这对于预防性养护来说不一定适合。因此，预防性养护时机的确定尤为重要。

美国已广泛应用道路管理系统 PMS 来充分考虑路况现状及变化、资金使用及养护措施的优先权等各种复杂因素，合理安排养护工作，并取得了良好的效果。道路管理系统 PMS 的主要目的就是要通过将路面状态维持在路面现状指数 PCI 的上限(60~90)，限制基层可能遭受的损害，使路面整体维护费用在生命周期中最低。在美国，路面养护是以 PCI 为指标，将养护工作分为四个等级。其中第一阶段 PCI 指数为 75~95，路面状况优异，采取常规养护；第二阶段 PCI 指数为 60~75，路面状况良好，这时就应采取预防性养护，延长使用寿命，恢复路表状态功能。

由于不同气候区域、不同的路基路面结构和材料、不同的交通状况、不同的施工经验以及不同的路面养护历史对路面的性能有着重要的影响，同时造成沥青路面破坏的早期病害往往没有明显的表征，高速公路路面的先期功能性缺陷也不容易被察觉，因此路面的预防性养护时机确定应该是多标准的，并基于路面性能进行的。路面预防性养护时机的选取应该基于路面的功能性能，应在路面结构性能良好的情况下，在路面功能性能加速恶化前进行预防性养护。这就需要凭借一系列科学的检测手段去预先发现路面功能的衰减，对其变化发展过程进行准确、连续跟踪监测,并进行归纳分析判断,得出相应的预防性养护措施方案。

针对不同的预防性养护措施,预防性养护的时机选择有所不同,一般情况如表 5-1 所示。

不同预防性养护措施应用的时间 表 5-1

措施	雾封层	裂缝填封	石屑封层	稀浆封层(微表处)	薄层罩面
预防性养护的时间(年)	1~3	2~4	5~7	5~7	5~10

根据国内预防性养护的实践并结合国外经验来看,对实施预防性养护的时机至今为止没有明确的时间表,在实际工作中应根据道路使用年限、交通流量、路况质量以及养护预期目标和经济承受能力等综合考虑确定。在实际决策和使用过程中,可依据预防性养护触发值的发生时机,综合考虑路面使用时间和单项技术指标情况进行筛选(表 5-2)。

可实施预防性养护的时机和单项指标参数范围 表 5-2

序 号	单 项 指 标
1	路面达到设计年限的 30%~50%
2	路面损坏状况指数 PCI≥85%
3	路面行驶质量指数 RQI≥85(其中高速公路 RQI≥88)
4	路面结构强度指数 PSSI≥85
5	路面车辙深度指数 RDI 按养护技术规范确定
6	路面抗滑性指数 SRI 按养护技术规范要求,根据不同等级道路确定

近年来,有不少专家认为:要寻找合适的养护时机并有效地使用养护资金进行养护决策,这一切要基于先进的路况电子监视器全覆盖、养护人员高密度和负责任的路况巡查、真实可靠的路况调查和分析数据。为此,国外成熟的经验是值得学习的,现以美国明尼苏达州为例说明。

美国该州将养护分为日常养护、预防性养护、维修、重建四大类。在管理中,将全州划分为几个养护区域图 5-3,并按照三个步骤实施。第一步:先确定预防性养护总需求。该需求通过"路面管理系统"分析得到;第二步:根据总需求(图 5-4),分析确定并推荐适宜的预防性养护年度支出预算。第三步:在预算框架内(图 5-5),确定预防性养护技术措施。方法是选择每种技术的合理比例(图 5-6),再根据费效比选择具体路段。

我国目前采用的具有代表性的预防性养护时机,选取方法一般常用生命周期费用分析法、效用模型法和路面性能衰变研究法。预防性养护的经济性和有效性在很大程度上取决于采取预防性养护措施的时机。路面性能衰变研究法用于研究路面衰减到什么状况时适合采取预防性养护措施,太早太迟都不好,过早采取预防性养护措施不仅技术上没必要,成本支出也会过高而且增加业主负担,而太迟的话则意味着将来花在维修上面的资金可能更多。延迟养护成本和较早养护成本曲线的交叉的,对应的就是最佳的养护时机。

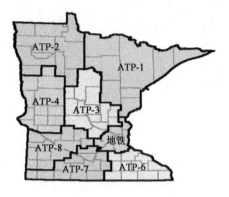

图 5-3 美国明尼苏达州养护区域分类图

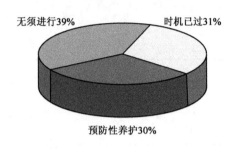

图 5-4 预防性养护总需求图

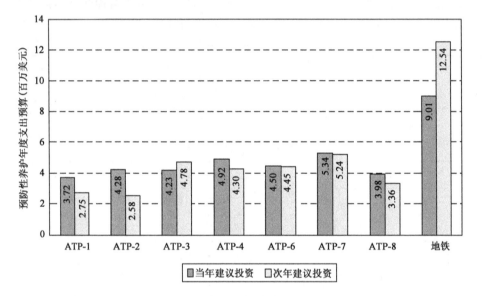

图 5-5 推荐适宜的预防性养护年度支出预算框图

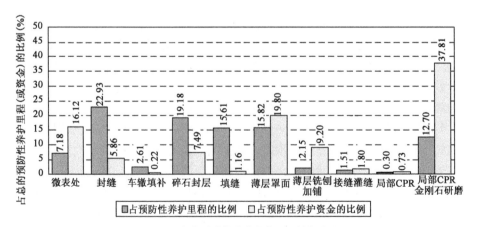

图 5-6 选择每种养护技术的合理比例柱形图

(三) 预防性养护路段选择

根据预防性养护的理念,在进行预防性养护前,必须对原路面状况是否适合于预防性养护进行判断,即依据预防性养护路况的标准对调查中得到的数据进行系统的分析。一般情况下选择路龄较短,且没有结构性病害显现或路面结构强度储备较足、路面表面功能部分退化的路段。为此,首先要进行路面表面状况详细调查,分辨结构性病害和功能性病害,同时,检测路面结构体系的强度储备;然后,综合考虑表观病害和结构强度因素,确定可实施预防性养护措施的路段。

预防性养护路段确定也可通过路面管理系统,将符合表5-2中6种情况的路段分别列出,然后按优先次序进行排序。根据养护目标和资金安排情况选择实施预防性养护的具体路段和技术方案。最后,通过核实和调整,列出年度养护计划。

(四) 养护性计划的制订

及时合理的路面预防性养护能增加路面的通车时间,延迟大修和重建时间。要有科学合理且切实可行的技术措施才可以解决和处理某些病害或者改善某些功能,为此,制订中长期预防性养护计划时,技术层面是基础。特别强调,预防性短期养护计划应与路面管理系统相互协调、渗透并辅以专家评审的方式最终确定。

(五) 应用效果的评价

预防性养护评价时,应充分收集各年度的路况(包括 SSI、PCI、RQI 和路面的主要病害及程度)、交通量、行程时间、事故率、用户评价、养护历史(包括日常养护、预防性养护、中修和大修等进行的路段、车道、时间和费用)等数据和资料,作为评价实际应用效果和完善预防性养护技术的各项研究成果。在明确了需要预防性养护的路段、选择最有效的预防性养护措施和确定最佳预防性养护时间后,即可根据各年度预防性养护专项费用的数额,按照交通量大小、轴载轻重等排出各路段的优先次序,并结合预防性养护措施的单位费用,制订出中长期内各年度的预防性养护计划。

第二节 沥青路面封层类养护技术

沥青路面由于具有良好的力学性能、较好的耐久性和行车舒适性,是我国等级公路的主要路面形式。但是,在经受繁重的轴载负荷和密集交通量反复作用的同时,沥青路面还要常年经受气候、环境的影响,导致路面使用品质呈逐年下降趋势,因此延缓病害发展,延长路面使用寿命,保持较好的路面使用品质,降低公路养护成本是公路沥青路面养护管理的首要任务。应该指出,沥青路面封层类养护也属于沥青路面养护体系的范畴沥青路面维修养护技术体系见图5-7。

如前已述,目前国内外沥青路面的预防性养护措施主要有四大类:其一是表面封层类,包括雾封层、还原剂封层、碎石封层、稀浆封层、微表处、复合封层等。其二是薄层罩面和超薄罩面类,包括 NOVACHIP 系统罩面技术、法国 UTA 罩面技术、温拌超薄罩面技术等。其三是裂缝封缝类。其四是表面涂刷类。

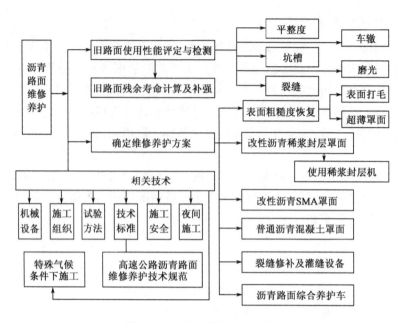

图 5-7 沥青路面维修养护技术体系

一、雾封层技术

雾封层包括路面再生剂雾封层和含砂雾封层两种。

(一) 路面再生剂雾封层

1. 基本概念与封层原理

雾封层是将雾状的乳化沥青或专门的沥青再生剂喷洒在旧的沥青混凝土路面上,用以改善路面封层防水效果,同时可以封补很小的裂缝孔隙。沥青再生剂原理是沥青由沥青质和低分子饱和烃这两大物质组成,前者为硬脆成分,不易氧化,而后者为低分子饱和烃,从外观上看属油性和胶质,易挥发,通过添加低分子饱和烃以改善路面的表观性能,也可恢复路面原有性能,提高路表的抗老化能力。雾封层施工需要采用专业喷洒设备(图 5-8)或人工喷洒工具有压力地进行喷洒。雾封层所使用的材料一般为乳化沥青、防护再生剂或其他专利材料和水,有需要时会添加一定比例的添加剂。雾封层前后的效果对比如图 5-9 所示。

图 5-8 雾封层施工专用沥青喷洒车

图 5-9 雾封层前后效果

雾封层一般适用于乳液能够渗透的路面,在老化和松散的热沥青混合料的路面、碎石封层表面、开级配或大孔隙沥青路面上实施,特别是原路面基层和横断面良好,路面出现轻度的纵、横向疲劳开裂,局部有轻度松散现象。在路面渗水加大的情况下,进行雾封层效果较为理想。当路面产生坑洞、基础出现破坏及其他一些严重的病害情况下,雾封层是不适用的。雾封层前需要对原路面进行预处理,尤其要对裂缝进行处理,并对松散部位进行清除修补。雾封层使用年限一般为2~4年。

2. 主要功能与技术特点

(1)渗透填充裂缝:雾封层能较好地渗透到路面孔隙和微小裂缝中,并填封原路面的孔隙,补偿原路面的沥青损失,能够保持和加强沥青路面骨料间的黏结力,并有效防止水的下渗且改善和恢复路面色泽。

(2)提高摩擦系数:使用抗滑型雾封层可提高路面摩擦系数,解决原路面进行传统雾封层施工后因路面摩擦系数降低或磨损、老化、光滑等病害引起的抗滑能力不足问题。

(3)延缓材料老化:雾封层可以延缓路面黏结材料老化,使路表沥青材料的性能得到一定程度的恢复。

(4)施工机具简单:施工中只用沥青洒布车即可,施工机具简单,施工速度快。

3. 材料要求与配比选择

雾封层的主要原材料为乳化沥青、水、胶乳和成膜剂,另外可根据需要加入一定量的添加剂。

(1)乳化沥青

乳化沥青是雾封层最主要的原材料。雾封层所用的乳化沥青必须为阳离子类型,而对乳液的破乳速度没有严格的要求,但一般建议采用快裂型。较之普通道路用乳化沥青,雾封层用乳化沥青要求乳液的粒度更细,建议采用0.6mm的筛孔对乳液的筛上剩余量进行检测。其技术要求见表5-3。

乳化沥青的技术要求　　表5-3

试验项目		要求	试验方法
粒子电荷		阳离子(+)	T 0653
筛上剩余量(0.6mm筛)(%)		≤0.1	T 0652
道路标准黏度$C_{25,3}$(s)		10~25	T 0651
蒸发残留物	残留物含量(%)	≥55	T 0651
	溶解度(三氯乙烯)(%)	≥97.5	T 0607
	针入度(0.1mm)	≥55~200	T 0604
	延度(15℃)(%)	≥40	T 0605
与矿料的黏附性,裹覆面积		完全裹覆	T 0654
常温储存稳定性(%)	1d	1	T 0655
	5d	5	T 0655

(2)水

雾封层对水的要求很高,水质的好坏会对雾封层质量有很大的影响,因此施工前宜做水质分析试验。一般而言,雾封层所采用的水必须达到饮用水标准。水中不得含有不溶性杂质。

在配制雾封层材料前,还应检测水与乳化沥青的相容性。相容性的检测方法是:在一个烧杯中(容积大约为1L),将水与少量的乳液混合搅拌 2~3min,然后将溶液通过一个预先湿润的孔径为 150μm 的滤网,如果有质量超过1%的材料留在滤网上,则说明水与乳液不能相容。不相容的水可以采用 0.5%~1% 可相容的乳化剂(一般为生产乳化沥青所用的乳化剂)进行处理。将乳化剂加入水中搅拌 10~15min,然后再加入乳液中去,同时可进行相容性验证试验以确定它们的相容性。特别指出,对无法满足相容性试验的水,在雾封层施工中不得采用。

(3)改性剂

改性剂的作用是改善雾封层材料的高低温性能,通常采用 SBR 胶乳进行改性。SBR 的性能指标一般由厂家提供,建议施工现场做进一步复验,以确认其质量稳定性。

SBR 胶乳的性能要求可参见表5-4。雾封层材料中胶乳的掺量较高,一般需在10%以上。

胶乳的性能指标 表5-4

外观形态(25℃)	乳白色液体	外观形态(25℃)	乳白色液体
粒子电荷	阳离子(+)	pH	3~5
活性物含量(%)	≥62	化学稳定性($CaCl_2$)(%)	≥10
黏度(MPa·s)	10~60	机械稳定性(5min)(%)	≥10
相对密度(25℃)(g/cm³)	1.03±0.05		

(4)成膜剂

成膜剂的作用主要是有利于雾封层的成型以及提高乳液的稳定性和均匀性。雾封层采用的成膜剂一般为醇类。其性能指标见表5-5。

成膜剂的性能指标 表5-5

试验项目	设计要求	试验项目	设计要求
平均聚合度	≥1500	灰分(%)	≤3
醇解度(mol/mol)	85~100	pH	5~7
黏度(MPa·s)	18~35	纯度(%)	≥90
挥发分(%)	≤10		

(5)添加剂

根据路面实际情况以及工程的特殊要求,可在雾封层材料中掺加少量的添加剂。雾封层常用的添加剂一般有再生剂、缓凝或促凝剂、储存稳定剂以及增黏剂等。

4. 施工程序与主要工艺

施工前,必须对施工路段的所有病害进行一次细致的调查,并登记造册;对未处理到位的病害要重新处置,不留施工质量隐患。根据不同的路面情况,对路面的渗水系数和路面摩擦系数或构造深度进行检测,平均 200m 一点,特殊部位自行加密测点,为下一步的施工做好数据准备工作,同时也可进行施工前后的数据对比,以反映施工效果。

1)施工前准备

(1)封闭交通:为减少交通影响,雾封层施工作业之前夕应单车道全封闭交通。

(2)清扫路面:将路面清理、吹扫干净,做到路面无污染物及杂物。

(3)保护标线:采用拖板式局部贴膜等将标线覆盖对标线进行保护。采用拖板时,倘若拖板和车辆同步进行,可有效减少标线污染且节约成本。

2)施工程序

(1)喷洒沥青:采用雾封层施工专用车辆及配套喷洒系统,严格按照《公路沥青路面施工技术规范》(JTG F40—2004)标准进行施工。

(2)路面养护:进行路面养护,根据天气情况,养护时间一般为2~4h。

(3)开放交通。

5.施工质量控制要点

雾封层施工质量控制要点如下。

(1)喷洒均匀度控制

喷洒均匀度控制主要考虑两个方面:一是稀释后的改性乳化沥青液体必须是匀质的;二是喷洒设备性能必须稳定。在实际施工时,这项工作应该在施工前的准备工作中完成。要做到以上这两点,就要求在施工准备时对沥青喷洒进行重复检查调试,严格校验喷洒车各部位运转是否正常,直至达到要求为止。特别指出,雾封层施工务必注意四点:第一,喷洒车载储油罐是否需要清理;第二,喷嘴是否适于雾封层施工;第三,调定限高喷头架高度;第四,检查设备电气油路是否畅通。

(2)横向接头控制

在雾封层施工中,横接头的衔接是影响雾封层总体外观的重要方面,因此横接缝的处理非常关键,要避免过多过密接缝,同时控制好横向接头衔接,还要提高接缝的施工水平。施工时应在起点处铺垫一层薄薄的塑料布,当洒布机前进后,立即取走塑料布,这样可以保证一个非常整齐的起点和良好的外观。

(3)施工质量检验

雾封层施工质量验收标准可参照我国现行沥青路面验收规范。除要求前述施工中质量控制与检测结果满足的规定以外,未规定内容参照我国《公路工程质量检验评定标准 第一册 土建工程》(JTG F80/1—2017)执行。检测结果应满足表5-6中的质量要求。

雾封层施工质量验收标准　　表5-6

检测项目	技术要求	检测频度
外观质量	均匀一致	每天
宽度	±20mm	每公里20个断面
摩擦系数	≥45BPN	摆式摩擦仪
构造深度	±0.55mm	铺砂法
渗水系数	≤50mL/min	T 0730—2000

(二)含砂雾封层

1.基本概念与封层原理

含砂雾封层以乳化沥青为原料,加入聚合物、橡胶粉、纤维以及矿物等特殊成分,形成超强的黏结性,并补充沥青,填充细缝,固锁集料。含砂雾封层的作用机理如图 5-10 所示,能在沥青层表面形成一层屏障,有效保护路面结构,有很好的沥青黏附性,具备较强的耐高温耐严寒等性能,保护沥青路面防止被破坏。另外,含砂雾封层沥青路面能抵抗紫外线、有机溶剂和燃料等的侵蚀。

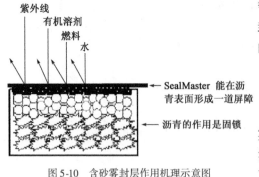

图 5-10 含砂雾封层作用机理示意图

2. 主要功能与技术特点

(1)防护性强。防水、防油、防辐射。

(2)耐高温与严寒。在国内某军用机场含砂雾封层施工后用热风机测试,可以耐受 220℃ 高温;在美国阿拉斯加含砂雾封层的实际应用表明,可以耐受 -51℃ 的严寒。

(3)环保性能强。含砂雾封层属于水性材料,环保安全:无毒,无刺激气体,不易燃。

(4)光泽性好。含砂雾封层施工后是亚光效果,防止刺眼,保证行车安全,如图 5-11 和图 5-12 所示的是施工前后色泽对比,可见路面崭新如故。

图 5-11 含砂雾封层前后路面实况对比　　图 5-12 含砂雾封层前后路面结构外观对比

(5)耐久性好。耐久不易破裂、剥落,具有较高的黏稠性和耐久性。能一定程度上恢复沥青性能,延长其有效使用年限,降低年度的维修费用。

(6)抗滑性强。含砂喷洒,保证路面抗滑性能在安全范围之内。图 5-13 是某高速公路抗滑性(SFC)值分布图,表 5-7 是共测定值的标准差。可见含砂雾封层施工后抗滑性能明显提高。

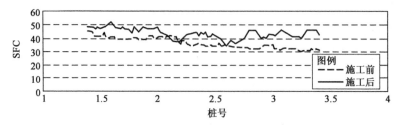

图 5-13 路面施工前后横向力系数对比

含砂雾封层的 S_{FC} 侧定值的标准值　　　　表 5-7

施 工 前		施 工 后	
平均值	标准差	平均值	标准差
36.2	4.0	43.5	3.8

注：检测路面温度为 23℃。

（7）融雪功能强。在阳光照射下，可提高路面温度，产生独特的融雪功能。在阳光照射下，可提高路面温度 3～5℃，冬季可促进融雪，减少融雪剂对路面的腐蚀。

3. 材料要求与配比选择

原材料选择的关键是与沥青结合性好、硬度高、干燥、清洁。通常在一定粒径范围内，40～70 目（0.4～0.2mm），或者 30～60 目等。常用的砂有石英砂和玄武砂。实际施工中根据情况可单独使用其中一种，也可以二者混合使用。

4. 施工程序与主要工艺

施工程序与主要工艺与碎石封层类似，主要施工设备和方法见图 5-14 和图 5-15 所示。由于本章篇幅所限，在此不再详述，请参看相关书籍或施工规范。

图 5-14　高压大面积喷洒设备及施工场景

图 5-15　高压小面积喷洒设备及施工场景

二、还原剂封层技术

(一)基本概念与作用机理

还原剂封层是将专门的还原剂或再生剂通过一定的技术手段喷洒在已经老化的沥青路面上,其目的是更新和还原表面已经发生老化的沥青膏体,同时保护尚未被老化的那部分沥青,使其维持原有性能,减缓老化的时间。还原剂封层预防性养护技术通常应用在沥青路面老化严重的路段上。

当前我国使用的沥青还原剂产品主要包括西尔玛、沥青再生、T L2000 等,其作用机理主要体现在以下几个方面。

1. 强力渗透作用

沥青还原剂可以渗透到道路表层 10~20mm 深处。在路面养护成形后,沥青还原剂中的活性物质以流体形式存在于路表层中,在车辆动载作用下,始终保持着持续下渗状态。路面在车辆动载作用下所产生的垂直应力、水平应力和横向应力将路面裂缝和原有空隙中的空气挤出,在空隙内部形成的是负压。当应力消失后,由于负压作用使得空隙周围的流体聚集填补被挤出空气所留下的空间,以达到力的平衡。路面在动载的反复作用下,为沥青还原剂提供了不断下渗的原动力,同时也使得结合料与集料之间的黏结更加紧密。

2. 再生还原作用

预养护技术中所选用的再生剂可将沥青还原剂渗透所到之处的老化沥青激活再生,恢复老化沥青的原有性能。

3. 密封防水功能

随着沥青还原剂的不断渗入,材料中功能助剂的活性官能团与沥青材料、集料通过一系列物理化学反应以架桥形式将新旧沥青、集料牢固地黏结在一起,形成立体网络互穿结构,使道路表层 0~20mm 深处的沥青混合料结合更加紧密。沥青还原剂还能以物理形式补给由于各种原因损失掉的沥青结合料,填补沥青混合料中空隙,保证路面形成密实的整体。

4. 改善摩擦系数

预防性养护材料中加入一种特殊的耐磨材料,以微颗粒状分布在材料中。该材料包裹路表裸露石料后,均匀分布在石料表面,不仅保护石料免受磨损,而且能有效增加道路微观粗糙度,从微观上改善道路抗滑能力。

还原剂封层实施效果有三个评价指标:其一是渗水系数。即在规定的初始水头压力下,单位时间内渗入路面规定面积的水的体积,以 mL/min 计。其二是摩擦系数。根据检测方法的不同,可以表示为 BPN、SFC 及 DFT,三者之间有良好的相关性。其三是构造深度。即路表面开口空隙的平均深度,即宏观构造深度 TD,以 mm 计。

(二)施工程序与主要工艺

1. 施工准备工作

(1)选择合适的施工气温。预先取得当地的气象资料,了解施工前后的气温情况,确保施工时的气温在 10℃ 以上且空气湿度不能过大,要保证在完成施工的 8h 之内不会有降雨,否则将会影响沥青还原剂与沥青层的黏结。

(2)清扫并处理原路面。对将要进行施工的路面清(洗)扫干净,对松散严重及较大的裂缝进行灌缝等预处理,施工范围内的路面必须用空气压缩机吹干。

(3)保护交通标志标线。采取贴宽胶带的方式对路面上的各种交通标志标线加以保护。

(4)原路表面性能检查。为了与施工后的各项指标做比较,以评价施工后效果,需采集施工前施工路段的路面渗水系数、抗滑系数等指标的检测数据。

2. 施工工艺流程

(1)还原剂用量试验。在施工路段上选择一块 $1m^2$ 面积的路面,根据路况确定 $1m^2$ 面积上所需还原剂的用量,均匀涂刷在 $1m^2$ 范围内,观察涂刷后的路面效果,必要时适当调整用量,直至确定适合本路段的最佳用量后,方可进入大面积施工。

(2)洒涂沥青还原剂。将沥青还原剂均匀的涂刷或洒布在路面上,可以采用人工滚涂,也可采用机械喷洒的施工方法,但一定要保证均匀性。

(3)撒布一层中粗砂。在薄膜硬化之前,可适当撒一层中粗砂,可使沥青层更加密实,同时起到防滑作用;对防滑性能要求较高的大交通量路段,可以将耐磨性较好的中砂与沥青还原剂一起拌和均匀后再涂刷(洒布),以增加轮胎附着力,提高行车安全。

(4)择机开放交通。开放交通的时机视当天的天气情况而定,一般在还原剂施工完成后 $2\sim 4h$ 方可开放交通。

3. 施工注意事项

(1)原路面处理与清洁要彻底。为保证沥青还原剂能充分地发挥其作用,使其处置效果达到最佳,在喷涂沥青还原剂之前,必须将坑槽等严重病害进行彻底处理;与此同时,为防止沥青还原剂的渗入速度和深度受到影响,在喷涂沥青还原剂前,必须将路面清洁干净,不能有水和泥土等。

(2)严格控制沥青还原剂用量。对于沥青还原剂的用量,要根据路面结构及沥青的老化程度严格控制,一般为 $2.5\sim 3.5m^2/kg$,对于开级配沥青混合料或老化严重的路面,用量宜多些,反之宜少些。

(3)若人工滚涂应反复涂刮。若施工采用人工滚涂的方法,则应利用刮板反复涂刮,如采用机械喷洒,则要适当延长自然渗透时间,目的是保证沥青还原剂的完全渗透。

(4)撒布砂时机要把握的精准。撒砂需在沥青还原剂完全渗入后进行,砂子应适量,不宜过多,覆盖表面一薄层即可,需均匀撒布。

三、碎石封层技术

沥青碎石封层(图5-16)就是采用层铺法施工,在旧路面强度指标符合要求的情况下,只需要对原路面进行清扫和简单处理,直接洒布沥青和撒铺碎石,经碾压后形成的沥青薄处理层。

层铺法是集料与结合料分层摊铺、洒布、压实的路面施工法。施工时需要专用碎石封层车。

碎石封层通常有分别按材料、按照结构以及按工艺分类三种。

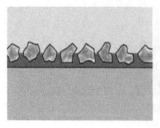

图 5-16　碎石封层结构示意图

按材料划分的碎石封层分为乳化沥青碎石封层、热沥青碎石封层等。乳化沥青碎石封层是指是用乳化沥青或者改性乳化沥青；热沥青碎石封层包括基质沥青、改性沥青、橡胶沥青、高黏沥青。碎石封层按结构分类通常有单层式碎石封层、双层式碎石封层、嵌挤式碎石封层。

碎石封层按工艺分为同步碎石封层和异步碎石封层两类，同步碎石封层是指胶结料和碎石撒布同步，异步碎石封层是指胶结料和碎石撒布不同步，如图 5-17 所示。

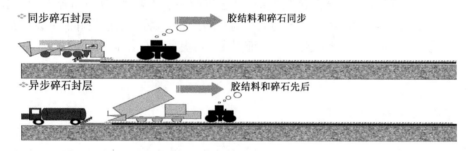

图 5-17　同步碎石封层与异步碎石封层示意图

碎石封层施工工艺按照以下步骤实进行。

(1) 封闭交通。提前封闭交通，设置安全导帽、指标牌及限速牌等交通标志。

(2) 清洁路面。对原路面应彻底清理干净。并保持路面干燥。洒布沥青材料时气温不能低于 20℃，路面温度不能低于 25℃，有雾或下雨坚决不能施工。

(3) 洒布沥青。对于异步碎石封层，先油后料。要注意沥青洒布长度与石料撒铺车能力相匹配，避免沥青洒布后等待较长时间才撒铺石料。当使用乳化沥青时，石料撒铺必须在破乳前完成。对于同步碎石封层，封层车要行驶平稳、匀速。撒布沥青后，发现有空白时，应及时进行人工补撒；当有沥青聚集时应刮除，防止因沥青结合料的不均匀喷撒导致的剥离、斑纹、泛油。当发现有条状油斑时，应及时关闭喷油嘴和料门，进行检查；当发现有泛油时，应在泛油处补撒嵌缝料。当有过多的浮动石料时，应扫出路面，并不得搓动已黏着在位的石料。当车内任何一种材料用完时，应立即关闭所有输送材料的阀门，并将封层车按前进方向驶出施工作业段。

(4) 压实及成型。当封层车前进约 10m 左右时，用 9～13t 压路机碾压。相邻两幅初压完成后，即可进行错轮碾压，全幅碾压遍数不少于 5 遍，碾压时，应遵循先两边后中间、先慢后快的原则，碾压时每次轮迹应重叠 30cm，碾压速度控制在 70m/min，且每次折回的位置避免在同一横断面上。

(5) 接缝处理。在施工缝及构造物两端的连接处操作应仔细，接缝应紧密、平顺。横缝可采用对接法处理方式,在每段接缝处,用铁板或油毡纸横铺在每起撒点前及终点后,长度1~1.5m。纵缝的处理,施工下一幅时,封层左侧石料的撒布应与上一幅右侧的石料对齐,保证纵缝对接良好。封层结束后即可限速开放交通,车速不超过20km/h。

碎石封层具有持久的防水性,高度的防滑性,良好的经济性等优点。使用碎石封层技术对路面进行养护,是延长路面使用寿命最经济可行的办法之一。

四、同步碎石封层技术

(一) 基本概念与作用机理

同步碎石封层(图5-18)就是采用专用设备即同步碎石封层车将黏结材料(改性沥青或改性乳化沥青)同步铺洒在路面上(图5-19),通过自然行车碾压或轮胎压路机碾压形成单层沥青碎石磨耗层。沥青路面经过同步碎石封层处理后,路面具有良好的抗滑性能和防渗水性能,能有效治愈路面贫油、掉粒、轻微网裂、车辙、沉陷等病害,因而主要用于道路的预防性养护和修复性养护。

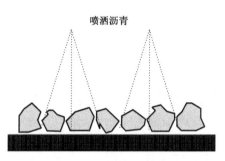

图5-18 碎石封层原理

图5-19 碎石封层黏结料和石料撒布

碎石封层的适用条件是原路面基层和横断面良好,表面可见的病害为轻微松散,中度纵、横向裂缝并伴随裂缝处有轻度松散,路面出现中度及以下磨光,修补处路况基本良好。同步碎石封层施工前,均需对裂缝和松散部位进行预处理。使用年限:一般2~4年。

(二) 主要功能与技术特点

同步碎石封层技术的主要特点如下。

1. 处置路面裂缝的效果较好

同步碎石封层实质是靠一定厚度沥青膜(1~2mm)黏结的超薄沥青碎石表面处治层,其整体力学特征是柔性的,能增加路面抗裂性能、治愈路面龟网裂、减少路面反射裂缝、提高路面防渗水性能。

2. 可恢复路面平整度和防滑性能

同步碎石封层可以大大提高原路面的摩擦系数,即增加路面防滑性能,并能使路面平整度得到一定程度的恢复。

3. 有效治愈深度车辙以及小沉陷

同步碎石封层通过采用局部多层摊铺不同粒径石料的施工方法,能有效治愈深达10cm以上的车辙、沉陷等病害,比其他养护方法有较强的优势。

4. 大幅度降低道路维修养护成本

同步碎石封层无论用于道路养护还是作为过渡型路面,其性能价格比明显优于其他方法,从而大大降低道路的维修养护成本。同步碎石封层可以作为低等级公路的过渡型路面,可以缓解公路建设资金严重不足的矛盾。

5. 施工设备较少且工艺较为简单

同步碎石封层工序简单、施工速度快,可即时限速开放交通。

(三) 材料要求与配比选择

同步碎石封层的核心技术主要有三方面:路用材料的选用、施工设备及施工工艺。同步碎石封层施工用材料选用是影响其质量的关键因素之一。同步碎石封层施工用材料主要是黏结料和石料。

1. 黏结料

同步碎石封层用黏结料无论是沥青或乳化沥青必须具有足够的黏结性,以保证一定的黏结强度;要具有足够的爬升高度,以保证一定的裹覆面积;要具有较宽泛的适用性,以保证与石料的匹配。同步碎石封层技术可以使用不同的沥青结合料,如软化纯沥青、聚合物改性沥青、乳化沥青、聚合物改性乳化沥青、稀释沥青等,其中,热沥青主要用于大规模封层。

2. 石料

同步碎石封层所用碎石要求经过反击破碎(或锤式破碎)得到,针片状石料严格控制在15%以内,几何尺寸要好,不含杂质和石粉,压碎值小于14%,对石料酸碱性一般无特殊要求,但要严格经过水洗风干。石料选择主要考虑其硬度、级配和形状的要求。首先,硬度。必须有足够的硬度以抵挡交通磨损。在相对重载车较多、车流量较大的情况下,集料的硬度尤为重要。其次,级配。近乎单一级配,几乎不含粉料。再次,形状。尽量使用立方体的集料,避免针片状颗粒,以保证集料在沥青中达到合适的嵌入深度。在应用碎石封层技术进行路面养护时,石料主要是用来抵挡车轮磨耗的,所以正确的石料撒布量应该是可以完全覆盖旧路面,石料之间应该是肩并肩紧密地构成一个平面,达到100%石料覆盖率。如果石料的覆盖率过低,过多的紫外线对沥青的照射会导致沥青变性老化,从而导致路面损坏情况发生。如果石料的覆盖率过高,会导致过多的石料被挤压到沥青层中,从而导致一些已经黏到沥青层的石料脱落。一方面造成不必要的材料浪费,另一方面脱落的石料有可能会被车轮带起轧碎汽车挡风玻璃。参照国外资料,表5-8提供了不同尺寸的石料的撒布量。

单石单层不同尺寸石料撒布量 表5-8

石料尺寸(mm)	石料数量(kg/m²)	石料尺寸(mm)	石料数量(kg/m²)
19.0~9.5	22~27	9.5~2.36	11~14
12.5~4.75	14~16	4.75~1.18	8~11

根据路面平整度情况和抗滑性能要求确定石料的粒径范围。一般路面养护进行一次碎石封层即可,在路面平整度较差时可选用适宜粒径的石料作为下封层找平,然后再做上封层。碎石封层作为低等级公路路面时需 2 层或 3 层,各层石料粒径应互相搭配以能产生嵌挤作用,一般遵循下粗上细的原则。普遍采用间断级配结构,碎石封层所用石料粒径范围有严格要求,即等粒径石料最理想。考虑到石料加工的难易程度及路面防滑性能的要求不同,可分为 2~4mm、4~6mm、6~10mm、8~12mm、10~14mm 共 5 档,比较常用的粒径范围为 4~6mm、6~10mm 这 2 档,而 8~12mm 和 10~14mm 这 2 档主要用于低等级公路过渡型路面的下面层或中面层。

(四)施工程序与主要工艺

1. 封层设备

同步碎石封层技术的主要设备是同步碎石封层车,与 1 辆同步碎石封层车配套的主要机械设备有 50 型以上转载机 1 台、石料加工清洗设备 1 台、12~16t 胶轮压路机 1 台、8t 以上水车 1 台、路面除尘设备 1 台、小型铣刨设备 1 台。此外,还需要 25t 热沥青加(保)温车 1 台、(乳化)沥青运输车若干台。在同步碎石封层车的使用上,该项技术要求操作人员不但熟悉机械的工作原理,而且操作技能要相当熟练,只有这样,才能铺筑合格路面,才有可能提高铺筑质量。

2. 施工工艺

同步碎石封层施工程序示意图,如图 5-20 所示。

图 5-20 同步碎石封层施工程序

(1)封层前要对原路面进行认真清扫,作业过程中应保证足够数量的胶轮压路机,以便在沥青温度降低之前或乳化沥青破乳后能及时完成碾压定位工序。另外,封层后即可通车,但在初期应限制车速,待 2h 后可完全开放交通,从而防止快速行车造成石子飞溅。

(2)使用改性沥青作为黏结料时,为保证雾状喷洒而形成均匀而且等厚度的沥青膜,必须保证沥青的温度在 160~170℃范围内。

(3)同步碎石封层车的喷油嘴高度不同,所形成的沥青膜厚度会不同(因为各个喷嘴喷出的扇形雾状沥青重叠情况不同),通过调整喷嘴高度使得沥青膜的厚度符合要求。

(4)同步碎石封层车应以适宜的速度均匀行驶,在此前提下,石料和黏结料两者的撒布率必须匹配。

(5)作为表处层或磨耗层的碎石封层,其使用条件是原路面平整度和强度满足要求。

另外,还有一种开普封层,它是一种采用沥青作为黏结料的常温施工的薄层沥青路面,首先在南非的开普敦(Cape Town)使用,因此得名开普封层(Cape Seal)。开普封层采用渗透防水黏结层、应力吸收层和表面磨耗层的组合结构。开普封层结合了上述三种结构层共同的优点,且发挥了其协调作用的优势,使得开普封层沥青路面具有优良的抗滑性能和良好的表面平整度,同时还具有优良的防水、黏结、应力吸收功能,可有效保护路面结构层,提高路面耐久性。开普封层沥青路面造价较低,施工及后期维护方便,尤其适用于我国县乡道路的养护。

五、稀浆封层与微表处技术

(一)基本概念与作用机理

稀浆封层技术从 20 世纪 80 年代开始在我国研究应用,目前较广泛地应用于普通公路养护和公路下封层工程。

稀浆封层是一种将乳化沥青、集料、水和特殊添加剂按合理配比拌和并均匀摊铺到已适当处理过的路面上的混合料。微表处是由聚合物改性乳化沥青、集料、填料、水和外加剂按合理配比拌和并摊铺到原路面上的薄层。稀浆封层与微表处二者厚度和用途不同,同样属于道路预防性养护体系之范畴。图 5-21 说明了稀浆封层与微表处的厚度级在预防性养护体系中的地位。

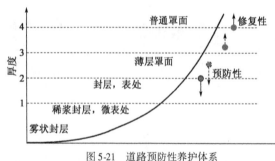

图 5-21 道路预防性养护体系

从国内近年的使用效果来看,稀浆封层的优点在于混合料具有流动性,既能封补路面的裂缝,又能铺筑薄层面层,并且能与旧沥青路面牢固结合,形成崭新的面层,具有防水、防滑、耐磨及平整的特性,可以治疗路面早期病害,延长路面使用寿命。其缺点也很明显,由于稀浆封层厚度较小,所以不能提高路面的强度。稀浆封层的适用条件是原路面基层良好,横断面均匀。表面病害包括:轻到中度车辙、表面不规则、轻到中度的松散。封层前对原路面进行预处理。尤其对裂缝、松散、坑槽等进行处理。

稀浆封层施工是采用机械设备将乳化沥青、粗细集料、填料、水和添加剂等按照设计配比拌和成稀浆混合料摊铺在原路面上形成的薄层。稀浆封层有各种类型。按照矿料级配的不同,稀浆封层可分为细封层(Ⅰ型)、中封层(Ⅱ型)和粗封层(Ⅲ型),分别以 ES-1、ES-2、ES-3 表示;按照开放交通的快慢,稀浆封层可分为快开放交通型稀浆封层和慢开放交通型稀浆封层;按照是否掺加了聚合物改性剂,稀浆封层可分为稀浆封层和改性稀浆封层。现阶段我国稀浆封层主要适用于原路面基层良好、横断面均匀的情况。表面病害包括:轻到中度车辙、表面不规则、轻到中度松散,尤其是二、三、四级公路沥青路面的预防性养护罩面和新建或改建各等级公路(包括高速公路)的下封层。使用年限:一般2~4年。

微表处施工是采用专用机械设备将聚合物改性乳化沥青、粗细集料、填料、水和添加剂等按照设计配比拌和成稀浆混合料摊铺在原路面上,并很快开放交通的具有高抗滑和耐久性能的薄层。按照矿料级配的不同,微表处可分为Ⅱ型和Ⅲ型,分别以MS-2和MS-3表示。微表处的适用条件是原路面基层良好且横断面均匀。在养护工作中,稀浆封层主要用来处理表面病害,包括:中度纵、横向裂缝,车辙、少量表面不规则裂缝、抗滑能力低、轻到中度松散,尤其适用于高速公路和一、二级公路以及农村公路沥青路面的预防性养护罩面,沥青路面的车辙修复,也可以用作水泥混凝土路面、水泥混凝土桥面、水泥混凝土隧道道面罩面以及新建或改建高速公路和一、二级公路沥青路面、水泥混凝土桥面的表面磨耗层。使用年限:一般2~4年。

(二)稀浆封层与微表处的本质区别

1. 乳化沥青技术指标不同

稀浆封层与微表处使用的乳化沥青在技术指标上的区别见表5-9。

稀浆封层与微表处乳化沥青指标区别 表5-9

使用范围	检测内容	
	稀浆封层	微表处
残留物含量	不小于60%	不小于62%
软化点	无要求	不小于57%
针入度(25℃0.1mm)	40~990	40~90

普通稀浆封层采用的是未改性的乳化沥青,而微表处采用的是改性的乳化沥青;在美国,普通稀浆封层可以使用SS-1、SS-1h、CSS-1、CSS-1h等不同型号的乳化沥青,而微表处使用的乳化沥青型号规定为CQS-1h快凝型乳化沥青,微表处用乳化沥青的残留物含量要求不小于62%,高于普通稀浆封层用乳化沥青不小于60%的要求;对残留物性质的要求也不相同,如表5-9所示。

2. 集料质量要求各异

微表处用集料的砂当量必须大于65%,明显高于普通稀浆封层用集料不小于45%的要求,这说明微表处用集料必须干净,不能含有太多的泥土;微表处用集料的磨耗损失不得大于30%,比普通稀浆封层用集料不得大于35%的要求更为严格,说明微表处要求集料必须坚硬、耐磨耗,以保证可以始终提供一个粗糙的抗滑表面,如表5-10所示。

稀浆封层及微表处集料指标区别　　　　　　　　　　　表 5-10

使用范围	检测内容	
	稀浆封层	微表处
砂含量	不小于 45%	不小于 65%
坚固性	用 Na_2SO_4 不大于 15% 用 $MgSO_4$ 不大于 25%	用 Na_2SO_4 不大于 15% 用 $MgSO_4$ 不大于 25%
磨耗损失	不大于 35%	不大于 30%

3. 集料的级配要求不同

ISSA-A105 对普通稀浆封层提供了 3 种级配，分别为 Ⅰ 型、Ⅱ 型、Ⅲ 型；而 ISSA-A143 中微表处的级配只有 Ⅱ 型、Ⅲ 型，即微表处中舍弃了普通稀浆封层中最细的 Ⅰ 型级配，这主要是考虑了微表处摊铺厚度大、承受重交通等原因。

4. 混合料设计指标不同

微表处混合料要满足的技术要求明显高于普通稀浆封层，主要体现在四个方面：其一是微表处必须能够快速开放交通，因此要求混合料满足反映成形速度和开放交通时间的黏聚力指标，而普通稀浆封层仅对快开放交通提出了这一要求，一般稀浆封层不做要求。其二是与稀浆封层相比，微表处多使用于大交通量的场合，沥青用量不宜过大，因此必须通过黏附砂量指标控制最大沥青用量，防止泛油的出现，而普通稀浆封层仅在用于重交通道路时才有这一要求。其三是微表处混合料浸水 1h 的湿轮磨耗指标（538g/m²）明显高于稀浆封层（807g/m²），说明微表处混合料的耐磨耗能力优于稀浆封层混合料；微表处混合料还必须满足浸水 6d 湿轮磨耗指标，而普通稀浆封层没有该指标要求，这说明微表处混合料比稀浆封层混合料有更好的抵抗水损害能力。其四是微表处可以用作车辙填充，因此对微表处混合料提出了负荷车轮碾压 1000 次后试样侧向位移不大于 5% 的要求，而普通稀浆封层没有这一指标要求。稀浆封层和微表处混合料设计指标对比如表 5-11 所示。

稀浆封层及微表处稀浆混合料设计指标区别　　　　　表 5-11

使用范围	检测内容	
	ISSA-A105（稀浆封层）	ISSA-A143（微表处）
稠度试验	需要时	无需要
黏聚力试验 30min 60min	（仅适用于快开放交通） 不小于 1.2N·m 不小于 2.0N·m	不小于 1.2N·m 不小于 2.0N·m
黏附砂量	（仅适用于重交通） 不大于 538g/m²	不大于 538g/m²
冲水剥离	通过（不小于 90%）	通过（不小于 90%）
湿轮磨耗损失 浸水 1h 浸水 6d	不大于 807g/m² —	不大于 538g/m² 不大于 807g/m²

续上表

使用范围		检测内容	
		ISSA-A105（稀浆封层）	ISSA-A143（微表处）
可拌和时间		不小于180s	不小于120s(25℃)
负荷轮试件经57kg荷载1000转后	横向位移	—	不大于5%
	相对密度	—	不大于2.1
相容性分级		—	不低于(AAA.BAA)Ⅱ级

（三）材料要求与配比选择

1. 原材料选择

（1）乳化沥青

乳化沥青是稀浆封层和微表处混合料中最主要的组成成分，各个国家在推广应用稀浆封层和微表处技术的同时，也建立了相应的乳化沥青技术要求，其中对我国影响较大的主要是美国 ASTM 标准、ISSA 标准和日本 JEAAS 标准。乳化沥青是一种沥青分散在水中的乳状液体，它的稳定性应满足三个方面的要求：首先，确保乳化沥青在使用前不分层、不结团；其次，稀浆混合料冷拌冷铺的施工特点，要求乳化沥青必须满足施工性能的要求，它必须保证混合料有充足的操作时间，确保混合料在施工过程中不破乳、不离析并有良好的稠度，而摊铺后的混合料能够在要求的时间内破乳成形，强度增长速度满足开放交通的要求；再次，稀浆混合料与热拌沥青混合料只是施工过程存在不同，当稀浆混合料破乳成形后，对路用性能起主要作用的还是基质沥青，因此要求乳化沥青生产时采用的基质沥青应符合道路石油沥青标准。当沥青指标不满足使用要求或需要提高使用性能时，还应该考虑使用聚合物改性乳化沥青。

（2）矿料

矿料供稀浆封层和微表处混合料所使用。矿料的级配、品质等都会显著影响微表处的使用性能。一般采用质量百分比高达90%以上的扎制碎石，建议扎制前用水冲洗为宜，由此得到的石料破碎面积大，形状规则，砂当量高。采用专门化生产的矿料级配比较稳定。我国的稀浆封层和微表处用矿料级配范围参照了 ISSA 的相关规定，采用与 ISSA 一致的级配范围。

（3）填料

稀浆封层和微表处矿料中可以掺加矿粉、水泥、消石灰等填料。填料应干燥、疏松，无结团，并应符合《公路沥青路面施工技术规范》（JTG F40—2004）中的相关要求。填料的掺加量应通过混合料设计试验确定。

（4）添加剂

添加剂的主要作用是调节稀浆混合料可拌和时间、破乳速度、开放交通时间等施工性能，并在一定程度上改变混合料的路用性能。常用的添加剂包括无机盐类添加剂、有机类添加剂等。未经试验验证的添加剂不得在施工中采用。

（5）水

稀浆混合料中的添加水包括两部分：乳化沥青制备时添加水和稀浆混合料拌和时添加水。一般可采用饮用水。

2. 混合料配合比设计

稀浆封层混合料配比设计所要进行的室内验证试验包括可拌和时间、黏聚力试验、湿轮磨耗试验、负荷车轮碾压试验以及混合料配比设计试验。除以上 4 项外,还需进行轮辙试验,以检验微表处的长期性能。

(四)施工程序与主要工艺

1. 施工设备

微表处摊铺机的拌和箱必须为大功率双轴强制搅拌式,摊铺槽必须带有两排布料器。摊铺机必须具有精确计量系统并能记录或显示矿料、乳化沥青等的用量。当采用微表处修补车辙时,还必须配有专用的 V 字形车辙摊铺槽。

2. 施工条件

稀浆封层和微表处施工、养生期内的温度应高于 10℃。不得在雨天施工。严禁在过湿或积水的路面上施工。原路面必须有足够的结构强度。原路面宽度大于 5mm 的裂缝应进行灌缝处理,原路面局部破损(如坑槽、松散等)应彻底挖补,原路面的拥包等隆起型病害应事先进行处理。

3. 施工流程

图 5-22 和图 5-23 分别是稀浆封层、微表处施工现场图。图 5-24 为稀浆封层和微表处施工工艺流程。

图 5-22 稀浆封层施工现场

图 5-23 微表处施工现场

4. 施工工艺(施工工法)

稀浆封层的施工工艺如下。

(1)封路清扫与调整。交通管制和清扫路面,调整摊铺槽宽度。

(2)拌制稀浆混合料。摊铺时应保证稀浆摊铺量与搅拌量的一致,保持摊铺箱中的稀浆混合料的体积为摊铺箱容积的 1/2 左右。摊铺式封层车必须保证匀速行驶。

(3)路面找平。找平时尤其应注意超大粒径集料产生的纵向刮痕,应清除并填平。随时填补或铲除摊铺不均匀的地方。

(4)接缝处理。对于横缝,每车的不均匀混合料应立即铲除,下一车的摊铺应重叠一个摊槽的宽度进行施工;对于纵缝,施工中应对每幅边缘及时修补整齐,做到垂直平顺,对于已凝固的混合料,应进行预湿处理。

六、复合式封层技术

(一) 基本概念与作用原理

沥青复合封层(图 5-25)是由碎石联结层、改性乳化沥青透层、同步(异步)乳化沥青碎石封层、稀浆封层或者微表处结构层等一系列功能层组合而成的复合结构,总厚度为 2~3cm。复合封层为一个独立的组合结构层,稀浆封层与碎石封层结构互相嵌挤,内部各层之间无明显界面。沥青复合封层适用条件是纵、横向裂缝伴有轻度松散,交通量较大,仅封层无法满足功能要求等。实践证明,对低交通量条件下的泥结碎石路面采用复合封层进行罩面,具有很强的实用价值以及较高的社会经济效益。复合式罩面使用年限一般为 3~5 年。施工前需对原路面结构进行灌封等处理。

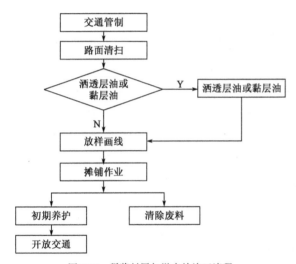

图 5-24 稀浆封层与微表处施工流程

图 5-25 复合封层

(二) 材料要求与配比选择

1. 集料质量要求

集料在复合封层中起到骨架支撑的作用,整个结构层涉及 3 种规格的粗、细集料:用于碎石联结层的 20~30mm 碎石、碎石封层的 5~10mm 碎石以及用于稀浆封层的 0~5mm 石屑,所需集料表面必须干净、粗糙、无风化、无杂质,能与沥青良好地黏结,保证沥青复合封层路面的整体性和黏结性。集料选择与乳化沥青黏附性较好的玄武岩或石灰岩。各结构层集料相关技术要求见表 5-12。

集料的砂当量对于混合料性能的影响非常显著。砂当量越低,混合料的湿轮磨耗值越大,耐磨能力越差,砂当量越高,混合料的性能越好。因此,在选择稀浆封层集料时,砂当量必须满足一定的技术要求。对于山区道路陡坡、急弯较多的路段,集料的砂当量应相应提高,以 70%左右为宜。

粗、细集料技术要求　　　　　　　　表 5-12

材料规格	试验项目	技术要求
粗集料	压碎值(%)	≤28
	洛杉矶磨耗损失(%)	≤30
	石料磨光值(BPN)	≥42
	坚固性(%)	≤12
	针片状含量(%)	≤18
细集料	坚固性(%)	≤28
	砂当量(%)	≥50

2. 集料级配

用于碎石联结层的 20~30mm 碎石为单级配,无特殊级配标准。碎石封层、稀浆封层集料级配要求见表 5-13。稀浆封层混合料按集料公称最大粒径的不同,可分为 ES-1 型、ES-2 型和 ES-3 型。

集料的级配要求　　　　　　　　表 5-13

筛孔尺寸(mm)	通过百分率(%)			
	碎石封层	ES-1	ES-2	ES-2
9.5	—	—	100	100
4.75	—	100	90~100	70~90
2.36	—	90~100	65~90	45~70
1.18	100	65~90	45~70	28~50
0.6	90~100	40~65	30~50	19~34
0.3	0~15	25~42	18~30	12~25
0.15	0~5	15~30	10~21	7~18
0.075	—	10~20	5~15	5~15

3. 乳化沥青

沥青复合封层结构中涉及 3 种乳化沥青材料:用于层间黏结的黏层(透层)乳化沥青黏层油、用于碎石封层的高固含量乳化沥青和稀浆封层(或微表处)用的乳化沥青,见表 5-14。

乳化沥青技术指标　　　　　　　　表 5-14

检测内容	技术要求		
	乳化沥青黏层油	碎石封层用乳化沥青	稀浆用乳化沥青
筛上剩余量(1.18mm 筛)(%)	≤0.1	≤0.1	≤0.1
颗粒电荷	+	+	+
破乳速度试验	快裂	中/快裂	慢裂
标准黏度 $C_{25,3}$(s)	10~25	8~20	10~60
蒸发残留物含量(%)	≥50	≥58	≥55

续上表

检测内容		技术要求		
		乳化沥青黏层油	碎石封层用乳化沥青	稀浆用乳化沥青
储存稳定度(%)	1d	≤1	≤1	≤1
	5d	≤5	≤5	≤5
黏附性试验		≥2/3	≥2/3	≥2/3
蒸发残留物性质	针入度(25℃)(0.1mm)	50~200	45~150	45~150
	延度(5℃)(cm)	≥40	≥40	≥40
	溶解度(三氯乙烯)(%)	≥97.5	≥97.5	≥97.5

(三)施工程序与主要工艺

1. 原路面交通的封闭

为保证安全并保证顺利地施工,施工前要协同有关部门封闭交通。

2. 原路况调查及清理

对原路面上有坑洞、边线破损或裂缝宽和较大处宜提前进行修补。对于大的拥包和深的车辙(如车辙深超过10mm),应先进行铣刨和填补。若原路面弯沉值大于150(0.01mm),则应填筑碎石或其他强度较好的材料,以达到设计强度要求。若原路压实度大于94%且弯沉值不大于150(0.01mm),则可进行原路整形。不合格的地方修补完成后,应采用人工清扫式水冲等方式对铺装路段上的杂草、松动的材料、泥块以及任何其他障碍性物质加以清除。

3. 施工前准备工作

施工前首先要进行现场的放线,对于等级较低的道路,可采用人工放线。放线过程中重点控制线形平顺。其次要清除下承层上的杂物、尘土及浮料。还要强调施工前必须保证各种原材料满足相关规范要求。复合封层中的稀浆封层的配合比设计合理。复合封层中的碎石层施工时,乳化沥青浇洒长度应与集料摊铺能力相配合,避免乳化沥青浇洒后等待较长时间才撒铺集料。稀浆封层施工过程中,由于摊铺机及施工车辆的往返会对已施工完成的碎石封层和黏层产生一定破坏,因此在施工过程中要采取一定措施,避免稀浆封层和下承层的联结受到破坏。

4. 碎石黏接层施工

复合封层中的在确定的路面宽度内撒布粒径为20~30mm的碎石,用量根据原路况确定,以达到均匀覆盖下承层80%以上为宜。检查撒铺完碎石的路段,查看有无露白、碎石重叠的现象,如有则进行处理。

5. 碎石封层的施工

复合封层中的碎石封层施工时,当下承层符合要求后,在其上面均匀洒水,水浸润至下承层内2~3cm为宜。下承层表面水分蒸发后,用重型压路机碾压至外露0.2~0.5cm为止。洒布胶结料时,一般是采用胶结料洒布机对胶结料进行洒布,此后采用碎石撒布机撒布碎石。碾压在乳化沥青破乳前进行。撒铺一段集料后(不必等到全段铺完),用6~8t钢轮压路机碾压3~4遍。

6. 稀浆封层的施工

复合封层中的将符合要求的各种材料分别装入摊铺机的各装料箱内,并保证集料的湿度均匀一致。将拌好的稀浆混合料流入摊铺箱,当混合料体积达到摊铺箱容积的2/3左右时,开动摊铺机,以 0.4~0.8m/s 的速度前进。稀浆混合料摊铺后,立即使用橡胶耙进行人工找平。对于漏铺的部位,及时用同种稀浆混合料修补。

7. 养护与开放交通

乳化沥青完全破乳后,在稀浆封层上撒铺养护料(石屑)并扫匀。稀浆封层未干硬前,禁止一切车辆通行。稀浆封层干硬后,即可开放交通。

第三节 沥青路面罩面类养护技术

一、薄层沥青路面结构层

1. 基本概念与作用原理

薄层沥青路面结构层主要是指新建或旧路改造过程中设置的抗滑磨耗层。法国将薄沥青混凝土面层(BBM)定义为用纯沥青或改性沥青、集料及可能的添加剂(矿质的或有机的)制成的混合料,摊铺厚度在 30~40mm,而美国则一般认为薄层沥青混凝土的厚度应为 15~30mm。

我国交通运输部颁布的《公路沥青路面设计规范》(JTJ 014—2004)规定,超薄磨耗层是一种具有较大构造深度、抗滑性能好的磨耗层,适用于路面较平整、辙槽深度小于 10mm、无结构性破坏的公路,为提高表面层服务功能的养护维修措施,也适用于新建公路的磨耗层。磨耗层一般厚度为 20mm 左右,混合料宜选用断级配、改性沥青或其他添加剂,以提高超薄磨耗层的水稳性。按薄沥青混凝土面层的厚度,可将其分为三种,即薄沥青混凝土面层 25~30mm、很薄沥青混凝土面层 20~25mm、超薄沥青混凝土面层 15~20mm。

薄层罩面的结构可分为表面磨耗层和黏结防水层两个层次。表面抗滑磨耗层能提供一个安全、舒适、耐久的行驶表面,恢复路面的表面功能,提高路面的抗滑性能,改善路面的平整度。黏结防水层能够保证薄层罩面与原路面结合紧密,防止雨水下渗,适度延缓旧沥青路面的反射裂缝。

2. 薄层罩面的基本特点

薄层罩面的主要特点是可概括为三个方面:首先,可预防路面水产生的损坏,有效防止下渗水的破坏,更好的排水性能可减少水雾;其次,具有更高的抗滑性能,雨天行车安全性好;再次,施工效率高,开放交通快。施工时,需在一定范围内校正道路表面缺陷,提高路面平整度,必要时需对原路面进行铣刨处理。

3. 施工程序与施工工艺

(1)原路面的准备

在施工前着重做好两个方面的工作。其一是下承层检查。应对原路面,即下承层顶面进行检查,对于局部不合格及破损的下承层进行小修处理并以清扫,清扫出的杂物、浮料等由专人负责运出施工现场。

其二是清洁下承层。准备喷洒沥青的工作面还应整洁、无尘埃。当粘有土块或在铣刨过程中形成沥青胶砂残块时,应铲除掉并用强力吹风机吹扫干净。

(2)喷洒底层沥青

洒布沥青材料的气温不应低于10℃。在浓雾或下雨天路面潮湿时不应施工。施工时,可采用智能型沥青洒布车洒布改性沥青,沥青洒布应均匀,做到无漏洒、无重叠。防水层改性沥青的喷洒量为 $1.5 \sim 1.8 kg/m^2$,随后用石料撒布机撒布满铺覆盖率为60%的、粒径为6~12mm的单一粒径碎石,并用胶轮压路机碾压。

(3)施工温度的控制

由于沥青混凝土层较薄,因此在施工时热量散发较快,所以各环节的温度都应控制为在规范规定值的基础上稍加提高。采用改性沥青时,沥青加热温度控制在160~175℃,矿料加热温度控制在190℃左右,出厂温度控制在180℃左右,摊铺温度在160℃左右,碾压温度以不低于150℃为宜。

(4)混合料的摊铺

混合料摊铺时应采用性能适配并优良的摊铺机(如VOGELE2500摊铺机)进行,摊铺机须配备有整平板自控装置,双侧装有传感器,使摊铺机能铺筑出理想的坡度。摊铺时分半幅摊铺,运行过程中,摊铺机要匀速行驶,摊铺速度应控制在1~3m/min,并根据拌和楼产量调整,保证既不停机待料,又不积压车辆,且摊铺平整。

(5)混合料的压实

混合料的碾压按初压、复压、终压三个阶段进行。初压紧跟摊铺机进行,可采用双钢轮振动压路机,驱动轮在前,静压匀速前进,后退时沿前进碾压时的轮迹行驶碾压。复压在初压完成后紧接着进行,采用胶轮压路机和振动压路机交替进行碾压。先用胶轮压路机碾压,再用振动压路机碾压,如此反复交替进行,直至达到试验段确定的碾压遍数,使混合料的压实度不低于设计密度的97%。终压使用静力双轮压路机或关掉振动的压路机紧跟在复压后进行,直至达到压实度要求,并且路面没有明显轮迹为止。

(6)施工后检测

在薄层沥青混凝土罩面施工结束后,需要从平整度、渗水系数、构造深度等方面进行检测,以保证行车舒适、平顺、安全。

二、NovaChip改性超薄磨耗层

1. 基本概念与主要用途

NovaChip超薄磨耗层始于1988年,当时由法国的SIR开发,1992年进入美国。该项技术于20世纪末,在欧洲、美国、澳大利亚及南非等地得到了广泛应用。21世纪初,我国引进了施工专用设备,在广东、河南、浙江、湖南等地开展了部分试验路铺筑。其主要特点是能满足交通荷载大和路面性能要求高的新型道路表面处理解决方案,以及高等级沥青或水泥路面的预防性养护和一般病害的矫正性养护,也可以作为新建道路的表面磨耗层。该项技术在国外被作为道选方案,广泛应用于超大交通负荷的高等级道路的预防性养护方案。另外,超薄磨耗层超长耐久的表面层,具有抗滑、抗磨耗、防水害的优良性能。超薄磨耗层中的改性超薄磨耗层作为一个系统,由具超强黏结能力的NovaBond改性乳化沥青黏结层和高性能的NovaBinder间断

半开式级配改性热沥青混和料组成,通过独特的施工工艺得以实施。改性超薄磨耗层使用专用设备 NovaPaver(图 5-26)施工,特种改性乳化沥青黏结层洒布与改性热沥青混和料摊铺同时进行,经压路机压实以后,可一次成型。这种经处理过的路面。形成 1.5～2.5cm 的超薄罩面。改性超薄磨耗层混合料间断级配的特点,有效地降低了道路表面积水引起的水雾、溅水及眩光,而且提供了足够的表面粗糙度,降低了车辙,并可以降低行车噪声 2dB 左右。改性乳化沥青层可保证混合料与原路面黏结,防止混合料剥落,并防止水渗透到下承层(图 5-27)而引起基层破坏。

图 5-26 NovaPaver 施工现场专用设备

图 5-27 NovaPaver 施工现场示意图

2. 主要功能与技术特点

NovaChip 系统的主要功能如下。

(1)原路无需铣刨

施工前旧路面不需要铣刨,能够减少铣刨对旧路面的损害,同时避免了铣刨后新旧路面的接缝处理,并且能够最大限度地发挥旧路的原有功能。

(2)施工速度较快

施工快速,摊铺速度超过 1km/h。恢复交通时间短,摊铺后 10～20min 即可恢复交通。因而能够快速恢复道路表面功能,确保路面行驶安全。

(3)雨天行车安全

采用了开级配设计,路面排水迅速,能减少雨天行车水雾,增加雨天行车安全系数。

(4)工程造价较低

超薄罩面的厚度只有 1.5～2.5cm,故工程造价较低。

3. 材料要求与配比选择

超薄磨耗层的组成材料主要包括:聚合物改性乳化沥青(NovaBond)、沥青胶结料(NovaBinder)、粗集料、细集料以及填料。各材料均需达到具体的技术指标要求。

(1)聚合物改性乳化沥青

聚合物改性乳化沥青(NovaBond)提供超薄磨耗层和现有路面之间超强的黏结力,同时还起到防水的作用。一般情况下,改性乳化沥青的喷洒量在 $0.6 \sim 1.2 \text{kg/m}^2$,实际的喷洒量还要根据路况和施工时间来确定。NovaBond 性能指标不仅应满足表 5-15 的要求,还应能保证实现系统的整体功能。

聚合物改性乳化沥青(Nova Bond)技术指标 表 5-15

试 验		试验方法(JTJ-052—2000)		规范要求
赛波特黏度试验(50℃)(s)		ASTM D244	T 0623—1993	20～100
储藏稳定性试验(24h)(%)		ASTM D244	T 0656—1993	≤1
筛上剩余量试验(%)		ASTM D244	T 0652—1993	≤0.05
蒸馏固含量试验(%)		ASTM D244		≥63
蒸馏后石油馏分(%)		ASTM D244		≤2
破乳速度	35mL,0.02N,$CaCl_2$	ASTM D244		≥40
	35mL,0.8%,气溶胶 OT	ASTM D244		≥40
蒸馏残留物性能试验				
针入度(25℃,100g,5s)(0.1mm)		ASTM D5	T 0604—2000	60～150
溶解度三氯乙烯(%)		ASTM D2042	T 0607—1993	≥97.5
延度(10℃,5cm/min)(cm)		ASTM D113	T 0605—1993	≥40
弹性恢复(10℃)(%)		AASHTO T301		≥60

(2)沥青胶结料

沥青胶结料采用 NovaBinder,它是一种独特配方的聚合物改性沥青,具有增强路面耐久性的作用。选择使用时,充分考虑施工所在地区的地理位置及气候特点、交通水平和车速等因素,同时满足 JTG F40—2004、AASHTO MP1、ASTM D6084 和 SUPERPAVE 的黏结料性能要求。改性沥青采用 SBS 改性剂,NovaBinder 性能指标应满足表 5-16 的要求。此外,NovaBinder 性能必须满足超薄磨耗层系统整体设计要求,以满足系统的路用性能。

改性沥青技术指标 表 5-16

试 验		试验方法(JTJ 052—2000)		规范要求
针入度(25℃,100g,5s)(0.1mm)		ASTM D5	T 0604—2000	≥50
软化点 $T_{R\&B}$(℃)		ASTM D36	T 0606—2000	≥65
密度(15℃)(g/cm³)		ASTM D70	T 0603—1993	实测
延度(5℃,5cm/min)(cm)		ASTM D-133	T 0605—1993	≥20
48h 离析(℃)		ASTM D5978	T 0661—2000	≤2
旋转黏度(135℃)(Pa·s)		ASTM D4402	T 0625—2000	≤3
测力延度比(4℃,5cm/min)(%)		ASTM D226		≥30
弹性恢复(25℃)(%)		ASTM D6084—97	T 0662—2000	≥70
旋转薄膜加热试验残留物(163℃,75min)	质量损失(%)	ASTM D2872	T 0610—1993	≤1
	针入度比(%)	ASTM D5	T 0604—2000	≥60
	延度(5℃,5cm/min)(cm)	ASTM D-113	T 0605—1993	≥15

(3)粗集料

超薄磨耗层所用粗集料应选用三级以上的石料扎制而成的碎石。粗集料必须符合耐磨耗对粗集料的要求。特别强调的是,超薄磨耗层对粗集料的抗压碎要求高,粗集料必须使用坚韧、粗糙、有棱角的优质石料,必须严格限制粗集料的扁平细长颗粒含量。粗集料技术指标满足表5-17的要求。因其作为表层,直接承受交通荷载,首先要满足耐磨的要求。磨耗的常规评价方法为洛杉矶法和狄法尔法两种,其中粗集料的洛杉矶磨耗损失是集料的使用性能的重要指标,它与沥青路面的抗车辙能力、耐磨性及耐久性密切相关,一般磨耗损失小的集料,集料坚硬、耐磨、耐久性好。实践证明,如粗集料中含有的软弱颗粒含量多、风化严重的石料经过磨耗试验,料碎严重则无法使用。因此,该指标是优选石料的依据之一,必须符合表5-17的要求。

粗集料技术指标　　　　　　　　　　　　　　表5-17

指　　　标		单　　位	指数指标	试验方法 (JTG E42—2005)
狄法尔磨耗损失	不大于	%	18	ASTN TP 58-00
粗集料的磨光值PSV	不小于	%	42	T 0321
表观相对密度	不小于	t/m³	2.60	T 0304
吸水率	不大于	%	2.0	T 0304
与沥青黏附性			5	T 0616
坚固性	不大于	%	12	T 0314
单个破碎面	不小于	%	100	T 0361
两个或多个破碎面	不小于	%	90	T 061
针片状颗粒(3:1)含量(混合料)	不大于	%	15	T 0312
其中粒径大于9.5mm	不大于	%	12	
其中粒径小于9.5mm	不大于	%	18	
水洗法<0.075mm颗粒含量	不大于	%	1	T 0310
软石含量	不大于	%	3	T 0320

注:1.对于多孔玄武岩及视密度大于3.0t/m³的玄武岩,应慎用;对于二种掺配集料,如视密度差值大于0.2t/m³,不宜混合使用。

　2.针片状颗粒含量最好小于10%,绝对不能超过15%。

此外,对于NovaChip系统,由于采用间断级配,其不仅对粗集料的嵌挤能力要求高,对集料磨耗损失的要求也有所提高,在满足洛杉矶磨耗的要求下,还需进行微狄法尔磨耗测试。

(4)细集料

细集料应洁净、干燥、无风化、无杂质,严格控制含泥量及其他有害物质和杂质含量不得超限,并有适当的颗粒级配,其质量应符合表5-18的规定。细集料的洁净程度,石屑和机制砂以砂当量(适用于0~4.75mm)或亚甲蓝值(适用于0~2.36mm或0~0.15mm)表示。

细集料技术要求　　　　　　　　　　　　　　表5-18

项　　目		单　　位	技术要求	试验方法（JTG E42—2005）
表观相对密度	不小于	t/m³	2.50	T 0328
坚固性(>0.3mm 部分)	不小于	%	12	T 0340
含泥量(小于0.075mm 的含量)	不大于	%	3	T 0333
沙当量	不小于	%	60	T 0334
亚甲蓝值	不大于	g/kg	25	T 0349
棱角性(流动时间)	不小于	s	40	T 0345
未压实空隙率	不小于	%	45	AASHTO T 304-96

（5）填料

沥青混合料的填料必须采用石灰岩或岩浆岩中的强基性岩石等憎水性石料经磨细得到的矿粉，原石料中的泥土杂质应除净。矿粉应干燥、洁净，能自由地从矿粉仓流出，其质量应符合表5-19的技术要求。

填料技术要求　　　　　　　　　　　　　　表5-19

项　　目		单　　位	技术要求	试验方法（JTG E42—2005）
表观相对密度	不小于	t/m³	2.50	T 0352
含水率	不大于	%	1.0	T 0103 烘干法
粒度范围	<0.6mm	%	100	T 0351
	<0.15mm	%	90~100	
	<0.075mm	%	75~100	
外观			无团粒结块	
亲水系数			<1	T 0353
塑性指数			<4	T 0354
加热安定性			实测记录	T 0355

4. 施工程序与主要工艺

NovaChip 属于热拌沥青混合料，设计、拌和、运输、施工等过程应符合相关规范的要求；对施工控制的要求比较高，需有施工经验的专业施工单位和人员进行施工，以保证施工质量。下面介绍超薄磨耗层 NovaChip 施工工艺、关键技术及注意事项。

NovaChip 施工从原材料进场、施工初步质量检测到开放交通都有规范要求，所以必须严格按照图5-28所示施工工艺流程进行，每一步控制好质量。

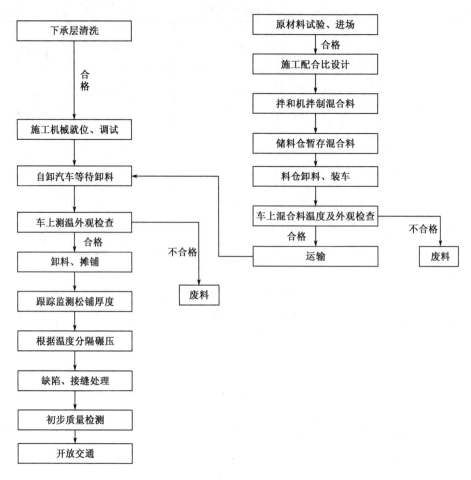

图 5-28 NovaChip 施工流程图

(1) 施工前准备工作

施工前准备工作主要是原路面病害处理、连续作业组织、施工气温选择和养护作业的交通安全保障等。首先,原路面病害处理,由于 NovaChip 厚度仅有 2.5cm,受车辆轮胎直接作用,它与基层黏结强度和基层承载力是影响其使用寿命的关键因素,为此,施工前应彻底处理旧路面的质量缺陷,消除质量隐患。切除坑槽、块裂、松散以及拥包等病害后采用热拌沥青混合料恢复,对路面裂缝进行清理和灌缝,确保路面结构完整,承载力满足使用要求。其次,对施工路段采用人工仔细处理清扫,对原路面出现的裂缝进行开槽灌缝后,采用高压风机清扫路面及缝隙内的灰尘和杂物,使路面保持干净,并开始进入下一道工序。再次,混合料摊铺施工时,对气温没有特殊的要求,但为了保证施工质量,迅速开放交通,气温最好大于 10℃;下雨和路面有积水的情况下不得进行摊铺施工。用于路面养护施工时,施工现场的交通控制应严格按照《公路养护安全作业规程》(JTG H30—2014)的要求进行,保障养护作业安全。

(2) 混合料的拌和

要严格执行实验室提供的配合比来控制混合料的拌和。沥青加热温度不高于 175℃,并设置自动保温系统。矿料加热温度 180~190℃,混合料的出场温度 170~185℃,并规定拌和机的每盘拌和时间在 45～47s。严格控制混合料的拌和时间,对每车出场的成品料进行外观检查,无花白、糊料。根据规范要求,对成品料要进行实验室内的各项检测,包括油石比、密度、空隙率、稳定度、流值等项目的检测,检测结果均要符合规范要求。

(3) 混合料的运输

沥青混合料的运输宜采用较大吨位的自卸汽车,运料车的运力应稍有富余,施工过程中摊铺机前方应有运料车等候,对高速公路、一级公路,等候车辆为超过 2 辆后开始施工。运料车每次使用前后必须清扫干净,在车箱板上涂一薄层防止沥青黏结的隔离剂或防黏剂,但不得有余液积聚在车箱底部。从拌和机向运料车上装料时,应多次挪动汽车位置,平衡装料,以减少混合料的离析。运料车运输混合料宜用帆布覆盖,保温、防雨、防污染。运料车进入摊铺现场时,轮胎上不得粘有泥土等可能污染路面的脏物,否则宜设水池,洗净轮胎后进入工程现场。沥青混合料在摊铺地点凭运料单接收,若混合料不符合施工温度要求,或已经结成团块或已遭雨淋的不得铺筑。摊铺过程中运料车应在摊铺机前 100～200mm 处停住,空挡等候,由摊铺机推动前进时,即开始缓慢卸料,避免撞击摊铺机。在有条件时,运料车可将混合料卸入转运车,经二次拌和后向摊铺机连续均匀地供料。运料车每次卸料必须将料卸干净,如有剩余,应及时清除,防止硬结。另外,混合料的储存时间不得超过 4h。

(4) 混合料的摊铺

NovaChip 施工应采用专用设备(即 NovaPaver),须包含受料斗、螺旋输送器、乳化沥青储罐、NovaBond 喷洒及计量系统、宽度可调节的振动熨平板等组件,设备运转能够一次性完成 NovaBond 喷洒、热沥青混合料摊铺及熨平,可在 NovaBond 喷洒 5s 内进行热沥青混合料摊铺,在热沥青混合料摊铺之前,履带或其他部位不能接触喷洒在路面上的 NovaBond,摊铺宽度可以调节。

NovaBond 黏层沥青在 60～80℃ 的温度下喷洒,喷洒量需精确计量。理想喷洒量,A 型混合料 $0.6～0.8L/m^2$,B 型混合料 $0.7～1.0L/m^2$,C 型混合料 $0.8～1.2L/m^2$。也可针对具体项目,由专业实验室设计喷洒量,并由工程师在现场根据实际情况适当调整。混合料的松铺系数可以根据经验或根据混合料的类型由试铺试压确定,一般为 1.05～1.10。

NovaChip 混合料的摊铺温度控制在 162～174℃。NovaChip 混合料的摊铺和 NovaBond 黏层沥青的摊铺采用专用设备一体化进行。摊铺机开工前应提前预热熨平板,温度不低于 100℃。摊铺机就位前,熨平板须垫木板。其木板厚度应为所在断面处的松铺厚度减掉压实厚度。摊铺前须确定摊铺宽度和厚度,便于工程计量。摊铺机必须缓慢、均匀、连续不间断地摊铺,不得随意变换速度或中途停顿,以提高平整度,减少混合料的离析。摊铺速度根据实际情况确定,国外一般为 10～27m/min。摊铺过程中,专人跟踪检测松铺厚度,每 10m 抽取一个断面,每断面设检测点 3 处,用铝合金直尺横放测量,并与松铺厚度相比,不符合时通知摊铺机手,及时进行调整。如图 5-29 所示,摊铺过程中局部掉粒要及时进行人工处理,特别是摊铺机死角,需由人工摊铺整平。

(5) 混合料的碾压

沥青混合料摊铺后,压路机紧接碾压(图 5-30),以缩短碾压作业段长度,但不得产生推移、发裂。NovaChip 混合料的碾压以静压方式进行,用 10～12t 的双钢轮压路机静压 2～3 遍。碾压在热沥青混合料摊铺后立即进行,路面温度不得低于 90℃。压路机应维护良好,具备可靠操作稳定性,装备有皂液水和刮板,能有效地防止新铺混合料粘在碾压辊上。

图 5-29　NovaChip 混合料的摊铺

图 5-30　NovaChip 混合料的碾压

(6) 冷接缝的处理

纵缝采用冷接缝,新铺路面与已完成路面在接缝处搭接 5cm,作为后铺部分的高程基准面。在后续碾压作业时做跨缝碾压,保证纵向接缝顺直。横向接缝,在摊铺段结束时,摊铺机在接近端部前约 1m 处将熨平板稍稍抬起驶离现场,人工将端部混合料铲平齐后再碾压,做到新铺路面与原路面连接平顺,不产生明显跳车。

(7) 路面养生放行

施工完成后,待热拌沥青混合料自然冷却,表面温度低于 50℃(一般需 20min)后,即可放行(开放交通)。

三、温拌沥青混合料超薄罩面技术

1. 基本概念与作用原理

温拌超薄罩面技术是温拌沥青混合料技术和超薄罩面技术的有机结合,亦属于新型路面养护技术。应用温拌超薄罩面技术可以有效提高城市道路的路用性能及表面功能,满足新时期公路与城市道路建设和养护的需求。

所谓温拌沥青混合料技术,是指拌和温度介于热拌沥青混合料和冷拌沥青混合料之间的混合料拌和技术。在同一组成设计条件下,通过加入温拌剂,实现混合料拌和温度降低 30℃左右,而沥青混合料品质(使用性能)不下降。超薄罩面用于路面的预防性养护或轻微、中等病害的表面处理时,可以实现恢复路面的抗滑性能、改善行驶质量、校正表面缺陷、提高安全特性(包括提高抗滑与排水)、减小噪声、增加路面强度等路面功能。

温拌超薄罩面的综合优势是温拌超薄罩面可以集两种技术的优势于一体,形成一种综合的技术优势,即低碳排放、节能环保、经济实用、易于实现。具体表现在如下方面。

(1) 节能环保

由于拌和温度相对热拌技术而言能降低 30℃左右,可以使石料及沥青的加热温度相应降低,从而使用于加热的燃油成本下降 20% ~50%,机械损耗也相应下降;还减少了 CO_2、SO_2 及沥青烟雾等有害气体、粉尘的排放量,降低环境污染,减少对城市道路周边居民及工作人员的身体危害。温拌超薄罩面碾压完成后的温度较低,可以很快地开放交通(摊铺后约 20min 即可恢复交通),减少对城市交通的影响;同时,温拌超薄罩面技术的热排放量低,可以减少整个城市的热量排放总量,缓解日益严重的城市热岛效应,有利于维护城市热环境的健康平衡,响应"低碳、节能、环保"的方针政策。

(2)利于压实

超薄沥青罩面厚度仅有 1.5~2.5cm,因厚度太薄沥青混合料容易冷却、不利于压实,故温拌超薄罩面中的温拌技术可以使超薄沥青罩面层结构的压实性得到充分保证,同时鉴于其薄的特点,也可以弥补温拌沥青混合料中由于添加温拌剂而同时引入的部分水分不易散失而影响性能的缺陷。

2. 主要功能与技术特点

受摊铺厚度的限制,超薄沥青混凝土一般采用细粒式沥青混凝土,国外实体工程中较为常用的是 0/10 型和 0/6 型级配,由于国内目前还没有最大公称粒径为 6mm 的混合料级配,因此为便于施工应采用 0/10 型混合料。这也是温拌超薄沥青混凝土的矿料级配特点。

(1)间断级配的骨架嵌挤结构

由于间断级配型混合料可以形成良好的骨架嵌挤结构,有较好的高温性能,间断区为 4.75~2.36mm 的间断级配超薄沥青混凝土应具有良好的构造深度,其构造深度明显大于传统连续级配混合料。因此,超薄沥青混凝土采用间断级配是较为合理的。根据目前表面层沥青混合料所用石料的规格情况,将完全断级配的间断区间取值在 4.75~2.36mm。间断的另一个原因是这档料比较圆,在密级配中影响表面构造深度和抗滑性,在开级配中容易飞散,影响耐久性。

(2)矿料筛分筛网应控制严格

在 9.5~4.75mm 筛分中增加 6.7mm 筛孔。目前矿料筛分的筛网控制在 9.5~4.75mm,而在超薄沥青混合料的级配设计中,4.75mm 以上的粗集料含量一般达 60%~70%,这样在实际工程中易导致大量的粗集料级配失控。所以增加 6.7mm 筛孔,控制 4.75~6.75mm 的石料占粗集料的比例。

(3)以 $VCAmix < VCADRc$ 为判定标准

为了充分发挥超薄沥青混合料粗集料石—石结构的嵌挤作用,在压实状态下沥青混合料中的粗集料骨架间隙率 $VCAmix$ 必须小于或等于没有细集料、结合料存在时的粗集料集合体在捣实状态下的间隙率 $VCADRc$。否则,粗集料的嵌挤作用就不能形成,所以,$VCAmix < VCADRc$ 粗集料形成骨架嵌挤,是超薄沥青混凝土的关键指标。

3. 施工程序与主要工艺

(1)温度控制

由于采用了温拌技术,薄层罩面用混合料在生产和施工过程中,温度控制区别于一般的热拌改性沥青混合料,施工中各项温度控制见表5-20。

温拌超薄沥青面层施工温度　　　　表5-20

施工温度(℃)	UTA-10(改性玄武岩)	施工温度(℃)	UTA-10(改性玄武岩)
矿料加热温度	135~145	开始碾压温度	≥125
沥青加热温度	160~170	复压温度	≥100
沥青混凝土出粒温度	130~140	碾压终了温度	≥70
混凝土摊铺温度	≥130		

(2)喷洒黏层

黏层采用高黏度改性乳化沥青并适当增大每 $1m^2$ 洒布量(洒布量控制在 $0.6 \sim 0.9 L/m^2$)。黏层须采用优质的材料,黏结处理是为了创造一个等于或者大于混合料强度的层间体,以承受水平方向过大剪切力的破坏。若黏结力差,在炎热夏季,荷载反复作用下沥青路面会发生层间滑移,严重时将形成拥包或车辙等病害。相关资料表明,在实际作用于路面的行车荷载中,其水平作用力对沥青路面所产生的最大剪应力峰值一般出现在上面层 $2 \sim 3cm$ 处,对于超薄沥青混凝土面层而言,这正是其黏结层位置。因此,对于超薄沥青混凝土面层更应注重黏结层的质量。

(3)合理碾压

为保证压实度和平整度,应做到初压和复压的压路机紧跟碾压。根据相关施工经验,试验段铺筑采取的碾压方式见表5-21。如果气温较低,必要时可以用胶轮进行初压,钢轮压路机和胶轮压路机的主要区别在于前者是压密压平,后者则是追密碾压。为了防止胶轮对混合料的粘连,可涂刷植物油进行处理。

压路机碾压遍数　　　　　　　　表5-21

压路机类型	初 压	复 压	终 压
钢轮压路面(13~16t)	2(振压)	—	2(静压)
胶轮压路机(30t)	—	5	—

第四节　沥青路面裂缝封缝类养护技术

沥青路面在长期使用过程中,会产生各种裂缝,主要是发裂、网裂、龟裂直到大规模沉陷等严重病害。产生各种裂缝原因是多方面的。首先,高等级公路大都采用半刚性基层,这类基层的特点是力学强度高、板体性好。而最大的缺点是容易产生干冷缩裂缝,这些裂缝容易反射到沥青面层上引起沥青路面开裂,反射裂缝出现后,说明基层已经发生了断裂,实际上已失去了整体性,对其承载能力有明显的影响。其次,自然因素长期作用,如日晒、雨淋、风蚀等可引起沥青老化等;如果在雨季有雨水渗入,不能及时排出则会对基层形成冲刷,产生唧浆现象,一旦出现唧浆现象,即表明基层已受到破坏,此时必须开挖基层进行更换;另外,在冬季有雪水进入,在寒冷季节易发生冻胀现象,面层、基层因而膨胀失去强度,产生严重的龟裂现象。再次,行车荷载也会不断碾压冲击引起疲劳裂缝等,对裂缝的处治如果不及时,会造成严重的后果。

沥青路面裂缝的预防性养护的关键就是尽早地、及时地、科学地封堵沥青路面裂缝。预防性养护尤其可以避免路面水的进入和防止路面产生水损坏,同时也能够增加路面的整体性和路面强度并提高路面的抗疲劳能力,从而延长道路的使用寿命。这种预防性养护措施,是目前简单、经济且实用有效的首选之法。

沥青路面裂缝填缝的最终目标和效果归纳起来,主要有四个方面:其一是恢复路面的平整度;其二是恢复路面的局部强度和承载能力;其三是对裂缝处的路面强度进行补强;其四是防止路表水渗入,对路面面层进而对基层造成进一步破坏。

我们知道,裂缝的处治最简单、易操作的方法是采用热沥青或乳化沥青人工灌缝处理,裂缝封缝工法而言,倘若做的不够细致,热沥青很难渗入面层内部,仅仅在路面表面形成一道油膜,在车辆行驶过程中易被轮胎卷走,且在自然环境中沥青很快老化,封水作用极弱,病害还将继续发展。裂缝封缝类施工方法对原材料相应的技术要求和试验检测手段进行质量控制较少,施工处理的失败率非常高,尤其是对路面因反射裂缝或低温裂缝引起的活动性横向裂缝修补效果最不理想,所以使用时应小心谨慎。

随着科技水平的进步,以及对处治路面裂缝认识程度的不断提高,目前已逐步发展出开槽灌缝、贴缝、养护剂灌缝等不同的新技术以及相应的新材料、新设备、新工艺。下面分别予以阐述。

一、开槽灌缝技术

(一) 基本概念

开槽灌缝是在路面裂缝处沿裂缝走向使用专用开槽机开出一条宽 1~1.5cm,深 1.5~2cm 的沟槽,利用灌封机将专用的公路密封胶加热至一定温度后通过料泵电动机打压灌入切割好的裂缝中,从而保持路面完好的一种修补方法。该方法初期施工设备费用投入和施工造价较高,但是道路使用寿命大为延长,裂缝封闭的效果好,效率大为提高。

由于灌缝材料与周围路面及环境温差较大,开槽横截面尺寸对修补后的效果有着直接影响。因此,开槽尺寸选择一般为宽 1~1.5cm,深 1.5~2cm,开槽的深度、宽度比不应超过 2∶1。

(二) 材料要求

开槽灌缝对灌缝材料的要求是应具有较高的黏结性、一定的韧性、足够的弹性和延展性、良好的低温稳定性、较好的耐老化性。其中,在不同温度条件下具有良好的黏附抗裂性能是保证灌封质量的关键。国内外市场有各种不同型号的灌缝料供选择,但因地域适应性和本身性能差异,应先试验后才能使用。

(三) 施工工艺

1. 施工准备

首先,封闭交通。一般是按规范摆放安全标志,将公路半幅的一半封闭作为施工区并设专人指挥和疏导交通。其次,检查设备。主要是检查开槽机与灌缝机,确保其性能良好,运转正常。

2. 原路开槽

如图 5-31 所示,按照设计的开槽尺寸沿裂缝方向进行开槽作业,控制好开槽机开槽深度,根据裂缝宽度种类情况,随时调节开槽尺寸,满足设计要求。

3. 清理沟槽

如图 5-32 所示,先用活塞式压缩空气泵的气枪将槽内的碎渣、灰尘及裂缝两侧至少 10cm 范围内的灰尘彻底吹扫干净,必要时用铁刷清理槽边缘后再进行吹扫。在气温低于 6℃时,配置加热烘干设备对开槽部位进行预热(图 5-33),加热设备不能有火焰接触路面而产生碳化物。实践证明,气温过低会降低密封胶的黏结力,一般预热后的补缝效果会更好。

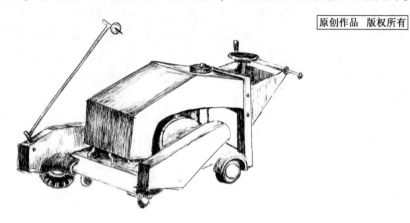

图 5-31 开槽机

图 5-32 清槽　　　　　　　　　图 5-33 加热

4. 机械灌缝

灌缝作业须使用灌缝机(图 5-34)进行。在密封胶加热温度达到设定温度(193℃左右)时,灌缝机燃烧器自动停止加温,进入保温状态,这时,用灌缝机上带有刮平器的出料喷头将密封胶均匀地注入槽内,为保证密封胶温度不会降低,出料管道具有加热功能,并在裂缝两侧拖成宽度为 5cm 左右、厚度为 0.1cm 的封层,这样有利于把槽边缘微小的裂缝覆盖,并使胶条形成一个 T 形封带,达到最佳的密封效果,如图 5-35 所示。

图5-34 灌缝机

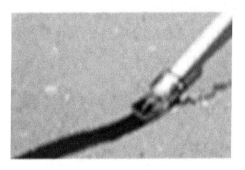
图5-35 灌缝作业

5. 养护放行

用密封胶灌缝后,在密封胶充分冷却并把路面上的碎渣清扫干净后,才能开放交通,一般冷却时间为15min左右,具体开放交通时间可根据气温情况灵活掌握。如果交通压力较大,可以在槽表面撒一些细干砂或用同等宽的薄膜贴上,这样在5min内就可通车,车轮碾压之后覆盖物也不会影响路面的整洁。

(四) 质量标准

灌缝应达到的外观质量标准可归纳为三点要求:首先灌缝充分饱满,表面平整无颗粒状胶粒;其次,灌缝后,经车辆碾压不得发生脱落变形,有足够弹性。再次,灌缝后的路面表面特征应是灌缝胶基本与路面平齐或略低。

上述是使用密封胶灌缝料的施工工艺,如果使用改性沥青养护剂灌缝,对路面裂缝的处理适用于3mm以下裂缝,此时改性沥青养护剂能够充分灌入裂缝中,适应处理路面的裂缝渗水率小于3%。

如采用改性沥青养护剂灌缝,施工工艺与以上基本相似,即一般有五个步骤:第一步,按标准摆放施工安全标志,封闭施工路段。第二步,用铁钩等清理裂缝。第三步,使用吹风机等吹出裂缝内的杂物,主要是泥土等。第四步,使用水壶、大型注射器等把养护剂灌入裂缝中;第五步,撒少量砂养护2h,即可开放交通。

二、贴缝带贴缝技术

(一) 基本概念

贴缝带贴缝是采用专用贴缝带对路面接缝进行处理的一项技术,使用该技术的关键是清除裂缝的缝壁湿气,它是灌封耐久性的前提,目前的主流吹缝设备产生的气流为直流式,除湿效果不佳。变频螺旋式高压热气喷机采用数控、机械、电子等技术,使用电力热源,产生变频螺旋高压热气流,使各方向均匀受热,烘缝深度和效果更佳,而且,裂缝修复材料渗透性好、黏附性强,所以,无须开槽,就能达到很好的灌封效果。

弹性增强纤维布采用抗拉性较好的复合纤维制成,具有较好的抗磨耗性,它属于碱性化工材料,增加与胶体黏结,能与胶体迅速形成整体,提高其综合抗拉性,与此同时,减少了车量对胶体的磨耗,增加了耐久性。

沥青路面贴缝技术施工工艺如下:首先对路面裂缝进行放样,用石笔循迹标注,然后采用变频螺旋式高压热喷机充分烘缝,缝壁温度和湿度符合灌封要求时,采取带有马蹄靴的灌封机灌注材料,随后人工覆贴成品贴缝带,用橡胶锤充分锤实气泡处,确保结合密实,15min 后开放交通。

(二) 施工程序与主要工艺

1. 清洁原路裂缝

如图 5-36 所示,将路面、基层裂缝清理干净,并将裂缝两侧 20cm 范围内的路面同时清理干净。

2. 涂刷贴缝胶

如图 5-37 所示,用宽刷蘸取专用胶黏剂延裂缝均匀涂刷,以裂缝为中心线,两侧各涂刷 8cm 以上。一般涂胶长度比贴缝带宽度多出 1cm。

图 5-36　贴缝前清理

图 5-37　涂刷贴缝胶

3. 黏结贴缝带

如图 5-38 所示,剪取长度略长于裂缝长度的一段贴缝带,揭去隔离纸,有聚丙烯织物的一面朝上,以裂(接)缝为中心线将贴缝带平整地贴在路面上。

4. 滚筒碾压烫贴

如图 5-39 所示,用滚筒用力碾压,将贴缝带烫贴至路面,以确保贴缝带同路面结合为一体,同时不能有气泡、皱褶。

图 5-38　黏结贴缝带

图 5-39　滚筒碾压烫贴

5. 去除多余贴缝带

如图5-40所示,如遇不规则的裂(接)缝,可用剪刀将贴缝带切断,按裂(接)缝的走向跟踪粘贴。但在贴缝带的结合处,要形成80~100mm的重叠。

修补完成效果如图5-41所示。

图5-40 切断贴缝带

图5-41 贴缝修补完成效果

第五节 沥青路面表面涂刷类养护技术

一、基本概念与作用原理

沥青路面涂刷技术(亦称沥再生,Rejuva Seal),使用的涂刷剂具有轻微挥发性气味,为黑色油状液体,是一种用于沥青路面的三合一维护剂,其主要成分为35%~50%的煤焦油、32%~42%的石油蒸馏液和15%~40%的三合一煤焦油再生剂。沥再生属于人造树脂石油乳剂,是由经提炼的煤焦油和石油溶剂等合成的渗透剂,也是一种极其高效的具有渗透性的沥青再生密封剂。

二、功能作用与主要特点

由于沥青路面涂刷剂是一种预防性沥青路面维护产品,其特点主要体现在三个方面:其一,具有抵抗汽油、防水、防化学品侵蚀和抵抗其他损害性杂质影响的特性;其二,具有不改变沥青表面结构就能起到密封和再生作用的特性;其三,能渗透到沥青表层,变成沥青层整体的一部分,与之共同收缩和膨胀,不像普通表面密封剂那样易于剥落、开裂和脱层,因而具有较强的温度适应性,经久耐用。它不仅是一种高效密封剂,且是一种充满活性、能渗透到沥青表层,并将沥青激活的结合剂,可使沥青路面表层约15mm厚的沥青硬化程度和脆性显著降低,从而可增强路面的柔韧性和弹性。

沥青路面涂刷剂在沥青路面裂缝宽度<5mm时使用才能达到预期效果;当路面裂缝宽度≥5mm时,须对裂缝采用填补剂填补处理后再使用。沥青路面出现微小裂缝、小坑槽或脱皮现象时或出现前夕为使用沥青路面涂刷剂的最佳时期。这不同于以往路面出现病害,影响行车及使用功能后再进行养护维修的观念,而是在路面未出现病害或刚出现轻微病害时即对路面进行保养,使其恢复路面的弹性及柔韧性,使路面长期处于较佳的使用状态。

三、材料要求与配比选择

沥再生是根据沥青的化学成分、气候条件、环境条件等要求调整产品成分。当沥青路面出现严重病害或在水泥混凝土路面上铺设的沥青路面出现反射裂缝时,涂刷并不能将这些病害消除,只能改善路面沥青的性能。

四、施工程序与主要工艺

(一)施工前的准备

必须在2d前将道路表面的尘土和其他杂质清洁干净,并将其吹干。

(二)施工气候条件

沥再生必须在路面保持干燥和表面温度为10℃以上时操作,换言之,在雨天或雨后不宜对沥青路面进行涂刷。

(三)施工步骤

1. 用前搅拌均匀

沥再生外包装如同罐装油漆一样,因运输或存放时间长,会出现部分沉淀,使用前需用搅拌棒将其搅拌均匀。

2. 合理估算用量

涂刷剂用量可视路面表面的粗糙程度、原沥青的配合比、沥青路面的使用年限、沥青本身的使用情况确定,通常用于道路路面养护的涂刷用量为 $4m^2/L$。

3. 均匀细致涂刷

当小面积涂刷时,通常是如同涂油漆相似的做法,将沥再生均匀涂刷在沥青路面上即可。当大范围使用沥再生时,可使用专门的喷涂设备,设备的喷嘴采用电脑控制流量以保证均匀喷涂,这样不但能保护已渗透的范围,而且涂刷沥再生的沥青路面其表面磨损不会损毁密封层。

4. 适时开放交通

沥再生涂刷后,路面呈均匀黝黑覆盖层,并在24h内稳固。1个月后渗透深度达到1.5cm以上,使原沥青路面恢复柔韧性和弹性,并可抵抗外来物质的侵蚀,保持原有的凝聚性、黏聚性和稳定性。施工后6~20h可开放交通,一般取8h。

国外实践证明,涂刷类养护技术涂刷后的路面抗滑性能不变,有鉴于此,该技术在我国未来有广阔的应用前景。目前国内由于涂刷剂研发滞后等原因,目前应用很少是,这有待今后补上这项短板。

第六节 高寒地区沥青路面预防性养护技术

高寒地区高等级公路路面预防性养护技术的核心技术是适合于高寒地区的乳化沥青的研发。近年来,各地(特别是地处高寒地区的省份)在中东部相关预养护技术工艺研究的基础上,结合西部高寒地区气候特点,通过室内试验及试验路的观测,提出了适合高寒地区的SBS

乳化沥青微表处预养护技术和 UTA-10 超薄冷拌改性乳化沥青混凝土预养护技术,对包括原材料的选择、配合比设计方法、施工工艺等在内的相关工艺进行了适合高寒地区的改进。将自制的 SBS 乳化沥青成功应用于试验路的修筑中,检测结果表明,该自制乳化沥青在高寒地区路面预养护中具有良好的适应性。通过室内试验及试验路的观测,形成了玄武岩纤维碎石封层的原材料选择、配合比设计方法及施工工艺等较为完善的技术成果,并分析了其在高寒地区使用的可行性。通过改善黏结剂性能,充分挖掘冷拌冷铺技术的应用潜力,具有较高的性能价格比,降低了工程造价,提高了投资效益。随着公路建设事业的高速发展,路面性能进一步提升,不仅可以减缓早期病害的出现,而且可延长路面的使用寿命和降低养护费用。

一、高寒地区高等级公路预防性养护特征与时机

(一)高寒地区常用预防性养护措施的技术特征

目前,国内外预防性养护技术主要有灌缝或封缝、微表处、沥青混凝土薄层罩面、碎石封层、就地热再生、雾封层与还原剂封层等技术。常用预防性养护措施的技术特征见表 5-22。

常用预防性养护措施的技术特征 表 5-22

序号	预防性养护措施	适用的路面状况	序号	预防性养护措施	适用的路面状况
1	灌缝或封缝	各种程度的非结构性裂缝	4	碎石封层	轻微裂缝,中轻度老化、松散、磨耗,中轻度泛油,抗滑不足
2	单层微表处	轻微裂缝、轻微老化、松散、抗滑不足,不小于 15mm 车辙	5	表面整形热再生	轻微裂缝、轻微老化、松散、小于 15mm 车辙,路面渗水,抗滑不足
3	薄层罩面	轻微裂缝,轻微松散,小于 15mm 车辙,路面渗水、抗滑不足	6	雾封层	细小裂缝,轻微老化

对高寒地区的沥青路面进行调查,具体调查内容分为 4 大类共计 21 个子项。其中裂缝类包括:不同程度的龟裂、块状裂缝、纵向裂缝、横向裂缝;松散类包括:坑槽、松散;变形类包括:沉陷、车辙、波浪拥包;另外还有泛油、修补等轻微病害。

结合高寒地区的高等级公路病害状况及调研结果,分析常用预防性养护措施的技术特征,得出的结论是微表处、薄层罩面和碎石封层作为中东部地区比较成熟的预养护技术,能否用于高寒地区,核心是提升乳化沥青质量,找到适合于高寒地区的乳化沥青,就可以大幅度提高高寒地区的高等级公路预养护水平。

(二)高寒地区高等级公路预养护时机

尽管西部高寒地区交通量小于东部地区,但低温裂缝占主导的裂缝仍比东部出现的时间早、发展快,导致路面行驶质量和抗滑能力还未大幅下降时裂缝就已经到了必须治理的地步,这是高寒地区裂缝病害的一个特点。

基于 PCI 数据预测的高寒地区高等级公路沥青路面预养护时机判断方法,认为适合于高寒地区高等级路面预养护应采用高性能 SBS 改性乳化沥青。通常有三种预养护技术常用于西部高寒地区。

考虑到西部高寒地区养护经费有限,每年系统的 PQI 检测数据不一定很完善,因此建议在

进行预养护时机决策时,主要考虑路面状况指数 PCI,尤其是裂缝病害,其他指数可暂不考虑。

根据大量研究,基于 PCI 的路况指数法的高寒地区高等级公路沥青路面预养护时机判断方法,即高等级公路路段的 PCI 和病害的分布情况,采取的养护措施见表 5-23。

高等级公路路段的 PCI 对应的养护措施 表 5-23

PCI 值	病害描述	预养护对策
大于 90	仅有少量一级裂缝病害	不做处理
	有一定数量的二、三级裂缝	日常养护的灌封裂缝
85~90	以二、三级裂缝为主,伴有轻微(1cm 以下)变形类或少量网裂松散病害	高速公路和一级公路用微表处,二级公路用碎石封层
	以二、三级裂缝为主,有较多超过 1cm 的变形病害	铣刨 1cm 后微表处或碎石封层
80~85	病害数量和程度都有所发展,单条裂缝出现四级裂缝,网裂甚至轻微龟裂出现,并伴有一定数量的变形类病害	直接铣刨 2.5cm 后薄层罩面
小于 80	很难用预养护来处治,建议直接采取中修措施	中修

二、高寒地区预防性养护方针(建议)

(一)科学选用路况评定关键指标

高寒区应以 PCI 作为预防性养护时机决策依据。通过对高寒地区的高等级公路路面病害的大量调查,发现公路病害以裂缝为主,低温开裂的横向裂缝约占到 60%,纵缝约为 30%,网裂约 10%。因此,尽管西部高寒地区交通量小于东部地区,低温裂缝占主导的裂缝仍比东部出现时间早、发展快,导致路面行驶质量和抗滑能力还未大幅下降时裂缝就已经到了必须治理的地步,这是高寒地区裂缝病害的一个特点。考虑到西部高寒地区养护经费有限,每年系统的 PQI 检测数据不完善,因此建议在进行预养护时机决策时,主要考虑路面状况指数 PCI,尤其是裂缝病害,其他指数可暂不考虑。

(二)合理选定适宜的高性能材料

首先,高寒区应采用基于高性能 SBS 改性乳化沥青预防性养护技术。通过对现有常用 5 种预养护技术的基本特性和应用情况分析后,结合高寒地区特色和病害特点,建议在高寒地区高等级公路路面预养护中主要采用微表处、碎石封层和薄层罩面技术,但是需要提升性能,找到合适工艺。而这些技术能够用于高寒地区的关键问题是研发出高品质适合于高寒地区的乳化沥青。

试验表明,SBS 改性乳化沥青比 SBR 改性乳化沥青有更好的抗紫外线老化能力,除低温性能外,其他性能都优于后者,低温性能也接近后者,更适应西部高寒地区气候地域特色,因此,尽管目前 SBS 改性乳化沥青存在生产条件落后以及高含量 SBS 带来的稳定性不足等问题,在高寒地区推广基于乳化沥青的预养护技术,建议尝试采用 SBS 改性乳化沥青。

其次,高寒区可用纳米 SiO_2 与 SBS 复合改性乳化沥青来大幅提高稳定性。纳米 SiO_2 可以较为均匀地分散在复合改性体系中,在其中充当物理交联点,并通过化学作用与 SBS 形成网状结构,对纳米 SiO_2/SBS 复合改性对乳化沥青的稳定性有显著的改善作用,可以较好地解决 SBS 改性乳化沥青稳定性不足的问题,同时无机纳米 SiO_2 对有机 SBS 改性沥青粒子的裹覆,增强了其耐老化性能。

(三)根据当地气候特点调整《规范》指标

现行路面施工规范中的指标在高寒区应用时酌情根据气候特点调整使用。高寒地区 SBS 乳化沥青除了必须满足《公路沥青路面施工技术规范》(JTG F40—2004)(以下简称《规范》)表4.7.1-2对 SBR 型改性乳化沥青的技术要求外,5℃延度要求满足《规范》表4.6.2中 SBS 改性沥青在寒区的要求,即大于40,而不是《规范》表4.7.1-2中的20;增加蒸发残留物的 RTFOT 老化指标,标准采用表4.6.2中 SBS 改性沥青在寒区的要求,即大于25;增加蒸发残留物的抗紫外线老化指标,建议同样采用表4.6.2中 SBS 改性沥青在寒区的要求,即大于25。

高寒地区与普通寒区的区别主要是平均气温低,基本不用考虑车辙的影响,因此级配可以适当偏细,0.075mm 筛孔通过率建议大于8%,这样也能增强和易性和密实性,更好地防止水分进入原路面,造成冻融破坏。沥青用量建议在室内配合比的基础上增加0.5%,利于抗低温开裂和剥落;水泥用量不宜超过1%,以0.5%为宜,否则影响低温抗裂性;比非高寒地区配合比增加将近1倍用水量,增大可拌和时间,便于增加气温较低时的和易性。

(四)采用更加适合高寒区低温强度和变形的指标

西部高寒区可用冻融劈裂和低温劈裂替代(车辙和弯曲试验)。对薄层罩面混合料来说,SBS 乳化沥青和 SBR 乳化沥青超薄混合料均表现了良好的路用性能,尤其是低温性能,适用于高寒地区。并且考虑到西部高寒地区特色,建议将冻融劈裂和低温劈裂作为验证指标,取代传统热拌沥青混合料的车辙和低温弯曲试验验证。

西部高寒区的玄武岩纤维封层应以抗剪和低温抗裂指标进行配合比设计。对比玄武岩纤维碎石封层试验结果发现,各个试验取得最优值时对应的乳化沥青用量和纤维用量有所差别,乳化沥青用量对抗剪和低温抗裂影响较大,存在极值,对板冲击试验、扫刷试验和拉拔试验而言,这个用量对应的即使不是最佳值,与相应试验最佳值也相差不大,同样适用于玄武岩纤维用量的确定。我国西部高寒地区玄武岩纤维封层配合比设计,应以抗剪能力和低温抗裂能力指标来控制。

三、高寒地区预防性养护高性能材料

(一)SBR 和 SBS 改性乳化沥青的性能

众所周知,两种常用的改性乳化沥青是 SBR 和 SBS。SBR 的特点是加工简便、低温抗裂性能优异、施工技术成熟,但路面使用寿命较短,一般为2~3年,易出现大面积松散甚至整层剥离;而 SBS 作为热弹塑性体,黏附性、高温性、低温性等综合性能更加优越,但 SBS 含量超过3%后,黏度大幅提高,很难直接乳化。

为了探求 SBR 和 SBS 改性乳化沥青在高寒地区的适应性,由试验室模拟高寒地区气候环境,对上述两种材料的性能进行检测对比分析,试验用 SBR、SBS 改性乳化沥青的三大指标如表5-24所示。

试验用 SBR、SBS 改性沥青的三大指标　　　　　表 5-24

改性剂类型	25℃针入度(0.1mm)	软化点(℃)	5℃延度(cm)
SBS	64	61	34
SBR	76	53	>100

SBS 和 SBR 两种改性乳化沥青的抗老化能力对照见表 5-25。

SBR、SBS 改性沥青抗紫外线老化能力比较　　　　　表 5-25

改性剂类型	老化时间(d)	25℃针入度(0.1mm)	软化点(℃)	改性剂类型	老化时间(d)	25℃针入度(0.1mm)	软化点(℃)
SBS	1	56	67	SBR	1	64	57
SBS	5	54	67	SBR	5	62	56
SBS	10	48	66	SBR	10	58	56

通过试验室模拟高寒地区气候环境,对两种材料的性能作进一步对比分析得出两个结论:一是,SBR 改性沥青的延度指标在经历了 1d 的室内紫外线照射后,其 5℃延度由紫外线照射前的 100cm 骤减到了 7.8cm,并随着紫外线照射时间的延长呈现出不断减小的趋势;而 SBS 改性沥青的 5℃延度在紫外线照射前后变化幅度远小于 SBR 改性沥青。二是,尽管 SBS 改性沥青原样的低温延度要比 SBR 改性沥青原样小,但在接受紫外线照射后,其延度下降的幅度要远小于 SBR 改性沥青,导致其紫外线照射后的 5℃延度值均比 SBR 改性沥青大,说明经历相同条件的紫外线照射后,SBS 改性沥青的低温延展性能要优于 SBR 改性沥青,亦即 SBS 改性沥青的抗紫外线老化能力要优于 SBR 改性沥青。

由此可知,在高海拔、紫外线强度大的地区,紫外线对 SBR 改性沥青的影响作用明显,在高寒地区选择路面沥青材料时,可从兼顾低温开裂和紫外线老化开裂这两种路面损坏现象的角度出发,尝试采用 SBS 改性乳化沥青。

(二)SBS 改性沥青乳化与乳化沥青性能

1. 乳化剂配合比用量确定

用于高寒地区 SBS 改性沥青乳化的原材料有沥青(如试验验证,可制备三种 SBS 改性沥青)、乳化剂(Peral417 和 Peral600)、稳定剂(有机稳定剂 pc1698 和无机稳定剂甲基素复配)、pH 调节剂(35% 浓盐酸)。

复配乳化剂的配合比及工艺条件见表 5-26,该表是在厂家提供的乳化配合比的基础上,通过试验确定的。其方法是,取基本乳化剂 Peral417 量为其最大值 1.8% 不变,改变复配乳化剂用量 Peral600,油水比、皂液温度、沥青、乳化时间等保持不变,在没有其他辅助剂干扰的前提下,考察不同乳化剂配合比对 5% 和 7% SBS 含量改性沥青的乳化效果。

复配乳化剂配合比及工艺条件　　　　　表 5-26

工艺条件	3%SBS	5%SBS			7%SBS			
	0 号	1 号	2 号	3 号	4 号	5 号	6 号	7 号
改性沥青(%)	60	60	60	60	60	60	60	60
水(%)	38	38	38	36	38	38	38	38

续上表

工艺条件	3% SBS	5% SBS			7% SBS			
	0号	1号	2号	3号	4号	5号	6号	7号
Peral417(%)	1.8	1.8	1.8	1.8	1.8	1.8	1.8	2.0
Peral600(%)	1.0	0.8	1.0	1.2	1.0	0.8	1.0	1.0
皂液温度(℃)	60~65	60~65	60~65	60~65	60~65	60~65	60~65	60~65
改性沥青温度(℃)	160~165	160~165	160~165	160~165	160~165	160~165	160~165	160~165

2. 复合乳化剂配合比对乳化效果的影响

复合乳化剂配合比对乳化效果的影响见表5-27,从表中可以看出,使用的几种乳化剂复配体系不能满足7% SBS含量的改性沥青乳化要求,尽管Peral600的加入可大幅度提高乳化体系的乳化能力。7% SBS含量的改性沥青黏度过高、难乳化;对5% SBS改性沥青基本都可以乳化,但稳定性不是很好,说明5%含量是SBS改性沥青乳化的极限。

复合乳化剂配比对乳化效果的影响 表5-27

乳剂编号	工艺条件							蒸发残留物性质		
	颗粒电荷	恩氏黏度	筛上剩余量	与水泥混合性	储存稳定性(1d,%)	低温储存稳定性(1d,%)	乳化效果	含量‰	软化点(℃)	5℃延度(cm)
0	+	8	0.02	良好	4.4	合格	良好	—	—	—
1	—	不能乳化								
2	+	12	4.0	一般	12.7	不合格	乳化有结皮	49.3	78.2	—
3	+	11	3.8	一般	11.5	不合格		52.4	79.7	—
4	+	11	0.09	一般	7.8	有块状物	可乳化	62.7	70.1	29
5	+	11	0.05	良好	4.9	合格		64.1	71	30
6	+	12	0.08	较好	5.1	有粗颗粒		62.3	69.5	30

当Peral600用量为总乳化剂用量的1.0%时,就可以很好地将SBS改性沥青乳化,且其他性能指标也能满足要求;继续增加Peral600的用量时,乳化效果反倒变差,说明多种乳化剂复配时,存在一个最佳比例。从表3-25、表3-26中还可以看出,在乳化剂用量为1.8%时,5% SBS含量的改性沥青乳化效果仅勉强合格;再增加乳化剂用量,效果不明显,而且从经济效益考虑,乳化剂用量最佳值为1.8%。

(三) SBS胶乳改性乳化沥青制备与性能

制备SBS胶乳改性乳化沥青的原料有基质沥青、Peral417和Peral600乳化剂、有机稳定剂pc1698和无机稳定剂甲基素复配稳定剂、35%浓盐酸(pH调节剂)以及SBS。

由于直接对SBS改性沥青乳化难度较大,即使乳化,其低温性能难以满足高寒地区需求,为了进一步比较SBS改性乳化沥青制备方法,采用SBS胶乳与SK90号基质沥青来制备SBS改性乳化沥青,试验中胶乳加入量分别为2%~10%,SBS胶乳性能指标如表5-28所示,SBS改性乳化沥青性能指标如表5-29所示。

SBS 胶乳性能指标 表 5-28

性质	粒径(mm)	密度(20℃,g/cm³)	固含量(%)	凝固物(%)	黏度(MPa·s)	离子电荷	pH
SBS 胶乳	1.97	0.9901	40.5	0.009	41	+	2.72

SBS 改性乳化沥青性能指标 表 5-29

试验项目		改性乳化沥青编号与乳胶掺入比例					
		JTG 标准	1 号(2%)	2 号(4%)	3 号(6%)	4 号(8%)	5 号(10%)
离子电荷		+	+	+	+	+	+
筛上剩余量(%)		≤0.1	0.02	0.01	0.01	0.02	0.5
恩格拉黏度(25℃)		3~30	9.4	8.3	7.2	5.2	11
储存稳定性(1d,%)		≤1	0.55	0.79	0.93	1.2	1.5
蒸发残留物	固含量(%)	≥60	≥60	61.1	61.8	63.2	63.2
	软化点(℃)	≥53	≥53	53.1	54.4	61.9	62.1
	溶解度(%)	≥97.1	≥97.1	98.4	98.3	98.9	99.1
	延度(5℃,cm)	≥20(40)	15.5	24.2	45.7	50.1	

可以看出,用胶乳进行改性,生成的乳化沥青总体质量较好。蒸发残留物软化点表现不如对 SBS 改性沥青直接乳化的方式,这也是市场上对 SBS 胶乳改性不认可的原因。但是胶乳改性的乳化沥青蒸发残留物延度表现良好,6% SBS 胶乳即可基本上使乳化沥青达到规范对高寒地区的要求,8% SBS 胶乳则完全没有问题。只是胶乳改性的方式随着 SBS 胶乳量的增加出现稳定性变差的问题,而胶乳含量低时的延度表现也不能令人满意。

考虑到西部高寒地区乳化沥青生产条件的限制以及高含量 SBS 带来的稳定性不足等问题,认为采用 SBS 胶乳是较好的选择。但是 6% SBS 胶乳掺量的乳化沥青性能稍差,8% SBS 胶乳掺量的乳化沥青稳定性较差。可用 SBR 胶乳等复配,改善 6% SBS 胶乳乳化沥青的低温性能,或者是增加 8% SBS 胶乳乳化沥青的稳定性,比如用纳米 SiO_2 这样的特殊稳定剂。

(四)SBS 与纳米 SiO_2 复合改性乳化沥青

纳米 SiO_2 改性机理是:纳米 SiO_2 粒子独特的表面效应、小尺寸效应和宏观量子隧道效应等,使其具有较强的紫外光吸收和红外光反射特性,与聚合物复合改性可以使沥青具有良好的抗紫外光老化和热老化性能;纳米颗粒丰富的表面特性使各相间具有很强的相互作用,可使沥青获得较为理想的黏结性能。

通过仪器对改性前后纳米 SiO_2 在乙醇中微观结构表征形貌对比可以看出:改性后的纳米 SiO_2 在有机介质中分散性有一定的改善,由一个个颗粒联结成的网络结构变为由聚合物分子间作用力联结的松散团聚体。随着偶联剂用量的增大,纳米 SiO_2 表面被偶联剂接枝包覆完全后,未参加反应的多余的偶联剂就会物理吸附在颗粒表面,偶联剂用量越大,被颗粒表面吸附的越多,更多的颗粒就会被偶联剂粘在一起。改性前后纳米 SiO_2 在乙醇中形貌的 SEM 微观结构照片如图 5-42 所示。

偶联剂改性前后纳米 SiO_2 的红外光谱如图 5-43 所示,不同基团震动的红外光谱波数如表 5-30 所示。

第五章 道路预防性养护技术

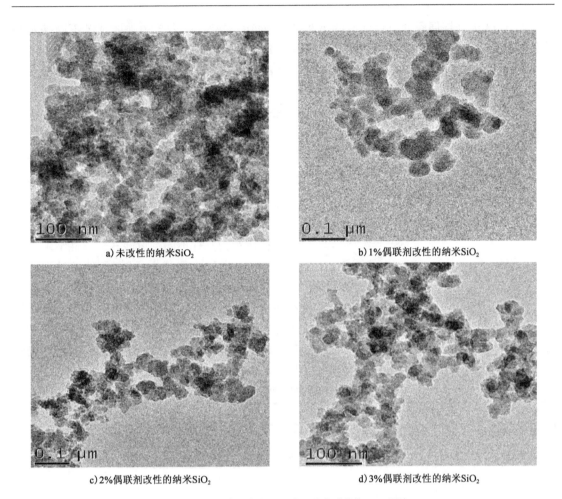

a) 未改性的纳米SiO_2
b) 1%偶联剂改性的纳米SiO_2
c) 2%偶联剂改性的纳米SiO_2
d) 3%偶联剂改性的纳米SiO_2

图 5-42　改性前后纳米 SiO_2 在乙醇中形貌的 SEM 照片

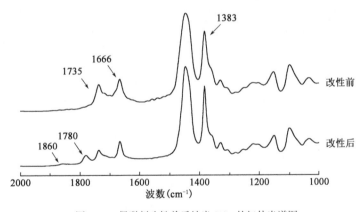

图 5-43　偶联剂改性前后纳米 SiO_2 的红外光谱图

不同基团震动的红外光谱波数　　　　　　　　　　　　表 5-30

波数(cm^{-1})	3500~3300	2900	1750~1700	1690~1590	1400~1000	820~800	790	460	940
基团	NH	CH_3,CH_2	C=O	NH	Si-O	O-Si-O	Si-C	Si-O-Si	Si-O

图 5-43 为硅烷偶联剂改性前后的纳米 SiO_2 的红外光谱图,表 5-30 中体现了不同基团的红外吸收光谱的波数。可以看出,加入硅烷偶联剂后 SiO_2 的物理吸附水量增加和 Si—O 基团($1383cm^{-1}$ 左右)的吸收峰减弱,原偶联剂中 NH 基团的吸收峰减弱($1666cm^{-1}$ 左右);但二氧化硅的特征吸收峰($1860cm^{-1}$、$1780cm^{-1}$)没有明显变化。说明硅烷偶联剂的加入并未改变纳米 SiO_2 的物质组成和晶体结构,只是其表面的部分羟基与硅烷偶联剂发生作用而致使有机成分增多。

1. 热重分析

通过对三种不同剂量偶联剂改性纳米 SiO_2 的热失重进行热重分析,如图 5-44 所示为三种不同剂量偶联剂改性纳米 SiO_2 的 TG 曲线;如表 5-31 所示为三种不同剂量偶联剂改性纳米 SiO_2 的热失重。通过热重分析,可知几种经过不同含量硅烷偶联剂改性的纳米 SiO_2 热失重基本都分在两个温区内发生。前一个温区内的失重可以认为是水、有机溶剂及表面物理吸附的偶联剂挥发,后一个温区内的失重则是分子内部的脱水和表面接枝偶联剂的分解与碳化。

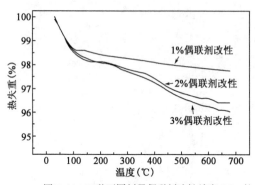

图 5-44 三种不同剂量偶联剂改性纳米 SiO_2 的 TG 曲线

三种不同剂量偶联剂改性纳米 SiO_2 的热失重　　表 5-31

样品	1%偶联剂改性		2%偶联剂改性		3%偶联剂改性	
温区	30~113℃	145~680℃	30~171℃	217~680℃	30~220℃	225~680℃
失重	1.39%	0.85%	1.91%	1.71%	1.92%	1.96%

2. 紫外可见分析

如图 5-45 所示为改性前后纳米 SiO_2 的紫外—可见吸收光谱。通过紫外可见分析可以看到,纳米 SiO_2 水溶液在 220 nm 处对紫外线有一吸收峰;几种硅烷偶联剂改性的纳米 SiO_2 的水溶液在 220 nm 处对紫外线同样有一个吸收峰且强度几乎相同(紫外吸收图谱曲线也非常近似,仅列出 1%偶联剂改性纳米 SiO_2 的图谱);在可见光部分,几种纳米液的最大透过率都接近 100%。由此可知,偶联剂表面改性前后纳米 SiO_2 在整个紫外—可见光区域的吸收光谱变化不大。

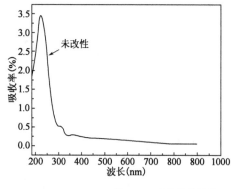 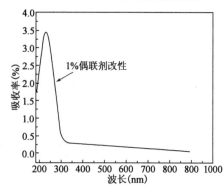

图 5-45 改性前后纳米 SiO_2 的紫外—可见吸收光谱

通过以上几种试验分析,可得出三个结论:其一,SEM 的结果表明,经过偶联剂表面改性的纳米 SiO_2 在有机介质中分散性得到改善。在偶联剂用量为其质量的1%时,分散效果最好;其二,用硅烷偶联剂对纳米 SiO_2 进行表面改性是有效的、可行的。红外吸收光谱和热重分析的测定结果表明偶联剂已经与纳米 SiO_2 表面的羟基发生了化学反应,并接枝在其表面。其三,纳米材料具备了吸收紫外线保护 SBS 的功能。

3. 纳米 SiO_2 与 SBS 复合改性乳化沥青的制备

纳米 SiO_2 与 SBS 复合改性乳化沥青制备的主要材料中的原材料除与前述所用一致外,还增加了用硅烷偶联剂表面处理的纳米 SiO_2。根据改性乳化沥青情况,综合高寒地区乳化沥青技术要求,选择8%SBS 胶乳来改性乳化沥青。

由于高寒地区紫外线照射强烈,更容易使得沥青老化。采用 RTFOT 试验模拟自然环境下沥青的老化过程和前面所述的紫外线老化方法,紫外线老化时间为5d,选取一组复合改性乳化沥青的蒸发残留物样品进行测定。以老化前后的25℃针入度、5℃的延度值作为沥青耐老化性能的评价指标,评价纳米 SiO_2 对抗紫外线老化的作用。试验结果如表 5-32 所示,表中结果表明,随着纳米 SiO_2 的加入,改性乳化沥青的储存稳定性大大改善,并且量越大,稳定性越好,验证了纳米 SiO_2 经偶联剂改性后能形成坚固的胶束,通过胶束与 SBS 乳粒及沥青粒子缔合形成网状结构,并且相互连接缠绕,使体系黏度增加,减小沥青微粒的沉降速度,改善沥青乳液稳定性。并且它的负电荷能够增强乳液颗粒周围的双电层效应,增大电位,增加颗粒之间的相互排斥力,减缓颗粒之间的凝聚速度。

改性剂含量对稳定性的影响　　　　　表 5-32

SiO_2 剂量(‰)	0	0.5	1.0	1.5	2.0	技术要求
1d 稳定性(%)	1.1	0.9	0.85	0.7	0.7	<1.0
5d 稳定性(%)	9.3	6.0	5.0	4.6	4.2	<5.0

表 5-33 是改性剂含量对蒸发残留物延度(8%,SBS 胶乳,5℃)的影响。由表可以看出:在所研究的配比范围内,使用纳米 SiO_2 改性沥青时,随纳米 SiO_2 含量的增加,残留物的延度呈减小趋势,但并不显著。主要原因应该是纳米 SiO_2 属于无机颗粒类材料,会对延度有一点影响所致。其影响很微小,可以接受。

改性剂含量对蒸发残留物延度的影响(8%,SBS 胶乳,5℃)　　表 5-33

改性剂含量	0‰SiO_2	0.5‰SiO_2	1.0‰SiO_2	1.5‰SiO_2	2‰SiO_2
蒸发残留物延度(cm)	45.7	44.9	44.6	44.1	43.7

复合改性乳化沥青的蒸发残留物试验结果(5℃)如表 5-34 所示。

复合改性乳化沥青的蒸发残留物试验结果　　表 5-34

指　　标	技术要求	8%SBS 胶乳	8%SBS 胶乳 + 1.0‰SiO_2
针入度(25℃,100g,5s)(0.1mm)	93.1	73.3	71.0
延度5℃(5cm/min)	>40	45.7	44.6
旋转薄膜烘箱老化后残留物			
针入度比(%)	>55	81.4	84.5
延度(5℃)	>25	34.3	36.2

续上表

指　　标	技术要求	8%SBS胶乳	8%SBS胶乳+1.0‰SiO$_2$
紫外线老化后残留物			
针入度比(%)	>55	64.5	68.2
延度(5℃)	>25	22.1	27.2

从复合改性乳化沥青的蒸发残留物试验结果可以得出两个结论：首先，经过 RTFOT 试验，所有样品的针入度下降，低温延度降低，其下降的幅度都按照 8%SBS 胶乳>1.0‰SiO$_2$+8% SBS 胶乳>2‰SiO$_2$+8%SBS 胶乳的顺序排列。这说明纳米 SiO$_2$ 虽然影响沥青的延度，但是能够提高 SBS 改性沥青的耐老化能力。

其次，紫外线老化试验表明，纳米 SiO$_2$ 能够提高 SBS 改性沥青的耐紫外线老化能力，其对延度本身的影响可以忽略。

下面我们来分析一下复合改性的机理。图 5-46a) 为 6% SBS 胶乳改性乳化沥青蒸发残留物的 SEM 照片，图中深色部分为存在于沥青中的分散相 SBS。图 5-46b) 是 2‰纳米 SiO$_2$+6% SBS 复合改性乳化沥青蒸发残留物的 SEM 照片，可以很明显地看出，SBS 在粒径更小的纳米 SiO$_2$ 作用下发生团聚，增强了稳定性。

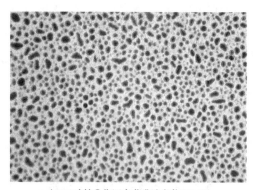 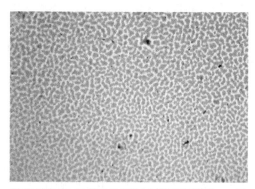

a) SBS改性乳化沥青蒸发残留物SEM照　　b) 2‰纳米SiO$_2$SBS复合改性乳化沥青蒸发残留物SEM照

图 5-46　改性乳化沥青蒸发残留物的 SEM 照片

图 5-46 说明复合改性机理是基于三个方面：其一，SBS 粒子吸附沥青中结构相似的组分产生溶胀，同时其表面卷曲的高分子链部分或全部扩散到沥青中，被沥青中起到溶剂作用的组分所饱和，形成一种界面层，使 SBS 粒子稳定地分布在沥青中。韧性较好的 SBS 通过上述机理使体系在所研究的配合比范围体现出随 SBS 含量增加而延度增大，针入度减小的规律；再者，加入 SBS 使体系内大分子的数量增加，致使沥青软化点升高。其二，经自制的偶联剂处理后的纳米 SiO$_2$ 表面包覆有机层，可较好地与 SBS 和沥青相容。纳米 SiO$_2$ 粒子与 SBS 和沥青分子之间既有物理作用，也有化学作用。物理作用是指因为纳米粒子尺寸与大分子链的尺寸属同一数量级，粒子与大分子链之间呈分子水平分散，它们之间存在的范德华力可以改变高分子物质之间的作用力。化学作用是由于当粒子尺寸在 1~100nm 时，不但粒子表面原子数增多，而且通过量子隧道效应等在粒子表面形成活性很大的活性点（即粒子表面有的原子处于

不饱和状态而有孤对电子存在),经分散后,纳米效应使其渗透到有机物的不饱和键附近,通过表面的活性点与 SBS 和沥青中的部分组分产生的化学键合作用,结合为网状结构。由于纳米 SiO_2 粒子与有机物质界面同时存在物理作用和化学作用,使界面结合良好,且纳米粒子的比表面积大,其与 SBS 和沥青的相界面面积也非常大,这是复合改性体系具有良好稳定性的机理所在。其三,纳米 SiO_2 具有很好的吸附包裹能力,可以将 SBS 紧密的吸附在颗粒表面,并且沥青中的油分可以进入纳米颗粒表面的微孔内,形成一种机械锁结力的作用,这是复合改性后使 SBS 改性沥青耐老化能力提高的重要原因,从而可延长 SBS 改性沥青的使用寿命。

综上所述,SBS 比 SBR 能更好地适应西部高寒地区气候地域特色,尽管目前 SBS 改性乳化沥青存在生产条件落后以及高含量 SBS 带来的稳定性不足等问题,但想在高寒地区推广基于乳化沥青的预养护技术,SBS 改性乳化沥青仍是较好的选择。

纳米 SiO_2 可以较为均匀地分散在复合改性体系中,在其中充当物理交联点,并通过化学作用与 SBS 形成网状结构,因此纳米 SiO_2/SBS 复合改性对乳化沥青的稳定性有显著的改善作用,仅掺少量纳米 SiO_2 使两组分复合,稳定性大大提高,尤其是纳米 SiO_2 的加入能够明显提高复合改性乳化沥青的耐老化能力。

四、高寒地区 SBS 改性乳化沥青微表处技术

(一) 微表处混合料配合比设计

SBS 乳化沥青改性的要求,除了必须满足《公路沥青路面施工技术规范》(JTG F40—2004)技术要求以外,还需针对高寒地区满足如下三方面的要求:首先,蒸发残留物 5℃ 延度要求满足规范中 SBS 改性沥青在高寒区的要求,即大于 40;其二,增加蒸发残留物的 RTFOT 老化指标,标准采用的 SBS 改性沥青在高寒区的要求,即大于 25;其三,增加蒸发残留物的抗紫外线老化指标,建议宜大于 25。

微表处一般采用连续级配。考虑到微表处在高等级公路表面使用,需具备更高抗滑能力,因此采用 ISSA 推荐的 Ⅲ 混合料。矿料的合成级配组成接近中值,所用矿料的砂当量一般为 73.17%,大于规范要求的最小值 65%。

1. 乳化沥青用量范围确定

可分别通过湿轮磨耗试验和负荷轮黏砂试验来初步确定每种乳化沥青用量的范围。为控制混合料的最小沥青用量,并评价稀浆罩面层的耐磨性以及沥青与集料的裹覆性,首先要进行浸水 1h 的湿轮磨耗试验。磨耗值越大,则混合料耐磨耗能力越差,水稳定性越差;相反,磨耗值越小,则耐磨耗能力越好,水稳定性越好。

通过湿轮磨耗试验,得出微表处混合料的最佳乳化沥青用量范围曲线,如图 5-47 所示。

从图 5-47 中可以看出,使用 SBR 乳化沥青、壳牌 SBS 乳化沥青和自制 SBS 乳化沥青的微表处试件的乳化沥青用量范围分别为 8.5%~11.0%、8.5%~12.5% 和 8.5%~13.0%。

如图 5-48 所示是乳化沥青用量对黏聚力的影响试验,通过黏聚力试验发现,30min 和 60min 的黏聚力值随着乳化沥青用量的增加而增大。

试验结果表明,使用自制 SBS 乳化沥青用量为 13.0% 试件的固化成型速度和开放交通时间的效果最好,而在 30min 的黏聚力之中,发现使用 SBR 乳化沥青与壳牌 SBS 乳化沥青的微

表处试件在乳化沥青用量小于10%时不能满足规定。通过试验发现,油石比越大,微表处试验性能越好,但对于施工中遵循的经济、安全、实用的原则进行路面设计,在满足规定的要求下,建议油石比尽可能的小,从而降低使用成本。

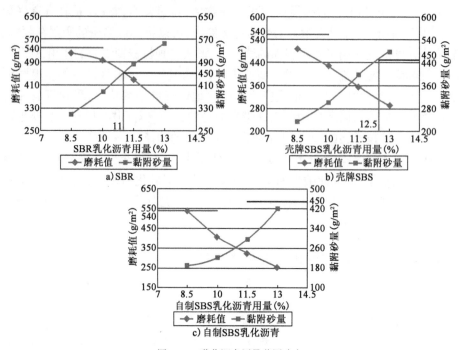

图5-47 乳化沥青用量范围确定

综合以上因素并通过试验,可初步确定SBR乳化沥青、壳牌SBS乳化沥青和自制SBS乳化沥青的最佳乳化沥青用量分别为10%~11.5%。

2. 低温抗裂性能对比

如图5-48所示为不同配合比的乳化沥青,它们各自的不同用量对低温抗裂性能的影响,并对这三种乳化沥青最大劈裂强度进行了对比。

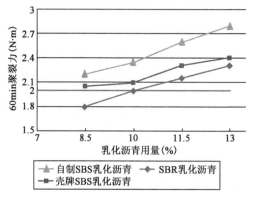

图5-48 乳化沥青用量对黏聚力试验的影响

由图5-49可知,使用不同种类乳化沥青低温最大劈裂强度相差无几,大都在1.82MPa左右,所对应的乳化沥青用量都为11.5%,两种SBS乳化沥青的微表处最佳乳化沥青用量则都是11.5%。然而现行规范要求的SBR乳化沥青微表处的乳化沥青用量要小于11%,说明按照现行规范设计的SBR乳化沥青用量的微表处并不具备最佳抗低温开裂能力,因此在高寒地区调整负荷轮黏砂值从450g/m² 增加到500g/m²,这样适当增大沥青用量对低温抗裂有益,从而使最佳低温抗裂能力对应的乳化沥青用量纳入最佳沥青用量范围。此时,SBR乳化沥青微表处的最佳乳化沥青用量则为11.5%。

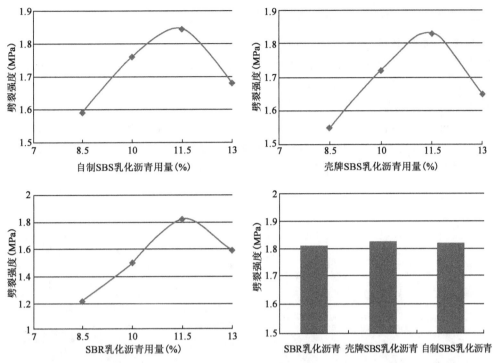

图 5-49 低温抗裂性能对比图

3. 水稳定性能对比

湿轮磨耗试验除了能用来控制微表处的最小乳化沥青用量之外,还能表征微表处的抗水损害性能。如图 5-50 所示是三种乳化沥青最佳油石比磨耗值对比图。

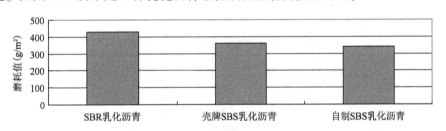

图 5-50 不同乳化沥青在最佳油石比时磨耗值对比图

由图 5-50 可以看出,在最佳乳化沥青用量情况下,使用 SBR 乳化沥青的微表处试件的磨耗值大于使用其余两种乳化沥青的微表处试件的磨耗值,也就是说,使用 SBR 乳化沥青的微表处的抗磨性和水稳性不如 SBS 乳化沥青微表处,而且采用纳米 SiO_2 后,无机颗粒的存在进一步增强了耐磨性和水稳性。

综上所述,微表处沥青混合料的配合比设计是通过室内试验,在混合料级配确定的基础上,确定了 SBR 乳化沥青、壳牌 SBS 乳化沥青和自制 SBS 乳化沥青三种结合料相应的混合料最佳配合比,试验结果表明在高寒地区确定微表处乳化沥青的用量,需考虑低温抗裂性,并调高负荷轮黏砂值的标准值,以增加沥青用量,较高的沥青用量对低温抗裂和水稳性均有帮助;对于同样的沥青用量,三种类型微表处抗低温开裂能力差别不大,但耐磨性差别较大,综合性能以自制 SBS 乳化沥青微表处最优。

(二)高寒地区 SBS 乳化沥青微表处施工

1. 试验路原路状况

室内试验所确定的改性乳化沥青是否好用,还得靠试验段来进行实际施工验证。在此选择两段微表处试验段来进行预养护试验。

如图 5-51 所示为某路段微表处前的路面状况。可以看到网裂、车辙、纵横向裂缝、松散等病害十分严重,且横向裂缝均匀分布,间距多为 3~5m。而重载车辆、温缩应力与雨雪水的下渗会进一步加速路面的破坏,此外,各类纵横缝较多,表观灌缝较多,雨季渗水会使路面产生拥包、松散等较大病害,修补坑槽,补丁也很多,严重影响了路面的美观。

 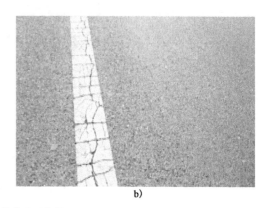

图 5-51 微表处前路面状况

2. 试验路混合料配合比

为了对比 SBS 与 SBR 之性能,一些科研部门除了在 SBS 试验基础上又做了 SBR 相关试验,其结果见表 5-35。

SBR 乳化沥青微表处试件试验室检测结果 表 5-35

测 试 项 目	ISSA TB A143 要求	试 验 结 果
拌和时间(25℃,s)	≥120	180
黏聚力试验(N·m)(30min)	≥1.2	1.3
黏聚力试验(N·m)(60min)	≥2.0	2.0
湿轮磨耗损失(g/m²)(浸水 1h)	≤540	505

通过室内方法最终确定配比是集料:水:水泥:SBS 改性乳化沥青 = 100:7:0.5:10.5,集料:水:水泥:SBR 改性乳化沥青 = 100:11:0.5:10.5。

3. 试验路施工

在完成试验路原路面的病害修补和清扫后,开始摊铺工作。如图 5-52 所示为施工现场的照片。

如图 5-53 所示是修补修边和 4h 养护后的路面状况,需要强调的是,混合料摊铺后,立即人工修补局部施工缺陷,修补的重点是:起点、终点、纵向接缝、过厚、过薄或不平处,尤其对超大粒径矿料产生的纵向刮痕,应尽快清除并填平。修补后应达到表面平整、边沿顺直、接缝平顺的效果。

a)

b)

图 5-52　SBR 微表处摊铺

a) 修补修边

b) 4h 养护后路面状况

图 5-53　修补修边和 4h 养护后路面状况

如图 5-54 所示是微表处后的照片，微表处施工完成后路面表面平整、密实、无松散、无轮迹、无划痕；路面外观色泽均匀一致；纵、横缝衔接平顺；与其他构造物衔接平顺、无污染；摊铺范围以外无流出的稀浆混合料；表面粗糙、无光滑现象。

a)

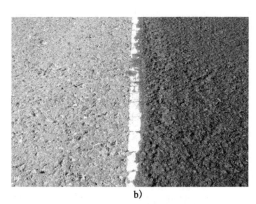
b)

图 5-54　微表处表观质量

4. 试验路施工后的性能检测(SBS 微表处)

经过对施工后的试验路性能进行检测,结果如下:

(1)构造深度性能检测

微表处前后路面构造深度如表5-36所示。

构造深度检测结果　　　　　　　　　　　　　　表5-36

路　段	部位(m)	铺砂直径(mm)(平均值)	构造深度(mm) 单值	平均值
微表处前原路面	距右边4.2	267.5	0.44	0.43
		290	0.38	
		260	0.47	
微表处后路面	行车道 距右边5.5	275	0.42	0.45
		255	0.49	
		265	0.45	
	超车道 距左边1.0	185	0.93	0.94
		185	0.93	
		182.5	0.96	

(2)摩擦系数性能检测

微表处前后路面摩擦系数性能检测如表5-37所示。

摩擦系数性能检测结果　　　　　　　　　　　　表5-37

路　段	部位(m)	摆值平均值	路面温度(℃)	温度修正后摆值 FB_{20}	摆值评定值 FB
微表处前原路面	距右边1.6	49	20	49	51
		47	20	47	
		57	20	57	
微表处后的路面	行车道 距右边4.1	71	19	70.8	71
		72	19	71.8	
		69	19	68.8	
	超车道 距左边1.4	80	19	79.8	80
		81	19	80.8	
		79	19	78.8	

(3)渗水试验

渗水试验方法参照规范要求(图5-55)。原路面:在3min内水的渗透量维持在30mL,基本不渗水;微表处路面超车道:3min内水的渗透量维持在15mL,基本不渗水;微表处路面行车道:3min内水的渗透量维持在10mL,不渗水。原路面:渗水系数为0,不渗水。SBR微表处路面:由于路面温度较低,橡皮泥的黏结性下降,渗水试验测试效果不佳,成功率低,但所做成功的试验,经计算渗水系数为0,不渗水。

施工单位在 SBS 改性乳化沥青的施工中采用了与 SBR 改性乳化沥青基本一致的方法,从后续检测情况来看,说明 SBS 微表处技术效果更优,在高寒地区值得推广应用。

5. 高寒地区 SBR 微表处施工注意事项

(1)高寒地区与普通寒区的区别主要是平均气温低,基本不用考虑车辙的影响,因此级配可以适当偏细,0.075mm 筛孔通过率建议大于 8%,这样也能增强和易性和密实性,更好地阻止水分进入原路面从而防止造成冻融破坏。

图 5-55　渗水系数试验

(2)沥青用量建议在室内配比的基础上增加 0.5%,利于抗低温开裂和剥落。

(3)水泥用量不宜超过 1%,以 0.5% 为宜,否则影响低温抗裂性。

(4)比东部地区配比增加将近 1 倍用水量,增大可拌和时间,便于增加气温较低时的和易性。

五、高寒地区高等级公路玄武岩纤维碎石封层预养护技术

(一)在高寒地区使用纤维碎石封碎石封层的技术特性

国外应用实践表明,采用纤维碎石封层技术,与普通的碎石封层相比,纤维碎石封层的抗拉强度、抗反射裂缝性能和抗疲劳强度分别提高了 30%、300% 和 30%,至少能延长路面使用寿命 10 年。

碎石封层技术对黏结料有着很高的要求,乳化沥青难以达到热沥青的性能,而且高寒地区对低温抗裂和老化疲劳性能有着比东部地区更高的要求,在乳化沥青品种很难有显著的提高的情况下,选择纤维作为碎石封层的加筋改性材料,是很好的技术措施。

玄武岩纤维已经被证明各方面性能优于玻璃纤维(图 5-56),而且更耐腐蚀和老化,更适合高寒地区。考虑到已经采用纤维改性,乳化沥青可选用渗透性更好的 SBR 改性乳化沥青。

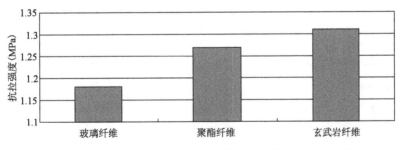

图 5-56　不同纤维种类低温抗裂性能

1. 玄武岩纤维沥青碎石配合比

为了寻求适合于玄武岩纤维沥青碎石封层的最佳材料组成,试验首先选择合适原材料,再分别改变改性乳化沥青用量和纤维用量,制备出玄武岩纤维沥青碎石封层试件,并通过板冲击试验、扫刷试验、拉拔试验和剪切试验对其性能进行测试,最后通过综合分析提出玄武岩纤维沥青碎石封层作为表面磨耗层的最佳配合比。

表 5-38 是三种原材料的各项性能参数和指标。

试验材料性能参数和指标　　　　　表 5-38

结构层类型	乳化沥青用量(kg/m^2)	纤维长度(mm)	玄武岩纤维用量(g/m^2)
表面磨耗层	1.4/1.6/1.8/2.0/2.2	70	0/50/70/90/110

配合比设计使用的原材料与普通碎石封层类似。设计方法思路是在气候更恶劣的高寒地区，反复冻融更会降低黏结性，乳化沥青黏结性本身也不如热沥青，考虑到高寒地区对低温抗裂的特殊要求，在针对不同受力方式下纤维碎石封层本身和层位之间的黏结性能的基础上，用低温抗裂性能来进行配合比设计的验证。验证试验主要有板冲击试验、扫刷试验、拉拔试验、直剪试验和低温拉伸试验。

如图 5-57 所示是板冲击试验中不同乳化沥青和纤维用量下纤维碎石封层的脱石率。可以看到，纤维碎石封层比不用纤维的碎石封层的脱石率(脱落的石子质量与原石子总质量的比率)大幅下降，说明纤维增加了石料与沥青的黏结力。当纤维用量相同时，在冲击作用下，随着乳化沥青用量的增加，玄武岩纤维碎石封层的脱石率逐渐减小。在相同乳化沥青用量下，纤维用量为 $70g/m^2$ 对提升石料与沥青黏结力作用最强。

如图 5-58 所示为不同乳化沥青用量下的试件脱落石子的质量扫刷试验结果，可以看出，其规律基本与冲击试验相同，纤维碎石封层比不用纤维的碎石封层，扫刷后脱石率大幅下降，说明纤维增加了石料与沥青的黏结力，在乳化沥青大于 $1.8kg/m^2$ 时，$70g/m^2$ 和 $90g/m^2$ 的纤维掺量对提升黏结力作用较强。

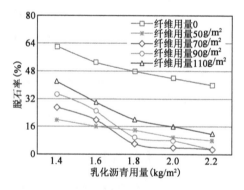

图 5-57　不同乳化沥青和纤维用量下纤维碎石封层的脱石率(板冲击试验)

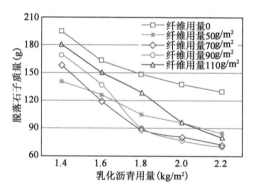

图 5-58　不同乳化沥青用量下的试件脱落石子的质量(扫刷试验)

如图 5-59 所示为不同乳化沥青用量下的拉拔应力的层间拉拔试验结果。试验表明，当纤维用量不变时，玄武岩纤维碎石封层试件的拉拔应力随着乳化沥青用量的增加而增加。当纤维用量低于 $110g/m^2$ 时，纤维起到了增加层间黏结力的作用。在乳化沥青用量相同时，$70g/m^2$ 纤维的用量对提升黏结力较好。

当乳化沥青用量大于 $1.8g/m^2$ 时，纤维可以增强封层的抗剪切能力(图 5-60)，但是与拉拔试验不同的是乳化沥青增加到一定量抗剪强度会下降。当乳化沥青用量为 $1.8g/m^2$ 和纤维用量为 $70g/m^2$ 时，玄武岩纤维碎石封层的剪切强度分别达到最大。

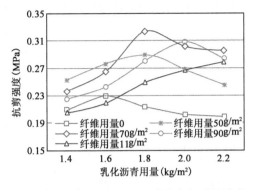

图 5-59 不同乳化沥青用量下的拉拔应力（层间拉拔试验）

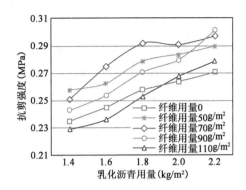

图 5-60 不同乳化沥青用量下的剪切应力（层间剪切试验）

综合考虑性能与经济等多方因素,最终确定纤维碎石封层的最佳乳化沥青用量和最佳玄武岩纤维用量分别为 $1.8kg/m^2$ 和 $70g/m^2$,此值可作为初定配合比。

2. 纤维用量对低温抗裂性能的影响

纤维用量对低温抗裂性能的影响如图 5-61 所示。由图可知,在乳化沥青用量不变的情况下,随着纤维用量的增多,玄武岩纤维碎石封层的拉伸应力先增后减。当纤维用量为 $90g/m^2$ 时,拉伸应力峰值出现,同时对比没有掺入纤维的试件的拉伸强度发现,掺入纤维后抗裂性能增大了 32.62%。

3. 乳化沥青用量对低温抗裂性能的影响

下面对玄武岩纤维碎石封层低温抗裂性能进行分析,首先试验乳化沥青用量对低温抗裂性能的影响。由图 5-62 可知,当纤维用量相同时,随着乳化沥青用量的增多,纤维碎石封层的拉伸应力先增大后减小,即低温抗裂性能先增强后降低,峰值出现在试件的乳化沥青用量为 $1.8kg/m^2$ 时。

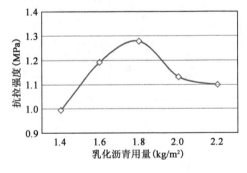

图 5-61 乳化沥青用量对低温抗裂性能的影响

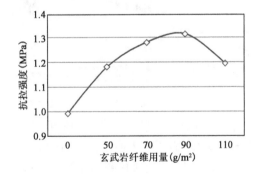

图 5-62 纤维用量对低温抗裂性能的影响

对比试验结果发现,各个试验取得最优值时对应的乳化沥青用量和纤维用量有所差别,乳化沥青用量对抗剪和低温抗裂影响较大,存在极值 $1.8kg/m^2$,对板冲击试验、扫刷试验和拉拔试验而言,$1.8kg/m^2$ 的用量即使不是最佳值,与相应试验最优值也相差不大。同样,玄武岩纤维用量对抗剪和低温抗裂影响较大,存在极值 $90kg/m^2$,对板冲击试验、扫刷试验和拉拔试验而言,$90kg/m^2$ 的用量即使不是最佳值,与相应试验最优值也相差不大。

综上所述,纤维碎石封层的最佳乳化沥青用量和最佳玄武岩纤维用量分别为 1.8kg/m^2 和 90g/m^2。

建议西部高寒地区玄武岩纤维封层配合比设计,以抗剪能力和低温抗裂能力指标控制。

(二)玄武岩纤维碎石封层在高寒地区预养护的应用实例

1. 试验路段概况

通过试验段施工观测来检验玄武岩纤维碎石封层的实际应用效果。本项目试验路段位于青海省民和回族土族自治县与循化撒拉族自治县之间的川亭公路上,原路面有大量的裂缝病害,如图 5-63 所示。根据养护要求,川亭公路上 K73+000~K81+700 将采用碎石封层进行预防性养护,养护长度约 8km,其中 1km 采用玄武岩纤维碎石封层。

2. 试验路段施工

改性乳化沥青洒布温度控制在 60℃ 左右,洒布设备采用 BISPRAYER 同步碎石封层车(图 5-64),沥青洒布量采用 $1.7\sim1.9\text{kg/m}^2$;喷洒乳化沥青后人工撒布纤维,纤维撒布量为 70g/m^2(图 5-65);最后撒布碎石,碎石撒布量采用 $(12\pm2)\text{kg/m}^2$,以满铺、不散失为度,对于局部碎石撒布

图 5-63 试验路原路面病害

量不足的地方,应人工补足;撒布量偏多的地方,应人工扫除。

图 5-64 BISPRAYER 同步碎石封层车施工过程

图 5-65 纤维撒布效果

采用 25t 以上的胶轮压路机进行压实。撒铺碎石后立即进行碾压作业,一台胶轮压路机同时进行碾压,碾压在 3 遍以上。BISPRAYER 同步碎石封层车和胶轮压路机之间的跟随距离控制在 5m 以内,并随时检测和控制好碎石撒布量和碾压温度。

3. 试验路性能检测与评价

如图 5-66 所示是某试验路段施工结束后封层的表面效果实拍照片。为分析评价预防性养护的效果,对其进行制动试验、摩擦系数试验、渗水试验和钻芯取样剪切试验,以评价封层的使用性能。

(1)制动试验

如图 5-67 所示是试验路铺筑完成 5d 后,用 BZZ-60 标准汽车以 50km/h 车速紧急制动,观

察封层的黏结性能。由图可见,经制动试验后的封层基本完好,碎石不脱落,沥青层不破裂,表明纤维碎石封层与原路面的黏附性较强。

图 5-66 封层完成后的效果

图 5-67 现场制动试验

(2)摩擦系数试验

为研究铺筑纤维碎石封层的使用性能,施工 7d 以后,对封层进行摩擦系数试验,测量结果见表 5-39,试验表明,试验路的抗滑性能良好。

摩擦系数试验　　　　　　　　　　　　表 5-39

地点桩号		K73+500	K73+610	K73+725	K73+830	K73+935
摩擦系数	左幅	93	89	95	94	90
	右幅	95	88	96	99	94

(3)渗水试验

渗水试验(表 5-40)也同样表明,纤维碎石封层防水效果良好。

渗 水 试 验　　　　　　　　　　　　表 5-40

地点桩号		K73+030	K73+070	K73+270	K74+270	K74+470
渗水试验结果	左幅	不渗水	不渗水	不渗水	不渗水	不渗水
	右幅	不渗水	不渗水	不渗水	不渗水	不渗水

(4)剪切试验(试验温度 30℃)

通过对该路段左半幅纤维碎石封层进行了取芯调查,在封面上面覆盖沥青混合料并击实,然后将芯样切割成 5cm×5cm×6cm 的立方体试件(图 5-68),在试验设备上进行剪切试验,试验温度 30℃。试验结果表明,在正常的施工条件下,在 30℃试验条件下,现场取芯纤维碎石封层剪切强度平均值为 0.868MPa,剪切变形平均值为 2.48mm(表 5-41),具备较强的抗剪切能力。

图 5-68 纤维碎石封层芯样

剪切试验(试验温度30℃)　　　　　　　　　表5-41

桩　　号	剪切变形(mm)	抗剪切力(kN)	抗剪强度(MPa)
K74+562	2.26	1.66	0.660
K74+315	1.89	2.82	1.103
K74+900	3.29	2.15	0.843

六、超薄冷拌改性乳化沥青混凝土预养护技术

传统热拌沥青混合料施工温度高,消耗能源多,排放出的大量废气和粉尘严重影响环境。因需要环境温度较高,施工周期较短,我国高寒地区每年到了10月初基本就无法施工,冷拌沥青混合料的研发和应用是解决热拌沥青混合料上述问题的手段之一。

超薄沥青混凝土主要用于老路面抗滑性能恢复,可以延长道路8~10年的使用周期,具有提高路面摩擦系数、不影响原有路面结构设计、原有路面不需要进行铣刨、改善路面平整度并有较好的表面纹理等特点,且施工速度快、开放交通时间短,摊铺后约20min即可恢复交通。

(一)混合料配合比

1. 冷拌乳化沥青的配方

某试验采用美德维实维克公司开发的PC1606乳化剂对普通沥青进行乳化。PC1606乳化剂含有抗氧化和抗剥落成分,可以有效地延长沥青在高寒地区使用寿命,提高混合料施工和易性和抗水损害能力。

如表5-42所示是SBS胶乳改性材料的物理特性指标,如表5-43所示为冷拌乳化沥青的配方。

SBS胶乳改性材料的物理特性　　　　　　　　　表5-42

品名	物理特性指标				
	物理形态	相对密度,25℃	闪点(℃)	固含量(%)	pH,15%的溶液,25℃
SBS胶乳	乳白色液体	0.94	149	45~47	4.3

冷拌乳化沥青配方　　　　　　　　　表5-43

材料项目	型　　号	用量与方法
沥青	A-90号沥青	65%
乳化剂	PC1606乳化剂	0.5%
改性剂	SBS胶乳	6.5%、7.5%、8.5%
水	可饮用淡水	加至100%
乳化剂水溶液pH值	2.0	用盐酸调节

注:沥青温度加热至130℃,乳化剂水溶液加热至60℃。

2. 混合料的级配

如表5-44所示为最终确定的矿料级配和混合料级配。

最终确定的 UTA-10 级配　　　　　　　　　　　　　　　　　表 5-44

筛孔孔径(mm)	13.2	9.5	6.7	4.75	2.36	1.18	0.6	0.3	0.15	0.075
级配上限	100	100	50	40	36	30	25	20	12	8
级配中限	100	90	40	30	27	22	18	13	9	6
级配下限	100	80	30	20	18	14	10	7	6	4

3. 混合料的油石比

UTA-10 超薄沥青混合料油石比确定是以预估的油石比 9% 为中值,取 7%、8%、9%、10% 和 11% 这五个不同的油石比分别成型马歇尔试件。采用表干法测试试件的毛体积相对密度,真空法实测最大理论相对密度,并采用标准试件测试马歇尔稳定度和流值。试验结果如表 5-45 所示。

粗级配冷拌沥青混合料 UTA-10 马歇尔试验指标表　　　　　表 5-45

油石比(%)	理论密度(g/cm³)	毛体积密度(g/cm³)	空隙率(%)	VMA(%)	VFA(%)	稳定度(kN)	流值(0.1mm)
7	2.613	2.424	7.2	18.3	60.7	3.29	43
8	2.601	2.450	5.8	17.7	67.3	3.85	45
9	2.590	2.467	5.1	17.0	71.7	4.23	48
10	2.579	2.479	3.9	17.2	77.5	5.07	49
11	2.568	2.474	3.6	17.6	80.0	3.28	51

经过计算得出冷拌沥青混合料 UTA-10 级配的最佳油石比为 9.5%。

(二) UTA-10 冷拌混合料路用性能验证

1. 水稳性(浸水马歇尔试验与冻融劈裂)试验

超薄层沥青混合料作为沥青路面的上面层,疲劳开裂并不是其破坏的主要形式,研究表明,超薄沥青面层剪切破坏较为明显,再考虑高寒低温特性,把如何减轻沥青面层水损害、提高沥青混合料低温稳定性以及抗剪强度作为研究的重点,因此还应对冷拌改性乳化沥青混凝土进行水稳性、高低温特性、抗滑特性测试。

水稳性(浸水马歇尔试验和冻融劈裂试验)结果如表 5-46 所示。

试验水稳性——浸水马歇尔试验和冻融劈裂试验　　　　　表 5-46

混合料种类	浸水马歇尔试验			冻融劈裂试验		
	稳定度(kN)	浸水后稳定度(kN)	残留稳定度(%)	RT1(MPa)	RT2(MPa)	TSR(%)
UTA10(SBS)	8.2	7.3	89	1.08	0.87	81
UTA10(SBR)	7.5	6.5	87	0.84	0.75	89

通过浸水马歇尔试验和冻融劈裂试验结果可知:其一,超薄沥青混合料的浸水马歇尔残留稳定度大部分能达到国家规范要求(≥85%),不宜单独作为评价超薄沥青混合料水稳定性优劣的依据;其二,综合浸水马歇尔试验和冻融劈裂试验结果,UTA10 级配混合料的稳定度和

劈裂强度都较高,其水稳性能能满足国家技术规范的要求。浸水车辙试验结果则表明:首先,UTA10级配沥青混合料在车辙发展后期的变形差较小,UTA10混合料的浸水车辙深度比较小,并且在10000次循环结束后并未出现剥落点;其次,浸水车辙试验考察了高温、水损害两因素的交互作用对超薄沥青混合料的影响,从试验结果看,UTA10混合料的水稳定性较好,可用于路面表层。超薄沥青混合料的低温性能主要受级配、沥青种类、沥青用量三种因素影响。

另外,通过对UTA10级配拌和SBR改性乳化沥青的低温性能研究,认为UTA10混合料的破坏应变较大,因此其应变能密度也比较大,表现出非常好的低温抗裂性能。

2. 低温性能——小梁低温弯曲试验

超薄沥青混合料的低温性能主要受级配、沥青种类、沥青用量三种因素影响,通过试验研究UTA10级配拌和SBR改性乳化沥青的低温性能(表5-47)认为,UTA10混合料的破坏应变较大,因此其应变能密度也比较大,表现出非常好的低温抗裂性能。

低温性能——小梁低温弯曲试验结果　　　　　　　　　　　　表5-47

混合料种类	抗弯拉强度(MPa)	破坏应变($\times 10^3 \mu\varepsilon$)	弯曲劲度模量(MPa)	应变能密度(kJ/m^3)
SBR	10.97	3.024	3692	20.613
SBS	11.51	3.583	3274	24.382
技术要求	—	>2800	—	—

3. 抗滑性能——构造深度耐久性试验

从抗滑性能——构造深度耐久性试验结果(表5-48)可以看出,UTA10超薄沥青混合料的构造深度均满足指标要求。

抗滑性能——构造深度耐久性试验结果　　　　　　　　　　　表5-48

混合料	构造深度(mm)		构造深度残留率(%)
	车辙前	车辙后	
UTA10+SBS	1.38	0.87	0.63

冷拌改性乳化沥青混凝土路用性能试验得出两个结论:其一,SBS乳化沥青和SBR乳化沥青超薄混合料均表现了良好的路用性能,尤其是低温性能,适用于高寒地区;其二,考虑到青海高寒地区特色,建议将冻融劈裂和低温劈裂作为验证指标取代传统热拌沥青混合料的车辙和低温弯曲试验验证。

(三)试验路段验证

1. 试验段概况

试验路段为二级公路,该路段使用的是冷拌薄层罩面技术,沥青混合料级配采用UTA10型级配,油石比与室内试验相同,铺筑时间大约为秋末冬初,铺筑温度10℃左右,温度偏低。

施工步骤包括拌和、摊铺、碾压及养护四个步骤。

2. 冷拌冷铺沥青混合料施工与质量控制

施工过程中材料的质量检查项目与频率如表5-49所示。

施工过程中材料质量检查的项目与频率　　　　　　　　　　　　表 5-49

材　料	检 查 项 目	检 查 频 度	试验规程规定的平行试验次数或一次试验的试样数
粗集料	针片状颗粒含量 颗粒组成(筛分) 其他技术参数	随时 随时 每周1次	2 2 2
细集料	颗粒组成(筛分) 砂当量 亚甲兰值 其他技术参数	随时 必要时 必要时 每周1次	2 2 2 2
矿粉	外观 粒径<0.075mm 颗料含量 其他技术参数	随时 必要时 每周1次	— 2 2
改性乳化沥青	蒸发残留物含量 蒸发残留物延度 蒸发残留物弹性恢复 其他技术参数	每2天1次 每2天1次 每2天1次 每周1次	2 3 3 3

冷拌冷铺沥青混合料施工质量控制如表 5-50 所示。

冷拌冷铺黏结层施工过程中工程质量控制标准　　　　　　　表 5-50

项　目		检测频率	质量要求或允许偏差	检测方法
油石比		每日1次	±0.3%	燃烧法测定
厚度		每500m² 1点,单点评定	不小于设计厚度的8%	插入法量测
平整度		每200m/2点	6 mm	3m 直尺;每200m 测2处×10尺
渗水系数		每200m测一处	300mL/min	T 0971
矿料级配	0.075mm	每日1次,取2个试样筛分的平均值	±2%	T 0725
	0.15、0.3、0.6、1.18、2.36(mm)		±4%	
	4.75、9.5(mm)		±5%	

3. 试验段路面检测

（1）试验段外观

施工完成后对试验段路面检测如图 5-69 所示。可以看到,由于施工时气温较低,拌和楼较远等原因,冷拌薄层罩面段施工质量一般,在上行道未出现明显病害,而在下行道部分横向施工缝处,出现明显的拥包、拌料剥离现象。

（2）构造深度

冷拌薄层罩面试验段构造深度检测结果如表 5-51 所示。

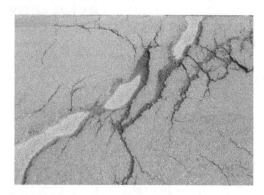

图 5-69 冷拌薄层罩面试验段外观

冷拌薄层罩面试验段构造深度检测结果 表 5-51

路段长度	部位(m)	铺砂直径(mm)(平均值)	构造深度(mm)	
			单值	平均值
100	2.2	217.5	0.67	0.67
		220	0.66	
		215	0.69	

(3) 摩擦系数

冷拌薄层罩面试验段摩擦系数检测结果如表 5-52 所示。

冷拌薄层罩面试验段摩擦系数检测结果 表 5-52

路段长度(m)	部位距右边(m)	摆值平均值	路面温度(℃)	温度修正后摆值 FB_{20}	摆值评定值 FB
100	2.5	72	12	67.2	67
		71	13	65.2	
		74	12	69.8	

(4) 渗水试验

试验段冷拌薄层罩面路段渗水试验结果:由于测试时天气温度较低(地表温度 10~15℃),橡皮泥防水性下降,并且路面光滑泛亮,故试验时并未按试验章程测试 5 点,此次仅选取了 2 个代表位置进行测试,测试得出 3min 时间内水的渗透量分别为 60mL、78mL,经计算得到平均渗水系数为 23mL/min。

通过各项性能检测发现,当温度偏低时,尽管不影响压实度,但是路面强度形成较慢。施工时,部分车辆提前进入封闭区域,也造成了一些破坏。建议施工尽量选择温度高的日子,若温度较低,可适当加温乳化沥青增强破乳能力。

第七节 水泥混凝土路面预防性养护技术

水泥混凝土路面具有强度高、耐久性好、使用寿命长、环境污染小、日常养护工作量小等优点。然而,由于路面在运营过程中长期受到行车荷载和自然因素的作用,久而久之会出现各种病害,特别是超载车辆给水泥混凝土路面造成的损坏,修复非常困难,这必然会加大路面改造的难度和养护管理工作的繁重程度。因此,加强预防性养护将成为各种道路水泥混凝土路面养护管理工作的重要内容。

一、水泥混凝土路面预防性养护标准

(一)预防性养护指标

根据预防性养护的理念,一般只对路面的结构强度、路面破损状况和路面平整度有一定的要求,而对路面抗滑性能没有特别的要求。另一方面,由于水泥混凝土路面自身的刚度和强度较大,在病害产生早期,其结构承载能力可以满足现有交通荷载的要求,因此在确定水泥混凝土路面预养护路况标准时,可以将其忽略。

我国水泥混凝土路面进行预防性养护时,是以路面状况指数 PCI 和路面行驶质量指数 RQI 作为路况的评价指标,并以 PCI 作为判断指标,以 RQI 作为检验指标,即在路面行驶质量指数 RQI 满足要求的前提下,以路面状况指数 PCI 作为判断是否需要进行预防性养护的标准。

(二)预防性养护路况标准

水泥混凝土路面预防性养护与沥青类路面相似,必须是在路面出现轻微损坏时或之前进行,以防止损坏进一步发展,因此,预防性养护措施的应用要求路面状况处于良好状态,这是预防性养护对路面状况的宏观要求。根据预防性养护的理念,参考国外的预防性养护标准,同时结合我国现行路面养护技术规范,提出基于 PCI 和 RQI 的公路水泥混凝土路面预防性养护路况标准,如表 5-53 所示。

公路水泥混凝土路面预防性养护路况标准　　　　表 5-53

公路等级	判断指标 PCI	检验指标 RQI
高速公路、一级公路	70~84	≥7.0

当 PCI 值为 70~84 时采取预防性养护;PCI 值在 50~70 时采取小修或中修;PCI 值在 25~50 时采取大修;而 PCI 值小于 25 时则进行路面改造。此外,采取预防性养护的路段 PCI 值必须至少连续 3 年在 70 以上。

(三)预防性养护时机选择

由于路面预防性养护的关键问题是在恰当的时机采取恰当的处理措施对合适的路面进行养护,使路面保持好的使用品质。恰当的时机也即采取路面预防性养护处理措施的最佳时机,其选择对路面预防性养护至关重要。在路面寿命的不同时期采取同样的预防性养护处理措施,对路面性能将产生不同的影响,所能获得的效益也不一样。也就是说,在路面寿命期间存在一个采取预防性养护处理措施的最佳时期。在此期间,预防性养护处理措施的性能将得到充分发挥,路面性能将得到最大限度改善,获得的效益也最佳,而预防性养护处理措施实施太早或太晚都不能获得预期效益。

根据路面状况指数、国际平整度指数法来确定最佳养护时机,由预测得到的 PCI 和 RQI,根据水泥混凝土路面预防性养护标准,确定最佳的预养护时机。

二、水泥混凝土预防性养护措施

水泥混凝土路面预防性养护,应通过经常不断地巡视观察,及早发现缺陷、查清原因,不失时机地采取措施,对其使用质量进行定期的调查评价,有计划地进行修理和改善,选用良好的养护材料,以保持路面状况的完好。水泥路面如果在使用中,路面预防性养护措施通常有裂缝填封、金刚石钻磨、传荷恢复、钻孔压浆、刻槽全深度修补等。无论哪种措施,对修补材料和接缝材料均有相应的要求,总体来讲,预防性养护所用的水泥应具有强度高、收缩性小、耐磨性强、抗冻性好等性能,以采用硅酸盐道路水泥和普通硅酸盐水泥为宜,其强度等级不应低于32.5MPa。接缝材料应选用黏结力强、回弹性能好、不渗水、抗嵌入能力强、高温时不流淌、低温时不脆裂、耐用、施工方便、价格低廉的材料。

(一)裂缝填封

裂缝填封就是将掺有聚酯或聚丙烯纤维的结合料或改性结合料灌入路面裂缝(图5-70)的一种措施。通过填缝阻止水和不可压缩材料进入路面结构,减少水的侵蚀,减缓裂缝扩展速率,降低水对基层材料的浸透,从而达到延缓路面破坏速率和延长路面寿命的目的。

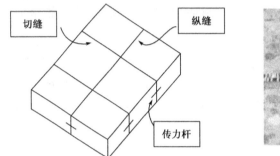 

图5-70 原路面裂缝填封前状况

(二)金刚石研磨

金刚石研磨是指使用金刚砂刮刀刮掉路面上一层薄的混凝土,主要用于恢复混凝土路面表层纵断面和改善行驶质量。通过金刚石研磨,可以改善路面行驶质量,消除接缝与裂缝断层以及由带钉轮胎造成的路面凹槽,恢复横向排水,改善路面的抗滑性能。

(三)传荷能力恢复

传荷能力的修复是指使用切割机在垂直接缝或裂缝处割出一条深至1/2板厚处的缝,然后将传力杆放入切好的缝中,最后将缝回填后再对路面进行金刚砂打磨。其目的是维修横向的裂缝和接缝。这项技术主要是恢复接缝和裂缝传荷的能力,使之拥有更好的传荷能力,维持接缝的性能,避免产生更严重的损坏,尤其对改善错台和提高结构承载能力具有重要意义。

(四)坑槽修补

坑槽修补主要是对水泥板上出现的小坑槽(大于6mm)(图5-71)进行填封,如果坑槽较大,坑槽修补前要对原路面进行预处理,清理干净坑槽中的石子、砂土等。该技术的使用年限一般为2~3年。图5-72是坑槽修补后路面状况。

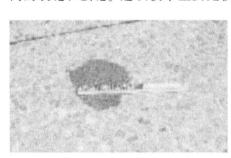

图5-71 坑槽修补前路面状况

(五)全深度修补

全深度修补是对已经损坏的接缝或开口裂缝处的混凝土路面进行移除和替换的一种处理措施。混凝土修补包括荷载传递、路面增强以及对收缩缝和伸缩缝进行封缝处理。全深度修补可以恢复路面结构完整性,保持路面行驶质量,并减少水分进入路面结构内部和减缓路面损坏速率,见图5-73。

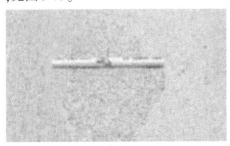
图5-72 坑槽修补后路面状况

图5-73 全深度修补后路面状况

(六)钻孔压浆

压浆是指将具有胶凝和固化性能的材料配置成浆液,用泵压设备将其灌入地基或裂缝内,黏结并固结,使板面与基层密贴,提高其承载力和刚度,延长板块的使用寿命。

(七)刻槽

当水泥混凝土表面出现局部性起皮、剥落、龟裂、麻面、露骨、松散等破损时,可在路面板表面凿除破损,而后在上面进行薄层表面处治,采用刻槽机按照设计要求在磨光路面表面有序刻槽,最后清扫刻槽后的粉尘。

第八节 公路桥涵预防性养护技术

桥梁预防性养护前,应通过对桥梁进行检查,提前发现桥梁中存在的隐形病害或预测桥梁可能出现的病害,在桥梁构件仍处于良好状态且出现可见性退化之前,为控制病害的发生或延缓病害的进一步扩展,在不增加结构承载力的前提下,针对各种病害,施以正确的预防性养护措施,使桥梁的总体功能状况得到改善并使桥梁的服务水平得到提升。

一、桥涵预防性养护内容和要求

桥梁预防性养护的内容主要包括对桥面铺装、排水系统、人行道、栏杆、护栏、伸缩缝、桥跨结构、墩台基础、锥坡等实施的检查、保养、维修。通过预防性养护,使得桥涵外观整洁,桥面铺装平整,排水系统顺畅,结构完好,附属设施齐全。此外,应对洪水、泥石流等灾害提出预防措施和应急措施。对桥梁实施养护时,应保证车辆和行人的安全通行,注意环境保护。加大桥梁检查的力度,定期对桥梁技术状况进行调查,及时发现缺陷、损坏等异常情况,系统地掌握其技术状况,建立科学的评价系统,制订相应的养护对策。对于不同的季节、不同的设施采取不同的预防性养护措施。全面收集桥梁技术数据,建立和健全完整的桥梁数据库和技术档案。

二、公路桥梁养护检查

(一) 公路桥梁养护检查分类

公路桥梁养护,首先应根据检查范围、深度、方式和检查结果用途等的不同进行分类,一般分为经常检查、定期检查、特殊检查(图5-74)。公路桥梁养护检查也可从不同的角度进行分类,图5-75为从桥梁检测手段进行分类。

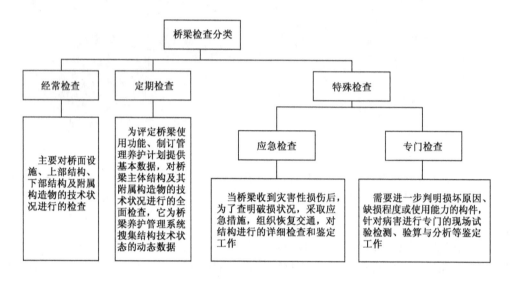

图 5-74　桥梁检查分类

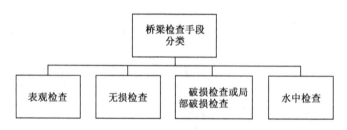

图 5-75　桥梁检查手段分类

特别指出,桥梁检查与监测是有区别的(表5-54)。桥梁养护管理工作范围涉及安全维护、日常保养维修、建立桥梁技术档案、建立大桥管理系统及实施检查维护工作等。

桥梁检查、监测区别　　　　　　　　　　　表5-54

日常管理巡查	远观	整体	整体运营状态	有无
经常检查	近查	细部	技术状况	定量
定期检查	详查	细部	使用状况	定量、定性(缺陷位置)
特殊检查	检测	细部	安全状况	定量、定性
健康监测	检测	细部	安全状况	定量、定性

(二) 道路桥梁养护人员要求

桥梁养护应根据桥梁工程分类与管理(图5-76)要求,组织专门的人员完成,这些人员可以建立养护检查组织体系,分内业人员与外业人员两大部分,具体情况见图5-77所示。

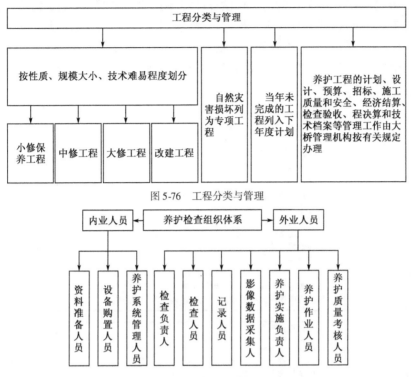

图5-76 工程分类与管理

图5-77 桥梁养护检查人员组织

经常检查的负责人要求是道路与桥梁相关专业人员,应至少有3~5年桥梁养护管理的相关工作经验,有相当的理论基础和桥梁专业技术知识、丰富的实践经验和病害处治能力以及决策能力,身体健康,工作认真负责。

桥梁养护检查技术人员要求是公路或桥梁相关专业,具有至少1年工作经验,具有基本的桥梁专业技术知识、实践经验、病害辨识能力,身体健康,工作认真负责,且须经培训并参加考核合格后,才可持证上岗。定期检查要求有实践经验丰富的专职桥梁养护工程师参加。定期检查负责人要求是桥梁或公路专业,具有5年以上相关工作经验及高级工程师职称,有丰富的桥梁专业技术知识、实践经验、病害处治能力、决策能力,身体健康,工作认真负责。对水面以下构造物检查时,需由具有潜水能力的桥梁检查工程师下水检查。定期检查,要求检查人员是桥梁或公路专业,具有至少3年相关工作经验,有丰富的桥梁专业技术知识、较强病害辨别和处治能力以及照相技术,身体健康,工作认真负责,且须经培训并参加考核合格后,才可持证上岗。所有养护管理和作业人员本着"人命关天,以人为本"的理念工作,杜绝麻痹浮躁、走马观花,尤其避免疲劳引发的人生伤亡事故。

桥梁养护检查人员的责任体现在三个方面:首先,确保桥梁安全。维护公众利益安全,避免桥梁发生破坏,甚至发生坍塌事故而危害公共安全。其次,维护公共投资。维护桥梁,使桥梁劣化在尚未扩大至需投巨资修复前,能及时进行维修,确保公共投资。提供正确完整的桥梁记录,即为达成上述确保公共安全及维护公共投资,应有最正确、最新的状况信息,以便及时采取妥当的维护措施。再次,提供正确完整的桥梁记录。桥梁记录应包括:基本状况卡片、巡查记录表、经常检查记录表、定期检查记录表及维修资料等。

桥梁养护检查人员基本工作包括制订检查计划、确定检查的桥梁、确定到达要检查构件的通道和方法、准备检查仪具和设备、确定检查日程(包括检查日期、检查时段、检查需要时间)、确定检查类型和检查手段、制订检查程序与现场注意事项、现场交通维持及其他必要措施、准备作业、执行检查作业、确定需要维护或维修的项目、编制检查报告和实施维护或维修等。

(三) 桥梁养护检查工作流程

桥梁养护检查的工作流程如图 5-78 所示。

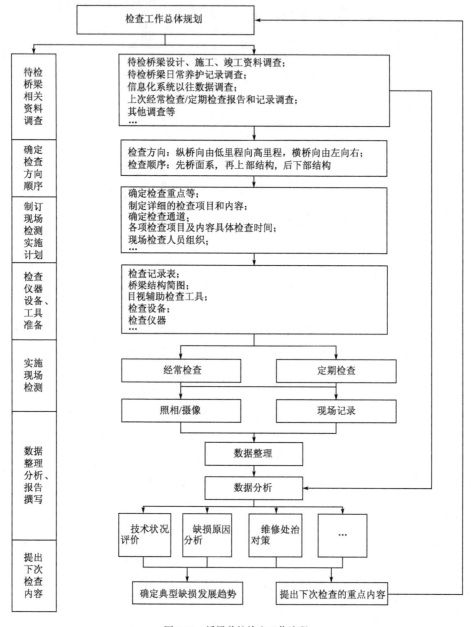

图 5-78 桥梁养护检查工作流程

(四)桥梁养护检查主要方式

1. 直接目视表观检查

目视表观检查是经常性检查和常规定期检查的主要方法。检查时用肉眼观察缺陷或缺陷痕迹,也可借助放大镜、望远镜、数码相机等。此方法经济快捷,但存在的问题是某些退化不可能在表面可见(或表面被涂层覆盖),或难于接近,或需要较多的检查经验,可靠性较低。

目视表观检查可使用小锤、铲子等简单工具辅助进行。如可通过小锤敲击的声音判断结构内部缺陷,实体与带空洞或缺陷的构件有不同的声音,缺陷构件产生空洞的鼓声。要精确描述需要大量经验,因为许多因素会改变声音(敲击时不要用力过大),所以敲击检查需要由经验丰富和工龄较长的工作人员完成。

2. 使用仪器设备检查

仪器和设备主要应用于定期检测和特殊检查。例如,钢构件中裂缝和缺陷可以通过贴近的外观检查、裂纹着色显示、X 射线和 γ 射线检查以及超声波来探测,其中采用超声波探测仪是实际测试中最常用的办法。钢构件的锈蚀可以采用直接测量或超声波测量。混凝土碳化程度可以通过钻取试样测试或凿孔滴酚酞试剂来确定。钢筋和预应力筋锈蚀深度可以通过许多无损方法加以确定,包括腐蚀电位法和电阻法以及射线照相方法,如果预应力管道中存在空洞,可以采用小内窥镜观察。混凝土的氯离子含量测试可以通过快速氯离子测定仪来测定。混凝土的强度可以通过回弹仪、超声波探测仪、超声—回弹仪或混凝土强度测试仪来确定。

特别指出,先进的车载路(桥)面检测系统,在桥梁车道中以交通速度运行,即能得到桥梁面状况和结构层厚度等多种数据。

桥梁检查应合理选择仪器和工具,一般情况下,水准仪提供了一个方便经济的方法观测沉降和竖向变形,而经纬仪可以检测水平移动。其他检测技术,如抗压强度、金属测试、裂缝发展测量、超声波脉冲速度、混凝土渗透等的检测,也可以用于混凝土结构。无损检测设备一般都很昂贵和耗时,较适合于研究或特殊检测。

目前我国公路桥梁主要采用传统意义上的养护方式,即通过人工目测检查或借助于便携式检查仪器开展养护工作。

由于新工艺、新材料的使用以及桥梁规模的增大,桥梁结构也日趋复杂。为了能够更好地管理和鉴定大型桥梁的健康状况以及工作性状,近年来,桥梁检测技术以及检测设备也得到了飞速发展。

3. 借助神经网络检测

基于 GPRS 实现桥梁检测远程数据传输;数字图像处理技术在桥梁检测中的应用;光纤应变传感器测试系统在桥梁检测中的应用;新型桥梁检测设备研制。

我国自 20 世纪 90 年代起,在一些大型重要桥梁上建立了不同规模的结构监测系统。图 5-79 为桥梁结构健康检测系统的组成部分。

(五)养护检查数据采集方法

公路桥梁养护检查的数据来源主要包括内业数据和外业桥梁现场检查数据。内业组的养护检查数据采集工作主要是为外业的工作和桥梁管理系统中的静态数据分析提供数据支持,为桥梁检查工作的计划、实施、报告的编制提供服务,为桥梁养护管理的档案积累提供保障。内业数据采集的数量多、面广、任务重,采集中要求彻底完善桥梁档案,做到一次到位。外业桥梁现场的检查数据主要包括桥梁的基本数据、病害描述、病害评定、照片及其编号、养护效果评价、维修检查建议六个方面。

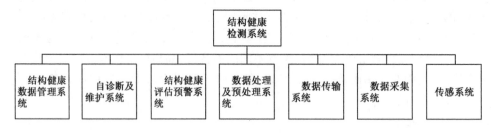

图5-79　结构健康检测系统

(六)桥梁经常性检查

桥梁经常性检查的工作要求如下。

1. 桥梁日常检查记录的填写要齐全

应认真、仔细地做好桥梁检查记录,当场填写各类型桥梁的"桥梁经常性检查记录",不允许事后回忆补填。应对构件的缺损情况进行描述,对桥梁构件的典型病害进行拍照,必要时进行摄像。缺损情况的描述内容包括所检查项目的缺损类型、缺损的位置以及估计缺损的范围。对检查后无病害的构件也应进行记录。每天的经常检查工作结束后,及时将"桥梁经常性检查记录"录入桥梁管理系统中。

2. 缺损程度的评判和上报应准确

在经常性检查中,虽然对部件的缺损程度评定没有要求,但检查人员可依据定期检查时采用的缺损程度评定方法对部件进行评判,评定结果可为制订小修保养计划或为下次经常性检查与定期检查提供依据。检查时可根据现场的缺损状况提出保养小修措施,为编制桥梁养护(保养小修)计划提供依据。检查过程中发现设施有明显损坏或影响车辆和行人安全,应及时采取相应维护措施,并立即向主管部门报告;经常检查中发现桥梁重要部件存在重大或明显缺损时,如上部结构和下部结构混凝土存在超限裂缝,建议采用技术状况评定标准进行评判,以便及时采取应对措施(定检、特检或维护),并应将检查结果及时向上级报告。

3. 合理掌握经常检查的周期

经常检查即日常检查,经常检查与巡查相比,检查范围更大,检查时需更仔细和深入。经常检查需详细描述病害,而巡查只表明构件有无明显病害即可。经常检查的周期建议见表5-55。

桥梁经常检查周期建议　　　　表5-55

周期	悬索桥	斜拉桥	梁桥	拱桥
1月/次	吊索及钢护筒,桥面铺装,伸缩缝装置,人行道,栏杆、护栏,排水系统,照明、标志	斜拉索系统,桥面铺装,伸缩缝装置,人行道,栏杆、护栏,排水系统,照明、标志	桥面铺装,伸缩缝装置,人行道,栏杆、护栏,排水系统,照明、标志	系杆(含锚具),吊杆,桥面铺装,伸缩缝装置,人行道,栏杆、护栏,排水系统,照明、标志

续上表

周期	悬索桥	斜拉桥	梁桥	拱桥
2月/次	加劲梁,索塔,主鞍,锚杆,锚碇,散索鞍,主缆,索夹	主梁,索塔,桥墩,桥台	上部承重构件,上部一般构件,桥墩,桥台	主拱圈,拱上结构,桥面板,钢架拱片(桁架拱片),横向联结系,拱肋,立柱,桥墩,桥台
3月/次	支座,索塔基础,河床,调治构造物	支座,主塔及墩台基础,河床,调治构造物	支座,翼墙,耳墙,锥坡,护坡,墩台基础,河床,调治构造物	支座,翼墙,耳墙,锥坡,护坡,墩台基础,河床,调治构造物

三、桥梁检查项目和内容

各类桥梁的检查项目和内容分别见表 5-56 ~ 表 5-59。

斜拉桥检查项目和内容　　　　　表 5-56

重点检查部位	重点检查内容
斜拉索系统（斜拉索、锚具、拉索护套、减振装置等）	拉索锈蚀、断丝;滑移变位;涂层损坏;锚固区损坏。护套裂缝;护套锈蚀;防护层破损。锚头漏油;锚杯积水、锚具内潮湿、防锈油结块、锚具锈蚀。减振装置损坏等
主梁	预应力混凝土箱梁;剥落、露筋;跨中挠度;构件变形;裂缝;蜂窝、麻面;剥落、掉角。钢箱梁;构件变形、锈蚀;跨中挠度;裂缝;涂层劣化;焊缝开裂;铆钉(螺栓)损失;结构变位
索塔	裂缝;锚固区渗水;剥落、露筋钢筋锈蚀
支座	盆式支座组件损坏;盆式支座位移;钢支座位移、转角超限;钢支座部件磨损、裂缝
桥墩	蜂窝、麻面;剥落、露筋;空洞、孔洞;混凝土碳化、腐蚀;位移;裂缝
桥台	剥落;空洞、孔洞;混凝土碳化、腐蚀;桥头跳车;位移;裂缝
墩台基础	冲刷、掏空;剥落、露筋;冲蚀;滑移和倾斜;基础裂缝
桥面铺装	沥青混凝土桥面铺装变形、泛油、破损、裂缝。水泥混凝土桥面铺装磨光、脱皮、露骨、错台、坑洞、剥落、拱起、接缝料损坏、裂缝
伸缩缝装置	伸缩缝凹凸不平;伸缩缝锚固区缺陷;伸缩缝破损;伸缩缝失效

悬索桥检查项目和内容　　　　　表 5-57

重点部位	重点检查内容
加劲梁	预应力混凝土加劲梁;剥落、露筋;跨中挠度;构件变形;裂缝;蜂窝、麻面;剥落、掉角。钢桁架加劲梁;构件变形、锈蚀;跨中挠度;裂缝;涂层劣化;焊缝开裂;铆钉(螺栓)损失;结构变位。钢箱加劲梁;构件变形、锈蚀;跨中挠度;裂缝;涂层劣化;焊缝开裂;铆钉(螺栓)损失;结构变位
索塔	倾斜变形;剥落、露筋;钢筋锈蚀;混凝土裂缝

续上表

重点部位	重点检查内容
支座	盆式支座组件损坏；盆式支座位移；钢支座位移、转角超限；钢支座部件磨损、裂缝
主缆	主缆防护损坏；扶手绳及栏杆绳损坏；主缆腐蚀或索股损坏(脱皮、锈蚀、伤痕)；涂膜劣化
索夹	错位、滑移；面漆起皮；索夹密封填料损坏；裂纹和锈蚀
吊索及钢护筒	渗水；锈蚀、腐蚀；锚头损坏；橡胶老化变质、掉漆、起皮；防护套破坏；吊索的防护层破坏；钢丝断丝
锚杆	锚杆掉皮、锈蚀、裂纹
锚碇	锚坑漏水；顶板、侧墙损坏；表观病害
索塔基础	基础冲刷
散索鞍	上座板与下座板的相对位移；鞍座螺杆、锚栓状况；锈蚀
桥面铺装	沥青混凝土桥面铺装变形、泛油、破损、裂缝。水泥混凝土桥面铺装磨光、脱皮、露骨、错台、坑洞、剥落、拱起、接缝料损坏、裂缝
伸缩缝装置	伸缩缝凹凸不平；伸缩缝锚固区缺陷；伸缩缝破损；伸缩缝失效

梁桥检查项目和内容 表 5-58

重点检查部位	重点检查内容
上部承重构件(主梁)	主梁裂缝；预应力构件损伤(锚头、钢绞线、齿板等)；跨中挠度；混凝土强度等
支座	板式支座老化变质、开裂；板式支座位置串动、脱空或剪切超限；盆式支座组件损坏；盆式支座位移；钢支座位移、转角超限；钢支座部件磨损、裂缝
桥墩	蜂窝、麻面；剥落、露筋；空洞、孔洞；混凝土碳化、腐蚀；位移；裂缝
桥台	剥落；空洞、孔洞；混凝土碳化、腐蚀；桥头跳车；位移；裂缝
墩台基础	冲刷、掏空；剥落、露筋；冲蚀；滑移和倾斜；基础裂缝

拱桥检查项目和内容 表 5-59

类型	重点检查部位	重点检查内容
板拱桥 肋拱桥 箱形拱桥 双曲拱桥	主拱圈	主拱圈变形；主拱圈裂缝
	拱上结构	缺损、剥落、掉角；保护层厚度；钢筋锈蚀；混凝土强度。侧墙变形；拱上填料沉陷或开裂；立墙或立柱倾斜；拱上结构裂缝。双曲拱横向联系变形等
	桥墩	蜂窝、麻面；剥落、露筋；空洞、孔洞；混凝土碳化、腐蚀；位移；裂缝
	桥台	剥落；空洞、孔洞；混凝土碳化、腐蚀；桥头跳车；位移；裂缝
	墩台基础	冲刷、掏空；剥落、露筋；冲蚀；滑移和倾斜；基础裂缝
	桥面铺装	沥青混凝土桥面铺装变形、泛油、破损、裂缝。水泥混凝土桥面铺装磨光、脱皮、露骨、错台、坑洞、剥落、拱起、接缝料损坏、裂缝

续上表

类 型	重点检查部位	重点检查内容
刚架拱桥桁架拱桥	刚架拱片（桁架拱片）	刚架拱桥：跨中挠度；横系梁与拱片联结松动、开裂；微弯板穿孔、塌陷、露筋；裂缝；拱脚位移。 桁架拱桥：构件变形；拱片连接处混凝土断裂；上弦杆缺陷；裂缝；微弯板穿孔、塌陷、露筋；拱脚位移
	横向联结系	混凝土压碎；连接部钢板锈蚀、断裂；裂缝；变形；剥落、掉角
	桥墩	蜂窝、麻面；剥落、露筋；空洞、孔洞；混凝土碳化、腐蚀；位移；裂缝
	桥台	剥落；空洞、孔洞；混凝土碳化、腐蚀；桥头跳车；位移；裂缝
	墩台基础	冲刷、掏空；剥落、露筋；冲蚀；滑移和倾斜；基础裂缝
钢—混凝土组合拱桥	拱肋	涂层缺陷；焊缝开裂；混凝土裂缝；构件扭曲变形、局部损伤；构件腐蚀、生锈；主拱圈挠度；拱肋位移；保护层厚度
	横向联结系	
	立柱	混凝土裂缝；焊缝开裂；构件扭曲变形、局部损伤；构件腐蚀、生锈
	吊杆	渗水；锈蚀（锚头、螺栓、钢管护套等）；锚头损坏；橡胶老化变质（吊杆端部及减振器）；防护套损坏；吊杆的防护层破坏；断丝
	系杆(含锚具)	锈蚀；系杆外部涂层脱落；系杆连接松动；锚头、防护套损坏；混凝土裂缝
	支座	板式支座老化变质、开裂；板式支座位置串动、脱空或剪切超限；盆式支座组件损坏；盆式支座位移；钢支座位移、转角超限；钢支座部件磨损、裂缝
	桥墩	蜂窝、麻面；剥落、露筋；空洞、孔洞；混凝土碳化、腐蚀；位移；裂缝
	桥台	剥落；空洞、孔洞；混凝土碳化、腐蚀；桥头跳车；位移；裂缝
	墩台基础	冲刷、掏空；剥落、露筋；冲蚀；滑移和倾斜评；基础裂缝
	伸缩缝	伸缩缝凹凸不平；伸缩缝锚固区缺陷；伸缩缝破损；伸缩缝失效

四、常见的桥梁预防性养护技术

常见的桥梁预防性养护技术及适用性见表5-60。

桥梁预防性养护技术及适用性 表5-60

技术种类	适用条件	预处理
伸缩缝更换	原有伸缩缝失效	清除原伸缩缝
裂缝填封	混凝土表面出现细微裂缝（0.1mm左右）	裂缝边缘清理
修补表面缺陷	混凝土表面麻面、局部空洞等	缺陷表面清理、凿除
碳纤维加固	混凝土局部抗拉强度不足	缺陷处凿除
粘贴钢板加固	混凝土局部抗拉强度不足，或提高几个构件间的协同受力效果	对加固构件进行卸荷
加大截面加固	混凝土局部受压强度不足	表面凿毛

(一) 裂缝填封

裂缝填封常用的方法有表面封闭修补法、树脂类材料灌浆法、无扩张裂缝封闭法、化学压力灌浆法等。

1. 表面封闭修补法

表面封闭修补法是在微细裂缝的表面涂抹树脂保护膜,通过密封裂缝,防止表面水分、二氧化碳以及氯离子等有害介质侵入混凝土内,提高混凝土的耐久性。

2. 树脂类材料灌浆法

环氧树脂是最常见的裂缝灌注材料。它具有较高的机械强度,并能抵抗混凝土所遇到的大多数化学侵蚀,树脂可以灌入到 0.05mm 的裂缝。除某些特殊的环氧树脂之外,当裂缝是活动的、有渗漏的、不能干透的或者裂缝数量极多时,通常不宜采用树脂灌注法。

3. 无扩张裂缝封闭法

无扩张裂缝封闭技术用于早期裂缝的处理,用高强环氧树脂系列胶结剂配合定量的特种水泥配比成黏稠状的修补胶剂,此种胶剂可快速附着于裂缝表面并对裂缝表层进行有效的渗透,修补后裂缝无扩张、无发展,并阻断空气和水分进入裂缝深处,达到修补的目的。

4. 化学压力灌浆法

化学压力灌浆法是一种有效的修复结构构件裂缝的方法,能将混凝土结构恢复到使用初期的整体状况,在很大程度上使结构强度得到恢复。

施工工艺流程:裂缝处理→埋设灌浆嘴→封缝→封缝检查→配制浆液→灌浆→封口处理→质量检查。

(二) 伸缩缝更换

当伸缩缝功能不能满足使用要求,严重缺损、失效,维修困难时,需进行伸缩缝更换,更换伸缩缝应满足结构变形限制的要求。

伸缩缝更换施工步骤:准备工作→预留槽口→伸缩缝的安装就位与锚固→伸缩缝过渡段混凝土浇筑→养护。

(三) 表面空洞填充处理法

表面空洞填充处理法是混凝土浇筑质量不合格造成表面空洞时,为保证桥梁质量所采取的方法。

表面空洞填充处理法的步骤:准备工作→混凝土表面清理→空洞内锈蚀钢筋除锈→灌注环氧砂浆填充→养护→验收。

(四) 碳纤维加固技术

碳纤维加固技术是利用黏结剂将碳纤维增强复合材料粘贴到混凝土表面,与混凝土变形协调,共同受力,提高混凝土构件的承载能力和刚度。

碳纤维加固技术施工工艺:施工前的准备工作→混凝土表面处理→清洗基面→配制底层树脂并涂刷→配制找平材料并整平→配制黏结树脂→粘贴碳纤维→罩面防护处理。

(五) 粘贴钢板加固技术

粘贴钢板加固技术是用环氧树脂系列黏结剂将钢板粘贴在钢筋混凝土结构物的受拉缘或

薄弱部位,使之与原结构物形成整体,共同受力,以提高其抗弯、抗剪能力及刚度,改善原结构的钢筋及混凝土应力,限制裂缝的进一步发展。

粘贴钢板加固技术施工工艺流程:表面处理→配制黏结材料→涂胶和粘贴→固定与加压→固化→检验→防腐处理。

(六)加大截面加固技术

加大截面加固技术,是通过增大混凝土构件的截面和增加配筋,提高构件的强度、刚度、稳定性和抗裂性,也可用来修补裂缝。

加大截面加固技术施工工艺流程:混凝土表面处理→卸荷→植入新增钢筋→原钢筋处理→新钢筋与原钢筋焊接→支模板→浇水湿润→浇筑混凝土或灌浆料→养护。

五、桥梁预防性养护的管理工作

1. 建立桥梁管理系统和桥梁养护库

加强桥梁检查的力度,实施桥梁病害监控,正确评价桥梁的技术状况,全面掌握桥梁的技术状况和病害的发展趋势,制订合理的养护维修对策,保证养护资金得到充分合理的使用。

2. 建立健全桥梁检查与评定制度

对桥面设施、上部结构、下部结构及附属构造物的技术状况进行经常性检查;定期对桥梁进行全面检查,评定桥梁的使用功能;对出现病害或有可能出现病害的桥梁进行特殊检查,以确定发生病害的原因、缺损程度、承载能力、抗灾能力。

3. 合理确定养护和维修类别

根据经常检查和定期检查的结果,对桥梁进行全面的评定,依据评定结果确定是否需要进行特殊检查。最后依据评定结果,确定桥梁是做预防性维修、病害防治,还是进行大中修。

4. 建立长期有效的桥梁管养责任制

安排专人负责桥梁日常养护管理工作,明确责任单位和责任人,加强桥梁的巡视与检查力度,并做好桥梁经常检查记录。建立养护档案,掌握桥梁技术状况,尽早发现缺损或异常情况,提出养护措施,保证行车安全,延长桥梁使用寿命,避免灾难性事件发生。

5. 拥有一支专业化的专职人才队伍

建立一支长期稳定、训练有素、能力较强、能负责任的养护管理和一线作业人员队伍,以提高科学决策和养护技术水平,特别应避免因人员不足导致长期加班、疲劳作战而引发的各种事故。树立"以人为本、人命关天"的理念,使管理和养护工作更加人性化、科学化、现代化。

第六章 路况评定与养护管理

公路建成投入使用后,会由于各种原因而损坏。其原因可归纳为四个方面:第一,车辆荷载反复作用导致。行驶车辆通过车轮传递给路面的垂直压力以及车辆起动、制动、变速、转向以及克服各种行车阻力作用于路面的水平力;车辆行驶时自身产生的振动及因路面不平整引起车辆颠簸产生振动而对路面作用的动压力;车辆行驶时在车轮的后方与路面之间形成暂时的真空而对路面产生的真空吸力等反复的行车荷载作用。第二,自然因素长期作用引起。暴露于大气中的路面,直接经受着大气温度的影响,大气的降水和蒸发、地面水的渗透以及地下水等自然因素的影响。第三,筑路材料性质的衰变所致。由于材料性质复杂多变,往往与设计和施工预期的结果有或多或少的出入,加之施工中各种因素导致的材料性质变异等,均是引起路面损坏的原因之一。第四,设计和施工因素考虑不周或某些缺陷引起。路面设计往往是借助一定理论模型设计,这些模型选择各种参数与实际路面结构不完全一致,加之设计中的野外调查不够深入等原因,均会导致路面加速破坏;此外,施工中由于不同施工单位之间技术水平、设备条件、施工组织、人员素质、施工工艺等存在差别或不足,也会导致路面不同程度和不同类型的破坏。总之,随着时间的推移,公路的技术状况和服务能力将逐渐退化。为了保持公路良好的使用性能和延长其使用寿命,在寿命周期各个不同阶段必须本着"预防为主,防治结合"的原则,采取适当的养护技术措施,及时修复损坏部分,保持公路完好、畅通、整洁、美观,周期性地进行大中修,逐步改善技术状况,提升公路的使用质量和抗灾能力。路况评定是基于常见路面病害进行的,在此之前需要了解路基路面常见病害及其防治措施。

第一节 国外沥青路面病害分类与成因分析

一、沥青路面破坏类型

沥青路面的常见病害有裂缝、车辙、平整度差,其他的病害有错台、坑洞、剥落松散、搓板差。沥青路面产生病害时同水泥混凝土路面一样,可能是单独发生,也可能是多种病害在某一时期不同程度地发生。

产生病害的原因,有材料因素、设计不足、施工不善、沥青老化、自然因素、行车荷载,以及路面在使用中疲劳等,均会使得沥青路面发生损坏等。病害的种类(产生的形态)有主观和客观的原因,但往往也是多种原因相互影响所致。如表6-1所示。

沥青路面的主要病害及原因 表 6-1

病 害 种 类		按发生原因等细分类	病 害 种 类	按发生原因等细分类
裂缝	线状裂缝 纵向	疲劳开裂	车辙	因路床、基层压缩变形车辙
		车辙病害		因沥青混合料塑性变形车辙
		施工缝开裂		因沥青混合料磨耗车辙
		冻胀开裂	平整度降低	纵断方向凹凸
	横向	反射裂缝	其他病害	错台
		温度应力裂缝		坑洞
		施工缝开裂		剥落松散
	龟甲状裂缝	路床、基层承载力不足开裂		搓板
		因路床、基层下沉开裂		隆起
		因沥青混合料劣化、老化开裂		坑洼
		冻胀开裂		大空隙沥青路面集料松散
		构造物周边开裂		大空隙沥青路面空隙堵塞、空隙封闭
		因下面层松散开裂		大空隙沥青路面局部隆起(侧向流动)
				面层沉陷

(一) 横向裂缝

横向裂缝(图 6-1)的表现形式是裂缝与道路中心线基本垂直,缝宽不一,缝长有贯穿整个路幅的,也有部分贯穿路幅的。

(二) 纵向裂缝

纵向裂缝(图 6-2)表现形式是裂缝走向基本与行车方向平行,裂缝长度和宽度不一。

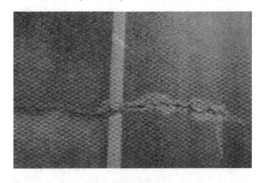

图 6-1　沥青路面横向裂缝

图 6-2　沥青路面纵向裂缝

(三) 网状裂缝

网状裂缝(图 6-3)表现形式为裂缝纵横交错,缝宽 1mm 以上,缝距 40cm 以下,面积 1m² 以上。车辆通过时,沥青路面的裂缝会产生局部路段的跳车,造成行车不舒适,影响车速,破坏路的连续性、整体性和美观性。

(四) 龟裂

龟裂(图 6-4)表现形式是网裂缝继续扩展,继而连成一片,形成乌龟壳背似的形状。龟裂的发展使得路面彻底分开成各个小片,路面渗水严重,基层开始大规模破坏,导致沉陷发生和路面坑洞等破坏。路面一旦发生龟裂,路面稳定性极差,行车安全也没有保障,制动时易打滑,并会继续引发其他病害。

图 6-3　沥青路面网状裂缝　　　　　　　图 6-4　沥青路面龟裂

(五) 唧浆

唧浆表现形式是基层的粉、细料浆水从面层裂缝或从多空隙率面层的空隙处析出,雨后路表面呈淡灰色。浆水使路面稳定性降低,行车安全也没有保障,车辆制动时易打滑,并会造成其他病害。

(六) 车辙

车辙(图 6-5)的表现形式是路面在车辆荷载作用下轮迹处下陷,轮迹两侧往往伴有隆起,形成纵向带状凹槽,在实施渠化交通的路段或车辆制动频率较高的路段较宜出现。在山区上坡路段沥青路面车辙病害尤为严重,严重影响了行车的安全性和路面的使用寿命。

(七) 壅包

壅包(图 6-6)的表现形式是沿行车方向或横向出现局部隆起,壅包较易发生在车辆经常起动和制动的地方,如停车站、交叉口等,造成行车不稳定,颠簸。车速快时,容易发生危险,也影响路面整体美观。

 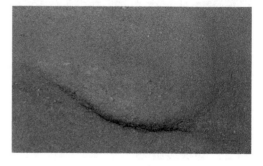

图 6-5　沥青路面车辙　　　　　　　图 6-6　沥青路面壅包

(八) 搓板

搓板(图 6-7)的表现形式是路表面出现轻微、连续的接近等距离的起伏形状,形似洗衣搓板,故称为搓板。虽峰谷高差不大,但车辆经过时有较高频率的颠簸感。搓板会造成路面颠簸,破坏路面整体美观,并对行车安全有影响。

(九)泛油

泛油(图6-8)表现形式是表面处治和贯入式路面的表面基本上被一薄层沥青覆盖,未见或很少看到集料,路表光滑,容易引起行车滑溜,导致交通事故。其危害是使路面光滑,特别是雨天对行车安全构成严重威胁。另外,沥青往上面层迁移,直接损害中、下面层,使其低温抗裂性能降低。

图6-7 沥青路面搓板

图6-8 沥青路面泛油

(十)坑槽

坑槽(图6-9)的表现形式为表面局部松散,形成深度2cm以上的凹槽,在水的侵蚀和行车作用下,凹槽或进一步扩大,或相互连接,形成较大较深坑槽,严重影响行车的安全性和舒适性。坑槽的危害造成路面颠簸,破坏路面整体美观,并对行车安全有影响。

(十一)松散

松散(图6-10)的表现形式是面层集料之间的黏结力丧失或基本丧失,路表面可观察到成片悬浮的集料或小块混合料,面层的部分区域明显不成整体。干燥季节,在行车作用下可见轮后粉尘飞扬,不但对行车舒适有影响,松散的粉尘对行车视线和安全也有影响。

图6-9 沥青路面坑槽

图6-10 沥青路面松散

按照一些国家的分类方法,可将以上路面病害归纳为开裂、车辙、平整度降低和其他病害四大类。

二、沥青路面破坏原因分析

(一)路面开裂(裂缝)

沥青路面的开裂,包括路面表面的龟裂。开裂的形态,有线状(纵向、横向)、网状裂缝(包括龟甲状)两种。

因裂缝的形态和发生位置的不同,其大致分类如表6-2所示。

裂缝的形态及发生位置与种类   表6-2

形 态		发 生 位 置	种 类
线状裂缝	纵向	车轮走行部	疲劳开裂
			车辙开裂
		施工接缝部	施工接缝开裂
		施工接缝部和BWP等种	冻胀开裂
	横向	间隔均等	反射裂缝
			温度应力开裂
		施工接缝部	施工接缝开裂
龟甲状裂缝		车轮走行部	路床、基层承载力不足开裂
			路床、基层下沉开裂
		全部路面	沥青混合料劣化、老化开裂
			因冻融作用开裂
		部分路面	构造物周边开裂
			下面层松散开裂

1.线状裂缝

1)横向裂缝

横向裂缝产生的原因可归纳为以下几种:其一是,施工缝未处理好,接缝不紧密,结合不良。其二是,沥青未达到适合于本地区气候条件和使用要求的质量标准,致使沥青面层温度收缩或温度疲劳应力(应变)大于沥青混合料的抗拉强度(应变)。其三是,半刚性基层收缩裂缝的反射裂缝。其四是,桥梁、涵洞或通道两侧的填土产生固结或地基沉降。

按照成因不同,横向裂缝分为反射裂缝、温度应力裂缝和施工缝三种,现分别简述如下。

(1)反射裂缝

反射裂缝是指水泥混凝土板上加铺沥青路面段落,被混凝土板的横缝诱发,在其上部沥青混合料层中发生的开裂。横缝间隔5~10cm(与下层水泥混凝土板的接缝间隔相同)。

水泥稳定处理的基层或矿渣基层发生收缩裂缝时,受其诱发,上面沥青混合料层也会发生开裂(俗称半刚性基层收缩裂缝导致的反射裂缝),裂缝间隔3~5m。

此外,在进行罩面或铣刨罩面时,若施工的原有路面发生裂缝,有时会发展到表层形成早期开裂,此类裂缝也称为反射裂缝。在旧路面上加罩沥青面层后原路面上已有裂缝(包括水泥混凝土路面接缝)的反射也会产生反射裂缝。

(2)温度应力裂缝(低温开裂)

温度应力裂缝是指伴随温度变化,因路面层的反复伸缩变形,沥青混合料发生的疲劳开裂。特别是在温度降低到-20℃极度低温路段,发生(间隔5~10m)贯穿路面整体的裂缝。

(3)施工接缝开裂

施工接缝开裂是发生在横向施工缝处的裂缝,因接缝部结合不良或碾压不足等原因,导致使用后发生的早期开裂。

2)纵向裂缝

(1)疲劳开裂

根据有关路面结构的定义,疲劳开裂是指路面因车辆行驶产生疲劳破坏,在车辆行驶部位发生的纵向线状裂缝。

疲劳开裂的原因(图6-11)绝大部分是因交通荷载作用,沥青混合料层的底面产生拉应变,该拉应变重复作用,在沥青混合料层底部产生开裂,该裂缝徐徐发展,直至路面上面层。

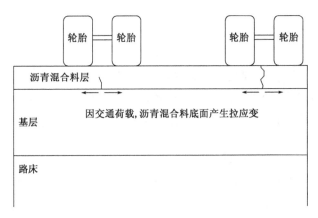

图6-11 疲劳开裂的发生机理

(2)车辙裂缝

车辙裂缝和疲劳开裂的机理相同,是在车轮轮迹位置产生的纵向线状开裂。

关于车辙裂缝发生的原因和机理并未形成统一,作为见解之一,如图6-12所示,是因交通荷载作用,在沥青混合料层的表面产生拉应变,该反复作用使沥青混合料层的表面发生开裂,并缓慢地向下部延伸。因此,当面层材料层厚,温度高,大型车交通量大等条件相互影响时,则容易发生车辙裂缝。

(3)施工接缝开裂

施工接缝开裂是指在纵向的施工接缝部位发生的开裂(图6-13),也有因接缝不良或碾压不足等原因,路面交付使用后发生早期开裂。

(4)冻胀裂缝

冻胀裂缝是由于冬季的低温,道路路床产生称为"大冰晶体"的冰层,致使地面降起产生的开裂。冻胀裂缝多发生在接缝或行车道中央部位。

此外,前后摊铺幅相接处的冷接缝未按有关规范要求认真处理,致使结合不紧密而脱开和纵向沟槽回填土压实质量差而发生沉陷,以及拓宽路段的新老路面交界处沉降不一,也是产生纵向裂缝的原因。

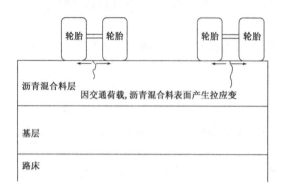
图6-12 车辙裂缝的发生机理

图6-13 施工接缝的开裂例

2. 网状裂缝和龟甲状裂缝

1) 网状裂缝

导致网状裂缝的原因归纳起来主要有三个方面:首先,路面结构中有软化层或泥灰层,粒料层松动,水稳性差;其次,沥青与沥青混合料质量差,延度低,抗裂性差;再次,沥青层厚度不足,层间黏结差,水分渗入,加速裂缝的形成。

2) 龟甲状裂缝

(1)路床、基层承载力不足开裂。

路床、基层承载力不足开裂作为龟甲状裂缝代表性的病害之一,主要发生在沿车辆行走部位(图6-14)。龟裂若贯穿到沥青混合料全面层,则雨水会顺着裂缝渗透到路床、基层,由此导致路床、基层的承载力降低,产生线状裂缝,进而发展到龟甲状开裂,并往往伴有路床、基层的下沉变形。

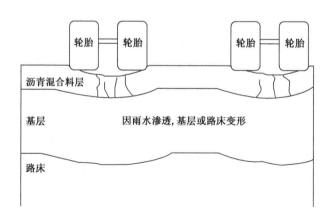
图6-14 路床、基层的承载力不足龟甲状裂缝发生机理

(2)路床、基层下沉开裂(不均匀下沉裂缝)。

不均匀下沉裂缝,是因路床或基层产生不同下沉变形产生的裂缝(图6-15)。

因填方和挖方的承载力不同,狭小部位压实不足,路床、基层的承载力不足等原因,还有在构造物周边产生的裂缝。

(3)沥青的老化开裂。

因沥青劣化和老化产生的开裂,会从行车道发展到整个路面表面。由于是沥青劣化和老化的原因,因此即使在交通量较少的路段也会发生,并往往伴随下沉。

(4)冻融期因路床、基层的承载力降低而引起的开裂。

图6-15 路床、基层下沉开裂例

冻融作用开裂是指春融期间,由于地基中称为"冰晶体"的冰层融解,路床的承载力降低,加上此时的交通荷载作用,路面发生开裂。

(5)构造物周边开裂。

构造物周边开裂是指在人孔或排水口等构造物周边产生的裂缝,构造物和路面交界处的错台,由于车辆通过时对路面产生较大的冲击作用而产生龟裂。施工时因构造物的影响,不能充分碾压,也是形成开裂的原因之一。

(6)下面层剥离开裂。

下面层剥离开裂是指桥面或大空隙路面中,发生在车轮行走部位,由于下面层混合料产生剥离失去承载力,产生龟甲状裂缝。

(二)车辙

车辙是指车辆通过位置发生的在行驶方向的连续凹面。若车辙较深,不但会降低操作方向盘时车轮的稳定性,而且在雨天时车辙中形成的滞水会成为影响驾驶员视线的一大因素,在路边设有人行道时,行车浅水和砂石路面浅泥均会影响到行人安全和正常行走。车辙的发生形态有三类:第一类是路床或基层压缩变形引发;第二类是因沥青混合料的塑性变形导致;第三类是由于沥青路面磨耗导致。发生车辙的原因亦可分为外部原因和内部原因。外部原因又包括交通荷载和气象条件两个方面,交通荷载是指交通流量多少、大型车混入率大小、交通阻车情况以及交叉口处车辆受力状况等;气象条件系指夏季高温使沥青路面变软。内部原因指沥青混合料或沥青路面结构类因素,包括路床、基层的压缩变形,沥青混合料的塑性变形、磨耗,路面结构性状等。

1.因路床和基层压缩变形产生的车辙

因路床、基层压缩变形产生的车辙,是由于路床、基层承载力不足,基层的压实不足,雨水从裂缝中渗透使路床、基层软弱化,或路面结构因超载车辆行驶时,路床、基层压缩变形引起沥青混合料层的随之变形。

从表6-3中可看出,以路床、基层压缩变形为主要原因时的车辙特征。

车辙发生的主要原因及其特征(路床、基层压缩变形类)　　　表 6-3

主要发生原因	路床、基层承载力不足,基层压实不足; 相对于路面结构车辆超载; 车辆长时间停车和振动	
发生场所	沥青路面厚度较薄路段; 停车场、堆场、高速公路进出口、农村道路	
车辙的特征	车辙宽度	比较宽
	较高程抬高	比较少
	车辙的发展	初期较快,后期发展较慢
	双辙槽	很少发生双辙槽形状
	有无开裂	很少能见开裂
	集料飞散	—
	表面纹理	—
	行驶性(纵向)	一般无特别问题

现实路面性状的变化是随着路床、基层的变形和沥青混合料自身的压缩变形复合原因产生的。路床、基层变形发展严重的路段,沥青混合料的车辙外侧很少产生隆起,但往往产生开裂。

2. 因沥青混合料塑性变形产生的车辙

图 6-16　因沥青混合料塑性变形产生的车辙

因沥青混合料塑性变形产生的车辙如图 6-16 所示。

因沥青混合料塑性变形产生的车辙,在轮胎行走位置产生的双辙槽和外侧隆起的现象,主要是夏季高温时,因汽车荷载的重复作用引起沥青混合料永久变形所致。在交叉口位置、大型车通行多的路段常可看见,车辙程度因沥青混合料的种类和夏季气温等因素而异。

表 6-4 中列出了以沥青混合料的塑性变形为主要原因时的车辙特征。

车辙发生的主要原因及其特征(沥青混合料塑性变形类)　　表6-4

主要发生原因		表层对塑性变形抵抗性不足; 沥青混合料压实不足; 外因(交叉口等处车辆荷载时间长、交通量大、路面高温时间长)突出
发生场所		交叉口进入、暂停位置,停车段; 高速路进出口大量停车段; 重交通路段、大型车辆出入口、交通量多的路段
车辙的特征	车辙宽度	宽度较窄
	较高程抬高	隆起量较大
	车辙发展速度	夏季发展较快
	双辙槽(形状)	呈双辙槽形状
	有无裂缝	往往不发生开裂
	集料飞散	—
	表面纹理	—
	行驶性(纵向)	双辙槽中难以操纵轮胎方向

3. 因沥青混合料磨耗产生的车辙

因沥青混合料磨耗产生的车辙如图6-17所示。

磨耗类车辙多见于积雪寒冷地区的道路中,冬季由于装有轮胎防滑链车辆的重复作用,沥青混合料的表层产生磨耗。由于沥青混合料的变形,表面沥青砂浆成分的磨损,横断方向产生凹凸,具有在走行轨迹部位产生辙槽的特征。

以沥青路面产生磨耗为主要原因的车辙特征如表6-5所示。

近年来,大空隙沥青混合料路面面层数量增多,往往伴随面层集料飞散而产生磨耗。通常,不降雪的路段有降雪时,或即使是积雪寒冷地区降雪量多于往常时,由于装有防滑链的除雪车出动次数较多也易形成磨耗性车辙。

图6-17　因沥青混合料磨耗产生的车辙

车辙发生的原因及其特征（沥青混合料磨耗类） 表 6-5

主要发生原因		冬季因装有轮胎防滑链车辆对路面磨耗；使用软质集料
发生场所		积雪寒冷地区的道路
车辙的特征	车辙宽度	比较宽
	较高程抬高	几乎没有隆起
	车辙发展速度	冬季车辙发展快
	W 形车辙（形状）	整体磨耗，多呈凹形
	有无开裂	—
	集料飞散	路肩可见磨耗后飞散的细料或集料
	表面纹理	表面沥青砂浆磨耗
	行驶性（纵向）	一般无特别问题

（三）平整度降低

平整度降低是纵断方向的凹凸，通常发生在纵断方向且波长较长。平整度降低的原因，主要是路床或基层承载力不均匀，产生不均匀下沉或冻胀等。

（四）其他病害

沥青路面其他病害包括唧浆、壅包（隆起）、搓板、泛油、坑槽、松散或剥落、错台、摩擦系数降低、大空隙沥青路面集料飞散、大空隙沥青路面空隙堵塞或空隙封闭、大空隙沥青路面局部隆起（侧向流动）以及面层沉陷共 12 种。

1. 唧浆

产生唧浆的原因有以下几个方面：

（1）基层用料不当，或拌和不匀，细料过多，由于其水稳性差，遇水后软化，在行车作用下浆水上冒。

（2）低温季节施工的半刚性基层，强度增长缓慢，而路面开放交通过早，在行车与雨水作用下使基层表面粉化，形成浆水。

（3）冰冻地区的基层，冬季水分积聚成冰，春水解冻时翻浆。

（4）沥青面层厚度较薄，空隙率较大，未设置下封层和没有采取结构层内排水措施，促使雨水下渗，加速翻浆的形成。

（5）表面处治和灌入式面层竣工初期，由于行车作用次数不多，结构层尚未达到应有密实度就遇到雨季，使渗水增多，基层翻浆。

2. 壅包

壅包也称隆起，指面层发生局部鼓高现象。产生壅包的原因主要是透层、黏层洒布量过多，混合料层间结合不良。另外，下列原因也会引起壅包。

（1）沥青混合料的沥青用量偏高或细料偏多，热稳定性不好，在夏季气温较高时，不足以抵抗行车引起的水平力。

（2）面层摊铺时，底层未清扫或未喷洒（涂刷）黏层沥青，致使路面上下层黏结不好，沥混合料摊铺不匀,局部细料集中。

(3)基层或下面层未经充分压实,强度不足,发生变形位移。

(4)在路面日常养护时,局部路段沥青用量过多,集料偏细或摊铺不均匀。

(5)陡坡或平整度较差路段,面层沥青混合料容易在行车作用下向低处积聚而形成壅包。

3. 搓板

搓板是指在道路的纵向发生连续波长较短的波状凹凸不平现象。搓板一般发生在车辆频繁制动或停车路段上,尤其在交叉口的进出部、弯道、下坡、阻车等路段。产生搓板的主要原因有混合料对塑性变形抵抗力差、封层质量不好或洒布量过多、混合料层间结合不良等。另外,产生搓板还可能基于以下原因。

(1)沥青混合料的矿料级配偏细,沥青用量偏高,高温季节时,面层材料在车辆水平力作用下,发生位移变形。

(2)铺设沥青面层前,未将下层表面清扫干净或未喷洒黏层沥青,致使上层与下层黏结不良,产生滑移。

(3)旧路面上原有的搓板病害未认真处理即在其上铺设面层。

4. 泛油

泛油是指由于沥青路面油石比过大,在夏季高温时,路面发生溢油的现象。泛油会造成路面眩光及沾轮等,影响行车安全。产生泛油的原因如下:

(1)表面处治、贯入式使用沥青标号不适当,针入度过大。

(2)沥青用量过多或集料洒布量过少等。

(3)冬天施工,面层成型慢,集料散失过多。

5. 坑洞

坑洞亦称坑槽,指路面表面产生口径 $10\sim100cm$ 的洞穴,往往是由于龟裂处面层材料飞散,沥青混合料剥离等发展产生的。另外,在大空隙沥青路面中,坑洞往往是因石油类的油脂渗透、集料飞散、下面层剥离等原因产生。沥青混合料的质量不佳或施工碾压不足,会加速坑洞发生。此外,面层厚度不够,沥青混合料黏结力不佳,沥青加热温度不高,碾压不密实,在雨水和行车作用下,面层材料性能日益恶化,松散、开裂,逐步形成坑槽。摊铺时,下层表面泥灰、垃圾未彻底清除,使上下层不能有效黏结。路面罩面前,原有的坑槽、松散等病害未完全修复。当路面出现松散、脱皮、网裂等病害时,或被机械行驶刮铲损坏后,未及时养护修复。

6. 松散或剥落

松散剥落是沥青薄膜从集料表面剥离现象,通常从沥青混合料下面层开始发展。发生松散大多是由于水的存在,使沥青薄膜从集料表面剥离,混合料呈颗粒化,这些段落若发生开裂、下沉或坑洞,则早期会快速发展。当使用耐水性差的材料、压实不足或在桥面板排水性差等情况下,沥青路面中容易积水,以及使用大空隙沥青混合料因雨水聚积等原因,下面层沥青混合料也会产生剥落和松散。此外,下列原因也会导致剥落或松散。

(1)沥青混凝土中的沥青针入度偏小,黏结性能不良;混合料的沥青用量偏少;矿料潮湿或不干净,与沥青黏结不牢固;拌和时间温度偏高,致使沥青焦枯;沥青老化或与酸性石料间的黏附性不良等均会造成路面松散。

(2)摊铺施工时,未充分压实,或摊铺时,沥青混凝土温度偏低;雨天摊铺,水膜降低了集料间的黏结力。

(3)基层强度不足,或呈湿软状态时摊铺,在行车作用下造成面层松散。

(4)在沥青路面使用过程中,溶解性油类的泄漏、雨雪水的渗入,也降低了沥青的黏附性能。

7. 错台

错台易发生在路面与构造物的连接处、路面接缝等部位,简单地说就是面层高度急剧变化的部位。有构造物或地下埋设物的路面等部位,由于和一般路面结构不同,产生不均匀下沉;或因原路面和新铺路面接缝处施工不良等原因会发生错台(图6-18)。另外,路面基层或沥青混合料层压实不充分时,更加促使错台的产生。

a)桥梁伸缩缝处的错台

b)检修孔处的错台

图6-18 错台

8. 摩擦系数降低

摩擦系数降低作为路面的一种病害表现为"磨光"。

磨光是指路面表面承受因行驶车辆车轮的磨耗作用,沥青砂浆和集料同时变得平滑的现象(图6-19)。

图6-19 磨光

磨光往往是粗集料质量不良原因所致。

9. 大空隙沥青路面集料飞散

大空隙沥青路面集料飞散,主要表观为路面表面的集料飞散、面层变粗。其产生原因,主要有轮胎防滑链的打击等冲击荷载和轮胎的扭转作用(图6-20)。

图6-20　大空隙沥青路面集料飞散状况

大空隙沥青路面发生集料飞散的机理如图6-21所示。

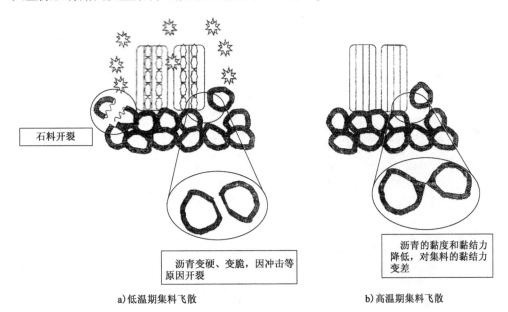

图6-21　大空隙沥青路面集料飞散的机理

一方面,因轮胎防滑链的打击等冲击荷载作用产生的集料飞散,在冬季容易发生。这是因为低温时沥青变硬且脆,因冲击荷载作用,使沥青开裂、集料飞散。此外,使用软质石料时,也有因集料开裂而飞散的现象。另一方面,因轮胎扭转而产生的集料飞散,在高温季节容易发生。这是因为高温条件下沥青的黏度和黏结力降低,在扭转作用中对集料的黏结力降低,从而使集料飞散。特别是在接缝等部位,因为容易造成压实度不足、接缝处集料嵌挤度差,所以容易发生集料飞散。

10. 大空隙沥青路面空隙堵塞或空隙封闭

大空隙沥青路面的空隙堵塞、空隙封闭，均是空隙闭塞现象，如图 6-22、图 6-23 所示。

图 6-22 空隙堵塞

图 6-23 空隙封闭

空隙堵塞是由于泥土、粉尘等堆积在空隙中造成的。

空隙封闭是因车辆行走的揉搓作用等影响，或混合料的塑性变形造成的空隙闭塞。

此类病害虽未使路面本来机能降低，但会使轮胎/路面降噪机能和排水机能等环境负荷的机能变差。

11. 大空隙沥青路面局部隆起（侧向流动）

大空隙沥青路面的局部隆起，是在行车道部分局部下沉的同时，向侧向隆起的现象，如图 6-24 所示。

图 6-24 大空隙沥青路面局部隆起

该病害发生的原因，有上、下面层间的黏结力不足和下面层混合料损坏两种情况。

作为下面层混合料损坏代表性的病害，可举出"剥离"，因为这种剥离松散和下面层混合料发生塑性变形，导致上、下面层间黏结力降低，使路面表面发生隆起。

作为参考，在土木研究所的路面行车试验场中，通过大空隙沥青路面局部隆起部分开挖断面调查的结果，得到以下结论（图 6-25 为开挖断面状况）。

首先，在发生侧向流动位置附近，下面层的塑性变形明显；在轮荷载中心位置，下面层因剥离松散而破坏，表面层和下面层混合料无法保持原状。其次，表面层和下面层的交界面呈光滑状，表面向侧向滑移流动。再次，在发生侧向流动部位周边钻芯取样，即使下面层保持原位，车轮通过的位置上、下面层分离，钻孔时上、下面层分离的芯样有半数之多。

12. 面层沉陷

面层沉陷无论何种原因，都是面层以下产生空洞导致的面层陷落现象。

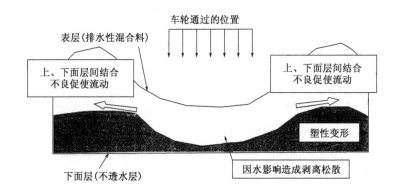

图 6-25 开挖断面状况

道路条件和空洞的发生其因果关系虽不太明确,但可以认为以下条件的道路,发生空洞的可能性高。

首先,是和以往发生过面层沉陷路段有相同道路结构(路面结构、埋设物)路段的道路。其次,是面层以下存在地下构造物或管线等埋设物的道路,如地铁、共用管沟、洞道、地下道、地下街,以及上水道、下水道、天然气、电力线、电话线、横穿水管等。再次,是河流、海岸类受水影响的道路等。

若形成空洞,面层的变形被确认,其示例如图 6-26 所示。

面层以下发生的空洞示例如图 6-27 所示。从空洞发生到沉降发生的机理,由于是面层以下的现象,无法用眼视认,加之路面各层材料特性的不同,以及使用时的交通荷载作用,皆和空洞的发生有关,不明确点较多。作为防止面层沉陷的对策,可考虑增加道路巡查等目视检查,定期用地质雷达检查面层空洞或进行 FWD 调查,确认了面层沉陷危险路段后,详细记录其位置和状况,尽快采取应对措施。

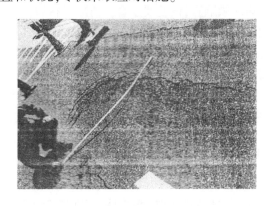

图 6-26 有可能发生沉陷的面层

图 6-27 面层以下发生的空洞

三、沥青路面破坏预防措施与治理方法

下面简要介绍沥青路面预防措施和治理方法,值得注意的是在此只谈措施和方法,至于详

细的施工组织、材料要求和施工程序及施工工艺,已在有关章节中阐述。

(一)横向裂缝

1. 预防措施

(1)合理组织施工,摊铺作业连续进行,减少冷接缝。冷接缝的处理,应先将已摊铺带边缘切割整齐、清除碎料,然后用热混合料敷贴接缝处,使其预热软化;铲除敷贴料,对缝壁涂刷 $0.3 \sim 0.6 \text{kg/m}^2$ 改性黏结材料,再铺筑新混合料。

(2)充分压实横向裂缝。碾压时,压路机在已压实的横幅上,钢轮伸入新铺层15cm,每压一遍向新铺层移动 $15 \sim 20 \text{cm}$,直到压路机全部在新铺层为止,再改为纵向碾压。

(3)根据现行《沥青路面施工及验收规范》(GB 50092—1996)要求,按本地区气候条件和道路等级选取适用的沥青类型,以减少或消除沥青面层温度收缩裂缝。采用优质沥青更有效。

(4)桥涵两侧填土充分压实或进行加固处理;工后沉降严重地段,应事前进行软土地基处理和合理的路基施工组织。

2. 治理方法

为防止雨水由裂缝渗透至路面结构,对于细裂缝($2 \sim 5 \text{mm}$)可用改性黏结材料灌缝,对大于5mm的粗裂缝,可用改性沥青黏结材料灌缝。灌缝前,须清除缝内、缝边碎粒料、垃圾,并使缝内干燥;灌缝后,表面撒布粗砂或 $3 \sim 5 \text{mm}$ 石屑。

(二)纵向裂缝

1. 预防措施

(1)采用全路幅一次摊铺,如分幅摊铺时,前后幅应紧跟,避免前半幅摊铺混合料冷却后才摊铺后半幅,确保热接缝。

(2)如无条件全路幅摊铺时,上、下层的施工纵缝应错开15cm以上。前后幅相接处为冷接缝时,应先将已施工压实完的边缘斜部分切除,切线须顺直,侧壁要垂直。清除碎料后,宜用热混合料敷贴接缝处,使之预热软化,然后铲除敷贴料,并对侧壁涂刷 $0.3 \sim 0.6 \text{kg/m}^2$ 黏层沥青,再摊铺相邻路幅。摊铺时控制好松铺系数,使压实后的接缝结合紧密、平整。

(3)沟槽回填土应分层填筑、压实,压实度必须达到要求。如符合质量要求的回填土取土或压实有困难时,须做特殊处理,如采用黄沙、砾石砂或有自硬性的高钙粉煤灰或热闷钢渣等。

(4)拓宽路段的基层厚度和材料须与老路面一致,或稍厚。土路基应密实、稳定。铺筑沥青面层前,新老路面接缝宜用热烙铁烫密。

2. 治理方法

$2 \sim 5 \text{mm}$ 的裂缝可用改性乳化沥青灌缝,大于5mm的裂缝可用改性沥青(如SBS改性沥青)灌缝。灌缝前,须先清除缝内、缝边碎粒料、垃圾,并使缝内干燥;灌缝后,表面撒布粗砂或 $3 \sim 5 \text{mm}$ 石屑。

(三)网状裂缝

1. 预防措施

(1)沥青面层摊铺前,对下卧层应认真检查,及时清除泥灰,处理好软弱层,保证下卧层稳定,并宜喷洒 $0.3 \sim 0.6 kg/m^2$ 黏层沥青。

(2)原材料质量和混合料质量严格按现行《沥青路面施工及验收规范》(GB 50092—1996)的要求进行选定、拌制和施工。

(3)沥青面层各层应满足最小施工厚度的要求,保证上下层的良好连接,并从设计施工养护上采取措施,有效地排除雨后结构层内积水。

(4)路面结构设计应做好交通量调查和预测工作。路面结构组合与总体强度应满足设计使用期限内交通荷载要求。上基层应采用水稳定性良好的有粗粒料的石灰、水泥稳定类材料。

2. 治理方法

(1)如夹有软弱层或不稳定结构层时,应将其铲除;如因结构层积水引起网裂时,铲除面层后,需加设将路面渗透水排出至路外的排水设施,然后再铺筑新混合料。

(2)如强度满足要求,网状裂缝产生是由于沥青面层厚度不足时,可采用铣刨网裂的面层后加铺新料来处理,加铺厚度按现行设计规范计算确定;如在路面上加罩面,为减轻反射裂缝,可采用各种"防反"措施进行处理。

(3)由于路基不稳定导致路面网裂时,可采用石灰或水泥处理路基,或注浆加固处理,深度可根据具体情况确定,一般为 $20 \sim 40 cm$。消石灰用量 $5\% \sim 10\%$,或水泥用量 $4\% \sim 6\%$。待土路基处理稳定后,再重做基层、面层。

(4)由于基层软弱或厚度不足引起路面网裂时,可根据情况,分别采取加厚、调换或综合稳定的措施进行加强。水稳定性好、收缩性小的半刚性材料是首选基层。基层加强后,再铺筑沥青面层。

(四)反射裂缝

1. 预防措施

(1)采用有效措施减少半刚性基层收缩裂缝。

(2)在旧路面加罩沥青路面结构层前,可铣刨原路面后再加罩,或采用铺设土工织物、玻纤网后再加罩,以延缓反射裂缝的形成。

2. 治理方法

(1)缝宽小于 2mm 时,可不做处理。

(2)缝宽大于 2mm 时,可采用改性乳化沥青或改性沥青(如 SBS 改性沥青)灌缝。灌缝前,须先清除缝内、缝边碎粒料、垃圾,并使缝内干燥;灌缝后,表面撒上粗砂或 $3 \sim 5mm$ 石屑。

(五)唧浆

1. 预防措施

(1)采用含粗粒料的水泥、石灰、粉煤灰稳定类材料作为高等级道路的上基层。粒料级配应符合要求,细料含量要适当。

(2)在低温季节施工时,石灰稳定类材料可渗入早强剂,以提高其早期强度。

(3)根据道路等级和交通量要求,选择合适的面层类型和适当厚度。沥青混凝土面层宜采用两层式或三层式,其中一层须采用密级配。当各层均为沥青碎石时,基层表面必须做下封层。

(4)设计时,对空隙率较大、易渗水的路面,应考虑设置排除结构层内积水的结构措施。

(5)表面处治和灌入式面层经施工压实后,空隙率仍然较大,需借助行车较长时间以进一步压密成形,因此,这两种类型面层宜在热天或少雨季节施工。

2. 治理方法

(1) 采取切实措施,使路面排水顺畅,及时清除雨水进水孔垃圾,避免路面积水和减少雨水下渗。

(2) 对轻微唧浆路段,将面层挖除后,清除基层表面软弱层,施做下封层后铺筑沥青面层。

(3) 对严重唧浆路段,将面层、基层挖除,如涉及路基,还要对路基进行处理,然后铺筑水稳性好、含有粗集料的半刚性材料做基层,用适宜的沥青结构层进行修复,并做好排除路面结构层内积水的技术措施。

(六) 车辙

1. 预防措施

(1) 粗集料应粗糙,具有较多的破碎列面。密级配沥青混凝土中的粗集料应形成良好的骨架作用,细集料充分填充空隙,沥青混合料稳定度及流值等技术指标应满足规范要求,高等级道路应进行车辙试验检验,动稳定度对高速公路和城市快速路不小于 800 次/mm,对一级公路和城市主干路不小于 600 次/mm。

(2) 根据当地气候条件按《沥青路面施工及验收规范》(GB 50092—1996)选用合适标号的沥青,针入度不宜过大。

(3) 施工时,必须按照有关规范要求进行碾压,基层和沥青混合料面层的压实度应分别达到 98% 或 96%。

(4) 对于通行重车比例较大的道路,或起动、制动频繁,陡坡的路段,必要时可采用改性沥青混合料,提高抗车辙能力。在选用时,必须兼顾高低温性能。

(5) 道路结构组合设计时,沥青面层每层的厚度不宜超过混合料集料最大粒径的 4 倍,否则较易引起车辙。

2. 治理方法

(1) 如仅在轮迹处出现下陷,而轮迹两侧未出现隆起时,则可先确定修补范围,一般可目测或将直尺架在凹陷上,与长直尺底面相接的路面处可确定为修补范围的轮廓线。沿轮廓线将 5~10cm 宽的面层完全凿去或用机械铣刨,槽壁与槽底垂直,并用与凹陷内的原面层结构相同的材料修补,充分压实,与路面接平。

(2) 如在轮迹的两侧同时出现条状隆起,应先将隆起部位凿去或铣刨,直至其深度大于原面层材料最大粒径的 2 倍,槽壁与槽底垂直。将坡谷处的原面层凿毛,清扫干净后涂刷 0.3~0.6kg/m² 黏层沥青,再铺筑与面层相同级配的沥青混合料,并充分压实与路面接平。

(3) 若因基层强度不足、水稳性不好等原因引起车辙时,则应对基层进行补强或将损坏的基层挖除,重新铺筑。新修补的基层应有足够强度和良好的水稳性,坚实平整,如原为半刚性基层,可采用早期强度较高的水泥稳定碎石修筑,但其厚度不得小于 15cm,修补时应注意与周边原基层的良好衔接。

(4) 对于受条件限制或车辙面积较小的街坊道路,可采用现场冷拌的乳化沥青混合料修补,其矿料级配和沥青用量,可参照《沥青路面施工及验收规范》(GB 50092—1996)以及《公路沥青路面施工技术规范》(JTG F40—2004)确定。

（七）壅包

1. 预防措施

（1）在混合料配合比设计时，要控制细集料的用量，细集料不可偏多。选用针入度较低的沥青，并严格控制沥青的用量。

（2）在摊铺沥青混合料面层前，下层表面应清扫干净，均匀洒布黏层沥青，确保上下层黏结。

（3）人工摊铺时，由于料车卸料容易离析，应做到粗细料均匀分布，避免细料集中。

2. 治理方法

（1）凡由于沥青混合料本身级配偏细，沥青用量偏高，或者上下层黏结不好而形成的壅包，应将其完全铣刨掉，并低于原路表，然后待开挖表面干燥后喷洒 $0.3\sim0.6kg/m^2$ 黏层沥青，再铺筑热稳定性符合要求的沥青混合料至与路面平齐。当壅包周边伴有路面下陷时，应将其一并处理。

（2）如基层已被推挤，应将损坏部分挖除，重新铺筑。

（3）修补时应采用与原路面结构相同或强度较高的材料。如受条件限制，则对于面积较小的修补，可采用现场冷拌的乳化沥青混合料，但应严格控制矿料的级配和沥青用量。

（八）搓板

1. 预防措施

（1）合理设计与严格控制混合料的级配。

（2）在摊铺沥青混合料前，须将下层顶面的浮尘、杂物清扫干净，并均匀喷洒黏层沥青，保证上下层黏结良好。

（3）基层、面层应碾压密实。

（4）旧路面上进行沥青罩面前，须先处理原路面上已发生的搓板病害，否则，压路机无法将搓板上新罩的面层均匀碾压密实，新的搓板现象随即就会出现。

2. 治理方法

（1）因上下面层相对滑动引起的搓板，或搓板较严重，面积较大时，应将面层全部铲除，并低于原路面，其深度应大于修补沥青混合料最大集料粒径的 2 倍，槽壁与槽底垂直，清除下层表面的碎屑、杂物及粉尘后，喷洒 $0.3\sim0.6kg/m^2$ 黏层沥青，再新铺筑沥青面层。

（2）在交通量较小的街坊道路上，可采用冷拌的乳化沥青混合料找平或进行小面积的修补。

（3）属于基层原因形成的搓板，应对损坏的基层进行修补。

（九）泛油

1. 预防措施

（1）施工期，须根据本地区气候条件选定合适的沥青标号。

（2）沥青用量和集料规格、洒布量可按规定进行施工。

（3）冬天施工时，面层成形慢，集料容易散失，应及时补撒集料，避免低温季节施工。

2. 处理方法

在热天气温较高时进行处理最为有效，如轻微泛油，可撒布 $3\sim5(8)mm$ 石屑或粗黄沙，撒布量以车轮不沾沥青为度；如泛油严重，可先撒布 $5\sim10(15)mm$ 集料，经行车碾压稳定后再撒布 3~5(8)mm 石屑或粗黄沙嵌缝。使用过程中,散失的集料须及时回扫或补撒集料。

(十)坑槽

1. 预防措施

(1)沥青面层应具有足够的设计厚度,特别是上面层,不应小于施工压实层的最小厚度,以保证在行车荷载作用下有足够的抗力,沥青混合料配合比设计宜选用具有较高黏结力的较密实的级配。若采用空隙率较大的抗滑面层或使用酸性石料时,宜使用改性沥青或在沥青中掺加一定量的抗剥落剂以改善沥青和石料的黏附性能。

(2)沥青混合料拌制过程中,应严格掌握拌和时间、沥青用量及拌和温度,保证混合料的均匀性,严防因温度过高而造成的沥青焦枯现象发生。

(3)在摊铺沥青混合料面层前,下层应清扫干净,并均匀喷洒黏层沥青。面层摊铺后应按有关规范要求碾压密实。如在老路面上罩面,原路面上坑槽必须先行修补之后,再进行罩面。

(4)当路表面出现松散、脱皮、轻微网裂等可能使雨水下渗的病害,或路面被机械刮铲损坏,应及时修补以免病害扩展。

2. 治理方法

如路基完好,坑槽深度仅涉及下面层的维修。

(1)确定所需修补的坑槽范围,一般可根据路面的情况略大于坑槽的面积,修补范围应方正并与行车方向平行或垂直。

(2)若小面积的坑槽较多或较密时,应将多个小坑槽合并确定修补范围。

(3)采用人工或机械的方法将修补范围内的面层削去,槽壁与槽底应垂直,槽底面应坚实,无松动现象,并使周围好的路面不受影响或松动损坏。

(4)将槽壁槽底的松动部分、损坏的碎块及杂物清扫干净,然后再将槽壁和槽底表面均匀涂刷一层黏层沥青,用量为 $0.3~0.6kg/m^2$。

(5)将与原面层材料级配基本相同的沥青混合料填入槽内,摊铺平整,并按槽深 1.2 倍掌握好松铺系数。摊铺时要特别注意槽壁四周的原沥青面层边缘压实铺平。

(6)用压实机具在摊铺好的沥青混合料上反复来回碾压至与原路面平齐。如坑槽较深或面积较小,无法用压实机具一次成形时,应分层摊铺,下层可采用人工夯实,上层则应采用机械压实。

(十一)松散

防止松散主要有以下两个方面的措施。

(1)对使用酸性石料拌制的沥青混合料,必须在沥青中掺加抗剥落剂或在填料中掺加适量的生石灰粉,提高沥青与集料的黏附性。

(2)在沥青拌制过程中,注意沥青混合料的拌制时间和拌制温度,一般改性沥青应在 175~185℃。

第二节 国外水泥混凝土路面病害分类与成因分析

水泥混凝土路面以其强度高、水稳性好等优点,在各类道路上,尤其在重交通道路上被广泛应用。而在水泥混凝土路面施工时还要设置接缝,其目的是为了减少或避免由于水泥混凝土热胀冷缩产生的应力对路面板的破坏作用。但是如果接缝设置不当或接缝损坏也会降低路面的整体使用性能,甚至使路面板更快地遭到破坏。在水泥混凝土路面诸多破坏形式中,接缝病害是最为常见的,这些病害包括接缝剥落及破碎、唧泥和板底脱空、错台、拱起和填缝料损坏。这些病害严重影响了交通顺畅和路面的耐久性,缩短了道路的使用寿命,因此应及时修补维护。

一、素混凝土路面常见病害及表现形式

所谓素水泥混凝土路面是指水泥混凝土面板中除边角设置少量钢筋外,其他地方不配钢筋的混凝土路面。

如前已述,水泥混凝土路面的病害主要有开裂、接缝部破损、错台等。其他病害有车辙、坑洞、剥落、磨光等。水泥混凝土路面发生病害的段落,和沥青路面一样,有可能是单一病害,也有可能是多种病害某种程度上同时发生。

产生病害的原因有材料原因、设计原因、施工原因,以及路面在使用过程中车辆荷载和温度作用因素的疲劳原因。不论何种病害(发生形态),往往是这些因素相互影响所致。

以下就水泥混凝土路面各种病害的形态和发生原因加以阐述。

水泥混凝土路面的病害如表 6-6 所示,多种多样。产生这些病害的主要原因,包括路面材料、路面结构、施工、使用中的劣化和疲劳等方面,但也有多个因素相互影响形成病害发生原因的情况。

水泥混凝土路面的病害 表6-6

病害的种类		发 生 原 因
开裂	横裂	使用疲劳、设计不良、施工不良
	纵裂	使用疲劳、下沉
	Y形·横向细裂缝	设计不良、施工不良
	角隅开裂	使用疲劳
	D形开裂	材料不良等
	干燥收缩开裂	施工不良
	圆弧状开裂	施工缝开裂
	下沉开裂	材料不良
	不规则裂缝	设计不良
	满面·龟甲状开缝	使用疲劳
接缝部破损	填缝材料挤出、飞散	行车荷载影响
	接缝边缘缺角	施工不良、养护管理不良、行车荷载影响
错台	板与板间错台	高程差异、行车荷载影响
	与相邻构造物的错台	材质不同
	因埋设构造物错台	不均匀沉降、施工不良
	和沥青路面接缝间的错台	沥青混合料的流动、压密、行车荷载
其他病害	车辙	材料不良、轮胎防滑链行驶
	坑洞	材料不良、施工不良
	剥落	硬化不良(养护不足)、冻融作用
	磨光	材料不良、车辆行驶

(一)接缝剥落或碎裂与边角破损

接缝剥落及碎裂(图 6-28)是指水泥混凝土路面板接缝两侧各 60cm 左右宽度内倾斜的剪切挤碎现象。胀缝剥落及碎裂:碎裂深度最大处达到板厚的 50%,表面纵向延伸宽度可达 3~40cm。缩缝剥落及碎裂:碎裂深度不足板厚的一半,宽度为 2~20cm。锯缝处缩缝(假缝)剥落及碎裂:表面沿缝边 2~10cm 小范围碎裂或沿缝边 0~30cm 范围裂缝(裂缝最大深度处达到全板厚即通缝)。接缝边角破损时,无损车辆行驶的安全性和快适性,但会因振动和噪声使沿线环境变差。

(二)唧泥和板底脱空

唧泥(图 6-29)和板底脱空病害是指车辆通过时,板接裂缝或边缘下的基层细料和水一起从缝中或边缘处唧出,并由此造成板底面与基层顶面出现局部范围脱空。它是水泥混凝土路面常见的一种早期病害,在车辆荷载反复作用下会导致断裂、破碎现象,如果不及时处理将使路面服务质量降低,路面使用寿命缩短。

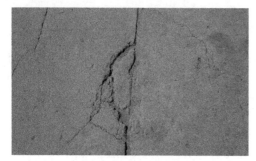

图 6-28 接缝碎裂

图 6-29 唧泥

(三)错台

错台(图 6-30)是指接缝处相邻两块板垂直高差在 8mm 以上出现的竖向相对位移。接缝处仅有部分传荷能力时,轮载作用下相邻板端出现路面。

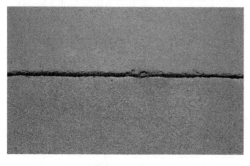

图 6-30 错台

水泥混凝土路面错台类型一般有四种:第一种为接缝或开裂部位板或板间错台;第二种为面板和桥梁等构造物连接部位错台;第三种是将盲沟等地下构造物设在路面下的错台;第四种是混凝土路面板和沥青路面接缝部位产生的错台。

由于相邻板的挠度差以及沿接缝渗入路面空隙内的水分冲蚀基层和路肩,车轮驶经时,带有被冲蚀材料的有压水把这些材料冲积在驶近板板底脱空区域内,使之升高,而驶离板后由于板下基层材料被冲蚀而下沉。因此,错台现象取决于接缝的传荷能力、基层材料的耐冲蚀性和水分三方面因素。

(四)面板开裂

根据水泥混凝土路面板中开裂的形态和发生位置,可按表 6-7 进行分类。在图 6-31 中示出了开裂发生的主要位置,图中所示开裂的种类见表6-7。

水泥混凝土路面面板中发生开裂的分类和主要成因　　　　表6-7

图示编号	裂缝名称	主要成因	图示编号	裂缝名称	主要成因
A	横向开裂	使用疲劳或设计、施工不良	G	干缩干裂	施工不良
B	纵向开裂	使用疲劳或面板下沉	H	圆弧状开裂	施工不良
C	Y形横向细裂缝	设计或施工不良	I	下沉开裂	材料不良
D	角隅开裂	使用疲劳	J	不规则开裂	设计不良
E	D形破裂	材料不良	K	冲断开裂	使用疲劳,施工不良
F	满面龟甲状开裂	使用疲劳			

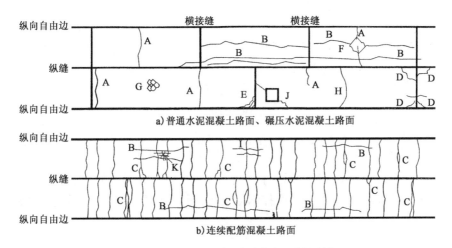

图6-31　水泥混凝土路面面板中发生开裂的图例

以下按表6-7的分类,对开裂形态和其发生原因进行分析。

1. 面板横向开裂

面板横向开裂(简称横裂)是指相对于行车方向大约呈直角分布的裂缝。横向开裂的原因大致可分为:混凝土面板浇筑后因初期养护不及时,伴随混凝土硬化发生的水泥水化热原因产生的初期裂缝;路面使用过程中,因车辆荷载重复作用产生的疲劳开裂;因接缝间隔(板的长度)不适当,混凝土无法承受板的内部应力和与基层接触面间的约束应力发生的温度应力而开裂。各种裂缝发生的机理如图6-32~图6-34所示,这些图示均为混凝土面板内产生的应力和应变,超过了此时混凝土的强度或延伸能力时发生的横裂。

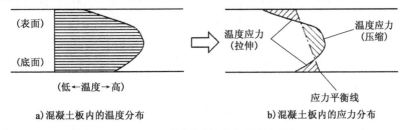

图6-32　因水化热产生初期裂缝机理图

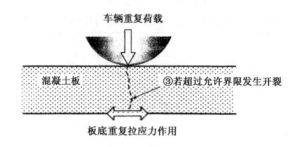

图 6-33　因重复荷载疲劳产生横向开裂机理图

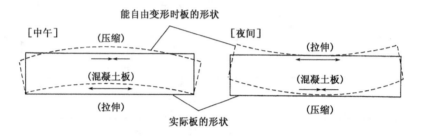

图 6-34　因温度应力产生的横向开裂机理图

对于连续配筋水泥混凝土路面板而言,由于纵向钢筋将混凝土的干缩和温度应力分散分布,而且设计时预先将每条裂缝的宽度控制得很小,所以,此种路面发生的横向裂缝不作为路面病害对待。

2. 面板纵向裂缝

纵向裂缝是指裂缝的走向与车辆行驶方向相同的裂缝。发生纵向裂缝的主要原因是车辆重复荷载作用。这种裂缝容易在车道宽度较窄的路面上集中发生于车辆的行驶位置。此外,在双车道以上的混凝土路面板中,若没有预设纵缝,在纵向也往往产生温度应力开裂。混凝土板内产生的应力和应变,超过混凝土的强度或变形能力时,即发生纵向开裂。

3. Y 形横向细裂缝

Y 形横向细裂缝是连续配筋混凝土路面特有的开裂形式,之所以称为 Y 形裂缝是因为裂缝酷似 Y 形,一般出现在路面板端部。通常,将间隔较小且密集发生的裂缝叫做横向细裂缝。如前已述,由于连续配筋混凝土板内纵向钢筋的分散作用以及混凝土的干燥收缩和温度变形影响发生的开裂,每条裂缝的宽度较小,若裂缝间距预先设计 50～200cm,此时,当路面发生横向开裂,一般不将其当作病害对待。但当发生 Y 形横向裂缝的段落继续发展,极有可能诱发边角断裂和"冲断"损坏,此时应当将其作为病害处理。产生此种病害的原因大都是因板厚不足和施工捣实不足及材料离析等引起。

4. 面板 D 形开裂

D 形开裂一般发生在角隅部位,形状酷似 D 形,故称 D 形开裂,这种开裂比一般的角隅开裂较密。这种裂缝是使用了有碱集料反应和伴随着冻胀作用的集料的膨胀压力所致。

5. 面板角隅开裂

面板角隅开裂是指设有接缝的混凝土板角隅部位发生的开裂。这种开裂往往是由于混凝土板厚度不足,或未设传力杆及钢筋焊接网(角隅钢筋)导致。

6. 满面龟甲状开裂

满面龟甲状开裂是一种由纵向和横向开裂组合而成的裂缝。此种裂缝是由于温度和荷载的综合作用导致。这种开裂是水泥混凝土路面最终的破坏状态。

7. 干燥收缩开裂

干燥收缩干裂是在混凝土路面施工后初期养护期间产生的细微开裂。这种裂缝是由于日照或刮风,致使混凝土路面板表面急剧干燥产生的预收缩现象,其发生机理如图 6-35 所示。干燥收缩开裂一般仅发生在混凝土板的表面,不会对路面造成重大结构性破坏。

8. 圆弧状开裂

圆弧状开裂是指沿混凝土板的施工方向产生的凹形开裂。此类开裂绝大多数是由材料离析或中断施工等原因导致。

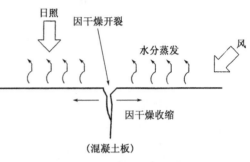

图 6-35　因干燥开裂的机理图

9. 面板下沉开裂

面板下沉开裂是指连续配筋混凝土路面初期养护期间,由于混凝土材料下沉引起的开裂。此类开裂产生的原因是由于预拌混凝土的稠度不当,振捣不充分。由于钢筋妨碍了浇筑段浮浆或因空隙产生的下沉,因此开裂多发生于下沉的钢筋上部。面板下沉开裂发生机理如图 6-36 所示。

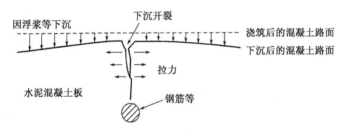

图 6-36　下沉开裂的机理图

10. 面板不规则开裂

面板不规则开裂,亦称约束开裂,是指水泥混凝土面板中有构造物等而导致在接缝之外发生不规则裂缝。由于面板内含有不同构造物,而面板与构造物温度应力引起的胀缩不同而引发裂缝,此种开裂往往发生在没有在适当位置设置接缝的面板中。

(五) 拱起

拱起是指纵向相邻两块板或多块板相对其邻近面板向上突起 3cm 以上的现象。其成因在春季和炎热夏季时,混凝土面层板在热膨胀受到约束时,某一接缝两侧的数块板突然出现的向上拱起的屈曲失稳。板收缩时接缝缝隙张开,填封料失效,坚硬的碎屑落入缝内,致使板在受热膨胀时产生较大的热压应力,板发生纵向失稳而出现拱起。轻度拱起使路面平整度变差,而严重拱起则会导致前后板块断裂。

(六)填缝料损坏

填缝料损坏是指接缝内无填料,填料破损及接缝内混杂砂石等不正常现象。填缝料损坏容易产生唧泥,严重时导致板底脱空,使板块发生断裂。

二、病害产生的原因分析

(一)接缝剥落及碎裂的原因分析

1. 产生胀缝剥落及碎裂原因

(1)填缝材料不合格或未填满,导致泥砂、碎石等杂物堵塞胀缝,阻碍了板块热膨胀,从而引起应力集中使板端胀裂。

(2)传力杆设置不当或伸缩端被堵死,从而不能自由伸缩;或施工时偷工减料使胀缝不完全隔断,板块热膨胀时不能自由伸张,温度应力导致板块边缘胀裂。

2. 引起施工缝缩缝剥落及碎裂的原因

(1)为了赶工期,先施工水泥混凝土路面板块边缘在养护龄期不足时,在浇筑相邻板块时,没有做好成品保护,三辊机直接在其上滚动行走操作,导致先施工水泥混凝土路面板边缘混凝土内部未达强度就遭破坏,且在车轮荷载作用下反射到表面上来产生局部混凝土剥落、碎裂。

(2)后施工水泥混凝土路面板块边缘底面杂物等清理不干净,导致该处形成临空面,或传力杆钢筋布置间距偏大或者钢筋偏小,使得板边在车轮荷载反复作用下被挤压碎裂。

3. 引起锯缝处缩缝(假缝)剥落及碎裂的原因

(1)水泥混凝土路面锯缝时间过早,使板边受到损伤,行车后破坏、碎裂。

(2)锯缝时间过迟或锯缝深度宽度不足,导致混凝土收缩应力拉裂混凝土路面。

(二)唧泥和板底脱空产生原因

唧泥亦称泵吸,是指雨水从路面板开裂处渗入,当水分使基层或路床处于饱和状态时,由于交通荷载的作用,混凝土路面板产生弯曲变形,泥沙或黏土类细小颗粒成分从开裂处或接缝喷出,致使开裂或接缝处的板下产生空洞,即板底脱空,导致基层承载力降低,将使得水泥混凝土板的病害继续发展。

唧泥或板底脱空发生的原因基于以下几个方面:第一,水泥混凝土面层直接铺设在路基上,由于路基土塑性变形量大,细料含量多和抗冲刷能力低而产生唧泥现象。第二,由于接缝填缝料破坏,基层材料不耐冲刷,接缝传荷能力差和受重载反复作用而产生唧泥现象。第三,当公路排水系统不完善如路面横坡设置不当或路基排水不畅时,路基、路面被水浸泡时也会使路面产生唧泥现象,进而出现板底脱空。第四,由于基层材料局部松散,路基土压实不均匀或基底不均匀沉降也会导致板底出现脱空。

(三)错台产生的原因

水泥混凝土路面板之间或接缝之间的错台产生,有以下三个方面原因:首先,当胀缝下部接缝板与上部缝隙未能对齐,或胀缝两侧混凝土壁面不垂直,则缝旁两板在伸胀挤压过程中会上下错动而形成错台。其次,横缝处未设置传力杆或放置不合理,使传力效果降低,导致错台的产生。再次,当交通量或基层承载力在横向各幅上分布不均匀,各幅的沉降不一致,或路基填料土质不均匀,地下水位高,基层或路基体压实不均匀,这三种情况结合在一起,冬季产生不均匀冻胀,从而产生错台现象。

1. 板与板间的错台

板与板间的错台,如表6-8所示,由雨水从接缝或开裂处渗入原因导致,面板在使用中伴随车辆的重复荷载作用,接缝结构破损,因此渗入的雨水对基层等造成冲刷,通常和面板相互间发生错台相关联。这种错台的发展,直至水泥混凝土路面板的结构性破坏。因此,接缝和开裂部位的填(封)缝问题也处于极为重要的位置。

水泥混凝土板与板之间错台成因　　　　　　　　表6-8

错台图示	错台成因
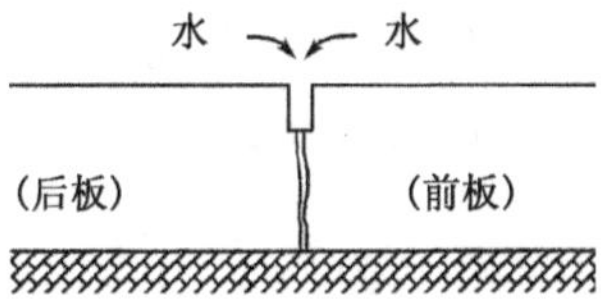	填缝材料飞散、剥落后的接缝或开裂处雨水渗入,基层承载力降低
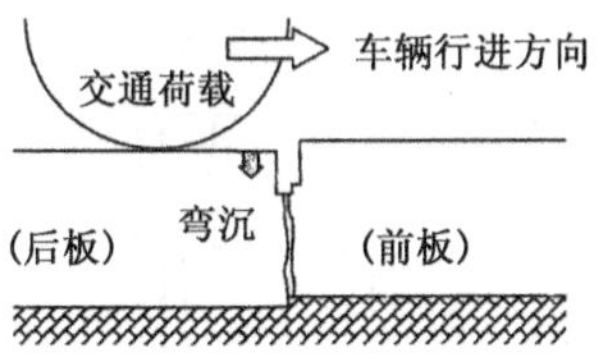 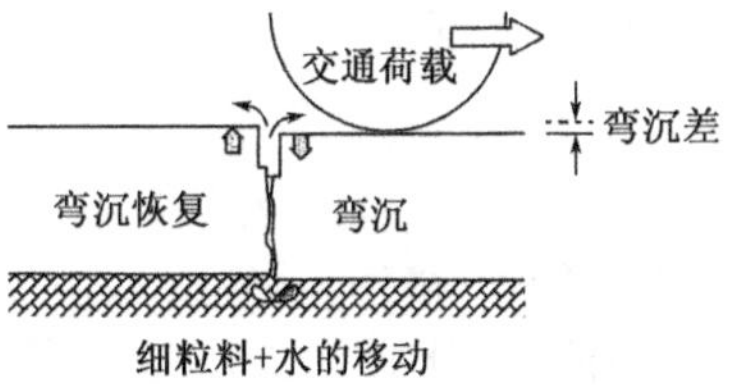	因后板(车辆先进入板)和前板(车辆后进入板)的弯沉变形和恢复,产生泵吸作用,基层表面的水快速压缩和喷出,此时,基层表面的水和细粒成分一齐移动,一部分细粒料和水一齐从接缝喷到混凝土板的表面
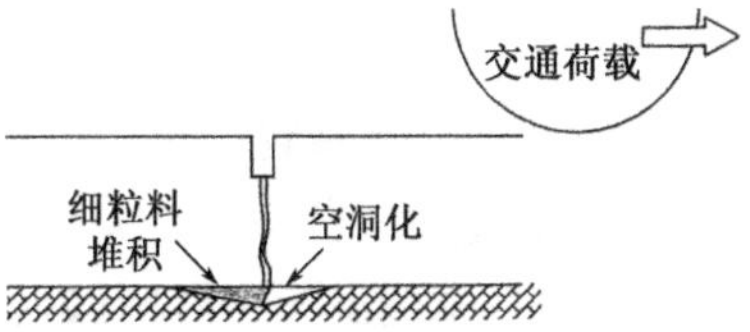	前板下面的细粒料冲刷、移动形成空洞

续上表

错 台 图 示	错 台 成 因
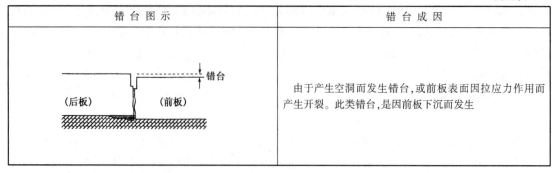	由于产生空洞而发生错台,或前板表面因拉应力作用而产生开裂。此类错台,是因前板下沉而发生

2. 与相邻构造物的错台

水泥混凝土路面板与相邻构造物的错台,主要因耐磨性能不同而发生于桥梁伸缩装置与水泥混凝土板之间,发生的错台机理如图 6-37 所示。

3. 因埋设地下构造物错台

因埋设地下构造物错台,是因为地下构造物周边填料压实度不均匀,也包含了因路面刚性不同产生地基不均匀沉降的原因。路面下有箱涵构造物时,水泥混凝土路面板产生错台的机理如图 6-38 所示。

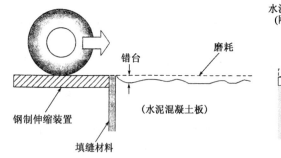

图 6-37　桥梁伸缩装置和水泥混凝土路面板间发生错台的机理

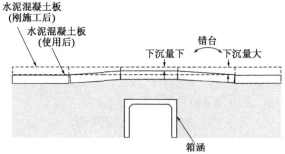

图 6-38　箱涵上水泥混凝土路面板发生错台的机理

4. 和沥青路面接缝间的错台

水泥混凝土路面板和沥青路面的接缝部位发生错台如图 6-39 所示。

和沥青路面接缝间的错台,主要是因沥青混合料的高温流动、压缩原因产生的,其机理如图 6-40 所示。一旦沥青混合料因流动、压缩而产生塑性变形,由于其中增加了车辆的冲击荷载作用,慢慢地导致错台的产生。

(四)产生拱起的原因

(1)由于胀缝板老化、破损,水泥混凝土面板的胀缝被泥沙、碎石等杂物填塞,或传力杆失效,基层与面板之间的摩阻过大等,使板面的伸胀受阻,因而产生过大翘曲应力而拱起。

(2)在凹形竖曲线的纵坡变换处没设置胀缝,当混凝土板发生膨胀时,在竖曲线两端变形的板内产生较大的压应力,从而造成路面拱起。

 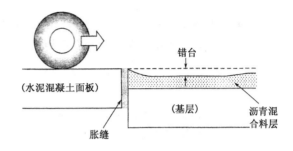

图 6-39 和沥青路面接缝部产生错台　　　图 6-40 和沥青路面接缝部产生错台机理

(3) 水泥混凝土路面防冻厚度不足,当冬季温度下降到一定程度时,使路基产生不均匀冻胀,而使路面板拱起。

(4) 因地表水浸泡、冲刷,路基沉陷、膨胀变形,从而造成路面板拱起。

(五) 产生填缝料损坏的原因

(1) 由于填缝料本身质量不合格,填缝料在长期外界环境作用下老化、脆裂。

(2) 由于混凝土路面板受热膨胀,挤压胀缝,致使填缝料被挤出,不能正常复原等。

三、水泥混凝土路面其他病害及其成因

水泥混凝土路面其他病害主要有车辙磨光、剥落、坑洞四种类型病害。

(一) 车辙

水泥混凝土路面车辙是指在车辆行走位置连续发生的横断方向的凹凸不平,这种状况进一步发展会导致顺行车方向的连续凹槽。轻微的车辙虽不影响行车安全性和舒适性,但其振动和噪声会影响沿线居民安宁。

水泥混凝土路面车辙,几乎都是由于轮胎防滑链行走导致表面砂浆磨蚀以及粗集料因磨耗产生的磨耗车辙。

水泥混凝土路面发生车辙的机理如图 6-41 所示。由图可见,轮胎防滑链的行走是主要原因。另外,混凝土配合比不当亦是原因之一。

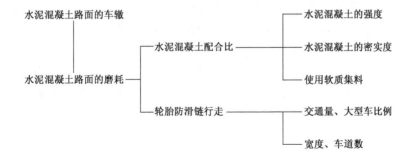

图 6-41 水泥混凝土路面车辙发生的主要原因

(二) 磨光

磨光是指路表面施工后的糙面受损,即表面磨平后的状态。水泥混凝土路面磨光后,抗滑性就会明显降低。磨光通常是由于车辆行走或防滑链与路面摩擦以及施工后的糙面消失,露出了被磨光的软质石料等原因引起的。

(三) 剥落

水泥混凝土路面剥落通常是指表面的砂浆剥落。因剥落程度不同,虽不影响车辆行驶的安全性和舒适性,但会因振动和噪声而使沿线环境变差。剥落产生的原因是混凝土板表面硬化不良或养护初期遭受冻害,或在路面使用中由于冻融作用或撒融雪剂或混凝土中含气量不足等原因而引起的。

(四) 坑洞

坑洞是在路面表面产生口径10~100cm的洞穴,往往是由于龟裂处的面层材料飞散、沥青混合料剥离等其他病害发展产生的,如图6-42所示。

在大空隙沥青路面中,坑洞往往是因石油类的油脂渗透、集料飞散的发展、下面层剥离等原因产生。

图6-42 坑洞

沥青混合料的质量不佳或施工时碾压不足,会加速坑洞的发展。

四、各种病害的防治措施

(一) 接缝剥落及碎裂

1. 处治胀缝剥落及碎裂的措施

对破散或裂缝比较严重的胀缝,要在比破损范围大10~30cm区间内全板块断面长度和表面纵向延伸宽度等范围进行全深度凿除,重新校正传力杆位置,必要时增设钢筋网,重新设置胀缝。为了能提早开放交通,采用早强混凝土进行修补。

2. 处治缩缝剥落及碎裂的方法

(1) 对破散或裂缝比较严重的缩缝,要在比破损范围大10~30cm区间内全板块断面长度和表面纵向延伸宽度等范围进行全深度凿除,重新校正传力杆位置,必要时增设钢筋网,重新设置缩缝。为了能提早开放交通,应采用早强混凝土进行修补。

(2) 对缩缝剥落、破损严重处,应进行不小于5cm宽度的一定深度的清凿,并清理干净(清凿深度视裂缝深度而定,一般为板厚的1/3至全板厚度),然后用掺加聚合物的混凝土进行修补。较常用的是采用水溶性环氧树脂掺入混合料中,其掺加量一般为水泥用量的1%~2%,它能有效地降低水灰比,提高抗冻性和耐久性,对黏结性能、抗冲击、抗疲劳性能都有明显的改善效果。

(3) 对缩缝剥落不严重的情况,可以先继续使用并加强平时的检查和维护,减缓其发展,使用一段时期后等剥落破损严重到一定程度时,再按以上方法治理即可。

3. 预防接缝剥落碎裂病害的措施

(1)施工时要确保胀缝位置准确,端头横顺竖直;传力杆伸缩自如;缝内水泥砂浆、碎石等杂物必须彻底清除干净;接缝板和填缝材料符合设计要求;填缝时夏季填平水泥混凝土路面板面,冬季比板面略低 2~5mm。

(2)在水泥混凝土路面施工时,应加强对人工、材料、机具、方法、施工环境五方面的事前控制,保证水泥混凝土路面达到设计的强度和厚度。

(3)重视接缝经常性的清理、修补及养护,确保接缝完好。

(二)唧泥和板底脱空防治措施

(1)板底脱空可采用钻孔压浆法处理,它是治理水泥混凝土路面板底脱空的有效方法,能使脱空病害板块的基层、垫层得以填实,错固,恢复基层、垫层对路面结构的支撑,恢复路面面层、基层、土基结构的整体性,减少发生唧泥现象甚至消除一部分路面错台,提高了公路通行能力,也延长了路面的使用寿命。

(2)加铺沥青层可以消除接缝处产生唧泥和板底脱空等多种病害,不仅提高了路面的承载能力,也提高了路面平整度和抗滑能力,改善了路面使用性能。

(三)防治错台病害发生的措施

(1)如果接缝部分或裂缝部分产生轻微错台时,把路面清扫干净,可以用沥青砂或密级配沥青混凝土进行顺接。

(2)如果产生的错台较严重可以采取以下方法进行处理。

首先,相邻两板一平顺一低下产生的错台,可用沥青砂或密集配沥青混凝土进行顺接。

其次,相邻两板一平顺一翘起,只好用切割机割去翘起部分重新浇筑混凝土路面或沥青连接,为了提前使用,在浇筑混凝土路面时要掺早强剂,切割成 1m 以下 0.5m 以上的正方形。

再次,如果不仅接缝相邻 2/3 块混凝土板出现错台,而且是连续多块,且混凝土板使用年限又较长,裂缝较多,可采用高压喷方法处理,进行拆除并翻新混凝土路面。

(四)拱起的防治方法

(1)当拱起程度严重时,应拆除因拱起而破坏的混凝土板块,重新修建基层和水泥混凝土路面,还应在浇筑混凝土时掺加早强剂以缩短维修时间、尽快开放交通。切割成 1m 以下 0.5m 以上的正方形,去掉面层与基层之间的石粉和砂找平层,加大面层与基层之间的摩擦力,这样会大大减少真缝的拱起。

(2)当隆起的程度轻微时,为使翘起的板下落,在离翘起板接缝 50~60cm 的位置处,平行于接缝放入截断器,用破碎机将该部分破坏。将旧混凝土板去掉后,在该部分应急地填入土、碎石等,碾压成型后在表面铺设沥青混合料,经整平压实后开放交通。

(五)填缝料损坏的防治方法

(1)用小扁凿清除旧填缝料,用钢丝刷将缝壁刷净,并用吹尘器吹掉缝内尘土。

(2)用稀沥青涂刷缝壁;低温操作时,应用喷灯烘吹,使沥青均匀。

(3)在缝的两侧路面上各撒一薄层石粉(或用石灰水涂刷),防止灌填缝料时污染路面。

(4)用配好的填料进行填缝,应注意边填边压,直到填满填实。夏季应稍高出路面,冬季可稍低于路面,然后用烙铁烙平,使接缝密实。

水泥混凝土路面接缝的病害产生的原因很多,但主要是由于基层强度不均匀、接缝料损坏、不按规范施工、养护管理不善造成的。严格控制材料质量是实现优质水泥混凝土路面设计和使用要求的前提,科学、准确地进行混凝土配合比设计,这都是保证水泥混凝土路面质量的关键,除此之外,还要采用规范化、程序化的施工和养生方法。

第三节　公路技术状况的评价指标

公路在运营过程中,由于车辆荷载和自然因素长期作用、设计参数指标变异以及施工中各因素影响,必然会发生内在质量衰减和使用品质降低现象,同时会出现各种不同病害,故要在适当的时期采用适当的工法,恢复路面性能,根据路面破损状态,有针对性地采取相应的养护和维修措施,为此应明确公路使用过程中的技术状况。对公路技术状况进行评价不但是公路养护时制订养护计划之需要,而且是有的放矢地进行养护、合理,安排养护资金等需要,养护过程中,还需建立科学合理的公路技术状况评价指标。下面对这些评价指标予以阐述。

公路技术状况指数 MQI(图 6-43)包含路面使用性能、路基技术状况、桥隧构造物技术状况和沿线设施技术状况四部分内容。

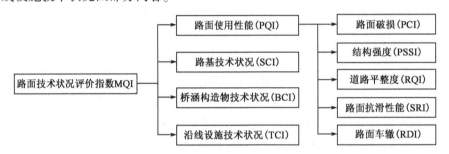

图 6-43　公路技术状况指数包含的内容

上述四项指标无论在内容上还是在属性上都有本质的差别,将属性不同的四部分内容结合在一起用一个指标表示,完全是出于管理上对公路技术状况整体评价的需要。

$$MQI = w_{PQI}PQI + w_{SCI}SCI + w_{BCI}BCI + w_{TCI}TCI$$

式中:w_{PQI}——路面使用性能 PQI;

　　　w_{SCI}——路基技术状况 SCI;

　　　w_{BCI}——桥隧构造物技术状况 BCI;

　　　w_{TCI}——沿线设施技术状况 TCI。

《公路技术状况评定标准》(JTG H20—2007)❶将路面使用性能 PQI 权重确定为 70%,将路基技术状况 SCI、桥隧构造物技术状况 BCI 和沿线设施技术状况 TCI 的权重分别设为 8%、12% 和 10%,其依据是国内外文献分析、国内道路实验和专家调查的综合结果。

路面是公路技术状况评价的核心内容,路面在国外许多国家的公路养护管理工作中占有 70% 以上的比重。路面是重中之重,桥隧构造物次之,沿线设施和路基再次之。实践表明,路

---

❶ 注:《公路技术状况评定标准》(JTG 5210—2018)于 2019 年 5 月 1 日起实施。

面相比路基和桥涵等而言,路面部分的各项技术指标能被快速、准确和自动化地采集。几十年来,国内外研究机构对路面快速检测技术及装备进行了大量的研究与开发,使得各指标现场测试数据更加精准,为各指标确定提供了途径。

一、公路技术状况评价指标

(一)路面使用性能评价

路面使用性能,从不同侧面反映了路面状况对行车要求的满足或适应程度。路面的使用性能包括功能性能和结构性能两个方面。功能性能指行驶舒适性、行车安全性、运行经济性以及对环境的不良影响等;结构性能指路面损坏状况、结构承载能力。通常的路面评价方法(评价指标)都是根据上述几个方面进行设计。

路面使用性能评价指标分为综合性指标和单一性指标两大类。综合性指标是对路面使用性能的综合度量,优点是能反映路面总体状况,指标单一,便于比较;缺点是不能确切反映使用性能的局部特征,不便于诊断原委和制定具有针对性的对策。单一性指标是对路面使用性能诸多局部特征的具体测度,它可以采用多项指标明确地表征路面使用性能各组分的详细情况。有鉴于此,使用时可根据不同的应用目的,选择不同的指标。

《公路技术状况评定标准》(JTG H20—2007)在路面使用性能评价中采用了综合指标和单一指标相结合的方法。标准规定对不同类型路面,采用了不同的分项技术指标。其中,沥青路面采用了路面损坏、道路平整度、路面车辙、抗滑性能和结构强度五项技术指标;水泥混凝土路面采用了路面损坏、道路平整度和抗滑性能三项技术指标;砂石路面只采用了路面损坏一项技术指标。所有指标通过路面使用性能指数(PQI)反映路面的整体使用性能,它可按下式计算,并按表6-9确定其权重。

$$PQI = w_{PCI}PCI + w_{RQI}RQI + w_{RDI}RDI + w_{SRI}SRI$$

式中:w_{PCI}——路面损坏(PCI)的权重;

w_{RQI}——道路平整度(行驶质量,RQI)的权重;

w_{RDI}——路面车辙(RDI)的权重;

w_{SRI}——路面抗滑性能(SRI)的权重。

PQI 分项指标权重 表6-9

路 面 类 型	权 重	高速公路、一级公路	二、三、四级公路
沥青路面	w_{PCI}	0.35	0.60
	w_{RQI}	0.40	0.40
	w_{RDI}	0.15	—
	w_{SRI}	0.10	—
水泥混凝土路面	w_{PCI}	0.50	0.60
	w_{RQI}	0.40	0.40
	w_{SRI}	0.10	—

《公路技术状况评定标准》(JTG H20—2007)规定,将路面结构强度设为抽样评定指标,单独计算与评定,评定范围根据路面大中修养护需求、路基的地质条件等因素由公路管理部门自

行确定。路面抗滑性能对路面行车安全的影响历来都是受关注的焦点问题。在计算 PQI 时采用了基于横向力系数(SFC)的路面抗滑性能指数(SRI)。横向力系数(SFC)需要利用大型检测设备(横向力系数测试车)独立检测,由于不能与路面表面损坏指标一起检测,由此增加了路面检测装备配置与检测的成本。为了控制横向力系数(SFC)的检评成本,标准规定仅检评高速公路和一级公路,检测周期一般为两年一次。

1. 路面损坏状况评价(PCI)

路面损坏包括裂缝、坑槽、沉陷和松散等各种表面破坏和损伤。路面表面各种类型的损坏通过其对路面使用性能的影响程度加权累积计算换算损坏面积,换算损坏面积与调查面积之比(路面破损率),可直接用来衡量路面的损坏状态,也可通过路面损坏状况指数(PCI)来评价路面表面的技术状况。

路面损坏状况评价(PCI)可按下面两个公式计算,并按表 6-10 ~ 表 6-12 确定破坏类型及其权重。

$$PCI = 100 - a_0 DR^{a_1}$$

$$DR = 100 \times \frac{\sum_{i=1}^{i_0} w_i A_i}{A}$$

上两式中:PCI——路面损坏状况评价指标;

DR——路面破损率(Pavement Distress Ratio),为各种损坏的折合损坏面积之和与路面调查面积之百分比(%);

w_i——第 i 类路面损坏的权重;

A_i——第 i 类路面损坏的面积(m^2);

A——调查的路面面积(m^2);

a_0——系数,高速公路和一般公路取 0.024,其他各级公路取 0.0185;

a_1——指数,高速公路和一级公路取 0.45,其他各级公路取 0.58。

沥青路面损坏类型和权重　　　　表 6-10

类型(i)	损 坏 名 称	损 坏 程 度	权重(w_i)	计 量 单 位
1	龟裂	轻	0.6	面积(m^2)
2		中	0.8	
3		重	1.0	
4	块状裂缝	轻	0.6	面积(m^2)
5		重	0.8	
6	纵向裂缝	轻	0.6	长度(m)(影响宽度:0.2m)
7		重	1.0	
8	横向裂缝	轻	0.6	长度(m)(影响宽度:0.2m)
9		重	1.0	
10	坑槽	轻	0.8	面积(m^2)
11		重	1.0	

续上表

类型(i)	损 坏 名 称	损 坏 程 度	权重(w_i)	计 量 单 位
12	松散	轻	0.6	面积(m^2)
13		重	1.0	
14	沉陷	轻	0.6	面积(m^2)
15		重	1.0	
16	路面车辙	轻	0.6	长度(m)（影响宽度:0.4m）
17		重	1.0	
18	波浪壅包	轻	0.6	面积(m^2)
19		重	1.0	
20	泛油		0.2	面积(m^2)
21	修补		0.1	面积(m^2)

水泥混凝土路面损坏类型和权重   表6-11

类型(i)	损 坏 名 称	损 坏 程 度	权重(w_i)	计 量 单 位
1	破碎板	轻	0.8	面积(m^2)
2		重	1.0	
3	裂缝	轻	0.6	长度(m)（影响宽度:1.0m）
4		中	0.8	
5		重	1.0	
6	板角断裂	轻	0.6	面积(m^2)
7		中	0.8	
8		重	1.0	
9	错台	轻	0.6	长度(m)（影响宽度:1.0m）
10		重	1.0	
11	唧泥		1.0	长度(m)（影响宽度:1.0m）
12	边角剥落	轻	0.6	长度(m)（影响宽度:1.0m）
13		中	0.8	
14		重	1.0	
15	接缝料损坏	轻	0.4	长度(m)（影响宽度:1.0m）
16		重	0.6	
17	坑洞		1.0	面积(m^2)
18	拱起		1.0	面积(m^2)
19	露骨		0.3	面积(m^2)
20	修补		0.1	面积(m^2)

砂石路面损坏类型和权重　　　　　　　表6-12

类型(i)	损坏名称	权重(w_i)	计量单位
1	路拱不适	0.1	长度(m)(影响宽度:3.0m)
2	沉陷	0.8	面积(m^2)
3	波浪搓板	1.0	面积(m^2)
4	路面车辙	1.0	长度(m)(影响宽度:0.4m)
5	坑槽	1.0	面积(m^2)
6	露骨	0.8	面积(m^2)

沥青路面、水泥混凝土路面和砂石路面损坏状况评价(PCI)模型具有相同的模型结构和变量(DR),但是采用了不同的模型参数,见表6-13。

模 型 参 数 表　　　　　　　表6-13

模 型 参 数	a_0	a_1
沥青路面	15.00	0.412
水泥路面	10.44	0.441
砂石路面	10.10	0.487

路面损坏状况评价(PCI)与路面破损率(DR)的对应关系见表6-14。

PCI—DR 对应关系　　　　　　　表6-14

PCI	90	80	70	60
$DR_{沥青路面}$	0.4	2.0	5.5	11.0
$DR_{水泥路面}$	0.8	4.0	9.5	18.0
$DR_{砂石路面}$	1.0	4.0	9.5	17.0

2. 路面行驶质量评价(RQI)

车辆行驶的舒适性能,可通过道路平整度指标评价,在研究路面管理系统时,研究人员建立了道路平整度与行驶舒适性的关系,提出了路面行驶质量指数(RQI)模型。路面行驶质量评价指标(RQI)可按下式计算:

$$RQI = \frac{100}{1 + a_0 e^{a_1 IRI}}$$

式中:RQI——路面行驶质量评价指标;
　　　IRI——国际道路平整度指数(m/km);
　　　a_0——系数,高速公路和一级公路0.024,其他公路0.0185;
　　　a_1——指数,高速公路和一级公路0.45,其他公路0.58。

RQI 与 IRI 对应关系见表6-15。

RQI 与 IRI 对应关系　　　　　　　　　　表 6-15

RQI	90	80	70	60
IRI$_{高速公路、一级公路}$	2.3	3.5	4.3	5.0
IRI$_{其他等级公路}$	3.0	4.5	5.4	6.2

在《高速公路养护质量检评方法》中,以 IRI 值评判优良等级。随着我国公路管理技术的不断进步和公路养护技术能力的逐渐提高,将优和良对应的道路平整度分别是 IRI 2.3 和 IRI 3.5(高速公路、一级公路)和 IRI 3.0 和 IRI 4.5(普通公路)。由此得到的行驶质量评价模型(RQI)在一定程度上反映了我国公路路面铺筑技术的进步和公路用户对道路平整度期望水平的提高。

3. 路面车辙评价(RDI)

为了应对高速公路及一级公路不断出现的路面车辙问题,《公路技术状况评定标准》(JTG H20—2007)将路面车辙列为独立的检测指标,路面车辙用路面车辙深度指数(RDI)评价。与此同时,在计算高速公路和一级公路沥青路面 PCI 指标时,路面车辙损坏不再重复计算。路面车辙评价(RDI)按以下公式计算。

$$RDI = \begin{cases} 100 - a_0 RD & (RD \leqslant RD_a) \\ 60 - a_1(RD - RD_a) & (RD_a < RD \leqslant RD_b) \\ 0 & (RD > RD_b) \end{cases}$$

式中:RDI——路面车辙评价指标;
　　 RD——路面车辙深度(Rutting Depth)(mm);
　　 RD_a——路面车辙深度参数,采用 20mm;
　　 RD_b——路面车辙深度限值,采用 35mm;
　　 a_0、a_1——系数,$a_0 = 2.0$,$a_1 = 4.0$。

路面车辙深度指数(RDI)与路面车辙深度(RD)的特征数据对应关系见表 6-16。

RDI 与 RD 的关系　　　　　　　　　　表 6-16

RDI	90	80	70	60	0
RD(mm)	5	10	15	20	35

4. 路面抗滑性能评价(SRI)

路面抗滑性能用路面抗滑性能指数(SRI)评价计算见下式。

$$SRI = \frac{100 - SRI_{min}}{1 + a_0 e^{a_1 SFC}} + SRI_{min}$$

式中:SRI——路面抗滑性能评价指标;
　　 SFC——横向力系数(Side-way Force Coefficient);
　　 SRI_{min}——标定参数,采用 35.0;
　　 其余符号意义同前。

路面抗滑性能指数(SRI)与横向力系数(SFC)的特征数据对应关系见表 6-17。

SRI 与 SFC 的关系 表 6-17

SRI	90	80	70	60
SFC	48	40	33.5	27.5

5. 路面结构强度评价(PSSI)

路面结构强度是通过路面回弹弯沉表征,采用路面结构强度指数(PSSI)评价。按以下两式计算。

$$PSSI = \frac{100}{1 + a_0 e^{a_1 SSI}}$$

$$SSI = \frac{l_d}{l_0}$$

式中:PSSI——路面结构强度评价指标;

SSI——路面结构强度系数(Structure Strength Coefficient),为路面设计弯沉与实测代表弯沉之比;

l_d——路面设计弯沉(mm);

l_0——实测代表弯沉(mm);

a_0、a_1——系数,$a_0 = 15.71$,$a_1 = -5.19$。

标准规定,用抽样检测的方法评定路面结构强度。抽样评定的主要依据是原交通运输部《沥青路面快速检测及养护技术的研究》的科研成果,即路面结构强度概率预测方法及模型。另外,不同省市的装备条件及检测能力有很大差异,全面、大规模的路面弯沉检测在同一个最不利季节内实施也有一定的技术困难。

(二)路基技术状况评价(SCI)

路基技术状况用路基技术状况指数(SCI)评价,按下式计算。为反映不同类型损坏的影响程度,标准在路基(沿线设施)中引进了权重参数。SCI(BCI 和 TCI)损坏扣分值确定的主要依据是抽样调查和专家调查。根据计算结果可用表 6-18 评判路基损坏。

$$SCI = \sum_{i=1}^{8} w_i (100 - GD_{iSCI})$$

式中:GD_{iSCI}——第 i 类路基损坏的总扣分(Global Deduction),最高分值为 100;

w_i——第 i 类路基损坏的权重。

路基损坏扣分标准 表 6-18

类型(i)	损坏名称	损坏程度	计量单位	单位扣分	权重(w_i)
1	路肩边沟不洁		m	0.5	0.05
2	路肩损坏	轻	m²	1	0.10
		重		2	
3	边坡坍塌	轻	处	20	0.25
		中		30	
		重		50	

续上表

类型(i)	损坏名称	损坏程度	计量单位	单位扣分	权重(w_i)
4	水毁冲沟	轻	处	20	0.25
		中		30	
		重		50	
5	路基构造物	轻	处	20	0.10
		中		30	
		重		50	
6	路缘石缺陷		m	4	0.05
7	路基沉降	轻	处	20	0.10
		中		30	
		重		50	
8	排水系统淤塞	轻	m	1	0.10
		重	处	20	

(三)桥隧构造物技术状况评价(BCI)

桥隧构造物技术状况评定内容包括桥梁、隧道和涵洞,所需数据为《公路桥涵养护规范》(JTG H11—2004)和《公路隧道养护技术规范》(JTG H12—2015)评定的技术等级。桥隧构造物技术状况(BCI)评定的前提是桥梁、隧道和涵洞技术等级评定数据有效且准确。如果桥梁、隧道和涵洞技术等级评定结果与实际情况有明显差别,或定期检测数据(1~3年)不能反映当前的技术状况,BCI评定数据应按《公路桥涵养护规范》(JTG H11—2004)和《公路隧道养护技术规范》(JTG H12—2015)规定的方法重新检测,更新评定结果,然后再实施 BCI 评定。

桥梁、隧道和涵洞技术状况用桥隧构造物技术状况指数(BCI)评价,计算见下式。

$$BCI = \min(100 - GD_{iBCI})$$

式中:GD_{iBCI}——第 i 类构造物损坏的总扣分,最高分值 100,见表6-19;

i——构造物类型(桥梁、隧道或涵洞)。

根据上式计算结果采用表6-19进行技术状况等级划分与评判。

桥隧构造物扣分标准 表6-19

类型(i)	项目	技术状况评定等级	计量单位	单位扣分	备注
1	桥梁	一、二	座	0	采用《公路桥涵养护规范》(JTG H11—2004)的评定方法,五类桥梁所属路段的MQI = 0
		三		40	
		四		70	
		五		100	

续上表

类型(i)	项目	技术状况评定等级	计量单位	单位扣分	备注
2	隧道	S:无异常	座	0	采用《公路隧道养护技术规范》(JTG H12—2015)的评定方法,危险隧道所属路段的MQI=0
		B:有异常		50	
		A:有危险		100	
3	涵洞	好、较好	道	0	采用《公路桥涵养护规范》(JTG H11—2015)的评定方法,危险涵洞所属路段的MQI=0
		较差		40	
		差		70	
		危险		100	

(四)沿线设施技术状况评价(TCI)

沿线设施技术状况用沿线设施技术状况指数(TCI)评价,计算见下式。

$$TCI = \sum_{i=1}^{5} w_i (100 - GD_{iTCI})$$

式中:GD_{iTCI}——第 i 类设施损坏的总扣分,最高分值为100;

w_i——第 i 类设施损坏的权重;

i——设施的损坏类型。

沿线设施技术状况评价是以上式计算结果对照表6-20进行等级划分和质量评定。

沿线设施扣分标准 表6-20

类型(i)	损坏名称	损坏程度	计量单位	单位扣分	权重(w_i)	备注
1	防护设施缺损	轻	处	10	0.25	
		重		30		
2	隔离栅损坏		处	20	0.10	
3	标志缺损		处	20	0.25	
4	标线缺损		m	0.1	0.20	每10m扣1分,不足10m以10m计
5	绿化管护不善		m	0.1	0.20	

二、公路技术状况评定方法

(一)评价等级和评价标准

评价等级和评价标准是公路技术状况评定的关键。标准值的确定以及与评价等级的关系涉及许多因素,既要考虑管理上使用的方便性要求,也需要考虑技术上的可行性和合理性。公路技术状况用公路技术状况指数 MQI 和相应分项指标表示,MQI 和相应分项指标的值域为 0~100。公路技术状况等级可参照表6-21规定的标准确定。

公路技术状况评定标准 表6-21

评价等级	优	良	中	次	差
MQI及各级分项指标	≥90	≥80，<90	≥70，<80	≥60，<70	<60

（二）公路技术状况评定

标准将公路技术状况分为优、良、中、次、差五个等级，并给出MQI及各级分项指标的评价标准和对应关系。

由于公路技术状况评定标准与经济条件及养护费用的充足程度有直接关系，理论上每一个省市都应该有自己的适合标准，比如东部地区的评价标准为PCI 95（优），则西部地区应视情况而定。

（三）相关规定

利用MQI评价公路技术状况的基础是基本评定单元或路段。标准规定MQI基本评定单元为1000m，取1000m是为了将公路技术状况评定与我国各级公路较为完善的里程桩系统结合起来，充分利用已有的定位资源，使MQI数据检测与技术状况评定有可靠的参照系统。

我国许多省市的国省道，尤其是高速公路已经使用了路面管理系统（CPMS）。为了节省管理资源，应把公路技术状况评定工作与CPMS公路养护决策工作有效衔接，将MQI评定路段的长度与CPMS管理路段划分结合起来。在确定MQI路段长度时，应处理好路面类型、交通量、路面宽度和养管单位变化处的非整桩号路段，在上述因素的变化处，MQI基本评定单元的长度不受1000m限制，但路段长度应遵守一般不小于100m、不大于2000m的管理规定。

三、公路损坏分类与识别

公路使用性能的衰变一般会通过可见的、不同形式的损坏表现出来，反过来不同形式的损坏对公路使用性能也有不同程度的影响，因此，公路损坏的调查是进行公路技术状况评定的重要内容和制订养护对策的重要依据。

目前公路损坏的调查主要仍依靠人工目测或丈量完成，由于损坏原因复杂、形式多样，不同的调查者可能对同一处损坏有不同的判别，为了使调查结果有统一的含义及具有可比性，必须根据损坏的形态特征、严重程度和损坏原因，对损坏进行分类，给每一种损坏规定明确的定义。

《公路技术状况评定标准》是在《公路养护质量检查评定标准》和《高速公路养护质量检评办法》基础上，对公路损坏分类方法进行了部分修改和完善后得到的。

（一）路面损坏类型及识别

1.沥青路面损坏类型及识别

沥青路面损坏类型源于1994年颁布的《公路养护质量检查评定标准》，该标准中将路面损坏分为坑槽、松散、壅包、翻浆、沉陷、脱皮、啃边、泛油、车辙、龟裂、网裂、波浪与搓板、横坡不适、平整度差共14类。而2002年颁布的《高速公路养护质量评定办法》将沥青路面损坏分为龟裂、块裂、纵裂、横裂、坑槽、松散、沉陷、车辙、波浪壅包、泛油、修补不良共11类。现行标准仍然维持这11类不变。

2. 水泥路面损坏类型及识别方法

1994年颁布的《公路养护质量检查评定标准》中将水泥路面分为沉陷、严重破碎板、坑洞、板角断裂、露骨、拱起、平整度差、错台、唧泥、裂缝、接缝养护差11类损坏,不分严重程度等级。2002年颁布的《高速公路养护质量检评办法》中将水泥路面分为破碎板、坑洞、板角断裂、拱起、错台、唧泥、裂缝、边角剥落、接缝料破损、修补损坏、层状剥落11类损坏,但分类方法不同,且考虑了严重程度等级。《公路技术状况评定标准》将水泥路面分为11类20种损坏。这些类型包括破碎板、坑洞、板角断裂、拱起、错台、唧泥、裂缝、边角剥落、接缝料破损、修补、露骨。

3. 砂石路面损坏类型及识别方法

1994年颁布的《公路养护质量检查评定标准》中将砂石路面破坏分为松散、坑槽、车辙、翻浆、沉陷、露骨、波浪与搓板、横坡不适、平整度差,共9类。现行《公路技术状况评定标准》将砂石路面破坏类型分为:坑槽、车辙、沉陷、露骨、波浪搓板、路拱不适共6类,不分严重程度。

(二)路基损坏类型及识别

1994年颁布的《公路养护质量检查评定标准》中将路基破坏类型划分为路肩不清洁、路肩不整齐、水沟淤塞、边坡坍塌、构造物损坏共5类。

2002年颁布的《高速公路养护质量评定》中将路基损坏划分为路肩边沟不洁、路肩损坏、边坡坍塌和水毁冲沟、路基构造物损坏和路缘石缺损、路基整体沉降、排水系统淤塞共6类。

现行《公路技术状况评定标准》将路基损坏类型划分为路肩边沟不洁、路肩损坏、边坡坍塌、水毁冲沟、路基构造物损坏、路缘石缺损、路基整体沉降、排水系统淤塞共8类。

(三)桥隧构造物损坏类型及识别

公路技术状况评定标准中桥隧构造物的技术状况评定,按《公路桥涵养护技术规范》(JTG H11—2004)及《公路隧道养护技术规范》(JTG H12—2015)评定的技术等级进行扣分和评价指标计算,因而无须另外的损坏调查。

(四)沿线设施损坏类型及识别

我国1994年颁布的《公路养护质量检查评定标准》中,将沿线设施损坏类型分为标志缺损、安全设施损坏、标线不完整、绿化空白路段、养护不善共5类。

2002年颁布的《高速公路养护质量评定办法》将沿线设施损坏类型划分为收费站服务区管理不善、标志缺损、防撞护栏缺损、隔离栅损坏、紧急电话缺损、标线缺损、绿化空白路段、绿化管护不善共8类。

现行《公路技术状况评定标准》将沿线设施损坏类型划分为标志缺损、防护设施缺损、隔离栅损坏、标线缺损、绿化管护不善共5类。

四、《公路技术状况评定标准》在养护中的作用

1. 反映公路技术状况及使用性能

即用一系列技术指标反映公路路基、路面、桥涵构造物、沿线设施、绿化设施的完好状况和供车辆行驶的使用性能。

2. 制订养护工作计划和工程方案

与公路技术状况评定直接有关的公路养护计划工作主要有：

（1）养护质量（好路率）计划工作其实是确定公路养护质量综合目标和分解实现质量目标计划的过程。该指标的优点是概念通俗易懂；缺点是以公路病害为主要指标，技术指标不全面，缺乏对路况衰变的研究，因此，基于"好路率"标准的养护目标计划较难做到科学准确。该指标分为综合指标和单项指标综合指标有 MQI、PQI。单项指标有 PCI、RQI、RDI、SIC、BCI、TCI。

指标的科学合理性与养护工作科学决策密切相关，故要合理使用。

（2）日常养护计划

日常养护计划主要是按照养护定额对日常保养费用进行测算和划分，路面破损率指标是测算和划拨保养经费的主要依据之一。

（3）养护工程计划

养护工程计划包括小修工程计划和大中修及桥梁加固维修计划。小修工程计划，用以调查统计病害、测算维修经费、制订维修计划、按完成情况划拨或计量支付。大中修及桥梁加固维修计划，用以定期检测和采集路网路况指标和桥梁状况指标数据；评价分析检查数据、现场核查情况，筛选路段、桥梁；工程方案的设计、经济技术方案比选及最终优化；按设计方案进行工程的组织实施。

3. 养护工作质量检查考核

公路养护工作质量考核包括公路管理部门考核、上级对下级考核以及养护单位自检三级考核体系。公路管理机构按照有关检评方法和标准对所辖路网或路段进行技术状况检查和评价。上级对下级进行养护工作质量检查考核，确定是否达到养护质量计划目标。基层单位自检是前提，养护工作质量首先应在基层落实。

五、应用现行《公路技术状况评定标准》应注意的问题

结合国内公路养护管理工作实际，就公路技术状况评定在养护管理工作中的作用、新旧标准更替的影响以及如何应用新标准等问题进行研讨。

针对以往相关工作中存在的问题，希望借助现行标准的实施，推动各方面工作的改进。建议采取以下主要措施。

1. 采用 MQI 和好路率两个指标来评判道路养护质量

制订路段和区域养护质量计划以及考核养护质量时，可以考虑采用两个综合性指标。一是用加权统计的公路技术状况指数 MQI 作为养护质量综合性指标，可以称作"路况综合指数"；另一个是借用"好路率"的概念，建立"优良率"指标，即将公路技术状况指数属于优、良等级（MQI 大于或等于80）的里程占总检评里程的比率。两个指标同时使用，可以更准确地反映区域路况水平。

加强养护质量计划工作，合理确定养护质量目标"路况综合指数 MQI 和优良率"。逐步建立路网 MQI 及分项指标与养护投入、养护措施间的关系，利用 CPMS 等分析手段预测路况变化，使计划目标与养护投入、养护工程、路况衰变预测等关联，改变过去"好路率"指标人为调

控只有上涨没有下降的习惯思维和做法。

2. 落实专项检测资金并建立专业化队伍

在年度养护计划中安排专门的检测、分析及数据处理资金；培育专业化的检测和分析评价机构和队伍。

3. 合理确定路况技术指标的调查频率和检测方法

综合考虑不同道路等级、管理模式以及养护调查需求，合理确定路况技术指标的调查频率和检测方法。

（1）平整度（RQI）：对于高速公路和普通干线公路以车载设备检测为主；对农村公路可以采用人工评定的方法。

（2）结构强度（PSSI）：高速公路拟实施大中修路段、普通路网大修和改建路段及典型结构实验路段须采集结构强度指标，并以自动弯沉设备为主。农村公路拟大修和改建路段可采用贝克曼梁进行检测。

（3）路面损坏 PCI、路基 SCI、沿线设施 TCI：为与传统养护管理模式衔接，加强日常养护管理，一般国省道每月调查（站）、每季度（县）、每半年（市）、一年核查（省）；高速公路每季度调查（管理处），逐级上报，每半年（市）、一年核查（省）。

在利用检测数据和相关应用软件制订养护建议计划的工作中，注意最小评价单元和养护措施单元之间的数据关系，便于养护工程计划实际应用。

4. 加快数据共享的信息化建设并规范工作流程

加快公路信息网络建设、共享交换数据库建设、应用软件开发及应用，保证公路基础数据库的及时更新，形成覆盖各级公路管理机构的信息工作平台。将各单位检测完成的路况数据及评价结果数据整合、共享，利用信息化手段减少基层单位数据处理统计的难度和工作量，提高数据采集和分析应用效率。

进一步完善相关的工作流程和工作制度。尤其需要完善和加强从路况检测评价到编制养护大中修计划的流程和制度，依据客观数据，科学养护决策。

第四节　公路养护工程概预算编制

为保持道路可靠的内在质量和正常的使用品质以及良好的外观状态，同时发挥道路的正常使用功能，达到畅通、安全、舒适、美观的总体要求，需要科学合理地利用有限的资金，有的放矢地进行道路养护，并进一步减少养护资金浪费，为此，公路养护工程实施前应编制概预算。养护工程预算也是养护工程设计文件的重要组成部分，是合理确定养护工程资金需求、编制养护工程年度计划的依据，经批准的养护工程预算是向财政部门编报公路养护资金年度预算的依据。

道路养护工程概预算属于道路养护工程造价范畴，道路养护工程造价涉及的内容有投资估算、养护概算、养护预算、养护决算等。其中，《道路养护工程预算编制办法》是其主要内容之一，它应包括预算编制办法及定额的总则、预算编制、预算费用标准和计算办法。审批后的养护工程预算是编制招投标工程清单预算、工程标底或造价控制值的依据，也是分析、考核各个养护单位投标报价合理性的参考。

一、适应范围与基本原则

（一）适应范围

编制的养护工程养护预算应以养护工程定额加以框定。该定额一般应适用于高速公路及普通公路拟养护路线的小修保养、中修、大修工程。不适用于由于不可抗拒的自然灾害（如风、沙、雨、雪、洪水、地震等）造成的公路、桥涵等设施的破坏，发生的抗灾抢险工程费用，以及其他突发性事件增加的工程养护费用，在向财政部门编报公路养护资金年度预算时，应结合以前年度发生此类费用的情况，单独预留并在年末根据灾害等发生的实际情况核销。

（二）编制依据

由于目前国内暂无行业或国家级别的有关道路养护工程的概预算方面的规范引导性文件，故编制养护工程预算可参考下列文件。

《公路工程建设项目概算预算编制办法》（JTG 3830—2018）；《公路建设项目造价文件管理导则》（JTG 3810—2017）；《公路工程预算定额（上、下册）》（JTG/T 3832—2018）；《公路工程估算指标》（JTG/T 3821—2018）；《公路工程机械台班费用定额》（JTG/T 3833—2018）；《公路工程施工定额测定与编制规程》；《公路养护工程预算编制办法》（行业暂未颁布，可依地方办法）。

《中华人民共和国土地管理法》《中华人民共和国土地管理法实施条例》《中华人民共和国基本农田保护条例》《公路养护技术规范》《公路养护工程管理办法》《公路工程施工质量及验收规范》和《公路工程技术标准》及地方性的土地管理条例和公路养护工程预算定额等。

上述编制依据中，应按照"上位优先，同位后先，适宜当先"的原则采用。所谓上位优先，是指相关计价文件的执行顺序应依次为法律、法规、行业规范及规范性文件。同位后先，是指在同一级别颁发部门下发的同名或同类文件，是以最新颁布的为准，换言之，凡是注日期的引用文件应采用所注日期的版本；凡是不注日期的引用文件，应按照最新版本执行。适宜当先，是指在上位计价文件个别处无具体规定或完全不适应地方实际时，可建立地方补充定额与上位计价文件配套使用。当上位目前没有颁布同类文件时，可依据地方性的相关文件。

（三）编制原则

养护工程预算编制必须严格执行国家的方针、政策和有关规定，符合现行公路养护、施工技术规范。文件应达到的质量要求是：符合规定、结合实际、经济合理、提交及时、不重不漏、计算正确、字迹打印清晰、装订整齐完善。

各级养护生产和管理单位应加强养护工程的经济管理工作，配备和充实养护工程造价人员，切实做好预算的编制工作。与此同时，养护工程造价人员应不断提高专业素质，掌握设计、施工情况，做好设计方案的经济比较，使技术工作和经济工作结合起来，全面、有效地提高设计质量，合理确定养护工程造价。

编制预算时，应全面了解工程所在地的各项建设条件，掌握各项基础资料，根据养护工程设计的工程量及施工方法，正确引用规定的定额、取费标准、工资单价和材料设备预算价格，可按本标准的规定进行编制。

在预算中应规定的各项费用标准，该标准一般适用于编制公路养护工程预算。

预算均由有资质的设计、工程（造价）咨询单位负责编制，编制、审核人员必须持有公路工程造价人员执业资格证书,并对工程造价文件的编制质量负责。

当一个养护工程项目由两个以上设计(咨询)单位共同承担设计时,各设计(咨询)单位应负责编制所承担设计的单项或单位工程预算,主体设计(咨询)单位应负责编制原则和依据、工程设备与材料价格、取费标准等的协调与统一,汇编总预算,并对全部预算的编制质量负责。

公路管理、养护及服务房屋可执行工程所在地的地区统一定额及相应的其他工程费和间接费定额,但其他费用应按本节中的项目划分及计算方法编制。

二、公路养护预算编制方法

公路养护工程预算应以《公路养护工程预算定额》为依据,编制预算时应根据预算定额规定的各工程项目的人工、材料、机械台班消耗量和预算编制时工程所在地的人工费工日单价、材料预算单价和机械台班单价计算出各工程项目的工、料、机费用,并按《公路养护工程预算定额》的规定计算各项费用。预算的材料、机械台班单价及各项费用的计算都应通过规定的表格反映。公路养护工程预算应按统一的预算表格计算,这些表格一般包括公路养护工程总预算汇总表(01表);总预算人工、主要材料、机械台班数量汇总表(02表);养护工程费计算表(03表);其他直接费、现场经费及间接综合费率计算表(04表);养护工程其他费用计算表(05表);人工、材料、机械台班单价汇总表(07表);分项工程预算基础数据表(07表);材料预算单价计算表(09表);自采材料料场价格计算表(10表);机械台班单价计算表(11表)。各种表格的计算顺序和相互关系见图6-44。在国家尚未颁布正式的全国性公路工程养护概预算编制办法和公路工程养护定额前,所用预算文件中的表式应征得各省交通运输管理部门同意后,结合实际情况允许变动或增加某些计算过渡表式。

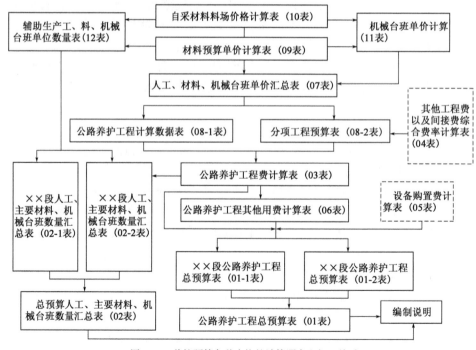

图6-44 养护预算各种表格的计算顺序和相互关系

(一)道路养护预算编制依据

(1)国家发布的有关法律、法规、规章、规程等。

(2)现行的《公路工程预算定额》(JTG/T 3832)、《公路工程机械台班费用定额》(JTG/T 3833)、《公路工程建设项目概算预算编制办法》(JTG 3830)以及全国性或地方性的《公路养护工程预算定额》及标准(目前部分省市有地方性的公路养护预算定额)。

(3)地方交通运输厅发布的补充计价依据。

(4)批准的设计文件、设计图表资料和文字说明等有关资料以及有关合同、协议和其他有关资料。

(5)工程所在地的人工、材料、机械及设备预算价格等以及自然、技术、经济条件等资料。

(6)工程施工组织设计或施工方案。

(二)道路养护预算文件组成

预算文件由封面及目录、预算编制说明及全部预算的计算表格组成如图6-44所示。

1. 封面及目录

预算文件的封面应有工程项目名称、编制单位,扉页的次页应有编制单位,编制、复核人员姓名并加盖资格印章,编制日期及第几册共几册等内容。目录应按预算表的表号顺序编排。

2. 预算编制说明

预算编制完成后,应写出编制说明,文字力求简明扼要。应叙述的内容一般有以下几个方面。

(1)养护工程概况:养护工程所在地区、项目名称、管理单位、技术等级、路面类型及结构形式、里程、交通量、路基宽度、主要构造物、沿线设施和绿化的布设情况、最近一次大中修时间或建成通车时间及养护工程建设的依据及有关文号等。

(2)采用的定额、费用标准,人工、材料、机械台班单价的依据或来源,补充定额及编制依据的详细说明。

(3)与预算有关的委托书、协议书、会议纪要的主要内容(或将复印件附后)。

(4)总预算金额,人工、钢材、水泥、木料、沥青的总需要量情况,各设计方案的经济比较,以及编制中存在的问题。

(5)其他与预算有关但不能在表格中反映的事项。

3. 预算项目与组成

2019年新的公路工程建设项目计价系列文件全面颁布,适应新时代工程建设的概预算项目组成有所变化,见图6-45所示,为公路养护工程编制概预算提供了参考依据。目前,尚未制定全国通用的公路养护工程概预算定额体系,各地为使用方便,有些省(市、自治区)编制了地方性的公路养护工程定额。总的来说,各地对养护费用项目划分大同小异,一般包括以下四部分费用:

第一部分公路养护工程费(其中包括第一项小修保养工程、第二项中修工程、第三项大修工程、第四项改建工程),第二部分设备购置费用,第三部分公路养护工程其他费用,第四部分预留费用。在全国通用的公路工程养护定额,即计价文件体系没有正式颁发之前,公路工程养护定额也可以参考本节叙述的方法编制。

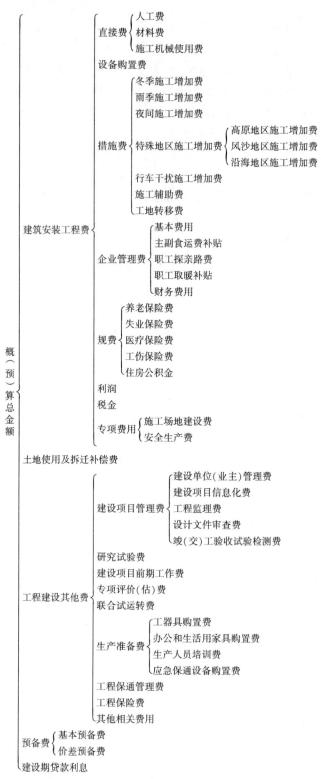

图 6-45　2018 版公路工程建设项目概(预)算定额费用组成

图 6-45 一般适用于新建干线公路,不太适用于农村公路,尤其不能直接用于公路养护工程中。

公路养护工程预算一般可包括甲组文件与乙组文件。预算文件是设计文件的组成部分,按不同的需要分为两组,甲组文件为各项费用计算表,乙组文件为公路养护工程费各项基础数据计算表。甲、乙组文件应分别出版排册。甲组文件与工程主体排册,乙组文件 08-1 表独立成册,其他乙组文件单独排册。预算文件应按规定的份数,随设计文件一并报送。

乙组文件中的"公路养护工程计算数据表"(08-1 表)和"分项工程预算表"(08-2 表)应根据审批部门或养护工程项目业主单位的要求全部提供或仅提供其中的一种。

甲、乙组文件包括的内容见图 6-46。

甲组文件
- 编制说明
- 总预算汇总表(01-1表)
- 总预算人工、主要材料、机械台班数量汇总表(02-1表)
- 总预算表(01表)
- 人工、主要材料、机械台班数量汇总表(02表)
- 公路养护工程费计算表(03表)
- 其他工程费及间接费综合费率计算表(04表)
- 设备购置费计算表(05表)
- 公路养护工程其他费用计算表(06表)
- 人工、材料、机械台班单价汇总表(07表)

乙组文件
- 公路养护工程计算数据表(08-1表)
- 分项工程预算表(08-2表)
- 材料预算单价计算表(09表)
- 自采材料料场价格计算表(10表)
- 机械台班单价计算表(11表)
- 辅助生产工、料、机械台班单位数量表(12表)

图 6-46 甲、乙组文件包括的内容

预算项目应按项目表的序列及内容编制,如实际出现的工程和费用项目与项目表的内容不完全相符时,一、二、三、四部分、"项"和"目"的序号应保留不变,"节""细目"可随需要增减,并按项目表的顺序以实际出现的"节""细目"依次排列,不保留缺少的"节""细目"序号。如第二部分设备购置费用在某项具体工程中不发生时,第三部分公路养护工程其他费用仍为第三部分。同样,第一部分第一项为保养工程,第二项为小修工程,若某项具体工程中无保养工程项目,但其"项"的序号仍保留,小修工程仍为第二项;第一项保养工程第一目为临时工程,第二目为路基工程,若某项保养工程中无临时工程项目,但其"目"的序号仍保留,路基工程仍为第二目。但如"节"或"细目"发生这样的情况时,可依次递补改变序号。

本节介绍的预算项目主要包括以下内容:

第一部分 公路养护工程费,此费用共分四项;第一项 保养工程;第二项 小修工程;第三项 中修工程;第四项 大修工程

第二部分 设备购置费用

第三部分 公路养护工程其他费用

第四部分　预备费

项目表的详细内容可以编制附录说明。公路养护工程的分类标准按交通运输部颁布的《公路养护技术规范》(JTG H10—2009)和《公路养护工程管理办法》中的有关规定执行。

以上项目对应如图 6-47 所示的预算组成。该文件由东北某省养护预算组成编制，可以参考。

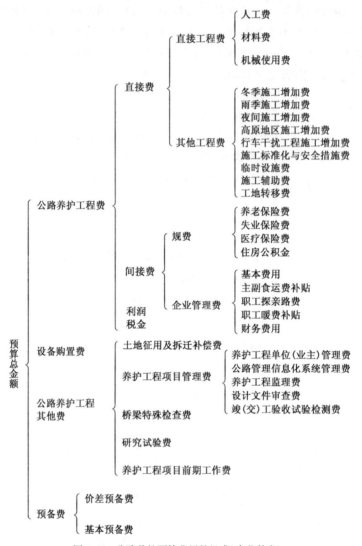

图 6-47　公路养护预算费用的组成(东北某省)

三、预算费用标准和计算方法

由图 6-48 可以看出，公路养护预算总金额包括公路养护工程费、设备购置费、公路养护工程其他费以及预备费四大部分。其中公路养护工程费包括直接费、间接费、利润及税金。其他工程费及间接费取费标准的工程类别划分如下。

第一类，人工土(石)方。系指人工施工的路基土(石)方工程，以及人工施工的砍树、挖根、除草、平整场地、挖盖山土(石)、其他零星工程等工程项目，并适用于无路面的便道工程。

第二类,机械土(石)方。系指机械施工的路基、改河等土(石)方工程,以及机械施工的砍树、挖根、除草等工程项目。

第三类,汽车运输。系指汽车、拖拉机、机动翻斗车等运送的路基土(石)方、路面基层和面层混合料、水泥混凝土及预制构件、绿化苗木等。

第四类,高级路面。系指沥青混凝土路面、厂拌沥青碎石路面和水泥混凝土路面的面层。

第五类,其他路面。系指除高级路面以外的其他路面面层,各等级路面的基层、底基层、垫层、透层、黏层、封层,采用结合料稳定的路基和软土等特殊路基处理等工程,以及有路面的便道工程。

第六类,包括Ⅰ、Ⅱ、Ⅲ三种构造物。构造物Ⅰ是指无夜间施工的桥梁、涵洞、防护及其他工程,沿线设施中除金属结构设施以外的其他构造物,绿化工程。构造物Ⅱ是指有夜间施工的桥梁工程。构造物Ⅲ是指商品混凝土(包括沥青混凝土和水泥混凝土)的浇筑和外购构件及设备的安装工程。商品混凝土和外购构件及设备的费用不作为其他工程费和间接费的计算基数。

第七类,隧道。系指隧道工程的洞门及洞内土建工程。

第八类,钢材及钢结构。系指钢桥及钢索吊桥的上部构造,钢沉井、钢围堰、钢套箱及钢护筒等基础工程,钢索塔,钢锚箱,钢筋及预应力钢材,模数式及橡胶板式伸缩缝,钢盆式橡胶支座、四氟板式橡胶支座,金属标志牌、防撞钢护栏、防眩板(网)、隔离栅、防护网等工程项目。

第九类,小修保养。系指对公路及其工程设施进行预防性保养、日常保洁、绿化养护和修补公路设施轻微损坏等工程项目。

以上工程类别划分中,1~10项适用于公路中修、大修工程,小修保养综合费率仅适用于公路小修保养工程。通常购买路基填料的费用不作为其他工程费和间接费的计算基数。

(一)公路养护工程费

1. 直接费

直接费由直接工程费和其他工程费组成。直接工程费是指公路养护施工过程中耗费的构成工程实体和有助于保证公路实现其应有服务功能的形成而发生的各项费用,包括人工费、材料费以及施工机械使用费。

(1)直接工程费

①人工费。

人工费系指列入预算定额的直接从事公路养护工程施工的生产工人开支的各项费用,内容包括以下几个方面:其一,基本工资,系指发放给生产工人的基本工资、流动施工津贴和生产工人劳动保护费,以及职工个人缴纳的养老、失业、医疗保险费和住房公积金等。生产工人劳动保护费系指按国家有关部门规定标准发放的劳动保护用品的购置费及修理费、学徒工服装补贴、防暑降温费、在有碍身体健康环境中施工的保健费用等。其二,工资性补贴,系指按规定标准发放的物价补贴、煤、燃气补贴、交通费补贴及地区津贴等。其三,生产工人辅助工资。系指生产工人年有效施工天数以外非作业天数的工资,包括开会和执行必要的社会义务时间的工资,职工学习、培训期间的工资,调动工作、探亲、休假期间的工资,因气候影响停工期间的工资,女工哺乳期间的工资,病假在六个月以内的工资及产、婚、丧假期的工资。其四,职工福利费,系指按国家规定标准计提的职工福利费。

人工费以养护工程预算定额人工工日数乘以每工日人工费计算。

人工费标准按照当地公路养护项目的人工工资统计情况并结合工种组成、定额消耗、最低工资标准以及公路养护劳务市场情况进行综合分析确定。

人工费单价可根据当地交通运输厅发布标准计取。

人工费单价仅作为编制养护工程预算的依据，不作为养护单位实发工资的依据。

②材料费。

材料费系指施工过程中耗用的构成工程实体的原材料、辅助材料、构（配）件、零件、半成品、成品的用量和周转材料的摊销量，按工程所在地的材料预算价格计算的费用。

材料预算价格由材料原价、运杂费、场外运输损耗、采购及仓库保管费组成。

$$材料预算价格 = （材料原价 + 运杂费）\times （1 + 场外运输损耗率）\times （1 + 采购及保管费率） - 包装品回收价值$$

a. 材料原价。

材料包括外购材料、地方性材料和自采材料三种材料价格。各种材料原价按以下规定计算：首先，外购材料。一般指国家或地方的工业产品，按工业产品出厂价格或供销部门的供应价格计算，并根据情况加计供销部门手续费和包装费。如供应情况、交货条件不明确时，可采用当地规定的价格计算。其次，地方性材料。地方性材料包括外购的砂、石材料等，按实际调查价格或当地主管部门规定的预算价格计算。再次，自采材料。指养护工程中自采的砂、石、黏土等材料，按定额中开采单价加辅助生产间接费和矿产资源（如有）计算。

材料原价应按实计取。各地区公路（交通）工程定额（造价管理）站应通过调查，编制本地区的材料价格信息，供编制预算使用。

b. 运杂费。

运杂费系指材料自供应地点至工地仓库（施工地点存放材料的地方）的运杂费用，包括装卸费、运费，如果发生，还应计囤存费及其他杂费（如过磅、标签、支撑加固、路桥通行等费用）。

通过铁路、水路和公路运输部门运输的材料，按铁路、航运和当地交通运输部门规定的运价计算运费。

施工单位自办的运输，单程运距15km以上的长途汽车运输按当地交通运输部门规定的统一运价计算运费；单程运距5~15km的汽车运输按当地交通运输部门规定的统一运价计算运费，当工程所在地交通不便、社会运输力量缺乏时，如边远地区和某些山岭区，允许按当地交通运输部门规定的统一运价加50%计算运费；单程运距5km及以内的汽车运输以及人力场外运输，按预算定额计算运费，其中人力装卸和运输另按人工费加计辅助生产间接费。

一种材料如有两个以上的供应点时，都应根据不同的运距、运量、运价采用加权平均的方法计算运费。

由于预算定额中汽车运输台班已考虑工地便道特点，以及定额中已计入了"工地小搬运"项目，因此平均运距中汽车运输便道里程不得乘以调整系数，也不得在工地仓库或堆放料场之外再加场内运距或二次倒运的运距。

有容器或包装的材料及长大轻浮材料，可按表6-22规定的毛重计算。桶装沥青、汽油、柴油按每吨摊销一个旧汽油桶计算包装费（不计回收）。

材料毛重系数及单位毛重参考表　　　　　表 6-22

材料名称	单位	毛重系数	单位毛重
爆破材料	t	1.35	—
水泥、块状沥青	t	1.01	—
铁钉、铁件、焊条	t	1.10	—
液体沥青、液体燃料、水	t	桶装1.17,油罐车装1.00	—
木料	m³	—	1.000t
草袋	个	—	0.004t

c. 场外运输损耗。

场外运输损耗系指有些材料在正常的运输过程中发生的损耗,这部分损耗应摊入材料单价内。材料场外运输操作损耗率(参考值)见表6-23。

材料场外运输操作损耗率参考表(%)　　　　　表 6-23

材料名称		场外运输(包括一次装卸)	每增加一次装卸
块状沥青		0.5	0.2
石屑、碎砾石、砂砾、煤渣、工业废渣、煤		1.0	0.4
砖、瓦、桶装沥青、石灰、黏土		3.0	1.0
草皮		7.0	3.0
水泥(袋装、散装)		1.0	0.4
砂	一般地区	2.5	1.0
	多风地区	5.0	2.0

注:汽车运水泥,如运距超过500km时,增加损耗率:袋装0.5%。

d. 采购及保管费。

材料采购及保管费系指材料供应部门(包括工地仓库以及各级材料管理部门)在组织采购、供应和保管材料的过程中,所需的各项费用及工地仓库的材料储存损耗。

材料采购及保管费,以材料的原价加运杂费及场外运输损耗的合计数为基数,乘以采购保管费率计算。材料的采购及保管费之费率为2.5%。

外购的构件、成品及半成品的预算价格,其计算方法与材料相同,但构件(如外购的钢桁梁、钢筋混凝土构件及加工钢材等半成品)的采购保管费率为1%。

商品混凝土预算价格的计算方法与材料相同,但其采购保管费率为0。

③施工机械使用费。

施工机械使用费系指列入预算定额的施工机械台班数量,按相应的机械台班费用定额计算的施工机械使用费和小型机具使用费。

施工机械台班预算价格应按《公路工程机械台班费用定额》(JTG/T 3833)计算,台班单价由不变费用和可变费用组成。不变费用包括折旧费、大修理费、经常修理费、安装拆卸及辅助设施费等;可变费用包括机上人员人工费、动力燃料费、车船使用税。可变费用中的人工工日数及动力燃料消耗量,应以机械台班费用定额中的数值为准。台班人工费工日单价同生产工人人工费单价。动力燃料费用则按材料费的计算规定计算。

当养护工程用电为自行发电时,电动机械每千瓦时(度)电的单价可由下述近似公式计算:

$$A = 0.24 \frac{K}{N}$$

式中：A——每千瓦时电单价(元)；
K——发电机组的台班单价(元)；
N——发电机组的总功率(kW)。

(2)其他工程费

其他工程费系指直接工程费以外施工过程中发生的直接用于公路养护工程的费用。内容包括冬季施工增加费、雨季施工增加费、夜间施工增加费、高原地区施工增加费、行车干扰工程施工增加费、标准化施工与安全措施费、临时设施费、施工辅助费、工地转移费9项。公路养护工程中的水、电费及因场地狭小等特殊情况而发生的材料二次搬运等其他工程费已包括在预算定额中，不再另计。

①冬季施工增加费。

冬季施工增加费系指按照我国现行《公路养护技术规范》(JTG H10—2009)及《公路工程施工质量验收规范》(DGT 08-119—2005)所规定的冬季施工要求，为保证工程质量和安全生产所需采取的防寒保温设施、工效降低和机械作业率降低、工地临时取暖以及技术操作过程的改变等所增加的有关费用。

冬季施工增加费包括四个方面的费用：其一是：因冬季施工所需增加的一切人工、机械与材料的支出；其二是，施工机具所需修建的暖棚(包括拆、移)，增加油脂及其他保温设备的费用；其三是，因施工组织设计确定需增加的一切保温、加温及照明等有关支出；其四是，与冬季施工有关的其他各项费用，如清除工作地点的冰雪等费用。

冬季气温区的划分可根据气象部门提供的满15年以上的气温资料确定。每年秋冬第一次连续5d出现室外日平均温度在5℃以下、日最低温度在-3℃以下的第一天算起，至第二年春夏最后一次连续5d出现同样温度的最末一天为冬季期。冬季期内平均气温在-1℃以上者为冬一区，-1～-4℃者为冬二区，-4～-7℃者为冬三区，-7～-10℃者为冬四区，-10～-14℃者为冬五区，-14℃以下者为冬六区。冬一区内平均气温低于0℃的连续天数在70d以内的为Ⅰ副区，70d以上的为Ⅱ副区；冬二区内平均气温低于0℃的连续天数在100d以内的为Ⅰ副区，100d以上的为Ⅱ副区。

气温高于冬一区，但砖石混凝土工程施工须采取一定措施的地区为准冬季区。准冬季区分两个副区，简称准一区和准二区。凡一年内日最低气温在0℃以下天数多于20d，日平均气温在-5℃以下的天数少于15d的为准一区，多于15d的为准二区。

冬季施工增加费的计算方法，小修保养工程采用全年平均摊销的方法，即不论是否在冬季施工，均按规定的取费标准计取冬季施工增加费。除小修保养工程外，应区别是否在冬季施工，只有在冬季施工的项目才能按规定的取费标准计取冬季施工增加费。

一条路线穿过两个以上的气温区时，可分段计算或按各气温区的工程量比例求得全线的平均增加率，计算冬季施工增加费。

冬季施工增加费一般是以冬季施工的各类工程的直接工程费之和为基数，按工程所在地的气温区选用相应的费率计算。例如，位于冬四区或冬五区的公路养护工程，冬季施工增加费的费率可按表6-24的费率计算。

冬季施工增加费费率参考表(%)　　　　表 6-24

气温区		工程类别										
		人工土、石方	机械土、石方	汽车运输	高级路面	其他路面	构造物Ⅰ	构造物Ⅱ	构造物Ⅲ	隧道	钢结构	小修保养
冬季期平均温度(℃)	−7~−10 冬四区	1.69	2.55	0.67	2.40	0.96	2.21	2.72	5.35	0.90	0.23	0.64
	−10~−14 冬五区	2.52	3.83	1.01	3.60	1.44	3.31	4.08	8.03	1.34	0.35	0.96

②雨季施工增加费。

雨季施工增加费系指雨季期间施工为保证工程质量和安全生产所需采取的防雨、排水、防潮和防护措施,工效降低和机械作业率降低以及技术作业过程的改变等,所需增加的有关费用。

雨季施工增加费包括五个方面的费用:第一,因防止雨水必须采取的防护措施的费用,如挖临时排水沟、防止基坑坍塌所需的支撑、挡板等费用;第二,因雨季施工所需增加的工、料、机费用的支出,包括工作效率的降低及易被雨水冲毁的工程所增加的工作内容等;第三,路基土方工程的开挖和运输,因雨季施工(非土壤中水影响)而引起的黏附工具,降低工效所增加的费用;第四,材料因受潮、受湿的耗损费用以及增加防雨、防潮设备的费用;第五,其他有关雨季施工所需增加的费用,如因河水高涨致使工作困难而增加的费用等。

雨量区和雨季期的划分,可根据气象部门提供的满 15 年以上的降雨资料确定。凡月平均降雨天数在 10d 以上,月平均日降雨量在 3.5~5mm 之间者为Ⅰ区,月平均日降雨量在 5mm 以上者为Ⅱ区。各地可依地域自制本地雨量区及雨季区划分图或划分表,也可按当地气象资料及上述划分标准确定工程所在地的雨量区及雨季期。

雨季施工增加费的计算方法,一般多采用全年平均摊销的方法,即不论是否在雨季施工,均按规定的取费标准计取雨季施工增加费。

一条路线通过不同的雨量区和雨季期时,应分别计算雨季施工增加费或按工程量比例求得平均的增加率,计算全线雨季施工增加费。

雨季施工增加费以各类工程的直接工程费之和为基数,按工程所在地的雨量区、雨季期选用例如,位于 2、3 区的表 6-25 的费率计算。

雨季施工增加费费率参考表(%)　　　　表 6-25

雨季区(月数)	雨量区	工程类别										
		人工土、石方	机械土、石方	汽车运输	高级路面	其他路面	构造物Ⅰ	构造物Ⅱ	构造物Ⅲ	隧道	钢结构	小修保养
2	Ⅰ	0.05	0.06	0.06	0.05	0.05	0.04	0.04	0.09	—	—	0.05
	Ⅱ	0.07	0.09	0.09	0.08	0.07	0.06	0.06	0.14	—	—	0.07
3	Ⅱ	0.10	0.12	0.13	0.12	0.11	0.09	0.10	0.20	—	—	0.11

③夜间施工增加费。

夜间施工增加费系指根据设计、施工的技术要求和合理的施工进度要求,必须在夜间连续施工而发生的工效降低、夜班津贴以及有关照明设施(包括所需照明设施的安拆、摊销、维修及油燃料、电)等增加的费用。

对涉及夜间施工增加费的专项工程、大中修工程,应按夜间施工工程项目(如桥梁工程项目的基础工程等)的直接工程费之和的0.28%计算。

④高原地区施工增加费。

高原地区施工增加费系指在海拔高度1500m以上地区施工,由于受气候、气压的影响,致使人工、机械效率降低而增加的费用。该费用以各类工程人工费和机械使用费之和为基数,例如,位于1500~3000m海拔高度的高原地区可按表6-26的费率计算。

高原地区施工增加费费率参考表(%) 表6-26

海拔高度 (m)	工程类别										
	人工土石方	机械土石方	汽车运输	高级路面	其他路面	构造物Ⅰ	构造物Ⅱ	构造物Ⅲ	隧道	钢结构	小修保养
1501~2000	5.60	5.30	5.20	5.26	5.38	5.50	5.42	5.38	5.41	5.42	5.38
2001~2500	10.60	10.15	10.00	10.09	10.27	10.45	10.32	10.28	10.32	10.34	10.27
2501~3000	15.80	15.05	14.80	14.95	15.26	15.55	15.34	15.26	15.33	15.36	15.26

⑤行车干扰工程施工增加费。

行车干扰工程施工增加费系指由于边施工边维持通车,受行车干扰的影响,致使人工、机械效率降低而增加的费用。对于采取封闭措施进行施工的养护工程,不计列本项费用。

该费用以受行车影响部分的工程人工费和机械使用费之和为基数,按表6-27的费率计算。

行车干扰工程施工增加费费率参考表(%) 表6-27

交通量(辆)	工程类别											
	人工土石方	机械土石方	汽车运输	高级路面	其他路面	构造物Ⅰ	构造物Ⅱ	构造物Ⅲ	隧道	钢结构	一般公路小修保养	高速公路小修保养
500以下	—	—	—	—	—	—	—	—	—	—	—	—
501~1000	1.95	1.6	1.67	1.5	1.42	1.13	1.14	1.14	—	—	1.42	
1001~2000	2.64	2.2	2.28	2	1.89	1.51	1.52	1.52	—	—	1.89	
2001~3000	3.27	2.89	3	2.49	2.35	1.89	1.90	1.90	—	—	2.35	
3001~4000	3.79	3.35	3.48	2.89	2.73	2.19	2.20	2.20	—	—	2.73	
4001~5000	4.22	3.73	3.87	3.21	3.03	2.43	2.45	2.44	—	—	3.03	
5001~7000	4.67	4.13	4.29	3.56	3.36	2.7	2.71	2.70	—	—	3.36	
7000~9000	5.21	4.64	4.81	3.97	3.75	3.01	3.02	3.01	—	—		3.75
9000~11000	5.76	5.14	5.34	4.38	4.14	3.33	3.34	3.32	—	—		4.14
11000~13000	6.30	5.65	5.86	4.80	4.52	3.64	3.65	3.64	—	—		4.52
13000~15000	6.85	6.15	6.39	5.21	4.91	3.96	3.97	3.95	—	—		4.91

注:交通量指施工期间平均每昼夜双向行车次数(汽车、兽力车合计)。六车道施工乘以系数0.7。公路采用分幅施工时乘以系数0.5。

⑥标准施工化与安全措施费。

标准施工化与安全措施费系指工程施工期间为满足安全生产、施工标准化、规范化、精细化所发生的费用。该费用不包括施工期间为保证交通安全而设置的临时安全设施和标志、标牌的费用,需要时,应根据设计要求计算。该费用也不包括预制场、拌和站、临时便道、临时便桥的施工标准化费用,应根据施工组织标准化要求单独计算。施工标准化与安全措施费以各类工程的直接工程费之和为基数,不实行标准化施工的,可按表6-28的费率计算,实行标准化施工的应在表列费率的基础上乘以系数1.18。

施工标准化与安全措施费费率参考表(%) 表6-28

工程类别	人工土、石方	机械土、石方	汽车运输	高级路面	其他路面	构造物Ⅰ	构造物Ⅱ	构造物Ⅲ	隧道	钢结构	小修保养
费率	0.47	0.47	0.17	0.80	0.82	0.58	0.62	1.26	0.58	0.42	0.82

⑦临时设施费。

临时设施费系指施工企业为进行公路养护工程施工所必需的生活和生产用的临时建筑物、构筑物和其他临时设施及其标准化的费用等,但不包括预算定额中的临时工程在内。

临时设施包括:临时生活及居住房屋(包括职工家属房屋及探亲房屋)、文化福利及公用房屋(如广播室、文体活动室等)和生产、办公房屋(如原材料、半成品、成品存放场及库房、加工厂、钢筋加工场、发电站、变电站、空压机站、停机棚等),工地范围内的各种临时的工作便道(包括汽车、畜力车、人力车道)、人行便道,工地临时用水、用电的水管支线和电线支线,临时构筑物(如水井、水塔等)以及其他小型临时设施。

临时设施费用内容包括:临时设施的搭设、维修、拆除费或摊销费。

临时设施费以各类工程的直接工程费之和为基数,不施行标准化施工施工的,可按表6-29的费率计算,实行标准化施工的,可在表列费率的基础上乘以系数1.1。

临时设施费费率参考表(%) 表6-29

工程类别	人工土、石方	机械土、石方	汽车运输	高级路面	其他路面	构造物Ⅰ	构造物Ⅱ	构造物Ⅲ	隧道	钢结构	小修保养
费率	1.27	1.31	0.74	1.54	1.50	2.12	2.51	4.65	2.06	1.98	1.50

⑧施工辅助费。

施工辅助费包括生产工具用具使用费、检验试验费和工程定位复测、工程点交、场地清理、日常巡查等费用。

生产工具用具使用费系指施工所需不属于固定资产的生产工具、检验、试验用具及仪器、仪表等的购置、摊销和维修费,以及支付给工人自备工具的补贴费。

检验试验费系指施工企业对建筑材料、构件和建筑安装工程进行一般鉴定、检查所发生的费用,包括自设试验室进行试验所耗用的材料和化学药品的费用,以及技术革新和研究试验费。但不包括新结构、新材料的试验费和建设单位要求对具有出厂合格证明的材料进行检验,对构件破坏性试验及其他特殊要求检验的费用。

施工辅助费以各类工程的直接工程费之和为基数,按表6-30的费率计算。

施工辅助费费率参考表(%) 表6-30

工程类别	人工土、石方	机械土、石方	汽车运输	高级路面	其他路面	构造物Ⅰ	构造物Ⅱ	构造物Ⅲ	隧道	钢结构	小修保养
费率	0.70	0.38	0.13	0.64	0.59	1.04	1.25	2.42	0.95	0.45	0.59

⑨工地转移费。

工地转移费系指施工企业根据建设任务的需要,由已竣工的工地或后方基地迁至新工地的搬迁费用,其内容包括三个方面的费用:首先,施工单位全体职工及随职工迁移的家属向新工地转移的车费、家具行李运费、途中住宿费、行程补助费、杂费及工资与工资附加费等。其次,非固定工人进退场及一条路线中各工地间转移的费用。再次,公物、工具、施工设备器材、施工机械的运杂费,以及外租机械的往返费及本工程内部各工地之间施工机械、设备、公物、工具的转移费等。

工地转移费,以各类工程的直接工程费之和为基数,可按表6-31 的费率计算。

工地转移费费率参考表(%)　　　　　表6-31

工地转移距离 (km)	工程类别										
	人工土石方	机械土石方	汽车运输	高级路面	其他路面	构造物Ⅰ	构造物Ⅱ	构造物Ⅲ	隧道	钢结构	小修保养
50	0.12	0.36	0.25	0.49	0.45	0.45	0.53	1.05	0.42	0.58	0.45
100	0.17	0.46	0.32	0.66	0.60	0.60	0.71	1.42	0.57	0.78	0.60
300	0.26	0.74	0.50	1.04	0.94	0.94	1.12	2.22	0.89	1.21	0.94
500	0.35	0.97	0.66	1.36	1.23	1.23	1.46	2.90	1.16	1.58	1.23
1000	0.45	1.28	0.86	1.82	1.65	1.65	1.96	3.88	1.55	2.11	1.65
每增加100	0.02	0.06	0.04	0.10	0.08	0.09	0.10	0.20	0.08	0.10	0.08

表6-30 中的转移距离以转移前后工程承包单位(如工程处、队等)驻地距离或两路线中点的距离为准,编制预算时,如施工单位不明确,可按地、市级政府所在地至工地的里程计算工地转移费。工地转移里程数在表列里程之间时,费率可内插计算。工地转移距离在50km 以内的工程不计取本项费用。

⑩高温酷暑增加费。

考虑全球气候变暖,近年来不少地方施工人员在高温酷暑中施工,也因此造成许多伤亡,为关注民生,改善劳动者工作环境,实施有效的劳动保护,建议设立高温酷暑增加费,其费率标准及气温界定有待研究。

2. 间接费

间接费由规费和企业管理费两项组成。

(1)规费

规费系指法律、法规、规章、规程规定,施工单位必须为职工缴纳的费用(简称规费)。包括"五险一金",即养老保险费、失业保险费、医疗保险费、工伤保险费、生育保险费以及住房公积金。

养老保险是指依据国家相关法律法规规定,为解决劳动者在达到国家规定的解除劳动义务的劳动年龄界限或因年老丧失劳动能力而退出劳动岗位后而建立的一种保障其基本生活的社会保险制度。目的是以社会保险为手段来保障老年人的基本生活需求,为其提供稳定可靠的生活来源的专项费用。在法定范围内的老年人"完全"或"基本"退出社会劳动生活后才自动发生作用。养老保险费率一般为16%。医疗保险是指基本医疗保险,是为了补偿劳动者因疾病风险造成的经济损失而建立的一项社会保险制度。通过用人单位与个人缴费,建立医疗保险基金,参保人员患病就诊发生医疗费用后,由医疗保险机构对其给予一定的经济补偿。失业保险是指国家通过立法强制实行的,由用人单位、职工个人缴费及国家财政补贴等渠道筹集资金,对因失业而暂时中断生活来源的劳动者提供物质帮助以保障其基本生活,并通过专业训练、职业介绍等手段为其再就业创造条件的制度而建立失业保险基金。工伤保险(职业伤害保险)是指通过社会统筹的办法,集中用人单位缴纳的工伤保险费,建立工伤保险基金,对劳动者在生产经营活动中遭受意外伤害或职业病,并由此造成死亡、暂时或永久丧失劳动能力时,给予劳动者及其实用性法定的医疗救治以及必要的经济补偿的一种社会保障制度。这种补偿既包括医疗、康复所需费用,也包括保障基本生活的费用。工伤保险的认定是劳动者因工负伤或职业病暂时或永久失去劳动能力以及死亡时,工伤不管什么原因,责任在个人或在企业,都享有社会保险待遇,即补偿不究过失原则。生育保险是指通过国家立法规定,在劳动者因生育子女而导致劳动力暂时中断时,由国家和社会及时给予物质帮助的一项社会保险制度。我国生育保险待遇主要包括两项。一是生育津贴,二是生育医疗待遇。其宗旨在于通过向职业妇女提供生育津贴、医疗服务和产假,帮助他们恢复劳动能力,重返工作岗位。

上述五种费率的取费标准应按照国家有关文件执行;国家没有统一规定的,可按照地方有关规定执行。

(2)企业管理费

企业管理费由基本费用、主副食运费补贴、职工探亲路费、职工取暖补贴和财务费用五项组成。

①基本费用。

企业管理基本费用系指施工企业为组织施工生产和经营管理所需的费用,内容包括管理人员的工资、办公费、差旅交通费、固定资产使用费、工具、用具使用费、劳动保险费、工会经费、职工教育经费、保险费、工程保修费、工程排污费、税金以及其他费用。

管理人员的工资。系指管理人员的基本工资、工资性补贴、职工福利费、劳动保护费以及缴纳的养老、失业、医疗、生育、工伤保险费和住房公积金等。

办公费。系指企业办公用的文具、纸张、账表、印刷、邮电、书报、会议、水、电、烧水和集体取暖(包括现场临时宿舍取暖)用煤(气)等费用。

差旅交通费。系指企业职工因公出差和工作调动(包括随行家属的旅费)的差旅费、住勤补助费、市内交通费及误餐补助费、职工探亲路费、劳动力招募费、离退休职工一次性路费、工伤人员就医路费,以及管理部门使用的交通工具的油料、燃料及牌照费等。

固定资产使用费。系指管理和试验部门及附属生产单位使用的属于固定资产的房屋、设备、仪器等的折旧、大修、维修或租赁费等。

工具与用具使用费。系指企业管理使用不属于固定资产的工具、器具、家具、交通工具和检验、试验、测绘、消防用具等的购置、维修和摊销费。

劳动保险费。系指企业支付离退休职工的易地安家补助费、职工退职金、退休人员医疗保险及采暖补贴,六个月以上的病假人员工资、职工死亡丧葬补助费、抚恤费、按规定支付给离休干部的各项经费。

工会经费。系指企业按职工工资总额计提的工会经费。

职工教育经费。系指企业为职工学习先进技术和提高文化水平,按职工工资总额计提的费用。

保险费。系指企业财产保险、管理用车辆等保险费用。

党建费。酌情列支。

工程保修费。系指工程竣工交付使用以后,在规定的保修期以内的修理费用。

工程排污费。系指施工现场按规定缴纳的排污费用。

税金。系指企业按规定交纳的房产税、车船使用税、土地使用税、印花税及土地使用费等。

其他。系指上述项目以外的其他必要的费用支出,包括:防洪基金、残疾人保障金、副食品价格调节基金、技术转让费、技术开发费、业务招待费、绿化费、广告费、投标费、公证费、定额测定费、法律顾问费、审计费、咨询费等。

基本费用以各类工程的直接费之和为基数,按表6-32的费率计算。

基本费用费率参考表(%) 表6-32

工程类别	人工土、石方	机械土、石方	汽车运输	高级路面	其他路面	构造物 I	构造物 II	构造物 III	隧道	钢结构	一般公路小修保养	高速公路小修保养
费率	2.72	2.61	1.15	1.53	2.62	3.55	4.42	7.83	3.38	1.94	26.76	3.35

②主副食运费补贴。

主副食运费补贴系指施工企业在远离城镇及乡村的野外施工,购买生活必需品所需要增加的费用。以各类工程的直接费之和为基数,按表6-33的费率计算。

主副食运费补贴费费率参考表(%) 表6-33

综合里程 (km)	工程类别										
	人工土、石方	机械土、石方	汽车运输	高级路面	其他路面	构造物 I	构造物 II	构造物 III	隧道	钢结构	小修保养
1	0.12	0.10	0.11	0.06	0.07	0.10	0.11	0.20	0.09	0.09	0.07
3	0.18	0.15	0.16	0.10	0.10	0.14	0.16	0.29	0.13	0.13	0.10
5	0.23	0.19	0.20	0.12	0.12	0.18	0.20	0.36	0.15	0.16	0.12
8	0.28	0.23	0.26	0.16	0.16	0.22	0.24	0.44	0.19	0.21	0.16
10	0.32	0.27	0.30	0.18	0.18	0.26	0.28	0.51	0.22	0.24	0.18
15	0.40	0.34	0.36	0.22	0.22	0.32	0.34	0.63	0.27	0.30	0.22
20	0.48	0.41	0.44	0.26	0.26	0.39	0.42	0.77	0.34	0.35	0.26
25	0.55	0.46	0.50	0.30	0.30	0.44	0.48	0.87	0.38	0.40	0.30
30	0.64	0.54	0.58	0.35	0.35	0.52	0.56	1.02	0.45	0.47	0.35
40	0.76	0.63	0.69	0.42	0.42	0.61	0.66	1.21	0.53	0.55	0.42
50	0.88	0.74	0.80	0.48	0.49	0.71	0.77	1.41	0.62	0.64	0.49
每增加10	0.12	0.10	0.11	0.06	0.07	0.10	0.10	0.19	0.08	0.09	0.07

注:小修保养工程未实行招投标的项目,不计此项费用。

综合里程 = 粮食运距×0.06 + 燃料运距×0.09 + 蔬菜运距×0.15 + 水运距×0.70

粮食、燃料、蔬菜、水的运距均为全线平均运距;综合里程数在表6-33所列里程之间时,费率可内插计算;综合里程在1km以内的工程不计取本项费用。

③职工探亲路费。

职工探亲路费系指按照有关规定施工企业职工在探亲期间发生的往返车船费,市内交通费和途中住宿等费用。该费用以各类工程的直接费之和为基数,按表6-34的费率计算。

职工探亲路费费率参考表(%)　　　　　表6-34

工程类别	人工土、石方	机械土、石方	汽车运输	高级路面	其他路面	构造物Ⅰ	构造物Ⅱ	构造物Ⅲ	隧道	钢结构	小修保养
费率	0.08	0.18	0.11	0.11	0.13	0.23	0.27	0.44	0.22	0.13	0.13

注:小修保养工程未实行招投标的项目,不计此项费用。

④职工取暖补贴。

职工取暖补贴系指按照规定发给职工的冬季取暖费(采暖补贴)或在施工现场设置的临时取暖设施的费用。该费用以各类工程的直接费之和为基数,按表6-35的费率计算。

职工取暖补贴费费率参考表(%)　　　　　表6-35

气温区	工程类别											
	人工土、石方	机械土、石方	汽车运输	高级路面	其他路面	构造物Ⅰ	构造物Ⅱ	构造物Ⅲ	隧道	钢结构	一般公路小修保养	高速公路小修保养
冬四区	0.14	0.32	0.33	0.20	0.19	0.29	0.33	0.59	0.22	0.20	5.67	0.19
冬五区	0.20	0.40	0.41	0.25	0.24	0.37	0.41	0.74	0.29	0.25	5.70	0.24

注:财政经费列支的项目,不计此项费用。

⑤财务费用。

财务费用系指施工企业为筹集资金而发生的各项费用,包括企业经营期间发生的短期贷款利息净支出、汇兑净损失、调剂外汇手续费、金融机构手续费,以及企业筹集资金发生的其他财务费用。

财务费用似各类工程的直接费之和为基数,按表6-36的费率计算。

财务费用费率参考表(%)　　　　　表6-36

工程类别	人工土、石方	机械土、石方	汽车运输	高级路面	其他路面	构造物Ⅰ	构造物Ⅱ	构造物Ⅲ	隧道	钢结构	小修保养
费率	0.18	0.16	0.17	0.22	0.24	0.30	0.32	0.66	0.31	0.38	0.03

注:财政经费列支的项目,不计此项费用。

⑥辅助生产间接费。

辅助生产间接费系指由施工单位自行开采加工的砂、石等材料及施工单位自办的人工装卸和运输的间接费。辅助生产间接费按人工费的5%计。该费用并入材料预算单价内构成材料费,不直接出现在预算中。

高原地区施工单位的辅助生产,可按其他工程费中高原地区施工增加费费率,以直接工程费为基数计算高原地区施工增加费(其中:人工采集、加工材料,人工装卸、运输材料按人工土方费率计算;机械采集、加工材料按机械石方费率计算;机械装、运输材料按汽车运输费率计算)。辅助生产高原地区施工增加费不作为辅助生产间接费的计算基数。

3. 利润

利润系指施工企业完成所承包的工程应取得的盈利。非经营性公路养护单位完成的养护工程不计取此项费用。利润按直接费与间接费之和(扣除规费)的7%计算。

4. 税金

税金系指按国家税法规定应计入公路养护工程造价内的营业税、城市维护建设税及教育费附加等。计算公式如下：

综合税金额 =（直接费 + 间接费 + 利润）× 综合税率

综合税率见表6-37。

综合税率表 表6-37

序 号	纳税人所在地	税率(%)			
		营业税	城市维护建设税	教育费附加	综合税率
1	市区	3	7	3	3.41
2	县城或乡镇	3	5	3	3.35
3	市区、县城或乡镇以外	3	1	3	3.22

（二）设备购置费

设备购置费用系指为满足公路的营运、管理、养护需要购置和更换设备的费用。包括渡口设备、隧道照明、通风的动力设备、高等级公路的监控、通信、收费、供电设备，养护用的机械设备等的购置费用。

设备购置费用应由设计单位列出计划购置清单（包括设备的规格、型号、数量），以设备原价加综合业务费和运杂费按下列公式计算：

设备购置费 = 设备原价 + 运杂费（运输费 + 装卸费 + 搬运费）+ 运输保险费 + 采购及保管费

需要安装的设备，应在第一部分公路养护工程费的有关项目内另计设备的安装工程费。

设备原价、运杂费（运输费、装卸费、搬运费）、运输保险费及采购及保管费的计算、取费等参照《公路工程建设项目概算预算编制办法》（JTG 3830）的相关规定。

（三）公路养护工程其他费用

1. 土地征用及拆迁补偿费

土地征用及拆迁补偿费系指按照《中华人民共和国土地管理法》《中华人民共和国土地管理法实施条例》《中华人民共和国基本农田保护条例》地方性（省、市）土地管理条例等法律、法规规定，为进行公路养护需征用土地所支付的土地征用及拆迁补偿费等费用。

（1）费用内容

①土地补偿费。指被征用土地地上、地下附着物及青苗补偿费，征用城市郊区的菜地等缴纳的菜地开发建设基金，租用土地费，耕地占用税，测地籍图费，征地管理费等。

②征用耕地安置补助费。指征用耕地需要安置农业人口的补助费。

③拆迁补偿费。指被征用或占用土地上的房屋及附属构筑物、城市公用设施等拆除、迁建补偿费，拆迁管理费等。

④复耕费。指临时占用的耕地、鱼塘等，待工程竣工后将其恢复到原有标准所发生的费用。

⑤耕地开垦费。指公路养护项目占用耕地时，应由养护工程单位（业主）负责补充耕地所发生的费用；没有条件开垦或者开垦的耕地不符合要求的，按规定缴纳的耕地开垦费。

⑥森林植被恢复费。指公路建设项目需要占用、征用或者临时占用林地的，经县级以上林业主管部门审核同意或批准，养护工程单位（业主）按照有关规定向县级以上林业主管部门预缴的森林植被恢复费。

⑦国家或省内规定应交纳的其他费用。

(2) 计算方法

土地征用及拆迁补偿费应根据审批单位批准的养护工程用地和临时用地面积及其附着物的情况,以及实际发生的费用项目,按国家或省级人民政府颁发的有关规定和标准计算。

森林植被恢复费应根据审批单位批准的建设工程占用林地的类型及面积,按国家及地方省市有关规定和标准计算。

当与原有的电力电信设施、水利工程、铁路及铁路设施互相干扰时,应与有关部门联系,商定合理的解决方案和补偿金额,也可由这些部门按规定编制费用以确定补偿金额。

2. 养护工程项目管理费

养护工程项目管理费由养护工程单位(业主)管理费、公路管理信息化系统管理费、养护工程监理费、设计文件审查费、竣(交)工验收试验检测费等组成。

(1) 养护工程单位(业主)管理费

养护工程单位(业主)管理费系指公路养护工程管理单位或公路管理机构委托的相关单位,为公路养护工程项目的筹建、建设、竣工验收、总结等工作所发生的管理费用。不包括应计入设备、材料预算价格的公路养护工程管理机构采购及保管设备、材料所需的费用。

公路养护工程管理费费用内容包括:工作人员的工资、工资性补贴、施工现场津贴、社会保障费用(基本养老、基本医疗、失业、工伤保险)、住房公积金、职工福利费、工会经费、劳动保护费;办公费、会议费、差旅交通费、固定资产使用费(包括办公及生活房屋折旧、维修或租赁费,车辆折旧、维修、使用或租赁费,通信设备购置、使用费,测量、试验设备仪器折旧、维修或租赁费,其他设备折旧、维修或租赁费等)、零星固定资产购置费、招募生产工人费;技术图书资料费、职工教育经费、工程招标费(不含招标文件及标底或造价控制值编制费);合同契约公证费、法律顾问费、咨询费;养护工程单位的临时设施费、完工清理费、竣(交)工验收费(含其他行业或部门要求的竣工验收费用)、各种税费(包括房产税、车船使用税、印花税等);养护工程项目审计费、境内外融资费用(不含建设期贷款利息)、业务招待费、安全生产管理费和其他管理性开支。

由养护施工企业代公路养护工程管理单位办理"土地、青苗等补偿费"的工作人员所发生的费用,应在养护工程单位(业主)管理费项目中支付。当公路养护工程管理单位委托有资质的单位代理招标时,其代理费用应在养护工程单位(业主)管理费中支出。

养护工程单位(业主)管理费一般以第一部分公路养护工程费总额为基数,按表6-38的费率,以累进办法计算。

养护工程单位(业主)管理费费率表　　　　表6-38

第一部分公路养护工程费 M (万元)	费率(%)	算例(万元)	
		养护工程费	养护工程单位(业主)管理费
$M < 300$	3.02	300	$300 \times 3.02\% = 9.06$
$300 \leq M < 500$	2.52	500	$9.06 + 200 \times 2.52\% = 14.1$
$500 \leq M < 1000$	2.02	1000	$14.1 + 500 \times 2.02\% = 24.2$
$1000 \leq M < 5000$	1.52	5000	$24.2 + 4000 \times 1.52\% = 85.0$
$5000 \leq M < 10000$	1.02	10000	$85.0 + 5000 \times 1.02\% = 136.0$

续上表

第一部分公路养护工程费 M（万元）	费率(%)	算例(万元)	
		养护工程费	养护工程单位(业主)管理费
$10000 \leq M < 50000$	0.61	50000	$136.0 + 40000 \times 0.61\% = 380.0$
$50000 \leq M < 100000$	0.46	100000	$380.0 + 50000 \times 0.46\% = 610.0$
$M \geq 100000$	0.22	110000	$610.0 + 10000 \times 0.22\% = 632.0$

注：未实行公开招标的小修保养、中修、大修工程不计取此项费用。

(2) 公路管理信息化系统管理费

公路管理信息化系统管理费系指为保证各级公路的服务功能，进行公路路况的调查，对公路路基、路面、桥梁各项指标的检测、评定、数据采集及数据库的维护和动态管理，以及检测设备的折旧等所需的费用。

公路管理信息化系统管理费按表 6-39 规定的标准进行计算。本取费标准均为按《公路工程技术标准》(JTG B01—2014)中规定的各级公路的一般路基宽度确定的，当路基宽度不同时，可按不同的调整系数进行调整。当地形及桥梁结构形式不同时，也可增加不同的附加调整系数。

公路管理信息化系统管理费　　　　　　　　　　表 6-39

公路等级	高速公路、一级公路	二级公路	三级公路	四级公路
费用(元/km)	1275	850	575	575

注：本项费用仅在计算公路小修保养工程养护费用时计取。

(3) 养护工程监理费

养护工程监理费系指公路养护工程管理单位委托具有公路工程监理资格的单位，按施工监理规范进行全面的监督与管理所发生的费用。

养护工程监理费的费用内容包括：工作人员的基本工资、工资性津贴、社会保障费用(基本养老、基本医疗、失业、工伤保险)、住房公积金、职工福利费、工会经费、劳动保护费；办公费、会议费、差旅交通费、固定资产使用费(包括办公及生活房屋折旧、维修或租赁费，车辆折旧、维修、使用或租赁费，通信设备购置、使用费，测量、试验、检测设备仪器折旧维修或租赁费，其他设备折旧、维修或租赁费等)、零星固定资产购置费、招募生产工人费；技术图书资料费、职工教育经费、投标费用；合同契约公证费、咨询费、业务招待费；财务费用、监理单位的临时设施费、各种税费和其他管理性开支。

养护工程监理费可以按第一部分公路养护工程费总额为基数，按表 6-40 规定的标准进行计算。

公路养护工程监理费标准　　　　　　　　　　表 6-40

序　号	公路养护工程费 M(万元)	养护工程监理取费 b(%)
1	$M < 500$	$2.50 < b$
2	$500 \leq M < 1000$	$2.00 < b \leq 2.50$
3	$1000 \leq M < 5000$	$1.40 < b \leq 2.00$
4	$5000 \leq M < 10000$	$1.20 < b \leq 1.40$
5	$10000 \leq M < 50000$	$0.80 < b \leq 1.20$
6	$50000 \leq M < 100000$	$0.60 < b \leq 0.80$
7	$M \geq 100000$	$b \leq 0.60$

注：未实行全委托社会监理的养护工程不计取此项费用。

(4)设计文件审查费

设计文件审查费系指上级主管部门对公路养护工程勘察设计文件进行审查所发生的费用。

设计文件审查费以第一部分养护工程费总金额为基数,按0.1%计列。

在计算公路专项工程、大中修工程养护费用时,委托勘察设计单位进行勘察设计的养护工程计取此项费用,未进行勘察设计的养护工程不计取此项费用。小修保养工程不计取此项费用。

(5)竣(交)工验收试验检测费

竣(交)工验收试验检测费系指在公路养护工程项目交工验收和竣工验收前,由养护项目单位(业主)或工程质量监督机构委托有资质的公路工程质量检测单位按照有关规定对养护工程项目的工程质量进行检测,并出具检测意见所需要的相关费用。

竣(交)工验收试验检测费按表6-41的规定计算。

竣(交)工验收试验检测费 表6-41

公路等级	高速公路	一级公路	二级公路	三级公路	四级公路
费用(元/公路公里)	6000	4800	4000	2000	2000

注:小修保养工程不计取此项费用。

关于竣(交)工验收试验检测费的取值,全国各地不均衡,一般可参考如下标准:对于高速公路、一级公路按四车道计算,二级及以下等级公路按双向车道建设,每增加一条车道,按表6-40的费用增加10%。

3. 桥梁特殊检查费

桥梁特殊检查费系指桥梁因遭受洪水、流冰、漂流物、船舶撞击、滑坡、地震、风灾和超重车辆自行通过等自然灾害或事故后以及危桥,根据桥梁破损状况和性质,采用适当的仪器设备,以及现场勘探、试验等特殊手段和科学分析方法,查明桥梁病害原因、破损程度和承载能力,确定桥梁的技术状态,以便采取相应的加固、改善措施所发生的费用。

桥梁特殊检查费的计算,按省级公路管理机构与公路桥梁检测中心或具有相应资质的科研设计单位、工程咨询单位签订的委托特殊检查合同中所确定的费用计算;如果没有合同,执行相关标准、规定或参照其他项目。

4. 研究试验费

研究试验费系指为公路养护工程提供或验证设计数据、资料,而进行必要的研究试验和按照设计规定在施工过程中必须进行试验所需的费用,以及支付科技成果、先进技术的一次性技术转让费。研究试验费不包括如下三个方面的费用:其一是,应由科技三项费用(即新产品试制费、中间试验费和重要科学研究补助费)开支的项目;其二是,应由施工辅助费开支的施工企业对建筑材料、构件和建筑物进行一般鉴定、检查所发生的费用及技术革新研究试验费;其三是,应由勘察设计费或基本建设投资中开支的项目。

研究试验费计算方法,一般是按照设计提出的研究试验内容和要求进行编制,不需验证设计基础资料的不计本项费用。

5. 养护工程项目前期工作费

养护工程项目前期工作费系指委托勘察设计、咨询单位对养护工程进行设计、监理、施工招标文件及招标标底或造价控制值文件编制时,按规定应支付的费用。该费用包括两项费用:首先,编制施工图设计的勘察费(包括测量、水文调查、地质勘探等)、设计费、预算编制费等;其次,设计、监理、施工招标文件及招标标底(或造价控制值或清单预算)文件编制费等。

养护工程项目前期工作费的计算方法是按照公路养护工程勘察费用(表6-42)的费用计算。公路养护工程设计费以第一部分公路养护工程费总额为基数按表6-43的费率计算。其他费用依据委托合同计列,或按国家颁发的收费标准和有关规定进行编制。

公路养护工程勘察费标准 表6-42

序 号	公 路 等 级	单 位	养护工程勘察取费(万元)
1	高速公路	km	1.80
2	一级公路		1.50
3	二级公路		1.00
4	三、四级公路		0.80

公路养护工程设计费标准 表6-43

序 号	公路养护工程费 M (万元)	养护工程设计取费(%)	序 号	公路养护工程费 M (万元)	养护工程设计取费(%)
1	$m \leqslant 200$	2.50	6	$m \leqslant 8000$	1.70
2	$m \leqslant 500$	2.30	7	$m \leqslant 10000$	1.65
3	$m \leqslant 1000$	2.10	8	$m \leqslant 20000$	1.55
4	$m \leqslant 3000$	1.90	9	$m \leqslant 40000$	1.45
5	$m \leqslant 5000$	1.80			

注:小修保养工程和未委托勘察设计单位进行勘察设计的养护工程不计取此项费用。

(四)预备费

预备费由价差预备费及基本预备费两部分组成。在公路养护工程建设期限内,凡需动用预备费时,需经建设单位提出,按项目隶属关系,报省、市交通运输厅公路养护管理部门核定批准。

1. 价差预备费

(1)基本概念

价差预备费系指设计文件编制年至工程竣工年期间,第一部分费用中的人工费、材料费、机械使用费、其他工程费、间接费等以及第二、三部分费用由于政策、价格变化可能发生上浮而预留的费用。

(2)计算方法

价差预备费以第一部分公路养护工程费总额为基数,按下述计算公式计算:

$$价差预备费 = P \times [(1+i)^{n-1} - 1]$$

式中:P——养护工程费总额(元);

i——年工程造价增长率(%);

n——设计文件编制年至养护工程开工年 + 养护工程建设期限(年)。

年工程造价增长率按照有关部门公布的工程投资价格指数计算。设计文件编制至工程完工在一年以内的工程,不列此项费用。

2. 基本预备费

(1) 基本概念

基本预备费系指在养护工程施工图设计中难以预料的工程和费用,其用途体现在五个方面:第一,预防灾害预留,指由于一般自然灾害所造成的损失和预防自然灾害所采取的措施费用。第二,工程保险预留,指投保的工程根据工程特点和保险合同发生的工程保险费用。第三,工程变更预留,指在进行技术设计、施工图设计和施工过程中,在批准的设计预算范围内所增加的工程和费用。第四,材料差价预留,指在设备订货时,由于规格、型号改变的价差,材料货源变更、运输距离或方式的改变以及因规格不同而代换使用等原因发生的价差。第五,指指令修复隐蔽工程预留,在项目主管部门组织竣工验收时,验收委员会(或小组)为鉴定工程质量必须开挖和修复隐蔽工程的费用。

(2) 计算方法

基本预备费的计算方法一般以第一、二、三部分费用之和为基数按3%的费率计算。

公路养护工程各项费用的计算程序及计算方式见表6-44。

公路养护工程各项费用的计算程序及计算方式　　表6-44

代号	项目	说明及计算式
一	直接工程费(即工、料、机费)	按编制年工程所在地的预算价格计算
二	其他工程费	(一)×其他工程费综合费率或各类工程人工费和机械费之和×其他工程费综合费率
三	直接费	(一)+(二)
四	间接费	各类工程人工费×规费综合费率+(三)×企业管理费综合费率
五	利润	[(三)+(四)-规费]×利润率
六	税金	[(三)+(四)+(五)]×综合税率
七	公路养护工程费	(三)+(四)+(五)+(六)
八	设备购置费用	按需要购置的数量和相应的单价计算
九	公路养护工程其他费用	
九	土地征用及拆迁补偿费	按有关规定计算
九	养护工程单位(业主)管理费	(七)×费率
九	公路管理信息化系统管理费	按规定的标准计算
九	养护工程监理费	(七)×费率
九	计文件审查费	(七)×费率
九	竣(交)工验收试验检测费	按有关规定计算
九	桥梁特殊检查费	按委托合同签订的费用编制
九	研究试验费	按批准的计划编制
九	养护工程项目前期工作费	按有关规定计算
十	预备费	包括价差预备费和基本预备费两项
十	价差预备费	按规定的公式计算
十	基本预备费	[(七)+(八)+(九)]×费率
十一	公路养护工程总费用	(七)+(八)+(九)+(十)

预算项目表见表6-45。

附录 A（规范性附录）——预算项目表　　　　表6-45

项	目	节	细目	工程或费用名称	单位	项	目	节	细目	工程或费用名称	单位
				第一部分　公路养护工程费	公路公里				3	人工撒化学除雪剂	m²
一				保养工程	公路公里				4	人工刨冰	m²
		10		临时工程	公路公里			30		砂石路面整理	
				…					1	砂石路面整修路拱	m²
		20		路基工程	公路公里				2	砂石路面梳砂、回砂	m²
			10	零星土、石方	m³				3	砂石路面松散处治	m²
									4	整理料堆	m³
			20	整理路肩、边坡	m²					…	
			1	整修路肩	m²						
			2	整修边坡	m²			40		巡路	km
				…				50		其他	km
			30	清理边沟、截水沟、排水沟	m					…	
				…			40			桥涵工程	m/座
			40	清楚杂草杂物				10		桥面保洁	m²
			1	割除路肩、边坡杂草	m²					人工清扫桥面	m²
			2	清除杂草杂物	m³					人工清除硬土	m²
				…						…	
			50	防护工程的局部整修	m³			20		桥面除雪、除冰、防滑处理	m²
			1	修补挡土墙裂缝断缝	m					…	
			2	修补混凝土挡土墙	m³			30		桥涵清淤	m³
			3	修补加筋土挡土墙	m³				1	清理涵洞（管）内	m³
				…					2	清理洞外及河道	m³
			60	其他	km			40		其他	m
				…						…	
		30		路面工程	m²		50			隧道工程	m/座
			10	路面保洁	m²			10		隧道清扫	m²
			1	清扫砂石路面	m²					…	
			2	清扫沥青路面	m²			20		隧道排水	m
			3	清扫水泥混凝土路面	m²				1	清理排水沟	m
				…					2	清理检查井	个
			20	路面除雪、除冰、防滑处理	m²			20		隧道排水	m
			1	人工除雪	m²				1	清理排水沟	m
			2	人工撒防滑料	m²				2	清理检查井	个

续上表

项目	节	细目	工程或费用名称	单位	项目	节	细目	工程或费用名称	单位
		3	更换井盖	个				…	
			…			80		其他工程	公路公里
	30		隧道洞内除冰防滑	m²			10	道班房的维修	m²
		1	刨冰	m³				…	
			…				20	渡口	处
	40		清除洞口碎落岩石	m³				…	
		1	危石处理	m³			30	码头	出
			…					…	
	50		其他	m			40	其他	km
			…					…	
	60		沿线设施	公路公里	二			小修工程	公路公里
	10		标识牌、里程碑等的定期清洗	km		10		临时工程	公路公里
		1	波形钢板护栏清洗	m				…	
		2	标志牌清洗	块		20		路基工程	公路公里
		3	里程碑、百米桩清洗	块			10	轻微沉陷翻浆处理	m²
		4	轮廓标清洗	根			1	开挖淤泥	m³
			…				2	砂砾垫层	m³
	20		其他	km			3	山皮石垫层	m³
			…				4	隔离层	m³
	70		绿化	公路公里			5	隔温层	m³
	10		行道树管养	株				…	
		1	行道树修剪	株		20		其他	km
		2	行道树浇水	株				…	
		3	行道树管护	株		30		路面工程	m²
			…			10		路肩加固	m²
	20		分隔带美化	km				…	
		1	种花	m²		20		路面除雪、除冰、防滑处理	m²
		2	浇水	m²			1	机械除雪	m²
		3	花草管护	m²			2	机械撒防滑料	m²
			…				3	积雪整平	m²
	30		路肩植树台美化	km				…	
		1	植树台剪草	m²		30		路面基层病害处理	m²
			…					…	
	40		其他	km		40		砂石路面病害处理	m²

续上表

项目	节	细目	工程或费用名称	单位	项目	节	细目	工程或费用名称	单位
		1	砂石路面坑槽处治	m²			3	拆除涵管	节
		2	砂石路面沉陷处治	m²				…	
		3	砂石路面露骨处治	m²		20		补修栏杆、扶手	根
		4	铺筑砂石路面稳定保护层	m²			1	拆除	根
		5	铺筑砂石路面磨耗层	m²			2	维修	根
			…				3	刷油	m²
	50		沥青路面病害处理	m²				…	
		1	沥青路面裂缝维修	m²		30		伸缩缝维修	m
		2	沥青路面拥包维修	m²			1	维修砌体伸缩缝	m
		3	沥青路面沉陷维修	m²			2	维修桥面伸缩缝	m
		4	沥青路面车辙维修	m²				…	
		5	沥青路面坑槽维修	m²		40		支座维修	个
		6	沥青路面啃边维修	m²			1	支座维修	个
		7	沥青路面波浪(搓板)维修	m²			2	支座涂油	个
		8	沥青路面泛油维修	m²			3	支座注油	个
			…					…	
	60		水泥混凝土路面病害处理	m²		50		桥梁墩台维修	m³
		1	水泥混凝土路面接缝维修	m²			1	修理加固墩台	m³
		2	水泥混凝土路面裂缝维修	m²				…	
		3	水泥混凝土路面板边板角维修	m²		60		桥梁防护工程维修	m³
		4	水泥混凝土路面坑洞修补	m²			1	补修桥梁锥体护坡	m³
		5	水泥混凝土路面错台处理	m²			2	铁丝笼填石防护	m³
		6	水泥混凝土路面拱起处理	m²			3	拱圈裂缝维修	m³
		7	水泥混凝土路面沉陷处理	m²				…	
	70		路缘石、路肩边缘石维修、更换	m		70		钢结构油漆	t
		1	路缘石维修	m³				…	
		2	路缘石更换	m³		80		其他	m
			…					…	
	80		其他	km		50		隧道工程	m/座
			…				10	修补圬工接缝	m
40			桥涵工程	m/座			1	整修洞口砌体	m³
	10		涵洞(管)维修、更换	m²			2	修补衬砌裂缝	
		1	圆管裂缝处理	m			3	衬砌表面腐蚀处理	m²
		2	铺砌	m³				…	

续上表

项目	目	节	细目	工程或费用名称	单位	项目	目	节	细目	工程或费用名称	单位
		20		照明及通风设施维修、更换	m			50		路面标线的补画	m²
			1	通风设备维修	套					…	
			2	通风设备更换	套			60		钢结构局部油漆	t
			3	照明灯具维修	套					…	
			4	照明灯具更换	套			70		其他	km
				…						…	
		30		排水沟盖板更换	m³			70		绿化	公路公里
									10	行道树的除虫、刷白	株
		40		照明、通风及监控动力费用	元				1	行道树除虫	株
									2	行道树刷白	株
		50		其他	m					…	
				…					20	分隔带花草	km
	60			沿线设施	公路公里				1	种花	m²
		10		护栏、隔离栅、防眩板的更换、维修	m				2	浇水	m²
			1	钢筋混凝土柱式护栏预制、安装	根				3	花草管护	m²
			2	钢筋混凝土柱式护栏涂油、补修	根				30	树木补植	株
			3	石砌墙式护栏维修	m³					…	
			4	波形钢板护栏维修	m				40	花草补植	m²
				…						…	
		20		标志牌的维修、更换	块				50	其他	km
			1	标志牌维修	块						
			2	标志牌更换	块			80		其他工程	公路公里
				…					10	道班房的维修	m²
		30		里程碑、百米桩、界碑的维修、更换	个					…	
			1	里程碑维修	个				20	渡口	处
			2	百米桩维修	个					…	
				…					30	码头	处
		40		轮廓标的维修、更换	根					…	
			1	轮廓标维修	根				40	其他	km
			2	更换反光膜	根					…	
			3	更换轮廓标	根	三				中修工程	公路公里
				…			10			临时工程	公路

续上表

项目	节	细目	工程或费用名称	单位	项目	节	细目	工程或费用名称	单位
	10		临时便道	km		10		路面病毒处理	m²
	20		临时便桥	m			1	沥青路面病毒处理	m²
	30		临时轨道铺设	km			2	水泥混凝土路面危害处理	m²
	40		临时电力线路	km				…	
	50		临时电信线路	km		20		挖除旧路面	m²
			…				1	挖除基层	m²
20			路基工程	km			2	挖除面层	m²
	10		土方	m³				…	
		1	人工土方	m³		30		沥青混凝土路面	m²
		2	机械土方	m³			1	基层	m²
			…				2	面层	m²
	20		石方	m³				…	
		1	人工石方	m³			1	拆除旧路缘石	m³
		2	机械石方	m³			2	路缘石安装	m²
	30		清除塌方	m³				…	
		1	清理塌方、滑坡、泥石流	m³	40			桥涵工程	m/座
		2	清理风化碎石、浮石、孤石	m³		10		重建、增建、接长涵洞	m/道
							1	圆管涵	m/道
	40		排水工程	m³			2	盖板涵	m/道
		1	路基盲沟	m³		20		中小桥梁修理更换	m
			…				1	伸缩缝的修理更换	m
	50		防护工程	m³			2	桥梁支座的修理更换	个
		1	边坡、边沟维修	m³				…	
		2	维修挡土墙	m³		20		照明及通风设施的修理	套
			…				1	通风设备维修	套
	60		大面积翻浆、沉陷处理	m²			2	通风设备更换	套
		1	机械挖淤泥	m²			3	照明灯具维修	套
		2	机械铺砂砾垫层	m²			4	照明灯具更换	套
			…					…	
		3	机械铺山皮石垫层	m²		30		渗漏水处理	m
			…				1	喷双快水泥砂浆	m
	70		路肩加固	m²			2	凿槽排水	m
			…				3	注双快水泥砂浆	m
30			路面工程	m²				…	

续上表

项目	节	细目	工程或费用名称	单位	项目	节	细目	工程或费用名称	单位
		40	洞内装饰的局部增设或更新	m²			20	新植花草	m²
			…				30	开辟苗圃	m²
	60		沿线设施	公路公里				…	
		10	标志牌的新设或更换	处			80	其他工程	公路公里
		1	拆除旧标志牌	处			10	道班房的维修	m²
		2	标志牌安装	处				…	
			…				20	渡口	处
		20	里程碑、百米桩、界碑的新设或更换	块				…	
		1	拆除旧里程碑	块			30	码头	处
		2	拆除旧百米桩	块				…	
		3	拆除旧界碑	块			40	其他	公路公里
		4	里程碑安装	块				…	
		5	百米桩安装	块	四			大修工程	公路公里
		6	界碑安装	块		10		临时工程	公路
			…				10	临时便道	km
		30	轮廓标的新设或更换	根			20	临时便桥	m
		1	拆除旧轮廓标	根			30	临时轨道铺设	km
		2	轮廓标新设	根			40	临时电力线路	km
			…				50	临时电信线路	km
		40	整段路面标线的规划	m²				…	
		1	清除旧标线	m²		20		路基工程	
		2	路面标线	m²			10	土方	m³
			…				1	人工土方	m³
		50	护栏、隔离栅的全面修理更换	m			2	机械土方	m³
		1	护栏更换	m²				…	
		2	隔离栅更换	m²			20	石方	m³
			…				1	人工石方	m³
		60	通信、监控设施的维修	公路公里			2	机械石方	m³
		1	通信设施的维修	公路公里				…	
		2	监控设施的维修	公路公里			30	清除大塌方	m³
			…					…	
	70		绿化	公路公里		40		排水工程	m
		10	新植行道树	株			1	排水沟	m³

续上表

项目	节	细目	工程或费用名称	单位	项目	节	细目	工程或费用名称	单位
		2	急流槽	m³		20		增建、改建小型桥梁	m²/座
		3	盲沟	m³					
			…			30		增建、改建中型桥梁	m²/座
	50		防护工程	km				…	
		1	铺草皮	m²		40		特大桥、大桥的修理更换	m³
		2	浆砌护坡	m²			1	特大桥、大桥桥面铺装更换	m²
		3	挡土墙	m³			2	特大桥、大桥伸缩的修理更换	m
			…				3	特大桥、大桥支座的修理更换	个
	60		特殊路基处理	km				…	
		1	砂砾垫层	m²		50		吊桥、斜拉桥、悬索桥个别索调整更换	t
			…						
30			路面工程	m²		60		桥梁调治构造物的增改建	m³
	10		路面病害处理					…	
		1	沥青路面危害处理	m²		70		通道改建	m/道
		2	水泥混凝土路面病害处理	m²					
			…			60		隧道工程	m/座
			挖除旧路面	m²			10	较大的防护与加固	m³
		1	挖除基层	m²			1	整修洞口砌体	m³
		2	挖除面层	m²			2	修补衬砌裂缝	m³
			…				3	衬砌表面腐蚀处理	m²
	40		沥青混凝土路面	m²				…	
		1	基层	m²		20		照明及通风设施的大修与更新	m
		2	面层	m²			1	通风设备维修	套
			…				2	通风设备更换	套
	50		路缘石更换	m³			3	照明灯具维修	套
		1	拆除旧路缘石	m³			4	照明灯具更换	套
		2	路缘石安装	m³				…	
			…			30		洞内装饰的增设或全面更新	m²
	60		其他	km				…	
			…			60		沿线设施	公路公里
40			桥涵工程	m/座			10	护栏的增设	km
	10		大中型桥梁的加宽、加固	m²/座			20	隔离栅、防雪栅的增设	km
			…				30	通信系统设施的更新	km

续上表

项目	节	细目	工程或费用名称	单位	项目	目	节	细目	工程或费用名称	单位
	40		监控系统设施的更新	km					第三部分 公路养护工程其他费用	公路公里
	50		供电系统设施的更新	km	一				土地征用及拆迁补偿费	公路公里
			…		二				养护工程项目管理费	公路公里
	70		绿化	公路公里		1			养护工程单位(业主)管理费	公路公里
		10	新植行道树	株		2			公路管理信息化系统管理费	公路公里
		20	新植花草	m²		3			养护工程监理费	公路公里
		30	开辟苗圃	m²		4			设计文件审查费	公路公里
			…			5			竣(交)工验收试验检测费	公路公里
	80		其他工程	公路公里	三				桥梁特殊检查费	公路公里
		10	渡口	处	四				研究试验费	公路公里
			…		五				养护工程项目前期工作费	公路公里
		20	码头	处					第一、二、三部分费用合计	元
			…						第四部分阶段 预备费	元
		30	其他	公路公里	一				价差预备费	元
			…		二				基本预备费	元
			第二部分 设备购置费用	公路公里					预算总金额	元
一			设备购置费	公路公里						

附录 B(规范性附录)——**封面、目录及预算表格样式如下。**

Ⅰ 封面格式

×× 公路养护工程设计预算

（K××+×××~K××+×××）

第　册　共　册

（编制单位）

年　月

Ⅱ 扉页的次页格式

×× 公路养护工程设计预算

（K××+×××~K××+×××）

第　册　共　册

编制:（签字并加盖资格印章）

复核:（签字并加盖资格印章）

（编制单位）

年　月

Ⅲ 目录格式

目　录
（甲组文件）

1. 编制说明
2. 总预算汇总表(01-1 表)
3. 总预算人工、主要材料、机械台班数量汇总表(02-1 表)
4. 总预算表(01 表)
5. 人工、主要材料、机械台班数量汇总表(02 表)
6. 公路养护工程费计算表(03 表)
7. 其他工程费及间接费综合费率计算表(04 表)
8. 设备购置费计算表(05 表)
9. 公路养护工程其他费用计算表(06 表)
10. 人工、材料、机械台班单价汇总表(07 表)

（乙组文件）

1. 公路养护工程费计算数据表(08-1 表)
2. 分项工程预算表(08-2 表)
3. 材料预算单价计算表(09 表)
4. 自采材料料场价格计算表(10 表)
5. 机械台班单价计算表(11 表)
6. 辅助生产工、料、机械台班单位数量表(12 表)

……

总预算汇总表(01-1 表)（略）
总预算人工、主要材料、机械台班数量汇总表(02-1 表)（略）

特别指出，上述的公路养护概预算编制办法，只是在全国尚未出台该办法和定额前提下的引导性文本，目的是为进一步推动科学养护和合理使用养护资金。全国各省在使用以上办法时，可结合当地的地区特点和相关政策并结合当地公路养护管理的特点予以调整。科学有序、有的放矢、经济合理，因地制宜地加以应用。

第五节　公路养护计划的编制与管理

一、养护计划管理概述

公路养护工程的计划管理，是指从事公路养护的各级部门，用计划来组织、协调其生产、技术、财务活动的一项综合性管理工作。做好计划管理工作，可以大幅度地提高工作效率，合理地使用人力、物力、财力，可取得显著的社会和经济效益。

（一）养护计划管理的任务

（1）确保完成上级下达的公路小修保养、大中修、改善工程的任务，提高好路率，消灭差等路,不断提高公路技术标准,完善公路沿线设施。

(2)合理组织安排人力、物力和财力,在做好综合平衡的基础上,采用先进的养护技术和科学的管理方法,发掘施工班组的生产潜力,提升工作效率。

(3)结合管养路段自然条件、技术状况和资金等情况,做到任务平衡,人力与物力安排得当。

(二)养护计划的主要作用

(1)掌握公路网的养护需求,确定合理的公路养护规模,有计划、有目标地实施公路网的科学管理和养护工作。

(2)提出公路网的大修、中修和日常养护预算,为向上级部门申请公路养护资金,提供科学的"公路养护预算编制报告"。

(三)养护计划的编制原则

公路养护工程计划由省级公路管理部门编制,报省级交通运输主管部门批准后执行。公路养护工程计划编制时应遵循"先重点、后一般,先干线、后支线"的原则,对于国省干线公路和具有重大政治、经济、国防意义的公路养护工程、抗灾抢险工程,要优先安排。公路管理部门在安排养护工程项目时,应参照公路路面和桥梁管理系统评定的结果,做到决策科学化。

(四)养护规划总体编制思路

在回顾养护历史的基础上,提出适合各个项目的养护规划理念与原则,通过对现有路面技术状况的调查评价和对未来交通需求的预估,分析和预测道路剩余寿命,确定养护需求,明确最佳养护时机和养护路段。在对各种养护技术进行经济效益分析的基础上,确定养护措施,提出中长期养护规划,并应用全寿命周期经济分析法计算规划期内各年的资金投入情况,应用技术经济比较法论证规划的可行性和合理性,确定最终的养护规划方案。

二、养护计划编制的内容与方法

公路养护计划,包括制订长远规划,年度、季度、月(旬)作业计划。按计划内容可分为公路保养小修计划、大中修工程计划、改善工程计划、公路绿化计划、养护经费收支计划、劳动工资计划、物资供应计划等。通过编制养护计划,可为完成养护任务提供依据,按计划要求做好各项准备工作,保证养护工程顺利完成。

(一)远景规划

远景规划是指超过一年以上较长时期的计划。养护远景规划是一个粗线条的指标性计划,只突出较大的指标,作为主观奋斗目标。制订养护远景规划,要有高瞻远瞩的眼光,能预见国内外形势发展的趋向,并掌握国民经济发展规律和对公路发展的要求。同时,能够根据客观规律的变化,提出编制养护远景规划的项目和指标。

养护远景规划的编制可分以下三步进行:

(1)搜集和整理资料。主要是搜集有关公路发展的经济调查资料和现有公路技术状况的基本资料。经济调查资料要向工矿、农村、水电、铁路、水运和公路运输等部门了解情况,摸清各个部门的远景设想及对公路发展的要求,特别集中反映在交通量和载重汽车的吨位上,以便考虑公路设计标准。同时,还要搜集有关部门的建设对公路干线干扰的资料,以便考虑公路局部改线方案。现有公路技术状况的基本资料,包括线路名称、道路里程、技术等级、桥涵状况、载重标准、水淹地段、历史水毁特征和交通量等情况,以及国内外公路发展水平和科技发展水平等。

(2)通过整理分析各项调查资料,便可着手编制公路养护的远景规划,并要求其与国民经济的发展相适应,以免造成失调现象。公路管理部门要争取主动,确定的公路技术改造目标一般应走在国民经济发展的前面,真正起到先行作用。在一条路线或一个站程之内,应按同一技术标准要求进行全面改造,以适应运输需要。

(3)反复调整、综合平衡、利于落实。实现远景规划,首先要有足够的资金。根据需要与可能的原则,反复调整,使养路费收入与公路技术改造所需要的资金尽量达到平衡,使编制规划落实在可靠的基础上。

(二)年度计划

养护年度计划的编制,根据远景规划的要求和本年度计划的执行情况,做好各方面的综合平衡工作。其具体编制过程大体可以分三个阶段进行:收集资料;编制计划草案;上报审批计划。

编制公路养护年度计划时,除了现行《公路养护技术规范》(JTG H10—2009)中规定的各级公路管理部门应进行的路况调查登记和交通量调查统计工作等外,还应搜集下列资料,作为编制下一年度计划的依据。第一,本年度计划执行情况和年末预计完成情况;第二,远景规划安排项目的资料;第三,预计下一年度养护资金情况;第四,亟待进行的(主要是一季度)工程项目的调查资料;第五,需要补充的施工技术改进措施的资料;第六,小修保养预算定额资料等。

公路养护年度计划是计划年度内全部养护施工、经营活动的实施方案,是养路工作最主要的综合性计划。它既是养护远景规划的具体化,又是季度计划、月度计划的依据。

公路养护年度计划在年度在养护工作开始前制订,制订时要对上一年度计划的执行情况进行全面分析研究,同时要遵循国家有关方针、政策,依据公路的整体规划具体进行安排落实。

(三)月度计划

月度计划是为了保证年度计划的实现,防止前松后紧、严重不平衡等情况而制订的重要计划。月度计划应根据自然条件、运输需要、物资供应、机械调度、劳力安排、资金分配等情况进行编制,编制的内容应紧密配合年(季)度计划。月度计划是年(季)度计划的具体化,并作必要的调整和补充,使各项施工任务有序紧凑地进行,更好地发挥计划指导施工的积极作用。公路管理部门的职能科室或有关人员都应按照职能范围,根据年度计划安排和具体情况,在月初制订月度作业计划并付诸实施,月末进行检查小结,并按规定汇总上报。

三、小修保养计划的编制

公路工程小修保养计划,是指导和控制小修保养的主要依据。

(一)小修保养计划的内容

(1)产量指标:公路养护里程和小修保养工程数量和工作量。

(2)质量指标包括各单项工程质量标准和要求。
(3)小修保养工程年公里成本和单项工程成本。
(4)主要材料消耗和主要机械台班消耗。
(5)出勤率和直接生产率以及主要机械完好率和利用率。
(6)为完成任务、实现进度、保证质量、降低成本应采取的技术措施、组织措施和安全措施。

(二)计划的编制

1.小修保养年度计划的组成文件

(1)文字说明:对计划编制必要的说明。
(2)小修保养路况计划表:主要包括各等级的计划里程、计划综合值等。
(3)小修保养工程进度计划表:主要包括工程项目、工程量、工作量、全年分季度完成的工程量和工作量等。
(4)小修保养工程材料使用计划表:主要包括材料名称、本年度计划用量、分季度使用量等。
(5)小修保养工程机械使用计划表:主要包括机械名称、本年度计划用量、分季度使用量等。
(6)小修保养劳动力计划表:主要包括道班人数、计划出勤率、计划出勤天数、计划出工日数、计划直接生产利用率、计划直接生产工日、全年计划总用工数、分季度用工数等。
(7)小修保养完成各项经济技术指标措施计划表:主要包括计划达到的指标与要求、计划实施方案和内容的说明、负责实施的人员等。

2.年度计划的编制方法

小修保养年度计划,由县级公路管理部门负责编制,将各条公路上各个道班的计划内容统一汇总编制。年度计划编制完成后,应与年度预算一起上报审查批准。

(三)小修保养季度计划的编制

1.季度计划的组成

季度计划包括:季度好路率计划表、季度工程计划表、季度材料使用计划表、季度机械使用计划表、季度劳动力措施计划表、季度技术组织措施计划表等。

2.季度计划的编制方法

季度计划是落实年度计划的基础。县级公路管理部门根据上级批准的年度计划,结合实际情况,编制季度小修保养计划。在编制季度计划时,可按实际情况对年度计划进行调整。季度计划应按规定时间上报,批准后方可执行。

(四)小修保养月度计划的编制

1.月度计划的内容

月度计划是以道班为单位按旬分列的,养护道班的月度计划表中主要包括工程计划、机具使用计划、劳动力计划和工程进度计划等。

2.月度计划的编制方法

月度计划是实施性生产计划,一般由县级公路养护段于上月下旬(25日)在路况检查评定(自检)的基础上,根据批准的季度计划和路况实际进行编制。县级公路养护段于月末前下达到养护道班,并报上级备查。

(五)旬作业计划的编制

旬作业计划由道班根据县级公路管理部门下达的月度计划编制,旬作业计划的格式由各省统一规定。各道班根据旬作业计划,每天将次日的施工安排公布在道班的布告牌上,以便于作业计划的执行。

大规模公路建设时期的逐步结束和持久的、大规模公路养护时代的来临。今后几年是我国公路由建设向养护转型的关键时期,也是管理理念、养护机制、养护方法深刻变革的时期。

必须指出,《公路技术状况评定标准》的应用是养护管理中的重要基础工作。公路技术状况评定,应该建立一套科学、客观、定量的评价方法。为了提高公路技术状况评定技术的科学性和先进性,《公路技术状况评定标准》吸收了国家重点科技攻关等项目的研究成果,引进了基于新型检测技术及检测装备的评价模型和评定方法。

好的评价方法应该具备两方面特质,其一是指标体系(评价模型)能准确反映设施状态;其二是路况数据采集具有可操作性。《公路技术状况评定标准》充分考虑了我国公路养护管理的现实水平、检测手段、装备条件和发展方向,力图通过模型结构的科学性和模型参数的合理性设计,使公路技术状况评价模型能适应我国不同省市、不同公路等级、不同路面类型的技术状况评定工作。

第六节 公路应急处置预案编制和实施

道路养护应急预案主要是针对突发事件的紧急应对措施,以迅速恢复道路正常功能和运行状态。这些突发事件包括公路的各种灾害事故,如大量突降的雨、雪、冰雹、路基滑坡、崩塌、雪崩、泥石流、路上的交通事故以及由此引发的道路损坏等。编制道路养护应急预案要根据国家、交通运输部、住房与城乡建设部以及地方的有关规定编制。目的是为保障公路(含桥梁、隧道)的稳定运行,建立和完善应急管理体制机制,提高安全性能、服务水平和灾害事故的预防能力、应对效率,控制、减轻和消除灾害事故发生的各类灾害或者安全事故引起的严重社会危害,保障公路正常通行,最大限度地减少人员伤亡、环境影响及财产损失,切实保障人民生命财产安全。

一、应急预案的编制原则和基本依据

(一)编制原则

1. 具有可操作性

应急预案编制首要原则是可操作性,为此要建立相应的应急处置工作机制、人员配备、技术方案、应急车辆、机械设备、保障能力,应急四通(通信、通道、通电、通水)、救援方案制订也要切实可行,避免形式上的文字游戏,尤其杜绝"纸上谈兵"。

2. 管理平台体系

应急处置应建立"网络完善、监管到位、协调联动、响应迅速、处置有效"的路网管理平台体系,提升普通国省道干线公路路网运行监管和服务水平,提高应对灾害事故等突发事件的处置能力,为人民群众安全便捷出行提供公路保障。

3.适用范围具体

道路应急预案的编制应指明其适用范围、道路属类、行为主体和事故类型。例如,某省区的应急预案中写到:"本预案适用于所在地区发生的影响普通国省道干线公路通行的灾害事故;普通国省道干线公路是指其境内的国道、省道公路,不包括高速公路;局属单位发生的影响公路、公路渡口通行的灾害事故和安全事故"。该预案所指适用范围就是普通国省道干线公路;预案所指的行为主体是指局属单位,是指公路养护管理段、省市车渡管理站和公路养护集团公司;预案所称的事故类型是灾害事故,是指引起普通国省道干线公路和局属单位管养公路垮塌、断道或通行困难的地质灾害、极端天气影响等自然灾害事故;局属单位的安全事故是指因工程建设、养护施工作业或渡运作业引发的安全事故。

4.指导思想应明确

首先,分工明确、规范有序。省市(自治区)和各区县(自治县)交通局(委)及其公路管理机构、局属单位按照工作职责,针对普通国省道干线公路或者管养公路、渡口可能发生的灾害事故、安全事故,积极参与应急准备、预警预防和应急响应,应建立规范有序、功能全面的应急反应体系。

其次,属地为主、分级响应。根据"条块结合、以块为主"的公路管理体制,普通国省道干线公路灾害事故的应急处置,在事故地政府的领导下,由区县(自治县)交通局(委)及其公路管理机构按照属地为主、分级响应的运行机制开展工作。局属单位发生的灾害事故和安全事故,在省市公路局的领导下,由局属单位负责应急处置。

再次,专兼配合、有效运行。积极争取市、区县(自治县)应急专项资金投入,加强公路抢险应急保通队伍、装备、物资等方面的储备。充分发挥武警交通部队作为国家应急救援力量的作用,进一步加强交通运输系统和武警交通部队的联系与协作,联合开展应急演练,提高应急救援、保障能力,强化行业从业人员安全知识和操作规程培训,提高预防事故的能力。逐步提高应急科技含量,增强监测监控和应急指挥,确保预警预防和应急处置有效运行。

(二)编制依据

应急预案编制要符合国家方针政策和国家及地方法律法规,主要应满足《中华人民共和国突发事件应对法》《中华人民共和国安全生产法》《中华人民共和国公路法》《国家突发公共事件总体应急预案》《中华人民共和国劳动法》《中华人民共和国劳动合同法》《中华人民共和国环境保护法》《交通运输部公路交通突发事件应急预案》《全国公路网管理与应急处置平台建设指导意见》等有关法律法规及行业规章之规定。

另外,地方性的《突发公共事件总体应急预案》《全面加强应急管理工作的意见》《交通突发公共事件总体应急预案》《安全生产工作规范》也是重要的参考依据。

二、应急处置组织机构及职责

(一)指挥机构

应急处置一般按照分级管理原则,逐级设置交通突发事件应急指挥中心,省市应设置交通应急指挥中心,所有应急处置均要在其领导下工作。各地公路局设置普通国省道干线公路应急指挥中心(图6-48)。

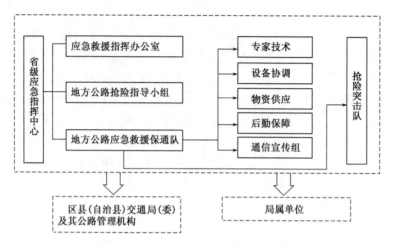

图 6-48　公路应急救援体系

在我国现行体制下,应由各地公路局局长(或公路事业发展中心主任)担任指挥长,党委书记和分管安全的副职担任常务副指挥长,其他局领导担任副指挥长,局机关各处室、局属单位负责人为工作人员。

(二)主要职责

1. 建立能力系统并整合应急资源

建立普通国省道干线公路垮塌监测预警系统、信息与应急指挥系统、应急队伍、物资保障能力、紧急运输保障能力、运输保畅能力、通信保障能力、恢复重建能力、科技支撑能力、培训和演练体系、应急管理示范项目建设等普通国省道干线公路灾害事故应急体系建设指导意见,监督区县(自治县)交通局(委)及其公路管理机构以及局属单位实施。

整合和利用现有资源,开发与日常管理工作有机结合的综合应用系统和专业应用软件,建设具有信息传递、信息汇总、辅助决策、指挥协调、分析评估等功能的地方干线公路应急指挥平台,与上一级的应急指挥中心实现互联互通。

2. 明确重大风险源和重点防护目标

掌握公路行业安全隐患情况,利用大比例尺地图、基础地理信息系统等绘制直观可视的主要公路重大风险源和重点防护目标分布图。

建立"含盖一级、二级和三级三个级别的抢险保通机制"。"一级机制"是以市公路局专业技术和管理人员为主体,以局属单位为骨干,并借助武警交通部队力量,开展重大灾害公路抢险救援保通保障工作。"二级机制"是按照中心、基地的原则,重点建设以各基地所在地普通公路抢险保通保障队为骨干,以片区其他区县密切配合的区域性普通公路抢险保通保障队伍为支撑,在市公路局的协调下负责本片区较大抢险救援保通保障。"三级机制"是以区县(自治县)交通局(委)所属的公路管理机构为主体,依托当地公路施工企业,负责辖区普通公路发生灾害事故时及时抢险救援。

收集、汇总和整理普通国省道干线公路灾害事故情况,负责按规定程序向市交委应急指挥中心报告信息,指导、协调普通国省道干线公路发生的一般和较大的灾害事故。

(三) 机构组成

地方公路局应下设应急办公室,可由分管安全的副局长兼任办公室主任,路政法规处(安全办公室)、办公室、养护管理处、建设管理处、科技信息处负责人任副主任,路政法规处(安全办公室)、办公室、养护管理处、建设管理处、科技信息处的人员为应急办公室工作人员。

1. 应急办公室主要职责

(1) 负责应急日常管理和与市交委应急指挥中心的信息衔接。

(2) 应急响应期间,负责协调联络市公路局应急指挥中心的内部工作。

(3) 按照程序向省、市交通应急指挥中心报告普通国省道干线公路灾害影响公路通行或中断交通的突发公共事件信息,并按照有关省市关于做好突发事件隐患信息公开工作的通知的规定,在公众信息网建设应急管理模块,向社会公布应急救援保通工作开展情况和最新进展情况。

2. 抢险指导小组主要职责

(1) 督促、检查区县(自治县)交通局(委)及其公路管理机构、局属单位制订的应急预案。

(2) 协调、指导事发地交通局(委)和公路管理机构处置和救援一般和较大的灾害事故。

(3) 指挥、处置局属单位发生影响公路通行的灾害事故和安全事故。

(4) 发生重大、特别重大灾害事故后,在市交委指挥中心的统一调度下,派出公路抢险保通保障队伍,协助当地政府做好灾害事故的救援。

要成立普通国省道干线公路抢险保通保障队伍。队伍设置专家技术组、设备协调组、物资供应组、后勤保障组、通信宣传组5个工作组(表6-46)和应急救援保通保障队。要附名单和联系方式。

公路抢险保通保障队伍　　　　　　　　　　　表6-46

序号	组别	工作任务
1	专家技术组	由专业技术和管理人员组成,遇重大的灾情发生可邀请其他相关专家加入。主要是对公路交通救灾援助工作进行技术指导、制订重特大公路灾害处置措施等
2	设备协调组	负责协调应急救援保通工作的设备调度,统筹安排应急救援保通保障队机械设备
3	物资供应组	负责应急救援所需物资的采购、运输和分配,统筹安排应急救援保通保障队的物资调度
4	后勤保障组	负责应急救援保通保障队食宿等各项后勤保障
5	通信宣传组	负责应急救援保通保障队通信保障和宣传报道、信息报送

中国交通武警部队作为一支专业的抢险部队,在抢危险救灾中起到重要作用。若当地附近驻扎有专业武警部队驻地的区域,理应作为应急救援保通保障队伍;各地公路局可与武警交通应签订《普通公路应急救援合作协议》,必要时成立联合指挥部,这项工作一般由省市公路局局长任指挥长,应邀请武警交通任副指挥长,充分借助武警交通部队力量,开展公路抢险救援保通保障工作。

(四) 应急预案实施

1. 预防为主

在我国当前养护体制和机制下,应由区县(自治县)交通局(委)及其公路管理机构、局属单位按照"早预防、早发现、早报告、早处置"的原则,积极开展灾害事故,特别是恶劣天气情况下灾害事故的预防工作。按照工作职责,强化监督管理,做好实施预案的准备,做到预防为主、常抓不懈、警钟长鸣。

2. 预警分类

按照交通突发公共事件总体应急预案的有关规定,灾害事故由低到高划分为一般(Ⅳ级)、较大(Ⅲ级)、重大(Ⅱ级)和特别重大(Ⅰ级)四级预警,分别以蓝色、黄色、橙色、红色标识。公路灾害性事故分类见表6-47。

公路灾害性事故分类　　　　表6-47

等　级	灾害事故的严重程度及影响范围
Ⅳ(一般)	发生灾害事故造成公路垮塌,中断交通3h以上,或经济损失500万元以下;发生安全事故一次死亡1~2或重伤10人以下的事故
Ⅲ(较大)	发生灾害事故造成公路垮塌,中断交通6h以上,或经济损失500万~1000万元;发生安全事故一次3~9人死亡或重伤10~50人的事故
Ⅱ(重大)	发生灾害事故造成公路垮塌,致使交通中断12h以上,公路桥梁、发生垮塌,交通部分中断,造成较大社会影响,或经济损失1000万~5000万元;发生安全事故一次死亡10~29人或重伤50~100人的事故
Ⅰ(特别重大)	发生灾害事故造成公路垮塌,致使交通中断24h以上,公路桥梁、隧道发生垮塌,交通中断造成社会重大影响,或经济损失5000万元以上;发生安全事故一次死亡30人以上或重伤100人以上的事故

3. 事故报告

普通国省道干线公路发生影响公路通行的灾害事故后,事发地交通局(委)应根据灾害事故等级,在2h内将发生的一般(Ⅳ级)、较大(Ⅲ级)的灾害事故报告市公路局应急指挥中心;在2h内将发生的重大(Ⅱ级)和特别重大(Ⅰ级)的灾害事故报告市公路局应急指挥中心,市公路局应急指挥中心接报后立即向市交委应急指挥中心报告,并进一步核实有关情况。

普通国省道干线公路发生影响公路通行的灾害事故后,事发地交通局(委)应按照规定及时填报交通部路况信息管理系统。

灾害事故报告主要包括:灾害发生时间、路线桩号、人员伤亡情况、灾害损失(工程量、费用)、对公路交通的影响、采取措施、估计通车时间、是否需要派出救援队伍等。

局属单位发生影响公路通行的灾害事故或者安全事故后,应立即报告市公路局应急指挥中心。

省或市公路局应急指挥中心接报后,应及时指挥局属单位处置,并派人赶赴现场。同时,根据灾害事故等级按照程序向市交委应急指挥中心报告,并按照市政府办公厅关于突发事件隐患信息公开的原则和有关规定及时准确地向社会发布信息。

4. 事故监测

区县(自治县)交通局(委)及其公路管理机构、局属单位负责对所辖公路沿线存在的危桥

(隧)、危险路段、地质灾害易发点和在航公路渡口进行检查和整治。

(1) 区县(自治县)交通局(委)及其公路管理机构、局属单位的措施

首先,落实群测群防和专业监测。对已进行过局部治理的灾害体,应在原有防治的基础上,继续做好变形监测,加强预报,及时治理;做好危险路段的排查、分类、登记、整治及上报。

其次,按规定收集、上报相关公路病害资料;检查建设、养护施工作业现场,发现安全隐患及时解决;完善对可能发生灾害路段的检查、恶劣极端天气下的巡查和恶劣极端天气后的核查制度。

最后,对滑坡、崩塌危岩、基础沉陷等灾害进行处理。负责安保工程、危桥(隧)改造和渡改桥工作的具体实施。

(2) 市公路局应急指挥中心的措施

首先,收集整理全市普通国省道干线公路和局属单位管养公路危桥(隧)、危险路段等公路病害和公路渡口隐患资料。

最后,督促区县(自治县)交通局(委)及其公路管理机构、局属单位加大危桥(隧)整治力度。

再次,指导、督促区县(自治县)交通局(委)和及其公路管理机构、局属单位对符合规定的危险路段逐步实施安全保障工程。

(五) 应急响应措施

普通国省道干线公路灾害事故应急处置实行"分级管理、分级响应、先期处置"的原则。灾害事故后,事发地交通局(委)及其公路管理机构要在当地政府的统一领导下,根据工作职责和规定权限启动应急预案。有关各部门加强联系,及时有效地进行先期处置,控制事态。

当事发地连接其他周边省、地(市)的出入境的公路,当地发生灾害事故后,应及时通知周边省、地(市)交通主管部门。

1. 一般(Ⅳ级)灾害事故应急措施

一般(Ⅳ级)公路灾害事故发生后,事发地交通局(委)及其公路管理机构、局属单位应立即采取应急措施,对灾害事故路段进行抢修,力争早日恢复正常交通。

(1) 区县(自治县)交通局(委)及其公路管理机构、局属单位应急措施

首先,迅速查看灾情。掌握灾害事故的损失程度和人员伤亡情况,设立明显的警示标志,上报事故情况。

其次,组织抢修抢救。区县(自治县)交通局(委)及其公路管理机构、局属单位派专人到现场组织抢修、抢救。抢修、抢救队伍应在2h之内到达现场。

再次,及时疏导交通。配合相关部门组织人员及时对事故路段的车辆进行疏通。

最后,公开发布信息。按照市政府办公厅关于突发事件隐患信息公开的有关规定向社会发布信息。

(2) 省或市厅(局)应急指挥中心的应急措施

首先,及时收集灾害事故相关信息。

其次,指导区县(自治县)交通局(委)及其公路管理机构、局属单位及时抢修灾害路段,保障公路通行。

2. 较大（Ⅲ级）灾害事故应急措施

较大（Ⅲ级）公路灾害事故发生后，区县（自治县）交通局（委）及其公路管理机构、局属单位应立即采取应急措施。省市公路局应急指挥中心应急措施如下。

（1）迅速掌握灾害事故情况。及时向市交委应急指挥中心报告全市公路灾害事故情况。

（2）即派工作人员赶赴现场。对死亡3人以上或阻车严重、灾害可能蔓延的灾害事故，派出工作人员赶赴现场，配合当地政府应急指挥机构处置抢险工作。

（3）向社会公开发布信息。

区县（自治县）交通局（委）及其公路管理机构、局属单位应急措施如下：

（1）迅速查看灾害事故现场。全面调查、掌握灾害事故损失和人员伤亡情况，组织工程技术人员制订抢修方案，设立明显的警示标志，将灾害、事故影响控制在最小范围内。

（2）全力抢救人员和抢修财产。按照人命关天、以人为本的原则，首先抢救人员。相关人员协助医疗救护部门抢救伤员。区县（自治县）交通局（委）及其公路管理机构、局属单位派工程技术人员到现场确定抢修方案，组织抢修。

（3）进行交通导改来疏导交通。配合相关部门组织人员及时对事故路段的车辆进行疏通。必要时，与公安交通管理部门、安全监督部门共同制订绕行路线并及时向社会公布。

（4）抢修路段的安全警示措施。对抢通便道后的灾害路段，应及时检查是否存在安全隐患，并设置醒目警示标志。

3. 重大（Ⅱ级）、特别重大（Ⅰ级）灾害事故应急措施

（1）区县（自治县）交通局（委）及其公路管理机构、局属单位应急措施

首先，准确掌握灾害和交通中断现状。全面调查灾害事故损失和人员伤亡情况，掌握灾害对公路的影响程度以及事故造成的社会影响，并由专业技术人员深入受灾路段或事故工地对事发情况进行详细调查，设立明显的警示标志。

其次，即刻组织技术人员制订抢修方案。立即调动抢险队伍、设备、物资，投入抢险。

再次，快速疏导交通并确定绕行路线。配合相关部门组织人员及时对事故路段的车辆进行疏通。与公安交通管理部门、安全监督部门共同制订绕行路线并及时向社会公布。绕行路线涉及跨区县（自治县）的，应及时通报相关的区县（自治县）。

最后，做好抢修路段的安全警示牌。对抢通便道后的自然灾害事故路段，应及时检查是否存在安全隐患，并设置醒目警示标志。

（2）省市、市（自治区）交通厅（局）应急指挥中心应急措施

首先，及时上报和跟踪并核实最新情况。市公路局应急指挥中心要及时向市交委应急指挥中心报告；接到区县（自治县）交通局（委）、局属单位报告后，立即将掌握的灾害事故情况报告市交委应急指挥中心，并进一步跟踪、核实最新情况。

其次，主要领导即可赶赴现场协同指挥抢险。指挥长及有关人员立即陪同有关领导赶赴灾害事故现场，配合当地政府开展应急救援。

再次，选派专业化应急救援队伍赴现场救援。在省、市、自治区交委应急指挥中心的安排下，根据需要派出应急救援保通队伍，并调度周边区县（自治县）的公路灾害事故应急救援队伍，协助当地政府做好救援工作。配合市交委应急指挥中心做好灾害事故的处置和信息发布。

三、应急预案的实施

(一) 保障机制

1. 组织保障

区县(自治县)交通局(委)及其公路管理机构、局属单位可按照当地普通公路应急救援队伍建设方案成立相应的应急组织机构,制订处置预案,落实工作职责。

2. 信息保障

区县(自治县)交通局(委)及其公路管理机构、局属单位应建立灾害事故信息采集、处理制度,落实专人负责。在应急处置期间,及时向市公路局应急指挥中心报告。

3. 经费保障

市公路局应急指挥中心每年在计划内安排一定的抢险专项补助经费。

水毁、地灾等情况地质灾害、极端天气影响等自然灾害事故发生后,市公路局应急指挥中心根据情况拨付抢险补助资金。

区县(自治县)交通局(委)应将抢险配套资金纳入年度预算。

(二) 责任追究

根据《国务院关于特大安全事故行政责任追究的规定》和地方《关于重特大事故责任追究制度实施细则》等规定,省或市公路局应急指挥中心将建议当地政府和上级主管部门对有以下行为的单位和个人追究责任:

(1)普通国省道干线公路灾害事故信息不按照规定上报或迟报、漏报、瞒报的。

(2)拒不执行指令,延误应急抢险救援工作造成严重后果的。

(3)在人员救助、物资调配、事故调查、现场秩序维护等方面不配合、不支持,严重影响或干扰应急救援的。

(4)法律法规规定的其他情形。

对违反前述规定的单位和个人,根据情节轻重可视情况减少或停止拨付相应经费给予相关领导和主要责任人免职和降级处分直至追究法律责任。

(三) 培训演习

1. 安全宣传

区县(自治县)交通局(委)及其公路管理机构、局属单位要利用报纸、电视、电台、互联网等向社会公布灾害事故报警电话,宣传公路安全的法律、法规和预防、避险、自救、互救等常识,提高人民群众的自救防护能力。

2. 预案培训

区县(自治县)交通局(委)及其公路管理机构、局属单位要根据本预案制订相应的技术方案,储备必要的应急物资。组织开展本系统、本单位的培训,适时开展演练,做好实施预案的各项准备。参加应急救援管理和救援人员实施预案的业务培训,熟悉应急救援管理和救援人员工作程序。

3. 演习更新

区县(自治县)交通局(委)每两年应开展一次地方干线公路重特大灾害事故应急救援演习,省或市公路局每年组织开展至少一次普通公路抢险保通保障演习(包括实战演习),并根据演习中存在的问题,进一步修订和完善预案的建议。

4. 监控档案

为配合省市交通管理部门相关处室和部门指导、处置地方干线公路建设工程的灾害事故,区县(自治县)交通局(委)及其公路管理机构负责建立本辖区公路灾害事故抢险救援队伍。不具备组建队伍条件的,也可与驻地部队、施工企业建立合作关系,依托部队、企业形成应急机制,保证公路灾害事故的及时抢险救援。对于农村公路的应急处治,区县(自治县)交通局(委)负责根据国家和市的有关规定,制订农村公路的灾害事故应急预案。区县(自治县)交通局(委)和局属单位的应急预案、抢险救援队伍人员名单、应急物资储备情况报市公路局应急指挥中心。

应急预案要附有《公路应急指挥中心通讯录》(表6-48)、《公路应急救援保通保障队伍专家技术组名单》(表6-49)、《公路应急救援保通保障队名单》(表6-50)、《公路局直属单位应急抢险设备表》(表6-51)、《公路应急抢险设备分布表》(表6-52)以及《公路网规划图》等。还应设置全方位、全天候的电子监控视屏,应急救援资料和电子记录应永久保存。

公路应急指挥中心通信录 表6-48

序号	姓名	联系手机	性别	从业年限	技术职称	行政职务	专业类型	所在单位	专家属类

公路应急救援保通保障队伍专家技术组名单 表6-49

序号	姓名	联系手机	性别	从业年限	技术职称	行政职务	专业类型	所在单位	专家属类

应急救援保通保障队名单 表6-50

序号	姓名	联系手机	性别	从业年限位	技术职称	行政职务	专业类型	所在单位	专家属类

公路局(或公路事业部)直属单位应急抢险设备表 表6-51

物资名称	规格型号	数量	所属单位	规格型号	数量	所属单位
抢险救援车	10t 东风自卸汽车	2~10		福田自卸汽车	2~10	
	东风小霸王自卸汽车	3~15		跃进车	2~10	
	中型罐式货车	3~15		轻型货车	3~15	
救助设备	空气压缩机	2~10		工业氧气瓶	12~20	

续上表

物资名称	规格型号	数量	所属单位	规格型号	数量	所属单位
蓄电池	6-Q-15	10		XMN218	1~5	
压路机	YL-16C	1~5		XS200	1~5	
	Xp260	1-5				
拌合机	350	2~10		500	1~5	
挖掘机	Jy210E	2~10				
装载机	Zl50C	1~5		Zl30B	2~10	
电焊机	380V 交流电	4~20		220V 直流电	1~5	
拖船	240kW	3~20		176.4kW	1~5	
中型客车	金杯 SY6480B30	1~5		宇通	1~5	

普通国省道干线公路应急救援设备分布表 表6-52

所在区县	物资名称	规格型号	现有数量	所在区县	物资名称	规格型号	现有数量	所在区县
×××	挖掘机	×××	2~5	×××	装载机	×××	2~5	×××
×××	抢险照明车	×××	1~2	×××	平板拖车	×××	1~2	×××

应急救援总指挥部应配有还应提醒注意的是在救援工作中不但要尽最大努力尽快施救被困人员,还要保护好施救人员自身安全,为此要对救援中危险性极大的场合要请各类专家组成的专家团队研制施救方案,并积极采用高新科技手段和智能机器人及无人驾驶智能机械到现场协同作业。应急救援现场方圆500km公路网规划图(略),以方便统一协调交通疏解工作。

应该指出,应急预案的评判原则是"及时""准确""实用"。即当突发事件时,应急预案能即时启动,相关人员能"招之即来,来之能战,战之能胜";机械设备能正常使用并能及时赶往现场;各种指挥系统能有序协调,各种应急政令应畅通无阻。否则,再好的预案也是形同虚设的文字游戏。为此应尽量克服设备上的租借行为,人员上的借凭现象,组织上的相互扯皮,环节上的混乱无序。真正做到科学制定,合理安排,信息准确,便于操作,利于实施;做到救援方案立即启动,道路交通及时疏通,救援工作高效有序。真正实现"一方有难,八方支援"的响应体系,最大限度地减小因灾害对受害者的生命和国家公共财产损失。

参 考 文 献

[1] 中华人民共和国行业标准.小交通量农村公路技术标准:JTG 2111—2019[S].北京:人民交通出版社股份有限公司,2019.
[2] 中华人民共和国行业标准.农村公路养护技术规范:JTG/T 5190—2019[S].北京:人民交通出版社股份有限公司,2019.
[3] 李世华.道路桥梁维修手册[M].北京:中国建筑工业出版社,2003.
[4] 张登良.沥青路面工程手册[M].北京:人民交通出版社,2003.
[5] 沈金安.沥青及沥青混合料路用性能[M].北京:人民交通出版社,2003.
[6] 侯高平.公路工程中的就地冷再生浅析[J].硅谷,2008.
[7] 中华人民共和国地方标准.公路沥青路面泡沫沥青冷再生施工技术规范:DB 36/T 988—2017[S].北京:人民交通出版社,2009.
[8] 刘培文.道路几何设计[M].北京:中国科学技术出版社,2003.
[9] 邓学钧.路基路面工程[M].北京:人民交通出版社,2008.
[10] 潘艳珠,王端宜,谭宝龙.水泥混凝土路面板底脱空的原因及防治措施[D].广州:广州大学,2006.
[11] 刘培文,等.公路路基路面施工技术[M].北京:清华大学出版社,北京交通大学出版社,2012.
[12] 中华人民共和国行业标准.公路沥青路面设计规范:JTG D50—2017[S].北京:人民交通出版社股份有限公司,2017.
[13] 中华人民共和国行业标准.公路沥青路面施工技术规范:JTG F40—2004[S].北京:人民交通出版社,2004.
[14] 中华人民共和国行业标准.公路路面基层施工技术细则:JTG/T F20—2015[S].北京:人民交通出版社股份有限公司,2015.
[15] 中华人民共和国行业标准.公路沥青路面再生技术规范:JTG F41—2008[S].北京:人民交通出版社,2008.
[16] 中华人民共和国行业标准.公路工程沥青及沥青混合料试验规范:JTG E20—2011[S].北京:人民交通出版社,2011.
[17] 中华人民共和国行业标准.公路工土试验规程:JTG E40—2007[S].北京:人民交通出版社,2007.
[18] 中华人民共和国行业标准.公路路基路面现场测试规程:JTJ E60—2008[S].北京:人民交通出版社,2008.
[19] 中华人民共和国行业标准.公路沥青路面养护技术规范:JTJ 073.2—2001[S].北京:人民交通出版社,2001.
[20] 中华人民共和国行业标准.公路工程技术标准:JTG B01—2014[S].北京:人民交通出版社股份有限公司,2015.
[21] 郭忠印,张立寒.沥青路面施工与养护技术[M].北京:人民交通出版社,2003.

[22] 傅智,金志强.水泥混凝土路面施工与养护技术[M].北京:人民交通出版社,2003.
[23] 邓学均.路基路面工程[M].3版.北京:人民交通出版社,2010.
[24] 王明怀.高等级公路施工技术与管理[M].北京:人民交通出版社,1999.
[25] 刘玉卓.公路工程软基处理[M].北京:人民交通出版社,2003.
[26] 交通部公路司.公路工程质量防治指南[M].北京:人民交通出版社,2003.
[27] 何挺继.公路机械化施工手册[M].北京:人民交通出版社,2003.
[28] 郝培文.沥青路面施工与养护技术[M].北京:人民交通出版社,2003.
[29] 沙庆林.高速公路沥青路面早期破坏现象及预防[M].北京:人民交通出版社,2003.
[30] 高速公路丛书编委员.高速公路路基设计与施工[M].北京:人民交通出版社,1998.
[31] 刘吉士,阎洪河.公路路基施工技术[M].北京:人民交通出版社,1998.
[32] 中华人民共和国行业标准.公路工程水泥及水泥混凝土试验规程:JTG E30—2005[S].北京:人民交通出版社,2005.
[33] 中华人民共和国行业标准.公路工程岩石试验规程:[S]JTG E41—2005.北京:人民交通出版社,2006.
[34] 中华人民共和国行业标准.公路工程集料试验规程:JTG E42—2005[S].北京:人民交通出版社,2006.
[35] 邢凤歧,张学,刘培文.公路施工与养护[M].北京:人民交通出版社,1998.
[36] 公路设计手册编写组.路基[M].北京:人民交通出版社,2003.
[37] 公路设计手册编写组.路面[M].北京:人民交通出版社,2003.
[38] 中华人民共和国行业标准.公路路基施工技术规范:JTG F10—2006[S].北京:人民交通出版社,2006.
[39] 中华人民共和国行业推荐性标准.黄土地区公路路基设计与施工技术规范:JTG/T D31-05—2017[S].北京:人民交通出版社股份有限公司,2017.
[40] 中华人民共和国行业推荐性标准.季节性冻土地区公路设计与施工技术规范:JTG/T D31-06—2017[S].北京:人民交通出版社股份有限公司,2017.
[41] 中华人民共和国行业推荐性标准.多年冻土地区公路设计与施工技术细则:JTG/T D31-04—2012[S].北京:人民交通出版社,2012.
[42] 中华人民共和国行业标准.公路养护技术规范:JTG H10—2009[S].北京:人民交通出版社,2009.
[43] 刘培文.工程结构检测技术[M].北京:人民交通出版社,2011.
[44] 中华人民共和国国家标准.公路路线标识规则和国道编号:GB/T 917—2017[S].北京:中国标准出版社,2017.
[45] 中华人民共和国行业标准.公路交通标志和标线设置规范:JTG D82—2009[S].北京:人民交通出版社,2009.
[46] 中华人民共和国行业标准.公路养护安全作业规程:JTG H30—2015[S].北京:人民交通出版社股份有限公司,2015.
[47] 中华人民共和国交通运输部.公路工程标准施工招标文件(第一、第二、第三册)[M].2018版.北京:人民交通出版社股份有限公司,2018.

[48] 中华人民共和国交通运输部.公路工程标准施工招标资格预审文件(2018版).北京:人民交通出版社股份有限公司,2018.

[49] 刘存柱.道路工程材料试验检测[M].北京:中国电力出版社,2014.

[50] 中华人民共和国交通运输部.公路工程标准勘察设计招标文件(2018版).北京:人民交通出版社股份有限公司,2018.

[51] 中华人民共和国交通运输部.公路工程标准勘察设计招标资格预审文件(2018版).北京:人民交通出版社股份有限公司,2018.

[52] 中华人民共和国交通运输部.公路工程标准施工监理招标文件(2018版).北京:人民交通出版社股份有限公司,2018.

[53] 中华人民共和国交通运输部.公路工程标准施工监理资格预审文件(2018版).北京:人民交通出版社股份有限公司,2018.

[54] 刘培文.现代公路勘测设计实用技术(修订版)[M].北京:人民交通出版社,2001.

[55] 刘培文.我国公路沥青混凝土路面设计弯沉指标回顾与应用分析[J].公路,2008(7).

[56] 王振清.中国公路防沙治沙[D].沈阳:辽宁大学出版社,2000.

[57] 中华人民共和国行业标准.公路水泥混凝土路面施工技术细则:JTG/T F30—2014[S].北京:人民交通出版社,2014.

[58] 日本道路协会.日本路面养护维修指南2013[M].北京:人民交通出版社股份有限公司,2016.

[59] 刘培文.道路与桥隧测量技术[M].北京:清华大学出版社,北京交通大学出版社,2012.

[60] 中华人民共和国行业标准.公路隧道养护技术规范:JTG H12—2015[S].北京:人民交通出版社股份有限公司,2015.